Winkel (Hrsg.)   Pädagogische Epochen

„Geschichte ist ohne Gewißheit. Sie verbürgt
keine Zukunft. Sie enthält kein Gesetz,
das sich unabhängig vom Menschen vollzieht,
um ihn an sein Ziel zu bringen."

[*Heinz-Joachim Heydorn,* in:
Überleben durch Bildung (Original 1974).
In: Ders.: Bildungstheoretische Schriften.
Bd. 3. Frankfurt/M.: Syndikat 1980,
S. 282–301, zit. S. 300.]

„Wer nicht von dreitausend Jahren
Sich weiß Rechenschaft zu geben,
Bleib im Dunkeln unerfahren,
Mag von Tag zu Tage leben."

[*Johann Wolfgang von Goethe,* in:
West-östlicher Divan, Buch des Unmuts
(Original 1819). In: Ders.: Werke. Bd. 1.
Frankfurt/M.: Insel 1965, S. 278.]

Pädagogische Epochen

Von der Antike bis zur Gegenwart

Herausgegeben von
Rainer Winkel

Mit Beiträgen von
Dieter Lenzen
Fritz März
Jürgen Oelkers
Klaus Prange
Günter Rudolf Schmidt
Heinz-Elmar Tenorth
Rainer Winkel

Schwann Düsseldorf

CIP-Titelaufnahme der Deutschen Bibliothek
Pädagogische Epochen:
von d. Antike bis zur Gegenwart /
hrsg. von Rainer Winkel.
Mit Beitr. von Dieter Lenzen . . .
– 1. Aufl. – Düsseldorf: Schwann, 1987
   ISBN 3–590–14482–3
NE: Winkel, Rainer [Hrsg.];
Lenzen, Dieter [Mitverf.]

WG: 22   DBN 87.139274.7   87.10.28
1478   Am V: Cornelsen

Herstellung: Boss-Druck, Kleve
ISBN 3–590–14482–3

Inhalt

Einleitung

Zur Geschichte eines Geschichtsbuches –
Begründung, Legitimation und Anlage

Rainer Winkel

Jede Geschichte hat ihr Buch, und jedes Buch hat seine Geschichte – auch das hier vorgelegte und vorliegende. Es ist so alt wie seine Autoren. Denn jeder der an diesem Werk mitarbeitenden Erziehungswissenschaftler hat sich mit seiner je spezifischen Geschichte in die allgemeine Geschichte eingebracht und sich im Laufe seiner wissenschaftlichen Biographie irgendwann einmal und zumeist immer drängender gewünscht, eine neue, eine eigene, eine bessere „Geschichte der Pädagogik" zu schreiben. – Eine neue? Welche war(en) alt geworden? – Eine eigene? Reichte dafür die Kompetenz? – Eine bessere gar? Worin lag das Schlechte der anderen? –

Auf recht verschlungenen Wegen gelang es, im Frühjahr 1985 verschiedene und doch an einem gemeinsamen Projekt interessierte Pädagogen zusammenzuführen: Die Zeitschrift *Westermanns Pädagogische Beiträge (WPB)* plante eine Serie über die wichtigsten Epochen in der Geschichte der Pädagogik. Als betreuender Moderator war mir dabei von Anfang an – zumindest – dieses klar: Die dort plazierten Beiträge sollten, konnten und durften ‚nur' Vorarbeiten, Studien, Übungen quasi sein, denen die ‚eigentlichen' Abhandlungen noch folgen mußten – mit anderen Worten: Die Hauptarbeit war noch zu leisten.

So sind die in den Heften 1 bis 8/1986 von *WPB* erschienenen Beiträge in der Tat die ersten sich der Öffentlichkeit stellenden Vorarbeiten zu dem Projekt einer neuen „Geschichte der Pädagogik" gewesen. Viel Zustimmung, manche Ermunterung, aber auch gelegentliche Kritik hat uns, hat mich, seither erreicht. Diese lebhafte Resonanz ist selbstverständlich eingegangen in die nun vorliegende ausführliche Fassung, die sich nicht nur an die Historiker unter den Pädagogen wendet, sondern ebenso an all diejenigen unter den Zeitgenossen, denen die Frage nach dem Gewordensein von Erziehung und Schule, von Bildung und Ausbildung eine wichtige geblieben (oder wieder geworden) ist – nicht zuletzt deshalb, weil die Zukunft der nachwachsenden Generation(en) unsicherer denn je zu werden beginnt.

Eine – wie auch immer geartete – „Geschichte der Pädagogik" zu schreiben, bedeutet zunächst einmal, drei Fragen zu beantworten:

● Gibt es nicht genügend gute Darstellungen über die „Geschichte der Pädagogik" – warum also eine *weitere, neuere* und von ihrem Selbstanspruch her womöglich *bessere* (sonst könnte man es ja bei den älteren belassen)? Sodann:

- Wie läßt sich denn die „Geschichte der Pädagogik" *epochalisieren,* wenn noch nicht einmal die Weltgeschichte in verschiedene Epochen eingeteilt werden kann und selbst Fachleute sich ganz und gar nicht einig sind, ob – sagen wir - (macht)politische, ökonomische, religiöse, geistige, ideengeschichtliche oder literarische Kriterien solchen Einteilungen zugrundeliegen sollten?

Und schließlich ist zu fragen:

- Was für einen *Sinn* hat ein solches Unternehmen, das u. a. die Pädagogik vor 3000 Jahren darstellt und auf die drängenden Probleme der Gegenwart und Zukunft – wie gehabt - nur in der letzten Lektion eingeht?

Zur ersten Frage nach der Legitimation dieses Gemeinschaftswerkes: In dem postum erschienenen Buch „Der Mensch in der Erziehungswirklichkeit" schreibt *Peter Petersen* (S. 49): „Die Geschichte der Menschheit zeigt uns die Erziehung immer nur im Rahmen bedingter, begrenzter Bildungsformen, in typischen Bindungen." Und im folgenden stellt *Petersen* zunächst die spartanische Erziehung, dann das Erziehungssystem der Jesuiten u. a. dar, ehe er, sich daran abarbeitend, „seine" Pädagogik entfaltet. Wäre es da nicht einfacher, wir druckten die wahrlich schönen Abschnitte über die Antike, die Gegenreformation oder den Neuhumanismus einfach ab? – Nein, denn: Erziehung, Schule, Bildung ... sind stets an raumzeitliche Bedingungen geknüpft, müssen immer wieder neu gewagt, anders realisiert, von Grund auf kritisiert und – folglich stets neu erforscht, erzählt, tradiert werden. Als *Petersen* seine Epochendarstellungen schrieb, stand er noch ganz unter dem Schock des Nationalsozialismus, war er hellhörig für alle Totalitarismen in der Erziehung und schrieb sich gegen *solche* Erlebnisse und Befürchtungen die Finger wund. Wir haben heute andere Probleme, Erfahrungen und Ängste – und deshalb nehmen wir die Geschichte (nicht besser oder schlechter, richtiger oder falscher, sondern) anders wahr. So verdienstvoll also die vorliegenden „Geschichten der Pädagogik" sind (vom *Revisionswerk* bis zu *Paulsen,* von *Dolch* über *Moog, Reble* und *Blättner* bis hin zu *Ballauff/Schaller*), so gesehen sind sie überholt.

Auch die beiden jüngsten Werke, „Die Geschichte der Pädagogik" von *Herwig Blankertz* (1982) sowie die „Geschichte der Erziehung" von *Hans Scheuerl* (1985), sind von zwei Männern geschrieben worden, die bereits erwachsen waren (bzw. werden mußten), als der Faschismus und Deutschland (!) in Trümmern lagen. Ihre Sichtweisen sind legitim und doch nicht identisch mit den Perspektiven derer, die eine Generation später geboren wurden. Jede Generation schaut quasi durch die Brille ihrer raumzeitlichen Markierungen in die Vergangenheit zurück, und deshalb muß sie (will sie redlich bleiben und nicht einfach kolportieren) die Geschichte neu zur Darstellung bringen. Aus diesem Grund habe ich ausschließlich die Jüngeren unter den Historikern der Pädagogik gebeten, jeweils diejenige Epoche darzustellen, für deren Erforschung sie kompetent sind. Der älteste unserer Beiträger ist Jg. 1934, der jüngste Jg. 1947. Wie würden sie, die erst nach dem 2. Weltkrieg erwachsen bzw. sogar erst nach 1945 geboren wurden, die Geschichte der Pädagogik sehen und darstellen?

Die zweite Frage erforderte viele Gespräche, Briefe, Entwürfe (die z. T. umfänglicher als die späteren Darstellungen waren) sowie eine lange Plenumssitzung. Über das darin problematisierte Ob und Warum, das Für und Wider, das Wenn und Dann dieser oder jener Epochalisierung der Geschichte der Pädagogik ließe sich ein umfängliches Protokoll schreiben, und doch blieben viele Fragen unbeantwortet, manche Kompromisse bedenklich, etliche Lösungen dezisionistisch. Daß wir uns letztlich für die nun vorliegenden sieben Epochen entschieden, hatte einen pragmatischen und einen pädagogischen Grund: Ein Buch muß lesbar sein und – sagen wir – in einem Semester durchgearbeitet werden können. Man würde also in jedem Fall – so oder anders – auswählen müssen; und allzu viele Details würden die überschaubaren Konturen nur verwischen – soweit der allgemeine Konsens. Für die dahinter wirkende pädagogische Absicht hat vor allem der Herausgeber dieses Buches – nicht ohne Hartnäckigkeit – geworben: Kann es sein, so seine Vermutung, daß nicht so sehr Jahreszahlen und Ereignisse, herausragende Persönlichkeiten und Bewegungen bestimmte Zeitabschnitte kennzeichnen, sondern – Motive, Mentalitäten, Sehnsüchte, Bedürfnisse, Ängste, Erwartungen u. ä. m.? Wenn ja, dann müßte es doch ungemein reizvoll sein, die mehr oder weniger bekannten und akzeptierten geschichtlichen Epochen unter diesen *motivationalen Aspekten* darzustellen.

Deshalb bieten wir dem Leser folgende Epochen an, wobei die vorgeschlagene Titelage mit Sicherheit hier oder da noch verbessert werden kann:

1. Epoche: Erziehung und Pädagogik im Altertum – Mythos, Logos und Formgebung – (1000 v. Chr. bis zur Zeitenwende). Sie wird von dem Bayreuther Pädagogen *Klaus Prange* dargestellt – das *Motiv nach Formgebung und Rationalität* scheint diese Epoche besonders geprägt zu haben.

2. Epoche: Das Mittelalter und das Christentum – Von Gott, durch Gott, zu Gott – (Von der Zeitenwende bis zur beginnenden Reformation im 16. Jahrhundert). Über sie berichtet der in Augsburg lehrende Erziehungswissenschaftler *Fritz März* (auch) unter der Fragestellung, inwiefern in dieser Epoche der Menschheit ein *Erlösungsmotiv* vorherrschte.

Die *3. Epoche* soll heißen: Reformation und Gegenreformation – Humanitas, Pietas, Res – (Pädagogik im 16. und 17. Jahrhundert). Die Vielfalt der damals herrschenden sozialen, politischen, kulturellen und religiösen Kräfte, die komplizierter wirkten als Rechts-Links-Schemata, untersucht der Erlanger Religionspädagoge *Günter R. Schmidt* auch unter der Fragestellung, welche Spannungen und Ausgleichsbestrebungen sie kennzeichneten und worin sich pädagogisch das *Emendatio-Motiv* äußerte.

Die *4. Epoche* ist der sogenannten Aufklärung gewidmet, ihrer Vernunft, ihrem Fortschritt, ihrer Dialektik. Pädagogik und Erziehungsdenken im 18. Jahrhundert wird von dem Frankfurter Pädagogen *Heinz-Elmar Tenorth* nicht zuletzt unter dem

Aspekt untersucht, inwiefern das *Motiv nach Emanzipation* (des Bürgers) die Pädagogik und die Pädagogen dieser Zeit beeinflußte bzw. von ihnen und durch sie vertreten wurde.

Eine *5. Epoche* umgreift das nach Modernität und Demokratie strebende 19. Jahrhundert, *ein* brisantes kulturelles und politisches Motiv. Unter dem Titel Moderne Pädagogik – Pädagogik der Moderne wendet sich der Berliner Pädagoge *Dieter Lenzen* der Deutschen Klassik, der Romantik und dem Marxismus zu. Manche (viele?) werden in diesem Essay manches (vieles?) vermissen – nicht nur (etliches von) *Schleiermacher* und *Diesterweg, Herbart* und *Fröbel*. Sie mögen sich provozieren lassen von dem Versuch, dieses Jahrhundert nicht nur aus der Sicht der damals lebenden „Klassiker der Pädagogik" zu betrachten, sondern auch daraufhin, was dieser Epoche an weitgehend unbekannt gebliebener Mentalität zugrundelag und was heute (!) wichtiger sein kann als jenes *Motiv nach Harmonie,* das wir allzu rasch vermuten, wenn wir an *Goethe* und *Herder,* an *Humboldt* und *Pestalozzi* denken.

So mag man sich zuwenden einer *6. Epoche,* der Reformpädagogik, ihren Entwürfen und Konkretionen, in der ersten Hälfte des 20. Jahrhunderts, das ein martialisches wurde. Mit diesen reformpädagogischen Ideen und Projekten und dem zugrundeliegenden *Motiv nach Utopien* beschäftigt sich der früher an der Hochschule Lüneburg und jetzt an der Universität Bern tätige *Jürgen Oelkers.*

Und schließlich werde ich die *7. Epoche* darstellen: Die zeitgenössische Pädagogik in der zweiten Hälfte des an Abgründen entlangtaumelnden 20. Jahrhunderts als Deutscher für Deutsche zu beschreiben, ihr zwischen Restauration, Reform und Resignation sich erstreckendes Bemühen und Versagen aufzuzeigen und kritisch zu würdigen, bedeutet immer auch, das unsere Epoche kennzeichnende *Rettungs- und Heilungsmotiv* aufzuspüren und zu deuten – mit all seinen Brechungen und Desillusionen.

Daß jeder dieser sieben Beiträge in sich verständlich sein sollte und für sich gelesen werden könnte, war das erklärte Ziel aller Autoren, wofür jeder die ihm gemäße Form wählte, ohne den Rahmen des Ganzen und die Regeln der Teile zu mißachten.

Allen sieben Autoren sind dieselben sechs Leitfragen (nicht Gliederungspunkte) anheimgegeben (aber nicht abverlangt) worden:

- *Zur Kennzeichnung:* Was macht den jeweiligen Zeitraum u. a. auch zu einer pädagogischen Epoche?
- *Zur Beschreibung:* Welche pädagogischen Theorien und Ereignisse, Autoren und Werke, Schriften und Taten prägten die jeweilige Epoche?
- *Zur Einbettung:* In welche gesamtgesellschaftlichen Zustände sind diese pädagogischen Theorien und Ereignisse eingebettet?
- *Zur Relativierung:* Inwiefern muß immer wieder auf internationale Verflechtungen hingewiesen, inwiefern darf auch von spezifisch deutscher Pädagogik geschrieben werden?
- *Zur Aktualisierung:* Was hat uns die Auseinandersetzung mit der jeweiligen Epoche heute zu sagen? Und schließlich:
- *Zur Vertiefung:* Welche weiterführenden Lese- und Studienhinweise lassen sich geben?

Die dritte eingangs gestellte Frage nach dem *Sinn* des ganzen Unternehmens läßt sich mit zwei Sätzen beantworten (freilich: wer von ihnen nichts hält, wird auch durch tausend Sätze nicht davon zu überzeugen sein): Was jeder einzelne Mensch, aber auch die Menschheit insgesamt, hier und heute *ist,* kann man ohne die in die Gegenwart hineinwirkende Vergangenheit nicht begreifen. Und: „Was der Mensch *sei,* sagt ihm nur seine Geschichte" (so *Wilhelm Dilthey* in seiner Rede anläßlich der Feier zu seinem 70. Geburtstag am 19. 11. 1903). Momentanes (Da-)*Sein* und zukünftiges (Werden-) *Sollen* sind also ohne Macht(-*Gehabthabendes*) gar nicht denkbar. Diesem aufregenden Gewordensein um der Zukunft willen nachzuspüren, auf daß es heute seine bildende Wirkung tue – so ließe sich (altmodisch ausgedrückt) der Wunsch des Herausgebers und der Autoren formulieren.

Dieses Buch ist nicht nur ein Lese-, sondern auch ein Studienbuch, weshalb ihm vom Herausgeber eine fortlaufende Zeitleiste sowie ein Anhang bedeutsamer Quellentexte beigegeben sind. Die Vorauswahl der Texte trafen die für ihre jeweilige Epoche bzw. ihren jeweiligen „Gegenstand" zuständigen Autoren; das letzte Wort hatte jedoch der Herausgeber – denn er muß letztlich für die Gesamtkonzeption den Kopf hinhalten. Mit diesen insgesamt 29 Quellen soll belegt und gearbeitet, an ihnen entlang darf kontrovers diskutiert, über sie muß immer wieder neu befunden werden. Es mag „bessere" Quellen geben. Entscheidend für ihre Auswahl – hic et nunc – war die Frage, inwiefern sie über die Probleme der jeweiligen Epoche(n) aufzuklären vermögen – mal den Text vertiefend, dann wieder ihn relativierend, mal die eine oder andere Aussage bestätigend, dann wieder konterkarierend . . .

Und natürlich habe ich ein weiteres Mal zu danken:
Meinen Mitarbeiterinnen an der Berliner Hochschule der Künste, besonders Frau *Christa Schäfer,* Frau *Christa Schubert* und Frau *Gerda Simons-Schneider.* Zu danken habe ich dem Berliner *Senator für Wissenschaft und Forschung:* Seine Praxis, Forschungssemester zu gewähren, auch wenn sie nicht in jedem einzelnen Fall wirklich der (Er-)*Forschung* (alter und neuer Probleme) dienen, ist von einer vorbildlichen Liberalität gekennzeichnet. Ich danke meinem Lektor, Herrn *Heinz Gibas* vom Verlag: einen besseren Wissenschaftsredakteur kenne ich nicht! Und nicht zuletzt danke ich derjenigen, die oft antrieb und häufig bremste, die manches erleichterte und vieles erschwerte, die kräftig lobte und scharf kritisierte, die nicht weniges duldete und doch nicht alles gestattete: sie möchte nicht (immer) genannt werden . . .

Wie andere Bücher wird auch diese Darstellung *Pädagogischer Epochen – von der Antike bis zur Gegenwart* keinen Bestand auf Ewigkeit haben. Kommende Generationen werden anderes in ihnen sehen (wollen), aufspüren (müssen) und zur Darstellung bringen (können). Das ist Usus, denn deren Sorgen und Nöte, deren Hoffnungen und

Enttäuschungen, deren Worte, Werke und Taten sind nicht die unsrigen. Dies ist darüber hinaus legitim und nötig, zumal ohne die Rekonstruktion des Vergangenen es keine Konstruktion der Gegenwart und erst recht keine Vision der Zukunft gibt. Wenn uns (noch) eine Chance bleiben soll, das 3. Jahrtausend, oder wenigstens das 21. Jahrhundert, zu gestalten, dann gewiß nicht ohne anstrengende Denkarbeit und – bewegende Phantasie.

Und schließlich: Wie lange ein Buch Bestand hat, ist immer auch abhängig von den Menschen, die es lesen und die es schreiben. So gesehen hat auch dieses „unser" Buch seine Geschichte und damit diese „unsere" Geschichte ihr Buch . . .

Dortmund/Berlin, im Sommer 1987   *Rainer Winkel*

Zitierte Literatur

Ballauff, Th./Schaller, K.: Pädagogik. Eine Geschichte der Bildung und Erziehung. 3 Bde. Freiburg: Alber 1969 ff.

Blättner, F.: Geschichte der Pädagogik. Heidelberg: Quelle & Meyer 15. 1980 (1.1951)

Blankertz, H.: Die Geschichte der Pädagogik. Von der Aufklärung bis zur Gegenwart. Wetzlar: Büchse der Pandora 1982

Campe, J. H. (Hrsg.): Allgemeine Revision des gesamten Schul- und Erziehungswesens von einer Gesellschaft praktischer Erzieher. 16 Bde. Hamburg: Bohn 1785–1792. Reprint herausgegeben von *Ulrich Herrmann.* Vaduz: Topos 1979

Dilthey, W.: Traum (Original 1903). In: Ders.: Gesammelte Schriften. VIII. Bd. Stuttgart – Göttingen: Teubner–Vandenhoeck & Ruprecht 4. 1968, S. 220–226, zit. S. 226

Dolch, J.: Lehrplan des Abendlandes. Zweieinhalb Jahrtausende seiner Geschichte. Ratingen: Henn 1965

Garin, E.: Geschichte und Dokumente der abendländischen Pädagogik. 3 Bde. Reinbek: Rowohlt 1964 ff.

Kuczynski, J.: Geschichte des Alltags des deutschen Volkes. 5 Bde. Köln: Pahl-Rugenstein 1981 f.

Moog, W.: Geschichte der Pädagogik. Bd. 2 und 3. Neu herausgegeben von *Franz-Josef Holtkemper.* Ratingen: Henn 1967

Paulsen, F.: Das deutsche Bildungswesen in seiner geschichtlichen Entwicklung. Leipzig 1906. Reprint Darmstadt: Wissenschaftliche Buchgesellschaft 1966

Petersen, P.: Der Mensch in der Erziehungswirklichkeit. Mülheim: Setzkorn–Scheifhacken 1954. Reprint Weinheim–Basel: Beltz 1984

Reble, F.: Geschichte der Pädagogik. Stuttgart: Klett – Cotta 13.1980 (1.1950)

Scheuerl, H.: Geschichte der Erziehung. Ein Grundriß. Stuttgart: Kohlhammer 1985

1. Epoche:
Erziehung und Pädagogik
im Altertum

– Mythos, Logos und Formgebung –
1000 v. Chr. bis zur Zeitenwende

„Noch heute ist das, was unsere Kinder in der
Schule als Weltgeschichte lernen, im wesentlichen eine Reihenfolge von Völkermorden."

[*Sigmund Freud:* Zeitgemäßes über Krieg und
Tod (Original 1915). In: Ders.: Studienaus-
gabe. Bd. IX. Frankfurt/M.: S. Fischer 1974,
S. 33–60, zit. S. 52.]

Zeitleiste

v. Chr.

1400–1150 Griechenland: Spätmykenische Zeit; Aufschwung von Mykenä; kretische Malerei; Einfluß auf Kleinasien und den germanischen Norden
1400–1050 Babylonien: klassische Zeit der Literatur; Gilgameschepos
1292–1225 Ägypten: Höhepunkt ägypt. Macht; Pharao Ramses II.
1250 Rückzug der Josephstämme aus Ägypten; Moses; Aaron; 10 Gebote
um 1000 Palästina: Beginn der Niederschrift des AT und der Thora
1002–963 König David; Jerusalem Hauptstadt
963–925 König Salomon; Jerusalem durch Tempelbau festes Kultzentrum; wirtschaftlicher Aufschwung
nach 925 Zerfall des Reiches in Nord- und Süd-Reich; Überfremdung der Religion; Baalskult; Propheten: Elia, Elisa, Jesaja, Jeremia
um 950 Griechenland: Gründung Athens
um 900 Gründung Spartas
1000–700 Iran: Zarathustra; Priesterkasten; Glaube an einen Schöpfergott als Träger des Guten
um 814 Gründung Karthagos als Handels- und Schutzmacht gegen die griechische Kolonisation im westl. Mittelmeerraum
776 Beginn der Olympiaden; Daidalos
760 Verfassung Spartas
ab 750 Entwicklung der griech. Polis und Kolonisation
753 (Sagenhafte) Gründung Roms
721 Eroberung Palästinas und Verschleppung seiner Bevölkerung nach Mesopotamien
640–559 Athen: Solon (Gesetzgebung regelt die soziale, wirtschaftliche und gesellschaftliche Neuordnung; Aufzeichnung des Privatrechts; Timokratie ohne Berücksichtigung des besitzlosen Standes; 3 Klassen)
605–587 Palästina und Mesopotamien: Nebukadnezar II.; Zerstörung von Jerusalem;

Verschleppung der Oberschicht; Babylonische Gefangenschaft; Höhepunkt der Macht des Mardukkults
um 585 Kleinasien: Thales von Milet
560–483 Indien: Buddha
559–529 Iran: Kyros II. erweitert Persien zum (nach damaliger Auffassung) Weltreich; Eroberung des Lyderreiches und Babyloniens (546)
551–479 China: Konfuzius
ab 539 Rückwanderung der Juden aus Babylon
525 Palästina und Ägypten werden pers. Provinz
510 Rom: Ende der etruskischen Fremdherrschaft; Einführung der Republik
510–404 Blütezeit Griechenlands; attische Seebünde
490–406 Griechenland: Perserkriege
494 Kleinasien: Aufstand der ionischen Griechen gegen Persien; Zerstörung Milets
490 Sieg der Griechen bei Marathon
ab 480 Trägödien des Aischylos
480 Schlacht an den Thermopylen (Spartaführer Leonidas); Zerstörung der griech. Städte einschließl. Athens; Seeschlacht bei Salamis; Sieg Athens
479 Athen und Sparta schlagen die Perser mit deren griech. Verbündeten bei Plataia
um 451 Rom: Zwölftafelgesetz (lex duodecim tabularum)
443–429 Athen: Klass. Epoche unter Perikles
431–404 Peloponnesischer Krieg; Athen gegen Sparta
um 430 Hippokrates
ab 400 Kriegerische Auseinandersetzungen Athen, Sparta, Theben gegeneinander und gegen Persien; Hegemonie Thebens
343–340 Aristoteles: Erzieher Alexanders
356–323 Alexander der Große; Zerstörung Thebens (335); Ende der pers. Vorherrschaft

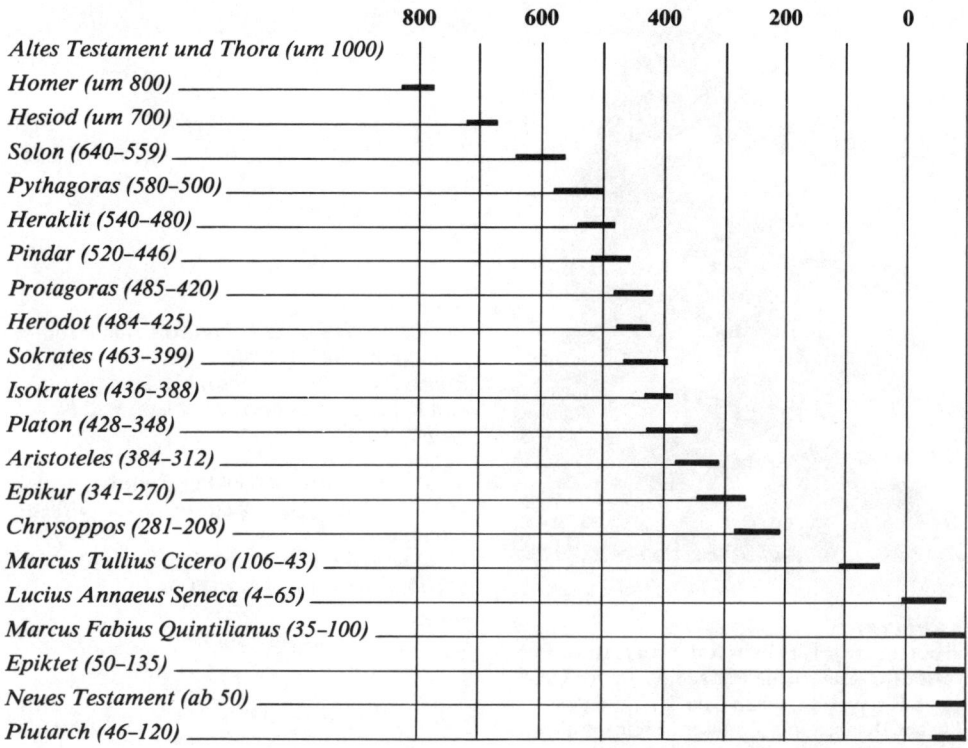

	800	600	400	200	0
Altes Testament und Thora (um 1000)					
Homer (um 800)					
Hesiod (um 700)					
Solon (640–559)					
Pythagoras (580–500)					
Heraklit (540–480)					
Pindar (520–446)					
Protagoras (485–420)					
Herodot (484–425)					
Sokrates (463–399)					
Isokrates (436–388)					
Platon (428–348)					
Aristoteles (384–312)					
Epikur (341–270)					
Chrysoppos (281–208)					
Marcus Tullius Cicero (106–43)					
Lucius Annaeus Seneca (4–65)					
Marcus Fabius Quintilianus (35–100)					
Epiktet (50–135)					
Neues Testament (ab 50)					
Plutarch (46–120)					

mit der Schlacht bei Issos (333);
Eroberung von Palästina, Ägypten, Indien
Gründung von Rhetorenschulen, Akademien
und Gymnasien
323–280 Diadochenkämpfe um Alexanders
Reich
340–268 Rom: durch Eroberungen Herrschaft
in Italien
ab 323 Palästina: zunehmende Hellenisierung;
ab 200 Übersetzung der vorliegenden Bücher
des AT ins Griechische (Septuaginta)
264–133 Rom: Begründung der Weltherrschaft
bis 146 1., 2., 3. Punischer Krieg gegen
Karthago endet bei Zama mit Sieg Roms über
Karthago und Athen (202)
164 Palästina: Wiederherstellung des reinen
Jahwekults nach Aufständen (Makkabäer)
133–123 Rom: Tiberius und Gajus Gracchus:
Agrarreform und Gesetzgebung
120–70 Marius und Sulla; Krieg gegen Kimbern
und Teutonen;

Sklavenaufstand des Spartakus;
Reaktionäre Gesetzgebung
70–44 Triumvirat: Caesar, Pompeius, Crassus
64 Palästina röm. Provinz
58–57 Caesar in Gallien und Belgien
48–47 Alexandrinischer Krieg; Einsetzung von
Kleopatra als Königin in Alexandria
44 Ermordung Caesars
44–30 Bürgerkriege; Selbstmord von Crassus,
Brutus, Antonius und Kleopatra;
Sieg Octavians
30–14 Octavian als Kaiser Augustus
0 Zeitenwende

um 50 Seneca: Erzieher von Nero
0–33 Jesus von Nazareth
45–58 Missionsreisen des Paulus
ab 50 Niederschrift des NT
60–61 Paulus in Rom
64 Christenverfolgung unter Nero
70 Zerstörung von Jerusalem

Bauformen des Unterrichts, Bad Heilbrunn:
Klinkhardt 1983, 2.1986;
Erziehung zur Anthroposophie. Darstellung
und Kritik der Waldorfpädagogik, Bad Heilbrunn: Klinkhardt 1985.

Anschrift: Lehrstuhl für Allgemeine Pädagogik.
Universität Bayreuth. Kulturwissenschaftliche
Fakultät.
Geschwister-Scholl-Platz 3, Postfach 10 12 51,
8580 Bayreuth (09 21) 4 10 71–74.

Klaus Prange,
geboren am 3. 1. 1939 in Ratzeburg, ist o. Professor für Allgemeine Pädagogik an der Universität Bayreuth. Nach dem Studium der
Fächer Deutsch und Englisch, Philosophie und
Pädagogik hat er mit Unterbrechungen von
1964 bis 1978 am Gymnasium unterrichtet,
war als Studienleiter für Pädagogik und Philosophie in der Lehrerbildung tätig, promovierte
1969 in Philosophie und habilitierte sich 1975
in Pädagogik. Nebenher unterrichtete er an
einer privaten Realschule, im Strafvollzug und
an einer Volkshochschule. Von 1976 bis 1985
war er Professor für Pädagogik an der Kieler
Universität, seitdem in Bayreuth.
Die Themen seiner Veröffentlichungen beziehen sich auf das Problem der Fundierung
der pädagogischen Theorie in einer Anthropologie der Erfahrung, auf didaktische und auf
bildungspolitische Fragen.
Neben zahlreichen Zeitschriftenaufsätzen
sei auf folgende Buchveröffentlichungen
hingewiesen:

Pädagogik als Erfahrungsprozeß, Stuttgart:
Klett-Cotta
  (Bd. I: Der Pädagogische Aufbau
  der Erfahrung, 1978;
  Bd. II: Die Epochen der Erfahrung, 1979;
  Die Pathologie der Erfahrung, 1981);

1. Epoche:
Erziehung und Pädagogik
im Altertum

Klaus Prange

I. Der Umkreis der antiken Erziehung

In der Rede von „Antike" und „Altertum" ist noch immer ein Abglanz jenes Lichtes enthalten, das den Kunst- und Denkschöpfungen der neueren Zeit vorangeleuchtet hat. Was modern ist, ließ sich nur sagen, indem es gegen das Alte, die „via antiqua", abgehoben wurde. Klassisch ist zuletzt eben das, was die Griechen und Römer vorgetan haben; und wer sich auf sie bezieht, kehrt zu den Quellen zurück, aus denen wir immer wieder schöpfen. Insofern ist „Antike" mehr als eine Epochenbezeichnung; sie enthält auch direktive, pädagogische Konnotationen, ohne die die neuerliche Vergegenwärtigung wohl kaum in Gang käme. Nach wie vor gehören *Homer* und *Aristoteles, Cicero* und *Vergil* zum Umkreis einer Bildung, die über das Fremde sich ihrer Eigenart vergewissern will; in Anlehnung und Abhebung bleiben die Klassiker unsere Lehrer, selbst dort, wo sie nicht mehr direkt gelesen und angeeignet werden.

Nun gilt der Enthusiasmus für die Antike als etwas Vergangenes; er mag das neue Denken auf den Weg gebracht haben, zuerst programmatisch in der Renaissance mit ihrem Ruf „ad fontes" und noch einmal in der „deutschen Renaissance", wie sie *Alfred Weber* genannt hat[1]. Doch die Kenntnisse und Befunde über das Altertum haben sich so erweitert, daß sich jenes Bild einer mustergültigen Lebens- und Weltdeutung aufgelöst hat, an dem sich das moderne Selbstbewußtsein artikulierte. Es scheint, als wüßten wir zuviel, um uns noch ein Bild von einiger Geschlossenheit und Verbindlichkeit machen zu können, wie es in der Rede von „dem" Altertum oder „der" Antike unterstellt wird. Auch legt sie einen Zusammenhang nahe, der durchaus nicht von Anfang an gegeben war und bewußt erlebt wurde. Er hat sich erst allmählich gebildet; in der griechischen Oikumene wird er sichtbar, das römische Imperium hat ihn verfestigt, die römische Welt-Kirche fortgesetzt.

Doch am Anfang steht Disparates. So verhält es sich auch mit der Erziehung. Wer in Sparta aufwächst, folgt anderen Bräuchen und Regeln als in Athen, wieder andere Muster gelten für den jungen Makedonen und den Ionier an den Küsten Kleinasiens, ganz zu schweigen von den Persern und Juden der gleichen Zeiträume. Jeder Ort und Lebenskreis hat seine eigenen Götter und Geschichten, so daß die eine „Geschichte des Altertums", wie sie *Eduard Meyer* vorgelegt hat, nicht dasselbe sein kann, wie etwa die Geschichte Preußens oder die der Hanse[2]. Dennoch wird in *einem* Zuge das Bild der alten Welt erzählerisch vergegenwärtigt. Das gehört zum elementaren Unterricht der Geschichte. So hören wir zuerst von den Sumerern und den Ägyptern, nebenher von dem Los der Juden, dann den Griechen und Römern, bis sie von den germanischen Stämmen abgelöst werden und wir die Franken und Sachsen erreichen, mit denen dann unsere eigene Geschichte beginnt. Die Darstellung bringt in eine Zeitfolge, was nebeneinander liegt, oft unverbunden; teils in fördernder Berührung, teils ablehnend fremd. Diese große Geschichte gleicht einem Schiff, das auf dem immergleichen Meer von Osten nach Westen fährt, als ob es uns immer schon zum Ziel gehabt hätte. Die „res gestae" erscheinen in dieser „historia rerum gestarum" als sinnvolle Stationen einer geordneten Reise von einem gemeinsamen Anfang bis zu unserem, vorerst vorläufigem Ende[3].

Es liegt auf der Hand, daß dieses Bild unvollkommen ist. Nicht nur das Schiff, auch das Meer hat seine Geschichten, eine Vielfalt unterschiedlicher Anfänge und Lebensformen, die auch dann noch festgehalten werden, wenn der Hauptstrom anderwärts weitergegangen ist. Die Ägypter der Diadochenzeit haben nach wie vor den Nil zu bewirtschaften; die vielen griechischen Städte schreiben unter wechselnden Herrschaften ihre Geschichten und Bräuche fort; und daneben gibt es Einzelwelten die Fülle: die Juden am Jordan und in der Diaspora, die Phönizier in Syrien und in Afrika, die seltsamen Etrusker und die unverständlichen Ligurer, die Gallier und Iberer, keltische Clans und auch schon die germanischen Völkerschaften im Nebelland Thule.

So sprechen wir in Wahrheit, wenn wir vom „Altertum" reden, zunächst nicht von den wirklich erlebten Anfängen und Ursprüngen, sondern von dem, was sie uns an Mustern und Deutungen vermacht haben, genauer noch: von der Erbschaft, die wir aus der großen Masse von Sinnformeln und Bildern angenommen haben. Die europäischen Kulturvölker haben die Athener und Römer, die Juden und die Jonier gleichsam als Eltern adoptiert, ihre Ergebnisse nachgelesen, neu belebt und so dem Vergessen entrissen. „Altertum" ist vor allem eine Sache der Rezeption, des Nachlernens und der Nachlese, nicht so sehr eine Eigenschaft, die den Anfängen und Geschichten selber schon zugekommen wäre.

Indes: eine solche Rezeption wäre kaum möglich gewesen, wenn in der mediterranen Lebenswelt nicht etwas entstanden wäre, was sich als Bild und Muster anbietet, wenn es keine griechische Oikumene und kein römisches Imperium gegeben hätte, also auch kein Bewußtsein der Zusammengehörigkeit in *einer* Welt. Insofern „gibt" es das Altertum und auch die antike Pädagogik, aber nicht von vornherein und selbstverständlich, sondern durch die gelebte Bedeutung, die in das Gewordene hineingelegt und aus seinen Gestalten herausgelesen worden ist[4].

So vielfältig die Varianten für spätere Anschlüsse, so mannigfaltig ist auch die Erziehung in dem Jahrtausend von Sparta bis zum sogenannten Untergang der alten Welt, von der hier vor allem die Rede sein soll[5]. Daß daraus dann etwas Zusammengehöriges und Faßliches wurde, ist eine spezifische Leistung der Hellenen und der Römer. Sie zeigt sich in einem Mann wie *Paulus,* dem jüdischen Bürger Roms: er verkündet der „ganzen Welt" eine palästinensische Lokalgeschichte, so daß sie schließlich das Medium des allgemeinen Lebens- und Weltverständnisses werden konnte. Diese Wirkung ist ohne jenen Vorgang, durch den die mediterrane Welt zu *einer* Bühne wurde, gar nicht vorstellbar. Die Christen haben diesen Lebenskreis nicht geschaffen, sondern benutzt; doch ebenso brauchte diese Welt auch ein Sinnprogramm, das nicht mehr allein auf regionale Götter und lokale Bräuche gestellt, sondern das „katholisch" im Wortsinn, d. h. umfassend und allgemein war. Wie ist es dazu gekommen, daß jeder von jedem lernen konnte, daß also ein Jude römisch und ein Römer christlich, ein Syrer griechisch und ein Grieche Lehrer der Lateiner werden konnte? Diese Frage ist der Hintergrund der folgenden Darstellung. Sie versucht den Stadien nachzugehen, die dazu geführt haben, daß Lernen und Erziehung Thema wurden, nicht nur sich vollbringende Wirklichkeit, die zum Leben gehört, sondern zugleich auch Gegenstand des Nachdenkens und planender Vorsorge. Erziehung gab es natürlich auch im Land Sumer und bei den Ägyptern, dazu ein gnomisches Wissen in Leitsprüchen für Eltern und Erzieher[6]. Doch zum Wunder der Griechen gehört, daß sie den ausdrücklichen Übergang zur Reflexion vollzogen haben, von der Erziehung, wie sie geschieht, zur Pädagogik, die wissen will, was das ist: das Erziehen. Deshalb setzt unsere Darstellung mit der griechischen Erziehung und Pädagogik ein, um diesen Übergang nachzuvollziehen.

Der leitende Gedanke ist: Erst als Lernen und Erziehung ausdrücklich thematisiert worden waren, entstanden auch Wahlchancen und Übergänge, die weit über natürliche Herkunft und angestammte Traditionen hinausgehen konnten. Die Thematisierung des Lernens und der Erziehung ist eine griechische Leistung. Sie gehört zu jener „Entdeckung des Geistes"[7], die als Bezugspunkt für immer neue Renaissancen und Anschlüsse gedient hat, so daß die Antike nicht nur gewesen und vergangen ist, sondern sie begleitet unsere immer neuen Geschichten wie einen Horizont bis heute[8].

II. Anfänge: die physische Erziehung

Vor der Erziehung und dem Lernen ist das Leben. Zuerst geht es überall darum, sich zu erhalten und zu überleben, kollektiv wie individuell. Das Dasein des einzelnen in seiner Gruppe ist kurz und unbeständig, ausgeliefert einer zunächst übermächtigen Natur und selber zuerst fast ganz Natur. So sind die Anfänge der antik-griechischen Erziehung nicht anders als am Nil und im Land Sumer: Die Natur stellt die Aufgaben; Umstände und lokale Erfordernisse bestimmen die Lösung. Wenn irgendwo, dann findet sich hier jene „Erziehung durch die Dinge", die *Rousseau* der Erziehung durch den Menschen und das bloße Reden gegenübergestellt hat. Aber es sind natürlich nicht

„die" Dinge und auch nicht „die" Natur, sondern ganz besondere Umstände und Gegebenheiten, auf die wiederum ganz besondere Lebensformen antworten.

Die dorischen Griechen waren um 1200 v. Chr. als Eroberer gekommen und hatten die alte mykenisch-kretische Kultur überwunden. Um Herren zu bleiben, werden die jungen Spartaner zum Kämpfen und Herrschen erzogen. Sparta hat in der griechischen Welt das bleibende Muster einer physisch bestimmten Erziehung gegeben, an dem sich die Anhänger von Ordnung und Gemeinsinn von *Platon* bis *Mussolini* immer wieder orientiert haben, auch wenn die spartanische Frühzeit, wie *H. I. Marrou* ausgeführt hat[9], noch andere Züge einer freieren Geistesart zeigt. Nach der Niederschlagung des messenischen Aufstandes (ca. 550 v. Chr.) besinnen sich die Spartaner auf das, was sie erhält: keine ästhetische Abschweifung soll die Jungen hindern, das erste und einzige zu besorgen, die Erhaltung des Gewonnenen. Erziehung als Bewahrung des Bestandes, das ist der Sinn der spartanischen Erziehung. Es kann nicht verwundern, daß Militärs und Reaktionäre in späterer Zeit daran Gefallen finden, wo eigentlich solches Lernen unter Bedingungen der Knappheit längst künstlich und damit zum Zwang geworden ist.

Wie sieht diese Erziehung der Herrschenden aus? Die Kinder gehören dem Gemeinwesen, nicht den Eltern. Eben geboren, werden sie von einem Rat der Alten geprüft, angenommen oder verworfen. Das Kranke und wirklich oder vermeintlich Schwache wäre Last und wird ausgemerzt. Bis zum siebten Jahr dürfen die Jungen ihren Müttern und Ammen überlassen bleiben, dann aber beginnt die richtige Erziehung, die „agoge", im Kreis der Gleichaltrigen unter der Leitung des Pädonomen. Keine Familienzärtlichkeit soll ihre gymnastische und danach ihre militärische Ausbildung behindern.

Der Aufstieg zum vollgültigen Bürger ist genau geregelt: vier Jahre dauert das Alter des „kleinen Jungen", noch einmal vier Jahre das des Knaben im eigentlichen Sinn, dann folgen fünf Jahre des Jünglingsalters. Aber auch innerhalb der Altersgruppen wird nach Jahrgängen unterschieden, so daß die Karriere schon dem Jahrgangssystem gleicht, das wir heute in der Schule oder bei den Pfadfindern antreffen. Es ist eine Erfindung der Spartaner und kehrt dann z. B. bei *Platon* und *Quintilian* wieder als Zeitordnung des schulischen Lernens. Solche Ordnung läßt dem Zufall im guten und weniger guten Sinn wenig Spielraum; weder das Genie noch der Versager haben eine Chance. Das Reglement sichert den Bestand. Ist die Jugend mit zwanzig zu Ende, bleibt die Pflicht für das Gemeinwesen bestehen; noch die Verheirateten gehören zunächst ins Männerhaus, immer in Dienstbereitschaft.

Der Inhalt dieser Erziehung ist Disziplin und Kampf; in Sparta mit solcher Einseitigkeit und Entschiedenheit, daß die erste Form der Erziehung als Bestandswahrung noch festgehalten wird, als es schon ganz andere Möglichkeiten gab. Das Mißtrauen gegen das bloße Spiel, gegen das Wort, die Musik und den Genuß schöner Formen, die wir doch gerade für das spezifisch Hellenische halten, hat eine Erziehungsform hervorgebracht, die ganz Zweck und Dienst ist. So haben wir ein überscharfes Bild früher, traditionaler Erziehung vor uns, die „archaia paideia"[10], eine Erziehung entlang der Natur und ihren Erfordernissen, und zwar als Disziplinierung. Gehorsam ist ihr verbindendes Ethos.

Die Legende erzählt, *Lykurg* habe in die Verfassung, die er seiner Stadt Sparta gegeben hat (ca. 760), den Zusatz eingefügt, sie solle unverändert gelten, solange er fern von Sparta sei. Dann sei er gegangen und nicht zurückgekehrt. Das ist ein verpflichtendes Bild für den Willen zur Dauer, der Sparta schließlich atrophiert hat. Indes: solche Unverbrüchlichkeit gilt für alle, die unten leben und in der Erziehung nur diszipliniert werden. Es ist daran zu erinnern, daß diese „spartanische Erziehung" für die Masse der Menschen überall und zu allen Zeiten das Übliche und Gewohnte war und daß eine freiere Erziehung das Privileg weniger geblieben ist.

Wie lernt man in einer solchen Lebens- und Erziehungsordnung? Lernen ist Nach- und Mitlernen dessen, was immer schon ist. Neuerung erscheint als Gefahr, Disziplin als Grundtugend, um für das Gemeinwesen in Form zu sein. Was zu lernen ist, zeigen und sagen die Alten. Sie repräsentieren, was gilt. In den homerischen Epen (um 850 v. Chr.) werden solche ehrwürdigen Erziehergestalten sichtbar; *Phönix* und *Chiron* für *Achilles, Mentor* für *Telemach*. So darf man sich der Form nach auch die Erziehung in Ägypten, bei den alten Israeliten und bei den Etruskern vorstellen, im alten Rom und im vorklassischen Athen: das Anfänglich-Alte (gr.: arche, lat.: principium) ist das Gültige, das herrschen soll, und es wird verkörpert durch die ältere Generation. „Frage deinen Vater, der wird dir's verkündigen, deine Ältesten, die werden dir's sagen" (5. Mose 32,7): das gilt nicht nur für die Israeliten, das gilt überall, wo das Lernen noch nicht selbständig geworden ist, sondern eingebunden und bezogen auf Erhalt und Bewahrung dessen, was ist. Das ist für die Gattung wie für den einzelnen der Anfang des Lernens. Es beginnt affirmativ als Nach- und Mitahmung, oder wie es der Prediger *Salomonis* sagt: „Die Furcht des Herrn ist der Anfang der Weisheit" (Sprüche Sal. 1,7).

Doch natürlich sehen die Anfänge in verschiedenen Lebenskreisen unterschiedlich aus, je nachdem, ob sich der Anfang einer einmaligen Gründung, einem Gottesvertrag (wie in Israel) oder einem Vertrag im Beisein der Götter (wie in Rom) verdankt. Dieser Anfang liegt aber nicht als etwas Vergangenes hinter den Menschen, sondern begleitet sie als ständiges Gebot und rechtfertigt den Gehorsam, um zu erhalten, was einmal gestiftet worden ist. An Sparta kann man sehen, wie eine Erziehung aussieht, die das Zusammenleben durch treue und strenge Bewahrung des Anfangs erhalten will. So kann das Übergewicht der physischen Erziehung nicht verwundern. Nicht zufällig kehrt das spartanische Modell überall da wieder, wo der bloße Bestand heilig gesprochen wird.

Nun sind Natur und Quasi-Natur nicht alles. Die Einübung in Kampf und Selbstbehauptung bietet Freiräume des Spiels, gerade wenn man Herr ist und nicht zu arbeiten braucht. Das Spiel, auch wenn es auf den Ernstfall vorbereitet, löst sich von seinem Zweck und gewinnt ein Eigenleben. Wenn der Ernstfall nur simuliert und die Arbeit von den unterworfenen Periöken und Heloten, den Frauen und Sklaven verrichtet wird, dann ergibt sich eine Variante: Man kann das Spiel selbst zum Ernstfall machen, martialisch wie die Spartaner mit den brutalen Menschenjagden auf Sklaven und Rechtlose, doch auch olympisch verfeinert. Es ist dieser Schritt, der die vielgestaltige griechische Welt über den engen Kreis der physischen Selbstbehauptung hinausgeführt und jenes Lernen für alle Fälle vorbereitet hat, das dann von den Sophisten thematisiert worden ist. Nur als Gegenstimme gegen das freiere Lernen ist das spartanische Erziehen in Erinnerung geblieben; für sich genommen mutet es so eng und finster an wie jene anderen Erziehungssysteme, die auch sonst für archaische Verhältnisse gelten. An den Spartanern wird deutlich, worin die emanzipatorische Neuerung dessen liegt, was Griechenland Europa mitgegeben hat.

III. Olympia und Homer: das Spiel in der Erziehung

Kaum ein Volk hat das Spiel so ernst genommen wie die Griechen[11], und zwar als Kampf- und Wettspiel, in dem die Menschen sich miteinander messen und den Besten ermitteln. Daß sie sich überhaupt zusammengehörig fühlten, ist ohne Spiel nicht denkbar. Seit 776 v. Chr. ist festgehalten, daß sie alle vier Jahre in Olympia zusammenkommen[12]; nach diesem Datum bestimmen sie ihren Kalender, nicht nach der Gründung der Stadt wie die Römer oder gar nach der Erschaffung der Welt wie die alten Hebräer.

Während des Spiels ruhen die tödlichen Rivalitäten – und setzen sich fort im sportlichen, rednerischen, künstlerischen Wettstreit. Sonst sind sie Thebaner und Argiver, Korinther, Milesier, Athener und was sonst noch alles; im Spiel sind sie Griechen, ausgenommen die Spartaner, die seit 576 nicht mehr mitmachen. Die fünf Grunddisziplinen (Lauf, Weitsprung, Diskus, Speerwurf und Ringen) bewahren die Erinnerung an den wirklichen Kampf um Leben und Tod; hier erscheint er gezügelt, kultiviert und gleichsam humanisiert: die Form wird selber zum Inhalt und zur Aufgabe. Es gibt mehr zu gewinnen als den Untergang des Gegners, nämlich Ruhm und Ansehen bei den anderen, womöglich Nachleben in der Rede, im Bild und im Gesang.

Keine Bundeslade und kein Tempel, keine geheiligte Urkunde oder Gründungssage versammelt die Griechen, sondern die Gleichheit im Streit um den Sieg, in der Kunst der besseren Darstellung und überlegenen Selbstpräsentation. Der Nil habe Ägypten hervorgebracht, sagt *Herodot;* das Spiel, so ließe sich ergänzen, die Griechen; nicht die blanke Notwendigkeit, sondern die Notwendigkeit am Bande der Freiheit.

Überhöht wird diese Kultur des Spiels durch einen Bezugspunkt, der einzigartig ist: die Dichtung *Homers*. *Homer,* sagt *Platon* im „Protagoras" (339 a) und in der „Politeia" (X 606 e), habe den Griechen die Erziehung gegeben, nicht als Programm der Lehre, sondern in den Geschichten und Bildern vollkommenen Strebens nach Auszeichnung und Ruhm. Er hat ihnen gezeigt, was gilt und einen Mann auszeichnet, vor allem am Beispiel des *Achilles,* an dem sich dann noch *Alexander* orientiert. Es ist jene Verständigkeit und gute Natur, die sich bewähren und hervortun will; ein aristokratisches Lebensideal, das nicht Werke um ihrer selbst willen, sondern das anerkannte Verdienst will, das Streben „immer der Beste zu sein" (aein aristeuein), wie *Homer* sagt. Das ist etwas ganz anderes als die römische „pietas" oder die jüdische Frömmigkeit des Gottesgehorsams, weniger ein Dienstvertrag mit dem Göttlichen als ein Beratungsverhältnis, um einmal im Leben vorne zu sein und nicht vergessen zu werden. Noch die ruchlose Tat des *Herostratos,* der im Jahre 356 v. Chr. den Tempel der *Artemis* in Ephesus niederbrennt, zeigt das Motiv, sich unvergeßlich zu machen: er gibt im Bösen das Beispiel, wie man zum vorbildenden Paradigma für andere wird[13].

Diese Tendenz zum Paradigmatischen zeigt sich nicht erst in der Reflexion, sozusagen nach dem Abschied vom Mythos; sie ist schon angelegt in der Form, die die Griechen dem Umgang mit dem Göttlichen gegeben haben. Erzählungen von Göttern und Mächten, Mythen der Entstehung von Welt und Natur, Halbgöttern und außerordentlichen Menschen gab es überall, dazu ihre kultische Repräsentation, durch die sie gegenwärtig gehalten wurden; doch von *Homer* wird das in eine Form gebracht, die nicht an einen Ritus, an einen festen Ort und eine Priesterschaft gebunden ist. Die Dichtung ist zugänglich und verständlich für jedermann, der griechisch kann und nicht lallt wie die Banausen und Barbaren. Was *Homer* erzählt, wird nacherzählt, umgeformt, in Stein gehauen und auf die Bühne gebracht. Er gibt das Muster und zugleich den imaginativen Bezugspunkt, der den Griechen eine gleichsam bewegliche Gemeinsamkeit verschafft, egal wo sie leben, in Athen oder Kleinasien, in Italien oder auf Sizilien, später in Alexandrien oder in Marsilia: Dämme können brechen und Götterbilder gestürzt werden; die Dichtung wird, ähnlich wie die Thora der Juden, von keiner militärischen Niederlage und keiner Naturkatastrophe erreicht. Und jeder kann an dieser Welt teilnehmen. Folgt man dem homerischen Code, gehört man dazu und wird Grieche.

Es bleibt bemerkenswert, daß die beiden sinnstiftenden Völker des Altertums, die Juden und die Griechen, ihr Identifikationssymbol in einer Schrift besaßen, eben „der" Schrift und dem „unsterblichen" *Homer*. Das machte sie immun gegen die blinde Empirie von Mord und Totschlag, Krieg und Verwüstung, so daß Altes Testament und griechische Dichtung so gegenwärtig sind wie eh und je. Doch man sieht auch den Unterschied: hier eine menschliche Dichtung mit Anschlüssen vielfältiger Art, dort das geoffenbarte Wort; hier Weise und Helden wie *Nestor* und *Achilles,* dort Propheten und Gottesknechte wie *Amos* und *David*. So verschieden die Autorität des

Wortes, so verschieden ist auch der Umgang mit den Bildern und Geschichten. Die freiere Fassung des Mythischen bei *Homer* hat den spezifisch griechischen Bildungsgedanken vorbereitet, gewissermaßen als Vorschule des Logos, der sich selber weiß. Auch das Orakel von Delphi spricht nicht wie der Gott im Dornbusch mit absoluter Befehlsgenauigkeit, sondern andeutungsweise, so daß man durch kluge Auslegung sich einen eigenen Reim machen kann. Der Prototyp solcher Beweglichkeit und Lernfähigkeit ist *Odysseus,* der vielerfahrene und listenreiche, der mit jedwedem Neuen fertig wird und doch nach Hause kommt, ohne sich zu verlieren[14]. Es ist diese Kombination von ausgreifender Neugier und geschickter Selbstbewahrung, die das besondere griechischer Ingredienz in der antiken Welt ausmacht. Schauen und einen guten, womöglich gesteigerten Anblick bieten; gute Haltung wahren, aber auch selbst den Blick für das Fremde kultivieren: in diesem Bündnis von Hinsehen (theorein) und Darstellen (mimesis) liegt der Schlüssel, mit dem die Griechen das Geheimnis des Mythos entziffert und den Übergang zum Logos angestoßen haben[15].

Denn es gibt noch mehr, als einmal der Beste zu sein. Man kann auch die Regeln untersuchen, nach denen zu streiten und zu siegen ist. Man kann erzählen und das Erzählen erforschen; beobachten und das Beobachten beobachten; über dieses und jenes nachdenken und über das Denken nachdenken. Dazu gehört mehr als olympischer Wettstreit und Redekampf, auch mehr als die Umformung der homerischen Mythen. Dieses Mehr, in dem die mythopoetische Tradition zuerst umgeformt und dann aufgelöst wird, findet sich zuerst auf den Märkten der Tochterkolonien in Kleinasien und der Magna Graeca. Da lernt und übt man nicht mehr für einen bestimmten Kampf und Sieg, sondern für alle Fälle. Diese Wendung vom Mythos zum Logos ist das eigentliche Wunder Griechenlands, womit etwas beginnt, was es sonst nicht gegeben hat und was sich in allen Emanzipationen durchgehalten und wiederholt hat bis heute.

IV. Von den Naturdenkern zu den Sophisten: die Entdeckung der Lehrkunst

„Alle Wesen streben von Natur nach Wissen", sagt *Aristoteles* (384–322) in der „Metaphysik" (980a). Doch es sind eigentlich und zuerst die Griechen, die richtig nach Wissen streben, und zwar nach dem, was man nicht nur einmal weiß und für andere anders ist, sondern was man überhaupt weiß und für alle gilt. Praktische Kenntnisse, wie sie sich aus dem tätigen Umgang mit wiederkehrenden Lebenssorgen ergeben hatten, gab es genug. Aber es sind die Griechen, die die Feldmeßkunst zur Geometrie erheben und daraus das Muster einer axiomatischen Disziplin gewinnen (*Euklid* um 300), die die sumerische Astrologie zur Astronomie umsetzen[16], die weit hinausfahren und sich umhören wie *Herodot* (ab ca. 480), die nach der Natur der

Dinge, nach dem Zusammenhang des gemeinschaftlichen Lebens fragen und dann ganz andere Antworten finden als bloß Ursprungsfabeln und Schöpferlegenden.

Man sieht das an den Antworten der ionischen „Physiologen", wie *Aristoteles* sie nennt, Naturdenker, noch nicht Naturforscher, aber auch keine Mythopoeten mehr. Über ihnen liegt noch der Schleier dichterischen Sprechens, aber sie kündigen doch einen neuen Stil des Denkens an, Antworten anderer Art, in denen der Nachklang alter Geschichten zunächst noch deutlich zu hören ist[17]. An den Mythos von Okeanos kann man glauben, aber über die These des *Thales von Milet,* daß alles aus dem Wasser stamme, läßt sich streiten; sie kann ersetzt, umgeformt, verfeinert werden. Und das geschieht auch. Als Grund der Dinge, den man nicht mehr selber unmittelbar sieht, sondern denken muß, erscheinen nacheinander und nebeneinander das Unbestimmte *(Anaximander),* die Zahl *(Pythagoras* und seine Schule), die Bewegtheit des Logos *(Heraklit),* das Denken *(Parmenides),* die Elemente usw. Das Gemeinsame in diesen Varianten ist die Wendung von den vielen Geschichten zu dem einen Logos, in dem Menschen eine gemeinsame Welt haben, wie *Heraklit* sagt (vgl. Fragment B 89). Nicht durch Mythen und Bräuche, Kult und Tradition sind die Menschen verbunden, sondern durch das Denken: „Verständiges Denken (sophronein) ist die höchste Vollkommenheit, und Weisheit ist, Wahres zu sagen (alethea legein) und zu tun nach dem Wesen der Dinge, auf sie hinhorchend" (B 112).

Das Entscheidende ist: das Wesen ist nicht mehr von sich aus offenbar, sondern verborgen. Nicht jeder sieht es, schon gar nicht die vielen, die in der Höhle der Geschichten und Lokalansichten bleiben, „als hätten sie ein Denken für sich" (B 2). Aber nicht nur die vielen gehen in die Irre, die „physis" selber ist verborgen und liebt es, sich zu verbergen (krypthesthai), wie *Heraklit* sagt (B 123). Was darin ausgesprochen und vorgedeutet liegt, läßt sich in seiner Tragweite gar nicht hoch genug einschätzen. Wir sind es gewohnt, „hinter" die Dinge zu sehen, um das zu erkennen, was der Erscheinung zugrundeliegt als Gesetz oder Wesen; und das heißt, anders gewendet: nichts ist schon das, als was es erscheint. Die Zumutung, die mit den neuen Antworten durch *Thales* und *Anaximander, Heraklit* und *Parmenides* in die Welt gekommen ist, besteht darin, dem Anschein zu mißtrauen und nach dem „wahren Grund" zu fragen, mit der Folge, daß eben die normale und alltägliche, im Umgang bestätigte und beglaubigte Erfahrung verfremdet, dementiert und durch etwas ersetzt wird, was allem Augenschein widerstreitet. Jeder sieht Wasser und Land, Himmel und Erde, aber daß „alles" eigentlich Wasser sei, geht über alle Anschauung hinaus und setzt eine Denkungsart voraus, die den Augenschein außer Kraft setzt, um etwas anderes zu finden, das bleibend und geltend ist. Insofern steckt hinter dem Denken der frühen ionischen Physiologen eine neue Frageweise, auf die sich erst Griechenland und dann Europa eingelassen haben; das Fragen und Argumentieren gegen den offenbaren Augenschein, wie es paradigmatisch das Paradox des *Zenon* zeigt: jeder weiß, daß *Achilles* die Schildkröte überholt; das sieht man schließlich. Aber, so *Zenon,* es ist

doch nicht so, weil man zeigen kann (wie er meint), daß er sie gar nicht überholen
kann. Die Rechtfertigung des Gegebenen durch den Begriff: das ist der Kern des
Logos-Motivs, vor dem die Mythen und Geschichten seit altersher nicht standhalten.
Sie bleiben buchstäblich nur für die vielen in Geltung; für die Denkenden müssen sie
umgedeutet und allegorisch ausgelegt werden (wie die *Homer*dichtung), um so nachträglich ihren geheimen Sinn für die Lebensführung zu retten[18].
Für die Erziehung ist wichtig: es entstehen *viele* Lehren, nicht *eine* Wahrheit, unterschiedliche Antworten, zwischen denen man wählen und über die man diskutieren
kann. Da läßt sich vergleichen und argumentieren, so daß sich der alte Agon (Mann
gegen Mann) zum Kampf um das rechte, treffende und siegende Wort wandelt. Dieses
Reden will selbst geübt und gelernt sein; denn das Medium der Wahrheit ist der Logos
als Rede, die eben nicht nur das Wahre ermittelt, sondern in den Dienst für den Sieg
in der Polis und vor Gericht gestellt wird. So bleibt das agonale Prinzip auch in dem
Streit um die Wahrheit erhalten: der Streit ist der Vater aller Dinge (*Heraklit,* B 53).
Er gehört zum Logos. Neben die alte Erziehung als Naturbeherrschung tritt das Neue:
die Wortbeherrschung und die Herrschaft durch das Wort. Das ist der Boden, auf dem
neben und mit der Philosophie die Lehre und Kunst von der Rede entsteht[19]. *Korax*
und *Teisias* (5. Jh.) gelten als die ersten, die in Sizilien nach dem Sturz der Tyrannis
daran gehen, Kunstregeln der richtigen und treffenden Rede aufzustellen; denn der
Markt und das Gericht verlangen das. Ohne den Übergang der Macht an die Versammlung der freien Männer gäbe es gar keinen Ort für die neue Redekunst, aber wie
sich zeigt, greift ihre Bedeutung weiter; sie wird maßgebend auch für das Lehrgespräch. Neben die körperlichen und musischen Techniken, die weiter bestehen und
geübt werden, tritt so die Einübung in das richtige Reden, nämlich das Auffinden des
Themas und seiner Gesichtspunkte (gr.: heuresis; lat.: inventio), die Beachtung der
Gliederung (gr.: taxis; lat.: dispositio), das Anführen des Wahrscheinlichen und
Wahren (gr.: pistis; lat.: probatio), das Ansprechen der Motive (gr.: pathe; lat.:
passio). Das kann erkannt und gelernt werden, und dazu gibt es Lehrer, aber in einem
neuen Sinne. In gewisser Weise kannten auch Babylonien und Ägypten Schulen; sie
bildeten zum Schreiber und Priester aus: die Schüler sollten nicht erfinderisch werden,
sondern getreue Bewahrer des Worts und der geprägten Formeln. Eben das ist anders
bei den Griechen: es geht um die agonale Rede, bei der man sich etwas einfallen läßt
und den anderen überrascht, wo das überwindende und zündende Argument gut
plaziert ist und die Affekte der Hörenden getroffen werden. Es ist immer auch etwas
Theater dabei, Schauspiel für die Galerie mit Sieg und Niederlage. Man erkennt das
noch in den sokratischen Dialogen, die *Platon* nachgezeichnet hat.
Und neu ist vor allem dies: der Wissende und Könner seines Faches stellt sich zur Verfügung, ja drängt sich seinen Hörern als Lehrer auf, so wie noch *Sokrates* mit einer
Lampe auf dem Markt herumgegangen sein soll, um den anderen zu zeigen, daß sie
eigentlich nichts vermögen und noch des Lichts bedürfen. Sie wissen gar nicht, was sie

zu wissen meinen: erst der Lehrer macht aus den Hörenden Schüler, die nicht nur den Spruch von altersher nachbeten, sondern selber etwas finden und von sich aus reden lernen. Das Lehrgespräch ist eine Frucht der Rhetorik. Es setzt immer schon Meinungen und Kenntnisse voraus, die nun geprüft, verglichen, verworfen und angenommen werden. Der agonale Zug gehört dazu, eine Art höheren Gedankenspiels, und die Regeln dieses Spiels werden selber gelehrt und Thema. Die Philosophen hatten noch wie die Dichter gesprochen, ebenso bestimmt-endgültig, doch ohne mythischen Schleier; jetzt kommt ein anderer Typ auf: der Sophist als Mann des Wortes und der überwältigenden Rede, sei es vor Gericht, in der politischen Versammlung oder im theoretischen Diskurs.

Bis dahin und für die Mehrheit auch weiter gab es den Pädotriben, der die sportlich-gymnastische Erziehung leitet, unterstützt von Gymnasten und vom Kitharisten. Doch die Sophisten bringen den jungen Leuten etwas anderes bei. Sie lehren nicht, wie alles war und nachzumachen ist, sondern sie warten mit Überraschungen auf, sind selbst so etwas wie eine Sensation, und sie zeigen, wie man sich der alten Gedanken und Formeln neu bedienen kann, wie man z. B. die Dichter ausschlachtet und für die eigene Rede benutzt. Obendrein lassen sie sich bezahlen; da muß man schon etwas bieten. *Georgias* (ca. 485–380) und mehr noch sein Schüler *Isokrates* (436–338) sind reich geworden als Lehrer. Dahinter steht, daß das Wissen des Immer-Richtigen der Mythen ausgezehrt ist; statt dessen wird gewußt, wie das Wissen funktioniert und wie man es wirkungsvoll in Szene setzt.

Das ist die kritisch-destruktive Seite der Sophistik; sie befreite von den mythischen Geschichten und lehrte statt dessen, daß, wie *Protagoras* (ca. 480–410), der Freund des *Perikles,* es sagte, der *Mensch* das Maß der Dinge sei. In der verlorengegangenen Schrift über die Götter trägt er vor, die Götter seien aus der Meinung der Menschen hervorgegangen; es gibt sie nicht, außer in der Phantasie der Menschen. Und schließlich: Recht beruht auf Vereinbarung; es gilt, weil und sofern es durchgesetzt wird; es ist weder göttliches noch natürliches Gebot. Den Hütern von Recht und Ordnung hat solch demokratisch-skeptischer Relativismus zu allen Zeiten mißfallen[20]. Er gehört auch nicht mehr in die alte Welt des Adels und natürlichen Vorrangs, sondern in die urbane Weltläufigkeit der griechischen Handels- und Marktstädte, allen voran Athen. Diese Sophisten sind nirgendwo richtig zuhause und überall; keiner Polis ganz verpflichtet, bringen sie die Schule mit und bieten ein Lernen an, das weiß, wie man etwas weiß. *Georgias* stammt aus dem sizilischen Leontinoi, *Protagoras* aus Abdera, *Hippias* (Ende des 5. Jhs.) aus Elis: sie machen Schule, nicht die Schule den Lehrer. Sie suchen und finden ihre Schüler, oft nicht ohne einen Einschlag erotischer Werbung und Zuneigung, mit der sich der Ältere und Erfahrene dem jungen Mann oder Knaben zuwendet.

So sind die Sophisten Lehrer des Worts. Das ist ihre Entdeckung, das macht sie aber auch suspekt. Wo die Form der Rede selber Thema wird, scheint alles in Fluß zu geraten, so daß sie als glaubenslose Gesellen erscheinen, die aus schwarz weiß und aus weiß schwarz machen, die schlechtere Sache zur besseren, die bessere zur schlechteren, wie *Platon* sagt. Insofern verkörpern sie das Zweideutige der ersten Aufklärung und aller Aufklärung: sie emanzipiert vom Alten und Gewohnten, aber es bleibt offen, wohin sie führt.

V. Sokrates: die Lehrbarkeit der Tugend

Erst durch *Sokrates* (469–399) haben wir ein Bild davon, was das wirklich heißt, andere zu belehren und sich belehren zu lassen. Beides gehört hier zusammen: Lehrer und Schüler sind zwei Seiten eines Paradigmas, und *Sokrates* hat es in einer einzigartigen Weise gezeigt und so zur Nachfolge bereitgestellt. Worin dieses sokratische Paradigma besteht, läßt sich aus der Form erkennen, wie uns *Sokrates* heute noch gegenwärtig ist. Denn was wir von ihm wissen, sein Leben, sein Wirken und Lehren, wissen wir von seinen Schülern: die Wirkung zeigt den Mann. Er hat keine Lehre als Zusammenhang von Grundsätzen mit Ableitungen und Variationen hinterlassen; statt dessen hat er seinen Schülern eine Lektion erteilt, die ihresgleichen sucht und immer wieder geboten erscheint. So ist er gegenwärtig durch das Zeugnis *Platon*s und *Xenophon*s, durch Hinweise bei seinen anderen Schülern wie *Antisthenes, Aristipp* und *Euklid von Megara,* die ihrerseits durch *Aristoteles* und *Diogenes Laertios,* den Geschichtsschreiber der Philosophie, überliefert sind[21]. *Sokrates* selber kam es auf eine solche Überlieferung offenbar gar nicht an, nicht darauf, zukünftige Generationen zu belehren und seinen Gedanken Dauer zu verschaffen. Er hat keine Schule gegründet, geschweige denn eine Gemeinde, die sein Andenken in Brauch und Kult hütet. Er hat gerade nicht gesagt: ich bin der Weg und die Wahrheit; sein Sterben, das ihn für Christen in die Nähe zu *Jesus von Nazareth* gerückt hat, ist weder Beglaubigung einer Botschaft als Wahrheitszeugnis noch Opfer für andere, sondern die ethische Konsequenz aus dem, was er für richtig hielt[22]. Seine Weigerung, dem Gefängnis zu entfliehen, und sein Tod beweisen nichts, was zu glauben und zu verstehen wäre. Sie geben vielmehr ein Beispiel: man muß tun, was man denkt; aber man kann auch falsch denken und sich irren.

Diese Freiheit noch sich selbst gegenüber zeigt sich in den Schülern. Sie sind ganz eigene Wege gegangen und haben sehr verschiedenartige Schulen gegründet, unter ihnen die berühmteste, *Platon*s Akademie. Genau das ist das Paradigmatische des sokratischen Lehrens; die Schüler folgen keiner vorgezeichneten Bahn, sondern haben ihre Antworten selbst zu finden. Keiner entspricht dem Meister ganz und kann sich nur auf ihn berufen, auch *Platon* nicht, der alles, was er selber lehrt, durch den Mund des *Sokrates* sagt. Darin entspricht diese Schülerschaft, anders als das christliche Jüngertum, dem Lehren des Lehrers: was richtig ist und etwas taugt, die Tugend im Sinne der rechten Haltung und Lebensführung, muß jeder für sich selber und in sich selber finden, so wie *Sokrates* seinem „daimonion" vertraut. Kein Lehrer vermag zu sagen, was jeweils in der besonderen Situation das Richtige ist; aber er kann etwas anderes: er kann den Fragenden auf den Weg bringen, so daß er in Bewegung kommt, die irrigen Sicherheiten auflöst und sich auf die Suche begibt. Darin besteht die Lehrkunst des *Sokrates,* das Maieutische, nämlich als Freigabe von Möglichkeiten, die im Lernenden latent gegeben sind und entbunden werden können.

Wer war nun dieser Mann, und wie wurde er gesehen? Er war häßlich, mannhaft und liebte das Gespräch; er kam aus einfachen Verhältnissen, wo man etwas kann und nicht bloß herumredet – der Vater war Bildhauer, die Mutter Hebamme –, und er ernährte sich von einem Handwerk, vermutlich von der Bildhauerei wie sein Vater, nicht vom Unterricht und der Erziehung wie die Sophisten, unter die er dennoch gerechnet wurde. Als deren Prototyp hatte ihn *Aristophanes* in seiner Komödie „Die Wolken" (423 v. Chr.) auftreten lassen. Er war jungen Männern und schönen Knaben offenbar ebenso zugetan wie seiner Frau *Xanthippe,* die er erst sehr spät geheiratet und von der er zwei oder drei Söhne hatte, den letzten als Siebzigjähriger. Sie waren noch nicht erwachsen, als er den Schierling nehmen mußte und das Todesurteil des Volksgerichts an sich vollstreckte. In seinen Bedürfnissen war er nach *Xenophon* mäßig, vor allem im Essen; außerdem war er trinkfest. Am Schluß des Symposion, als seine Gesprächspartner betrunken unter den Tischen liegen, steht er nüchtern auf und geht nach Hause an seine Arbeit.

Ein einfacher, freier Bürger also, ein Mann von unten, und zugleich eine Attraktion für die Söhne aus der feinen Gesellschaft, darunter *Platon* und *Alkibiades*. In der ersten Hinsicht stand er in den Kriegen Athens seinen Mann, sprach in der Volksversammlung gegen die Meinung der kompakten Mehrheit, tat seine Pflicht bis zum Vollzug des öffentlichen Urteils an sich selbst, obwohl er das Urteil für einen Justizirrtum hielt; in der zweiten Hinsicht aber erschien er als unsicherer Kantonist, als Verderber der Jugend und Verächter des Staatskults, so daß er nach der Vertreibung der „Dreißig" von der restaurierten Demokratie angeklagt und verurteilt wurde[23]. Das Paradoxe an dem Prozeß gegen *Sokrates* ist, daß er für die wirklichen oder vermeintlichen Verbrechen seiner Schüler büßen mußte, als ob der Lehrer sie so gewollt hätte, wie sie geworden waren, eben nicht Schüler und selbständig Lernende.

Diese Anklage, die Jugend verführt und verdorben zu haben, nötigt *Sokrates* in seiner Selbstverteidigung zu sagen, was das pädagogische Paradox seiner Lehrerschaft ausmacht: er sei kein Erzieher, wie es die Sophisten sein wollen, ja mehr noch: niemand könne einen anderen zu etwas erziehen (und dann für das Ergebnis verantwortlich gemacht werden); das sei ein Irrtum[24]. Die Sophisten aber wissen nicht, daß sie das nicht wissen, im Unterschied zu *Sokrates,* der weiß, daß er nicht weiß (oida ouk eidos), wie man einen Menschen erzieht und in ihm die „arete" erzeugt (Apologie 21 d). Diese sokratische Formel vom Wissen des Nichtwissens ist ein fester Topos des philosophischen und pädagogischen Denkens geworden, also doch eine Lehre mit praktischen Folgerungen für die Lebensführung, d. h. selber eine Tugend, die man erwerben kann und sollte. So erklärt sich, daß *Aristoteles* neben der Lehre von der Definition dem *Sokrates* noch die andere Lehre zuspricht, daß nämlich Wissen Tugend sei (Met. 1078 b 78).

Wie geht das zusammen? Wie kann man zugleich sagen, daß einerseits Tugend Wissen, also lehrbar sei, aber daß es doch keine Lehrer dieses Wissens gebe, also auch keine Erzieher, wie die Sophisten von sich behaupteten? Die Antwort besteht darin, daß es zweierlei Wissen gibt, einmal die Kenntnisse und „technai" (im griechischen Sinne) des alltäglichen Umgangs, die direkt überprüft werden können, und dann das Wissen dieses Wissens, warum also etwas so und nicht anders ist, wie es gewußt oder gerade nicht gewußt wird. In der Erziehung zur Tugend geht es um dieses zweite Wissen, den Anspruch der Selbstaufklärung des eigenen Bewußtseins und der zugehörigen Lebensweise. Aber dieses zweite, reflexive Wissen liegt nicht zutage wie das erste Wissen; es ist verdeckt, verstrickt in Meinung (doxa), Vorurteil und Irrtum, so daß die Aufgabe des Lehrers eben darin liegt, es zu entbinden und gegen den festen Anschein hervorzuholen. Die Schüler des *Sokrates* sind ja schon erzogen (im ersten und alten Sinne), ganz oder halb erwachsen, und jetzt wird gleichsam rückwärts gearbeitet, um das, was wir als Kinder und im Alltag gelernt haben, wieder aufzubrechen, zu begrenzen (durch den „horismos" der Definition) und von dieser Grenze her zu bestimmen. Die allgemeine Form, in der das geschieht, ist die Was- und Wesensfrage (Was ist fromm, was ist schön, was ist gerecht?), und das besondere didaktische Verfahren ist Prüfung und Selbstprüfung des Wissens und Selbstbewußtseins[25]. In der Tat hat *Sokrates* die Prüfungsfrage als erster in einer grundlegenden Weise thematisiert, nicht als Abfrage von Gewußtem, sondern gleichsam als Gewissensfrage, ob das, was man weiß und zu wissen meint, standhält. Dazu wird der Lernende einer Prüfung ausgesetzt, die keine Eigenliebe und keinen Dünkel schont. Den Schülern vergeht Hören und Sehen; *Sokrates* erscheint dem *Alkibiades* als Satyr (Symposion) und dem *Menon* als Zitterrochen (Men. 80b), daß sie erstarren, innehalten und sich besinnen[26]. Der Weg zum zweiten Wissen führt über die Aporie; aber leichtfertige Schüler können natürlich dieses Verfahren auch dazu benutzen, ihre Eltern und Oberen zu verunsichern, so daß sie den *Sokrates* dafür haftbar machen, der ihnen das beigebracht hat.

Das Entscheidende bei *Sokrates* ist indes: es gibt in der Rede ein Ethos, so daß sie nicht nur Technik ist, sondern ein Verfahren der Klärung und Selbstaufklärung. Die Form erzieht; das ist das paedagogicum der Rede. Dieser Gedanke ist bis in die späten Varianten des „erziehenden Unterrichts" festgehalten worden. Die Form (als zweites, reflexives Wissen) ist dabei kein äußeres Kleid, das man beliebig wechseln kann; sie enthält ein Maß, durch das die Sachen selber zum Sprechen gebracht werden. Indem wir in gemeinsamer Rede das Unvernünftige ausscheiden und das Vernünftige zu ermitteln suchen, das jedermann anerkennen kann, bewähren wir die Tugend der prüfenden Selbstprüfung, so daß wir nicht im Schein befangen bleiben: Der Logos der Rede begründet das Ethos der Lebensführung. Aufklärung ist deshalb nicht nur wie bei *Protagoras* Zerstörung der Meinungen von gestern, sondern zugleich und wesentlich Selbstaufklärung, die denjenigen nicht unberührt läßt, der sich darauf einläßt. Es ist dieser Tugendoptimismus, den *Sokrates* der europäischen Bildungstradition vermacht hat, nicht als feste Tugendlehre, sondern als Prüfverfahren, auf das sich Lehrer und Schüler einlassen: die Methode erzieht, zu welchem Ergebnis sie den einzelnen auch führen wird.

Wann immer es in der Folge darum gegangen ist, gegen festes Dogma und orthodoxen Brauch das Eigenrecht des Fragens und Suchens zur Geltung zu bringen, ist *Sokrates* dabei. Das gilt für die humanistische Parole „Sancte Socrate, ora pro nobis" wie es für die cartesische Reflexion auf das „ego cogito", *Hamann*s „Sokratische Denkwürdigkeiten" und *Kierkegaards* Technik der indirekten Mitteilung gilt. Insofern hat er nicht nur seinen Schülern in Athen eine einmalige Lektion erteilt, sie ist vielmehr das Muster aller Kritik, Aufklärung und Vernunft.

VI. Von der Lehrkunst zur Pädagogik: Isokrates – Platon – Aristoteles

Die physische Erziehung ist auf die Zwecke eines bestimmten Gemeinwesens bezogen, für die die einzelnen diszipliniert werden. Demgemäß bringt sie bestenfalls Typen hervor, deren Rang eben darin besteht, einem allgemeinen Leitbild zu entsprechen. Das bezeugt jener Satz von den Thermopylen: sich verhalten, „wie das Gesetz es befahl"; das ist die Krone der physischen Erziehung. Gesteigert erscheint diese Erziehung in der freieren Form der Übung (askesis) und als Spiel, wodurch eine vielfältigere Kultur des Ausdrucks möglich wird. Man kann sich einen Namen machen und einzig dastehen. Das Lernen gewinnt gegenüber dem vorgeordneten Zweck eine gewisse Selbständigkeit; doch sie läßt sich noch einmal steigern. Wäre die griechische Welt nur bis zum ästhetischen Ideal gediehen, hätte sie kaum ihre paradigmatische Bedeutung für ihre Nachbarn und für Europa gewinnen können. Ihre Lebens- und Erziehungsformen wären mit ihren politischen Formen dahingegangen. Es ist der Schritt zu einer allgemeinen, rezeptions- und anschlußfähigen Form, der aus einzelnen Vorstößen und Gestaltungen ein überlieferungsfähiges Ganzes gemacht hat.

Dieser Schritt von der Lehrkunst, die auf Einzelfälle beschränkt ist, gewissermaßen als Privileg der Nacherziehung für Interessierte und Auserwählte, zur Pädagogik, die das Ganze von Polis und Erziehung ins Auge faßt und in eine Ordnung bringt, ist genau in dem Augenblick vollzogen worden, als es mit der Polis zu Ende ging. Schon in der Rede auf die Gefallenen, die *Thukydides* dem *Perikles* in den Mund gelegt hat, wird „Athen" zu einem Codenamen für Bildung und Erziehung[27]. An die Stelle der politischen Vormacht tritt das Ideal der athenischen Lebensform, der Ausgleich von Vernunft und Praxis, Reflexion und Tat; an die Stelle der politischen, direkten Macht tritt die fernwirkende Macht des Wortes, der Gedanken und Leitideen. Die Krise der Polis und schließlich ihr Untergang nötigen zu einem Gegenstück, nämlich zu der unsichtbaren Polis der Gebildeten, für die es provisorisch eine Heimstatt zu gründen gilt. In der Schule als Freiraum der Muße (scholé im griechischen Sinne) bildet sich vor, was nicht mehr ganz Praxis ist und noch nicht wieder Wirklichkeit. Hier wird für späteren Gebrauch bewahrt, was einmal war und wieder sein soll; eine ständige Erinnerung im Doppelsinn von Gedächtnis und Mahnung.

So kann man sehen, daß die Pädagogik eine Gründung aus dem Geist der Resignation ist. Sie hat ihre Stunde, wenn die großen Niederlagen zu verarbeiten und die Bestände zu retten sind; dann also, wenn eine Gestalt des Lebens zu Ende gegangen und das Neue noch nicht heraufgekommen ist. *W. Jaeger* hat auf diesen Zusammenhang hingewiesen: „Der Drang zum Erzieherischen wird durch das Problem der Gegenwart ungeheuer gestärkt und dringlich gemacht und empfängt durch das allgemeine Leiden der Menschen eine ungeahnte Tiefe. Der Gedanke der Paideia wird so zum eigentlichen Ausdruck des geistigen Wollens der kommenden Generation. Das 4. Jahrhundert ist das klassische Zeitalter in der Geschichte der Paideia, wenn wir darunter das Erwachen zu einem *bewußten Ideal* der Erziehung und Kultur verstehen. Nicht ohne Grund fällt es in ein so problematisches Jahrhundert"[28].

Erst jetzt wird der „paidagogos", der vordem als Sklave den Jungen von Stand zum Ringplatz und zum Kitharisten nur begleitet, der Seelen- und Menschenführer, der Pädagoge im neueren Sinne. Er soll retten, was in der Welt vergangen ist: in der Erziehung lebt fort, was die Erwachsenen verloren haben. Und so wendet sich gerade jetzt die pädagogische Reflexion den Heranwachsenden und schließlich den Kindern zu, nachdem sie zuvor in der Sophistik und Sokratik als zweites Lernen der Erwachsenen in den Blick gebracht worden war. Erst wenn Hans nicht weiter weiß, ergeben sich Erziehungsprogramme für Hänschen; er soll lösen, was die Großen nicht mehr bewältigen, weil in ihm die bessere Zukunft beschlossen liegt. Das „legte den Gedanken nahe, die Erziehung zu dem archimedischen Punkt zu machen, von dem aus man die politische Welt zu bewegen vermochte" (*Jaeger,* a. a. O., S. 4 f.).

Diese Gründung der Pädagogik als vorverlegte, in die Jugend zurückgewendete Erwachsenenbildung ist das Werk vor allem von *Isokrates, Platon* und *Aristoteles,* den großen Schulgründern nach dem einzigartigen Lehrer, dessen Werk sie unmittelbar wie *Platon* oder vermittelt wie *Isokrates* und *Aristoteles* fortsetzten. Sie zogen aus dem Prozeß gegen *Sokrates* eine Lehre: Die wahre Paideia bewährt sich nicht mehr unmittelbar im Einsatz für die faktisch bestehende Polis, sondern sie braucht ihren Eigenraum, ein institutionelles Moratorium, in dem gelernt und geforscht wird. Dazu ziehen sie die Summe der griechischen Erfahrung und verschaffen ihr in den Schulen eine überlieferungsfähige Heimstatt; sie stellen deren Ergebnisse auf Dauer und formulieren für diese Praxis der Theorie selber wieder eine Theorie: Pädagogik als Rechtfertigung eines Lebens in der Idee, einer provisorischen Ethik der Schule.

Isokrates (436–338 v. Chr.)

Noch am engsten schließt *Isokrates,* der Schüler des *Gorgias,* an die sophistischen Vorgaben an; aber, sokratisch ermahnt, zeigt er, was das Reden, das „passende Wort", nicht nur für den öffentlichen Gebrauch und Zweck, sondern für den Reden-den selber vermag. Im Reden haben wir nicht nur ein Werkzeug; es ist eine eigene Wirklichkeit, die auf den Redenden selber zurückkommt. Dadurch können wir uns gegenseitig überzeugen, Gemeinschaft bilden und Staaten gründen, Recht setzen und die Künste erfinden. Ohne Wort kein Gesetz, keine Unterscheidung zwischen wahr und falsch, gut und böse. Wir wären unfähig, beieinander zu wohnen. Und schließ-lich: durch das Wort unterrichten wir die Unverständigen und prüfen die Verständi-gen. Denn die Fähigkeit der Rede ist das wichtigste Zeichen vernünftiger Sinnesart, und ein wahrhaft gesetzliches und gerechtes Wort ist Abbild einer vertrauenswürdigen und guten Seele[29].

Das ist das Programm und der Glaube des Sprachhumanismus. Die sprachliche Form erzieht; sie belehrt und sozialisiert; sie macht uns mit den Techniken vertraut und mit den Regeln des Zusammenlebens. Das Maß der Rede bildet das Maß des richtigen Lebens vor, und deshalb ist das „eu legein" nicht bloß schönes und gefälliges Reden, sondern selber wirkende Kraft; Sprache, „die mit uns denkt und dichtet" (so *Schiller*). Was stumm bleibt, ist unmenschlich und wahrhaft barbarisch. Der Mensch als Redner (logon echon) – darin liegt: wir sprechen nicht nur miteinander über etwas, sondern wir „sind ein Gespräch", wie viel später noch *Hölderlin* wiederholt. Wer sprechen lernt, wird zum Menschen erzogen, über alle physischen Fähigkeiten und technischen Könnerschaften hinaus, die ein Pädotribe oder ein Kitharist vermitteln. Der wahre und wirkliche Erzieher ist der „grammatist".

Auf dieser Grundlage hat *Isokrates* eine Schule gegründet, zugänglich für alle, nicht als kultisch verbundene Gemeinschaft; eine offene Schule, durch die im Laufe seines langen Lebens über 500 Schüler gegangen sein sollen. Sie lernen bei *Isokrates,* wie man seine Gedanken ordnet, Beweise findet, Belege und Vergleiche, wie man das richtige Wort und die Übergänge wählt. *Isokrates* macht es vor, und entlang solcher Muster soll der Schüler seine Sprache ausbilden. Das Pädagogische liegt zugleich darin, daß der Meister Reden nur geschrieben, nicht gehalten hat: der Pädagoge gibt das Muster und verschiebt die Wirksamkeit auf die Schüler, die dann hinausziehen und anwenden sollen, wo er die Form gegeben hat. Darin zeigt sich das Doppelantlitz der pädagogi-schen Wirksamkeit: sie zieht sich aus dem Tagesgeschäft zurück und wendet sich ihm doch auf einem Umweg wieder zu, sie enthält beides: Scheitern oder Verzicht einer-seits und Fernwirkung andererseits[30].

Platon (428–348 v. Chr.)

Resignation und Pädagogik: dieser Zusammenhang ist konstitutiv im Leben, Denken und Fortwirken *Platons*[31]. Als Mitglied einer der vornehmsten Familien Athens, die ihre Herkunft in der mütterlichen Linie auf den großen *Solon* zurückführte, hat *Platon* wie selbstverständlich die Nähe zur Politik, zur Ordnung der Polis und zur Erziehung des einzelnen zu einem politischen, mit der allgemeinen Sache vertrauten Wesen. Im VII. Brief, einer autobiographischen Summe seines Lebens und Denkens, hat er diesen Anfang dargestellt, dann die Erschütterung über Verurteilung und Tod des *Sokrates,* „den ich ruhig den gerechtesten Menschen jener Zeit nennen möchte", und die Wendung zur Philosophie als Antwort auf den Niedergang der Polis. *Platon* sieht, „daß man allein von ihr ausgehend vollständig erkennen könne, worin Gerechtigkeit im Staat und im Privatleben bestehe". Er geht nicht mehr auf den Markt, wie *Sokrates,* um direkt im einzelnen etwas zu bewirken, sondern versucht sich im großen als Reformer in der griechischen Diaspora; und als er damit scheitert, geht er in die Klausur und gründet mit der Akademie einen Musterstaat, eine Utopie auf Abruf, in der vorgedacht wird, was einmal die wirkliche Polis sein soll[32]. Das pädagogische Motiv durchzieht *Platons* Denken im ganzen. Es kann nicht aus seinen erkenntniskritischen und staatspolitischen Gedanken herausgelöst werden, ja man kann sehen, wie sich der Gedanke der Idee, des Bleibenden im Wandel und des Immer-Wahren gegenüber der Doxa, gegenüber Irrtum und Verwirrung, zunächst aus einer Reflexion darauf ergibt, wie wir dessen inne werden können, was allgemein gilt. In dem Dialog „Menon", in dem sich die Wendung auf die Ideenlehre ankündigt, wird die Frage nach dem Lernen aufgeworfen, und zwar in einer Gesprächslage, wo Meinung gegen Meinung steht. Die Eingangsfrage nach der Lehrbarkeit der Tugend, die „sokratische Frage", wird in der Weise eingeführt, daß überhaupt gesagt wird, wie wir etwas lernen und können: erstens von Natur, dann durch Übung und schließlich durch „mathesis", ein Lernen anderer Art, das auf Wissen gegründet ist und deshalb Notwendigkeit mit sich führt. Innerhalb dieses Gesprächsganges wird dann zum erstenmal eine Bestimmung des Lernens vorgenommen: Lernen ist „Anamnesis", Erinnerung an das, was die Seele seit je in sich aufgenommen hat, was gleichsam latent immer da ist und durch die geeignete Methode ans Licht gebracht werden kann. Es geht um die immergleiche Gegenwart des Gültigen, und das wird dann später „Idee" genannt[33].

Es ist festzuhalten, daß die Ideen nicht postulativ eingeführt werden, nicht als Glaubenssatz und Axiom, sondern als Weg, über den das Immer-Gültige erreicht werden soll. Sie stellen im Gespräch das Formal-Allgemeine dar, das nicht widerlegt werden kann. Sie sind, wie gut 2000 Jahre später *Kant* sagen wird, „a priori", *vor* aller Einzelerfahrung und *in* der Erfahrung als das, was sie ausweist und über das beliebige Meinen hinaushebt.

Für diesen Gang zum Allgemeinen und Immer-Gültigen hat *Platon* ein Denkbild gefunden, das immer wieder als Anknüpfungspunkt gedient hat: das sogenannte

Höhlengleichnis im 7. Buch der Politeia. Die leitende Frage ist, worin die wahre Paideia besteht, die Bildung, die den Menschen zu einem allgemeinen Wesen macht und damit auch zu einem Wesen, das der Polis fähig ist[34].

Bildung ist Aufstieg aus der Höhle des Besonderen und den Trugbildern des Vergänglichen in die Sonne des Ewig-Wahren. Aber das ist kein bequemer Aufstieg, er verlangt den Schmerz der Negation; denn die Fesseln erscheinen den Menschen als das Natürliche, so daß sie mit Gewalt umgekehrt und ins Licht gewendet werden müssen. Sie werden geradezu hinaufgeschleift, bis sie dorthin gelangen, wo sie die Sonne selbst auszuhalten suchen. Erziehung als Umwendung (periagoge): das ist die bleibende Botschaft *Platon*s, nicht als natürliches Wachstum und eine Bewegung, die von sich aus ins Helle und Allgemeine strebt, sondern die geführt und gedrängt wird. Nur wenige vermögen tatsächlich den ganzen Weg auszumessen; die meisten und die vielen bleiben auf den unteren Stufen des Wissens, mit der Folge, daß diejenigen, die sich in die Höhle zurückwenden und die Botschaft verkünden, wie verrückt erscheinen. *Platon*s Idealismus rechnet mit einer verkehrten Menschennatur; es ist kein blauäugiger, sondern ein fordernder Idealismus, gestützt wohl auch auf die eigene Erfahrung des Scheiterns.

Dieses Denkbild für das Lernen ist von *Platon* nicht nur allgemein gefaßt, sondern nach seinen Stufen entfaltet worden. Es gibt einen Lehr- und Lebensplan der Bildung[35]: Am Anfang stehen die Künste, in die eingeübt wird, dann die Bekanntschaft mit den elementaren „mathemata", die Achtzehnjährigen erhalten die Ausbildung zu Wächtern, also die militärische Zucht, und erst die Erwachsenen können den höchsten Grad erklimmen, die Dialektik, in der das Wissen sich selber weiß. Je nach dem Grad der Verwirklichung dieses Bildungsgangs bestimmt sich, welchen Platz der einzelne im Staatswesen einnimmt, ob er nur für das Lebensnotwendige sorgen muß oder ob er schon zu den Wächtern gehört oder schließlich zu jenen wahrhaft Gebildeten, die zum Regieren geeignet sind. Den Stufen des Lernens entspricht der Staat, geordnet und sicher wie Sparta, nach dessen Erziehungsstil sich *Platon* richtet, aber auf einer anderen, allgemeineren Grundlage: das Gemeinsame ist das Vernünftige, das unter jedem Himmel gilt.

Doch diesen Staat gibt es nicht wirklich; es gibt für *Platon* vorerst nur die Akademie, die Ausbildungsstätte möglicher Regenten, gleichsam als Prolog einer Gemeinschaft der Vernünftigen. Keiner, so soll über der Akademie gestanden haben, dürfe da eintreten, der sich nicht in der Geometrie auskenne. Das ist der höchste Anspruch, der an die Lebensführung zu stellen ist: Praxis soll theoretisch sein und Theorie praktisch. Aber das ist nun wiederum eine Idee, sozusagen die Idee der Ideen; und die Frage des späten *Platon* ist, wie diese nun selber wieder gefaßt und angeeignet werden kann[36]. So wie es zu den vielen Einzeldingen jeweils eine paradigmatische Ordnung gibt, ein Grundmuster und Schema, nach dem wir sie erkennen, so kann man fragen, ob es für die vielen Ideen wiederum eine Idee gibt, eine Form der Formen: der Rückgang auf das Allgemeine ist nicht nur eine Methode, die man fallweise anwendet; er verlangt selber

nach einer methodischen Klärung. Im VII. Brief läßt *Platon* schließlich eben die letzte
Idee wie einen Funken aus dem gemeinschaftlichen Gespräch Gleichgesinnter entspringen. Der höchste Punkt der Bildung erscheint als Geschenk, nicht als Leistung
nach Plan und Absicht. So gehört beides zum Menschen: Wollen und Empfangen;
Schaffen und Hören; Wirken und Glück. Bei *Hölderlin,* dem Griechen unter den
Modernen, ist die Stimme des alten *Platon* noch einmal zu hören: „Voll Verdienst,
aber dichterisch wohnet der Mensch auf dieser Erde."

Aristoteles (384–322 v. Chr.)

Gut zwanzig Jahre, von 367 bis zu *Platons* Tod, war *Aristoteles* Schüler des Meisters
und der Akademie, ein nachdenkenswertes Beispiel dafür, wieviel Schülerschaft und
Lerngeduld dazu gehören, um etwas Eigenes sagen zu können. Indes: wie sollte es
weitergehen? Was kommt nach der Erleuchtung? Für *Aristoteles* blieb die Frage
offen, wie in das, was immer schon ist, das hineingebracht werden kann, was sein soll;
wie aus Gedanken Werke, aus Ideen wirkliche Daseinsformen werden. In den „Gesetzen" hat *Platon* selber sein Erziehungs- und Staatsdenken genauer vorgeführt (wenn
die „Gesetze" wirklich von *Platon* sind). Aber die Antwort darauf, wie das Allgemeine gleichsam alltäglich und die Kluft zwischen Idee und Wirklichkeit überwunden
werden kann, hat der Schüler *Platons,* nämlich *Aristoteles,* gegeben[37]. Das Gemeinsame, das ihn mit seinem Lehrer und mit dem griechischen Thema der „Form" verbindet, ist die Suche nach dem Allgemeinen, nach dem Wesen der Dinge, eben dem, was
Platon „Idee" genannt hat. Doch jene Lehre, so *Aristoteles,* verdoppelt nur die Welt
und führt zu einem unheilbaren Bruch zwischen dem Sinnlichen und dem Nicht-
Sinnlichen, dem Apriorischen und Empirischen, wie es später heißen wird. Dieser
„chorismus", so *Aristoteles,* ist nicht zu heilen; doch man kann ihm zuvorkommen:
schon in dem, was wir anschauen, ist uns das Allgemeine mitgegeben; in jeder Bewe-
gung, die auf ein Ziel zugeht, ist schon die Form mitenthalten als das Treibende, als
„Entelechie", die sich allmählich ans Licht und ins Klare arbeitet.
Da kann man Stufen und Grade unterscheiden, Bereiche der Vollkommenheit und
Annäherung, der Verwirklichung der Form, durch die alles ist, wie es ist. Auch das
Lernen ist eine Bewegung, nämlich der Übergang von einem unvollkommenen zu
einem besseren Zustand. Dabei handelt es sich nicht um eine lineare, gleichförmige
Bewegung; sie ist vielmehr in sich gewendet. In der Zweiten Analytik hat *Aristoteles*
die platonische Anamnesislehre aufgenommen und sein Bild davon gegeben, wie die
Bewegung des Lernens vorzustellen ist; es gleicht einer vorrückenden Schlachtord-
nung; sie trifft auf Widerstände, gerät ins Wanken, löst sich vorübergehend auf, bis
einzelne sich fassen, Halt gewinnen und andere sich um die Standhaltenden sammeln,
neu ordnen und wieder vorrücken[38]. So ist im Lernen eine doppelte Bewegung: Vor
und Zurück, Verlust und Sammlung, Neuerung und Sicherung. Es beginnt mit der
Natur, die gepflegt wird; sie wird gesteigert in der Übung und durch Gewohnheit

gefestigt. Auf diese Weise entsteht die Erinnerung, eben nicht mehr als Vorgabe einer ewig gleichen Seele, wie *Platon* in seiner Anamnesis-Lehre gesagt hatte, sondern als Sammelstation vor dem Aufbruch. Das Gemeinsame ist: ohne Rückgriff auf solches, was wir schon können und wissen, gibt es kein Weiterlernen; aber auch das, worauf zurückgegriffen wird, ist selber etwas Gewordenes, zuletzt eben Natur, da das Wahrnehmen sich auf unsere Sinne bezieht.

Diesen Lernweg hat *Aristoteles* als „Epagoge" bezeichnet: nicht steht ein Bereich des Geistigen der blinden Sinnlichkeit gegenüber, fordernd und übermächtig, sondern schon in dem sinnlichen Wahrnehmen ist ein Allgemeines, das sich durchhält, weiter klärt und entwickelt, um schließlich die höchsten Stufen zu erringen und zur Ruhe, zum Telos der Bewegung, zu kommen. Denn es gibt ein Ende der Bewegung: so wie die Welt im ganzen von einem unbewegten Beweger gehalten wird, so ist die höchste Lebensform der „bios theoretikos", das Denken, das zu sich selbst kommt.

Die Denkform des *Aristoteles* – Form als bewegende Mitte dessen, was ist – hat eine Breite und eine Kraft der Aneignung ermöglicht, die ihresgleichen sucht und *Aristoteles* zum eigentlichen Schulmeister des Abendlandes gemacht hat, zum „Meister aller, die wissen", wie *Dante* sagt. Wie die rechte Mitte den Kern seiner Tugendlehre ausmacht, so gibt es auch eine *mesotes* in den Einzellehren zur *paideia*. Die rhetorische Bildung erhält ihr Recht, aber auch die Episteme, der vernünftige Sinn im Alltäglichen und die reine Wissenschaft, common sense und Syllogistik, der *Aristoteles* als erster eine systematische Gestalt gegeben hat. Wo immer in der Pädagogik der Topos vom natürlichen Lernen (naturam sequi) auftaucht, ist *Aristoteles* dabei: die Erziehung kann nur ans Licht ziehen, was der Mensch von sich aus mitbringt; und man darf auch darauf vertrauen, daß gute Natur sich zu helfen weiß und für sich selber sorgt.

Halten wir fest: Daß Erziehung und Bildung nichts anderes als Formung bedeuten, mag zu den Selbstverständlichkeiten der Pädagogik gehören, so daß nicht weiter darüber nachgedacht wird. Aber im Blick auf die klassische Zeit der Griechen und ihre Protagonisten kann man erkennen, daß der Formgedanke zuerst einmal gefunden und thematisiert sein mußte und daß er dann ganz unterschiedlich akzentuiert worden ist. Daraus ergeben sich unterschiedliche Anschlüsse und Fortsetzungen. Wo mehr auf die Naturseite und die Abschwächung der Gegensätze abgehoben wird, bietet sich *Aristoteles* mit seiner Lehre von den sich entfaltenden Formen an; wo es auf das Moment der spontanen Erfahrung des ganz Anderen der Idee ankommt, greift das platonische Modell der „periagoge" ein, durch die die immer schon latent vorhandene Struktur des Wissens und der Einsicht existentiell bedeutsam wird. Dazwischen liegt das isokratische Modell des „eu legein", das auf die vorgetane Vernunft des richtigen Redens vertraut, um an der Sprache und in der Sprache die Menschen verständig und vernünftig zu machen. Insofern ist es von bleibender Bedeutung, in welcher Weise der Formgedanke ausgeführt worden ist: auf der Linie des *Isokrates* bewegt sich die humanistische Tradition der Bildung als Sprachbildung. Sie wird das eigentliche Terrain der Pädagogik; denn an der Sprache hat sie das didaktische Medium, an dem sie und mit dem sie arbeiten kann. Aber zu der weniger bekannten und erschlossenen Tradition gehören auch die platonischen und aristotelischen Denkbilder des Lernens. Sie kehren wieder in den Auseinandersetzungen darum, wie das „Universale" zu fassen sei, in dem Streit zwischen Thomisten und Scotisten, zwischen *Luther* und dem Humanismus, zwischen der *Locke*schen Lehre von der „tabula rasa", die jedes Lernen möglich zu machen scheint, und dem *Leibniz*schen Bild von dem Marmorblock, dessen verborgene Adern durch den formenden Künstler herausgeholt werden; sie sind in dem Streit gegenwärtig, der zwischen der Erziehung als Führung von oben und als Entfaltung von unten, zwischen dem Lernen als sukzessiver Konditionierung und als Umstrukturierung kognitiver Muster geführt wird.

Im engeren Umkreis der hellenischen Welt, der in der Zeit des *Aristoteles* erschlossenen Oikumene, entstehen um die genannten Positionen feste Gehäuse; die Rhetorenschulen nach dem Muster des *Isokrates,* das Lykeion des *Aristoteles* und die platonische Akademie, daneben und dazu die Schulen *Epikurs,* der Stoa, der Kyniker usw. Ihr Sinn geht nicht auf in dem, wofür sie geschaffen wurden; sie bewahren ein Eigenleben und halten Bestände vor, gleichsam auf Abruf für künftigen Gebrauch auch in anderen und neuen Kontexten.

VII. Die Pädagogik der Oikumene: die hellenistische Schule

Die Schulen der Großen, Akademie und Lykeion, aber auch die Gründungen der Stoa und *Epikurs* sowie die Rhetorenschulen nach dem Muster des *Isokrates* waren Hochschulen. Sie dienten der Selbstausbildung und der Vorbereitung auf höhere Karrieren; die elementare Bildung setzten sie schon voraus. Was das 4. Jahrhundert v. Chr. neu bringt, ist die öffentliche, allgemeine Schule für alle Freigeborenen. Seit etwa 400 gab es in Athen ein städtisches Schulgesetz mit Vorschriften über die Lehrinhalte und die schulische Disziplin, die Bestellung und Besoldung von Lehrern, Schulaufsicht und Prüfungsformen. Gleiches ist von Teos und Milet bekannt: in Pergamon haben die Archäologen eine ganze Schulanlage ausgegraben, gegliedert in Unter-, Mittel- und Oberschule für drei Jahrgangszugänge: zuerst die Kinder vom 7. bis etwa 15. Lebensjahr, dann die Epheben bis zum 18./19. Lebensjahr und schließlich die Jünglinge (neoi)[39].

An erster Stelle steht das Lesen und Schreiben nach der Buchstabiermethode, mit Merksprüchen und weithin mnemotechnisch. Der Lehrer spricht vor, und die Schüler antworten im Chor. Das stille Lesen, wie wir es kennen und schon recht früh lernen, so daß es uns ganz selbstverständlich vorkommt, ist erst viel später erfunden worden, wahrscheinlich in christlicher Zeit. Die Griechen haben laut gelesen, noch nicht „für sich"; auch mit den Ohren, nicht nur mit den Augen.

Neben der Alphabetisierung steht nach wie vor die sportlich-militärische Übung. Sie dominiert in der Ausbildung der Epheben. Doch mit dem Rückgang der politischen Bedeutung der einzelnen Stadt-Staaten und ihrer Eingemeindung in die Großreiche der *Alexander*-Erben verlagert sich das Gewicht auf die wissenschaftlichen Fächer. In dem erweiterten Lebensraum der hellenistischen Welt konsolidieren sich didaktische Binnenräume, Schulen der „Polymathie", aus deren Lehrkanon sich das herausbildet, was als „enkyklios paideia" erst die griechischen, dann die römischen Schulen bestimmt. Sie war ursprünglich auf das nahe, gewissermaßen lokale und praktische Lernen bezogen, um den ganzen Lebenskreis auszumessen, der den jungen Menschen erwartete. Jetzt, unter den Bedingungen einer großräumigen, abstrakteren Politik, wandelt diese Bildung ihren Sinn: sie wird zum Inbegriff dessen, was jemand allgemein können und wissen sollte, um ein ganzer Mensch zu sein. Im System der „septem artes liberales" ist dieser Lehrkanon verbindlich und kanonisch geworden.

Dieser Lehrkanon ist eine Synthese dessen, was die Sophisten und die Philosophen, die Rhetoren und die Wanderlehrer erarbeitet und gewonnen hatten. Er hat eine schier unglaubliche Stabilität bewahrt, und das liegt an seinem gleichsam natürlichen Fundament: Bildung ist Umgang mit der Sprache nach ihren verschiedenen Hinsichten. In der „Grammatik" wird das Elementare der Sprache gelernt, in der Rhetorik (im engeren Sinne) die Kunst der Rede für die verschiedenen Zwecke, in der Dialektik das formale Argumentieren. Als Trivium geht dieser Grundkurs der sprachlichen Bildung in die Schulen des Hellenismus ein und macht Geschichte. Sieht man auf den sachlichen Gehalt dieser Trivialbildung, dann erkennt man, daß zuerst die semantische Dimension der Sprache in der Grammatik, dann ihre pragmatische in der Redekunst (ihr Gebrauch vor Ort) und in der Dialektik ihre formale Struktur, ihre Syntax, gelernt und eingeübt wird. Insofern verdankt sich die Stabilität der Sprachbildung nicht allein dem Fortwirken der pädagogischen Institutionen, sondern der Logik des sprachlichen Lernens, die in dieser oder anderer Weise in jedem Bildungsgang eingelöst werden muß. Man muß wissen, *was* man sagt gemäß der Bedeutung der Sprache, *wie* und *wo* man es sagt und nach welcher *Ordnung* in den Gedanken selbst, ihrer Verknüpfung und logischen Struktur.

Über dem Trivium erhebt sich das Viergespann der „mathemata", nämlich Geometrie und Arithmetik, Musik und Astronomie. Sie enthalten, was eines freien Mannes zu wissen würdig ist, nicht die technischen Fächer wie Medizin und Architektur, auch nicht die praktische Ausübung der Musik, sondern das Erkennen der Ordnungen, die in der Welt maßgebend sind. Zusammen machen Trivium und Quadrivium das curriculare Fundament der allgemeinen Bildung aus, ein Kanon von großer Stärke, in dem sich formale und materiale Schulung vereinigen. Noch für das mittelalterliche Schulwissen bildet dieses Lehrsystem den thematischen Rückhalt und zugleich das Muster für die Aufstellung von Lehrplänen. Damit muß jeder beginnen, auch wenn er die Mysterien der Glaubenswahrheiten enträtseln will. *Augustin* und *Boethius, Cassiodor* und *Isidor v. Sevilla* haben am Ausgang der christlichen Antike und an der Schwelle dessen, was man später das Mittelalter nannte, dieses Erbe an die neuen Völker weitergegeben und damit zugleich auch das Fortwirken der Texte und Lehrgegenstände gesichert, an denen die Sprache erlernt wird. Es ist ein Rahmenwerk, in dem das Lehrbare verortet wird, und das hat die Griechen zu Lehrmeistern erst der hellenistischen Oikumene, dann des römischen Imperiums und zuletzt der europäischen Welt bis an die Schwelle der Moderne gemacht.

Es läßt sich nicht genau ausmachen, ob dieser Lehrgang schon zum Gymnasion der Epheben gehörte oder erst an der eigentlichen Hochschule, also auf den Rhetoren- und Philosophenschulen, maßgebend war. Zugleich kann man indes sehen, wie sich das Gewicht in der Zeit nach *Alexander* in die neuen Zentren verlagerte: in Alexandrien entsteht unter den Ptolemäern das „Museion", eine großangelegte Forschungsstätte, mit einem Lehrbetrieb, der um eine Bibliothek angeordnet wird. Mit diesen Schulen sind die Namen der hellenistischen Wissenschaft verbunden: z. B. die Philologen *Eratosthenes* (3. Jh. v. Chr.) und *Aristarch* (217–145) in Alexandrien, der Arzt *Galen* (2. Jh. n. Chr.) in Pergamon, nachdem die Medizinerschule aus Alexandrien dorthin ausgewandert war. Als Gattung für den Schul- und Forschungsbetrieb entwickelt sich das Lehrbuch, im Anschluß an *Aristoteles,* dessen Lehrschriften wohl zuerst Nachschriften und Kurzfassungen seiner Vorträge gewesen sein dürften[40]. Was im einzelnen gelehrt und erforscht worden ist, gehört in die Geschichte der Naturwissenschaften[41]. Festzuhalten ist, daß das Lernen verstetigt und dem Zufall von persönlicher Begabung und Gelegenheit enthoben wird. Die Schulen verbürgen eine Kontinuität, in der die klassischen „auctores" gelesen werden, der *Euklid* in der Geometrie, der *Almagest* in der Astronomie, so daß jene Hintergrundsfüllung und Anschlußpunkte entstehen, die über die Jahrhunderte das Gespräch der Generationen erst möglich gemacht haben.

Ein Pendant zu dieser Verschulung des Lernens ist das Interesse an der Erziehung und an den Kindern. Von *Xenophon* ist eine vielgelesene „Kyropädie" (ca. 390 v. Chr.) überliefert; Erziehungsfragen werden ein beliebtes Thema der Dichtung, ebenso der Lehrer als Plagegeist widerspenstiger Schüler in der Komödie. Ein spätes Dokument für diese pädagogische Sensibilität ist die Schrift über die Kindererziehung, die zu Recht oder zu Unrecht *Plutarch* (ca. 45–120) zugeschrieben wird. Diese Pädagogisierung gehört zu dem allgemeinen Vorgang, in dem der einzelne für sich bedeutsam wird und seine Identität nicht mehr allein über seine Herkunft und seine Polis vermitteln kann.

Das Thema der Selbsterziehung und das Motiv des „Nosce te ipsum" findet sich exemplarisch im Umkreis der stoischen Philosophie[42]. Nachdem die politischen Garantien eines sinnvollen Lebens hinfällig oder fragwürdig geworden sind, bedarf es einer allgemeineren, kosmopolitischen Orientierung. Mit der Entgrenzung der Bezugsgrößen wächst die Bedeutung der individuellen Selbstfindung. Angesichts der Unsicherheit der Ordnung im großen sehen sich die Menschen auf sich zurückgeworfen und finden ihr Gleichgewicht nicht in der Polis, sondern in ihrer eigenen Haltung und in der Selbstbewahrung (oikeiosis)[43].

Zunächst waren es die Römer, die in die Schule des Hellenismus gingen; herrische Schüler, die den Fundus Athens nutzten, um ihre Herrschaft über den Erdkreis auch intellektuell zu unterfangen.

VIII. Urbi et Orbi: die römische Erziehung und Pädagogik

Keiner macht einfach da weiter, wo die vorangehende Generation aufgehört hat. Das gilt noch mehr für Völker und Staaten. In die Form, wie ein Erbe aufgenommen wird, geht ein, was zum eigenen Anfang gehört. Ehe Rom sich die Welt aneignen konnte, die *Alexander* erschlossen hatte und damit den Lebensraum um das Mittelmeer zu *einer* Welt machte, hatte es sich selbst im Kampf um die Vorherrschaft erst in Latium und dann in Italien zu finden.

Was wir von der altrömischen Erziehung wissen, stammt aus dem nostalgischen Rückblick[44]. Der Appell des älteren *Cato* (234–149 v. Chr.), zur Einfachheit und zum Anstand der Alten zurückzukehren, galt einer Situation, die schon gar nicht mehr mit dem Erhalt von Sippe und Hof zu bewältigen war. Der „mos maiorum" mochte zwar als klassischer gute Dienste für die Kritik leisten, aber man hätte gar nicht, wäre man *Cato* gefolgt, genug gelernt, um ein so differenziertes Gebilde, wie es „Rom" unterdessen geworden war, in Betrieb zu halten. Die Überfremdung durch das Griechische, wie *Cato* sie sah, war stärker; und im Alter machte sich eben dieser *Cato* daran, selber griechisch zu lernen.

Gleichwohl geht ein ungriechischer Zug des Nüchtern-Praktischen durch die römische Geschichte und Erziehung; so denken Bauern, die ihren Besitz halten und mehren wollen, wo Geld zu Geld und Land zu Land kommt. Da braucht man innen einen verständigen, wehrbereiten, disziplinierten Nachwuchs und dann, je mehr sich der Machtbereich ausweitet, nach außen die Kunst des Vertrages mit der Rücksicht auf besondere Umstände und lokale Verhältnisse, um den Bestand und die Beute zu sichern. Nicht aus dem Spiel ist diese Kultur hervorgegangen, auch vereint sie kein göttliches Machtwort oder nur physische Not: Roms Gründung ist der Pakt einiger Großfamilien, seine Erweiterung und sein Aufstieg immer auch Vertragswerk; und danach richtet sich die Erziehung. Sie ist politisch, aber politisch, wie es landsässige

Menschen sind. Sie folgen keiner Idee und keinen Spielgedanken; es gibt keine spezifisch römische Botschaft für die Welt; vielmehr folgen sie dem Interesse der Landnahme und Grenzsicherung. Allein das römische Recht ist eine Erfindung der Lateiner, alles andere stammt aus Okkupationen: die Götter der Etrusker und deren feinere Lebenart, dann die Kunst der Griechen und ihre Wissenschaften, das Geld der Phöniker und schließlich der halbe Orient und der ganze Okzident als Beutegut. Wo sie hinkommen, ziehen sie Grenzen: so steckt ein Bauer sein Feld ab.

Nicht anders sieht die altrömische Erziehung aus. Sie ist ganz Sache des Hauses, der Familie in einem weitgefaßten Sinn; sie steht unter der Obhut des „pater familias", der das Kind bei seiner Geburt annimmt oder verwirft, der Recht spricht und den Jungen schließlich „emanzipiert". Dann darf er seine Sachen selber verwalten. Im einzelnen mag die Mutter Unterricht erteilen und gescheite Sklaven beiziehen, doch die entscheidende Erziehungsmacht ist die väterliche „potestas". Die Kinder werden zu der gehörigen „pietas" angehalten, dem schuldigen Dienst gegenüber Brauch und Göttern, und zur „gravitas", dem Maß und Gewicht des eigenen Verhaltens. Die Zucht des Gehorsams ist die Schule des Befehlens und die öffentliche Dienstgesinnung eine erweiterte Familienmoral. Genau markiert sind die Statuspassagen, durch die das sprachlose Kind (infans) über die „pueritia" und „adolescentia" zur Erwachsenheit geführt wird. Bis zum 16. Lebensjahr trägt der Junge die „toga praetexta", ehe er in einer feierlichen Initiation zur „toga virilis" erhöht wird. Dann gehört er ein Jahr dem „triconium militiae" an, ehe er ganz in den Wehrdienst eintritt und seinen Mann steht. Diese Stationen sind eine Praefiguration der nachfolgenden Ämterlaufbahn, in der es der Mann vom Prätor bis zum Konsul bringen kann. Wir sehen den Römer insofern immer auch als Träger eines Amtes, das ihm das Gebührende zuschreibt und ihm sagt, wie er sich zu verhalten hat.

Erst als Ergänzung der Familienerziehung kommt der hellenische Einfluß zur Geltung. Zunächst holt man sich in Rom aus Unteritalien griechische Lehrer wie die „semigraeci" *Livius Andronicus* (239–169), der den *Homer* übersetzt, oder *Ennius* (um 200 v. Chr.), ehe dann im zweiten Jahrhundert der Zustrom griechischer Pädagogen und damit die Hellenisierung der römischen Erziehung in den Oberschichten allgemein wird. Zwar gibt es gesetzliche Reaktionen gegen die rhetorische Erziehung, doch in den vornehmen Familien lernen die Jünglinge griechisch reden und eignen sich für Forum und Senat die rhetorischen Grundfertigkeiten an. Nach dem politischen und militärischen Sieg über die Griechen im Jahre 146 v. Chr. öffnen sich dann die Schleusen: das besiegte Hellas erobert Rom, wie *Horaz* sagt. Der zukünftige Politiker und Advokat lernt das rhetorische ABC in griechischer Schule; die jungen Römer von Stand machen ihre obligatorische Bildungsreise nach Athen oder auf die Insel Rhodos und nach Alexandrien, ehe sie zuhause ihre Laufbahn begründen.

Wie diese Bildungswelt aufgenommen und eingemeindet wird, das zeigt mustergültig Leben und Werk des *Marcus Tullius Cicero* (106–43), in dem sich römische Politik und hellenische Form, politische Rhetorik und philosophische Reflexion begegnen[45]. Der Herkunft nach ein „homo novus" erfährt er die Ausbildung des vornehmen Jungen von Stand: in Athen und auf Rhodos lernt er Philosophie und Rhetorik kennen. Er hört die Vorträge der Epikureer *Phaedrus* und *Zenon von Sidon,* der Stoiker *Diodoros* und *Posidonius,* der Akademiker *Philon von Larissa* und *Antiochus von Askalon;* seinem Rhetoriklehrer *Apollonios Molon* hat er lebenslang eine verehrende Anhänglichkeit bewahrt. Wo so viel und so Unterschiedliches zusammenkommt, bedarf es eines eigenen Augenmaßes und eines vernünftigen Sinnes, um das Brauchbare auszuwählen. Was unter dem Titel des Eklektizismus in der Regel einen abwertenden Beiklang hat und als Schwäche gedeutet wird, ist in Wahrheit die Stärke prüfender Aneignung, wie sie in Zeiten, wo eine breite Tradition bereitliegt, gar nicht anders möglich ist. Das sieht man auch bei *Titus Lucretius Carus* (ca. 94–55 v. Chr.), dessen philosophisches Lehrgedicht über die „Natur der Dinge" gleichfalls die Abhängigkeit von der epikureischen Philosophie und den Eigensinn, eines prüfenden, sondernden Geistes zeigt. Die Selbständigkeit in der Rezeption ist das Bemerkenswerte, nicht die Rezeption der griechischen Muster selber und ihre Umformung ins Römische.

Ciceros Buch über den Redner (De Oratore) ordnet, klärt und fixiert eine mehrhundertjährige Tradition. Es stellt sie in den Zusammenhang der „humanitas", der Menschlichkeit des Menschen, und gibt ihr eine Form, auf die immer wieder zurückgegriffen worden ist. Das gilt ebenso für die späten Schriften über die Pflichten (De Officio) und den „Hortensius", eine (später verlorengegangene) Werbeschrift für die Philosophie, die noch für *Augustinus* maßgebend geworden ist. Vor allem vollzieht *Cicero* jene Steigerung und Umprägung des Begriffs der Kultur, die für die Folge verbindlich wird. Es gibt eben nicht nur die Pflege des Bodens je nach den Umständen vor Ort, sondern es gibt auch die den Menschen auszeichnende „cultura animi", die Sorge um die eigene Form, die an keinen bestimmten Ort mehr gebunden ist und überallhin mitgenommen. werden kann[46]. Auch diese Verallgemeinerung und Pädagogisierung eines lebenspraktischen Konzepts folgt der Erfahrung, wie gefährdet und vorläufig die sogenannten realen Verhältnisse sind. Der Topos, daß Rom mit der Welt identisch sei und damit sein Fall zugleich auch deren Untergang bedeute, taucht auf in den Reden gegen *Catilina* und wird zur geprägten Formel[47]: Rom *ist* die Welt, aber eben nur dann, wenn es mehr ist als ein ummauerter Platz und Wohnort für Hunderttausende. Im Blick auf den real möglichen Untergang entsteht die Idee der „Roma aeterna", so wie Jerusalem nach der Zerstörung des Tempels mythisiert, wie Athen nach seiner Entmachtung spiritualisiert wurde[48].

Hüter des Erbes: diese Haltung sieht man bei *Cicero;* die Vermählung von Schülerschaft und Lehrerschaft, Nachfolge und zugleich selber wieder Vorbild, Nachlese einer reichen Tradition und Zurüstung für eine gewandelte und weiter sich wandelnde Welt. Schüler der Griechen sind auch die Gelehrten wie *Varro* (116–27 v. Chr.)

und *Plinius d. Ältere* (23–79 n. Chr.), die Historiker wie *Sallust* (86–34 v. Chr.), *Livius* (59 v. Chr.–17 n. Chr.) und *Tacitus* (55–ca. 120 n. Chr.), die Dichter wie *Vergil* (70–19 v. Chr.), *Horaz* (65–8 v. Chr.) und *Ovid* (43 v. Chr.–17 n. Chr.); sie sind allesamt Lernende und doch niemandes Schüler allein, wie *Horaz* gesagt hat[49]. Diese Kraft selbständiger Aneignung kann nicht hoch genug eingeschätzt werden; sie stellt eine Brücke dar, über die man immer auch zu den Quellen selber zurückgehen kann, zu *Platon* und *Aristoteles,* zu *Homer* und den Tragikern, *Thukydides* und *Herodot.* Die pädagogische Summe der Hellenisierung der römischen Bildung hat – schon in kaiserlicher Zeit – *Marcus Fabius Quintilianus* (35–100) gezogen[50]. Seine „Institutio oratoria" weist ihn als den eigentlichen Schulmann aus, der am Ende der Rezeption zusammenfaßt und sammelnd ordnet, was die Tradition ihm anbietet. Nach über zwanzigjähriger Tätigkeit als Lehrer der Rhetorik in Rom macht er sich daran, die Bildung zum Redner als Erziehung zum „vir bonus" darzustellen, angefangen bei der Erziehung des kleinen Kindes über die Elemente des Unterrichts bis zur vollen Ausbildung des verständigen Bürgers. Es ist wiederum charakteristisch, daß diese Pädagogisierung der Rhetorik, ihre Funktion als das entscheidende Bildungsmoment, in einem Augenblick erfolgt, als die politische Bedeutung der Rede, ihre unmittelbare Wirksamkeit auf dem Forum und im Senat zurückgeht.

Es ist nicht die Absicht *Quintilians,* originell zu sein; eher versteht er sich als Richter, der die Sachlage prüft und über Vorzug und Ergiebigkeit der Tradition befindet. Gerade das hat dem Werk seine Wirkung gesichert. Im einzelnen ist nichts originell, weder die Erziehung zum „vir bonus bene dicendi peritus", noch die Schulung nach dem Bildungskanon der „enzyklios paideia", auch nicht die Wege der Lehrkunst und Menschenbehandlung[51]. Es ist ein typisch römischer Akt der Kodifizierung, den *Quintilian* vollzieht: die klassischen Autoren werden vorgeführt, die Formen der Rede, ihre Zwecke, Mittel und Figuren, die Übung von Stimme, Auftreten und Darstellung. Dabei enthält *Quintilians* Lehrwerk zugleich eine pädagogisch-politische Ethik; darin dem Vorbild *Cicero* verpflichtet, inhaltlich zugeordnet der politischen Welt der Kaiserzeit und doch formal genug, um auf ganz andere Lebenswelten bezogen zu werden. In die Schule *Ciceros* und *Quintilians* und damit in die Schule der humanistischen Tradition sind auch die Kirchenväter gegangen; für das Mittelalter bleibt das System der „septem artes liberales" in der Form, die ihm dann *Martianus Capella* um 420 v. Chr. gegeben hat, verbindlich als Vorschule des Glaubens, ehe es in der Renaissance durch *Petrarca* und *Erasmus* wieder zum Inbegriff freien Lernens aufrückt.

In der Tat dürfte das Motiv der freien, vernünftigen und verantwortlichen Rede als Medium des Lernens seine Zukunft behalten, solange die Erziehung das humanistische Motiv bewahrt, das sie dem Altertum verdankt. Insofern ist der Formgedanke in der Pädagogik, wie ihn der Sache nach die griechischen Philosophen entdeckt, die Sophisten und Rhetoren technisch entwickelt und die römischen Lehrer organisiert haben, nicht vergangen, sondern bleibende Erinnerung und Ferment für die Zukunft.

IX. Translatio studii: Die Zukunft der Erinnerung

Epochen lösen sich nicht ab wie eine neue Regierung die alte; sie überlagern sich eher wie Generationen, die unter einem Dach beisammen sind. Noch leben die ganz Alten; sie haben nicht mehr die ganze Herrschaft, aber solange sie da sind, gibt es Rücksichten, Anschlüsse und Gegenzüge; die Elterngeneration erhält den Bestand, bestimmt die gegenwärtigen Aufgaben und Themen, während die Heranwachsenden schon das Kommende ankündigen und darauf warten, daß die Älteren endlich aus dem Wege sind. So besteht Altes und Neues nebeneinander, bis sich die neuen Themen und Antworten durchsetzen und eine andere Zeit beginnt.

Es hat mehrere Jahrhunderte gedauert, bis sich die christliche Zeit- und Weltrechnung etabliert hatte, so daß gar nicht klar ist, wann es mit der Welt der Römer und Griechen aus und vorbei war, degradiert zum Vorläufer und Prolog der richtigen, der christlichen Welt. An dem Vorgang, wie der Lebenskreis Roms zur „Alten Welt" und schließlich zum Altertum wird, läßt sich sehen, daß es Interpretationen sind, durch die etwas als vergangen erlebt und zum Erbteil erklärt wird. Die Exekution von Golgatha, so sehr sie den Christen als Zeit- und Weltwende, als Aufgang des neuen Aion erscheinen mochte, war für die Römer und Griechen kein Ereignis; ihre Historiker und Annalisten geben davon keinen Bericht, erst bei *Plinius d. J.* (62–ca. 114 n. Chr.) und bei *Tacitus* ist von „christiani" die Rede, also von Leuten, die ihre eigene Lebens- und Zeitdeutung haben. Erst nachdem der Tod des *Nazareners* und seine Auferstehung Bild geworden waren, im Kultus ständig vergegenwärtigt und durch eine stützende Theologie allen zugänglich, „gab" es das Neue und beginnt eine Epoche innerhalb der alten Welt, so daß die römisch-hellenische Welt ein anderes Gesicht gewinnt und schließlich gleichsam untertaucht.

Sieht man auf den langen Zeitraum, wo Neues und Altes zusammen da sind, fällt es schwer, die Zäsur anzugeben, wo sie sich scheiden[52]. In der Tat sind sich die Historiker nicht einig, wo das Altertum endet und das Mittelalter beginnt. Mit *Konstantins* Entscheidung (325 n. Chr.) für das Christentum oder der Reichsteilung durch *Theodosius* (395), mit dem Ansturm der Völker aus dem Norden, die nicht mehr romanisiert und alphabetisiert waren, die Rom niederbrennen (410), oder erst mit dem Auftreten der Araber, die die Bibliothek Alexandriens verwüsten (641) und dann durch *Karl Martell* (732) zum Stehen gebracht werden? Oder gar erst mit dem Fall Konstantinopels, wie *E. Gibbon* in seinem Untergangswerk ausgeführt hat[53]?

Die Rede von einer Übergangszeit, der sich weder die Altertumskundler noch die Mediävisten von ganzem Herzen annehmen, spiegelt nur die Verlegenheit, das Verschiedene gegeneinander abzugrenzen und zugleich wieder aufeinander zu beziehen. Denn welche Zeit wäre kein Übergang? Wo mischen sich nicht alte Bestände und neue Deutungen? Die Tempel werden umgetauft; das Weihnachtsfest auf den Feiertag des „sol invictus" gelegt; der römische Bischof bleibt „pontifex maximus"; das Mittelalter spricht weiter lateinisch, wo es sich nicht volkstümlich, sondern reflexiv artikuliert. *Ovids* „Metamorphosen" bilden die Schatzkammer mythologischer Formeln; *Vergils* „Aeneis" wird gelesen und das Oragon des *Aristoteles* in der Übersetzung des *Boethius;* das System der „septem artes liberales" wird christlich eingemeindet und schließlich das römische Reich fortgesetzt in dem „Römischen Reich deutscher Nation"; die Kodifikation des Rechts durch *Justinian* gibt schon den begrifflichen Rahmen für die ersten Fixierungen der germanischen Volksrechte vor, ehe es im 11. Jahrhundert im ganzen neu belebt und wiederaufgenommen wird[54]. So ist das Kommende durchsetzt von Erinnerungen, Bestandteilen und Figuren des Alten, eben wie *Theoderich* sein Grabmal mit antiken Säulen bauen läßt, die dann wieder *Karl d. Große* nach Aachen übertragen läßt als Zeichen der „translatio imperii", mit der die „translatio studii" einhergeht, das Fortwirken der Bilder, Gedanken und geprägten Formeln in anderer Umgebung und unter anderem, nördlichem Himmel.

In gewisser Weise ist deshalb die alte Welt gar nicht vergangen, geschweige denn untergegangen; man sieht erst aus dem Abstand, was anders geworden ist. Wenn man *Bedas* (673–735) Kirchengeschichte gegen die Annalen des *Tacitus* stellt, die „cura pastoralis" *Gregors* (540–610) gegen die „ars poetica" des *Horaz,* dann springt der Wandel ins Auge. Dennoch: was über den Zeitenabstand durch Welten getrennt erscheint, zeigt sich in den ersten Jahrhunderten nach Christus nebeneinander; neben *Origines* steht *Celsus* (im 2. Jhd.), neben *Proklos* (410–485) *Isidor v. Sevilla;* viele Bürger der neuen Epoche gehen zuerst in die Schule der alten Welt. Das ist der Fall bei *Cyprian* im 3. Jhd., der erst im Alter Christ und Bischof wird; ebenso bei *Tertullian,* der als Rechtsanwalt beginnt, ehe er das Wissen der Heiden verwirft; bei *Augustinus* und anderen. *Hieronymus* (348–420) ist Diener zweier Herrinnen: der alten Philologie und der neuen Theologie; ein „christlicher Cicero", Rhetor und Eremit in einer Person. Sie tragen die Epochengrenze in sich selber, und erst nachträglich sieht man, was schon ins Mittelalter vorausdeutet und was noch zum Erinnerungsschatz der römisch-griechischen Oikumene gehört.

Auch gibt es Rückwege, nicht nur den Versuch des Kaisers *Julian* (um 360), die alte Welt zu restaurieren, die Kirchen verbrennen und die Tempel wiederaufzurichten, sondern daneben den erneuernden Rückgriff auf *Platon* und *Aristoteles. Ammonios Sakkas* (ca. 175–242) löst sich vom Christentum und gründet eine Schule, aus der dann einerseits *Plotin* (205–270) hervorgeht und andererseits die alexandrinische Theologenschule des *Clemens* und *Origenes.* So stehen Jerusalem und Athen nicht nur unversöhnlich gegeneinander, sondern sie ergänzen und durchwirken sich. Was *A. v. Harnack* über die Entstehung des christlichen Dogmas auf hellenistischem Boden gesagt hat, ist eine allgemeine Erscheinung: das Kommende wird überall formuliert, festgehalten und auf Dauer gestellt in Figuren, Formen und Bauten, die eigentlich schon fertig sind und zu einem neuen Gebrauch umgewidmet werden. Die Christen gehen in die alte Schule, um dann doch etwas ganz anderes damit zu sagen[55].

Wo nur gesammelt und gesichtet worden ist, wie in dem „Lehrbuch der Grammtik" des *Donatus* im 4. Jhd., wird unbefangen übernommen. Nach dem „Donat" lernen noch *Erasmus* und *Luther* Latein; ebenso bildet *Priscian*s Lehrbuch der lateinischen Sprache (im 6. Jh.) mit seinen ausführlichen Zitaten einen Sprücheschatz für das Mittelalter. Das poetisch verklärte Lehrsystem der sieben freien Künste des *Martianus Capella,* dargestellt als Hochzeit des *Merkur* mit der Philologie, bietet Anschlüsse für *Isidor* und für die Lehrbücher der Mönche. Und wo nicht einfach übernommen werden kann, läßt sich durch Umdeutung die Tradition requirieren. Die Ankündigung eines Friedensfürsten in der 4. Ekloge des *Vergil* wird als Präfiguration von *Christi* Geburt gelesen.

So vergeht das Alte und bleibt gleichwohl bewahrt; doch mit Unterschieden. Soweit es die literarisch-philosophische Überlieferung angeht, bleibt die Erinnerung einigermaßen fest, aber die Verluste auf dem Gebiet der Naturforschung und der Mathematik sind unermeßlich. Es hilft nichts: jenseits des epochalen Limes triumphiert der Obskurantismus christlicher Gottesgelehrtheit, und es sind nicht europäische Christenmenschen, sondern die arabischen Ärzte und Naturforscher, die das intellektuelle Niveau halten, so daß das fromme Mittelalter in ihre Schule gehen kann, um auf diesem Umweg wieder Anschluß an die antike Welterfahrenheit zu gewinnen[56]. So zeigt sich im Übergang beides: Gewinn und Verlust, Zukunftshoffnung und Trauer über das Absterben des Alten. Wo diese beiden Momente in einer Person zusammenkommen, bleibt unentschieden, welcher Seite sie mehr verbunden sind, dem Anfang oder dem Ende, christlichem Glauben oder alter Weltweisheit. Man sieht das an einer Gestalt wie *Boethius* (ca. 480–524), einem der „Gründer des Mittelalters"[57] und der scholastischen Methode, der in einem Zuge noch einmal zusammenfassen will, was von der Erinnerung in die Zukunft gerettet werden soll.

Boethius stammt aus einer alten Familie, die zum senatorischen Adel Roms gehört; Anhänger des Christentums und zugleich Student der platonischen Akademie in Athen, stellt er sich in den Dienst der neuen, germanischen Herren, die eben erst Lesen und Schreiben gelernt haben, und versucht zwischen diesen Beständen und Traditionen zu vermitteln. Als Christ verleugnet er nicht den Philosophen, als Philosoph nicht den Christen. Im Blick auf die neuen Völker und das alte, aber unterdes getaufte Rom wird er zum Vermittler der vergehenden und der heraufkommenden Welt. So will er *Platon* und *Aristoteles* zur Gänze übersetzen, eine pädagogische Rettungsaktion großen Stils, von der er auch nur einen Teil ausführen kann. Was das Mittelalter von *Aristoteles* weiß, kennt es durch *Boethius,* ehe durch die Araber mehr bekannt wird. Seine Interpretationen zu *Porphyrius* und seine Schriften über Musik, Arithmetik und Astronomie werden für das Lehrsystem der Folgezeit kanonisch. Vor allem aber liefert *Boethius* die Leitformel für den vermittelnden Umgang zwischen christlichem Aion und akademischer Erbschaft: Glaube und Wissen sollen vereinigt werden in der „coniunctio rationis cum fide"[58]; die alte Bildung als Unterbau des neuen Glaubens

und dieser im Gewande und in der Sprache des Alten. Dieses Programm der scholastischen Methode, in der mit den Mitteln des aristotelischen Organons das „mysterium
fidei" auszuleuchten ist, wird verbindlich für das Mittelalter für *Beda* und *Alkuin,*
Anselm und *Thomas*. Bildung und Glaube können versöhnt werden: Schule in der
Kirche und die Kirche als die wahre und einzige Schule für alle.

Doch man kann sich fragen, ob diese Gleichung für *Boethius* selber aufgegangen ist.
Von *Theoderich* des Verrats beschuldigt, verurteilt und zum Tode bestimmt, schreibt
er in der Haft und in Erwartung der Hinrichtung die „Consulatio philosophiae", ein
wirklich eigenes und unverwechselbares Werk. Sie erinnert mehr an *Sokrates* als an
Golgatha. Noch einmal erweist sich die existentielle Valenz der alten Bildung; nicht als
Märtyrer sieht *Boethius* dem Tod ins Auge, sondern als stoischer Weiser. Seine
Sprache ist die der klassischen, ciceronianischen Latinität, nicht die der getrosten
Zuversicht des Glaubenszeugen. Darin liegt: wo er spricht, bedient er sich der Formen
und Formeln der antiken Bildung, aber daß er so gelassen spricht, bezeugt zugleich
auch den neuen, getauften Adam. „Hier in der Person des *Boethius* ist Christentum
und antike Weisheit ohne Riß verschmolzen, so, daß der Christ, wo er im Wort gestaltet, von seinem wortlosen Glauben aus Bestätigung im antiken Wort und Gedanken
findet und sie beide aus ihm steigert"[59]. Daß diese Schrift zu den meistgelesenen
Büchern des Mittelalters geworden ist mit über 400 nachgewiesenen Handschriften,
mag belegen, wieviel von der Haltung und Sprache der alten Epoche erhalten geblieben ist und sich in anderer Umgebung fortsetzte.

Groß als einzelner hat *Boethius* indes durch etwas anderes Schule gemacht und ist zum
Lehrer des Mittelalters geworden: sein Mitarbeiter und Kollege *Cassiodor* (ca.
490–583) zieht sich auf sein Landgut Vivarium zurück und gründet dort ein Studien-
kloster. Er „rettet (. . .) das gemeinsam begonnene Werk in eine neue Freistatt"[60],
gleichsam eine christliche Akademie und auf halbem Wege zur klösterlichen Ordnung, die *Benedikt* dann endgültig mit der Gründung von Monte Cassino im Jahre 529
vollzieht. Es ist zugleich das Jahr, in dem *Justinian* die athenische Akademie nach
neunhundertjähriger Dauer schließen läßt: die Grenze zur Alten Welt wird schärfer
gezogen; die antike Kultur tritt in die enge Zelle des Mittelalters und ist tatsächlich nur
noch in der Erinnerung gegenwärtig. Aber gerade dadurch kann sie zum Bildungsmoment werden; sie kommt auf die Schule und dient als Vorschule des Glaubens,
sozusagen als „fermentum cognitionis", offen für freie Anschlüsse und Wiedergebur-
ten. Das ist bis heute so geblieben, und man kann nicht wissen, welche Anfänge noch
in dem stecken, was als Erinnerung nur scheinbar hinter uns liegt.

Anmerkungen und Literatur

1 *Weber, A.:* Kulturgeschichte als Kultursoziologie (1950). München 1963, Kap. 6, D: Aufklärung und deutsche Renaissance, S. 396 ff. – Man sieht an dieser Verwendung, daß der Terminus „Renaissance" nicht nur ein Epochenbegriff, sondern eine Kategorie des historischen Verstehens ist, um das Moment der Erinnerung in einer Epoche zu kennzeichnen.

2 *Meyer, E.:* Geschichte des Altertums. 5 Bde. Stuttgart 1884–1902. Vgl. dazu die Einleitung von *A. Heuß* zum 3. Band der Propyläen Weltgeschichte: Griechenland – Die hellenistische Welt, Frankfurt 1962: „Eine Art von geopolitischer Präformierung der Geschichte in der ‚Einheit des Mittelmeerraumes' zu bemühen (...) ist ausgesprochen kurzschlüssig. (...) Statt eines geschlossenen Panoramas vermochte sie nur isoliert nebeneinander stehende Fakten, also eine Addition geschichtlicher Kreise zu geben, mit dem über den bloßen chronologischen Zahlenwert hinaus wenig anzufangen war. (...) Zum Nutzen jenes Synchronismus, der im Grunde ohne Aussagewert blieb, wurde das Ganze da, wo es eine Wirklichkeit darstellte, nämlich im zeitlichen Verlauf, zerstückelt" (S. 12).

3 Zur Differenz von „res gestae" und „historia rerum gestarum", die die Rede von Epochen als Gliedern einer Zeitkette erst ermöglicht, vgl. wie zum folgenden v. *Verf.:* Pädagogik als Erfahrungsprozeß, Bd. II: Die Epochen der Erfahrung. Stuttgart 1979, besonders Kap. 2: Die Erfahrung der Epoche, S. 31 ff.

4 Eine einfache Form solcher Geschichtlichkeit ist das Zitat als direktes Nachsprechen geprägter Formeln, als Anspielung und selbst noch als Parodie, so z. B., wenn *Stephen Dedalus,* der moderne *Telemach* (= der dem Kampf fern steht), im „Ulysses" von *James Joyce* (1922) von sich sagt: „I'm not a hero" (Buch I).

5 Der vermeintliche oder wirkliche Untergang des Imperium Romanum, symbolhaft erlebt im Jahre 410, als *Alarich* Rom niederbrannte, ist selber ein geschichtsmächtiges Konzept, das das Geschehene gliedert und das spezifisch neue epochale Bewußtsein erzeugt. Erst dadurch, daß etwas als vergangen

angesehen und dem Alten zugerechnet wird, kann es zum Schatz aktiver Erinnerung werden und hat jene zeitlich-eschatologische Orientierung in der Welt bekräftigt, wie sie in den maßgebenden Geschichtsspekulationen von *Orosius* und *Augustinus* im 5. Jhd. ausgesprochen wird.
Vgl. dazu: *K. Löwith:* Weltgeschichte und Heilsgeschehen. Die theologischen Voraussetzungen der Geschichtsphilosophie. Stuttgart 1953.

6 Zur ägyptischen Pädagogik vgl. *H. Brunner:* Altägyptische Erziehung. Wiesbaden 1957. Einen Eindruck von den Lebens- und Erziehungsformen der alten Juden gibt *L. Köhler:* Der hebräische Mensch. Eine Skizze. Darmstadt 1980.

7 *Snell, B.:* Die Entdeckung des Geistes. Hamburg 1948.

8 Vgl. zu diesem Topos des Klassisch-Unvergänglichen *Jaeger, W.: Die geistige Gegenwart der Antike. Berlin 1929;* sowie: *Fuhrmann, M.:* Wie klassisch ist die klassische Antike? Eine Disputation zwischen M. Fuhrmann und H. Tränkle. Zürich/Stuttgart 1970. Vgl. auch *R. Harder:* Die Eigenart der Griechen. Eine kulturphysiognomische Skizze (Freiburg 1962), der noch einmal das Thema des „alten Spiels zwischen Hellas und Hesperien" aufnimmt (S. 12), indem er an die „Griechenliebe" des 18. Jahrhunderts anknüpft, die an der „griechischen Sonderart und Sonderleistung" (ebd.) Maß nahm, um sich selbst zu finden.

9 *Marrou, H. I.:* Geschichte der Erziehung im klassischen Altertum. Freiburg/München 1957 (zuerst frz.: Histoire de l'éducation dans l'antiquité, Paris 1955). – Wie auch sonst üblich beginnt *Marrou* seine Darstellung mit *Homer* und der homerischen Erziehung. Von dieser Anordnung wird hier abgewichen. Die pädagogische Funktion der homerischen Dichtung fällt nicht mit ihrer Entstehung zusammen. Die konnte sich erst entwickeln, als die Adelswelt, für die *Homer* sprach, vergangen war. Insofern ist *„Homer"* als paedagocicum eher eine Sache der Rezeption, soweit er nicht als indirekte Quelle für die frühen Sozial- und Lebensverhältnisse Griechenlands dient.

10 Zur alten Erziehung vgl. neben *Jaeger, W.:* Paideia. Die Formung des griechischen Menschen, 3 Bde., Berlin 1934/47, vor allem *Marrou, H. I.,* a. a.O., und *Ballauff, Th.:* Pädagogik. Eine Geschichte der Bildung und Erziehung, Bd. 1, Freiburg/München 1969, mit weiteren Hinweisen. – Vgl. außerdem zur antiken Pädagogik besonders *Lichtenstein, E.:* Paideia – Die Grundlagen des europäischen Bildungsdenkens im griechisch-römischen Altertum. Hannover 1970; sowie *E. B. Castle:* Die Erziehung in der Antike und ihre Wirkung in der Gegenwart. Stuttgart 1965.

11 In den „Nomoi", die von *Platon* oder aus seiner Schule stammen, wird der Mensch als „Spielzeug Gottes" (paignion theou) charakterisiert (Nomoi, 644 D und 604 D). Dem entspricht in der „Nikomachischen Ethik" von *Aristoteles* der Mittelwert der „eutrapelia" zwischen Albernheit und Griesgram (Nic. Eth. X, 1176 b; IV, 1128 a; II, 1108 a). Das Spielen ist ein ausgezeichneter Modus des Könnens: Emanzipation vom Naturzwang, aber ohne Auslieferung an die Herrschaft von Menschen, der sonst mit der Arbeit als dem ersten Mittel einhergeht, einer widerspenstigen und übermächtigen Natur Herr zu werden. Daß diese Freiheit der Griechen mit der Unfreiheit der Sklaven erkauft war, gehört dazu: um oben spielen zu können, mußte unten geschuftet werden.

12 Zur Entstehung und Geschichte der olympischen Spiele vgl. *M. J. Finley* und *H. W. Pleket:* Die Olympischen Spiele der Antike. München 1976.

13 Im Griechischen meint „paradeigma" nicht nur das mustergültige Vorbild, sondern auch das Warnzeichen. So gibt es nach *Platons* „Politeia" Paradigmen der Lebensführung (paradeigmata bioon), die sich in großen Menschen beispielhaft darstellen, aber auch Gegentypen des Schlechten und Mißratenen. Vgl. zur Begriffsgeschichte der „Lebensform" von *Platon* zu *Cicero* und *Augustinus* von *Borst, A.:* Lebensformen im Mittelalter. Frankfurt 1979. – Wie dann ein solches Paradigma selber wieder umgedeutet und neu bewertet werden kann, zeigt *Blumenberg, H.* (Schiffbruch mit Zuschauer. Frankfurt 1979, S. 31) am Beispiel der „Dialogues des Morts" von *Fontenelle,* der die Tat des *Herostratos* als Befreiung von der Last eines erdrückenden Erbes rechtfertigt.

14 An der Deutung des Odysseus-Paradigmas durch die Christen kann man ermessen, was mit dem Einbruch des Christentums zu Ende ging und für immer verloren schien. *Dante* beförderte *Ulisses* in der „Divina Commedia" in die Hölle (26. Gesang); ein *Odysseus,* der zu keinem Ithaca zurückkehrt, sondern den die Strafe des Maßlosen trifft, weil er sich zu weit, über die Grenzsäulen des *Herkules* hinausgewagt hat. Die innovative Neugier wird zur unstatthaften „curiositas" herabgesetzt, die an das Tabu der göttlichen Weltschöpfung rührt.

15 Vgl. *Nestle, W.:* Vom Mythos zum Logos. Stuttgart 2.1942.

16 Zum Übergang von vorwissenschaftlicher Erfahrung zur wissenschaftlichen Erkenntnis vgl. *Lorenzen, P.:* Entstehung der exakten Wissenschaften. Berlin/Göttingen/Heidelberg 1960; sowie *Mason, St. F.:* Geschichte der Naturwissenschaften in der Entwicklung ihrer Denkweisen. Stuttgart 1961.

17 Als Einführung in die Geschichte der griechischen Philosophie vgl. allgemein noch immer: *Windelband, W.* u. *Heimsoeth, H.:* Lehrbuch der Geschichte der Philosophie. Tübingen 17.1980. Teil I: Die Philosophie der Griechen; sowie *Vorländer, K.:* Philosophie des Altertums. Hamburg 1963 (mit Textauszügen). Zu den Vorsokratikern vgl. *Bröcker, W.:* Die Geschichte der Philosophie vor Sokrates. Frankfurt 1965; sowie *Cornford, F. M.:* Before and after Socrates. Cambridge 1960.

18 Die Homerallegorese bildet das Muster für die Lehre und die Praxis vom mehrfachen Schriftsinn, die über die jüdisch-hellenistische Vermittlung in Alexandrien (*Philon* im 1. Jhd. n. Chr.) an die östliche Theologenschule des *Clemens* und *Origines* im 3. Jhd. gelangt und von der theologischen Hermeneutik dann weiter ausgebaut wird. Vgl. dazu *Ohly, F.:* Vom geistigen Sinn des Wortes im Mittelalter (1958), in: Schriften zur mittelalterlichen Bedeutungsforschung. Darmstadt 1977.

19 Zur Entstehung, Geschichte und Aufbau der Rhetorik vgl. *Fuhrmann, M.:* Die antike Rhetorik. Eine Einführung. München/Zürich 1984; sowie *Jens, W.:* Rhetorik, in: Reallexikon der deutschen Literaturgeschichte, Bd. 3, Berlin 1977, S. 432 ff.; und *Lausberg,*

H.: Elemente der literarischen Rhetorik. München 3.1967; die Bedeutung für die Pädagogik behandelt *Clark, D. L.:* Rhetoric in Greco-Roman Education. New York 1957.

20 Eine Rehabilitierung der Sophistik hat *Kennedy, G.* vorgelegt: The Art of Persuasion in Greece, Princeton 1963. Zur Pädagogik der Sophistik vgl. auch *Hoffmann, E.:* Der Erziehungsgedanke der klassischen griechischen Philosophie (1931), in: Erziehung und Bildung in der heidnischen und christlichen Antike. (hg. v. *Johann, H. Th.)* Darmstadt 1976, S. 93 ff.

21 In diesem, aber auch nur in diesem Punkt kommen *Sokrates* (der Lehrer) und *Jesus* der (Verkündiger) sich nahe. Zur Frage nach dem „historischen" *Sokrates* vgl. *O. Gigon:* Sokrates. Sein Bild in Dichtung und Geschichte. Bern 1947. Zur Einführung geeignet ist *Martin, G.:* Sokrates. Reinbek 1967 (mit weiteren Hinweisen).

22 Vgl. dazu *Guardini, R.:* Der Tod des Sokrates. Eine Interpretation der platonischen Schriften Eutyphron, Apologie, Kriton und Phaidon. Hamburg 1956.

23 Unter juristisch-politischem Aspekt behandelt *Schwerin-Krosigk, L. v.* den Prozeß gegen *Sokrates:* Die großen Schauprozesse. Politische Justiz. München 1981, S. 45–54. Den zeitgeschichtlichen Zusammenhang gibt auch *Guardini, R.* (a. a. O.).

24 *Platon:* Apologie (20c). – *Bröcker, W.* (Platons Gespräche, Frankfurt 1964) schärft die Position des *Sokrates* wie folgt zu: „Es ist deutlich genug, daß er hier zum Ausdruck bringen will, daß es eine solche Wissenschaft wie die Pädagogik gar nicht gibt und gar nicht geben kann" (S. 15). Es gibt sie hiernach deshalb nicht, weil sich eine eindeutige Beziehung zwischen Grund und Folge, Absicht und Ergebnis nicht herstellen läßt; zeitgemäß und weniger allgemeinverständlich gesprochen, weil es das „Technologiedefizit" der Erziehung gibt.

25 Der Leitspruch des delphischen Orakels „Erkenne dich selbst" wird gleichsam säkularisiert und zur methodischen Leitlinie des Verhaltens. Nach *Xenophon* (Memorabilia) gehörte zu den Ratschlägen des historischen *Sokrates* auch dieser Hinweis auf das Orakel von Delphi.

26 Vgl. dazu v. *Verf.:* Platos Lehre vom Lernen im „Menon" und das Problem des Allgemei-nen, in: Pädagogische Rundschau, 27, 1973, S. 675 ff; sowie: Bauformen des Unterrichts, Kap. 1: Exemplarische Analyse von Unterricht: der Fall Menon. Bad Heilbrunn 2.1986, S. 26 ff. – Die sokratische Ironie ist ein Stück „negativer Erziehung": sie hebt das selbstverständliche Vor-Wissen auf und führt zur Weisheit der „docta ignorantia".

27 Vgl. *Thukydides:* Der Peloponnesische Krieg, 2. Buch, Kap. 35–46: „Um zusammenzufassen, so behaupte ich, daß die Stadt als Ganzes die Schulungsstätte (paideusis) von Griechenland ist" (zit. nach *Hoffmann, E., a. a. O.,* S. 99). – Man kann den entscheidenden Vorgang der Pädagogisierung einer geschichtlichen Gestalt auch so ausdrücken: Athen wird in dem Augenblick zu einem bedeutungsgeladenen Topos, da die reale Macht des Ortes vergeht, ebenso wie „Jerusalem" zum Inbegriff eines heilsmächtigen Sinnraumes wird, nachdem der Tempel zerstört worden ist, und wie die Idee der „Roma aeterna" mit der Ahnung ihres möglichen Unterganges einhergeht (vgl. unten Anmerk. Nr. 47). Erst die Erinnerung auf den Ruinen macht zu einem „locus communis", zum symbolischen Topos als Bezugspunkt dauerhaft wiederholenden Andenkens, was einmalig wirkliche Macht war.

28 *Jaeger, W.:* Paideia, Bd. II, Berlin 1944, S. 3.

29 Zum Schul- und Erziehungsprogramm des *Isokrates* vgl. bes. die Reden *Nicocles* (5–9) und *Antidosis* (253–257). – Dazu auch *Cecchi, S.:* Die Pädagogik des Isokrates (1959), in: Erziehung und Bildung in der heidnischen und christlichen Antike, a. a. O., S. 227 ff., mit weiteren Literaturhinweisen.

30 Es dürfte diese Kombination von tatsächlicher Machtlosigkeit und fernwirkendem Machtanspruch, von Defizit und Wirkungshoffnung sein, die das ambivalente Bild des Lehrers durch die Jahrhunderte bestimmt hat. Es läßt sich von der Sokrateskarikatur in den aristophanischen „Wolken" bis zu dem armseligen Lehrer Krippenstapel in *Fontanes* „Stechlin" und dem lachhaft traurigen Professor Unrat" bei *Heinrich Mann* verfolgen.
Vgl. zu dieser Ambivalenz im Lehrerbild auch *Adorno, Th. W.:* Tabus über dem Lehrberuf, in: Stichworte, Frankfurt 1969.

31 Als Einführung in *Platon*s Leben und Werk vgl. *Martin, G.:* Platon, Reinbek 1969, mit

weiteren Literaturhinweisen. Eine nachge-
hende Einzelinterpretation gibt *Bröcker, W.:*
Platons Gespräche. Frankfurt 1964. Zu *Pla-
tons* Pädagogik vgl. *Lodge, R. C.:* Plato's
Theory of Education. London 1947; sowie
Rabbow, P.: Paidagogia. Göttingen 1960.

32 Zu *Platons* politischer Laufbahn und dem
Scheitern in Sizilien vgl. *Marcuse, L.:* Der
Philosoph und der Diktator, Plato und Dio-
nys. Berlin 1950.

33 Auf diese erkenntnisleitende Funktion des
Ideen-Konzepts hob vor allem *Natorp, P.* ab:
Platons Ideenlehre. (1903) Darmstadt 1961.

34 Vgl. als Beleg den 1. Quellentext auf S. 262–
265 sowie zur pädagogischen Interpretation
des Höhlengleichnisses *Ballauff, Th.:* Der
Sinn der Paideia. Eine Studie zu Platons
„Höhlengleichnis" (1952), in: Erziehung und
Bildung in der heidnischen und christlichen
Antike, a. a. O., S. 132 ff.

35 Vgl. dazu im einzelnen *Dolch, J.:* Lehrplan
des Abendlandes. Zweieinhalb Jahrtausende
seiner Geschichte. Ratingen 3.1971, bes. § 4:
Idee und Gestaltung des Lehrplanes bei Platon, S. 28 ff.

36 Gerade die Erfahrung dessen, was über alle
methodisch lernbare Erfahrung hinausgeht,
hat in *Platon* ihren paradigmatischen Für-
sprecher gefunden; sie gehört zu dem wirk-
mächtigen Bild des „Plato divus", in das
auch die Erzählung von seiner Reise zu den
ägyptischen Mysterien paßt.

37 Zu *Aristoteles* vgl. einführend *Zemb, J. M.:*
Aristoteles. Reinbek 1961. Die Pädagogik
des *Aristoteles* ist zuerst erschlossen worden
von *Willmann, O.:* Aristoteles als Pädagoge
und Didaktiker. 1909. Vgl. auch *Drechsler,
J.:* Die erkenntnistheoretischen Grundlagen
und Prinzipien der Aristotelischen Didaktik.
Berlin 1938.

38 Analytica posterior, II, 100 a. – Das aristote-
lische Paradigma der Epagoge hat in ge-
schichtlicher und systematischer Perspektive
Buck, G. behandelt: Lernen und Erfahrung.
Zum Begriff der didaktischen Induktion.
Stuttgart 2.1969.

39 Vgl. hierzu die Darstellung von *Nilsson,
M. P.:* Die hellenistische Schule. München
1955; sowie allgemein zur Kultur der hellenistischen Zeit *Schneider, C.:* Kulturgeschichte des Hellenismus, 2. Bde., München
1967/69; bes. über „Jugend und Erziehung", Bd. I, S. 131 ff.

40 Vgl. dazu *Fuhrmann, M.:* Das systematische
Lehrbuch. Ein Beitrag zur Geschichte der
Wissenschaften in der Antike. Göttingen
1960; sowie *Schneider, C.,* a. a. O., Bd. II,
S. 225–383, der ausführlich auf die organi-
satorischen Formen des Buchwesens, des
Wissenschafts- und höheren Schulbetriebs
eingeht.

41 Zur Geschichte der exakten Wissenschaften
im Altertum vgl. *Sambursky, S.:* Das physikalische Weltbild der Antike. Zürich/Stutt-
gart 1965. – Über die Hauptrichtungen und
Schulen der Forschung befindet *Hund, F.*
zusammenfassend: „Für Mathematik und
Astronomie war die platonische Akademie,
für die qualitativen Naturwissenschaften, in
Alexandrien aber auch für die mathemati-
sierten Fachwissenschaften, war die peripa-
tetische Schule wichtig. Die Stoa wirkte
durch allgemeine Gedanken über den physikalischen Wirkzusammenhang. Die platonische Idee einer mathematischen Physik kam
erst in der Neuzeit, dann aber kräftig, zur
Wirkung" (Geschichte der physikalischen
Begriffe. Mannheim/Wien/Zürich 1972,
S. 27).

42 Zur Stoa vgl. *Barth, P./Goedeckemeyer, A.:*
Die Stoa. Stuttgart 6.1946, sowie *Pohlenz,
M.:* Die Stoa, 2 Bde., Göttingen 2.1959.

43 Zur Tragweite der „politischen" Krise für
das Selbstverständnis der Griechen vgl. *Bult-
mann, R.:* Das Urchristentum im Rahmen der
antiken Religionen, Reinbek 1962, S. 102:
„Die Polis hat den Charakter der Heiligkeit,
und das Verhältnis des Bürgers zu ihr, der
Polis, ist eigentlich seine Religion, die sich in
den Staatskulten äußere Gestalt gibt." Von
Griechenland her gesehen erscheinen das
himmlische Jerusalem der Christen als Er-
satz-Polis großen Stils und *Jesus* als der
letzte in der Reihe der Götter, nachdem sich
die alten Götter zurückgezogen haben. So
schon *Schiller* in „Die Götter Griechenlands" (1. Fassung).

44 Zur altrömischen Erziehung vgl. *Bonner,
St. F.:* Education in Ancient Rome. London
1977; sowie allgemein *Alföldy, A.:* Early
Rome and the Latins. Ann Arbor 1965; und
Heuß, A.: Römische Geschichte. Braun-
schweig 4.1976.

45 Vgl. *Büchner, K.:* Cicero. Bestand und Wandel seiner geistigen Welt. Heidelberg 1964;
Gelzer, M.: Cicero. Ein biographischer Ver-

such. Wiesbaden 1969; sowie *Büchner, K.* (Hg.): Das neue Cicerobild (Wege der Forschung XXVII), Darmstadt 1972.

46 Diese Transformation und Symbolisierung von der Pflege der Natur zur Seelen- und Geistpflege findet sich in den „Tusculaner Gesprächen" (2. Buch, Kap. 13) dokumentiert; *Cicero* hat sie sozusagen in der Emigration verfaßt, nachdem sich *Cäsar* zum „Imperator auf Lebenszeit" hatte ausrufen lassen (44/45 v. Chr.). Das „Goldene Zeitalter" der lateinischen Literatur beginnt mit der Auflösung der Republik.

47 Der Topos von der Unvergänglichkeit Roms gewinnt sein Profil vor dem Hintergrund der Krise der Republik. Zur Identifkation von Rom und Welt vgl. *Cicero: In Catilinam Orationes quattuor* (I,4): „O di immortales! (. . .) in qua urbe vivimus? quam rem publicam habemus? hic, hic sunt in nostro numero (. . .) qui de huius orbis atque adeo de orbis terrarum exitio cogitent!" – In Ovids Fasti ist der Topos schon fest (2,683 f.): „Romanae (genti) spatium est urbis et orbis idem".

48 Vgl. z. B. *Stauffer, E.:* Jerusalem und Rom im Zeitalter Jesu Christi. Bern/München 1957.

49 Was *J. Ortega y Gasset* über *Cicero* schreibt, gilt insofern für die römische Rezeption der hellenischen Muster insgesamt: „Cicero war nicht fähig, sich zwischen den Dingen intellektuell allein zu bewegen. Wo die Denker Griechenlands aufhörten, weiß er nicht weiter und hält inne" (Über das römische Imperium, Stuttgart o. J. [zuerst spanisch 1942] S. 14).

50 Zu *Quintilian* vgl. *Seel, O.:* Quintilian oder die Kunst des Redens und Schweigens. Stuttgart 1977; sowie das Nachwort von *Rahn, H.* zu der zweisprachigen Ausgabe der „Institutio Oratoria": Ausbildung des Redners, 12 Bücher, 2 Bde., Darmstadt 1972/75, Bd. 2, S. 805–839. Als Beleg vgl. den 3. Quellentext dieser Epoche auf S. 268–270.

51 Zur Didaktik und Pädagogik *Quintilians* vgl. *Loch, W.:* Redekunst und Unterricht. Zur pädagogischen Theorie in Quintilians „Institutio oratoria" (1966), in: Erziehung und Unterricht in der heidnischen und christlichen Antike, a. a. O., S. 448 ff.

52 Vgl. *Blumenberg, H.:* „Es gibt keine Zeugen von Epochenumbrüchen. Die Epochenwende ist ein unmerklicher Limes, an kein prägnan-

tes Datum oder Ereignis evident gebunden. Aber in der differentiellen Betrachtung markiert sich eine Schwelle, die als entweder noch nicht erreichte oder schon überschrittene ermittelt werden kann" (Die Legitimität der Neuzeit, Bd. 1: Aspekte der Epochenschwelle. Cusaner und Nolaner, Frankfurt 2.1982, S. 20).

53 Zum Thema „Untergang der Antike" vgl. *Christ, v.K.* (Hg.): Der Untergang des Römischen Reiches, Darmstadt 1970.

54 Vgl. *Koerschell, K.:* Deutsche Rechtsgeschichte, Bd. 1, Reinbek 1972, der die Frage stellt, „ob man nicht im beginnenden Mittelalter von einer starken römischen Kontinuität sprechen müsse" (S. 29). Das zeigt die vermutlich älteste Rechtsaufzeichnung der Westgoten, der Codex Euricianus (um 475), der dann die Grundlage der Lex Burgundionum (um 490) und vor allem der fränkischen Lex Salica (um 510) geworden ist. Dazu *Koerschell:* „Ob uns diese Texte gleichwohl an die germanischen Ursprünge heranführen, ist eine Frage, die bis heute unbeantwortet blieb" (S. 31). Mit anderen Worten: schon die faßbaren Anfänge der nicht-römischen und später deutschen Rechtsgeschichte sind sprachlich und gedanklich Resultate einer produktiven Rezeption des römischen Rechts.

55 Vgl. *Harnack, v.A.:* Lehrbuch der Dogmengeschichte, Bd. 1, (zuerst 1886) 5.1931. Zu dem Ineinander von hellenischer Kultur und christlicher Lebensdeutung vgl. *Schneider, C.:* Geistesgeschichte des antiken Christentums. 2 Bde., München 1954. – Ein geläufiger Topos für den legitimen Gebrauch nicht-christlicher Bildungselemente ergab sich aus dem Vorbild der Israeliten beim Auszug aus Ägypten, die „silberne und goldene Geräte und Kleider" mitgehen ließen (2. Mose; 12,35). Ebenso benutzen die Christen die heidnische Bildung als Kleid der geoffenbarten Wahrheit von Golgatha. Vgl. dazu *Augustinus'* „Doctrina christiana", Buch 1, Kap. 2, Nr. 60. – Das Verhältnis von Paideia und Glaube behandelt *Wilfstrand, A.:* Die alte Kirche und die griechische Bildung. Bern/München 1967 (zuerst schwedisch 1951).

56 Zum Schicksal der exakten Wissenschaften im Mittelalter vgl. *Grant, E.:* Das physikalische Weltbild des Mittelalters. Zürich/Mün-

chen 1980 (zuerst am. 1977), sowie *Crombie, A. C.:* Von Augustinus bis Galilei. Die Emanzipation der Naturwissenschaft. München 1979 (zuerst engl. 1977). Wie sich die Bewahrung antiker Traditionen in der Sicht eines Physikhistorikers ausnimmt, dazu *Hund, F.:* „Im großen und ganzen bewahrte also die lateinische Tradition neben weltanschaulichen Haltungen einiges von der antiken Denkdisziplin und ihren Ansprüchen, aber nicht die antike Mathematik und Naturwissenschaft" (a. a. O., S. 47).

57 Vgl. *Rand, E. K.:* Founders of the Middle Ages. Massachusetts 1928.

58 In einem Brief an *Papst Johannes I.* formuliert *Boethius* die klassische Denkformel der scholastischen Methode: „fidem, si poteris, rationemque conjunge". Zit. nach *Pieper, J.:* Scholastik. Gestalten und Probleme der mittelalterlichen Philosophie. München 1978, S. 34.

59 *Büchner, K.:* Römische Literaturgeschichte (1968) Stuttgart 5.1980, S. 553.

60 *Pieper, J.,* a. a. O., S. 37.

2. Epoche:
Das Mittelalter
und das Christentum

– Von Gott, durch Gott, zu Gott –
Von der Zeitenwende
bis zur beginnenden Reformation
im 16. Jahrhundert

„Geschichte als Erschließung vergangener
Wirklichkeit muß als Trauerarbeit, Dankbarkeitsarbeit und Stolzarbeit verstanden werden:
Trauerarbeit darüber, daß so viel versäumt
wurde; Dankbarkeitsarbeit und Stolzarbeit,
daß sich so vieles verändert und verbessert
hat."

[*Hermann Glaser,* in: Vom Recht der Jugend –
Eine Fallstudie. In: Recht der Jugend und des
Bildungswesens, 30 (4/1982), S. 268–279, zit.
S. 270 f.]

Zeitleiste

31–14 Kaiser Augustus;
Ovid, Vergil, Horaz, Livius
0–33 Jesus von Nazareth
9 Schlacht im Teutoburger Wald;
Rhein endgültige Grenze Roms
45–58 Missionsreisen des Paulus
70 Zerstörung Jerusalems; Rom neuer Mittelpunkt des Christentums; Bischofssitz
115 Kaiser Trajan; Höhepunkt der Macht; größte Ausdehnung und gleichzeitiger Verfall des röm. Imperiums
um 250 Alemannen durchbrechen den Limes und dringen in röm. Gebiet
250 Christenverfolgung unter Decius
284–305 Diocletian: Kaiserkult als Staatsreligion; allgemeine Christenverfolgung
305–337 Konstantin d. Große erringt Alleinherrschaft in Rom; Bekenntnis zum Christentum; Gründung von Konstantinopel als zweites Rom; Machtanstieg des Bischofs von Rom
325 Reichssynode v. Nicäa;
Problem Staat und Kirche deutet sich an
um 350 Bischof Ulfilas; Übersetzung des NT ins Gotische (Ulfilasbibel)
um 375 Einfall der Hunnen;
Beginn der Völkerwanderung durch Goten
395 Teilung des röm. Reiches in Ostrom und Westrom
440–462 Papst Leo I., der Große; Primat des Bischofs von Rom durch kaiserl. Gesetz anerkannt (445); Ravenna Hauptstadt
476 Odoakar setzt den letzten Kaiser Westroms ab und wird König von Rom
471–526 Theoderich besiegt Odoakar, erkennt Oberhoheit von Byzanz an
527–565 Ostrom: Justinian: Corpus Juris Civilis
um 529 Klostergründung Monte Cassino (Benedikt)
um 550 Kampf Ostroms gegen die Goten in Westrom

um 600 Ende der Völkerwanderung
608–632 Verkündigung des Koran durch Mohammed (570–632)
711 Untergang des Westgoten-Reiches
730–804 Alkuin; Kloster-, Dom- und Stiftsschulen
732 Schlacht bei Tours und Poitiers:
Martell stoppt den islam. Vormarsch
751 Karolinger Pippin durch Bonifatius zum König gesalbt
754 Pippinsche Schenkung: Grundlegung des Kirchenstaates
742–814 Karl der Große (Aufbau eines Universalreiches von Franken, Langobarden, Sachsen, Bayern, Germanen)
800 Krönung Karls d. Großen
843 Vertrag von Verdun; Reichsteilung
871–895 Engl.: Alfred der Große; Gründung eines Reiches von ähnl. Bedeutung wie Karls
900–910 Gründung von Kloster Cluny (Benediktiner)
933 Sieg Heinrich I. gegen die Ungarn;
Grenzsicherung, aber auch Erstarkung der Stammesherzogtümer
936–973 Otto I., der Große siegt gegen die Ungarn auf dem Lechfeld
955 Ungarn seitdem seßhaft
1096 Beginn der Kreuzzüge
1099 Einnahme von Jerusalem durch die Kreuzritter
1056–1250 Investiturstreit; Kampf zwischen Kaiser und Papst um die Einsetzung der Bischöfe
1077 Heinr. IV. Gang nach Canossa; Papst Gregor VII. hebt den Bann auf; Machtverlust des Kaisers; Errichtung von Schreib-, Lese- und Rechenschulen
1122 Wormser Konkordat: Trennung von geistl. und weltl. Machtgebieten; Herrschaft des Papstes fortan unangetastet; starkes Königtum
1119 Ordenshochschulen, Universität Bologna
1152–1190 Friedr. I., Barbarossa: Verschmelzung des alten Reichsgedankens (Gottesgnadentum, Schutzgewalt über die Kirche) mit Vorstellungen des röm. Staatsrechts; Wiederaufleben des Kampfes Kaiser vs. Papst; Tod auf dem 3. Kreuzzug
1215 England: Magna Charta libertatum: Grundlegung der engl. Verfassung
1215 Laterankonzil: Papst auf dem Höhepunkt kirchl. und weltl. Macht; Schaffung der Inquisition

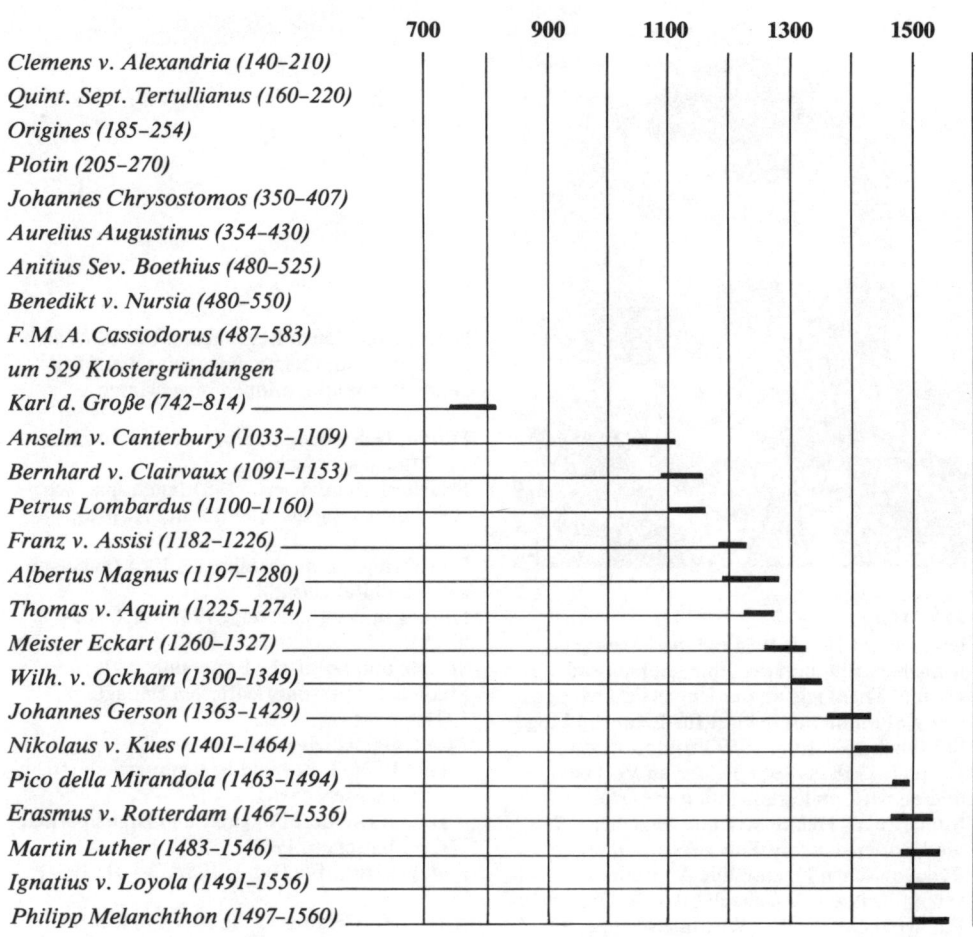

	700	**900**	**1100**	**1300**	**1500**
Clemens v. Alexandria (140–210)					
Quint. Sept. Tertullianus (160–220)					
Origines (185–254)					
Plotin (205–270)					
Johannes Chrysostomos (350–407)					
Aurelius Augustinus (354–430)					
Anitius Sev. Boethius (480–525)					
Benedikt v. Nursia (480–550)					
F. M. A. Cassiodorus (487–583)					
um 529 Klostergründungen					
Karl d. Große (742–814)					
Anselm v. Canterbury (1033–1109)					
Bernhard v. Clairvaux (1091–1153)					
Petrus Lombardus (1100–1160)					
Franz v. Assisi (1182–1226)					
Albertus Magnus (1197–1280)					
Thomas v. Aquin (1225–1274)					
Meister Eckart (1260–1327)					
Wilh. v. Ockham (1300–1349)					
Johannes Gerson (1363–1429)					
Nikolaus v. Kues (1401–1464)					
Pico della Mirandola (1463–1494)					
Erasmus v. Rotterdam (1467–1536)					
Martin Luther (1483–1546)					
Ignatius v. Loyola (1491–1556)					
Philipp Melanchthon (1497–1560)					

1215–1250 Friedr. II. erobert im 5. Kreuzzug die hl. Stätten; Ende der Staufer 1268
1241 Mongolen unter Dschingis Chan bis Schlesien; Beginn ihrer 240jährigen Herrschaft in Osteuropa
1348 Universität Prag
um 1350 Pestepedemien, bei denen ein Drittel der Menschen sterben;
große Judenverfolgungen im Reich
1356 Goldene Bulle: Stärkung der einzelnen Landesfürsten;
Königswahl durch Kurfürsten Reichsgesetz
1339–1453 Hundertjähriger Krieg zwischen England und Frankreich um die Erbfolge;

1429 Jeanne d'Arc befreit Orléans
um 1450 Erfindung des Buchdrucks durch Johannes Gutenberg
1493–1519 Haus Habsburg unter Maximilian I. zur ersten Großmacht Europas
1453 Türken erobern Konstantinopel
1492 Fall der letzten maurischen Festung (Granada) in Spanien;
Kolumbus entdeckt Amerika
1517 Luthers Thesenanschlag
1519–1556 Karl V., in dessen Weltreich die Sonne nicht untergeht
1509–1547 England: Heinrich VIII.; Begründung der engl. Staatskirche

Fritz März,
geboren am 10. 11. 1934 in Oberhaching bei
München. Studium der Philosophie, Pädagogik und Theologie an der Universität München
sowie Studium am Institut für Lehrerbildung
in München-Pasing. 1959 Promotion zum
Dr. phil. 1958 bis 1961 Lehrer an Volksschulen
und an der Landestaubstummenanstalt in
München als Heimlehrer und -erzieher. 1961
bis 1965 wissenschaftlicher Assistent an der
Pädagogischen Hochschule Augsburg der Universität München. Danach bis 1970 Dozent für
Pädagogik an der PH Westfalen-Lippe, Abtei-
lung Siegerland, in Hüttental-Weidenau. 1970
außerordentlicher und 1971 ordentlicher Professor für Pädagogik an der PH Augsburg der
Universität München: 1970 bis 1972 deren
Vorstand. Seit 1972 ordentlicher Professor für
Pädagogik an der Universität Augsburg.
Privateres in meinen Lebenslauf einzubringen,
halte ich – an dieser Stelle zumindest – für
nicht sehr sinnvoll. Da müßte manch Belasten-
des zur Sprache kommen und erläutert werden –
daß ich zum Beispiel, nachkriegsbedingt,
häufig die Schule gewechselt habe; daß ich
dabei viele Lehrer kennenlernte und erleiden
mußte, von denen ich zwar erfahren habe, wo
Timbuktu liegt, wie man labor dekliniert und
Wurzeln zieht, unter denen sich aber kein einziger wirklicher Erzieher befand ...

Neben zahlreichen Beiträgen in Fachzeitschriften, Lexika und Sammelwerken sei auf folgende Buchpublikationen hingewiesen:

Hören, Gehorchen und personale Existenz,
1962 (auch spanisch);
Erzieherische Existenz, 1963 (auch spanisch);
Wertbegegnung als didaktischer Auftrag,
1963;
Einführung in die Pädagogik, 1965 (auch spa-
nisch und italienisch);
Humor in der Erziehung, 1967 (auch spa-
nisch);
Soziale und politische Erziehung, 1970;
Studien zur personorientierten Pädagogik,
1971;
Problemgeschichte der Pädagogik
   (Bd. I: Die Lern- und Erziehungsbedürftig-
   keit des Menschen, 1978;
   Bd. II: Die Lernfähigkeit und Erziehbarkeit
   des Menschen, 1980);
Pädagogenprofile (Bd. I: 1982; Bd. II: 1984).

Anschrift: Grüntenstraße 20, 8950 Kaufbeuren
(0 83 41) 51 54.

2. Epoche: Das Mittelalter und das Christentum

Fritz März

I. Der neue Geist

Der bedrückenden Grundstimmung und Lebensangst, die offenkundig von jeher auf dem Menschen lastet und von der im griechischen Kulturkreis gegen Ende des 8. vor-christlichen Jahrhunderts *Homer* redet, wenn er den Menschen in seiner *Ilias* das jammervollste Wesen auf Erden nennt[1], diesem Anthropopessimismus verleiht etwa zur gleichen Zeit der jüdische Prophet *Isaias* für sein Volk Ausdruck: „Wir tasten gleich Blinden hin nach der Wand, wie ohne Augenlicht tappen wir los. Wir straucheln am hellen Mittag wie in der Dämmerung; in Finsternis sitzen wir gleich den Toten" *(Is 59,10)*.

Mit *Jesus Christus* kommt für die, die an ihn und sein Wort glauben, Licht in diese Finsternis. Der alttestamentliche Priester *Zacharias* kann daher in prophetischer Schau des kurz bevorstehenden Heils singen:

„Hat uns doch heimgesucht der Aufgang aus der Höhe,
Denen zu leuchten,
Die sitzen in Nacht und Todesschatten,
Um unsre Schritte zu leiten
Auf den Weg des Friedens"
(Lk 1,78 f.).

In seiner Froh-Botschaft setzt der *fleischgewordene Logos* den Dämonenkulten der nichtjüdischen Völker, der Sündenbedrücktheit und Erlösungsbedürftigkeit seines Volkes und der Lebensangst und Heilserwartung aller Menschen seine *Religion der Liebe* entgegen und zeigt allen, worum sie sich zuvörderst kümmern sollen: „Seid also nicht ängstlich besorgt und fragt nicht: Was sollen wir essen? was sollen wir trinken? womit sollen wir uns bekleiden? Um all das sorgen sich die Heiden. Euer himmlischer Vater weiß ja, daß ihr dies alles nötig habt. Suchet zuerst das Reich Gottes und seine Gerechtigkeit, und dies alles wird euch hinzugegeben werden" *(Mt 6,31 ff.)*.

Wie man Gottes Reich suchen soll und wie man seiner habhaft wird, auch dafür gibt *Jesus* einen Hinweis, der allerdings in seinem anthropologischen und pädagogischen Aussagegehalt etwas bislang Unerhörtes bedeutet: „Wer das Reich Gottes nicht auf-nimmt wie ein Kind, wird nicht hineinkommen" *(Lk 18,17)*. Was die meisten Aspekte menschlicher Erziehungsbedürftigkeit anlangt, so lernt das Kind vom Erwachsenen. Die *Heilsdimension* relativiert die Bedeutung des Altersunterschiedes: der Mensch jeden Alters bleibt *erlösungsbedürftig;* aber den Maßstab dafür, wie er sich dem Licht und dem Heil erschließen soll und kann, setzt das *Kind* in seiner absoluten Offenheit und in seiner bedingungslosen Glaubensbereitschaft, die sich der erwachsene Mensch oft genug verstellt hat.

Sucht man unter dem anthropologisch-pädagogischen Aspekt nach dem *Neuen* in der christlichen Lehre, so bleibt folgendes festzuhalten:

– *Jeder* Mensch ist *Kind* und *Ebenbild Gottes.* Diese christlichen Anthropina verleihen ihm *Würde, Einmaligkeit* und *Personalitätscharakter,* dessen wesentliche Kategorien aus christlicher Sicht sich zusammenfassen lassen in den Begriffen: *Kreatürlichkeit, Gottgehörigkeit* und *Geschichtlichkeit, Leib-Geistseele-Einheit* und *Geschlechtlichkeit, Selbstbewußtsein* und *Innerlichkeit, Entscheidungsfreiheit* und *Verantwortlichkeit, dialogische Existenz, Gewissen* und *Liebe.* Der Kern dessen, was – christlich gesehen – mit *Person* gemeint ist, findet sich bereits bei *Isaias:* „Fürchte dich nicht, denn ich erlöse dich, rufe beim Namen dich, denn du bist mein" *(Is 43,1). Der persönliche, sich selbst bezeugende und liebende Gott spricht den konkreten Menschen persönlich und unverwechselbar an.*

– Mit seinem Eintritt in die Geschichte, in seiner Inkarnation und mit seinem Opfertod löst *Jesus Christus* gegenüber dem ungehorsamen und somit schuldbeladenen Menschen – und zwar gegenüber *jedem* Menschen: ob Jude oder Heide, Sklave oder Freier, Mann oder Frau *(Ga 3,28)* – die Verheißung des Vaters ein. In *Christi Erlösungstat,* in der *Berufung zum Heil* und in der *Taufe* erfährt der Mensch eine *Wiedergeburt:* seine „zweite Geburt" als *geistlicher Mensch.* In seinem nächtlichen Gespräch mit dem jüdischen Ratsherrn *Nikodemus (Jo 3,1ff.)* betont *Jesus:* „Wenn jemand nicht wiedergeboren wird, so kann er das Reich Gottes nicht anschauen." *Nikodemus* ist damit offensichtlich überfordert: „Wie kann ein Mensch wiedergeboren werden, wenn er schon alt ist? Kann er etwa in den Mutterschoß zurückkehren und nochmals geboren werden?" Aber *Jesus* bleibt bei diesem Bild und bekräftigt sein Wort: „Wahrlich, wahrlich, ich sage dir: Wenn jemand nicht wiedergeboren wird aus dem Wasser und dem Geiste, so kann er in das Reich Gottes nicht eingehen. Was aus dem Fleische geboren ist, ist Fleisch; was aber aus dem Geiste geboren ist, ist Geist. Wundere dich nicht, wenn ich dir sagte: Ihr müßt wiedergeboren werden." In dieser zweiten Geburt gründet auch des Menschen *Recht auf Erziehung,* dem zu entsprechen Pflicht derer ist, die die Gnade des Glaubens bereits erfahren haben; denn: „wie sollen sie den anrufen, an den sie nicht glauben? Wie sollen sie an den glauben, von dem sie nicht gehört haben? Wie von ihm hören, wenn ihnen niemand predigt" *(Röm 10,14f.)?*

– *Erziehung* hat dabei zweierlei zu leisten: die Frohbotschaft der *Liebe* (wie sie aus *Jesu* Wort und den Berichten über sein Leben hervorgeht und worin das *gänzlich Neue* dieser Lehre und Existenzweise beschlossen liegt) *zu verkünden* und *zur Nachfolge* dessen hinzuführen, der von sich sagen konnte: „Ich bin das Licht der Welt. Wer mir nachfolgt, wandelt nicht im Finstern, sondern wird das Licht des Lebens haben" *(Jo 8,12);* der aber auch gesagt hat: „Lehrer laßt euch nicht nennen; denn nur einer ist euer Lehrer, Christus" *(Mt 23,10).* Wahrheit offenbaren und erschließen, herausziehen *(e-ducare)* und heraufziehen – „erziehen ist Sache Gottes; *uns aber ist aufgetragen, das aus dem Wege zu räumen, was die Sache Gottes hindert",* wird *Giovanni Bosco*[2] später sagen.

Die christliche Botschaft, dargestellt in den *vier Evangelien,* in der *Apostelgeschichte* und in den *Apostelbriefen,* birgt zwar viele Hinweise zur Erziehungslehre; aber diejenigen, die sie verkündeten und aufzeichneten, hatten nicht die Absicht, ein Lehrbuch der Pädagogik abzufassen. Gleichwohl übte diese Botschaft auf die Lehre vom Menschen, von seiner Erziehungsbedürftigkeit, Erziehbarkeit und Erziehung im abendländischen Bereich einen gewaltigen Einfluß aus.

Die großen Themen, zu denen im *Neuen Testament* Stellung genommen wird – die *Gottesebenbildlichkeit des Menschen* als Auszeichnung und als Aufgabe, seine *Schuld* und *Erlösungsbedürftigkeit,* die *Menschwerdung Gottes* und das vielleicht christlichste Dogma: die Auferstehung des Fleisches; dann Themen wie *Erbsünde, Gnade* oder die *Freiheit des Menschen* – sie alle weisen neben ihrem heilsgeschichtlichen Gehalt auch eine anthropologisch-pädagogische Dimension auf, wenngleich ihre Exegese unter diesem Aspekt noch größere Schwierigkeiten bereiten dürfte als ihre heilsgeschichtliche Interpretation. Man könnte diese pädagogische Dimension denn auch getrost übergehen, hätte sie nicht in der langen Geschichte christlicher Erziehung und deren Fortführung in säkularisierter Form Auswirkungen gezeitigt – in hilfreicher wie in verhängnisvoller Weise.

Wohl verliert *Jesus* kein Wort über die *Erbsünde;* aber sein Apostel akzentuiert dieses Phänomen, wonach durch einen Menschen die Sünde und in ihrem Gefolge der Tod in die Welt kam und auf alle Menschen übergegangen ist *(Röm 5,12)* und wonach der von der Sünde betroffene Mensch trotz seines Willens zum Guten im Vollbringen des Guten behindert ist *(Röm 7,14ff.), bei aller von Adam* verursachten Todesverfallenheit in *Christus* aber das Leben wiedergewinnen wird *(1 Kor 15,22).*

Dieses neue Leben beruht also nicht auf der Eigenanstrengung des Menschen, sondern ist ausschließlich Geschenk der göttlichen *Gnade.* Keiner wird es besitzen und zu Gott kommen, wenn ihn nicht der Vater *zieht (Jo 6,44);* und ohne *Christus* vermag der Mensch nichts zu tun *(Jo 15,4).* Erst durch *Christi* Erlösungstat sind die Menschen zu Kindern Gottes geworden, als solche aber Erben Gottes und Miterben *Christi (Röm 8,17).* Rechtfertigung wirkt allein die Gnade; nur *sie* wandelt den Menschen zum Erben des ewigen Lebens *(Tit 3,7).*

Diese Lehre von Erbsünde, Erbtod und Erbleben bereitet von jeher große gedankliche Schwierigkeiten. Aber vielleicht könnte der Wirklichkeit eine Deutung entsprechen, in der die Erbsünde als „etwas Fehlendes", als „Differenz zwischen dem Idealbild des

Menschen und dem realen Menschen", nicht so sehr also „als Last oder Sünde" denn als „eine Aufgabe" begriffen wird[3].

Im ersten christlichen Jahrtausend und weit darüber hinaus führte diese Lehre jeden-falls zu einem düsteren Bild vom Menschen und hatte entsprechende pädagogische Konsequenzen. Das Mittelalter insgesamt als anthropopessimistisch abzuqualifizie-ren, hieße wichtige geistesgeschichtliche Zeugnisse, die gegen eine derartige Qualifika-tion sprechen, ignorieren: man braucht in diesem Zusammenhang nur auf *Thomas von Aquin* und seine Lehre vom Menschen zu verweisen, um ein derartiges Pauschal-urteil entkräften zu können. Gleichwohl darf und kann nicht verkannt werden, daß trotz der Fülle ihrer Aspekte, Tendenzen und Positionen die mittelalterlich-christliche Anthropologie – spätestens seit *Augustinus* und gerade durch ihn – ein Bild vom Men-schen aufzeigt, in dem die dunklen Züge der menschlichen Existenz nicht zu übersehen sind: Verderbtheit und Sündhaftigkeit, Armseligkeit und vor allem die Ohnmacht, aus eigener Kraft die Wendung zum Guten vornehmen zu können. Dieser Lehre vom Menschen setzen die Humanisten der Renaissance dann ein Menschenbild entgegen, in dem die hellen Farben dominieren: Schönheit und Würde, Gottähnlichkeit und Kreativität, insbesondere aber die Macht und Fähigkeit zur eigenen Vervollkomm-nung[4]. *Martin Luther* hinwiederum wird in seiner Auseinandersetzung mit *Erasmus von Rotterdam* die düsteren Züge des Menschen unterstreichen. Insgesamt aber wird man den mittelalterlichen Pädagogen ein *realistisches* Menschenbild und eine dement-sprechende Erziehungslehre bescheinigen dürfen. Das Ringen der frühchristlichen und mittelalterlichen Denker um ein der Wirklichkeit entsprechendes Verständnis vom Menschen und um eine realistische pädagogische Position zeigt sich nirgendwo deutlicher als gerade in den anthropologisch einschlägigen Schriften *Augustins*. Es gibt Stellen in seinem Werk, aus denen klar hervorgeht, daß er der *Entscheidungsfrei-heit* als einer wesentlichen Komponente des menschlichen Heils einen hohen Stellen-wert zuspricht. In seiner Auseinandersetzung mit der Freiheits- und Gnadenlehre des *Pelagius* (um 412) tritt diese Position allerdings in den Hintergrund, indem *Augusti-nus* das Schicksal des mit der *Erbsünde* beladenen Menschen ganz von der absoluten Allmacht Gottes und der Allursächlichkeit der göttlichen Gnade her interpretiert. In seiner um 426 verfaßten Schrift *„Über die Gnade und den freien Willen"* bemüht er sich dann um eine Vermittlung zwischen beiden Standpunkten[5].

Die Erfahrung des *Paulus,* daß dem Wollen des Guten das Böse im Menschen ständig im Wege stehe: „Dem inneren Menschen nach habe ich zwar Freude am Gesetze Gottes. Aber ich nehme in meinen Gliedern ein anderes Gesetz wahr, das im Streite liegt mit dem Gesetze meines Geistes. Es macht mich zum Gefangenen unter dem Gesetze der Sünde, das in meinen Gliedern herrscht" *(Röm 7,22f.)* – diese Erfahrung hat *Augustinus* in seinem eigenen Leben zur Genüge gemacht; sie ist für ihn – wie für den Apostel – durch die Urschuld des Menschen verursacht: „durch den Ungehorsam des einen Menschen", durch den „die vielen zu Sündern geworden sind". Die Macht dieser Urschuld über den Menschen konnte erst und *nur* „durch den Gehorsam des einen" gebrochen werden, der dadurch „die vielen zu Gerechten gemacht" hat *(Röm 5,19)*. Bedingt durch seine Jugenderfahrungen und – nach seiner Bekehrung – durch seinen Kampf gegen die stoisch-aufklärerisch durchsetzte Lehre des *Pelagius* erhält das Dogma von der Erbsündebehaftetheit des Menschen bei *Augustinus* eine überstarke Betonung, der in logischer Konsequenz eine erziehungspessimistische Einstellung entspringen muß. So betont der Patrologe *Berthold Altaner:* „Augustins Gnadenlehre, die von einem schauererregenden Gottesbegriff getragen ist, hat von Anfang an innerhalb der Kirche Widerspruch gefunden und später schwere Irrungen hervorgerufen."[6] Daß *Augustinus* die erziehungspessimistische Konsequenz nicht zog, dies bezeugen sowohl seine zahlreichen pädagogischen Schriften als auch sein Wirken. Er entsagt vielmehr dieser seiner Gnadenlehre entsprechenden pädagogischen Extremposition; aber er bleibt sich dessen allzeit bewußt, daß das Streben des Menschen – seine Selbstbildungsbemühungen beispielsweise – und alle Anstrengungen derer, die ihn dabei erzieherisch unterstützen, rasch auf Grenzen stoßen. Denn wer sich der Realität nicht verschließe, der stehe immer wieder vor der Frage: „warum . . . sich nicht die ganze Menschheit oder wenigstens der größte Teil derselben durch ihr natürliches Streben zum Eifer im Wissen und zum Starkmut des Charakters" erhebe und warum es wohl „dem von der Natur so trefflich geschaffenen Menschen" so unendlich schwerfalle, „das natürlich Vorteilhafte und Heilbringende zu lernen".[7] – *Augustinus* und die übrigen Lehrer der noch ungeteilten christlichen Kirche im Abendland haben die dem Menschen anhaftende Erbsünde als Faktum akzeptiert, das sowohl von der göttlichen Offenbarung als auch von der Lebenserfahrung bezeugt werde.

Pädagogisch bedeutsamer als die Erbsündetheologie stellt sich die damit eng verknüpfte, die Erbsündeproblematik aber dennoch übersteigende *christliche Gnadenlehre* dar; und im Zusammenhang mit ihr kommt im *Neuen Testament* vereinzelt auch das *Begabungsphänomen* zur Sprache, oft genug verbunden mit einer Warnung an die, die ihrer persönlichen Qualitäten wegen zur Überheblichkeit neigen. So mahnt *Paulus* eindringlich: „Keiner erhebe den einen auf Kosten des andern. Denn wer gibt dir einen Vorzug? Was hast du, das du nicht empfangen hättest? Hast du es aber empfangen, was rühmst du dich, als hättest du es nicht empfangen" *(1 Kor 4,6f.)*? Bemerkenswert an der Begabungslehre der *Schrift* ist die Tatsache, daß die Fähigkeiten nicht gleichmäßig verteilt sind. So erhält im Gleichnis von den *„Talenten"* ein Knecht fünf Talente, ein anderer zwei und ein Dritter nur eines *(Mt 25,15ff.);* und *Paulus* spricht von „verschiedenen Gnadengaben", von „verschiedenen Ämtern" *(1 Kor 12,4f.)* und sieht die Menschen – je nach der Gnade, die ihnen zuteil wurde – „verschieden begabt" *(Röm 12,6)*. Wichtig ist an dieser Tatsache aber nun nicht die Höhe der jeweiligen Begabung, sondern der Umstand, daß es „derselbe Geist" ist und „derselbe Herr", der diese Gaben verteilt *(1 Kor 12,4f.),* und dazu der Umstand, daß *alle* Glieder an *einem* Leib sind – ungeachtet ihres Dienstes, den sie innerhalb des Ganzen zu leisten haben *(Röm 12,4f.)*. Bei all seinen notwendigen, weil gottgewollten, Anstrengungen darf der Mensch aber nie vergessen, daß er „durch eigene Kraft" nichts vermag: „unsere Fähigkeit kommt von Gott" *(2 Kor 3,5);* er allein wirkt „das Wollen wie auch das Vollbringen" *(Phil 2,13)*. So muß *Paulus* unumwunden von sich bekennen: „durch die Gnade Gottes bin ich, was ich nun bin. Seine Gnade, die mir zuteil geworden, ist in mir nicht unwirksam gewesen. Ja, ich habe mehr gearbeitet als alle andern, freilich nicht ich, sondern die Gnade Gottes mit mir" *(1 Kor 15,10)*.

Diese Überzeugung erfährt bei den Kirchenlehrern der frühchristlichen Zeit und des Mittelalters ihre Vertiefung und philosophische Untermauerung, und sie erhält beispielsweise in der – platonische Elemente bergenden – *Illuminationstheorie* eine für die christliche Erkenntnislehre und Pädagogik nicht unbedeutende Variante. Ansätze zu dieser Erleuchtungslehre finden sich bereits bei *Clemens von Alexandrien;* vor allem aber ist es *Augustinus,* der diese Theorie ausbaut und ihre pädagogische Dimension herausarbeitet.

Insgesamt besagt die christliche Lehre also: alles, Welt und Mensch, hat seinen Ursprung in der *göttlichen Gnade*. Durch seinen Ungehorsam fiel der Mensch aus dem ursprünglichen Gnadenstand heraus und geriet in einen Zustand, der etwas anderes und *weniger* als eine wie auch immer geartete „Natürlichkeit" bedeutet:

„Gott hat den Menschen eben nicht als ein ‚natürliches' Wesen gewollt, das, wie das Tier, sich aus seiner ersten Wesensanlage heraus vollendet. Den ‚natürlichen' Menschen gibt es nicht. Er ist eine Abstraktion, deren die Theorie bedarf, um bestimmte Unterscheidungen vorzunehmen und Beziehungen herzustellen; in Wirklichkeit gibt es nur den von Gott in den Bezug der Gnade gerufenen Menschen, der entweder gehorcht und dann über die bloße Natürlichkeit hinausgeführt wird, oder aber den Gehorsam verweigert und damit unter die erste Natur, in eine entwürdigende Abhängigkeit vom Bösen fällt. Die ‚bloße Natürlichkeit' ist mit Bezug auf den Menschen eine imaginäre Größe, auf die er sich nicht stellen kann. Der neuzeitliche Naturalismus versucht, einen rein natürlichen Menschen zu konstruieren, der in sich seins- und sinnvollständig ist. Dieser hat dann nur die Aufgabe, seine Anlage und Weltbeziehung zu entwickeln. Wenn er will, kann er auch in einen religiösen Bezug eintreten; das hat aber für die Vollendung seines Wesens keine grundsätzliche Bedeutung, weil er aus seiner und der Welt Natur heraus voller Mensch ist. Wer sehen will, kann überall feststellen, daß diese Theorie unwahr ist, befindet sich doch das ganze Dasein in einer Verwirrung, die unmöglich wäre, wenn es den ‚natürlichen Menschen' gäbe. So ist sie denn auch keine Erkenntnis, sondern ein Postulat des Willens, sich von Gott zu emanzipieren."[8]

Wenn nun einer *alles,* was er ist, der *Gnade Gottes* verdankt, wie steht es dann aber um die *Freiheit* und um die *Selbstverwirklichungskraft* des Menschen? – Während *Jesus* zum Freiheitsproblem nicht Stellung nimmt, ist die Freiheit für *Paulus das* große Thema, so daß man in ihm *den Entdecker der Freiheit des Christen* sehen darf[9]. Wie die großen antiken Philosophen versteht auch er Freiheit nicht als Willkür, sondern warnt die zur Freiheit Berufenen vor ihrem Mißbrauch *(Ga 5,13)*. Im Unterschied zum griechischen und stoischen Freiheitsverständnis, das das gesamte antike Geistesleben erfüllt, bereits bei den großen Dichtern der Frühzeit begegnet, im Denken *Senecas* und *Epiktets* einen Höhepunkt erreicht und dessen wichtigste These lautet: der Mensch vermag den Charakter seiner sittlichen Existenz aus *eigener* Kraft zu bestimmen – im Unterschied zu diesem Freiheitsverständnis gründet das paulinische im Glauben an *Christi* Erlösungstat, im Vertrauen auf die göttliche Gnade und im Gehorsam gegen den Willen des göttlichen Vaters wie er im neuen Gesetz *Christi* seinen Ausdruck findet. Dieses neue Gesetz aber ist das Gesetz der *Liebe.* Wer zum Leben unter diesem Gesetz begnadet wurde und wer unter diesem Gesetz zu leben bereit ist, der kann mit *Paulus* sagen: „Alles ist mir gestattet, aber nicht alles frommt. Alles ist mir gestattet, aber ich darf mich von nichts beherrschen lassen" *(1 Kor 6,12).*

Wie sehr die frühchristlichen Lehrer bei aller Berücksichtigung der durch die Erbsünde bedingten *Grenzen der Erziehung* gleichwohl die *Erziehbarkeit* des Menschen und seine Fähigkeit, sein Leben durch *eigene* Entscheidungen zu bestimmen, unterstreichen, dafür liefert der griechische Kirchenvater und fünf Jahre ältere Zeitgenosse *Augustins, Johannes Chrysostomos* in seiner Abhandlung *„Über Hoffart und Kindererziehung"* einen Beleg. Dort schreibt er:

„Steckte nämlich von Natur aus die Schlechtigkeit in den Menschen, so könnte man zu Recht seine Zuflucht zur Entschuldigung nehmen. Da wir aber vorsätzlich schlecht oder gut werden, welchen plausiblen Grund könnte da wohl jemand vorbringen, der es zuläßt, daß derjenige, den er am innigsten liebt" – sein Sohn, „verdorben wird und auf die schiefe Bahn kommt?"[10]

Diese Auffassung vom Menschen und von der Möglichkeit seiner Erziehung durchzieht seit den Patristikern die gesamte christliche Anthropologie und Erziehungslehre. Gewiß finden sich daneben Vorstellungen vom Menschen und über seine Erziehung, in denen kaum noch von der Erbsünde und von der Erlösungsbedürftigkeit die Rede ist oder in denen diese gar geleugnet werden; ebenso Vorstellungen vom Menschen, in denen das Dogma von der Erbsünde eine übergroße und alle erzieherischen Bemühungen lähmende Betonung erfährt. Aber die meisten christlichen Denker nehmen dieses in der Schrift bezeugte und aus der menschlichen Wirklichkeit erfahrbare, dennoch rational unerschließbare Phänomen ernst und begründen auf ihm oft genug die Erziehung: ihre Notwendigkeit gleichermaßen wie ihre Möglichkeit.

Existentielle Entscheidung, Eigenbemühung und personale Verantwortung *des* Menschen auf der einen *und* göttliches Vorsehungs- und Gnadenwirken *am* Menschen auf der anderen Seite bedingen sich. Erst ihr innig verschränktes Zusammenwirken ermöglicht nach christlichem Verständnis jenen Prozeß menschlicher *Selbstverwirklichung,* für den der moderne Begriff *Personalisation* steht und in dem sich die *Würde* des Menschen konstituiert. Dieser Prozeß der Personalisation, in dem das Ich sich seiner selbst bewußt wird, in dem es selbst jemand sein lernt, in dem es in personaler Entscheidung und Verantwortung den Umgang mit der Freiheit einübt, dieser Prozeß ist etwas höchst Lebendiges, Wachsendes; aber er ist kein *Entfaltungsvorgang* im

organologischen Verständnis: gleichsam naturnotwendig, gewissermaßen prädesti-
niert; sondern er ist etwas ausgesprochen Aktives.

„Die Freiheit ist lebendig, daß heißt, sie muß, wie alles Lebendige, wachsen. Sie ist aber auch in eben
dieser Lebendigkeit frei, das heißt, sie muß selbst gewollt werden und sich selbst bilden. So gibt es in
ihr einen Fortschritt, der sich durch alles das vollzieht, was Übung, Überwindung, Entsagung heißt;
aber auch die Möglichkeit, daß sie unentwickelt bleibt, verdirbt, in Trieb, Gewohnheit, Dumpfheit
erstickt."[11]

So ist der christlich ‚Emanzipierte' derjenige, der sich zuallererst von sich selbst emanzipiert hat und sich in der Liebe und Hinwendung zu Gott und den andern und in der
Erfüllung der ihm gestellten Aufgaben wiederfindet: „Wer sein Leben zu gewinnen
sucht, wird es verlieren; wer dagegen sein Leben um meinetwillen verliert, wird es
gewinnen" *(Mt 10,39)*. Diese Anthropologie und Lebenslehre liegt aller christlichen
Pädagogik zugrunde – jener *paedagogia perennis,* die von *Augustinus* und *Thomas
von Aquin* über *Martin Luther* und *Ignatius von Loyola, Philipp Neri* und *Johann
Amos Comenius, François de Salignac de la Mothe Fénelon* und *August Hermann
Francke, Johann Heinrich Pestalozzi* und *Johann Michael Sailer, Johann Hinrich
Wichern* und *Giovanni Bosco* bis zu *Otto Willmann* und *Friedrich Wilhelm Foerster,
Jacques Maritain* und *Romano Guardini* reicht.

II. Frühchristliche Erziehung

1. Grundzüge

Aus dem Missionsauftrag *Jesu* an die Apostel, alle Völker zu bekehren, sie zu taufen
und sie halten zu lehren, was er geboten habe *(Mt 28,19f.),* ergibt sich für alle Zeit die
Aufgabe, der Erziehungsbedürftigkeit des „geistlichen" Menschen durch die Verkün-
digung des Evangeliums zu entsprechen.
Die Hauptverantwortung für die Erziehung in den jüdisch-christlichen und in den
nach der ersten Jerusalemer Verfolgung sich bildenden heiden-christlichen Gemein-
den tragen die *Eltern* und die *Vorsteher* dieser Gemeinden. Hier finden sich durchaus
Berührungspunkte mit der römischen Praxis: Erziehung ist Sache von *Vater* und
Mutter. Angesichts der eschatologischen Existenz des Menschen sind sie für ihre
Kinder Gott Rechenschaft schuldig. Physische Elternschaft bekommt damit eine neue
Dimension: die der *geistlichen Vater- und Mutterschaft, so daß der große Lehrer der
Ostkirche Johannes Chrysostomos* sagen kann: „Zum Vater macht ... nicht das
Zeugen allein, sondern auch die Liebe nach dem Zeugen."[12]
Die Unterweisung in der Lehre *Christi* – die *Katechese* – ist Sache des *Bischofs* und
findet früh bereits ihren literarischen Niederschlag: in der Ostkirche im *Paidagōgos*

des *Clemens von Alexandrien* und in *Johannes Chrysostomos'* Schrift „*Über Hoffart und Kindererziehung*"; im Westen in *Aurelius Augustinus'* Büchern *De magistro* und *De catechizandis rudibus.* Diese frühchristlichen Lehrer sind ihrerseits zunächst und bis zur Gründung der christlichen Katechetenschulen in Alexandrien, Antiochien, Edessa, Caesarea, Jerusalem und Rom – jenen ersten Philosophisch-Theologischen Hochschulen – noch ganz auf das hellenistische Bildungswesen angewiesen. Aber sehr bald schon erfolgt die Auseinandesetzung mit der antiken Bildung. Uneingeschränkte Bejahung erfährt die elementare literarische Bildung. Bei aller inhaltlichen Unterschiedlichkeit der Denkweisen und Lebensformen in Athen, Rom und Jerusalem leben alle diese Kulturen aus ihrer literarischen Tradition, die elementare Kenntnisse im Lesen, Interpretieren und Schreiben erforderlich macht. Ambivalent aber bleibt zunächst die Einstellung gegenüber der antiken dichterischen und philosophischen Literatur. Die Kirchenväter des Ostens – *Justin, Clemens, Origenes, Basilius der Große* und *Gregor von Nazianz* – schätzen ihren formalen und propädeutischen Wert, während sie die Lehrer der Westkirche, vor allem *Tertullian,* anfangs schroff ablehnen, um dann aber allmählich dem östlichen Beispiel einer kritischen Verwertung zu folgen – so etwa *Ambrosius* und *Hieronymus,* vor allem aber *Augustinus.*

Als in den Wirren und Verwüstungen der Völkerwanderungszeit (vom 3. bis 6. Jh. n. Chr.) das römische Weltreich zusammenbricht, erwächst in der jungen christlichen Kirche der antiken Geisteskultur eine Retterin. Mit der Verkündigung des Evangeliums und in der Bewahrung und Verlebendigung antiker Bildung übernimmt sie die geistige Formung und Führung der germanischen Völker und schafft so die Fundamente, auf denen die abendländisch-mittelalterliche Kultur mit ihrer einheitlichen religiösen und ethischen Lebensgestaltung gründet.

2. Frühchristliche Erzieher

Clemens von Alexandrien (ca. 140–ca. 210)

Im Kreis der christlichen Pädagogen gibt es wohl nur ganz wenige, die auf so zahlreichen Gebieten wichtige Erstleistungen vollbracht haben wie *Clemens von Alexandrien.* In seinen Bemühungen um eine Synthese von christlichem Glauben und antikem Denken wird er zum ersten Künder eines christlichen Humanismus. Die souveräne Beherrschung des Wissens seiner Zeit, die seine Schriften verraten, macht ihn zum ersten christlichen Gelehrten – wenn man so will: zum ersten christlichen ‚Akademiker'. In seinem Werk rückt der Gedanke von der Gottesebenbildlichkeit des Menschen erstmals ins Zentrum der christlichen Theologie. Und *Clemens* ist es, der als erster das Verhältnis von Glauben und Wissen vertieft reflektiert, den Glauben zum Fundament aller menschlichen Erkenntnis erklärt, die Philosophie in den Dienst der Theologie stellt und mit der Begründung der theologischen Methode der christlichen Lehre eine wissenschaftliche Form verleiht. Er ist aber nicht nur der erste christliche

Theologe von Rang, sondern auch der erste bedeutende christliche Mystiker. Was seinen Beitrag zur Pädagogik anlangt, so stammen von ihm die ersten im Geist der Frohbotschaft *Christi* verfaßten Monographien, in denen man grundlegende Versuche und Entwürfe zu einer eigenständigen christlichen Erziehungslehre erblicken darf. Der Gedanke, *Christus sei der eigentliche Erzieher und Lehrer* des Menschen begegnet in der abendländischen Erziehungtheorie mehrfach; *Clemens* hat ihm erstmals Ausdruck verliehen: „Unser Erzieher aber ist der heilige Gott Jesus, der die ganze Menschheit leitende Logos; der die Menschen liebende Gott selbst ist Erzieher."[13] – Lange vor dem ‚Entdecker des Kindes‘ – *Rousseau* – weiß *Clemens* um den Eigenwert des *kindlichen Menschen:* „O wie groß ist Gott! O wie vollkommen das Kind!"[14] Für den Christen gilt es nicht, *wieder* Kind, sondern *wie* die Kinder zu werden: einfältig, rein, unschuldig, zart, neu, jung, sanft, arglos, friedliebend, aufrecht, geradsinnig, ohne Heuchelei. „So haben auch wir die herrlichsten und vollkommensten Lebensgüter mit einer vom Wort païs (Kind) abgeleiteten Bezeichnung geehrt und sie paideía (Bildung) und paidagogía (Erziehung) genannt."[15]
Und schließlich: *Clemens'* Schule in Alexandria war eine Einrichtung der *Erwachsenenbildung* – wiederum die erste christliche; und er war denn auch der erste, der das Leitbild des reifen, mündigen Christen konzuialierte, des wahren und gläubigen „Gnostikers" im Gegensatz zum intellektualistischen Gnostiker und gnostischen Ideologen, der sein Heil und seine Erlösung über Spekulation, Erkenntnis und ‚Bildung‘ anstrebt. *Clemens'* Urbild des vollkommenen Erwachsenen und die von ihm skizzierte Idealgestalt des kindlichen Menschen verschmelzen zu einer Einheit.

Johannes Chrysostomos (ca. 350–407)
Unter den Schriften des *Johannes Chrysostomos* trägt eine den Titel *„Über Hoffart und Kindererziehung"* – ein merkwürdiges Thema. Aber es zeigt deutlich an, worum es dem Lehrer der Ostkirche geht: die Ursache der Aufgeblasenheit vieler seiner Zeitgenossen und der durch ihre Arroganz ausgelösten unglücklichen Gesellschaftsverhältnisse sieht er ausschließlich in der mangelnden oder falschen Erziehung, im Versagen vieler Eltern als der ersten und maßgeblichen Erzieher ihrer Kinder. Diese Schrift ist „die einzige zusammenhängende Darstellung frühchristlicher Privaterziehung"[16] und als solche ganz gewiß eines der bedeutsamsten pädagogischen Dokumente der Patristik. *Johannes Chrysostomos'* Erziehungslehre wirkt herb; sie ist ohne Zweifel ‚unmodern‘ und war es bereits zu seinen Lebzeiten – zumal in einer Kultur, von der *Clemens von Alexandrien* berichtet, junge Männer hätten dort nur eines im Sinn: sie lebten „wie die Eber zur Begattung erzogen"[17]. Und doch beinhaltet diese Erziehungslehre bei aller Strenge eine Reihe von Prinzipien, die in die Neuzeit weisen. *Johannes* fordert die heute so viel gepriesene *Ichstärke,* indem er den Wert des sozialen Status relativiert. Viele trachten nach einem „vornehmen Status" und leiten ihn von einem prächtigen Haus und dergleichen mehr ab.

„Das alles liegt außerhalb unserer Persönlichkeit und geht uns nichts an. Was uns aber angeht, das sind Anständigkeit, Verachtung des Geldes, Verachtung des Ruhmes, Mißachtung der Ehrungen seitens der Menge, Überwindung der Natur durch ein tugendreiches Leben. Das bedeutet vornehmer Status, Ansehen, Ehre."[18]

Ferner betont er den Vorrang der *geistigen* Elternschaft vor der natürlichen. Und das vielleicht Gewichtigste: lange vor den pädagogischen Realisten artikuliert er die Bedeutung einer *erziehungsförderlichen Umwelt,* in der der Heranwachsende – nicht zuletzt durch gezielte *Ablenkung* – vor Gefahren bewahrt bleibt, die er noch gar nicht bestehen kann:

„Weise ihn etwa auf den Himmel hin, die Sonne, die Sterne, die Blumen auf der Erde, die Wiesen, schön ausgestattete Bücher. Daran mögen sich seine Augen erfreuen; und es gibt vieles mehr, das keinen Schaden bringt."[19]

Aurelius Augustinus (354–430)

Der herausragende Denker des christlichen Altertums bleibt fraglos *Augustinus.* Als scharfsinniger, hellenistisch geschulter Dialektiker, als subtiler Psychologe und größter lateinischer Kirchenlehrer wird er zum bedeutendsten Philosophen und Theologen an der Schwelle zwischen Antike und Mittelalter. Sein Einfluß reicht weit in die Neuzeit herein; und zeitlose Gültigkeit behält sein Appell, in dem die ganze christliche Lebenslehre wie in einer Formel beschlossen liegt: „Liebe; und im übrigen mach, was du willst!"[20] – Große Bedeutung für die abendländische Bildungsgeschichte gewinnt *Augustinus* aber vor allem durch die Einführung des *gelehrten* Mönchstums im Westen – durch eine Initiative, die dann im 6. Jahrhundert *Benedikt von Nursia* aufgreifen und ausbauen wird.

Unter seinen pädagogischen Schriften befindet sich eine, die man zu Recht ein „Buch der Revolte"[21] genannt hat, ein Buch, das eine alte pädagogische Illusion gründlich zerstört: die Einbildung, ein Mensch könne *von einem anderen Menschen etwas lernen:* „es täuschen sich die Menschen, wenn sie Lehrer nennen, die keine sind"[22]. Der alten pädagogischen Berufskrankheit – der Selbsttäuschung – tritt *Augustinus* mit der einigermaßen provozierenden Frage entgegen:

„Wer würde indes so töricht sein, daß er seinen Sohn zur Schule schicken möchte, damit er bloß das lernt, was sich der Lehrer denkt?"[23] –

Aufgabe der *‚Lehrer'* ist es, mit ihren Worten darzustellen, anzuregen, zu erwecken; und Aufgabe der *Schüler,* „bei sich selbst zu prüfen, ob das, was man ihnen gesagt hat, wahr ist, das heißt, sie müssen, soweit ihre Kräfte reichen, jene innere Wahrheit betrachten. So erst werden sie lernen"[24]. Diese innere Wahrheit aber „ist der, von dem es heißt, daß er im inneren Menschen wohnt . . ., ist Christus, das ist die unwandelbare Kraft Gottes und die ewige Weisheit . . . Ihn zu lieben und zu erkennen begründet das glückliche Leben"[25].

Augustinus will also sagen: alle Menschen haben das Bedürfnis nach einem heilen und glücklichen Leben, das darin besteht, Gott zu lieben und ihn und seine Schöpfung zu erkennen. Dieses Bedürfnis zu stillen vermag nur einer: *Gott allein*. Das wirklich Wichtige und Entscheidende bleibt immer *Gnade*. Gott aber bedient sich bei seinem Erziehungswerk *des Menschen*. Ohne dessen Anstoß „mit Hilfe der äußeren Zeichen" bliebe dem Edukanden der Weg „nach innen"[26], wo er die Wahrheit in gnadenhafter Illumination und in der kontemplativen Aktivität seiner Seele vernimmt, verschüttet – ohne die Erweckung *durch einen Menschen* gäbe es kein wirkliches *Lernen*[27]. – Diese Anregung bedeutet zwar kein Lehren im strengen Sinn; aber sie ist gleichwohl unverzichtbar. Und wenn sie nicht in Mißstimmung und Niedergeschlagenheit, sondern „mit der größtmöglichen Freudigkeit" und aus der „Heiterkeit unserer Seele"[28] erfolgt, dann allerdings gibt es gute Gründe zu hoffen, daß der Lernprozeß – das Ereignis der Wahrheitsfindung im Innern – beginnt und einen glücklichen Verlauf nimmt.

Neben jener Linie, die bei den frühesten didaktischen ‚Profis' im Abendland, den Sophisten, beginnt – bei *Protagoras* (†ca. 415 v. Chr.) beispielsweise, der jedem verspricht: er werde bereits am ersten Tage, den er lernend bei ihm zubringe, „besser geworden nach Hause gehen"[29] – und die bis zu den gewerkschaftlich organisierten ‚Fachleuten für Erziehung und Unterricht, Forschung und Lehre' in der Gegenwart reicht, verläuft seit *Sokrates* und seinem Eingeständnis, in den den Menschen betreffenden wesentlichen Fragen ein Ignorant zu sein[30], eine zweite, antisophistische Linie, die den menschlichen Lehrer in Frage stellt: „Ihr aber, wenn ihr mir folgen wollt, kümmert euch wenig um den Sokrates, sondern weit mehr um die Wahrheit"[31]. Und dieser Strang führt über *Augustinus* und *Thomas von Aquin* bis zu *Don Bosco* und gleichfalls in die Gegenwart herein.

III. Germanentum

Nach der Verschmelzung der antiken Kultur und des Christentums kommt es mit dem Eintritt der Germanen in die abendländische Geschichte im Verlauf der Völkerwanderung zu einer weiteren Begegnung und allmählichen Assimilation. In der geglückten Synthese dieser drei Faktoren gründet die Kultur des Mittelalters, und diese Synthese bleibt bestimmend für den weiteren Verlauf der europäischen Geschichte bis weit in die Gegenwart.

Die Begegnung von Christentum und Germanen ereignet sich auf zweifache Weise. Zum einen treffen die germanischen Stämme – Ostgoten und Westgoten, Gepiden und Heruler, Burgunder und Alemannen, Franken, Langobarden und Wandalen – im Verlauf ihrer Wanderungen und Eroberungszüge auf die christlich-antike Kultur, setzen sich mit ihr auseinander und eignen sich allmählich die Bildung der Unterworfenen an. Zum andern kommen aus dem von den Völkerwanderungsstürmen weitgehend verschont gebliebenen Irland christliche Mönche als Missionare auf den Kontinent: *Columban, Gallus, Bonifatius* und andere.

Daß sich diese Begegnung von Germanen und christlich-antiker Kultur mindestens so spannungs- und konfliktreich vollzog wie zuvor jene zwischen Christentum und Altertum, erhellt aus dem Vergleich germanischer und christlicher Weltsicht und Lebensweise. Konnte beim Stamm der Chatten ein junger Mann nur dann den Status des freien Erwachsenen erreichen, wenn er zuvor einen Feind erschlagen hatte, so gehört zur Vollkommenheit des mündigen Christen die *Feindesliebe.* Gewiß gab es zahlreiche Berührungspunkte zwischen beiden Kulturen und ihren Erziehungsweisen: die positive Wertung der *Familie,* die Achtung von *Frau* und *Kind,* die Anerkennung von *Autorität* und *Führergefolgschaft.* Auch waren die germanischen *Klassengegensätze* zwischen Herr und Knecht nicht so schroff wie jene in der Antike zwischen Herr und Sklave. Gleichwohl wird es immer verwunderlich bleiben, wie germanischer Selbstbehauptungswille, Kampfgeist und Stolz mit christlicher Demut und Nächstenliebe, germanisch-bäuerlich-unliterarische Lebensweise mit christlich-antiker Denkform und Bildung zusammenfinden konnten, und wie aus der Konfrontation von drei so gegensätzlichen Realitäten – Antike, Christentum und Germanentum – jene geistige Einheit hervorgehen konnte, die dann für gut tausend Jahre im Abendland bestimmend bleiben sollte.

Einer der Gründe für diese Möglichkeit, und wohl keineswegs der geringste, liegt gewiß in der *Erlösungssehnsucht,* die auch den germanischen Menschen charakterisiert, in der Brüchigkeit seiner eigenen religiösen Vorstellungen und in den grauenhaften Erfahrungen der Völkerwanderungszeit einerseits und andererseits in der Überzeugungskraft der neuen Heilslehre und ihres Künders *Jesus Christus.*

IV. Erziehung im Mittelalter

Die Renaissancehumanisten haben das Jahrtausend zwischen dem Altertum mit seiner als hochstehend empfundenen Bildung und der Erneuerung klassischer Latinität zu ihrer Zeit abschätzig als belanglose *Zwischenepoche* gewertet, ohne damit freilich diesem „Mittel-Alter", seiner Bedeutung für die Geschichte des Abendlandes und seiner Völker sowie seinen pädagogischen Leistungen gerecht geworden zu sein. Seine Wiederentdeckung und seine angemessene Beurteilung gelingt dann erst den Romantikern.

In diesen rund tausend Jahren zwischen 529, jenem Jahr, in dem die platonische Akademie ihren Lehrbetrieb einstellen muß und *Benedikt von Nursia* sein Kloster auf dem Monte Cassino gründet, und 1517, als *Martin Luther* seine Thesen an der Schloßkirche zu Wittenberg anschlägt und damit den in Spätscholastik und Nominalismus längst begonnenen Zerfall jener religiösen und geistigen Einheit besiegelt, die das wesentliche Charakteristikum des Mittelalters ausmacht – in diesen tausend Jahren entwickeln sich die gesellschaftlichen Strukturen in Europa und das an sie gebundene typische Bildungswesen, das in seinen Grundzügen bis weit ins 20. Jahrhundert hinein Gültigkeit behalten wird. Diese Gesellschaftsordnung ist *ständisch.*

Zum ersten und entscheidenden Träger der Bildung wird in den Tagen der Patristiker der *Klerus;* und er bleibt dies für lange Zeit. Im Hochmittelalter entwickeln dann die beiden anderen Stände – Ritter und *Bürger* – ihre spezifischen Bildungsvorstellungen und -einrichtungen. Jeder dieser Stände erfüllt im Ganzen der mittelalterlichen Gesellschaft besondere Aufgaben – im *Kloster,* auf der *Burg* oder in der *Stadt,* weiß sich aber bei aller Unterschiedlichkeit dieser Aufgaben, Berufe und Bildungserfordernisse eingebunden in die *umgreifende Einheit christlicher Gläubigkeit und göttlicher Berufung,* die das Mittelalter kennzeichnet. Der Gedanke einer „Allgemeinen Bildung" und die Idee einer ihr entsprechenden einheitlichen Schule für alle Kinder des Volkes sind dem Mittelalter – sieht man von vereinzelten Ausnahmen ab – fremd und finden eigentlich erst in der Neuzeit ihre Realisierung.

1. Klerikerbildung

Zu den tragenden Säulen, auf denen die mittelalterlich-abendländische Bildung ruht, zählt neben *Benedikt von Nursia,* seiner *Regel,* die nach *Augustins* Initiative die Klöster im Westen nicht nur zu Stätten des *Gebets* und der handwerklichen wie künstlerischen *Arbeit (ora et labora),* sondern zudem zu Zentren der *Bildung* werden läßt, und neben *Benedikts* missionierenden sowie kultivierenden Mönchen – zu den Fundamenten der abendländischen Bildung zählt in ganz besonderem Maße *Karl der Große* (742–814). Seit 768 König der Franken einigt er nicht nur zahlreiche germanische Stämme und erneuert so das Imperium, das er dann ab 800 als römischer Kaiser regiert; sondern er richtet neben seinen politischen Aktivitäten sein Augenmerk vor allem auf das Bildungswesen und erzielt mit seinen Bemühungen eine Renaissance antiker Kultur.

Karl versammelt in Aachen eine Reihe gelehrter Mönche irischer, angelsächsischer, langobardischer, westgotischer und fränkischer Herkunft um sich, an vorderster Stelle den Angelsachsen *Alkuin,* gründet mit ihnen seine Hofakademie und baut die fränkische Palastschule aus. Von *Alkuin* beraten und unter Berufung auf alte Konzilsbeschlüsse bemüht er sich in einer Serie kulturpolitischer Verordnungen den dürftigen Bildungsstand der Kleriker als der einzigen Bildungsträger im Reich zu heben und damit das Niveau an den nach und nach entstandenen und neu zu gründenden *Kloster-, Dom-* und *Stiftsschulen* zu erhöhen. Lernfaule und unfähige Kleriker läßt er aus ihrem Amt entfernen und begründet sein strenges Vorgehen und seine Anordnung, Kleriker mögen sich neben der Beschäftigung mit den theologischen Disziplinen und neben ihren liturgischen Handlungen auch mit den weltlichen Wissenschaften – den *sieben freien Künsten* – intensiv beschäftigen, *theologisch:*

„wenn falsches Sprechen von allen Menschen zu vermeiden ist, so sollte es vor allem vermieden werden von denen, die zu Dienern der Wahrheit auserwählt sind . . . Daher gemahnen wir euch, die literarischen Studien nicht nur nicht zu verabsäumen, sondern vielmehr in demütigster und gottgefälliger Haltung eifrig daran zu lernen, damit ihr desto leichter und richtiger in die Geheimnisse der Heiligen Schriften eindringen könnt"[32].

Karl denkt nicht daran, das kirchliche Bildungsmonopol in Frage zu stellen; aber im persönlichen Bildungseifer des Kaisers und im kulturpolitischen Engagement des Trägers der *Staats*gewalt begegnet *etwas völlig Originäres* in der Geschichte abendländischer Bildung, das nach dem Tode *Karls* und der Auflösung des Imperiums in drei Reiche allerdings rasch wieder erlahmt, worin nicht zuletzt auch eine Ursache für den späten Beginn einer allgemeinen Volksbildung und der ihr entsprechenden Institutionen gesehen werden darf.

Was übrigens *Karl* selbst anlangt, so bietet er in seiner Person ein überzeugendes Beispiel für die Notwendigkeit einer *frühzeitigen* Erziehung und Unterweisung. So berichtet *Einhard* (ca. 770–840), der Vertraute und Biograph *Karls des Großen,* daß, obgleich sein Bildungseifer bis ins hohe Alter ungebrochen anhielt, der Kaiser es in bestimmten Fertigkeiten – so etwa im Schreiben – nur noch zu mäßigen Ergebnissen gebracht habe: „Zu spät hatte er sich dieser Mühe unterzogen, so daß er nur geringe Fortschritte machte."[33]

Erste Zentren der *Klerikerbildung,* die seit *Karl dem Großen* aber nicht nur die Erfordernisse der Kirche, sondern auch die Verwaltung des Reiches zu berücksichtigen hatten, waren die benediktinischen *Klosterschulen* – St. Gallen beispielsweise oder Reichenau, St. Pölten, Fulda und viele andere. Sie gliederten sich in eine *innere* Schule zur Unterweisung der Mönche und in eine *äußere,* in der die künftigen Weltpriester und Kanzleibeamten unterrichtet wurden. Die Zahl der Schüler war beachtlich. So besuchten nach dem Zeugnis *Walahfrid Strabos* zu Beginn des 9. Jahrhunderts etwa fünfhundert Schüler die Klosterschule auf Reichenau: hundert die innere und vierhundert die äußere. An den *Bischofssitzen,* zum Beispiel in Augsburg und Freising oder in Worms und Münster, und an den *Kollegiatsstiften* in den größeren Städten, wie in Speyer und Metz, wurden *Dom-* bzw. *Stiftsschulen* gegründet und gewannen um das 11. Jahrhundert gegenüber den oft abseits gelegenen Klöstern zunehmend an Bedeutung.

Das *Bildungsgut* unterscheidet sich an diesen drei Schultypen kaum. In der Grundstufe werden im Verlauf von drei Jahren Lesen, Schreiben und Singen unterrichtet, dazu elementare Kenntnisse in Grammatik und Rechnen. Auf der nächsten Stufe erfolgt in einem achtjährigen Unterrichtsverfahren die Einführung in die sieben freien Künste: in das *Trivium* mit Grammatik, Rhetorik, Dialektik und in das *Quadrivium,* bestehend aus Arithmetik, Geometrie, Astronomie und Musik. Auf der letzten Stufe beschäftigt sich der Schüler mit den wichtigsten theologischen Disziplinen: Verständnis und Exegese der Heiligen Schrift, Liturgik und Homilie sowie Katechetik. Grundlegende *Lehrbücher* sind die älteren Enzyklopädien *Cassiodors* und *Isidors von Sevilla* oder jüngere wie die *Alkuins* und *Hrabanus' Maurus,* der zum ersten *praeceptor Germaniae* wurde. Ihre Abrundung erfuhr diese Ausbildung im Hochmittelalter auf den von der Kirche neu gegründeten *Ordenshochschulen* und *Universitäten,* die ihrerseits die Bedeutung der Dom- und Stiftsschulen allmählich minderten.

In den benediktinischen *Frauenklöstern* zu Tauberbischofsheim, Herford, Gandersheim und anderswo erfolgte ein analoger Bildungsverlauf. Während in der inneren Schule die Nonnen mit ihren Ordensaufgaben vertraut gemacht wurden, erfuhren in der äußeren die Töchter der Adeligen ihre Vorbereitung auf das Standesleben.

Die *Laienbildung* bleibt im Frühmittelalter vergleichsweise recht dürftig. Aber immerhin verpflichtet bereits 529 die *Synode von Vaison* die Pfarrer auf dem Lande, *Pfarrschulen* einzurichten und in ihnen Chorschüler für den örtlichen Kirchendienst und zur Vorbereitung auf den Priesterberuf zu unterrichten; und 813 fordert die *Synode von Mainz,* jeder Getaufte müsse das „*Vater unser"* und das *Glaubensbekenntnis* in deutscher Sprache beherrschen. Recht bald delegiert der Pfarrer den Unterricht an Küster und Kantor.

Der Primitivität des Unterrichtsverfahrens in allen Schultypen – Vorsprechen, Nachsprechen, Auswendiglernen, Abfragen von zumeist Unverstandenem – entspricht die Härte des Erziehungs- und Unterrichtsstils, die schon den kindlichen *Augustinus* zu beten veranlaßte, er, „der Kleine,... möchte in der Schule doch nicht geschlagen werden"[34], und die den gut sechzigjährigen Kirchenvater noch ausrufen ließ:

„Wer würde denn nicht mit Entsetzen zurückweichen und lieber den Tod wählen, wenn man ihm die Wahl ließe zwischen Sterben und wieder Kind werden!"[35]

Wenn *Hrabanus Maurus* später von „frohen Schülern, vergnügteren Lehrern und dem allerfröhlichsten Rektor"[36] spricht, so mag dies auf ihn zutreffen, ganz bestimmt nicht auf die mittelalterliche Schulwirklichkeit insgesamt. Sie ist keinesfalls nur Ausdruck einer rauhen Epoche, sondern ganz gewiß auch ein Ausfluß des dem Mittelalter eigenen Anthropopessimismus.

2. Ritterbildung

Im Hochmittelalter treten neben die Klerikerbildung zwei beachtliche Formen der *Laienbildung.* Der aufstrebende adelige Kriegerstand erhält in den Kreuzzügen eine bedeutsame Aufgabe. Altgermanisch-kämpferisches Pathos und christlicher Geist vereinigen sich mit erotisch-ästhetischen Motiven aus Frankreich zum Leitbild des *abendländischen Ritters* mit eigenem Lebensstil und Bildungsideal. Damit werden ganz neue Erziehungsformen erforderlich, in denen im Unterschied zur Klerikererziehung die *Frau* einen entscheidenden Einfluß ausübt. Die Erziehung des künftigen Ritters erfolgt auf der elterlichen oder einer fremden Burg und im begleitenden Umgang mit dem ritterlichen Zuchtmeister, also *schulfrei* und *lebensnah.* Nach der Erziehung durch die Mutter kommt der Siebenjährige als *Page* zumeist auf eine benachbarte Burg und erlernt dort analog zu den sieben freien Künsten die sieben ritterlichen: Reiten, Schwimmen, Pfeilschießen, Fechten, Jagen, Schachspiel und Dichtkunst. Mit vierzehn Jahren ist er *Knappe* und erhält das Schwert. Und mit einundzwanzig Jahren wird er in feierlicher Form zum *Ritter* geschlagen und verpflichtet sich zu Treue, Maß, Zucht, Demut und Milde. Ferner gelobt er für alle Zeit: Wahrhaftigkeit, Achtung des Rechts, Schutz der Kirche und ihrer Diener, Verteidigung der Witwen und Waisen sowie der Ehre aller Frauen und Kampf gegen die Feinde des Christentums.

In der Gestalt *Parsivals* begegnet der Archetyp des christlichen Ritters: seine Erlösungsbedürftigkeit, sein Ringen um das eigene Heil und das der anderen im Dienst an Gott und an den Schwachen und die Synthese von Gottes- und Frauenminne.

Mit dem Ende der Kreuzzüge und dem Fehlen der entsprechenden Aufgaben erleidet das Rittertum einen raschen sozialen und moralischen Verfall.

3. Bürgerbildung

Die zweite Form einer beeindruckenden Laienkultur im 12. Jahrhundert schafft das selbständig gewordene und erstarkte *Stadtbürgertum.* Neue wirtschaftliche und künstlerische Bedürfnisse und die aus den Kreuzzügen resultierende Begegnung mit fremden Kulturen begründen ein blühendes *Handwerks-* und *Handelsleben,* das spezifische Bildungswege erforderlich macht.

Analog zur Ritterbildung durchläuft das künftige *Zunft*mitglied einen mehrstufigen, festumrissenen und traditionsbefrachteten Bildungsgang als *Lehrling* und *Geselle* in einer fremden Meisterfamilie. Hat es beide Stufen erfolgreich absolviert und seine Kenntnisse und Fertigkeiten auf einer mehrjährigen Wanderschaft vervollständigt, verleiht ihm die Zunft beim Freiwerden einer Gewerbestelle in feierlicher Weise den *Meister*titel. Dieser ganz an den Erfordernissen der Berufswirklichkeit ausgerichtete Bildungsgang hat sich in seinen Grundstrukturen bis in die Gegenwart hinein erhalten.

Anders als das Handwerk benötigen *Verwaltung* und *Handel* eigene *Schulen.* So entstehen zwischen dem 13. und 15. Jahrhundert zur Unterweisung in den Elementarkenntnissen – zunächst auf private Initiative hin und später auch als städtische Gründungen – zahlreiche Schreib-, Lese- und Rechenschulen, die sogenannten *Deutschen Schulen.* Die zur selben Zeit gegründeten *lateinischen Stadtschulen* bieten in etwa den gleichen Lehrstoff an wie die herkömmlichen Kloster-, Dom- und Stiftsschulen. Den

Unterricht sowohl in den Deutschen Schulen wie in den Lateinschulen erteilen häufig schlecht bezahlte und ständig wechselnde „fahrende Scholaren" und Studenten ohne Studienabschluß – nicht selten auch in moralischer Hinsicht dubiose Existenzen, von denen man nach ihrem Untertauchen sagen konnte: „... und wenn sie nicht gestorben sind, dann leben sie noch heute irgendwo als Schulmeister ...' – Eine Verbesserung dieser Schulen erfolgt erst im Zeitalter des Humanismus und der Reformation.

Im Gegensatz zu den Klerikern, Rittern und Bürgern bleibt der *Bauernstand* – unfrei, verarmt und restlos mit den Erfordernissen einer dürftigen Lebensfristung ausgelastet – im Mittelalter von allen Bildungsveranstaltungen ausgeschlossen.

4. Scholastik und Universität

Ihren Höhepunkt erreicht die mittelalterliche Geistes- und Bildungsgeschichte in der *Scholastik.* Dieser vielschichtige, aber ausgesprochen *pädagogische* Begriff – er leitet sich vom griechischen Wort *scholé* ab, das ursprünglich nicht „Schule", sondern *Muße* bedeutet; über den deutschen Begriff „Arbeitsschule" hätte der Grieche gelacht, und auch der mittelalterliche Gelehrte wußte bei aller Heiligung der Arbeit seit *Benedikt* durchaus noch um die genuine Bedeutung von „Schule" – dieser vielschichtige Begriff *Scholastik* bezeichnet zunächst jene rund tausendjährige Periode der abendländischen Philosophie und Theologie, die sich von *Boethius* (480–525) bis *Nikolaus von Kues* (1401–1464) erstreckt, daneben auch die philosophische und theologische Methode dieser Epoche, mit der die mittelalterlichen Denker aus der Antike überlieferten Sprachen, Denkweisen und Ideen zu assimilieren suchten – worin der Aspekt des *„Schulmäßigen"* zu sehen ist – und mit der vor allem die denkende Durchdringung des Glaubensgutes zu leisten war, gemäß der Maxime des *Boethius:* „Verknüpfe, soviel du nur vermagst, den Glauben mit der Vernunft"[37] – worin sich der Aspekt der *Rationalität* ausdrückt. Und gerade diese Zuordnung von *fides* und *ratio* kennzeichnet mit ihren Spannungen die Abschnitte und die Gestalten der Scholastik. So überwiegt in der *Frühscholastik* bei *Anselm von Canterbury* (1033–1109) mit seinem *credo ut intelligam* und bei *Peter Abaelard* (1079–1142) ein deduktiver Rationalismus, während bei dem *Vorscholastiker Johannes Eriugena* (ca. 810–ca. 877) und bei den *Hochscholastikern Thomas von Aquin* (ca. 1225–1274) und *Bonaventura* (1221–1274) bis zum *Spätscholastiker Nikolaus von Kues* auch das Korrektiv der *negativen Theologie,* die Lehre vom „nicht gewußten Gott" und vom „wissenden Nichtwissen", betont wird. Daneben erscheint bei *Bernhard von Clairvaux* (1091–1153), *Bonaventura* und *Meister Eckhart* (ca. 1260–1327), dem mit der Einführung des ursprünglich künstlerisch-handwerklichen Begriffes *Bildung* in den theologischen und philosophischen Bereich der Beginn der spezifisch deutschen *Bildungs*-Geschichte zu danken ist, auch das mystische Moment sowie bei *Johannes von Salisbury* (ca. 1115–1180), den Männern von Chartres (um 1150) und vor allem bei *Albertus Magnus* (ca. 1197–1280), dem ersten bedeutenden

Aristoteliker, das betont empirische und naturwissenschaftliche Korrektiv. Im Denken des von der *Aristoteles*-Rezeption des 12. und 13. Jahrhunderts stark beeinflußten *Thomas von Aquin,* in seiner „theologisch gegründeten Weltlichkeit und weltoffenen Theologie"[38], kommen diese verschiedenen Positionen für einen kurzen weltgeschichtlichen Augenblick zum denkerischen Ausgleich, der dann in der *Spätscholastik* mit ihren dialektischen Kunstgriffen und formalistischen Streitigkeiten, im *Nominalismus* eines *Wilhelm von Ockham* (ca. 1300–1349) und nicht zuletzt „aus Mangel nicht an Ideen, sondern an Köpfen"[39] wieder verloren geht.

Den eigentlichen Charakter der Scholastik begreift man allerdings erst dann, wenn man wahrnimmt, „daß sie vor allem ein beispielloser Lern-Vorgang gewesen ist, eine durch mehrere Jahrhunderte durchgehaltene schulische Veranstaltung von ungeheuerem Ausmaß"[40] vorwiegend in der klösterlichen Stille und Muße. Ihre Methode sollte diesen Lernvorgang erleichtern. Im Zentrum standen dabei Vorlesung *(lectio)* und Aussprache bzw. Wechselrede *(disputatio)* über eine bestimmte Frage. Diese Aussprachen fanden in den *Quaestiones disputatae* ihren schriftlichen Niederschlag; viele solcher *„Disputationsfragen"* wurden dann in den großen *„Summen"* zusammengefaßt, neben die als weitere scholastische Literatur-Formen die *Kommentare* und *Opuscula* – Einzelwerke mit freier thematischer Bearbeitung eines Problems – traten. So lautet denn auch das pädagogische Hauptanliegen dieser Zeit in einer Formulierung *Hugos von St. Viktor* (1096–1141): „lerne alles: später wirst du sehen, daß nichts überflüssig ist"[41].

Die Scholastik hat keine wissenschaftliche Pädagogik entworfen; aber viele ihrer Vertreter steuerten beachtliche Gedanken zu einer *Grundlegung der Bildungs- und Erziehungslehre* bei. Von *Cassiodor* (ca. 487–ca. 583) stammt ein Quellenbuch – *Institutiones* –, das für die folgenden Jahrhunderte und besonders für die großen „Schulmeister" *Alkuin* (ca. 730–804) und *Hrabanus Maurus* (ca. 776–856) sehr hilfreich wurde. Aus der Frühscholastik sind besonders *Hugo von St. Viktor* mit seinem *Didascalicon* und *Johannes von Salisbury* hervorzuheben. Zu den für die Pädagogik bedeutsamen Vertretern der Hochscholatik, die sich entweder um die Grundlegung von Erziehung und Unterricht bemühten oder aber selber hervorragende pädagogische Praktiker waren, zählen: *Petrus Lombardus* (ca. 1100–1160), der mit seinem *„Sentenzenbuch"* eines der meistbenützten Schulbücher schuf; *Vinzenz von Beauvais* (ca. 1190–1264), von dem der umfassendste Entwurf zu einer Allgemeinen Pädagogik stammt; *Albertus Magnus* mit seinen hochmodernen Forderungen nach einer allgemeinen öffentlichen Erziehung, nach Mädchenerziehung, ja sogar nach einer vorgeburtlichen Erziehung; *Thomas von Aquin* als Verfasser einer Theorie des Lehrens und Lernens und als einer der wirkungsvollsten Lehrer des Mittelalters; *Aegidius Romanus* (ca. 1243–1316) mit seinem *„Fürstenspiegel"; ferner *Wilhelm von Tournai* (um 1250) als Verfasser einer *„Unterweisung der Kinder"* und vor allem der große Praktiker *Johannes Gerson* (1363–1429), der sich neben seinen Aufgaben als Kanzler der Universität

Paris um die Jugendseelsorge bemühte und sich dabei besonders der persönlichen und vertrauensvollen Zwiesprache als Erziehungsmaßnahme bediente. – Viele dieser Gedanken sind auch heute nicht überholt – vgl. die Quellentexte S. 272–278.

Die Entwicklung des *philosophischen* und *theologischen* Denkens seit *Augustinus,* besonders aber in der Epoche der Scholastik, sodann die Wiederentdeckung *Aristoteles'* und die Rezeption seines Denkens und schließlich die Verfeinerung des *Rechtsbewußtseins* sowie die Zunahme des *medizinischen* Wissens machten über die bisherigen Unterrichtsinstitutionen hinaus einen neuen Schultyp, die *Hochschule,* erforderlich. Zunächst entstanden Ordenshochschulen, öffneten sich bald für Weltpriester und vereinigten sich nach und nach mit den schon bestehenden oder gleichzeitig gegründeten juristischen und medizinischen Hochschulen zu *Universitäten.* Zwischen dem 11. und 15. Jahrhundert wurden sie in zahlreichen Städten fast aller europäischen Länder errichtet – beispielsweise in Salerno, Bologna, Padua, Neapel, Florenz und Rom; in Salamanca und Valladolid; in Paris und Toulouse; in Oxford und Cambridge; in Buda und Krakau, Uppsala und Kopenhagen; in Prag, Wien, Heidelberg, Köln, Leipzig und Tübingen. Lange Zeit blieb es bei den *vier klassischen Fachbereichen:* der theologischen, juristischen, medizinischen und Artistenfakultät; doch nur wenige Universitäten verfügten über alle vier. Ausgestattet mit Abgabenfreiheit, eigener Gerichtsbarkeit und dem Recht der Verleihung international anerkannter akademischer Grade bedeutete *Universität* zunächst nicht die Zusammenführung der Wissenschaften und ihre Einheit, sondern die *Vereinigung von Lehrern und Studierenden,* die gemeinsam – in klosterähnlicher und strenger Lebensweise – in Bursen und Kollegien zusammenwohnten und sich nach beendetem *studium particulare* an den herkömmlichen Kloster-, Dom- und Stiftsschulen nunmehr gemeinschaftlich dem *studium generale* – so auch der ursprüngliche Name der Universität – widmeten.

5. Mittelalterliche Erzieher

Benedikt von Nursia (ca. 480–ca. 550)
Es ist nicht so sehr Originalität, was *Benedikt*s Bedeutung ausmacht: Idee und Wirklichkeit des Mönchstums existieren vor ihm. Seine Stärke offenbart sich vielmehr in der Ausgewogenheit, die er in seiner *Regel* zwischen den einzelnen Elementen der monastischen Lebensform: zwischen *Gebet, geistlicher Lesung* und *körperlicher Arbeit* herstellt – zwischen *Kontemplation* und *Aktivität,* zwischen *asketischer Selbstheiligung* und *dienender Weltzuwendung,* zwischen *Strenge* und *Güte. Benedikt,* der unter den „Vätern des Abendlandes" in vorderster Reihe steht, zeigt sich als Meister der *discretio:* der *Gabe der Unterscheidung,* des *rechten Maßes* sowie des *Taktes* und damit eines *humanen* Erziehungsstils; und – was recht folgenreich werden sollte – *er* ist es, der die *Arbeit* adelt und sie vom Makel des Banausentums befreit, mit dem sie in der Antike behaftet war. Er schafft mit seiner *Regel* für den Menschen einen

praktikablen Modus, sich als Gemeinschaftswesen zu verwirklichen und zu bewähren, sodann dem Kulturauftrag Gottes optimal zu entsprechen und – betend und arbeitend – christliche Humanität zu realisieren. Mit der Form, die er seiner *Regel* gibt, wird diese neben der *Heiligen Schrift* bis weit hinein ins Hochmittelalter zum eigentlichen Erziehungs- und Lehrbuch des Abendlandes. Und nimmt man die namhaften ‚Enkulturatoren' und Erzieher Europas zwischen dem 6. und 9. Jahrhundert in den Blick, so trifft man in ihnen fast ausnahmslos auf Benediktiner: *Cassiodor* und *Gregor der Große, Isidor von Sevilla* und *Bonifatius, Beda Venerabilis* und *Alkuin, Hrabanus Maurus* und *Walahfrid Strabo* – sie alle lebten, wirkten und erzogen im Geiste *Christi und* entsprechend der *Regel Benedikts* und schufen Zentren christlicher Bildung und abendländischer Kultur.

Die Basis benediktinischer Lebensform bilden *Demut* und *Gehorsam*. In der Mühsal des Gehorsams soll der in *Christo* ‚emanzipierte' Mensch wieder zu Gott heimkehren, den er durch die Trägheit des Ungehorsams verlassen hat. Der Verzicht auf den Eigenwillen, die freiwillige und bedingungslose Einordnung in die Gemeinschaft der Brüder und der absolute Gehorsam gegenüber dem von der Kommunität gewählten Abt als dem „Statthalter Christi" sind die Waffen, mit denen der Mönch für seinen „Herrn Christus, den wahren König"[42], streitet.

Benedikts Weg ist fraglos der Weg einer geistlichen Elite. Aber müßte er jenen, die – aus Überdruß an einer Wohlstandsgesellschaft, an ihrer Absurdität und sinnlosen Hektik – nach *alternativen* Lebensformen suchen, nicht wenigstens bedenkenswert erscheinen?

Thomas von Aquin (ca. 1225–1274)

Seinem bedeutendsten pädagogischen Traktat gibt *Thomas* in Anlehnung an *Augustin*s Dialog *De magistro* gleichfalls den Titel *„Über den Lehrer"*. Für ihn ist *Lehren* eine der elementarsten Weisen geistigen Seins. Im Lehren vereinigen sich der staunende Blick auf die Wirklichkeit, die Kraft schweigenden Hinhörens – nicht darauf, „was andere gedacht haben, sondern wie die Wahrheit der Dinge sich verhält"[43] – und der Blick auf den lernbedürftigen Menschen, die liebende Bejahung des Vernehmenden und das damit verbundene Bemühen des Klärens, Vereinfachens, Vermittelns. Durch seine Vernunft hat der Mensch teil an der göttlichen Vernunft, dem Urgrund der Wahrheit. In der Sinneserfahrung, im Denken und Sprechen gewinnt er die Wirklichkeit. Auch für *Thomas* ist *Gott der eigentliche und ursprüngliche Lehrer,* der durch seine Schöpfung den Menschen unterweist, wobei die Aufgabe des *menschlichen Lehrers* darin besteht, dem göttlichen Wirken vorbereitend, anregend, vertiefend zur Seite zu stehen: „Wie es vom Arzte heißt, er mache gesund, wiewohl er nur von außen wirkt, während die Natur allein von innen tätig ist – so sagt man auch, der Mensch lehre die Wahrheit, wiewohl er sie dem anderen nur äußerlich verkündigt, während Gott ihn in seinem Inneren belehrt."[44]

Thomas erweist sich im Blick auf sein _Werk_ als Theologe und Philosoph; er ist einer der aktivsten Organisatoren des Studienwesens, Reformer von Lehrplänen, Hochschulgründer; aber im Blick auf sein _Leben_ ist er vor allem und mit ganzer Hingabe _Lehrer._ Seine didaktische und methodische Meisterschaft zeigt sich am augenfälligsten in seiner _„Theologischen Summe"_ – einem „Lehrbuch für Anfänger": _ad eruditionem incipientium_ –, in deren _Vorrede_ er als Grundsätze besonders die Vermeidung des Ekels vor der Langeweile und die Hinführung zum Staunen- und Fragen-Können als den Beginn echten Lernens herausstellt. Besonders charakteristisch für ihn ist seine unmittelbare Zuwendung zum Lernenden selbst; und dem Zeugnis seiner Zeitgenossen entsprechend waren seine Hörer an der Universität Paris von seiner Art zu diskutieren und zu argumentieren schlechtweg begeistert. _Thomas_ war bestrebt, die Möglichkeiten menschlichen Erkennens gänzlich auszuschöpfen; und man hat ihn zeitweilig – ungerechtfertigterweise – einen Rationalisten genannt. Sein Bemühen entsprang jedoch der Überzeugung, daß erst der volle Einsatz der eigenen Vernunft an jene Grenze heranführt, an der der Bezirk des wirklichen Mysteriums beginnt. Für sich selbst ist er an diese Grenze gestoßen und hat wohl auch die Gnade ihres Überschreiten-Dürfens erfahren. Die Folge davon war: demütiges Verstummen. Nicht zuletzt darin zeigt sich abermals seine Größe – als _gläubiger_ Lehrer. Eines seiner letzten Worte hat sein Freund _Reginald von Piperno_ überliefert: „Alles, was ich geschrieben habe, erscheint mir wie Spreu, verglichen mit dem, was ich geschaut habe . . ."[45] – Hierin nähert sich _Thomas,_ der Angehörige des dominikanischen Bettelordens, dem Gründer des anderen großen Bettelordens, _Franziskus von Assisi_ (ca. 1182–1226), der einmal von sich und seinen Brüdern sagte: „wir waren ungebildet und jedermann untertan"[46], und dem es nur um eines ging: „die Menschen in Fröhlichkeit und Freude zur Liebe Gottes hinzuführen"[47]. Dazu bedarf es keiner Gelehrsamkeit; _Herzensbildung_ genügt. In einem aber wurde _Franz_ – mehr als _Thomas_ und die anderen großen Lehrer des Mittelalters – für alle Christen, zeitgenössische und künftige, zum _unverwechselbaren Lehrer:_ er hat sich selbst nicht nur um ein Leben nach dem Evangelium und um radikale Nachfolge _Christi bemüht,_ sondern: _er hat mit seinem eigenen Leben letztlich den Beweis erbracht, daß evangelisches Leben, vorbehaltlose Herrennachfolge im Sinne der Bergpredigt möglich ist._

Johannes Gerson (1363–1429)
Reflektiert man die Gedanken und Intentionen dieser wohl großartigsten Erziehergestalt des 15. Jahrhunderts – eines Mannes voller Geduld und Güte, beseelt von einem glühenden Optimismus und zugleich gekennzeichnet durch einen nüchternen Wirklichkeitssinn, dann kommt man nicht umhin, die eigenen vorurteilsbesetzten Vorstellungen vom gänzlich ‚finsteren‘ Mittelalter zu revidieren.

Zur Rechtfertigung seiner Hinwendung zu _Kindern_ und _jungen Menschen_ – in seiner Zeit durchaus etwas höchst Ungewöhnliches – verfaßt er einen _„Traktat über die_

Führung der Kleinen zu Christus" – sein pädagogisches Hauptwerk und fraglos die bedeutendste pädagogische Schrift des ausgehenden Mittelalters, in der er zahlreiche Grundsätze der neuzeitlichen Pädagogik vorwegnimmt. Lange vor *Rousseau* artikuliert er *den Eigenwert der Kindheit und des Jugendalters – das Recht, jung und anders zu sein,* und scharf kritisiert er jene Erzieher, die „Kinder sofort jeder fehlerhaften Neigung entkleiden und sie plötzlich gleichsam zu einem geistigen Greisenalter führen wollen, wenn sie in unerleuchtetem Eifer ohne Plan und Ordnung und ohne Rücksicht auf die Zeit mit ungestümem Eifer oder vielmehr mit Wut jede Leidenschaft verfolgen", anstatt einige Fehler zu dulden – „nicht weil sie gefallen oder schön sind, sondern damit nicht schlimmere Leidenschaften herauskommen"[48].

Bei aller Verführbarkeit der Kinder glaubt *Johannes* an das Gute im jungen Menschen und an seine schier grenzenlose Bildsamkeit; und in einer Zeit tiefgreifender politischer, geistiger und religiöser Krisen bemüht er sich um eine Reform von Kirche und Gesellschaft und ist davon überzeugt, daß derjenige, der eine solche Erneuerung wünscht, mit ihrer Verwirklichung „bei den Kindern beginnen muß"[49] – auf *kind*gemäße Weise! (Vgl. den 5. Quellentext dieser Epoche auf S. 277f.)

Wer die Ausführung dieses Mannes über den *angemessenen Erziehungsstil* liest, würde den Autor – sofern er keinerlei Informationen über ihn besäße – eher dem 20. als dem beginnenden 15. Jahrhundert zuordnen. *Johannes* weiß wohl um die Notwendigkeit und die Schutzfunktion der Disziplin. Er bejaht Führung; aber er verurteilt Zwang, Drohung und Schläge. Zu erziehen vermag in seinen Augen nur der, dem die ihm überantworteten Kinder und Jugendlichen ihr Vertrauen schenken. Derjenige freilich wird es nie gewinnen, der „nicht fröhlich mit den Lachenden lacht, den Spielenden Glück wünscht und ihren Eifer im Guten lobt" – der nicht begreift, „daß zur Besserung und Zurechtweisung Sanftmut am wirksamsten ist". Mag Liebe im Übermaß auch verfehlt sein, für *Johannes* steht immerhin fest, „daß zu große Liebe weniger schadet als zu große Strenge . . . Es läßt sich kaum sagen, wieviel lieber wir die nachahmen, die unsere Liebe besitzen"[50].

V. Ausblick

Teilt man *Herder*s Ansicht in seinen *„Ideen zur Philosophie der Geschichte der Menschheit",* wonach es „sinnloser Stolz" wäre, „zu sagen, daß wir besser erziehen, als die Alten erzogen haben", und zu erwarten, „daß am Abend der Tage die vollkommensten Menschen leben werden, weil sie die letzten sind und die Exempel ihrer Vorgänger vor sich haben"[51] – und die Verhältnisse im ausgehenden 20. Jahrhundert vermögen diese Überzeugung eigentlich kaum zu widerlegen –, dann mag die Frage nach dem *Ertrag mittelalterlicher Bildungsgeschichte für uns* nicht ganz unzulässig sein. Im Blick auf die *institutionelle* Seite schafft das Mittelalter ein differenziertes Gefüge von *Bildungseinrichtungen,* die sich bei allen erforderlichen und erfolgten Reformen und Innovationen sowie bei allem Wechsel ihrer Träger in ihren Grundstrukturen bewährt und erhalten haben – im Bereich der schulischen, akademischen und handwerklich-beruflichen Bildung.

Das Gewichtige dieses Ertrages liegt aber nicht auf institutionellem Feld, sondern es ist vielmehr ein *neuer Geist,* der die frühchristliche und mittelalterliche Erziehung prägt und der auch heute dort weht, wo *bewußt christlich zu erziehen* versucht wird. Dieser Geist des *Evangeliums,* den die mittelalterlichen Erzieher gewiß oft genug verfehlt haben, indem sie die *Froh*-Botschaft zur *Droh*-Botschaft umgestaltet haben, bahnt ein Verständnis von Mensch und Welt an, das im Vergleich mit anderen Menschenbildern und Weltdeutungen und den ihnen entsprechenden Erziehungslehren nichts von seiner ursprünglichen Anziehungskraft eingebüßt hat.

Faßt man die *markanten Merkmale* dieses neuen Geistes und der aus ihm fließenden pädagogischen Konsequenzen nochmals zusammen, so bleibt folgendes festzuhalten: Der als *imago Dei* erschaffene und *schuldig* gewordene Mensch ist durch *Jesu Liebe* und seinen Tod *erlöst* und in der *Nachfolge Christi,* wie sie in exemplarischer Weise *Franz von Assisi* vorgelebt hat, *zum Heil berufen. Alle* Menschen besitzen ungeachtet ihrer unterschiedlichen Rasse, ihres Geschlechts und Standes, ihrer verschiedenen Begabungen, Berufungen und Zuständigkeiten *unveräußerliche Personwürde* und somit *gleiches Recht auf Erziehung und Unterweisung.* Diese anthropologischen Grundlagen schaffen unter pädagogischem Aspekt eine neue Sicht und Wertung des *Kindes* und fordern eine *personorientierte* Erziehung und einen *kindgerechten* Erziehungsstil, der trotz aller Härte mittelalterlicher Erziehungsweisen und trotz aller Verschüttungen des Beispiels *Jesu* im Umgang mit dem jungen Menschen bei *Benedikt* etwa oder bei *Johannes Gerson* klar beschrieben und von ihnen auch praktiziert wurde. Alle pädagogischen Institutionen – auch die *Schule* – werden aus diesem neuen Geist heraus nicht mehr nur als Orte der bloßen Unterweisung, sondern ausdrücklich als Stätten der *wertenden Auseinandersetzung,* der *contemplatio der göttlichen Wahrheit (Augustinus)* und der *Heilssorge* sowie als „Schulen des Herrendienstes" *(Benedikt)*[52] begriffen.

Arbeit bekommt einen neuen Stellenwert: der Mensch ist als *cooperator Dei* zum Schutz und zur Ausgestaltung der Schöpfung bestellt und erfährt gerade darin die ihm zugemessene Möglichkeit zu seiner *wesensgemäßen Selbstverwirklichung.* Die subtilen Denker der Scholastik mit ihren stattlichen *Summen* und eindrucksvollen Wirklichkeitsdeutungen und ebenso die Künstler und Handwerker der Gotik und ihre großartigen Kathedralen als Synthesen aller gestalterischen Potenzen ihrer Zeit geben beredt Zeugnis von dieser Möglichkeit. Viele dieser Meister verbargen sich bescheiden und anonym hinter ihrem Werk; aber sie wirkten aus der festen Zuversicht heraus, von IHM „erlöst und beim Namen gerufen" zu sein.

Anmerkungen und Literatur

1 *Homer:* Ilias und Odyssee. In der Übertragung von *J. H. Voss.* Herausgegeben von *P. Von der Mühll.* Wiesbaden: Löwit o. J., S. 298: *Ilias 17, 446f.*

2 Zitiert bei *Dilger, F.:* Giovanni Bosco. Motiv einer neuen Erziehung. Olten: Walter 1946, S. 106.

3 *Wickler, W.:* Biologische Deutung der Erbsünde. In: zur debatte. Themen der Katholischen Akademie in Bayern, 8. Jg., Nr. 6 (November/Dezember 1978), S. 15 und S. 16.

4 Vgl. *Landmann, M.:* De homine. Der Mensch im Spiegel seines Gedankens. Unter Mitarbeit von *G. Diem, P. L. Lehmann, P. Chr. Ludz, E. Tielsch* u. a. Freiburg/München: Alber 1962, S. 140ff.

5 Vgl. *Altaner, B.:* Patrologie. Leben, Schriften und Lehre der Kirchenväter. Freiburg: Herder 5.1958, S. 391.

6 Ebenda, S. 406; vgl. auch S. 403 ff. und ebenso *Landmann, M.:* De homine, a. a. O., S. 140.

7 *Mausbach, J.:* Die Ethik des heiligen Augustinus. Zweiter Band: Die sittliche Befähigung des Menschen und ihrer Verwirklichung. Freiburg im Breisgau: Herder 1909, S. 154.

8 *Guardini, R.:* Freiheit Gnade Schicksal. Drei Kapitel zur Deutung des Daseins. München: Kösel 4.1956, S. 148f.

9 Vgl. *Pohlenz, M.:* Griechische Freiheit. Wesen und Werden eines Lebensideals. Heidelberg: Quelle & Meyer 1955, S. 178.

10 *Chrysostomos, J.:* Über Hoffart und Kindererziehung. Besorgt und ins Deutsche übertragen von *J. Glagla.* Paderborn: Schöningh 1968, S. 38.

11 *Guardini, R.:* Freiheit Gnade Schicksal, a. a. O., S. 68.

12 *Chrysostomos, J.:* Über Hoffart und Kindererziehung, a. a. O., S. 40.

13 *Klemens von Alexandrien:* Ausgewählte Schriften zur Pädagogik. Besorgt von *H. Kanz.* Paderborn: Schöningh 1966, S. 21.

14 Ebenda, S. 19.

15 Ebenda, S. 15.

16 *Glagla, J.:* Werk und Persönlichkeit. In: *Chrysostomos, J.:* Über Hoffart und Kindererziehung, a. a. O., S. 61.

17 *Klemens von Alexandrien:* Ausgewählte Schriften zur Pädagogik, a. a. O., S. 21.

18 *Chrysostomos, J.:* Über Hoffart und Kindererziehung, a. a. O., S. 11.

19 Ebenda, S. 25.

20 *Augustinus, A.:* Opera omnia. Patrologia Latina. Tomus XXXV. S. Aurelii Augustini tomus tertius. Parisiis: Migne 1845, pag. 2033: *In epistolam Joannis ad Parthos VII, 4,8: Dilige, et quod vis fac.*

21 *Perl, C. J.:* Einordnung des „Lehrers" in das Leben und Werk Augustins. In: *Augustinus, A.:* Der Lehrer. De Magistro Liber unus. Besorgt und ins Deutsche übertragen von *C. J. Perl.* Paderborn: Schöningh 2.1964, S. 64.

22 *Augustinus, A.:* Der Lehrer, a. a. O., S. 52: *Vierzehntes Kapitel.*

23 Ebenda, S. 52: *Vierzehntes Kapitel.*

24 Ebenda, S. 52: *Vierzehntes Kapitel.*

25 Ebenda, S. 46: *Elftes Kapitel* und S. 53: *Vierzehntes Kapitel.*

26 Ebenda, S. 52: *Vierzehntes Kapitel.*

27 Vgl. *Perl, C. J.:* Einordnung des „Lehrers" in das Leben und Werk Augustins, a. a. O., S. 76.

28 *Augustinus, A.:* De Catechizandis Rudibus. Besorgt und eingeleitet von *H. Rohde.* Heidelberg: Quelle & Meyer 1965, S. 8 und S. 25.

29 *Platon:* Sämtliche Werke. Band 1. Apologie, Kriton, Protagoras, Hippias II, Charmides, Laches, Ion, Euthyphron, Gorgias, Briefe. In der Übersetzung von *F. Schleiermacher* mit der Stephanus-Numerierung herausgegeben von *W. F. Otto, E. Grassi, G. Plamböck.* Hamburg: Rowohlt 86.–93. Tausend 1965, S. 59: *Protagoras 318a.*

30 *Platon:* Sämtliche Werke. Band 1, a. a. O., S. 13: *Apologie 21d.*

31 *Platon:* Sämtliche Werke. Band 3. Phaidon, Politeia. In der Übersetzung von *F. Schleiermacher* mit der Stephanus-Numerierung herausgegeben von *W. F. Otto, E. Grassi, G. Plamböck.* Hamburg: Rowohlt 71.–75. Tausend 1964, S. 42: *Phaidon 91bc.*

32 Zitiert bei *Wühr, W.:* Das abendländische Bildungswesen im Mittelalter. München: Ehrenwirth 1950, S. 53: *Epistola de litteris colendis* (nach 779 erlassen).

33 Zitiert bei *Schoelen, E.:* Erziehung und Unterricht im Mittelalter. Ausgewählte pädagogische Quellentexte. Paderborn: Schöningh

2.1965, S. 22: *Einhard: Leben Karls des Großen.*

34 *Augustinus, A.:* Confessiones/Bekenntnisse. Lateinisch und deutsch. Eingeleitet, übersetzt und erläutert von *J. Bernhardt.* München: Kösel 2.1960, S. 35: *Erstes Buch.*

35 Zitiert bei *Marrou, H.-I.:* Geschichte der Erziehung im klassischen Altertum. Herausgegeben von *R. Harder.* Freiburg/München: Alber 1957, S. 398: *De Civitate Dei, XXI, 14.*

36 *Hrabanus Maurus: Laeti tirones, laetiores magistri, laetissimus rector;* zitiert bei *Esterhues, J.:* Hrabanus Maurus als Pädagoge. In: Wahrheit und Wert in Bildung und Erziehung. 3. Folge. Herausgegeben von *Th. Rutt.* Ratingen bei Düsseldorf: Henn 1962, S. 118.

37 Zitiert bei *Pieper, J.:* „Scholastik". Gestalten und Probleme der mittelalterlichen Philosophie. München: Kösel 1960, S. 160

38 *Pieper, J.:* „Scholastik", a. a. O., S. 162.

39 *de Wulf, M.:* Histoire de la philosophie médiévale. Drei Bände. Louvain 6.1934-1947. Hier zitiert bei *Pieper, J.:* „Scholastik", a. a. O., S. 31.

40 *Pieper, J.:* „Scholastik", a. a. O., S. 28.

41 Zitiert bei *Pieper, J.:* „Scholastik, a. a. O., S. 130.

42 Zitiert bei *Schoelen, E.:* Erziehung und Unterricht im Mittelalter, a. a. O., S. 10: *Mönchsregel, Kapitel 2* und *Kapitel 1.*

43 *Thomas von Aquin: Commentaria in Aristotelis De caelo et mundo I,22;* zitiert bei *Pieper, J.:* Über Thomas von Aquin. München: Kösel 2.1949, S. 5 und S. 62.

44 *Thomas von Aquin: Quaestiones disputatae de veritate 11,1 ad 7.* In: Thomas-Brevier. Lateinisch-deutsch. Zusammengestellt, verdeutscht und eingeleitet von *J. Pieper.* München: Kösel 1956, S. 195; vgl. auch: *Thomas von Aquin:* Der Lehrer. In: Bildungsphilosophie. Erster Band. Herausgegeben von *H. Röhrs.* Frankfurt am Main: Akademische Verlagsgesellschaft 1967, S. 97ff. Als Beleg dieser Ansicht vgl. den Text auf S. 273-274.

45 Zitiert bei *Pieper, J.:* Über Thomas von Aquin, a. a. O., S. 71.

46 Die Schriften des hl. Franziskus von Assisi. Einführung, Übersetzung, Erläuterungen von *K. Eßer* OFM und *L. Hardick* OFM. Werl/Westf.: Coelde 3.1963, S. 95: *Das Testament.*

47 Ebenda, S. 128: *Worte heiliger Mahnung an alle Brüder.*

48 *Johannes Gerson:* Führung der Kleinen zu Christus; zitiert bei *Ballauff, Th.:* Pädagogik. Eine Geschichte der Bildung und Erziehung. Band I. Von der Antike bis zum Humanismus. Unter Mitarbeit von *G. Plamböck.* Freiburg/München: Alber 1969, S. 432.

49 *Johannes Gerson:* Führung der Kleinen zu Christus; zitiert bei *Schoelen, E.:* Erziehung und Unterricht im Mittelalter, a. a. O., S. 114. Vgl. auch den 5. Quellentext der 2. Epoche.

50 Ebenda, S. 115 und S. 117.

51 *Herder, J. G.:* Sämtliche Werke. Herausgegeben von *B. Suphan.* Band XIII: *Ideen zur Philosophie der Geschichte der Menschheit.* Erster und zweiter Teil. 1784. 1785. Reprografischer Nachdruck der Ausgabe Berlin 1887. Hildesheim: Olms 1967, S. 464: *Anhang.*

52 Zitiert bei *Schoelen, E.:* Erziehung und Unterricht im Mittelalter, a. a. O., S. 10: *Mönchsregel, Kapitel 1.*

Ausführliche Texte und Bibliographien zur Geschichte der Pädagogik des Mittelalters sind zu finden in: *Ballauff, Th.:* Pädagogik. Eine Geschichte der Bildung und Erziehung. Bd. I. Freiburg–München: Alber 1969. Ferner in: *Schoelen, E.:* Erziehung und Unterricht im Mittelalter. Ausgewählte pädagogische Quellentexte. Paderborn: Schöningh 2.1965.

3. Epoche:
Reformation
und Gegenreformation

– Humanitas, Pietas, Res –
Pädagogik im 16.
und 17. Jahrhundert

„Die Geschichte tut nichts, sie ‚besitzt keinen
ungeheuren Reichtum‘, sie ‚kämpft keine
Kämpfe‘! Es ist vielmehr der *Mensch,* der
wirkliche, lebendige Mensch, der das alles tut,
besitzt und kämpft."

[*Karl Marx:* Frühe Schriften. Hrsg. von
H.-J. Lieber/P. Furth, Bd. 1. Stuttgart: Kröner
1962, S. 777.]

Zeitleiste

1450 Erfindung des Buchdrucks
ab 1450 Italien: Blütezeit in Kunst und Musik
Leonardo (1452–1513), Michelangelo
(1475–1564), Tintoretto (1518–1584), Tizian
(1476/77–1576), Palestrina (1525–1594)
1469–1527 Macchiavelli: Il principe –
Methoden polit. Herrschaft
1492 Kolumbus entdeckt Amerika
um 1500 Inquisition gegen und Verfolgung
von Ketzern, Mauren, Juden und Hexen
1517 Luthers Thesenanschlag
1519–1556 Karl V.: Religiöse Auseinandersetzungen durch Reformation im Reich,
Kriege mit Frankreich, Freiheitsbestrebungen
der nördl. Niederlande; Das Reich von größter
Ausdehnung scheitert an den Nationalstaaten
Westeuropas, den erstarkenden dt. Nationalstaaten und dem Protestantismus
1519–1522 Erste Erdumseglung durch Fernão
de Magalhães
1521 Reichstag zu Worms, Luther verweigert
Widerruf, Folge: Bann und Reichsacht
1523–1560 Gustav Wasa begründet Schwedens
Großmacht im Norden durch Wirtschaftsför-
derung (Eisen, Silber), Schiffsbau, Ausschal-
tung der Hanse, Herrschaft über die Ostsee;
Reformation durch Herrscherwillen (1627)
1529 Türken erobern den Balkan:
1. Belagerung Wiens, Ungarn Vasallenstaat
1533–1584 Rußland: Iwan IV., der Schreckliche: Eroberungspolitik, Öffnung nach
Westen, sucht Zugang zur Ostsee
1533 Gründung des Barnabiterordens
(zur Volksmission u. Jugenderziehung)
1540 Gründung des Somaskerordens
(zur Waisenerziehung sowie Alten- u. Kranken-
versorgung)
1545–1563 Konzil v. Trient: Grundlage
des modernen Katholizismus
1555 Augsburger Religionsfriede
(Fürsten bestimmen Religion)

ab 1562 Frankreich: Bürgerkrieg zwischen
Katholiken (Adel), unterstützt von Spanien
und Hugenotten (aufstrebendes Bürgertum)
1572 Pariser Bluthochzeit/Bartholomäusnacht
(Ermordung Tausender Hugenotten): 24. 8.
1576–1586 Polen: Sieg der Gegenreformation;
Polen stärkste Ostseemacht
1581 Niederlande: Aufstand der Nordprovin-
zen unter Wilh. v. Oranien gegen Spanien;
Selbständigkeit, Einzug des Calvinismus;
Holland wird Weltmacht in Handel, Schiff-
fahrt, Geldwesen, Kolonialbereich;
Südprovinzen bleiben unter span. Herrschaft
und katholisch
1558–1603 Elisabeth I. von England:
Begründung des modernen England, Blüte in
Wirtschaft, Wissenschaft und Kunst, See-,
Handels- und Kolonialmacht;
Anzahl der Schulen um 1480: 34,
im Jahre 1660 bereits 444
1564–1616 William Shakespeare
1588 Untergang der span. Armada; Philipp II.,
Vorkämpfer der Gegenreformation scheitert,
nur Spanien, Portugal, die span. Niederlande
bleiben kathol. unter span. Herrschaft
1598 Frankr.: Edikt von Nantes: Heinr. IV.
von Navarra tritt zur Erlangung der franz.
Krone zum Katholizismus über, gewährt aber
den Hugenotten beschränkte Glaubensfreiheit
(Jansenismus in Paris; Mittelpunkt des Protestantismus: das Kloster Port Royal in Paris)
1611 Gründung des Oratorianerordens
1611–1632 Gustav II. Adolf von Schweden
verbindet religiöse Tiefe mit hochfliegender
Machtpolitik; Eingreifen in den 30jährigen
Krieg aus Staatsraison (Ostseeraum)
und konfessionellem Interesse (Protestant)
ab 1600 Blüte der franz. Klassik: René Descartes (1596–1650), Pierre Corneille (1606–1684),
La Fontaine (1621–1695), Molière (1622–1673),
Blaise Pascal (1623–1662), Racine (1639–1699),
Gründung der Académie Française durch
Armand Richelieu (1635)
1618–1648 30jähriger Krieg beginnt mit Prager
Fenstersturz: Protest der Stände im Habsbur-
ger-Staat gegen gewaltsame Rekatholisierung;
Protest. Union gegen Kaiser am Weißen Berg,
Eingreifen Dänemarks, Schwedens, Frankr.;
1632 Tod Gustav Adolfs bei Lützen;
1635 Prager Friede: Ende des Religionskrieges,
seitdem Kampf gegen Habsburger Weltmacht
durch offenen Kriegseintritt Frankr.
(Richelieu, Mazarin für Ludw. XIV.)

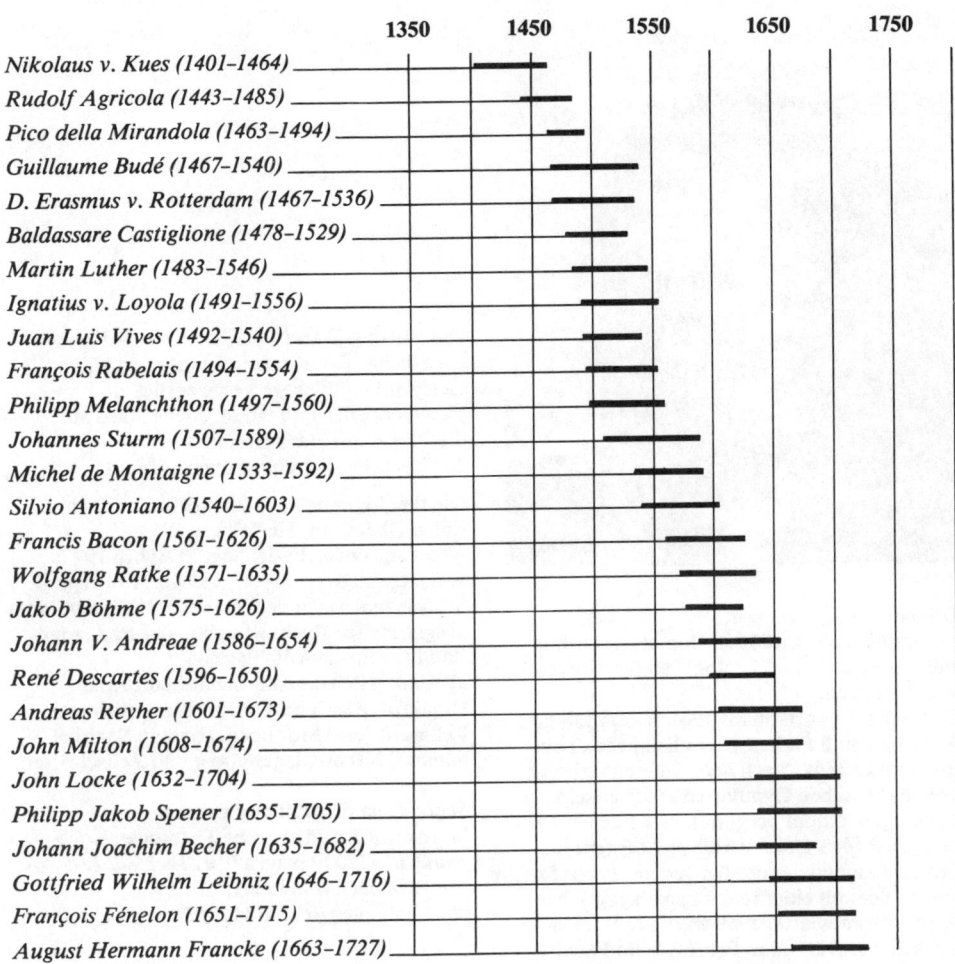

	1350	1450	1550	1650	1750
Nikolaus v. Kues (1401–1464)					
Rudolf Agricola (1443–1485)					
Pico della Mirandola (1463–1494)					
Guillaume Budé (1467–1540)					
D. Erasmus v. Rotterdam (1467–1536)					
Baldassare Castiglione (1478–1529)					
Martin Luther (1483–1546)					
Ignatius v. Loyola (1491–1556)					
Juan Luis Vives (1492–1540)					
François Rabelais (1494–1554)					
Philipp Melanchthon (1497–1560)					
Johannes Sturm (1507–1589)					
Michel de Montaigne (1533–1592)					
Silvio Antoniano (1540–1603)					
Francis Bacon (1561–1626)					
Wolfgang Ratke (1571–1635)					
Jakob Böhme (1575–1626)					
Johann V. Andreae (1586–1654)					
René Descartes (1596–1650)					
Andreas Reyher (1601–1673)					
John Milton (1608–1674)					
John Locke (1632–1704)					
Philipp Jakob Spener (1635–1705)					
Johann Joachim Becher (1635–1682)					
Gottfried Wilhelm Leibniz (1646–1716)					
François Fénelon (1651–1715)					
August Hermann Francke (1663–1727)					

1633 Galileo Galilei (1564–1642) schwört in Rom „seinen Irrtum ab", der das ptolemäische zugunsten des kopernikanischen Weltbildes widerlegt bzw. die Bewegung aller Himmelskörper bewiesen hatte
1636 Andreas Gryphius schreibt das berühmte Gedicht „Tränen des Vaterlandes":
Wir sind doch nunmehr ganz, ja mehr denn ganz verheeret . . .
1648 Westf. Friede von Münster (zwischen Kaiser und protestantischen Staaten) und Osnabrück (zwischen Kaiser und Frankr.); eindeutige Gewinner sind Schweden und Frankr.;

größere Souveränität der dt. Fürsten, z. B. Bündnisfreiheit soweit das Reich nicht betroffen; Wiederherstellung des Augsb. Religionsfriedens; Bestätigung des Ausscheidens der Schweizer Eidgenossen aus dem Reich; nördl. Niederlande anerkannt; Kaiser hat nur noch sichere Stütze in Hausmacht
1640–1688 Friedr. Wilhelm, der Große Kurfürst von Brandenburg: Aufstieg Brandenburg-Preußens unter Absolutismus

Günter Rudolf Schmidt,
geboren am 22. 4. 1935 in Hanau, ist Ordinarius für Praktische Theologie an der Universität Erlangen.
Er studierte von 1956 bis 1961 Neuphilologie, Theologie und Pädagogik in Erlangen, Toulouse und Leeds. Nach dem Referendariat an zwei bayerischen Gymnasien setzte er sein Theologiestudium bis zum 1. Kirchlichen Examen 1965 fort. Dann wurde er Assistent im Fach Pädagogik an der Universität Frankfurt, wo er 1968 mit einer religionspädagogischen Arbeit promovierte. 1969 wurde er Wissenschaftlicher Rat, dann Professor im Fachbereich Erziehungswissenschaft der Universität Hamburg, 1974 o. Professor für Religionspädagogik an der PH Lüneburg. 1981 wurde er in der St. Johannis-Kirche zu Lüneburg ordiniert und 1982 nach Erlangen berufen. Er ist seit 1965 mit Dr. med. *Barbara Schmidt-Eule* verheiratet, die jetzt teilzeitlich psychotherapeutisch tätig ist. Die drei Kinder *Barbara, Matthias* und *Franziska* wurden 1966, 1968 und 1972 geboren.
Er hält es für unmöglich, über Unterricht und Gottesdienst zu theoretisieren, ohne immer wieder auch dort tätig zu sein. Sein besonderes fachliches Interesse richtet sich auf Grundfragen der Erziehung, besonders die Wert- und Zielproblematik, das Überschneidungsfeld

von Theologie und Pädagogik sowie Formen christlicher Erziehung in Schule und Kirche. Gelegentlich blickt er gerne zurück in die Geschichte der Pädagogik oder hinaus auf die Pädagogik des Auslands.
Als Veröffentlichungen seien genannt:

Die theologische Propädeutik auf der gymnasialen Oberstufe, Heidelberg 1969;
Autorität in der Erziehung, Freiburg 1975;
Aufsätze zu *Montaigne, Fénelon, Locke* und *Schleiermacher* in dem von *Hans Scheuerl* herausgegebenen Buch: Klassiker der Pädagogik, Band I, München 1979;
aber auch Beiträge zur Schultheorie und Didaktik, Ziel- und Wertproblematik sowie Religions- und Moralpädagogik in Sammelbänden, Nachschlagewerken und Zeitschriften.

Schmidt ist dienstlich zu erreichen im Institut für Praktische Theologie, Kochstraße 6, 8520 Erlangen (0 91 31/85 22 22); privat in der Schinnererstraße 11, 8520 Erlangen (0 91 31/4 17 93).

3. Epoche:
Reformation
und Gegenreformation

Günter Rudolf Schmidt

I. Eine neue Epoche

Im Laufe des 14. und 15. Jahrhunderts zeigen sich in der Wirtschaftsweise, in den sozialen und politischen Gefügen, im geistigen und religiösen Leben, in der gesamten Gefühlswelt vieler Menschen Veränderungen, die ein neues Zeitalter ankündigen. Sie lassen sich verstehen als Ausdruck einer Verlagerung der Gewichte von umfassenderen Einheiten auf kleinere, von höheren hierarchischen Ebenen auf niedrigere, vom theoretisierenden Höhenflug auf praktische Effizienz, von geistlichen Gütern auf weltliche, von asketischer und kultischer Religiosität auf religiös motivierte Moralität.

Die Erfindung des Buchdrucks durch *Johannes Gutenberg* (1400–1468) ermöglicht die Entstehung einer breiteren Öffentlichkeit, die der Feuerwaffen verändert das Kriegswesen. Im Wirtschaftsleben steigt die Bedeutung des Geldes. Ein durchorganisiertes Manufaktur-, Handels- und Bankwesen bildet sich aus. Neben den Adel tritt ein reiches, immer selbstbewußteres Bürgertum. Städte machen ihre Bedeutung gegenüber ländlichen Territorien geltend. Bauern widersetzen sich dem Druck adeliger Forderungen. Gegenüber dem Universalität beanspruchenden Kaisertum erstarken die Nationalstaaten, auf dem Boden des heiligen römischen Reiches deutscher Nation selbst die einzelnen Territorien. Partikularisierung erfaßt auch die Kirche. Die Macht des Islam (Eroberung Konstantinopels durch die Türken 1453) und die großen geographischen Entdeckungen (Amerika 1492) lassen deutlich werden, wie weit die Kirche davon entfernt ist, die gesamte Menschheit zu umfassen. Das Papsttum verliert nicht nur durch die große abendländische Kirchenspaltung (1378–1417), sondern auch durch Verweltlichungs- und Regionalisierungstendenzen an Ansehen. Der Kirchenstaat wird zu einem Fürstentum unter anderen. Die Frömmigkeit wird von einem Zug zur Innerlichkeit erfaßt. Das Laienelement gewinnt an Gewicht. Kritik an Lebensstil, Amtsführung und Finanzgebaren kirchlicher Potentaten breiten sich aus. Im geistigen Leben erstarkt gegenüber dem in der Hochzeit des Mittelalters herrschenden *Realismus* (Allgemeinbegriffen kommt eigentliches Sein zu, Einzeldinge sind bloße Manifestationen davon: universalia ante res) der *Nominalismus* (die Allgemeinbegriffe sind bloße vom menschlichen Verstand gebildete nomina oder termini: universalia post res; via moderna, Occamismus). Besonders bei einer kleinen Bildungselite wird eine veränderte Einstellung zur Antike wirksam: während das Mittelalter sich antike Kulturgüter eklektisch zu assimilieren versucht hatte, erkennt sie die *Renaissance* in ihrem Eigenwert und Abstand von der eigenen Gegenwart und kann sie so auch zeit- und traditionskritisch einsetzen (*Saloni,* o. J., S. 10ff.).

II. Der Humanismus

Die Bezeichnung Humanismus drückt das neue Selbstbewußtsein Gebildeter und den Bezug auf antike Auffassungen von *humanitas* aus. Das menschliche Subjekt wird sich selbst zum wichtigsten Gegenstand ethischen und ästhetischen Interesses. Es will seine Individualität entfalten und seine Kräfte steigern. Nach *Pico della Mirandola* (1463-1494) besteht die einzigartige „Würde des Menschen" darin, daß Gott nur ihn sich zur Selbstgestaltung übergeben hat. Allen übrigen Geschöpfen hat er ihren besonderen Ort zugewiesen und sie in ihr Wesen gleichsam eingeschlossen (definita natura). Nur den Menschen hat er in die „Mitte der Welt" gesetzt und „ohne einen bestimmten Ort, ohne ein eigenes Gesicht und ohne eine besondere Gabe" gelassen (nec certam sedem, nec propriam faciem, nec munus ullum peculiare), damit er sein eigener „Schöpfer und Bildner" (plastes et fictor) sei. Nach eigenem Belieben könne er daher „nach unten ins Tierische entarten" (in inferiora ... bruta degenerare) oder „sich nach oben ins Göttliche veredeln" (in superiora quae sunt divina ... regenerari; zit. nach *Battaglia,* 1960, S. 72). Hier können asketische Töne anklingen, die an die mittelalterliche Tradition erinnern: durch die Moralphilosophie und die Dialektik soll der Mensch „seine Seele vom Schmutz der Unwissenheit und der Laster reinigen", um sie dann „durch das Licht der Naturphilosophie durchdringen" zu lassen und „die Erkenntnis des Göttlichen zu vervollkommnen". Doch während bei einigen mittelalterlichen Denkern wie *Aegidius Romanus* (1242-1316) die eigene Anstrengung des Menschen den Empfang der Gnade vorbereiten soll (*Petzold,* 1969, S. 39), erhebt sie ihn nach *Pico* in die göttliche Sphäre (cherubicam in terris vitam). Die Humanisten sehen den Menschen als Schöpfer seiner Welt und seiner selbst. Dabei ist die Weltgestaltung deutlich der Selbstgestaltung untergeordnet: Sie ist ein Mittel dazu. In den Dienst der Bildungsaufgabe tritt auch die Religion, deren Funktion kultischer Heilsvermittlung folgerichtig an Bedeutung verliert. Grundsätzlich schätzen die Humanisten Inhalte und Aufgaben in der Hauptsache wegen ihres Bildungswertes. Dem entspricht ihre Betonung allgemeiner gegenüber spezieller, auf besondere Aufgaben bezogener Bildung: die Fähigkeiten des Menschen sollen ausgewogen entwickelt werden. Bildung und Bildungsinhalte entsprechen sich: die Bildungsinhalte gehören so zu einem Ganzen zusammen, daß der Verzicht auf einzelne auch anderen schaden würde: „Die Glieder der humanistischen Wissenschaft" sind „derart untereinander verbunden, daß sie, wenn man sie einzeln nimmt, verkrüppelt und verstümmelt erscheinen" (*Celio Calcagnini,* zit. nach *Ballauff,* Bd. I, S. 519). Besonders betont wird von den Humanisten die Ausbildung eines selbständigen kritischen Denkens. Heißt für das Mittelalter lernen hauptsächlich „ein bereits konstituiertes Wissen . . . in seiner traditionellen Gestalt aufnehmen", so bedeutet es für die Humanisten „autonomen Vernunftgebrauch" (*Bertin,* 1961, S. 28). Denken ist für den Humanismus sprachliche Kommunikation mit sich selbst und anderen, besonders mit den Großen der Antike durch ihre Werke. Die Qualität des Denkens hängt entscheidend von der Qualität der Sprache ab. Seiner Würde kann nicht die Volkssprache entsprechen – erst recht nicht das „barbarische" Latein der Scholastiker –, sondern nur die gepflegte lateinische Prosa eines *Cicero.* Die Fähigkeit, sich mündlich und schriftlich fließend in klassischem Latein auszudrücken, wird so zum wichtigsten Bildungsziel und schließt alle anderen ein. Denn gelernt wird Latein an „philosophisch" (d. h. hauptsächlich ethisch) gehaltvollen klassischen Texten. Von ihnen soll zwar zunächst durch Nachahmung gelernt werden, dann sollen sie jedoch dem eigenständigen Schaffen eher als Maßstab denn als Vorbilder dienen. „Die gesamte Richtschnur guten Lebens ist in der geistigen Beschäftigung mit der (antiken) Literatur und Wissenschaft enthalten", erklärt *Enea Silvio Piccolomini,* der spätere *Papst Pius II.* (1458–1464). „Nichts Kostbares besitzen die Menschen auf Erden als den Verstand" (Nihil pretiosius . . . intellectu). Zusammengefaßt finden sich die Lebens- und Bildungsideale der Humanisten in den drei Leitbegriffen: *sapientia, eloquentia* und *pietas.*

Der Humanismus setzte Mitte des 14. Jahrhunderts in Italien ein und griff in knapp eineinhalb Jahrhunderten auf ganz Europa über. Als wichtiger geistiger Vater gilt *Francesco Petrarca* (1304–1374). Bei ihm finden sich schon viele Tendenzen des späteren Humanismus: Glühende Bewunderung der Antike, lautstarke Ablehnung der Scholastiker wegen mancher ihrer weltfremden Fragestellungen, ihres Formalismus und ihres schlechten Lateins, Lob des tätigen Lebens, überwiegend ethisch akzentuiertes Philosophieren und ästhetische Einstellung. „Die italienischen Humanisten sind im allgemeinen Interpreten des kulturellen Programms Petrarcas gewesen" (*Ravaglioli,* 1981, S. 149).

Den elitär-aristokratischen Wesenszug der humanistischen Pädagogik läßt *Pier Paolo Vergerio* (1349–1420) in seinem Libellus über Prinzenerziehung erkennen. Ein ingenium liberale strebt nicht nach „Gewinn und Lust", sondern nach *virtus et gloria.* Durch das Studium antiker Werke soll ethische Einsicht (quid quemque deceat – „was jedem geziemt") erlangt werden. Ein reiches Studienprogramm soll den jungen Menschen seine individuellen Begabungen und Neigungen erkennen lassen. *Maffeo Vegio* (1407–1458) wählte antike Texte nach den Kriterien christlicher Moral aus und verband innige Liebe zur Antike mit christlicher Religiosität. Er betonte den pädagogischen Wert der Arbeit. Sie halte die Leidenschaften nieder.

Neigungen zum später auch von Humanisten wie *Erasmus* verspotteten Philologismus läßt bereits *Guarino Veronese* (1347–1460) erkennen. Er bot als erster ein vollständiges und organisch aufgebautes literarisches Studienprogramm. In unterrichtsmethodischer Hinsicht legte er besonders auf die sorgfältige Kommentierung der Texte wert. Er hatte selbst in Konstantinopel bei dem berühmten *Manuel Chrysoloras* (1356–1415) studiert und wollte, daß sich seine Schüler auf Griechisch wenigstens schriftlich ausdrücken konnten. *Guillaume Budé* (1467–1540) beeindruckte 1520 durch seine Griechischkenntnisse den französischen *König Franz I.* so nachhaltig, daß er ihn bei der Förderung griechischer Studien in Frankreich unterstütze (*Castelot,* 1983, S. 87f.). Auf sein Betreiben stiftete *Franz I.* 1530 zur besonders intensiven Pflege der alten Sprachen das *Collège de France.* Der französische Geist ist für *Budaeus* dem griechischen wesensverwandt. Die Philologie schließt als *doctrina orbicularis,* als enzyklopädische Grunddisziplin, alle anderen Studien ein. Ein schon zu seiner Zeit weit gerühmtes Beispiel gelingender Erziehungspraxis gab *Vittorino da Feltre* (†1446) in Mantua mit seiner Giocosa (= spielerische Schule), einem humanistischen Contubernium (= internatsartiges, intensives Zusammenleben von Lehrern und Schülern). In begrenzter Zahl nahm er nur solche Schüler auf, die ihm der Intelligenz und Neigung nach geeignet schienen. Das abgerundete Lehrprogramm, der reichhaltige *globus intellectualis,* mit dem er seine Zöglinge konfrontierte, umfaßte neben klassischer Literatur und Mathematik auch Astronomie, Musik, Geschichte, Malerei und Zeichnen. Darüber wurde jedoch Wohlbefinden und Gesundheit nicht vernachlässigt. *Vittorino* achtete auf Ausgleich durch sportliche und spielerische Aktivitäten. Er verabscheute Zwang und wirkte auf Lehrer und Schüler nicht nur durch seine eigene umfassende mathematische und altsprachliche Bildung, sondern auch durch seine tätige, heiter gelöste Freundlichkeit und Frömmigkeit.

Einer der Begründer des Humanismus im deutsch-niederländischen Sprachraum war *Rudolf Agricola* (1443–1485), der durch sein Lehrbuch der Dialektik (1479) zu großer Wirkung kam. Grundgedanken zum Studienaufbau äußert er in seiner Schrift *De formando studio* (1484). Der Mensch zeichnet sich durch Erkenntnisvermögen, Fähigkeit zur vernünftigen Lebensgestaltung und Sprache aus. Durch die Lektüre guter Autoren entwickelt der Aufwachsende nicht nur Einsicht in die rechte Lebensführung, sondern lernt auch, seine Gedanken zu ordnen und sich selbst klar und gefällig auszudrücken.

Als Princeps der Humanisten wurde schon zu seinen Lebzeiten *Desiderius Erasmus von Rotterdam* (1467–1536) gefeiert. Seine weitreichenden Beziehungen nicht nur zu Gelehrten, sondern auch zu kirchlichen und weltlichen Fürsten in fast allen europäischen Ländern machten ihn zu einer Art geistiger Großmacht. Fast alle Kulturbereiche spricht er in seinen Schriften an: Fragen der Philologie, schönen Literatur, Philosophie und Theologie ebenso wie solche der Politik, des Berufes, der privaten Lebensgestaltung sowie der Erziehung sämtlicher Altersstufen. Dabei kritisiert er das kulturelle, gesellschaftliche und kirchliche Leben seiner Zeit aus dem Geist eines humanistisch-ethisch verstandenen Christentums heraus:

„Zu Christus strebt, wem es allein um die Tugend geht;
dem Teufel versklavt sich, wer den Lastern frönt."

Die Theologie soll, statt sich mit abstrakten und schwierigen Problemen zu übernehmen, herausstellen, was der „wahren Frömmigkeit" dient (*Asheim,* 1961, S. 110). Viel Unfrieden entsteht in der Kirche dadurch, daß die Theologen ihre Erkenntnismöglichkeiten überschätzen. *Erasmus* bekennt, wenig Freude an dogmatischen Behauptungen zu haben – non delector assertionibus (*Erasmus,* Bd. IV, S. 6) – und empfiehlt, wo die Lehre der Hl. Schrift nicht deutlich sei und die Kirche sich noch nicht autoritativ erklärt habe im Blick auf „die unerforschliche Erhabenheit der göttlichen Weisheit und die Schwachheit des menschlichen Geistes" einen gewissen Skeptizismus. Das Geheimnis ist Gott zu überlassen. Der religiösen Ehrfurcht entspricht es mehr, „das Unerkannte zu verehren als das Unerforschliche zu erörtern" (religiosius adorantur incognita quam discutiuntur impervestigabilia: *Erasmus,* ebd., S. 14). Als Mann des Friedens und der Mäßigung fürchtet *Erasmus* besonders Eskalierungen und Polarisierungen und empfiehlt, sich ohne Starrheit an der Tradition und dem Konsens von Autoritäten der Vergangenheit zu orientieren. Asketischen Vorstellungen und dem teilweise verlotterten Klosterleben setzt *Erasmus* das Ideal der zivilisierten weltlichen Christlichkeit in Familie und Beruf entgegen. Von äußerlichem Heiligen-, Bilder- und Reliquienkult ruft er zu religiöser Innerlichkeit und sittlicher Praxis. Herrscher erinnert er an das Gemeinwohl und die Segnungen des Friedens, Soldaten vergleicht er mit Räubern. Der christliche Streiter (miles christianus) kämpft nicht gegen äußere Feinde, sondern gegen die Affekte und bösen Neigungen in sich selbst: Edle antike Heiden wie *Cicero* vertreten nach *Erasmus* den christlichen ähnliche Ideale. Deshalb können sie auch zur sittlichen Bildung von Christen beitragen. Die überaus betrüblichen Zustände im gesellschaftlichen kulturellen und religiösen Umfeld hinderten *Erasmus* als Humanisten nicht, eine optimistische Anthropologie zu vertreten: Den Tieren hat die Natur alle zur Selbsterhaltung erforderlichen Werkzeuge und Fähigkeiten mitgegeben, den Menschen nur eine ungeheure Lernfähigkeit. Das wesentliche Merkmal des Menschen ist die Vernunft (Ratio facit hominem). Deshalb darf er sich nicht einfach der Willkür seiner Affekte (affectuum arbitrio) überlassen. Damit dies nicht geschieht, muß Erziehung die „Natur" des Kindes, seine „Belehrbarkeit und ins Innerste eingepflanzte Neigung zum Ehrbaren" (Naturam appello docilitatem et propensionem penitus insitam ad res honestas. Zit. nach *Margolin,* 1966, S. 18) rechtzeitig unterstützen. Das Kind „wird . . . für nichts so gelehrig wie für die Tugend, und wird nichts leichter verabscheuen als die Unwissenheit, wofern nur die Sorgfalt der Eltern der freien Naturanlage sofort die Richtung gibt" (zit. nach *Gail,* 1963, S. 124). Da sich der Mensch von „Meinungen" (opinionibus) leiten läßt, muß er sofort (statim) vor

„verderblichen" (pestiferis) und „pöbelhaften" (plebeiis) geschützt werden und „gesunde einsaugen" (saluberrimas imbibat; *Erasmus,* Bd. V, S. 124). Im Prinzip wäre eine neue Gesellschaft pädagogisch herstellbar:
Wurzeln aller Übel sind falsche Vorstellungen und schlechte Gewohnheiten, deren Entstehung Erziehung zuvorkommen könnte. Auch in religiöser Hinsicht gilt für *Erasmus,* daß der Mensch grundsätzlich zu rechter Einsicht kommen und sein Verhalten danach ausrichten kann. „Unter dem freien Willen (liberum arbitrium) verstehen wir die Kraft menschlichen Wollens (vim humanae voluntatis), durch welche sich der Mensch dem, was zum ewigen Heil führt, zuwenden oder davon abwenden kann." (*Erasmus,* Bd. IV, S. 36). Diese Anthropologie, die *Erasmus* in Konflikt mit *Luther* bringen mußte, ist für ihn pädagogisch notwendig, „um uns vor der Verzweiflung zu bewahren ... und zum eigenen Bemühen anzustacheln" (ut excludatur a nobis desperatio ... et existimulemur ad conandum; *Erasmus,* ebd., S. 190). Nach *Luther* dagegen treibt den Menschen gerade die Rückwendung auf seine eigenen religiösen Voraussetzungen in die Verzweiflung und die eigene religiöse Bemühung weiter von Gott weg, d. h. tiefer in die Sünde hinein. Nach *Erasmus* aber kann der Mensch durch Erziehung und Selbsterziehung in sich die Sünde überwinden, die Herrschaft der Vernunft über die Triebe herstellen und zu wahrer Frömmigkeit gelangen. „Menschen werden ... nicht geboren, sondern gebildet" (non nascuntur, sed finguntur). „Die Erziehung überwindet alles" (Educatio superat omnia.). Damit Erziehung gelingt, kommt es sowohl auf ihr frühzeitiges Einsetzen als auch ihren Einklang mit den Voraussetzungen innerhalb und außerhalb des Zöglings, seinen individuellen Anlagen und seiner sozialen Umgebung an. Die pädagogische Verantwortung beginnt mit Zeugung und Schwangerschaft. „Frömmigkeit" soll das Kind schon „mit der Muttermilch einsaugen". „Dann kommen die freien Künste" und „bringen den Geist für die Tugend in Form" (zit. nach *Gail,* 1963, S. 13).

„Nach der Richtung hin ist also die Natur zu unterstützen, nach welcher sie aus freiem Antrieb neigt. Wo Neigung vorhanden ist, da ist die Mühe sehr gering, wohingegen man ohne inneren Trieb nichts zustande bringen wird" (zit. nach Gail, 1969, S. 149).

Kontaktpersonen wie Ammen und Spielgefährten sind nach ihren persönlichen Eigenschaften auszuwählen.
Für die wichtigsten pädagogischen Zielrichtungen finden sich bei *Erasmus* die Ausdrücke *eruditio* (gelehrte Bildung: Kenntnisse und geistige Fähigkeiten), *probitas* (Rechtschaffenheit: sittliche Gesinnung) und *pietas* (Frömmigkeit: religiöse Gesinnung). Über ihre Wechselbeziehungen denkt er vielfach nach: die erstere ist ohne die letztere unnütz, ja gefährlich; andererseits ist sie das wesentliche Mittel zu ihrer Förderung. Die Bildungsinhalte teilt *Erasmus* in „Wörter" (*verba:* Sprache) und „Sachen" *(res)* ein. Zwar ist die Erkenntnis der Sachen wichtiger, doch muß ihr die Erlernung der Sprache vorausgehen, weil nur durch sie die Wirklichkeit richtig erfaßt wird (Rerum

cognitio potior, verborum prior.). Dabei hat *Erasmus* fast ausschließlich die beiden klassischen Sprachen im Blick. In ihnen ist alles Wissenswerte überliefert. Folglich fördert die Lektüre der antiken Schriftsteller gleichzeitig Sachkenntis: „Woraus könnte man wohl reiner, schneller und angenehmer schöpfen als aus den Quellen selbst?" (zit. nach *Gail,* 1963, S. 33). Bildung ist der Vorgang des ständigen Gespräches „mit den gebildetsten und heiligsten Männern" des Altertums durch ihre Werke. Grammatik ist soviel zu betreiben, wie die Erlernung einer korrekten Sprache erfordert.

„Die eigentliche Sprachfähigkeit erwirbt man sich am besten durch Unterhaltung und Verkehr mit richtig Sprechenden, namentlich aber durch fleißiges Lesen guter Schriftsteller."

Scharf kritisiert *Erasmus* die zu seiner Zeit verbreitete körperliche Züchtigung der Kinder und Jugendlichen. Für die Lernmotivation und die Ausbildung von Werthaltungen ist eine gute Beziehung zwischen Zögling und Erzieher (mutua benevolentia, *Stupperich,* 1977, S. 83) von Bedeutung. Wenn Nächstenliebe bedeutet, dem Nächsten nützen zu wollen, dann ist Erziehung eines ihrer vornehmsten Ausdrucksmedien. *Erasmus* ist weniger ein systematischer Denker als ein Literat vollendeten Stiles. Seine pädagogischen Ideen finden sich in seinem ganzen umfangreichen Werk verstreut, besonders auch in seiner ausgedehnten Korrespondenz. Als pädagogische Schriften im engeren Sinn sind zu nennen: *De ratione studii* (1511), *De institutione principis christiani* (1515) und *De pueris statim et liberaliter educandis* (1529). Als Sprachlehrbuch fanden seine *Colloquia familiaria* (1522 und 1524) weite Verbreitung.
Durch klare Begriffsbildung und systematische Entfaltung seiner pädagogischen Gedankengänge zeichnet sich der in den habsburgischen Niederlanden lebende Spanier *Juan Luis Vives* (1492–1540) aus, den die deutsche Pädagogikgeschichtsschreibung zu Unrecht vernachlässigt. Die Grundstruktur pädagogischen Denkens tritt bei ihm wesentlich deutlicher hervor als bei seinen Zeitgenossen. Detailliert geht er der Frage nach der Bildsamkeit des Zöglings nach und stellt sie besonders in seinem pädagogischen Hauptwerk *De tradendis disciplinis* (1531) und seinem psychologischen Werk *De anima et vita* auf solidere denk- und individualpsychologische Grundlagen (*Siske,* 1912, S. 18; *Urmeneta,* 1949, S. 543). Erkenntnis ist für *Vives* ein „Bild der Dinge, das sich im Bewußtsein wie in einem Spiegel ausdrückt" (Cognitio ... imagio ... quaedam rerum in animo expressa tamquam in speculo; zit. nach *Urmeneta,* 1949, S. 125). Er unterscheidet die Stufen der *intelligentia* (einfaches Erfassen = apprehensio), der *ratio* (Herstellung von Beziehungen zwischen Bewußtseinsinhalten = collationis progressio) und des *iudicium* (Wahrheits- oder Falschheitsurteil; ebd., S. 96 ff). Wegen der „Verschiedenheit der Veranlagungen (diversitas ingeniorum) fordert *Vives* nicht nur Kindgemäßheit der Unterweisung, sondern „Berücksichtigung der individuellen Eigenart" (*Ilg,* 1931, S. 77). Er unterscheidet verschiedene Typen der Aufmerksamkeit (intensiv–schwach, fluktuierend–fixierend), der Auffas-

sung (ganzheitlich–detailbezogen; visuell, akustisch, motorisch), des Gedächtnisses (sprachlich – sachlich), des Denkens (anschaulich – unanschaulich, konkret – abstrakt, reproduktiv – produktiv), der Einstellung („spekulativ" – „praktisch") u. a. (*Ilg,* 1931, S. 55–67) und erörtert Möglichkeiten der Zuweisung einzelner Kinder zu solchen Typen.

Vives denkt Leben, Erziehung und Wissenschaft streng zielbezogen: Der Sinn menschlichen Lebens (finis hominis) ist „Gott selbst", der den Menschen zur „Teilhabe an seiner Ewigkeit und seiner göttlichen Natur" (participationi aeternitatis et divinae illius naturae; zit. nach *Siske,* 1912, S. 57) bestimmt hat. Folglich muß die *cultura animi* zuerst auf die *religio* gerichtet sein, „die Erkenntnis des Fürsten und Urhebers der Gesamtwirklichkeit und die Liebe zu ihm", auf *virtus,* das rechte Verhältnis zu Gott und den Menschen (pietatem in Deum et homines), den „Willen, gut zu handeln" (*Siske,* ebd. S. 60), und auf *sapientia* („Weisheit", das unverfälschte Urteil, de rebus incorrupte iudicare; zit. nach *Urmeneta,* 1949, S. 263). Von diesen Leitbegriffen her bestimmt *Vives* den Stellenwert sonstiger pädagogischer Ziele wie *prudentia* (Klugheit: „die Geschicklichkeit, alles, was wir im Leben gebrauchen, auf die Orte, die Zeiten, die Personen und die Angelegenheiten abzustimmen"; zit. nach *Urmeneta,* ebd., S. 247) und sämtlicher Lehrinhalte. Wie andere Humanisten wendet *Vives* dem Sprachunterricht große Aufmerksamkeit zu. Er sieht zwar auch das Lateinische als die wichtigste Bildungs- und Gebrauchssprache an, fordert aber im Gegensatz zu anderen Humanisten auch die Pflege der Volkssprache. (Die erste spanische Grammatik von *E. A. de Nebrija* erschien in seinem Geburtsjahr.) Grundsätzlich erkennt er den Sprachen keinen Eigenwert zu:

„Wir erwerben uns doch die Kenntnisse einer Sprache nur wegen eines darüber hinausliegenden Nutzens; wir wollen durch die Spracherlernung jene herrlichen und wunderbaren Schätze heben, die in der Sprache niedergelegt sind" (zit. nach *Edelbluth,* 1912, S. 186).

Dem Lateinunterricht sollen Logik, Dialektik und Rhetorik folgen. „Naturforschung" will er einbeziehen „soweit sie Zwecken des praktischen Lebens dient" oder uns „von der Kenntnis der Dinge zur Kenntnis, Bewunderung und Liebe dessen, der sie geschaffen hat, erhebt" (zit. nach *Edelbluth,* ebd., S. 188). Großen formalbildenden Wert schreibt *Vives* der Mathematik zu: „Diese Wissenschaft nimmt die Geisteskräfte stark in Anspruch und zwingt sie, bei der Sache zu bleiben und nicht abzuschweifen" (zit. ebd., S. 202). Förderung von Lebensklugheit und moralischer Einsicht erwartet er von der Geschichte. Zusammengefaßt werden alle Unterrichtszwecke von der Moralphilosophie, welche *Vives* stärker mit der „göttlichen Offenbarungslehre" verbindet als andere Humanisten. „Wir dürfen den Philosophen, und mögen sie noch so scharfsinnig sein, nicht mehr einräumen, als das, worin sie mit dem Christentum, d. h. der Mensch mit Gott, übereinstimmen" (zit. ebd., S. 216). Auch in seiner Auffassung vom Lehren und Lernen fügt sich *Vives* nicht ganz in den Humanismus ein. Auf der einen Seite versteht er Lehren (docentia, doctrina) ganz traditionell als „Übergabe (traditio) von Dingen, die jemand weiß, an den, der sie nicht weiß" und Lernen (discentia, disciplina) entsprechend als „Annahme (acceptio) dieser Übergabe". Auf der anderen Seite steht diesen als *appositio* („Beilegung") bezeichneten didaktischen Vorgängen die *eductio* („Herausführung") gegenüber (*Urmeneta,* 1949, S. 105). Die letztere beruht auf der Voraussetzung, daß jeder die Anlagen (semina) aller Künste und Wissenschaften schon in sich trage. Eductio ist daher Hilfe beim Auffinden eigener Problemlösungen in der Begegnung mit der Wirklichkeit. Hier weist *Vives* bereits zum pädagogischen Realismus hinüber und läßt sich außerdem als einer der frühen Gewährsmänner der „Selbsttätigkeit als Bildungsprinzip" (*Ilg,* 1931) in Anspruch nehmen.

Im weiteren Sinne sind drei Schriftsteller zum Humanismus zu rechnen, die in der Volkssprache schreiben und spätere Tendenzen vorwegnehmen.

In Form eines satirischen Romans trägt der französische Priester und Arzt *François Rabelais* (1494–1554) seine zeitkritischen und pädagogischen Ideen vor. Die Erziehung seines Helden, des Riesen und Königssohnes *Pantagruel,* wird zunächst einem scholastischen Theologen anvertraut. Dieser läßt ihn jahrelang seine Zeit mit dem Auswendiglernen unverstandener Texte, dem Hören unzähliger Messen und dem Aufsagen endloser Gebete zubringen, ohne auf vernünftige Zeiteinteilung und gesunde Lebensweise zu achten. Nach mehr als achtzehn vertanen Jahren gibt ihm sein über das Ergebnis verzweifelter Vater als neuen Lehrer einen Humanisten. Dieser „reinigt ihn kanonisch mit Abführmitteln" (Lequel le purgea canoniquement) von den Rückständen seiner früheren Erziehung und gewöhnt ihn daran, seine Zeit zwischen Schlaf, geistiger Arbeit, Erkundung der Umwelt, spielerischer Erholung und sportlichem Ausgleich vernünftig einzuteilen. Sein Riese gleicht seine Lernmotivation seinem Appetit an: In kurzer Zeit verschlingt er nicht nur neben den drei klassischen Sprachen auch noch das Chaldäische und das Arabische, sondern auch unzählige in diesen Sprachen verfaßte historische, naturwissenschaftliche, medizinische, philosophische und theologische Texte. Er wird so zu einem „Abgrund von Wissenschaft" (abîme de science), jedoch keineswegs weltfremd: Auf weiten Ausflügen beobachtet er landwirtschaftliche und technische Vorgänge. Zudem wird er ein guter Musiker und eignet sich mondäne Künste wie Reiten, Fechten und Tanzen an. In religiöser Hinsicht hält er sich „purement, simplement et entièrement" an das humanistisch-ethisch verstandene Evangelium.

Michel de Montaigne (1533–1592) teilt mit seinem Landsmann *Rabelais* die Abneigung gegen überlieferte „pedantische" Erziehungsweisen, widersetzt sich jedoch jeder Stoffhuberei. Er vertritt eine formale Bildungstheorie: Auf einen „wohlgeformten Kopf" (teste bien faite) kommt es an, nicht auf einen „vollen" (pleine). „Den Kopf mit Wissenschaften zu möblieren" (meubler la teste de science) schadet dem Urteilsvermögen *(jugement),* um welches es in erster Linie geht (*Schmidt,* 1979, S. 60). Das eigene Denken ist zwar auf von anderen Vorgedachtes angewiesen (damit es vom bloßen Herumschweifen bewahrt, bei bestimmten Themen festgehalten und auf ein gewisses Niveau verpflichtet wird), doch darf es sich durch Autoritäten nicht einengen lassen. Auch die großen klassischen Schriftsteller wie *Seneca* und *Plutarch,* deren inhaltliche und formale Überlegenheit für *Montaigne* über jedem Zweifel steht, sind nicht einfach verehrungswürdige Größen, sondern Partner kritischer Auseinandersetzung. Neben die Lektüre tritt der gesellige Umgang (entregent, eschole du commerce des hommes) und geistige Austausch mit kultivierten Zeitgenossen. Lebensweisheit *(sagesse)* gründet sich nicht auf bloßes „Bücherwissen", sondern besonders auch auf die wache Beobachtung der Umwelt zu Hause und auf Reisen.

„Die menschliche Urteilskraft gewinnt eine wunderbare Klarheit dadurch, daß man sich in die Welt hineinbegibt. Wir sind alle auf uns selbst beschränkt und in uns selbst aufgehäuft. Unsere Sichtweise verkürzt sich auf die Länge unserer Nase ... Diese große Welt ... ist der Spiegel, in dem wir uns betrachten müssen, um uns unter dem richtigen Blickwinkel zu erkennen. Kurz gesagt, sie soll das Buch meines Schülers sein" (zit. nach *Schmidt,* 1979, S. 61).

Sagesse heißt nicht nur selbständiges, sondern vor allem auch selbstkritisches und gegenüber sich selbst wahrhaftiges Urteil. Der Skeptiker *Montaigne* sieht die Erkenntnis- und Wirkungsmöglichkeiten des Menschen als begrenzt an und empfiehlt die bescheidene Annahme des gesetzten engen Rahmens. „Die Selbstüberschätzung ist unsere angeborene Krankheit." Statt sich Illusionen über seine dignitas hinzugeben, soll sich der Mensch lieber seine misère vergegenwärtigen und sie anzunehmen lernen. Dann gelangt er zu der heiteren Lebensgrundstimmung (esjouissance constante), welche wahre Weisheit kennzeichnet. *Montaignes* Essais, „Versuche" über ethische, psychologische, pädagogische und politische Themen, sind Niederschlag solcher fast lebenslanger Selbsterkundung, die zur sagesse führt. *Montaigne* sprengt im Grunde schon die Grenze des Humanismus durch seine nüchternere Sicht des Menschen und seine Zuwendung zur zeitgenössischen Lebenswelt. Eigenwertige Bildungsinhalte gibt es für ihn nicht. Den Dingen (choses) kommt weit mehr Gewicht als den Sprachen zu: „Die Wörter haben zu dienen und zu folgen." Weltoffene und selbsttransparente Menschen will er erziehen, keine „Papageien".

Auch *Baldesar Castiglione* (1478–1529) schwebt nicht das Ideal des humanistischen Gelehrten vor, sondern das des gebildeten, weltgewandten Edelmannes. Sein ebenfalls in der Volkssprache geschriebenes Werk über den Hofmann (*Libro del cortegiano,* 1528) thematisiert in Form eines Gespräches zwischen Edelleuten am herzoglichen Hof von Urbino neben psychologischen, politischen und ethischen Fragen vor allem die Vorzüge des vollendeten Höflings. Da sich Züge dieses Bildungsideals auch über diesen Personenkreis hinaus übertragen lassen und das Buch in dem ansprechenden Plauderton der kultivierten Umgangssprache geschrieben ist, beeinflußte es die pädagogischen Vorstellungen von Adel und höherem Bürgertum bis weit ins 18. Jahrhundert hinein.

Der Höfling verfügt über Kenntnisse der klassischen Sprachen, ist in der antiken und der zeitgenössischen Literatur belesen und beherrscht die Kunst der anregenden und geistreichen Unterhaltung. Seine Vielseitigkeit reicht von militärischen Fähigkeiten bis zu musischen. Zum Freund und vertrauten Berater seines Fürsten wird er nicht durch Schmeichelei, sondern durch Aufrichtigkeit. Motiv seiner Zuwendung zu anderen Menschen und zu seinen Aufgaben ist nicht bloße mondäne Gefallsucht, sondern ein aus antiken und christlichen Quellen genährtes Ethos.

III. Die Reformation

Die Reformation war zwar keine pädagogische Bewegung, zeitigte jedoch beträchtliche pädagogische Folgen. Für *Martin Luther* (1483–1546) wurde eine Grunderfahrung bestimmend: Vor dem heiligen Gott kann der sündige Mensch nicht bestehen. Unbegreiflicherweise *läßt* er ihn jedoch – aus Gnade um Christi willen – vor sich bestehen. Gott erwartet vom Menschen nichts als „ein hertzelich zuversicht alles guten" (Großer Katechismus, 1529), eine völlige Offenheit für seine Wohltaten. Aber gerade zu dieser ist der Mensch aus eigenem Vermögen nicht fähig. Aber auch dieses Vertrauen auf Gott, dieser Glaube, ist selbst unverdiente Gabe Gottes:

„Ich gläube, daß ich nicht aus eigener Vernunft noch Kraft an Jesum Christ, meinen Herrn, gläuben oder zu ihm kommen kann, sondern der heilige Geist hat mich durchs Evangelion berufen, mit seinen Gaben erleuchtet, im rechten Glauben geheiliget und erhalten . . ." (Kleiner Katechismus, 1529; zit. nach *Bekenntnisschriften,* 1956, S. 511f.).

Dieser Passivität gegenüber Gott entspricht in der Beziehung zu den Menschen höchste Aktivität. Der Glaube verändert die gesamte Person und läßt in ihr ein völlig neues Motivationsgefüge entstehen:

„Sih, also fleusset auß dem glauben die lieb un lust zu gott und auß der lieb ein frey willig frolich leben dem nehsten zu dienen umbsonst" (Von der Freiheit eines Christenmenschen, 1520; zit. nach *Clemen,* Bd. II, S. 25).

Luther wurde nicht müde, den höchst unpädagogischen Satz hervorzuheben: „Gute Werke machen nicht einen guten Mann, sondern ein guter Mann tut gute Werke." „Der gute Mann" wird allein von Gott durch den Glauben neu geschaffen. Weder Erziehung noch Selbsterziehung reichen bis an den Personkern, von dem her ein Mensch in allem, was er ist und tut, bestimmt wird. Erziehung kann Kenntnisse und Fähigkeiten (darunter hauptsächlich religiöse) vermitteln und an rechte Verhaltensweisen gewöhnen, nicht jedoch den Menschen im Innersten heilen. Energisch wendet

sich *Luther* gegen jeden religiösen Druck. Weder Glaubensvollzüge wie Sakraments-
empfang noch gar den Glauben selbst kann der Erzieher fordern:

„Denn wiewohl man niemand zwingen kann noch soll zum Glauben, so soll man doch den Haufen
dahin halten und treiben, daß sie wissen, was Recht und Unrecht ist bei denen, bei welchen sie
wohnen, sich nähren und leben wollen. Denn wer in einer Stadt wohnen will, der soll das Stadtrecht
wissen und halten, das er genießen will, Gott gebe, er gläube oder sei im Herzen für sich ein Schalk
oder Bube" (zit. nach *BKS,* S. 504).

Erziehung ist weltlich zu begründen: Sie wehrt dem Chaos und ordnet das individuelle
und damit auch das soziale Leben (*Asheim,* 1961, S. 47). Sie erhält Schrift und Kunst,
damit „in deutschen Landen" mehr bleibt als ein „Saustall und eine Rotte von eitel
wilden Tieren" (zit. nach *Clemen,* Bd. IV, S. 148) und wir „feine und geschickte Leute
haben, beide zu weltlichem und zu geistlichem Regiment" (Großer Katechismus, zit.
nach *BKS,* S. 604). Die Pädagogik findet das Evangelium bereits vor; sie ist nicht aus
ihm abzuleiten. Erzieher und auch pädagogisch verantwortliche obrigkeitliche Amts-
personen sind wie alle anderen Menschen Adressaten christlicher Verkündigung,
nicht jedoch Empfänger theologischer Anweisungen für ihre pädagogischen und bil-
dungsorganisatorischen Aufgaben. Die christliche Verkündigung verweist sie auf ihre
Verantwortung für die Erziehung, legitimiert jedoch nicht einzelne pädagogische
Auffassungen. Solche äußerte *Luther* eher als persönliche Meinungen und Vorschläge.
1524 forderte er in seiner Schrift „*An die Ratsherren aller Städte deutsches Lands, daß
sie christliche Schulen aufrichten und halten sollen";* und 1530 ermahnte er die Eltern
in einer „*Predigt, daß man Kinder zur Schulen halten solle".* Ein gewisses Bildungs-
niveau der gesamten Bevölkerung ist nicht nur aus ökonomischen, sozialen, politischen und religiösen Gründen nützlich, sondern Bildung hat auch einen gewissen
Eigenwert:

„. . . wie eine fein lust es ist, das ein man gelert ist, ob er gleich kein ampt nimer mehr hette, das er
da heimen bey sich selbs allerley lesen, mit gelerten Leuten reden und umbgehen, inn frembden
landen reisen und handeln kan" (zit. nach *Clemen,* Bd. IV, S. 167).

Die besondere Sorge und Liebe *Luthers* gilt den alten Sprachen:

„Und last uns das gesagt seyn: Das wyr das Evangelion nicht wol werden erhallten on die sprachen.
Die sprachen sind die scheyden, darynn dis messer des geysts stickt. Sie sind der schreyn, darynnen
man dis kleynod tregt, sie sind das gefess darynnen man disen tranck fasset" (*Clemen,* Bd. II,
S. 451).

Weiterhin schätzt er die „Chroniken und Historien":

„Denn die selben wunder nütz sind, der wellt lauff zu erkennen und zu regiren, ja auch Gottis wunder
und werck zu sehen."

Auf keinen Fall darf in der Familie oder in der Schule die Musik fehlen:

„Man muß Musikam von Not wegen in Schulen halten. Ein Schulmeister muß singen können, sonst sehe ich ihn nicht an. Man soll auch junge Gesellen zum Predigtamt nicht verordnen, sie haben sich denn in der Schule wohl versucht und geübt. Die Musika ist eine schöne herrliche Gabe Gottes, und nahe der Theologie. Ich wollt mich meiner geringen Musika nicht um was Großes verzeihen. Die Jugend soll man stets zu dieser Kunst gewöhnen, denn sie macht feine, geschickte Leute" (zit. nach *Lorenzen*, 2.1969, S. 156).

Luther begrüßte die unterrichtsmethodischen Fortschritte seiner Zeit und gab auch selbst immer wieder Beispiele für die Anpassung an das Fassungsvermögen der Kinder. Immer wieder verwies er auf die Bedeutung der Erziehung als wichtiges Feld aus Glauben motivierten Handelns. Das Ansehen und die Lebensbedingungen erzieherischer Berufe suchte er nach Kräften zu fördern. Von ihm gingen wichtige und in ihren Einzelheiten noch längst nicht erforschte Impulse auf die Pädagogik aus – nicht nur auf die spätere Einführung der allgemeinen Schulpflicht.

Zu weitreichender pädagogischer Wirkung kamen die reformatorischen Ansätze *Luthers* durch seinen Freund und langjährigen Mitarbeiter *Philipp Melanchthon* (1497–1560), bei dem sich reformatorische und humanistische Impulse so glücklich verbanden, daß ihm der Titel Praeceptor Germaniae beigelegt wurde.

Melanchton sieht in der Erziehung ein wesentliches Unterscheidungsmerkmal des Menschen. Tiere kümmern sich um ihre Jungen, solange es ihr physisches Überleben erfordert. Dem Menschen dagegen obliegt es, seine Nachkommen zur *honestas* (Ehrbarkeit, Sittlichkeit) emporzubilden. Erziehung ist in ihrem Kern Moralerziehung. Ihre Grundlage ist die Unterscheidung von honesta (Sittlichem) und turpia („Schändlichem", Unsittlichem), wie sie jeder Mensch auf der Grundlage eingeborener Prinzipien (principia insita, innata) trifft.

Oberste Lebens- und Erziehungsziele *Melanchthons* sind *pietas* und *eruditio*. Sie stützen sich gegenseitig: eruditio sensibilisiert für die Tiefendimension der Wirklichkeit und fördert so auch die pietas. Da sich eruditio fast ausschließlich in der Beschäftigung mit den litterae vollzieht, diese jedoch weithin exempla humanen Lebens vor Augen stellen, entsteht (modern gesprochen) durch Modell-Lernen eine günstige moral- und religionspädagogische Wirkung. *Melanchthons* humanes Ideal ist ein Mensch, in dem sich Wille und Affekte hierarchisch der sich an ethischen Prinzipien orientierenden Vernunft unterordnen. Diesem individuellen Ideal entspricht ein sozial-politisches. Die Gesellschaft soll ein hierarchisches Gefüge bilden, in welchem Höhergestellte Untergebene vernunftgemäß und nach den Erfordernissen des Gemeinwohls lenken und sich diese jenen einsichtig und freiwillig unterordnen. Erziehung ist notwendig, um in den Individuen und in der Gesellschaft Harmonie herzustellen. Dazu tritt für *Melanchthon* ein religiöses Motiv: die christliche Botschaft fordert vom Menschen eine zivilisierte Lebensweise. Die Existenz der Kirche ist auf die Dauer an die der litterae gebunden. Die Geistlichen bedürfen nicht nur einer theologischen Ausbildung, sondern auch einer *liberalis educatio,* auf der sie aufruhen kann. Denn alle artes und Wissenschaften hängen untereinander zusammen; sie bilden einen *orbis doctrinarum.* Das wichtigste Werkzeug des menschlichen Geistes ist die Sprache. „Sprachliche Ausdrucksfähigkeit und Urteilskraft hängen von Natur aus zusammen" (bene dicendi scientiam et animi iudicium natura cohaerere; (*Melanchthon,* Bd. III, S. 49). Fehlerhafter und unklarer Sprachgebrauch weist auf fehlerhaftes und unklares Denken. Denn nicht zufällig werden „Irrtümer und fanatische Meinungen" oft in verworrenem und schlechtem Sprachstil vorgetragen. Geistiges Gepräge und Sprachform entsprechen einander: mentis character est ipsa orationis forma (ebd., S. 146). „Eine klare und deutliche Sprache" ist für jegliche Wissenschaft unabdingbar. Wer die geistigen Kräfte der Aufwachsenden stärken will, muß auf ihre Sprache achten. Wissenschaftliche Bildung erhebt sich auf sprachlicher Grundbildung. Auch *Melanchthon* teilt die später, aber auch schon von *Vives* und *Montaigne,* angefochtene Meinung der Humanisten: „Da die Wörter die Zeichen der Dinge (notae rerum: nota von noscere, erkennen!) sind, geht die Kenntnis der Wörter (cognitio verborum) voran" (*Melanchthon,* ebd. S. 83). Besonders wo er auf aktiver Sprachbeherrschung besteht, hat *Melanchthon* das Lateinische im Auge. Seine besondere Liebe gilt jedoch dem Griechischen: „Durch besondere Fügung Gottes" wurde das Evangelium zuerst in der griechischen Sprache verkündigt, die seiner durch suavitas und elegantia besonders würdig ist. Schon allein durch ihren Wohlklang wirkt sie zivilisierend und humanisierend:

„Wie wohl tut es doch, und welch ein Glück ist es, mit dem Sohne Gottes, mit den Evangelisten und Aposteln, mit dem hl. Paulus ohne Dolmetscher sprechen und ihre echten und lebendigen Worte hören und widergeben zu können!"

Literatur wirkt durch ihre ästhetische Form und Beispiele menschlichen Handelns auf die sittlichen Gefühle. Das ist ein Aspekt *moralischer Erziehung.* Zwei weitere müssen dazutreten: sittliche Einsicht und „Gewöhnung oder Zucht" (assuefactio sive disciplina). Durch moralphilosophische Überlegungen, wie sie *Melanchthon* etwa in seiner Schrift *Philosophiae moralis epitomes* von 1546 vorträgt, sollen Jugendliche zu einer klaren Einsicht in das Wesen des Guten und der einzelnen Tugenden gelangen und beurteilen lernen, „was sich geziemt oder nicht geziemt" (quid deceat, quid non deceat). Tugend *(virtus)* versteht *Melanchthon* wie sämtliche Humanisten und auch schon die gesamte Scholastik im Anschluß an *Aristoteles* als habitus, „der den Willen zum Gehorsam gegenüber der rechten Vernunfteinsicht geneigt macht" (qui inclinat voluntatem ad oboediendum rectae rationi; *Melanchthon,* ebd., S. 174); und wie für sie steht auch für ihn fest, daß solche habitus durch ihnen entsprechende häufige Handlungen entstehen, also mittels Veranlassung zu solchen Handlungen – Gewöhnung – pädagogisch zu fördern sind. Wichtigste Quelle ethischer Handlungsmotive ist der Glaube (illa fides parit novos affectus). Jedoch ist *Melanchthon* weit davon entfernt, religiöse Erziehung der moralischen unterzuordnen. Auch läßt sich der Glaube nicht unmittelbar pädagogisch fördern. Zu grundsätzlichen Fragen *religiöser Erziehung* äußert sich *Melanchthon* eher implizit in seinen theologischen Schriften als explizit und systematisch in seinen pädagogischen. Auf praktische religionspädagogische Fragen geht er in seinem weithin Anregungen *Luthers* aufnehmenden *Unterricht der Visitatoren* von 1528 ein. Außerdem verfaßte er etliche Texte für die Hand der Kinder und Jugendlichen. In seiner *Catachesis puerilis* von 1540 folgen auf grundsätzliche Erwägungen zur Katechetik eine weite Auslegung des Dekalogs und Erörterungen der Themen Gesetz-Evangelium, Rechtfertigung, gute Werke und Sakramente. Religiöse und sonstige Unterweisung durchdringen sich bei *Melanchthon*. So dienen etwa Anfängern im Lesen und Schreiben als Textgrundlage das Credo, das Vaterunser und sonstige Gebete.

Ohne sie zu systematisieren, läßt *Melanchthon* in seinen Schriften mehrere wichtige didaktische Prinzipien erkennen: Er betont die Primärmotivation: Nur wer sich für die Sache selbst interessiert, kann tiefer in sie eindringen. Er warnt vor „manchfaltickeit": Lieber weniges gründlich als vieles und Unterschiedliches oberflächlich. Eine sachgemäße Anordnung der Lehrgegenstände soll das Lernen erleichtern. Das Fassungsvermögen der Lernenden muß beachtet werden. Die Auswahl der Texte soll durch die Kriterien ihres moralpädagogischen Gehaltes und ihrer sprachlichen Qualität bestimmt werden.

Melanchthon leitet seine Pädagogik nicht aus theologischen, sondern aus philosophisch-anthropologischen und philosophisch-ethischen Prämissen ab. Dennoch ist sie theologisch umfangen, weil diese beiden begründenden Größen ihrerseits theologisch umgriffen sind. Dies gilt besonders für die Frage nach der Reichweite der Erziehung. Sie kann nicht die „Unordnung" und „Disharmonie" (ἀταξία, discordia) im Menschen und in den Bezügen der Menschen untereinander beseitigen, insofern sie Symptom der gestörten Beziehung zu Gott (also der Sünde) ist. Erst recht kann Erziehung nicht die Beziehung zu Gott selbst heilen. Dies kann vielmehr nur Gott selbst, indem er dem Menschen durch sein von der Kirche verkündetes Wort das Vertrauen auf seine Gnade (gratia), seine umsonst (gratis) – ohne Rücksicht auf menschliche Vorleistungen – gewährte Gunst (favor) abgewinnt. Dieses Vertrauen, dieser Glaube, verändert nicht nur ihrem Inhalt nach die Taten – dies vermag in einem gewissen Maße auch Erziehung –, sondern den Täter in dem innersten Kern seines Wesens, aus dem seine Motive entspringen. Der Glaube bewirkt jedoch automatisch weder das rechte Verstehen seiner Inhalte noch die richtige Richtung der einzelnen Handlungsmotive, die er aus sich entläßt: Der Christ bedarf dogmatischer, liturgischer und ethischer *Belehrung*.

Melanchthons pädagogisches Wirken reicht wie sein theologisches weit über seine Lebenszeit hinaus. Viele seiner Vorstellungen lebten in der Ordnung von Schulen weiter, bei deren Errichtung er konsultiert worden war. Eine langfristige Wirkung war seinen verbreiteten Lehrbüchern der Grammatik, Rhetorik, Dialektik, Psychologie, Ethik und Dogmatik beschieden. Ein weiterer wichtiger Strang seiner pädagogischen Wirkungsgeschichte verläuft über seine persönlichen Schüler. Zum Beispiel:

Die von *Valentin Trotzendorf* (1490–1556) in Goldberg (Schlesien) geleitete Schule zog Schüler aus vielen Teilen Deutschlands, aus Österreich, Ungarn und Böhmen an und wurde weithin als Modell bewundert. Das gesamte Schulleben war auf das Zielbild des humanistisch gebildeten Christen ausgerichtet. Die Umgangssprache war Latein. Manche Besucher glaubten sich nach Latium versetzt. Es gab Ansätze einer Schülerselbstverwaltung: Die Schule war nach dem Muster der römischen Republik aufgebaut. Konflikte wurden in Form lateinisch geführter Prozesse geregelt. Ähnlich um Latein und Religion zentriert, jedoch durch realistische Inhalte etwas aufgelockert, war die Schule, welche *Michael Neander* in Ilfeld (Südharz) leitete. *Sapiens et eloquens pietas* war auch das erklärte Bildungsziel des berühmten Gymnasiums in Straßburg, das Tausende von Schülern aus ganz Europa anzog. Mit Strenge versuchte hier *Johannes Sturm* (1507–1589), den fast ausschließlichen Gebrauch eines puristisch an *Cicero* ausgerichteten Lateins durchzusetzen.

IV. Gegenreformation – Katholische Reform

Die Auseinandersetzungen mit dem Protestantismus förderten die Reformtendenzen in der katholischen Kirche. Für ihr Neuerstarken seit der Mitte des 16. Jahrhunderts haben sich je nach Betrachtungsweise die Begriffe *Gegenreformation* und *Katholische Reform* durchgesetzt. Das wichtigste kirchliche Ereignis dieser Zeit war das *Konzil von Trient,* welches, mehrmals unterbrochen, von 1545 bis 1563 währte. Es versucht, eine Anthropologie zu formulieren, die den Menschen von einer – der Illusion der Selbsterlösung Raum gebenden – Überschätzung seiner religiösen und sittlichen Kräfte ebenso fern hält wie von einer Selbstunterschätzung, die ihn zum Verzicht auf jegliche Eigentätigkeit tendieren lassen könnte. Natürlich gilt auch für das Konzil von Trient: „Aus uns selbst, gleichsam aus Eigenem, vermögen wir nichts" (ex nobis tanquam ex nobis nihil possumus; Sessio XIV: Decr. de paenit., cap. 8: zit. nach *Denzinger/Schönmetzer,* 32.1963, S. 396). Dennoch schreibt es der Rückwendung des Subjekts auf sich selbst mehr Bedeutung zu als die Reformation: Es soll sich „in freier Zustimmung und Mitwirkung" (libere assentiendo et cooperando: Sessio VI, Decr. de iustif., cap. V: ebd., S. 370) auf den Empfang der Rechtfertigungsgnade vorbereiten und sie dann durch „gute Werke" mehren (iustitiae incrementum). Zwar ist es Gabe Gottes, daß der Mensch diese „freie Zustimmung und Mitwirkung" erbringen kann, doch betont die katholische Reform mehr als die Reformation, daß es der Mensch selbst ist, der sie erbringt. Selbstanalyse und Arbeit des Menschen an seiner religiösen und ethischen Besserung können pädagogisch unterstützt werden. Was sich bei *Melanchthon* auf den Bereich der „bürgerlichen Gerechtigkeit" beschränkt, gilt bei den Pädagogen der Gegenreformation in einem gewissen Maße auch für die Beziehung zu Gott: Religiöse Erziehung geht bei ihnen über Belehrung und Einübung hinaus. Sie kommt näher an den Personkern heran. Sie ist ein Mittel, den einzelnen auf seinem Weg zum Heil zu unterstützen.

Katholische Pädagogen dieser Zeit sprechen für einen breiteren Leserkreis in – volkssprachlich abgefaßten – teilweise recht umfangreichen Schriften sämtliche Grund- und Einzelfragen der Erziehung an: Die Autorität der Kirche, der Eltern, des Staates und der Berufserzieher, die Erziehung der beiden Geschlechter auf den verschiedenen Altersstufen und in unterschiedlichen pädagogischen Institutionen, Bildsamkeit und Bildungsziele usw. Als typischer Vertreter dieser Richtung erweist sich der in der deutschen pädagogischen Geschichtsschreibung nur spärlich erwähnte *Silvio Antoniano* (1540–1603; Kardinal seit 1598) in seiner in warmem Tonfall abgefaßten Schrift *Dell'educazione dei figliuoli* (1584). Der Aufwachsende soll zuerst als Christ und erst dann in seinen weltlichen Bezügen gesehen werden. Er gehört in erster Linie „der Stadt Gottes" an, erst in zweiter dem weltlichen Staat. Die Achtung vor der Autorität der Kirche und der katholischen Obrigkeit ist ein wesentliches Ziel der Erziehung. Moralpädagogische Überlegungen durchdringen bei *Antoniano* die Behandlung sämtlicher Themen. Einerseits klingen milde Töne an, andererseits tritt er für Strenge ein und fordert beispielsweise eine genaue Überwachung der Aufwachsenden, besonders was ihren Umgang anlangt. Viele Stellen lassen seine Liebe zu Kindern und sein Einfühlungsvermögen erkennen, so etwa seine Schilderung der Entwicklung kindlicher Frömmigkeit aus dem Mitvollzug liturgischer Handlungen. Sein Augenmerk gilt sowohl der Erziehung breiterer Volksmassen als auch der höheren Bildung. Die humanistischen Pädagogen warnt er vor der Gefahr „unter dem Vorwand, die Barbarei zu fliehen, dem Heidentum die Tür zu öffnen" (zit. nach *Volpicelli,* 1960, S. 346). Auch die Sprachästhetik muß der „Königin, der göttlichen Weisheit und der christlichen Religion, untergeordnet" werden.

Erziehung dient – besonders durch den Einfluß auf die Höhergestellten – auch der Rekonsolidierung der katholischen Kirche. 1540 bestätigte *Papst Paul III.* den durch den ehemaligen spanischen Offizier *Ignatius von Loyola* (1491–1556) gegründeten *Jesuitenorden.* In wenigen Jahrzehnten wurde er zur führenden pädagogischen Kraft im katholischen Europa. Sein Ziel war es, auf der Grundlage eines christlichen Humanismus eine Elite heranzubilden, die sich energisch für die Alleingeltung des Katholizismus einsetzen würde. Die bis zur Endfassung von 1599 mehrfach überarbeitete *Ratio atque institutio studiorum Societatis Jesu* ist eines der in sich geschlossensten und am konsequentesten in die Praxis umgesetzten Erziehungsprogramms in der Geschichte der Pädagogik. Sie regelt nicht nur die Einteilung der Lerngruppen, die Reihenfolge der Unterrichtsgegenstände und die unterrichtlichen Arbeitsformen

(compositio, disputatio, recitatio etc.) und die Kompetenzen der einzelnen Verantwortlichen (Rektor, Studienpräfekt, Disziplinär, Professor), sondern stellt auch
Normen für die Lebensweise und die Zeiteinteilung (Gottesdienst, Arbeit, Schlaf,
Erholung, Hygiene, Ernährung, Unterbringung u. a.) im Internat auf. Die Ordnung
für das römische Kolleg von 1551 bezieht das gesamte Schulleben „auf das Lob und
die Herrlichkeit Gottes und das Heil der Seelen" (zit. nach *Lukacs,* Bd. I, 1965, S. 67)
und legt dem Rektor die Sorge dafür auf, daß sich die Jugend in spiritu, virtute pieta-
teque übe, ihre Zeit auf „fromme Studien" verwende und ihre leibliche Gesundheit für
den Dienst Gottes erhalte, sowie dafür, daß die Mittel des Kollegs zur bestmöglichen
Wirkung kommen. Den Schwerpunkt des Unterrichts an den Jesuitenkollegien bildeten lateinische und griechische Sprache und Literatur. Die Schüler sollten lernen, sich
mündlich und schriftlich in einem nach humanistischen Maßstäben einwandfreien
Latein auszudrücken. Die Jesuiten legten weniger Wert auf formellen Religionsunterricht als auf die einheitliche religiös-ethische Durchdringung des gesamten Zusammenlebens von Lehrenden und Lernenden sowie die Gewöhnung an kontinuierliche
liturgische Praxis und regelmäßige Beichte. Dem militärischen Geist des Gründers und
dem militanten Charakter der Gegenreformation sowie ihrer hierarchischen Gesell-
schafts- und Kirchenauffassung entsprach ebenso das von den Jesuiten streng durch-
gesetzte Autoritäts- und Gehorsamsprinzip wie das zum Zweck der Motivation konsequent eingesetzte Mittel des Wetteifers (æmulatio, concertatio).
Von anderen Schulorden, die sich um die höhere Bildung Angehöriger der oberen
Schichten bemühten, seien die 1530 von *Antonio Maria Zaccaria* gegründeten *Barna-*
biten (auch *Paulaner* genannt) und die (auf *Filippo Neri* und sein 1575 vom Papst be-
stätigtes „Institutum Oratorii" zurückgehenden) von *Pierre de Bérulle* 1611 ins Leben
gerufenen *Oratorianer* erwähnt. Die erstern wirkten hauptsächlich in Italien und entwickelten ein dem jesuitischen ähnliches Bildungsprogramm mit jedoch größerer Aufgeschlossenheit für die Muttersprache und die Wissenschaften. Bei den letzteren
gewann *Descartes* über seinen Freund *Bérulle* Einfluß: Die humanistische Bildung trat
etwas zurück gegenüber der Schulung selbstständiger Urteilsfähigkeit in der französischen Muttersprache, der Mathematik und den Naturwissenschaften. Um die Elementarbildung ärmerer und verwaister Kinder sowie breiterer Volksmassen machten
sich mehrere Orden verdient:
Hieronymus Emiliani gründete 1518 den Orden der *Somasker.* An die Elementarbildung schloß sich eine praktische Berufsausbildung an, die ein einfaches Auskommen
ermöglichen sollte. Ähnliche soziale Tendenzen zeichnen auch die von *Josef von Cala-*
sanza 1597 gegründete Priestergemeinschaft der „Regularkleriker der frommen
Schulen" (scholarum piarum, davon *Piaristen*) aus, welche auf das 1682 von *Jean*
Baptiste de la Salle ins Leben gerufene Institut der „Brüder der christlichen Schulen"
vorausweisen, die nachhaltig für eine allgemein verpflichtende und kostenfreie Elementarbildung eintraten.

V. Das Barockzeitalter

Konfessionalismus und Absolutismus kennzeichnen das nach seinem vorherrschenden Kunststil benannte 17. Jahrhundert. Frankreich, Spanien, die habsburgischen Länder und Schweden wurden als konfessionell geschlossene Staaten straff zentralisiert, ebenso die vielen einzelnen Territorien auf dem Boden des Deutschen Reiches. Die staatliche Gewalt suchte sich (noch nicht kulturell, aber) politisch, militärisch und ökonomisch zu festigen.

Dazu griff sie nicht nur stark in das wirtschaftliche Leben ein (Merkantilismus), sondern organisierte immer mehr auch das Erziehungswesen. Entsprechungen solchen Strebens, alles in den Griff zu bekommen, waren auf kulturellem Gebiet große enzyklopädische Entwürfe und Systeme, Weltverbesserungsprojekte und Betonung der rechten „Methode". Ebenso charakteristisch wie folgenreich drückt sich diese Einstellung in der Grundthese des Engländers *Francis Bacon von Verulam* (1561–1626) aus, man müsse der Natur – bei ihrer Erforschung – gehorchen, um sie dann mittels ihrer eigenen Gesetze – technisch – zu beherrschen. Naturvorgänge in der Natur richten sich nach mathematisch formulierbaren Gesetzen. Ihre Kenntnis erlaubt es, durch Setzung von Ursachen vorhersehbare Wirkungen zu erzielen. Überall zeigen sich Tendenzen zur Effektivierung, Verwissenschaftlichung und Professionalisierung. Für das Zeitalter typisch sind etwa die Intensität, mit der *René Descartes* (1596–1650) nach dem unbedingt sicheren Ausgangspunkt der Erkenntnis fragt und die Anstrengungen eines *Gottfried Wilhelm Leibniz* (1646–1716), das Wissen seiner Zeit umfassend zu integrieren.

Die konfessionellen, sozialen und machtpolitischen Gegensätze zwischen den Territorien und die von den habsburgischen Kaisern aufrecht erhaltenen Ansprüche führten in Deutschland zum Dreißigjährigen Krieg (1618–1648), in dessen Verlauf sich die Bevölkerung um ein Drittel verringerte und zahlreiche Kulturgüter vernichtet wurden. Die leidvollen Erfahrungen einer tiefgreifenden Unordnung der menschlichen Welt ließen die Frage nach den Grundlagen gerechterer Gesellschafts- und Staatsformen und nach den Möglichkeiten umfassender Reformen bedrängend werden. Als Folge der religiösen Auseinandersetzungen verlor das Konfessionelle zunächst für die zwischenstaatlichen Beziehungen an Bedeutung und mußte dann auch innerterritorial immer mehr teils überkonfessionellen, teils aber auch pragmatischen, dogmatisch skeptischen und eher an philosphischen Traditionen orientierten Haltungen Raum geben.

Zu den für die Zeit kennzeichnenden Projektemachern gehörte der Holsteiner *Wolfgang Ratke,* lat. *Ratichius* (1571–1635). Den zur Kaiserkrönung 1612 in Frankfurt versammelten Fürsten legte er ein „Memorial" vor, in welchem er „Anleitung" nicht nur für erfolgreichen sprachlichen, allgemeinen und berufsbezogenen Unterricht in Aussicht stellte, sondern auch dafür, „im ganzen Reich eine einträchtige Sprache, eine einträchtige Regierung und endlich eine einträchtige Religion bequemlich einzuführen und friedlich zu erhalten" (zit. nach *Hohendorf,* 1957, S. 49).

Die Schulreform ist wichtigstes Mittel einer Gesellschaftsreform, deren Kriterien durch das „Licht der Gnaden" (Bibel) und das „Licht der Natur" (Naturrecht) sicher erkannt werden können (*Michel,* 1978, S. 36). In der Ständegesellschaft, die dem konservativen Lutheraner *Ratke* vorschwebt, herrscht der Landesherr zwar unumschränkt, hält jedoch die Spielregeln von *Ratkes* „Regentenamtslehr" ebenso ein wie seine Untertanen. Dem Adel kommt ein natürlicher Vorrang zu, Rechte und Freiheiten von Bauern und Bürgern sind gewährleistet (*Michel,* ebd., S. 44). *Ratke* verstand sich selber als *didacticus.* Ein solcher ist – nach seinem Verständnis – für die Planung und Überwachung des gesamten Unterrichtswesens, nicht aber für das Unterrichten selbst zuständig und verhält sich zu den Lehrern wie der Architekt zu den Handwerkern. Didaktik steht bei *Ratke* für ein höchst anspruchsvolles vierstufiges Forschungsprogramm:

„ ● Konzeption eines ‚Bau'-Planes zur Zusammenfassung und Systematisierung des gesamten Wissensbestandes;
● Errichtung des ‚Baues' selbst durch Zusammenfassung aller Erkenntnisse nach diesem ‚Bau'-Plan;
● didaktische Aufbereitung dieses komplexen Systems, um es als Wissen und als Handlungsorientierung bzw. -regulative weitergeben zu können;
● Entwicklung einer Methode, die in der Lage war, solches Wissen leicht zu vermitteln . . ." (*Michel,* ebd., S. 24).

Dieses Programm hätte die Zusammenarbeit zahlreicher Fachgelehrter und mehr obrigkeitliche Förderung verlangt, als *Ratke* zuteil wurde. Einfluß gewannen hauptsächlich etliche seiner methodischen Vorstellungen, die auf einer höchst optimistischen Erziehungsauffassung beruhen:

„Eine gute Auferziehung formieret das Gemüt, Verstand und die äußerlichen Gebärden der Knaben nicht anders, als etwa ein Bild aus Wachs oder sonst einer weichen Materie durch Arbeit eines Künstlers gebildet wird" (*Schuldieneramtslehr,* 1631, zit. nach *Hohendorf,* 1957, S. 195).

Dazu bedarf es nur der richtigen „Lehrart", „anzeigend, wie man ein jeglich Ding auf das füglichste und bequemste der lernenden Jugend fürtragen und lehren soll" (ebd., S. 199). Für seine „Lehrkunst" gab *Ratke* u. a. folgende Regeln:

„Alles mit vorhergehendem Gebet." „Alles nach Lauf und Ordnung der Natur." „Nicht mehr denn einerlei auf einmal." „Eines oft wiederholet." „Alles zuerst in der Muttersprach . . . alsdann in ander Sprach." „Alles ohne Zwang." „Gleichförmigkeit in allen Dingen." „Erst ein Ding nach ihm selbst, hernach die Weise von dem Ding." „Alle Arbeit fällt auf den Lehrmeister." „Dem Lehrjünger gebührt zuzuhören und stillzuschweigen." „Die Sprachen müssen also gelehrt werden, daß man sie reden könne." „Für allen Dingen soll die Jugend in Gottes Sachen unterrichtet werden." (*Artikel, auf welchen fürnehmlich die Lehrkunst beruht,* 1617; zit. nach *Hohendorf,* 1957, S. 66–78).

Ratke hob die Bedeutung der deutschen gegenüber der lateinischen Sprache hervor. Als Sprachenfolge forderte er Deutsch, Hebräisch, Griechisch und Latein. Die Fremdsprachen werden aus Büchern gelernt, deren deutsche Fassung die Schüler schon kennen. So werden die „Sachen" gleichzeitig wiederholt. „Gleichförmigkeit" bezieht sich auf die Art der Bücher und Lehrweisen. Priorität des „Dings" vor seiner „Weise" besagt, daß Beispiele (etwa Sätze) und Erfahrungen den Regeln vorangehen sollen (per inductionem). Durch Schüler und Mitarbeiter *Ratkes* fanden manche seiner Bestrebungen, besonders der Gedanke einer allgemeinen Schulpflicht sowie die Betonung der Muttersprache und realistischer Bildungsinhalte Eingang in die Schulordnungen (etwa von Weimar 1615, Gotha 1642, Preußen 1717).

Als „Koryphäe" sah ihn der Mann an, der seinerseits noch mehr als zweihundert Jahre später von *Wilhelm Dilthey* als das möglicherweise größte pädagogische Genie eingeschätzt wurde, das die Welt hervorgebracht habe, und im Vergleich zu dessen Pädagogik einen modernen Pädagogikhistoriker „Pädagogische Produktionen der Gegenwart wie ein schlechter Witz" anmuten: der Böhme *Jan Amos Komenský,* lat. *Comenius* (1592–1670). Von seinen mehr als zweihundertfünfzig Schriften (*Brambora,* 1974, S. 27) sind besonders die *Didactica Magna* (böhm. 1632, lat. Endfassung 1657) und seine Sprach- und Sachlehrbücher wie *Janua linguarum* von 1631, die in wenigen Jahren in elf europäischen und vier orientalischen Sprachen verbreitet wurde sowie der *Orbis sensualium pictus* von 1658 zu weltweiter Wirkung gelangt. In den Schriften des *Comenius* drückt sich nicht nur seine tiefe Frömmigkeit aus – er war Bischof der durch die konfessionellen Auseinandersetzungen besonders hart getroffenen Brüderunität –, sondern auch sein ganzes Erziehungsverständnis ruht auf theologischen Voraussetzungen: Gott hat alles geschaffen und wird alles unter Mitwirkung des Menschen vollenden. *Comenius* denkt systematischer und umfassender als alle bis dahin aufgetretenen Pädagogen (*Manacorda,* 1974, S. 12; *Kyrášek,* 1974, S. 171). Die Wirklichkeit ist ein geordnetes und zusammenhängendes Ganzes (syntagma), in welchem jedes Teil seinen Ort hat und jede Veränderung eines Teiles auf das Ganze zurückwirkt. Dieser Ordnung fügt sich auch die Erziehung ein. Erkenntnis heißt „Nachbildung des Systems des Seienden in einem System des Wissens" (*Schaller,* 2.1967, S. 33). Weisheit ist nur als umfassende möglich, als *universalis sapientia,* als *pansophia* („All-Weisheit"). Sie „ist auf die menschliche Natur selbst gegründet (fundata super ipsam humanam naturam). Daher kann sie durch die gemeinsamen, *allen* angeborenen Kenntnisse (per communes Omnibus innatas Notitias), Wünsche nach dem Guten, sowie Versuche und Organe zur Erlangung des Gewünschten, richtig erkannt (recte cognita) und recht auf alle Einzelheiten angewendet werden (riteque ad omnia applicata), so daß ALLE Menschen (OMNES) ALL ihr Gutes und Übles (OMNIA sua Bona et Mala) klar sehen, dem Guten auf GÄNZLICH unfehlbaren Wegen folgen und es erlangen, das Üble meiden und ihm entkommen können." (*Consultatio Catholica,* Bd. I, Lib. Pansophia, 1966, S. 245). Die Pansophia bildet auch die

Voraussetzung der *Pampaedia* (ingeniorum cultura universalis, „All-Bildung"). Denn einesteils können die pädagogischen Leitvorstellungen sicher nur pansophisch erkannt werden, andererseits ist die Pansophia Inhalt der Bildung: „Wir wollen, daß alle Menschen Pansophen werden" (Pampaedia 1965, S. 20).

Folgerichtig bildet das Pampaedia genannte Buch den zentralen Bestandteil des breit angelegten, aus sieben Büchern bestehenden Werkes *De rerum humanarum emendatione Consultatio Catholica.* Dieses blieb zwar bis 1935 verschollen, gibt jedoch Gedanken, wie sie *Comenius* auch in seinen sonstigen Werken äußert, in der einleuchtendsten Systematik wieder. Daher kommt ihm besondere Aufmerksamkeit zu. Diese sieben Bücher lauten:

Die *Panegersia* (Universaler Weckruf), die *Panaugia* (Universale Aufklärung bzw. Erleuchtung), die *Pansophia* bzw. *Pantaxia* (Universale Weisheit oder Ordnung der Dinge), die *Pampaedia* (Universale Bildung), die *Panglottia* (Universale Sprachpflege), die *Panorthosia* (Universale Verbesserung) und die *Pannuthesia* (Universaler Mahnruf),

welche grandiose Reformvorschläge abschließend zusammenfaßt. Die von *Comenius* geforderte soziale, politische, kulturelle und religiöse Reform, von der die Erziehungsreform ein wichtiges Teilstück bildet, muß wahrhaft tiefgreifend *(omnino)* und umgreifend *(catholica, universalis)* sein, d. h. ganz Europa, ja die ganze Welt, alle Lebensbereiche *(omnia)* und alle Menschen *(omnes)* einschließen, weil alles mit allem zusammenhängt (omnia cohaerent). *Comenius* huldigt nicht der Illusion, als ziehe eine Erziehungsreform unausbleiblich eine verbesserte Gesellschaft nach sich. Im Gegenteil:

Bleiben einzelne Teile des Ganzen unverbessert, dann „kehrt die Verderbnis zu den übrigen (scil. bereits reformierten) Teilbereichen zurück (corruptio ad cetera redibit). Die *Panaugia,* eine Art „Erkenntnislehre", stellt drei Erkenntnisquellen auf, von denen her *Comenius* immer wieder konvergent zu argumentieren sucht:

1. Die „Natur der Dinge" *(rerum natura),* die auch Kriterien sachgemäßen Umgangs mit sich erkennen läßt, erschließt sich dem Menschen durch die Sinne *(sensus).*
2. Das menschliche Bewußtsein selbst *(mens, animus)* enthält angeborene oder eingeprägte Begriffe *(notiones innatae, insculptae),* welche das vernünftige Denken *(ratio)* erkennt und auf die Ordnung der von außen kommenden Eindrücke anwendet. Und
3. Die hl. Schrift *(Scriptura sacra)* erschließt dem Glauben *(fides)* das ewige Ziel des Menschen und den Weg dorthin.
   In der *Pantaxia* zeigt *Comenius* die Grundstrukturen der in sieben „Welten" gegliederten Gesamtwirklichkeit auf: *mundus archetypus* (Gott, Ideen), *angelicus, materialis, artificialis* (die vom Menschen hergestellten Dinge), *moralis* (Beziehungen der Menschen untereinander), *spiritualis* (die Beziehung Gott–Mensch, Religion) sowie *aeternus* (die zukünftige ewige Vollendung).

Der Mensch hat Zugang zu den Ideen und kann alles Begegnende nach ihnen beurteilen und auf sie hin verändern. Er wird so zu einem zweiten Schöpfer, auf den auch Gott selbst zur Erfüllung seines Weltplanes angewiesen ist.

Das *Comenianische Menschenbild* ist triadisch: Der *intellectus* ist auf das Wahre gerichtet und läßt so die *philosophia* (auch *eruditio*) entstehen. Die *voluntas* (Wille) strebt nach dem Guten. Ihr entspricht zentral die *religio*. Die potestas (auch facultates exsecutrices oder operativae, Handlungsfähigkeit) zielt auf das Zusammenwirken und führt zur *politia* (zum Gemeinwesen). In allen drei Bereichen geht es um den Frieden *(pax)* – mit den Dingen, mit den Menschen und mit Gott.

In der Frage der menschlichen Willensfreiheit ist der in seiner böhmischen Heimat verfolgte Protestant *Komenský* weiter von den Reformatoren entfernt als das Konzil von Trient. Er lehrt selbst noch nachdrücklicher als *Erasmus:*

„Die Willensfreiheit (arbitrii libertatem) ist im Menschen die Krone (apicem) der Gottesebenbildlichkeit ... Ganz offensichtlich ist der Mensch so frei geschaffen, daß ihn niemand zwingen kann zu wollen, was er nicht will, weder Engel noch Teufel, nicht einmal Gott selbst" (Pansophia, M. mat. VII, CC, Bd. I, S. 369).

Durch Verlust der Willensfreiheit würde der Mensch nämlich zum „Nicht-Menschen" (non-homo). Die verkehrte Willensrichtung beruht nicht auf Unfreiheit, sondern auf Irrtum. Kommt der Mensch durch Belehrung zur rechten Einsicht, dann will er auch das Gute. Grundsätzlich ist der gute Mensch und damit auch die gute Gesellschaft pädagogisch herstellbar. Es bedarf nur der rechten Einsicht selbst – diese liefert dem Erzieher die Pansophia – und der rechten Methode sie zu vermitteln – diese weist ihm die Pampaedia auf. OMNES ... OMNIBUS ... OMNINO excoli – „alle, durch alle Gegenstände gänzlich ausbilden" (*Pampaedia* I, S. 14) lautet sein Programm. Wie im übrigen Werk treten auch in der *Pampaedia* immer wieder die Ausdrücke *pan-* (all-), *omnes, catholicus* (umfassend) und *universalis* auf.

Omnes: Denn alle haben an der gleichen menschlichen Natur teil, sind vom gleichen Schöpfer nach seinem Bild geschaffen und zum gleichen Heil berufen. Die Gesellschaft bildet ein Ganzes. Ihr Wohlergehen gründet auf dem Wohlergehen eines jeden ihrer Mitglieder. Rationalität und Moralität sind zwar in allen angelegt, bilden sich jedoch nur durch Erziehung aus. *Omnibus* meint Allgemeinbildung, „alles was die menschliche Natur vollendet", und zielt zunächst auf alle Kräfte des Menschen. Er soll im Denken *(ratio),* sprachlichen Ausdruck *(oratio)* und im Handeln *(operatio)* gefördert und befähigt werden, um seine vielfältigen Potentialitäten zu realisieren. Keine Anlage darf ungenutzt bleiben. Omnibus bezieht sich aber zum anderen auch auf eine sämtliche Inhalte umfassende, enzyklopädische Bildung. Dabei kann es nicht um alle kleinen Einzelheiten (minutiae) gehen, sondern nur um die Grundbegriffe (cardines). Der Mensch ist mit all seinen Kräften das – gegenüber dem „ganzen Schauspiel" der Wirklichkeit – eigentliche Zentrum der Gesamtumgebung (circumferentia), er wird unausgeglichen und entwickelt sich nur „bruchstückhaft" (frustillatim et partialiter), wenn er sich nur mit einem Teil seiner Kräfte Ausschnitten der Wirklichkeit zuwendet. Meint *omnibus* Weite, so *omnino* Tiefe. Es geht nicht um die Anfüllung des Gedächtnisses mit oberflächlichen Kenntnissen und Meinungen, sondern um Einsicht in Wesen (quid, quomodo), Grund (unde) und Sinn alles Wirklichen (ad quid, finis). Pädagogische Ziele, Lerninhalte, Medien (Bücher mit Abbildungen) und Unterrichts- methoden ergeben sich bei *Comenius* aus einer Gesamtsicht der Wirklichkeit, in der die einzelnen Sphären miteinander „harmonieren" und durch menschliche Tätigkeit in Richtung größerer Harmonie gefördert werden sollen. Zur Wirkung ist er jedoch nicht mit seiner pansophischen Gesamtsicht gelangt, wohl aber mit einzelnen, oft aus dem Begründungsganzen herausgelösten und anderen Zwecken dienstbar gemachten, sprachdidaktischen Methoden und Lehrmitteln – vor allem mit den Prinzipien und Grundsätzen der *Didactica Magna* (wie sie im 4. Quellentext dieser Epoche abgedruckt sind).

Im Blick auf seine Milde und seinen religiös begründeten pädagogischen Optimismus läßt sich mit dem durch den Dreißigjährigen Krieg auch persönlich stark betroffenen Exulanten *Comenius* der unter ruhigeren Verhältnissen wirkende Prinzenerzieher und spätere Erzbischof von Cambrai *François Fénelon* (1651–1715) vergleichen. Mitte seiner Religiosität ist die Liebe zu Gott, dem er sich in heiterer Gelöstheit selbstlos überläßt (abandon). Freude und Vertrauen (la joie et la confiance) sollen auch die päd- agogische Atmosphäre bestimmen. Erziehung geschieht in der Gegenwart des gütigen Gottes, für die beim Kind „freudiges Gespür" erweckt werden soll (faire goûter Dieu). Fénelon kennt die Wirkung des „Modell-Lernens" und weiß, wie sehr sich aufdring- lich hervortretende pädagogische Absichten selbst vereiteln. Deshalb tritt er (wie später besonders *Rousseau*) für eine indirekte Erziehung und sorgfältige Auswahl der Kontaktpersonen ein. Besonders bekannt wurde seine in moralpädagogischer Absicht für den Thronfolger verfaßte Erzählung *„Telemachs Abenteuer"* (1689).

Ein gewisser anthropologischer Pessimismus kennzeichnet dagegen die Pädagogik des *Jansenismus,* einer rigoristischen Bewegung, die sich ab etwa 1640 um das Zisterzien- serinnenkloster Port-Royal des Champs sammelte und gegen den Laxismus der Jesuiten polemisierte. Die Heiligkeit, die Gott vom Menschen fordert, ist ständig durch das Böse in ihm und um ihn gefährdet. Um es abzuwehren, bedarf es einer dauernden Auf- merksamkeit. Durch ständige Überwachung soll das Böse von den Zöglingen ferne- halten werden, das ihnen besonders durch Müßiggang drohen könnte. Jedoch darf man sich die pädagogische Atmosphäre auch nicht zu trist vorstellen. Nicht nur Arbeit, sondern gerade auch Spiele dienen der ständigen Aktivität. Zudem muß ja auch der Erzieher seine negativen Affekte asketisch zähmen und sich um ständige freundliche Ausgeglichenheit bemühen. Alles ist der Aufgabe untergeordnet, dem Kind „das Ziel zu zeigen, das der Mensch erreichen soll (scil. die ewige Seligkeit) und es dorthin auf den Weg zu bringen" (*Carrée,* 1971, S. XV). Für eine vernünftige Lebensführung ist nach Auffassung der Jansenisten ein selbstständiges Urteilsver- mögen wichtiger als viele Kenntnisse. Ein wichtiges Instrument zur Schärfung der Urteilskraft (former son jugement, perfectionner sa raison; so *Nicole* in *La logique de*

Port-Royal, zit. nach *Carrée,* ebd., S. 199) ist die Beschäftigung mit Mathematik und Naturwissenschaften. Das Lateinische tritt in ihrem Lehrplan zurück und braucht nur noch passiv beherrscht zu werden. Übersetzungen aus dem Lateinischen dienen besonders der Verfeinerung des muttersprachlichen Stils.

Die Tendenz zur Pflege einer verinnerlichten Religiosität in einer Gruppe, die von der „Welt" mindestens moralisch Abstand hält, findet sich auch beim *Pietismus.* Wesentliche Impulse gingen von dem Werk *Pia Desideria* (1675) von *Philipp Jacob Spener* (1635–1705) aus: Herzensfrömmigkeit und christliche Lebenspraxis bedeuten mehr als starre Dogmengläubigkeit. Die Abneigung der Pietisten gegen theologische und philosophische Spekulation sowie ihre Hinwendung zur Praxis wirken sich pädagogisch als Betonung der Realien und der empirischen Einzelwissenschaften aus. Am folgenreichsten setzte *August Hermann Francke* (1663–1727) pietistische Bestrebungen in die Pädagogik um. Seine Schrift von 1702 – *„Kurzer und einfältiger Unterricht, wie die Kinder zur wahren Gottseligkeit und christlichen Klugheit anzuführen sind"* – nennt schon im Titel die beiden pädagogischen Hauptanliegen. „Die wahre Gemütspflege ist auf den Verstand und Willen zugleich, vornehmlich aber auf den Willen zu richten." Dabei kommt es besonders auf „gute Exempel" an. Oft mißverstanden wurde der Satz, es gehe darum, der Kinder „Eigenwillen zu brechen" (*Francke,* 1957, S. 18). Dem Zusammenhang nach meint er nur, im Unterricht die „Unachtsamkeit" und das „flatterhafte Wesen" einzudämmen, also „Attention und Aufmerksamkeit" zu verlangen. Im übrigen ermahnt *Francke* den Erzieher ständig zur „Liebe", „Sanftmut" und „Lindigkeit" und verlangt von ihm, daß er „ein Herr über sich und seine Affecten werde", die Kinder – besonders religiös – nicht überfordere und nicht zu eilig und streng strafe. „Die Klugheit beruht auf zwei Hauptstücken, der Wissenschaft und der Erfahrung." Sie ist „nichts anderes als das Auge im Menschen, dadurch der Mensch sieht, was zum Besten dient und sich vor Schaden hütet". Immer wieder treten die Wörter „anwenden" und „Anwendung" auf. Diese praktizierte *Francke* auch selbst. Seine Stiftungen in Halle umfaßten u. a. Waisenhaus, Armenschule, Bürgerschule, Paedagogium und Seminarium praeceptorum (Lehrerbildungsanstalt). Ein reiches Lehrangebot, besonders in den Realien, und Werkstätten erlaubten den Schülern, individuelle Schwerpunkte zu setzen. Nicht nur in dieser Hinsicht weist die Pädagogik *Franckes* bereits in eine neue Epoche hinüber.

VI. Zum Vermächtnis der Epoche

Der nicht nur in pädagogischer Hinsicht ungemein fruchtbare Zeitabschnitt beginnt mit Säkularisierungstendenzen. Auf sie antwortet das Christentum kraftvoll, verliert darüber aber seine Einheit. Während die Epoche in der zweiten Hälfte des 17. Jahrhunderts ausklingt, verselbständigen sich bereits deutlich die Mächte, welche sich bis dahin dem Christentum eingeordnet hatten: Philosophische Theologie und Naturrecht. Zunehmend erhebt die menschliche Vernunft den Anspruch, Grund und Sinn alles Wirklichen aus eigenem zu erkennen und sich so die Orientierungen selbst zu verschaffen. Zweihundert Jahre später hat sich streckenweise bereits der Verzicht auf vorgegebenen letztgültigen Sinn – ja auf die bloße Frage danach – ausgebreitet.

So zerstritten die Epoche über einzelne Fragen gewesen sein mag; über den Ort, wo die letztgültige Perspektive für Leben und Erziehung zu finden ist, war man sich einig: Im Christentum. So stellt sie uns vor die Frage nach dem Verhältnis von Religionspädagogik und Pädagogik. Ist Religionspädagogik – ein Begriff, der erst viel später aufgekommen ist – vielleicht gar eine pleonastische Zusammensetzung, weil es Erziehung ohne begründete Sinnperspektive gar nicht geben kann, Erziehung also immer schon – wie auch immer geartete – religiöse Erziehung ist? Verwandt damit ist das Thema „Allgemeinbildung". Von woher ordnet sich die Welt so zum Kosmos, daß sich der ihr „ganz" (*Comenius:* integre) Gegenübertretende bildet? Wie kann Erziehung den Menschen davor bewahren, sich an das Partikulare und Beliebige zu verlieren? Wie kann sie ihn soweit fördern, daß in seinen Entscheidungen nicht von anderen über ihn entschieden wird, sondern von ihm selbst? Gibt es Emanzipation ohne eigene Perspektive anders denn als immer neue Selbstpreisgabe an neue Beliebigkeit?

Sicher ist eine „Pansophie" in der Gegenwart noch weniger konsensfähig als schon zur Zeit des *Comenius*. Aber darf deshalb die Frage nach dem, was das Leben eint, einfach aus der Erziehung ausgeklammert werden? Dann gibt es sie nur noch als Unterricht über beliebige oder nur noch utilitär zu begründende partikulare Inhalte, also als Einweisung in den Leerlauf. Sicher hinterlassen viele pädagogische Texte der damaligen Zeit beim heutigen Leser einen moralinsaueren Geschmack. Vielleicht weist die damalige Pädagogik zu eindringlich auf eine Binsenweisheit hin: Erziehung zielt zentral auf das Ethos des einzelnen und der Gesellschaft. Aber droht nicht diese Binsenweisheit gegenwärtig mancherorts übersehen zu werden? Müßte nicht in einer demokratischen Gesellschaft, die dem einzelnen ungleich mehr Verantwortung zuweist, dem Ethischen bei Erziehungstheoretikern und -praktikern eher mehr Aufmerksamkeit gelten als damals? Ähnlich sektorialisiert wie die religiös-ethische Bildung ist bei uns längst die sprachliche. Vermeintlich entlastet das Fach Deutsch die übrigen Fächer von der Pflege der Muttersprache ähnlich wie der Religionsunterricht (soweit man überhaupt noch mit ihm rechnet) von religions- und moralpädagogischen Aufgaben. Ist Zuwendung zu den Realien nur auf Kosten sprachlicher *claritas* und *elegantia* möglich? Oder könnten diese gerade auch in dieser Zuwendung geübt werden? Ist der Fremdsprachenunterricht bei uns nicht längst zu einseitig pragmatisch bestimmt? „Adest ubique Nemesis illa contempti sermonis ultrix" (zit. nach *Saloni,* o. J., S. 95), warnte einst *Erasmus* seine Zeitgenossen: „Überall ist jene Nemesis, die Rächerin der verachteten Sprache". Das Vermächtnis der Epoche? Sie verweist uns eindringlich auf die unauflösliche Vierheit Bildung – Sprache – Ethos – Religion.

Literatur

Asheim, I.: Glaube und Erziehung bei Luther. Ein Beitrag zur Geschichte des Verhältnisses von Theologie und Pädagogik (Pädagogische Forschungen. Veröffentlichungen des Comenius-Instituts, Bd. 17). Heidelberg: Quelle & Meyer 1961

Ballauff, T.: Pädagogik. Eine Geschichte der Bildung und Erziehung. Bd. 1. Von der Antike bis zum Humanismus. Freiburg–München: Karl Alber 1969

Ballauff, T./*Schaller*, K.: Pädagogik. Eine Geschichte der Bildung und Erziehung, Bd. II, vom 16.–19. Jahrhundert, Freiburg–München: Karl Alber 1970

Battaglia, F.: Il pensiero pedagogico del Rinascimento. Fierenze: Giuntine/Sansoni 1960

Die *Bekenntnisschriften* der evangelisch-lutherischen Kirche. Hrsg. im Gedenkjahr der Augsburgischen Konfession 1930. 3. verbesserte Auflage. Göttingen: Vandenhoeck & Ruprecht 1956, (Zit. als *BKS*)

Bertin, G.M.: La Pedagogia umanistica europea nei secoli XV e XVI. Milano 1961

Brambora, J.: Comenio: i progetti e le opere. In: *Manacorda* 1974, S. 27–48

Carrée, I.: Les pédagogues de Port-Royal (1887). Genève: Slatkine Reprints 1971

Castelot, A.: Francois Ier. Paris: Librairie Academique Perrin 1983

Clemen, O. (Hrsg.): Luthers Werke in Auswahl (Bd. 1–8). Berlin: Walter de Gruyter und Co. 5.1959

Comenii, J.A.: De rerum humanarum emendatione Consultatio Catholica, I (Sumptibus Acad. Scientiarum Bohemoslovacae). Pragae: in aedibus Acad. Sc. Boh. 1966. (Zit. CC I)

Comenius, J.A.: Pampaedia. Lateinischer Text und deutsche Übersetzung. Nach der Handschrift herausgegeben von *Dimitrij Tschiżewskij* in Gemeinschaft mit *Heinrich Geissler* und *Klaus Schaller*. Heidelberg: Quelle & Meyer 2.1965, (Zit. Pampaedia)

Denzinger, H./*Schönmetzer*, A. (Ed.): Enchiridion Symbolorum Definitionum et Declarationum de rebus fidei et morum. Barcinone–Friburgi Brisgoviae: Herder 32.1963

Erasmus von Rotterdam: Ausgewählte Schriften. Lat. und Deutsch. Herausgegeben von *Werner Welzig*. 8 Bände, Darmstadt: Wiss. Buchgesellschaft 1967ff

Erlinghagen, K.: Katholische Bildung im Barock (Das Bildungsproblem in der Geschichte des europäischen Erziehungsdenkens, Bd. IV, 2). Hannover: Hermann Schroedel 1972

Francke, A. H.: Pädagogische Schriften. Besorgt von *Hermann Lorenzen*, Paderborn: Ferdinand Schöningh 1957

Gail, A. J. (Hrsg.): Erasmus von Rotterdam. Ausgewählte pädagogische Schriften. Paderborn: Schöningh 1963

Garin, E.: Geschichte und Dokumente der abendländischen Pädagogik II und III. (rororo Bd. 250/51 und 268/69) Reinbek: Rowohlt 1966 und 1967

Hohendorf, G. (Hrsg.): Wolfgang Ratke: Die neue Lehrart. Pädagogische Schriften. Berlin: Volk und Wissen 1957

Ilg, P.: Die Selbsttätigkeit als Bildungsprinzip bei Johann Ludwig Vives (1492–1540). Inaugural-Dissertation zur Erlangung der Doktorwürde an der Hohen Philosophischen Fakultät der Eberhard Karls-Universität Tübingen. Langensalza: Hermann Beyer & Söhne/Beyer & Mann 1931

Kyrášek, J.: La „Pampaedia" nella problematica pedagogica moderna. In: *Manacorda*, 1974, S. 161–172

Lorenzen, H. (Hrsg.): Martin Luther. Pädagogische Schriften. Paderborn: Schöningh 2.1969

Lukasc, L. S. I. (ed.): Monumenta Societatis Jesu I, 1540–1556. Romae: Monumenta S. I. Hist. 1965

Manacorda, M.A. (ed.): Comenio o della pedagogia. Roma: Editori Riuniti 1974

Margolin, J.-C.: Erasme. Declamatio de pueris statim et liberaliter instituendis. Etude critique, traduction et commentaire. Genève: Librairie Droz 1966

Mialaret, G./*Vial*, J. (éd.): Histoire mondiale de léducation, 2. 1515–1815. Paris: Presses Universitaires 1981

Michel, G.: Die Welt als Schule. Ratke, Comenius und die didaktische Bewegung. Hannover: Hermann Schroedel 1978

Nürnberger, R. (Hrsg.): Melanchthons Werke. III. Bd.: Humanistische Schriften (Melanchthons Werke in Auswahl . . . Hrsg. von *Robert Stupperich*). Gütersloh: Gütersloher Verlagshaus Gerd Mohn 1961 (Zit. *Melanchthon* III)

Petzold, K.: Die Grundlagen der Erziehungslehre im Spätmittelalter und bei Luther. Heidelberg: Quelle & Meyer 1969

Ravaglioli, F.: L'Italie et le monde méditerra-
neén. In: *Mialaret/Vial,* 1981, S. 147–165

Saloni, A.: Storia della Pedagogia. Volume II.
Dall 'Umanesimo a Kant. Bologna: Leonardi
o. J.

Schaller, K.: Die Pädagogik des Johann Amos
Comenius und die Anfänge des pädagogischen Realismus im 17. Jahrhundert. (Pädagogische Forschungen. Veröffentlichungen
des Comenius-Instituts, Bd. 21). Heidelberg
Quelle & Meyer 2.1967

Scheuerl, H. (Hrsg.): Klassiker der Pädagogik.
Erster Band. Erasmus von Rotterdam bis
Herbert Spencer. München: C. H. Beck 1979

Schmidt, G. R.: François Fénelon (1651–1715).
In: *Scheuerl,* 1979, S. 94–103

Schmidt, G. R.: Michel de Montaigne (1533–
1592). In: *Scheuerl,* 1979, S. 49–66

Schurr, J.: Comenius. Eine Einführung in die
Consultatio Catholica. Schriften der Universität Passau. Reihe Geisteswissenschaften –
Bd. 2. Passau. Passavia Universitätsverlag
1981

Siske, G.: Willens- und Charakterbildung bei
Johann Ludwig Vives (1492–1540). Pädagogisches Magazin, 460. Heft. Langensalza: Hermann Beyer & Söhne 1911

Stupperich, R. (Hrsg.): Melanchthons Werke
in Auswahl (Bd. 1–8). Gütersloh: C. Bertels-
mann 1951ff

Stupperich, R.: Erasmus von Rotterdam und
seine Welt. Berlin: Walter de Gruyter 1977

Urmeneta, F. de: La Doctrina psicológica y
pedagógica de Luis Vives. Barcelona: Insti-
tuto San José de Calasanz 1949

Vives, J. L.: Pädagogische Hauptschriften: „Die
Erziehung der Christin" und „Über die Wis-
senschaften". Aus dem Lateinischen über-
setzt mit einer Einleitung und erklärenden An-
merkung versehen von Doktor *Th. Edelbluth*
(Sammlung der bedeutendsten pädagogischen
Schriften aus alter und neuer Zeit. 28. Band).
Paderborn: Ferdinand Schöningh 1912

Volpicelli, L.: Il pensiero pedagogico della
Controriforma. Firenze: Giuntine/Sansoni
1960

Weiske, K.: August Hermann Franckes Pädagogik. Ihr Einfluß auf seine Informatoren. Aus
Briefen ders. dargestellt. Halle: Buchhand-
lung des Waisenhauses 1927

4. Epoche:
Die Aufklärung

– Vernunft, Fortschritt, Dialektik –
Pädagogik und Erziehungsdenken
im 18. Jahrhundert

„Die Stimme des Intellekts ist leise, aber sie
ruht nicht, ehe sie sich Gehör geschafft hat.
Am Ende, nach unzählig oft wiederholten Ab-
weisungen, findet sie es doch. Dies ist einer der
wenigen Punkte, in denen man für die Zukunft
der Menschheit optimistisch sein darf . . . auf
die Dauer kann der Vernunft und der Erfahrung nichts widerstehen."

[*Sigmund Freud,* in: Die Zukunft einer Illusion (Original 1927). In: Ders.: Studienausgabe. Bd. IX. Frankfurt/M.: S. Fischer 1974,
S. 135–189, zit. S. 186 f.]

Zeitleiste

1648 Westfälischer Friede zu Münster und Osnabrück; Ende des 30jährigen Krieges
1643–1715 Ludwig XIV.: Höhepunkt des Absolutismus und der franz. Klassik, höfische Barockkultur, Merkantilismus, Kolonialismus (Amerika), Streben nach Grenzerweiterung (Reunionen, Niederlande); Machtpolitik
1651 Engl.: Navigationsakte; im Seekrieg zwischen England und Holland wird England erste Seemacht
1640–1688 Preußen: Der Große Kurfürst: Einigung der verstreuten Landesteile zu einer Staatsnation, verhältnismäßige Toleranz in Religionsausübung
1659 Pyrenäenfrieden zwischen Frankr. und Spanien sichert Frankr. die Großmachtstellung und besiegelt Ausscheiden Spaniens aus der Reihe der europ. Großmächte
1660 Frieden von Oliva sichert Schwedens Großmachtstellung im Norden und begründet Preußens Aufstieg zur Großmacht
ab 1663 Immerwährender Reichstag in Regensburg: Das Reich entwickelt sich zur Fürstenaristokratie; Einschränkung der Landeshoheit nur durch Reichsgerichtsbarkeit; Reichstag ein Gesandtenkongreß aus drei Kurien, Schwächung des Reiches (kein Reichsheer)
1679 Engl.: Habeaskorpusakte – Sicherheit des engl. Bürgers gegen willkürliche Verhaftung; Neuordnung in England nach Militärdiktatur Cromwells und Auseinandersetzungen zwischen Krone und Parlament
1683 Türken vor Wien endgültig zurückgeschlagen (Prinz Eugen), Begründung der Habsburger Großmacht an der Donau
1685 Aufhebung des Edikts von Nantes, Hugenotten finden Aufnahme in Holland und Brandenburg
1688 Engl.: „Glorreiche Revolution": Wilh. III. begründet konstitutionelle Monarchie, wird bedeutendster Gegenspieler Ludwigs XIV.

1689 Declaration of rights: Gleichgewicht zwischen Krone und Parlament
1694 (Neu-)Gründung der Universität Halle
1697 August der Starke von Sachsen wird König von Polen; Höhepunkt des Barocks in Dresden; höfische Baukunst, Förderung von Kunst, Musik, Wissenschaft, Wirtschaft
1701 Friedrich I. wird König in Preußen, höfische Barockkultur, Förderung der Wirtschaft, Aufbau eines Beamtenstaates; strengste Sparsamkeit; aufkommender Militarismus
1709 Schlacht bei Pultava; Rußland nimmt Schweden die Großmachtstellung in der Ostsee (1721 Friedensschluß); Rußl. unter Peter dem Großen eine slawisch-orthodoxe Großmacht auf der Grundlage absoluter Herrschergewalt (Despotismus und Cäsaropapismus), Öffnung nach Westen
um 1710 In Berlin gibt es 1017 Häuser (pro Haus 16,6 Personen); insgesamt 16 836 Einwohner, von denen die meisten ein erbärmliches Leben fristeten; Preußen aber unterhielt ein Heer von 40 000 Mann und gab bei einer Bevölkerung von 1,672 Mill. Einwohnern 2,2 Mill. Taler für militärische Ausgaben aus (die gesamten Staatseinnahmen betrugen 4,10 Mill. Taler)
1713 „Pragmatische Sanktion": Hausgesetz der Habsburger sichert die weibliche Nachfolge für Maria Theresia und fordert Unteilbarkeit der habsburgischen Länder
1713–1740 Preußen: Friedr. Wilhelm I. sittenstrenger Diener seines Staates, äußerster Fleiß und strengste Sparsamkeit, straff organisiertes Beamtentum und Heer
1740–1786 Friedrich II. der Große; aufgeklärter Absolutismus, gebildeter König, erfüllt aber nicht die in ihn gesteckten Friedenserwartungen
1740–1780 Maria Theresia: österreichischer Erbfolgekrieg zugunsten Marias entschieden, ihr Ehemann wird Kaiser des Reiches
1737 Gründung der Universität Göttingen
1756–1763 Siebenjähriger Krieg in Europa und Amerika; im Frieden von Hubertusburg sichert Friedr. den Bestand des preuß. Staates, erhält Schlesien von Österreich; im Frieden von Paris erhält England von Frankr. die nordamerikanischen Besitzungen, einschließl. Florida; Ende Frankreichs als amerikanische Kolonialmacht
1755 Erdbeben von Lissabon, 30 000 Tote

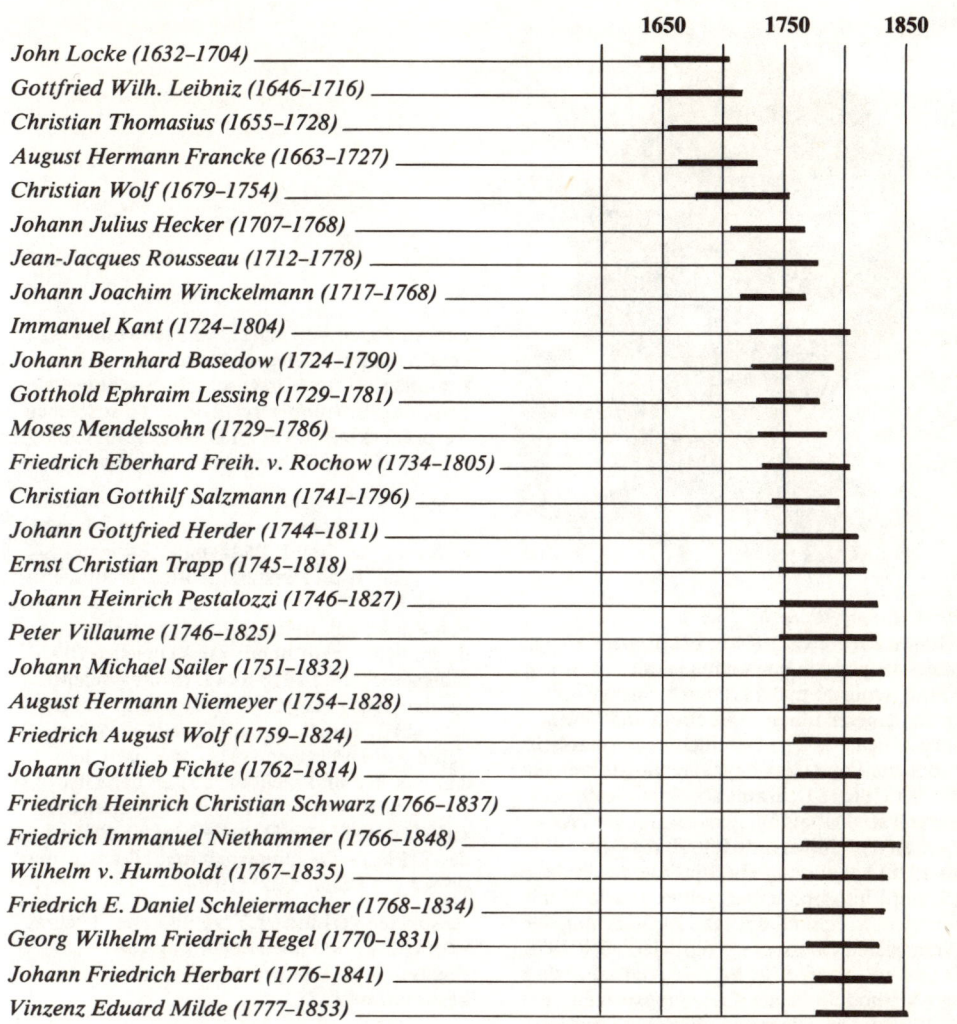

	1650	1750	1850
John Locke (1632–1704)			
Gottfried Wilh. Leibniz (1646–1716)			
Christian Thomasius (1655–1728)			
August Hermann Francke (1663–1727)			
Christian Wolf (1679–1754)			
Johann Julius Hecker (1707–1768)			
Jean-Jacques Rousseau (1712–1778)			
Johann Joachim Winckelmann (1717–1768)			
Immanuel Kant (1724–1804)			
Johann Bernhard Basedow (1724–1790)			
Gotthold Ephraim Lessing (1729–1781)			
Moses Mendelssohn (1729–1786)			
Friedrich Eberhard Freih. v. Rochow (1734–1805)			
Christian Gotthilf Salzmann (1741–1796)			
Johann Gottfried Herder (1744–1811)			
Ernst Christian Trapp (1745–1818)			
Johann Heinrich Pestalozzi (1746–1827)			
Peter Villaume (1746–1825)			
Johann Michael Sailer (1751–1832)			
August Hermann Niemeyer (1754–1828)			
Friedrich August Wolf (1759–1824)			
Johann Gottlieb Fichte (1762–1814)			
Friedrich Heinrich Christian Schwarz (1766–1837)			
Friedrich Immanuel Niethammer (1766–1848)			
Wilhelm v. Humboldt (1767–1835)			
Friedrich E. Daniel Schleiermacher (1768–1834)			
Georg Wilhelm Friedrich Hegel (1770–1831)			
Johann Friedrich Herbart (1776–1841)			
Vinzenz Eduard Milde (1777–1853)			

1763 Preußisches General-Landschul-Reglement (von Friedr. II. am 12. 5. bestätigt und am 3. 11. 1765 auch auf Schlesien ausgedehnt): es regelt in 26 bzw. 73 Paragraphen die Schulpflicht, die äußere und innere Ordnung der Schule sowie die Qualifikation der Lehrer
1762–1796 Rußl.: Katharina II. die Große, wichtigste Frau der Neuzeit; Russ. Ausdehnungspolitik gegen Polen (zus. mit Preußen) und Türkei

1776 Unabhängigkeitserklärung der Vereinigten Staaten (13) von Nordamerika
1781 Toleranzedikt von Kaiser Joseph II., Aufhebung der Leibeigenschaft
1787–1789 Amerikanische Verfassung
1789 Ausbruch der Französischen Revolution mit dem Sturm auf die Bastille; Erklärung der Menschenrechte
1795 3. Teilung Polens
1797 Eroberungsfeldzug Napoleons in Italien

124

Heinz-Elmar Tenorth,
geboren am 13. 10. 1944 in Essen, hat 1965 an
einem altsprachlichen Gymnasium in Bottrop
Abitur gemacht und 1970 nach einem Studium
an den Universitäten in Bochum und Würzburg in den Fächern Geschichte, Germanistik
und Sozialkunde das bayrische Staatsexamen
für das Höhere Lehramt abgelegt. Während
seiner Tätigkeit als Wissenschaftlicher Assistent an der Universität Würzburg (von 1971
bis 1978) hat er dann ein Studium der Pädagogik und Philosophie nachgeholt und 1975 mit
einer Untersuchung über die Entwicklung der
gymnasialen Oberstufe promoviert. Seit 1978
ist er als Professor für Wissenschaftstheorie
und Methodologie der Erziehungswissenschaft
im Institut für Allgemeine Erziehungswissenschaft der Johann-Wolfgang-Goethe-
Universität in Frankfurt tätig.
Seine Arbeits- und Forschungsschwerpunkte
liegen im Bereich von Geschichte und Theorie
von Pädagogik und Erziehungswissenschaft,
zentriert um die Fragestellung, ob sich die Probleme pädagogischer Denkformen theoretisch
lösen lassen oder allein einer historischen Erklärung in der Bildungsforschung und der pädagogischen Geschichtsschreibung zugänglich
sind. Solche Arbeitsinteressen und das längere
Verweilen im Wissenschaftssystem machen es
unvermeidbar, daß es auch Veröffentlichungen

gibt, in denen sich eigene Versuche und Diskussionen mit Kollegen, vor allem aus der
Kommission für Wissenschaftsforschung, nie-
derschlagen. In jüngerer Zeit sind aus solchen
Gesprächskreisen vor allem zwei Sammelbände
entstanden, die *Tenorth* herausgegeben hat:

Allgemeine Bildung. (Weinheim – München:
Juventa 1986) sowie – gemeinsam mit *Jürgen
Oelkers* – der Band: Pädagogik, Erziehungswissenschaft und Systemtheorie. (Weinheim –
Basel: Beltz 1987). Zur Geschichte und Theorie
von Pädagogik und Erziehungswissenschaft
liegen neben dem Band: Zur deutschen Bildungsgeschichte 1918–1945. (Köln – Wien:
Böhlau 1985) aus jüngerer Zeit einige, in der
Zeitschrift für Pädagogik jeweils veröffentlichte Abhandlungen vor: ,Die Krisen der
Theoretiker sind nicht die Krisen der Theorie' (1981); ,Deutsche Erziehungswissenschaft
1930 bis 1945' (1986) sowie – im 20. Beiheft
der ZfPäd. – die Untersuchung: ,Transforma-
tionen der Pädagogik' (1986).

Ansonsten verhindern Frau und zwei Töchter
zum Glück, daß auch der Alltag von
Pädagogik und Erziehungswissenschaft
bestimmt wird.

Anschrift: Auf dem Hansenberg 22,
6472 Altenstadt 2 (0 60 47) 48 35.

4. Epoche:
Die Aufklärung

Heinz-Elmar Tenorth

I. Das Selbstverständnis der Epoche

„*Aufklärung*" – so hat es *Immanuel Kant* 1784 in klassischer Weise formuliert – „*ist der Ausgang des Menschen aus seiner selbstverschuldeten Unmündigkeit. Unmündigkeit* ist das Unvermögen, sich seines Verstandes ohne Leitung eines anderen zu bedienen. *Selbstverschuldet* ist diese Unmündigkeit, wenn die Ursache derselben nicht am Mangel des Verstandes, sondern der Entschließung und des Mutes liegt, sich seiner ohne Leitung eines andern zu bedienen. Sapere aude! Habe Mut, dich deines *eigenen* Verstandes zu bedienen! ist also der Wahlspruch der Aufklärung"[1].

Diese Programmsätze beschreiben historisch sicherlich einen Konsens der Aufklärer; sie werden auch bis heute zustimmend zitiert, wenn Erziehung im Geiste der Aufklärung, also unter dem Anspruch der Vernunft gefordert wird, als bestimmendes Moment einer Gesellschaft, die sich selbst ‚aufklärt', d. h. sich dem natürlichen Recht der Menschen entsprechend organisiert. Aber der unbestrittenen Geltung dieser Forderung ungeachtet: Wie ist dem einzelnen und der Gattung selbstbestimmtes Handeln möglich? Wie kann die *Vernunft,* das Ideal der Aufklärung, wirklich werden?
Zunächst und vor allem durch ihren „öffentlichen Gebrauch" (*Kant*), d. h. durch die *Kritik* von Vorurteil und Aberglauben, von Dogmen und Traditionen, von autoritären Kirchen und despotischen Staaten. Aber neben der Kritik und ihren rechtlich-politischen Voraussetzungen bedarf die Aufklärung der *Erziehung,* damit der Mensch, der einzelne wie die Gattung, zu seiner Bestimmung, d. h. zu seiner vernünftigen Natur komme. Auch dafür steht *Kant* exemplarisch: „Der Mensch ist das einzige Geschöpf, das erzogen werden muß ... Der Mensch kann nur Mensch werden durch Erziehung. Er ist nichts, als was die Erziehung aus ihm macht"[2].
Auf dem Hintergrund einer solchen Anthropologie – in der Konzentration auf den Menschen selbst eine wissenschaftliche Errungenschaft der Zeit[3] – könnte man fast versucht sein, Erziehung und Aufklärung gleichzusetzen und dann auch die Epoche vor allem als *‚Pädagogisches Jahrhundert'* zu charakterisieren, also als eine Zeit, die im Begriff der Aufklärung die „Formulierung für die pädagogische Seite des Lebens überhaupt" gefunden hat[4].
Aber die Zeit der Aufklärung – im ausgehenden 17. Jahrhundert in den Niederlanden und in England einsetzend, dann auf Frankreich und, vor allem in der zweiten Hälfte

des 18. Jahrhunderts, auch auf Deutschland ausgreifend – wäre in dieser pädagogischen Perspektive verzeichnet; denn sie bedeutet mehr: „eine Gesamtumwälzung der Kultur auf allen Lebensgebieten, begleitet von bedeutenden Verschiebungen der allgemeinen Weltverhältnisse und einer völligen Veränderung der europäischen Politik, wie sie *E. Troeltsch*[5] gekennzeichnet hat. Die Aufklärung bleibt auch keineswegs auf die genannten Regionen begrenzt; sie erfaßt – neben Nordamerika – sogar (wenn auch in spezifischer Gestalt) die katholischen Länder, denkt man nur an das Toleranzedikt, das *Joseph II.* im Jahre 1781 für die österreichischen Lande erließ oder an die Aspekte katholischer Aufklärung, die sich für das ausgehende 18. Jahrhundert in der neuen Gelehrsamkeit der Klöster, in der Reform von Universitäten (z. B. Würzburgs) oder politisch, für die kurze Phase des Versuchs einer liberalen Neuordnung des Staates in Bayern des Grafen *Montgelas* andeuten[6]. Aufklärung bezeichnet insofern einen sowohl zeitlich weitgespannten, wie regional und thematisch vielfältigen Abschnitt der europäischen Geschichte bis zum ausgehenden 18. Jahrhundert, keineswegs auf philosophische oder gar pädagogische Anstrengungen reduzierbar, in sich auch keineswegs einheitlich, sondern schon im Selbstverständnis der ‚wahren Aufklärung'[7] facettenreich und bunt. Ihre bis in die Gegenwart fortdauernde Bedeutung hat diese Epoche darin, daß sie „Beginn und Grundlage der eigentlich modernen Periode der europäischen Kultur und Geschichte" *(Troeltsch)* darstellt, unausweichlich in ihrer Wirkung und in ihrem Anspruch noch dort, wo heute die Folgen der Befreiung aus selbstverschuldeter Unmündigkeit beklagt und als „Elend der Aufklärung" kritisiert werden.

II. Der Ursprung neuzeitlicher Pädagogik

Die Aufklärung, gedeutet als Epoche des Ursprungs der Moderne, zeigt deshalb auch dem Pädagogen schon in besonderer Deutlichkeit alle Möglichkeiten und Hoffnungen, Deformationen und Verzerrungen, Chancen und Verirrungen, die mit der öffentlichen Organisation von Erziehung in neuzeitlichen Gesellschaften, und d. h. bis in unsere Gegenwart, verbunden sind. Den historischen Widersprüchen entsprechend ist auch die Erforschung dieser Zeit gezeichnet von den Spannungen und Konflikten, die die Erziehung selbst bietet[8]. Erziehung in und seit der Aufklärung wird – einerseits – gedeutet als ‚Schwarze Pädagogik', in der die bürgerliche Gesellschaft dazu ansetzt, Kinder und Heranwachsende jetzt dadurch dem gesellschaftlichen Zwang zu unterwerfen, daß sie in ihre Seelen eindringt, ihre Identität formt und sie so um ihre ‚besseren' Möglichkeiten bringt[9]. Die Epoche der Aufklärung wird – andererseits – aber auch als eine Zeit gedeutet, die mit der kontrollierten – „pädagogischen" – Organisation der Erziehung die größten Hoffnungen verbindet und eröffnet: die Beförderung des *Fortschritts,* die *Höherbildung der Menschheit,* die *Erziehung des Menschenge-*

schlechts zu seinem aufgeklärten Zeitalter[10]. In Analysen über die „Geistesgeschichte und Soziologie der pädagogischen Fragestellung" leitet deshalb auch – einerseits – eine gesellschaftskritische Pädagogik aus dieser Epoche bis heute ihre Leitbegriffe der Kritik, der Aufklärung, der Toleranz und der Verpflichtung auf den Fortschritt der Menschengattung ab – *G. E. Lessing* (1729–1781), *I. Kant* (1724–1804) und *J.-J. Rousseau* (1712–1778) gelten als die besten Gewährsmänner[11]. Andererseits ist die Epoche – schon seit der bildungstheoretischen Kritik der Neuhumanisten des frühen 19. Jahrhunderts – verdächtig, das Individuum der Brauchbarkeit und Nützlichkeit, den gesellschaftlichen Erwartungen und den Zwängen von Stand und Beruf aufzuopfern; „Erziehung zur Bestialität", nicht die „Bildung des Menschen" gilt den Kritikern als Zeichen der Wirklichkeit aufklärerischer Pädagogik[12]. Wie wenig konsolidiert, wie kontrovers, das Bild der Aufklärung in solchen Bewertungen wird, wie es eher verstellt als aufgehellt wird, das zeigt sich schon darin, daß *Rousseau* für beide Positionen beansprucht wird – als Vertreter ‚Schwarzer Pädagogik' und zugleich als scharfer Kritiker einer gesellschaftlich funktionalisierten Erziehung[13].

Dabei ist es, prüft man die Geltung dieser so widersprüchlichen Urteile, sicherlich auch historisch angemessen, die repräsentative Rolle *Rousseau*s für das neue Bild der Erziehung und für das andere Bild der Kindheit zu betonen, wie sie im 18. Jahrhundert bei den Pädagogen studierbar werden. Das Jahr 1762, als *Rousseau*s Erziehungsroman ‚Emile' erscheint, bedeutet deshalb erziehungsgeschichtlich – vor allem in den Ideen, noch nicht in der Realität – einen säkularen Einschnitt. Für die Philanthropen, die prominentesten Pädagogen der Aufklärung, bringt *Rousseau* dem Erziehungsdenken die „Revolution der Denkart", die *Kant* mit seinen Kritiken dann für die Wissenschaften der Neuzeit einleitet. Die Philosophen und Pädagogen, aber auch Literaten, vor allem in Deutschland, zeigen in der überschwenglichen Rezeption des ‚Emile', daß sie Erziehung und Kindheit im rousseauschen Geiste verstehen wollen[14].

Diese Wirkung war sicherlich nur möglich, weil durch die Erziehungsschriften des *John Locke* (1632–1704) und durch die Philosophie von *Leibniz* (1646–1716), durch die Pädagogik von *Comenius* und *Ratke,* aber wohl auch durch die praktischen Erziehungsreformen der Pietisten, ein neues Verständnis von Erziehungspraxis und -theorie schon vorbereitet war. Dennoch, der pädagogische Begriff der Natur und das Bild des Kindes, die Kritik der Kultur und das Vertrauen auf die Möglichkeiten der Erziehung, auch die Fixierung pädagogischen Handelns auf die Zukunft, auf die bessere, in der Bildung des Kindes auch für die Gesellschaft erreichbare Zukunft, das Plädoyer für den Menschen gegen die Beschränkungen von Stand und Amt – das bleiben und werden seit *Rousseau* für die Erziehungsreflexion der Moderne irreversible Errungenschaften; wenigstens dann, wenn sie den reformpädagogischen Geist bewahrt, der *Rousseau* auszeichnet.

Dieses Vertrauen auf die Erziehung – und hier beginnt schon die immanente Spannung in der Pädagogik der Zeit –, den Optimismus in der Erziehungsarbeit und die Hoffnung, mit Hilfe der Erziehung die bessere Zukunft der Gesellschaft herbeizuführen, solche Ideen mögen die Pädagogen der Aufklärung in Deutschland noch mit *Rousseau* gemeinsam haben, so wie sie mit seinen aktuellen Verteidigern sicherlich die Ansicht teilen, daß „Kinder der natürlichen Ordnung der Dinge näher"[15] sind: Aber man darf ansonsten die Differenz zwischen den Philanthropen und *Rousseau* nicht übersehen, die Differenz zwischen der großen Idee und Vision des ‚Emile' und der sich allmählich formierenden, fachlich verengten professionellen Erziehungsreflexion. Die Philanthropen rezipieren nicht nur *Rousseau,* sie zensieren ihn auch; und zumeist „eliminierten (sie) das utopische Element ... (sie) konnten der Gesellschaftskritik keinen produktiven Sinn abgewinnen und begnügten sich mit der Übernahme einiger partieller Einsichten"[16]. Solche Umformungen belegt schon der Beginn der Übersetzung des ‚Emile', die von den Philanthropen im 12. Band ihres monumentalen Standardwerkes, der 16bändigen „Allgemeinen Revision des gesamten Schul- und Erziehungswesens" (1785–1792), 1789 beginnend und über drei Bände ausgeweitet veröffentlicht wird:

„Alles ist gut, wenn es aus den Händen des Urhebers der Dinge kommt: Alles artet unter den Händen des Menschen aus" – so lautet die Übersetzung des berühmten Satzes: „Tout est bien sortant des mains de l'Auteur des choses, tout dégénère entre les mains de l'homme." Und der Kommentar fügt sogleich hinzu: „Man könnte eben so richtig im Gegensatze behaupten, daß so vieles ausarte, wenn es der Natur allein überlassen bleibt, und menschlicher Fleiß ihm nicht zu Hülfe kommt."

Der kantianische Erziehungsphilosoph *Joh. H. G. Heusinger* (1766–1837), von dem dieser Kommentar stammt, nutzt damit nur eine frühe der unzähligen „Gelegenheiten zu erläuternden und berichtigenden Anmerkungen"[17], zu denen *Rousseau* den Philanthropen immer wieder Anlaß gibt.

Schon das Erziehungsdenken also ist erheblich widersprüchlicher als es der Titel von der Pädagogik der Aufklärung nahelegt. Man muß deshalb nicht nur *Rousseau* – gegen die antipädagogische Kritik und seine Zuordnung zu manchen philanthropischen Erziehungsphantasien – verteidigen, sondern auch die Darstellungen der Erziehung in dieser Epoche gegen vorschnelle Verurteilungen in Schutz nehmen. Das gilt für die Epoche generell, diesen „durch fast unüberwindliche Vorurteile entstellten Abschnitt" unserer Geschichte[18], das gilt aber auch für die Erziehung dieser Zeit. Die erste Reduktion würde die Epoche aber schon erfahren, wenn man sie allein in ideengeschichtlicher Perspektive und in ideologiekritischer Wendung als Ort ‚Schwarzer Pädagogik' studieren würde. Sogar eine Darstellung, in der die Pädagogik der Aufklärung auf *Rousseau* und die Philanthropen reduziert wird, wäre nicht angemessen – denkt man an die eigenständigen Bestrebungen der Pädagogik der ‚Berliner Aufklärer' die zur unmittelbaren Vorgeschichte der preußischen Reformen gehören[19]. Auch pädagogisch bietet die Epoche also mehr als nur den Ursprung, die Konflikte und inneren Widersprüche neuzeitlichen pädagogischen *Denkens,* sie bedeutet eine

„große Wende"[20] der gesamten Erziehungsverhältnisse. Sie muß man zuerst in ihrer Vielfalt – der Realisierungen und der Programme – zur Kenntnis nehmen, bevor man die gegenwärtige Bedeutung dieser Zeit für Erziehungstheorie und -praxis diskutieren kann.

III. Erziehung als Antwort auf die gesellschaftliche Krise

Die zentrale Bedeutung, die der Erziehung und der Reflexion über Erziehung im Verständnis der Zeitgenossen des 18. Jahrhunderts – nicht nur in Deutschland, aber hier vielleicht noch deutlicher – zugeschrieben wird, läßt sich kaum überschätzen, wenn auch manchmal nur noch schwer nachvollziehen. Philosophen wie Politiker, Pädagogen wie politisch interessierte Bürger sind von der Überzeugung durchdrungen, daß vor allem Erziehung und Ausbildung, die Veränderung der Institutionen – von der Familie bis zu den Universitäten – und die pädagogische Konstruktion von Mentalitäten, Wertvorstellungen und Lebensperspektiven, geeignet sein könnten, die große gesellschaftliche Krise am Ausgang des alten Reiches zu bewältigen[21].

Diese Krise – bleibt man jetzt einmal nur bei den deutschen Verhältnissen –, offenbar geworden in politischen Auseinandersetzungen und ökonomischen Wandlungen, in Hungerjahren und zunehmender Verarmung der Landbevölkerung, des Handwerks und der Kleinbürger, sichtbar in zunehmender Teuerung und abnehmenden Einkommen gibt den Anstoß, über eine Neuformierung der Gesellschaft nachzudenken; solche Reflexion bezieht sich umfassend auf die Möglichkeiten einer staatlich-gesellschaftlichen Neuordnung, auf die ‚Aufklärung' der ‚Nation'. Pädagogen stehen dann nicht allein, wenn sie – wie der Philanthrop *Salzmann* (1744–1811) – behaupten: „Die vorzüglichste Ursache von dem vielen Jammer in der Welt ist in der fehlerhaften Erziehung der Menschen zu suchen"[22]. Zur Beförderung der *Vollkommenheit und Glückseligkeit* der Menschen, zur Stiftung von Wohlfahrt und Glück, zur Ordnung von Gesellschaft und Staat – verpflichtet den Zielsetzungen der Epoche also – beginnt die Planung und Diskussion einer umfassenden Transformation der Wirklichkeit mit Hilfe der Reform der Bildungseinrichtungen.

1. Neuordnung des Bildungswesens

Blickt man zunächst auf die Institutionen des Lernens, dann gehen sicherlich die Universitäten voran: Die Gründung neuer Hochschulen im Geiste der Aufklärung wird zunächst exemplarisch eingeleitet von der preußischen Neugründung Halle (1694), wo *Ch. Thomasius* (1655–1728), „ein deutscher Gelehrter ohne Misere" *(E. Bloch),* der Aufklärung (und der deutschen Sprache an einer Universität erstmals!) eine Heimstatt gibt; dann gefolgt vom (hannoverschen) Göttingen (1737)[23]. Statt der dogmatischen Exegese und der immer neuen Auslegung der Schriften der Väter wagen es die Gelehrten dieser Universitäten, sich ‚ihres eigenen Verstandes zu bedienen‘, nicht nur im Kampf gegen den Aberglauben und für das Naturrecht, sondern auch für den praktischen Nutzen der Wissenschaft, voran die Juristerei. Deshalb werden die Lehrenden auf den Geist der Forschung verpflichtet, daran beteiligt – wie z. B. der Philosoph und Physiker *Lichtenberg* –, dann bald auch das Wissen über die Natur in die strengen Formen der Naturwissenschaft zu übersetzen, „Aufklärung aus dem Geist der Experimentalphysik“[24].

Aber nicht nur die Ausbildungsstätten für die Eliten, auch die Schulen des Volkes finden neue Beachtung. Das preußische Generallandschulreglement von 1763 ist mit seinem Versuch, die Schulpflicht nicht nur zu dekretieren, sondern auch durchzusetzen, nur ein Indiz für diese neue Gewichtung der Volksbildung. Die Philanthropen schreiben pädagogische Lehrbücher – *Basedows* (1724–1790) „Elementarwerk“ (1774) wird dafür das prominenteste Beispiel. Diese Volkspädagogik hat den Anspruch, die Bevölkerung auf dem Lande vom Aberglauben und von ihrer Faulheit und Trägheit zu befreien, so daß sie – ausgestattet mit ‚nützlichen‘ Kenntnissen, in „industriöser“ Gesinnung – aus eigenen Kräften gegen Hunger und Armut arbeiten und in der Bestellung des Landes den Mißernten vorbauen könne. Die Landschulreformen – exemplarisch die des Halberstädter Domherrn *F. E. Freih. von Rochow* (1734–1805) auf seinem Gut in Reckahn – sind diesen Idealen ebenso verpflichtet wie die Anstrengungen zur Elementarbildung, die in der Schweiz *Johann Heinrich Pestalozzi* (1746–1827) immer neu unternimmt[25].

Rochow wie *Pestalozzi* belegen aber nicht nur den sozialpädagogischen und volksbildnerischen Einsatz und Anspruch der Pädagogik der Aufklärung – ohne daß man *Pestalozzi* auf diesen Aspekt reduzieren dürfte; er überragt den Geist der Philanthropen. *Pestalozzi* und *Rochow* stehen für die ebenfalls neu aufblühenden Anstrengungen, die Bildung des Lehrers voranzutreiben – nach der Jahrhundertmitte werden in Sachsen z. B. die ersten Seminare gegründet, um der Bildung des Volkes ein professionelles Gerüst einzuziehen. In diesen Maßnahmen zur Verbesserung der Lehrerbildung wird immer auch mitgedacht, daß die sozialen, die materiellen Verhältnisse der Lehrer zugleich mit der besseren Ausstattung der Schulen verändert werden müssen. An *Rochow* und *Pestalozzi* ist schließlich zu studieren, daß sich der Anspruch der Volksbildung nicht etwa nur auf Kinder, sondern auch auf Erwachsene richtet. Sie, das „Volk“, sind sogar primär der Adressat der Erziehungsanstrengungen. Das geschieht – praktisch wie literarisch – durchaus in einem Sinne, der auch die Distanz der Aufklärer gegenüber dem Volke erkennen läßt, ihr Entsetzen über Dummheit und Vorurteil, über Faulheit und mangelnden Eifer zur Arbeit, über fehlende Planung und bornierte Ökonomie. *Rochow* schließlich belegt, daß die pädagogischen Aufklärungsanstrengungen außer von Philosophen, Verwaltungsbeamten und Politikern – sogar der preußische Kultusminister *K. A. v. Zedlitz* (1731–1793) oder sein enger Mitarbeiter und Berater *F. Gedike* (1764–1832), Gründer der wichtigen „Berlinischen Monatsschrift" (1783 ff.), zählen zum engen Kreis der Berliner Aufklärung[26] – auch sehr stark von den Geistlichen auf dem Lande getragen werden; keineswegs nur in protestantischen Ländern, denkt man etwa an *Joh. M. Sailer* oder die von *J. Felbiger* in Schlesien forcierte Bildungsreform. Geistliche sind im Verständnis der Zeit noch die „Volkslehrer" und insofern integrales Element der gebildeten Schichten des neu entstehenden Bürgertums, das in Verwaltung und Rechtspflege, Wissenschaft und Bildung seine Arbeit findet, und von dem die deutsche Aufklärung wesentlich getragen wird und geprägt ist[27].

Die „Erziehung des Bürgers" – so 1773 der Philanthrop *Joh. Gabr. Resewitz* (1729–1806) – ist deshalb vielleicht für die Aufklärer selbst – neben der dem Volke zugedachten „Erziehung zur Armut", wie man bei *Pestalozzi* lesen kann, das eigentliche Programm der Zeit. „Kultur und Aufklärung" sind für die Philosophen die historischen Erscheinungsformen der „Bildung", wie *Moses Mendelssohn* (1729–1786), Freund *Lessings* und literarischer Vorkämpfer der Aufklärung und der Emanzipation der Juden, 1784 schrieb[28]. Aber diese Erziehung der Bürger gewinnt keineswegs, nicht einmal primär in den Elementarschulen oder Universitäten, ihre eigene Gestalt. Zunächst darf man den Bereich der beruflichen Qualifizierung nicht übersehen, die Versuche einer Neuordnung des Lehrlingswesens, die durch die Krise des alten Handwerks ebenso angestoßen werden wie die Gründung von Fachschulen durch die merkantilistische Ökonomie und den beginnenden Prozeß der Transformation technischen Wissens und der Entstehung neuer Produktionsweisen. Die Gründung von Fachschulen und ,realistischen' Anstalten, z. B. durch *J. J. Hecker* (1707–1768) in Berlin, wird schließlich auch veranlaßt durch die neuen Erwartungen an seine Beamtenschaft, die der Staat des aufgeklärten Absolutismus entwickelt[29].

In die epochentypischen Versuche der Ausbreitung einer gemeinnützigen, ,industriösen' Mentalität gehören daneben auch die – zugleich in sozialpädagogischer und – disziplinierender Absicht eingerichteten – ,Industrieschulen' für das gemeine Volk und besonders konzipiert als Stätten der Kinderarbeit und Waisenfürsorge[30]. Mit der Gesamtheit dieser Bildungsanstrengungen ist zwar noch nicht die Realität einer modernen Gesellschaft antizipiert, aber die Schulen und Bildungseinrichtungen wirken doch unverkennbar an der Erzeugung und Verbreitung des Geistes mit, aus dem sich dann nicht nur die neue Wirtschaftsverfassung, sondern auch Sitten und Gebräuche, Mentalitäten und Erwartungsstrukturen der neuen Zeit speisen können.

2. Alltag und Öffentlichkeit als Bildungsmedien

Diese Ethik der neuen Zeit, der weltzugewandte Geist der Aufklärung, das Selbstverständnis des gebildeten Bürgers und die Deutung der Gesellschaft als eines selbst lernfähigen ‚Systems' zeigen sich dann neben und außerhalb der Bildungseinrichtungen besonders im gesellschaftlichen und alltäglichen Leben, von der Lektüre der Kinder bis zum geselligen Verkehr. Es sind die Pädagogen der Aufklärung, *Joh. H. Campe* (1746–1818) oder *Chr. F. Weiße, Rochow* und *Salzmann,* die mit ihren Schriften nicht nur über Kinder, sondern auch für Kinder publizieren, in Titeln dokumentiert wie dem „Kinderfreund" (seit 1775) oder in Überarbeitungen von Erwachsenenliteratur, wie es *Campe* mit dem „Robinson" des *Daniel Defoe* macht[31]. Für die Zeit des ausgehenden 18. Jahrhunderts – obwohl von allgemeiner Alphabetisierung noch keineswegs gesprochen werden kann – sprechen Bildungshistoriker gar schon von einer „Leserevolution", wenn sie die gesellschaftliche Ausbreitung und Bedeutung von Lesegesellschaften oder die Verbreitung von Zeitungen und moralischen Wochenschriften analysieren[32]. Es fehlt auch nicht die zeitgenössische Attacke gegen die neuen Medien: gegen die mit ihnen sich ausbreitende „Lesewut" und die mit dem Lesen drohende Sucht und Gefahr für den Menschen. Sogar der *Freiherr von Knigge,* durchaus ein radikaler Liberaler, warnt in seiner Schrift „Über den Umgang mit Menschen" (1788) vor zu viel Aufklärung für das Landvolk.

Diese Ambivalenz, die Spannung zwischen neuem Aufbruch und zaghaftem Verharren beim Alten, zwischen Innovation und Disziplinierung, läßt sich sicherlich auch für den politischen Diskurs zeigen, für den Versuch der Bürger, sich im Medium der Öffentlichkeit zu bilden und dabei zugleich auch Staat und Gesellschaft zu neuer Identität zu verhelfen, ja, überhaupt erst die Nation und eine eigene Kultur zu bilden[33]. Bildung im Medium der Öffentlichkeit, Freiheit für den öffentlichen Gebrauch der Vernunft (bei gleichzeitig akzeptierter Beschränkung der Vernunft im Amte!, vgl. *Kant*) – das ist nun keineswegs nur eine Forderung der radikalen Aufklärer, sondern auch bei durchaus dem Alten verpflichteten politischen Schriftstellern anzutreffen, denkt man etwa an den Osnabrücker *J. Möser* (1720–1794)[34]. Im aufklärerischen Verstande schließt diese Idee eines räsonierenden Publikums durchaus auch Vorstellungen der Differenz von Gebildeten und Volk, von Eliten und Massen ein. Das wird nirgends deutlicher sichtbar, als in der großen Rolle geheimer Orden, wie der Freimaurer oder der Illuminaten (bis zu ihrer Aufhebung 1784 in Bayern von großer Bedeutung), für die Verbreitung der Aufklärung. Die Spannung von ‚Öffentlichkeit und Geheimnis' ist selbst Thema der Aufklärungsdiskussion (man vgl. *Lessing*s ‚Freimäurergespräche'), aber man darf weder die Programme zur Nationalerziehung noch den öffentlichen Diskurs über Erziehung oder die politischen Vorstellungen über die Gleichheit der Menschen mit Begriffen deuten, die denen seit und nach 1789 oder gar der Gegenwart entsprechen. Das Bild der Öffentlichkeit, das z. B. *J. Habermas* historisch vorstellt und als Muster der bürgerlichen Gesellschaft stilisiert, entspricht vielleicht den Büchern, sicherlich nicht der Realität des 18. Jahrhunderts[35]. Die Bildung des Bürgers ist Bildung des gebildeten Bürgers, die Differenz von ‚homme' und ‚citoyen', von Mensch und Bürger, die heute gern – einer übereindeutigen *Rousseau*-Interpretation geschuldet – im Sinne eines unversöhnlichen Widerspruchs gedeutet wird, ist zwar den Zeitgenossen nicht fremd, aber sie wird nicht als unversöhnbar gedacht[36].

Es zählt vielmehr zu den Irritationen, die aus der Diskussion dieser Zeit für die Gegenwart überliefert werden, daß die Philanthropen mit der Intention der Bildung des Volkes zugleich – ungewollt? – in Kauf nehmen, daß ein System der Sozialdisziplinierung seinen Anfang nimmt, in dem – in bester pädagogischer Absicht – das Volk generell, aber auch die heranwachsenden Kinder und Jugendlichen zum Objekt geplanter Erziehung werden; und das geschieht keineswegs nur in Deutschland. *Ph. Ariès* hat ja an der „Geschichte der Kindheit" für das Frankreich des ancien régime gezeigt, wie dem neuen Sinn für das Kind und für die Familie die mit der Moderne zugleich gegebene Ausgrenzung der Kinder in Schulen und pädagogischen Einrichtungen korrespondiert; als Komplementärstück der neuen Wirtschaftsweise, die ein Zusammenleben und -produzieren, das gemeinsame Leben und Lernen von Kindern und Erwachsenen – das die alteuropäische Ökonomik des ‚ganzen Hauses' noch forderte und möglich machte – gar nicht mehr zuließ[37]. Diese Umstellung der Arbeitsweise und der Lebensformen der Gesellschaft, aber auch die neuen Ansprüche an Erziehung und Staat haben dann auch das System sozialer Kontrolle und Formierung der Menschen zum Thema und zunehmend zur Wirklichkeit werden lassen, wie es sich in den Allmachtsphantasien der Erzieher schon im 18. Jahrhundert abzeichnet.

Für die Pädagogen der Aufklärung und für die führenden Erziehungstheoretiker lag in dieser gesellschaftlichen Beanspruchung des Subjekts selbst schon ein diskussionswürdiges Problem. *Peter Villaume* (1746–1825) fragt z. B. 1785, im 3. Bd. des ‚Revisionswerkes' ausdrücklich, „ob und inwiefern bei der Erziehung die Vollkommenheit des einzelnen Menschen seiner Brauchbarkeit aufzuopfern sei" – und für ihn ist dann letztlich doch unbestreitbar, daß den Kriterien der Brauchbarkeit der Vorrang gebührt. Aber daß der „Zwang", also letztlich die Vergesellschaftung des Menschen, nicht nur unausweichlich, sondern – in einem aufgeklärten Staat – auch gerechtfertigt und keineswegs unvereinbar mit der „Freiheit" sei, das ist auch eine der Prämissen, die man in der „Pädagogik"-Vorlesung von *I. Kant* findet[38]. Für die Erziehung sieht er darin nicht unvereinbare Erwartungen, sondern eher genuine Aufgaben der Pädagogik; denn *Kant* fragt: „Wie kultiviere ich die Freiheit bei dem Zwange?" Nach Stil und Ton, nach Methode und Theorie mögen die Antworten nicht mehr befriedigen, die von den Philanthropen gegeben werden, sie sind zu sehr in der Gefahr, in der Absicht dem Kinde zu helfen, der ‚Schwarzen Pädagogik' in die Arme zu fallen. Aber diese Antworten zeigen, welche Belastungen die Pädagogik auf sich nimmt, wenn sie nicht nur das Volk bilden, sondern – wie *Salzmann* beanspruchte – den ‚Jammer in der Welt' pädagogisch bekämpfen wollen. Die eine Folge solcher Absichten ist eine Verfachlichung, tendenziell eine Professionalisierung und Pädagogisierung der Erziehung und des Erziehungsdenkens; der andere Effekt scheint in den notwendigen Enttäuschungen zu liegen, die Pädagogen bei der Veränderung der Wirklichkeit erleben.

IV. Verfachlichung der Erziehungsreflexion

Am Umgang mit *Rousseau* wurde schon sichtbar, daß die Philanthropen zwar den radikalen Wandel des Erziehungsdenkens wahrnehmen, der mit *Rousseau* manifest wird, daß sie zugleich aber den großen und erhabenen Gedanken umformen, kommentieren, ihn also ‚in pädagogischer Wendung‘ rezipieren. Es mag vielleicht nur für die deutsche Pädagogik der Aufklärung typisch sein, daß sie so verfährt (das kann ich hier nicht erörtern); man mag darin auch einen Ausfluß der provinziellen Beschränkungen sehen, die für die deutschen Verhältnisse des 18. Jahrhunderts – noch mitten im Umbruch, noch weit entfernt von neuem nationalem Selbstbewußtsein, ökonomisch verspätet, kulturell epigonal – allgemein bezeichnend sind[39]. In diesem Prozeß der pädagogisch-professionellen Transformation einer visionären Schau der neuen Erziehung steckt aber auch ein modernes, auf die Zukunft verweisendes (wenn auch nicht allein ‚fortschrittliches‘) Moment; er ist nämlich Indiz für die Verfachlichung des pädagogischen Diskurses, der mit den Philanthropen einsetzt und – als Anspruch – die Pädagogik, zumal dann ‚als Wissenschaft‘, bis heute beherrscht[40].

Schon in der Präsentation des ‚Emile‘ lassen die Philanthropen selbst erkennen, daß sie nicht nur einen faszinierenden Roman entdeckt haben, sondern auch dabei sind, das kognitive Fundament einer neuen Profession zu gewinnen und zu verbreiten. Jedenfalls sind ihre Anstrengungen ganz unübersehbar, an und mit dem ‚Emile‘ auch die Differenz des pädagogischen Denkens von Laien und Experten bewußt zu machen und festzuschreiben. *Rousseau*s Abhandlung sei – so schreiben sie – für Leute geschrieben, „die selbst über Erziehung nachgedacht haben oder wenigstens selbst darüber nachzudenken vorzüglich fähig sind, mit einem Wort die Adepten" (Bd. XII, S. 7, Anm. 4). Im Begriff der Adepten findet man nicht nur den klassischen Ausdruck für die Mitglieder geheimer Bünde und verschworener Gesellschaften[41], man findet also auch in Sachen der Erziehung den Versuch der Eingeweihten, sich von den Laien zu sondern; man findet sogar schon – sektoral – die Abgrenzung der ‚Erleuchteten‘, wie sie gesellschaftsweit für die Epoche der Aufklärung die Illuminaten oder Freimaurer darstellen. Konsequent gilt auch für die pädagogischen ‚Adepten‘, daß nur ihnen die „Mysterien der Erziehungskunst" – von denen *Rousseau* handelt – „gleich auf den ersten Blick verständlich, und ohne Mißbrauch anwendbar" sind. Für den Laien dagegen, den Nicht-Eingeweihten, ist die Übersetzung erforderlich, der Kommentar, die Auslegung der Mysterien. Für die Philanthropen – *E. Ch. Trapp* (1745–1818), *Stuve, Campe, Resewitz, Heusinger* haben die hier zitierten Bemerkungen aus dem „Revisionswerk" unterzeichnet – ist ihre „Gesellschaft praktischer Erzieher", wie sie sich bezeichnen, der Kreis der Experten, die Erziehung als eigenes Geschäft konstituieren[42]. Dieses Geschäft soll nicht mehr als „Interimszweck" – wie *Trapp* sagt – von Theologen wahrgenommen werden, sondern nur von Pädagogen selbst, wie es die Philanthropen – durchaus bewußt in einer sowohl theologen- wie kirchenkritischen Wendung – mit neu erwachtem professionellem Selbstbewußtsein beanspruchen.

Rousseau wird von ihnen in diesem Sinne als Urheber und Deuter der Mysterien, als Protagonist einer bewahrenswerten Erziehungstheorie gedeutet, aber zugleich auch im Sinne der Profession ausgelegt, kritisiert und den professionsspezifischen Kriterien der Bewertung des Wissens unterworfen:

> „R(ousseaus) großes Verdienst ist also, daß er über Erziehung die Denker hat denken gelehrt. Diesen liegt es nun ob, seine Poesie in Prosa zu übersetzen, seinen Rednerschmuck von seiner Philosophie zu scheiden, seine Lücken auszufüllen, seine Fragmente zu ergänzen, seine Behauptungen auf dem Probierstein der Vernunft und Erfahrung zu prüfen, Misdeutungen und Misanwendungen seiner Lehre zu verhüten, die großen theuren Wahrheiten, wovon er voll ist, in ein solches Licht zu stellen, das auch schwächere Augen nicht hindert, sie wahrzunehmen, und sich mit ihnen zu befreunden"[43].

Es ist deshalb durchaus konsequent, daß die Rezeption *Rousseau*s verbunden wird mit dem Versuch, in Deutschland eine „Erziehungswissenschaft" zu begründen. Das geschieht nicht nur, um auch das Denken über Erziehung auf den „sicheren Gang einer Wissenschaft" zu bringen[44], sondern auch, um dem System öffentlicher Erziehung die Theorie zu geben. Von erziehungsphilosophischen Schülern *Kants*, wie *Heusinger* und *Greiling,* stammen einschlägige Versuche einer philosophischen Behandlung der Erziehung, die aber letztlich – wegen der problemunspezifischen Anwendung eines Schemas, ohne genuine Forschungsanstrengungen – scheitern. Systematisch bis in die Gegenwart interessanter ist dagegen der Anspruch von *E. Ch. Trapp* (von 1779–83 erster Lehrstuhlinhaber für Pädagogik an der Universität in Halle), seinen „Versuch einer Pädagogik" als Wissenschaft (1780) im Sinne einer empirisch gegründeten, auf Beobachtung und Experiment basierenden Disziplin anzulegen. Auch *Trapp* scheitert – praktisch – nicht zuletzt deswegen, weil er noch nicht die Wirklichkeit der Erziehungsverhältnisse vorfindet, die seine Theorie möglich machen; er scheitert sicherlich auch, weil seinem methodischen Anspruch noch die Theorie fehlt, die ihn forschend anleiten könnte; und er scheitert schließlich auch daran, daß – symbolisiert in seinem Nachfolger, dem Philologen *F. A. Wolf* (1759–1824) – auch die Konflikte zwischen den pädagogischen Berufen und zwischen Geistlichen und Lehrern sich bemerkbar machen[45]. Gegen das Bild des auf Forschung und Experiment versessenen, fast schon ‚positivistischen' *Trapp* sollte man aber auch festhalten, daß er die Erziehungswissenschaft – der Aufklärung wie dem philantropischen Geiste gemäß – durchaus in praktischer Absicht entwirft: „Ein richtiges und vollständiges System der Pädagogik" will *Trapp* konstruieren, um „die öffentliche Erziehung und den Schulunterricht auf einen solchen Fuß (zu) setzen, daß nichts daran zu ändern und zu bessern übrig bliebe" (1780, § 26)[46].

Insofern bleibt die hier intendierte Erziehungswissenschaft durchaus unterscheidbar von anderen zeitgenössischen anthropologischen Disziplinen. Sie teilt zwar mit dem neuen Geist der Wissenschaft, daß sie sich dem „Empirisierungszwang"[47] unterwirft, also auch das Denken über Erziehung dem ,Probierstein' der Erfahrung aussetzt – nicht umsonst ist *Trapp* am Aufbau einer „Erfahrungsseelenkunde", also einer empirischen Psychologie beteiligt –; aber diese Erziehungswissenschaft findet doch in den Fragen der öffentlichen Erziehung und in den Berufsproblemen des neuen Lehrerstandes das Zentrum ihrer Anstrengungen. Das pädagogische Wissen der Philanthropen ist daher vor allem auf diesen Adressaten gezielt; auch wenn man nicht vergessen darf, daß auch das Schulpublikum, die Hausväter und Staatsmänner, Beamten und Regierenden durch den pädagogischen Diskurs angesprochen werden. Das folgenreiche, neue Moment dieser erziehungswissenschaftlichen Literatur besteht darin, daß die Lehrer, sogar die Landlehrer – deren Bildung wahrlich nötig war – zum Adressaten der pädagogischen Schriften werden. Von *C. G. Salzmann,* Leiter der Erziehungsanstalt in Schnepfenthal, wird diese Aufgabe vielleicht am intensivsten, jedenfalls mit der längsten, bis ins 20. Jahrhundert reichenden Aufmerksamkeit wahrgenommen. Sein ,Ameisenbüchlein' (1806)[48], eine „Anweisung zu einer vernünftigen Erziehung der Erzieher", nimmt nicht umsonst seinen Ausgang bei einer Berufsethik der Pädagogen, mit der oft zitierten Mahnung: „Von allen Fehlern und Untugenden seiner Zöglinge muß der Erzieher den Grund in sich selbst suchen."

Schon das ,Ameisenbüchlein' läßt in seinen konkreten Exemplen und Mahnungen dann erkennen, daß eine so generalisierte Losung allein nicht ausreicht, die Berufspraxis zu organisieren. Die Orientierungsprobleme sind schon deswegen weitaus gravierender, weil die Philanthropen – im Gefolge *Rousseau*s – entdecken müssen, daß die Natur des Kindes, so wichtig ihre Erforschung zur „Kenntniß" des Kindes ist, ihnen in Sachen Erziehung praktisch nicht zu Hilfe kommt. Sie ist nämlich durch „Unbestimmtheit" ausgezeichnet; der Mensch generell gilt den Philanthrophen als „dies unbestimmte Geschöpf" *(Trapp)* und deswegen kann die Erziehung aus der ,Natur', anthropologisch, keine zureichenden Anhaltspunkte für ihre Arbeit gewinnen. Da sie zudem in reformerischer Absicht mit der Bildung des Kindes nicht die schlechte Gegenwart festschreiben, sondern zugleich die bessere Zukunft von Staat und Gesellschaft befördern will, kann auch die vorgefundene Wirklichkeit nicht allein zum Anhaltspunkt der pädagogischen Arbeit werden.

Wie alle Berufe in vergleichbaren Situationen und ähnlichen Schwierigkeiten wissen sich auch die Pädagogen zu helfen. Sie erfinden Schemata des Handelns, Regeln der Orientierung und Strategien pädagogischer Arbeit, die ihre Praxis zugleich möglich machen und rechtfertigen. Diese Schemata sind selbstverständlich historisch bedingt, deshalb kritik- wie ideologieanfällig und immer verbesserungsbedürftig; aber je gegenwärtig bestimmen sie die Praxis der Erziehung in ausschlaggebender Weise. Für die Philanthropen wird die pädagogische Arbeit ebenso wie das Bild der Zukunft des Kindes, seine Vollkommenheit, entsprechend unter der Perspektive der Brauchbarkeit und Nützlichkeit des Menschen gedacht und gerechtfertigt. Die Aufgabe des Lehrers wird es, diese Nützlichkeit durch seine Arbeit zu befördern. Die Ziele und

Ansprüche seines beruflichen Handelns, aber auch das dafür erforderliche Wissen wird deshalb auch danach ausgerichtet, möglichst rasch, möglichst zuverlässig und möglichst universell, der jeweiligen Lebenslage der Kinder angemessen, solche Nützlichkeit zu erzeugen. Ganz gegen *Rousseau*s Pädagogik des weitgehenden Wachsenlassens ist deshalb die Pädagogik der Philanthropen noch ganz vom Glauben an die Methode durchdrungen. Das ist ein Glaube, der zwar seit *Ratke* nicht neu ist, der aber durch neue Erfindungen – von *Pestalozzi* bis *Basedow* – angereichert und bekräftigt wird; und er wird verkündet mit den größten Versprechungen, was die Wirkung, die Erlernbarkeit und die leichte Handhabung dieser Methoden angeht.

In diesem grenzenlosen Vertrauen auf ihre pädagogische Methode liegt deshalb das spezifische Kennzeichen dieser neuen Lehrprofession, während das psychologische und anthropologische Wissen nicht originär ist, sondern zumeist der Psychologie (und Physiognomie) der Zeit entstammt. Auch die Ausrichtung an Stand und Amt, an sozialer Lage und gesellschaftlich erwartetem Nutzen in der Praxis der Erziehung ist keineswegs ein Spezifikum der Pädagogen. Einerseits liegt solche Orientierung nahe, in einer Situation, deren ökonomische Krisen immer wieder manifest sind; andererseits ist auch die Orientierung an der – gegebenen und zu erwartenden – sozialen Lage durchaus mit den Grundideen der Aufklärung vereinbar. *Moses Mendelssohn* formuliert z. B. 1784, in einem Kontext, dem auch *Kant*s Definition der Aufklärung entstammt:

„Stand und Beruf im bürgerlichen Leben bestimmten eines jeden Mitglieds Pflichten und Rechte, erfordern nach Maaßgebung derselben andere Geschiklichkeit und Fertigkeit, andere Neigungen, Triebe, Geselligkeitssitten und Gewohnheiten, eine andere Kultur und Politur. Je mehr diese durch alle Stände mit ihrem Berufe, d. i. mit ihren respectiven Bestimmungen als Glieder der Gesellschaft übereinstimmen; desto mehr Kultur hat die Nation. Sie erfordern aber auch für jedes Individuum, nach Maaßgebung seines Standes und Berufs andere theoretische Einsichten, und andere Fertigkeiten dieselben zu erlangen, einen andern Grad der Aufklärung. Die Aufklärung, die den Menschen als Menschen interessirt ist allgemein ohne Unterschied der Stände; die Aufklärung des Menschen als Bürger betrachtet, modificirt sich nach Stand und Beruf. Die Bestimmung des Menschen setzet hier abermals seinen Bestrebungen Maaß und Ziel" (1784)[49].

Angesichts der dominanten Rolle von Stand und Beruf sollte man die weiteren, gesellschaftlich gestützten Prämissen für pädagogisches Handeln – neben den eigenen Erfindungen der Methode des Lehrplans, der Schulstruktur etc. – nicht übersehen. Eine entscheidende Differenzierung erfährt die Erziehung dann vor allem in geschlechtsspezifischer Hinsicht. Die Erziehung der Mädchen wird bei den meisten Pädagogen, von *Rousseau* hierin ja durchaus ermuntert, in den engen Bahnen der – vermeintlich – natürlichen Bestimmung der Frau als Mutter konzipiert, auf das Haus und seine Erwartungen konzentriert, jedenfalls weit entfernt vom Berufsleben und den nützlichen Kenntnissen der Welt, die dem Mann zugemutet werden. Der Patriarchalismus der Pädagogik ist hier, in einer Zeit, die vom ‚Hausvater‘ aus nicht nur die soziale Ordnung des Hauses, sondern tendenziell auch des Staates denkt und organisiert, noch fast ungebrochen[50]. Aber innerhalb der zeittypischen Literatur – man vergleiche *Campes* „Väterlichen Rath für meine Tochter" (1789), um die ständisch bestimmten Anforderungen an die dem bürgerlichen Haus gewachsene, gebildete Frau kennenzulernen, gibt es auch schon zeituntypische, progressive, den Emanzipationspostulaten der Aufklärung verpflichtete Gegenvoten. Man kann sie z. B. in *Trapp*s Forderung sehen, auch den Frauen einen Beruf – den Lehrberuf – zu eröffnen, und sie dafür zu bilden[51]. Vor allem aber an den 1741 geborenen und 1796 gestorbenen Schriftsteller und Freund *Kant*s, an *Theodor Gottlieb von Hippel* wäre zu erinnern. Seine Schrift „Über die bürgerliche Verbesserung der Weiber" ist in ihrem egalitären Anspruch und in der beißenden Kritik aller Diskriminierungen der Frau nicht umsonst noch als aktuelles Pamphlet nutzbar. Diese – 1792 zuerst anonym erschienene – Arbeit vermag gerade aus dem Geist der Aufklärung die falschen Formeln und vermeintlich anthropologischen Begründungen für die Benachteiligung der Frau vernichtend zu kritisieren.

Neben der Eindeutigkeit der Orientierung, die – trotz solcher Kritik – der Geschlechtscharakter für die Pädagogen stiftet, erwachsen aus den gesellschaftlichen Moralvorstellungen die weiteren entscheidenden Vorgaben. Die standesspezifisch unterschiedlichen „Geselligkeitssitten und Gewohnheiten" läßt ja schon *Mendelssohn* deutlich werden. Sie bestimmten nicht nur Art und Dauer, Inhalt und Form der Erziehung, das herrschende gesellschaftliche Bewußtsein reguliert auch die erwünschten Bilder der Generationen. Dem emphatischen Bild der Kindheit und dem allmählich ausgebildeten positiven Bild des ‚hoffnungsvollen' Jünglings korrespondiert dann auch die Bedrohung, die für die Pädagogen anscheinend von der Übergangsphase der Pubertät ausgeht. Aus solcher Diskriminierung der Sexualität, aus dem als Bedrohung empfundenen, noch ungezügelten Geschlechtsleben heraus sind wohl allein die pädagogischen Schriften erklärbar und ihr Arsenal von präventiven und strafenden Maßnahmen, Interventionen und Apparaten verständlich zu machen, mit denen schon im „Revisionswerk" die Philanthropen gegen die erwachende Sexualität angehen[52]. Ihre frühesten Zeichen werden mit scharfem Auge beobachtet, die Folgen – besonders der Masturbation – werden in düstersten Farben gemalt, der Kampf gegen die Sexualität gewinnt apokalyptische Dimensionen, als hinge das Heil von Individuum und Gesellschaft davon ab. Die Folgen der rigiden Sexualmoral bemerken die Zeitgenossen selbst – an der Zunahme der Kindestötungen.

Es ist *Pestalozzi,* der dann –in der Abhandlung „Über Gesetzgebung und Kindermord" (1783) – in den herrschenden Normen die Ursache für diese Akte der Verzweiflung bei ledigen Müttern sieht[53]. Trotz solch hellsichtiger Analysen, es sind diese Schriften zur Bekämpfung der Sexualität vor allem, aus denen die Kritik der ‚Schwarzen Pädagogik' sich mit guten Gründen immer wieder instrumentieren kann. Die pädagogischen Phantasien der Beherrschung und Kontrolle des Kindes sind auch wohl nicht zufällig Indizien einer extensiven pädagogischen Gesinnung und der ihr korrespondierenden Wissenschaft, die in der Arbeit des Pädagogen den entscheidenden Versuch erkennt, den Menschen zu seiner wahren Bestimmung zu führen. Disziplinierung, sogar ‚Kolonialisierung‘, Versuche also, die Unbestimmtheit der Natur zur wahren Bestimmung des Menschen zu führen, sind insofern kein Fehltritt der Aufklärung, Verrat an der besseren Intention der Erziehung. Sie zeigen vielmehr, wie die Pädagogen der professionellen Aufgabe gerecht werden wollen, nämlich in der heranwachsenden Generation ‚Bildung, Kultur und Aufklärung‘ an die Stelle der rohen Natur zu setzen, um der wahren Natur des Menschen, der Vernunft, Moralität und Sittlichkeit zur Geltung zu verhelfen. Die Beherrschungsphantasien der Pädagogen, die man heute erschauernd-genießend erinnert, sind die letzte gedankliche Konsequenz des grenzenlosen Vertrauens auf die Leistungsfähigkeit der Erziehung; sie spiegeln das pädagogisch professionelle Bild, das die Pädagogen von ihren Erziehungsobjekten – dem unbestimmten Kind, dem ungebildeten Volk – sich machen und mit dem sie zugleich ihre Arbeit rechtfertigen.

In der Erziehungstheorie der Zeit, schon in der Kritik der Aufklärung um 1800, wird der harte, extrem zugespitzte Konflikt von Freiheit, als Bestimmung des Menschen, und Zwang, als gesellschaftlicher Erwartung an den Menschen und die Erziehung, bald schon nicht mehr so harmonisch erörtert, wie noch bei den Philanthropen. Die Neuhumanisten und vor allem die Erziehungstheorie in der Nachfolge *Fichtes* (1762–1814) stilisieren den Konflikt vielmehr zur universalen Autonomie des pädagogischen Handelns, zum unlösbaren Konflikt. Auf diesem idealistischen Hintergrund erscheint pädagogisches Handeln bald als ‚unmöglich‘, weil eine Versöhnung von Stand und Amt mit dem Recht des Menschen als unmöglich erscheint.

Es kennzeichnet die Mittlerstellung zwischen der Pädagogik der Aufklärung und der Erziehungsaufgabe der neuen Zeit, daß *J. F. Herbart* (1776–1841), Nachfolger *Kant*s in Königsberg, einerseits die Überspanntheiten der idealistischen Kritik der Erziehung als metaphysische Verirrung abweist, andererseits in der Normierung und Aufklärung des Erzieherhandelns und in einem pädagogischen Begriff von Schule und Unterricht – im ‚erziehenden Unterricht‘ – einen neuen Weg der legitimen Verbindung von Zwang und Freiheit sucht[54]. Auch das in *Schleiermacher*s (1768–1834) Vorlesung über Erziehung anzutreffende Lob der „Dignität der Praxis" und seine Verhaltensregeln an die Erziehung – daß sie die Zukunft des Kindes der Gegenwart nicht aufopfern dürfe, die Verzeitlichung und Autonomisierung des Problems also, statt seiner Bindung an Brauchbarkeit und Nützlichkeit – lassen sich als Wege deuten, wie sich die Erziehungstheorie aus dem Dilemma solcher paradoxen Problemfassungen – wie dem Konflikt von Freiheit und Zwang – lösen kann, ohne daß der Beruf unmöglich und das Bildungssystem illegitim wird[55].

Der Pädagogik der Aufklärung waren solche Lösungen – dialektische Denkfiguren, die Temporalisierung von Komplexität – aber auch ein Bildungswesen, das allgemeine und spezielle Bildung in anderer Ordnung anbietet, noch nicht gegeben. Insofern wird ihre Theorie nicht nur von den Neuhumanisten zu Recht kritisiert, die sich als die besseren Anwälte der Humanitätspostulate der Aufklärung erweisen, sie ist auch systematisch, wegen zu großer Vereinfachung notwendig überwunden[56]. Angesichts der Leistungen solcher Vereinfachungen im beruflichen Alltag verwundert es andererseits nicht, daß Schemata professioneller Orientierung in der pädagogischen Situation, die man bei den Pädagogen der Aufklärung findet, bis heute im Alltagswissen der berufsmäßigen Lehrer und Erzieher überleben: unbeweisbare Begabungstheorien, Mechanismen der Zuweisung von Erfolg und Mißerfolg (bei denen den Lernenden der Mißerfolg, den Lehrer der Erfolg trifft), Attribuierungsschemata, die sich an äußerlichen Zeichen festmachen, generelle Verschiebungen von ‚Verantwortung‘ aus der pädagogischen Arbeit weg an die Organisation, die Politik, die Theorie. Die Realität der pädagogischen Arbeit, wie sie mit der Moderne insitutionalisiert wird, erzwingt offenkundig Muster ihrer Bewältigung, die sich mit den großen Postulaten nur dann vertragen, wenn man die Interpretationskünste eines *Herbart* oder die Dialektik *Schleiermacher*s nutzen kann.

V. Die Wirklichkeit der Erziehung –
Erfolg und Scheitern der Pädagogik der Aufklärung

Die historische Bedeutung der Pädagogik der Aufklärung sollte aber nicht allein aus der Erziehungstheorie der Klassiker oder aus den kritischen Bildern der Neuhumanisten abgeleitet werden. Ohne einen Blick auf die Realität der Erziehungsverhältnisse des ausgehenden 18. Jahrhunderts in Deutschland ist keine Würdigung möglich, die unmittelbaren Erfolg, langfristige Wirkung oder gar das Scheitern der Pädagogik der Aufklärung behauptet.

Man kann dann zunächst festhalten: die größte Wirkung hat die Pädagogik der Aufklärung – wie die gesamte Bewegung in ihrer Zeit und bis in die Gegenwart – im philosophischen, publizistischen und literarischen Bereich gehabt, in der Propagierung von Ideen und Maximen, in der Kritik von Dogmen und Traditionen, von schlechten Schulen und überholten Formen der Erziehung, in der Konstruktion und Verbreitung von pädagogischen Plänen und Entwürfen. Die Wirklichkeit der Erziehung und der Schulen aller Art läßt dagegen – in Deutschland – sowohl bis zum ausgehenden 18. Jahrhundert wie auch später noch erheblich weniger vom Einfluß der aufklärerischen Erziehungsambitionen erkennen.

Unverkennbar, man muß einen Bruch zwischen pädagogischem Programm und gesellschaftlicher Wirklichkeit, zwischen dem umfassenden Erziehungsanspruch und den bescheidenen Grenzen der realisierten Erziehungsreformen konstatieren. Man muß aber zugleich festhalten, daß dieser Bruch nicht nur für die Erziehung, sondern für die Anstrengungen der Aufklärung generell gilt; und noch viel mehr ist zu berücksichtigen, und zwar in systematischer Hinsicht und für die Zukunft der modernen Gesellschaft, daß erst mit der Aufklärung selbst dieser Bruch, die Differenz zwischen Wirklichkeit und Möglichkeit systematisch formuliert und entdeckt wird[57]. In und seit der Aufklärung erst erscheinen solche Differenzen als gesellschaftlich folgenreiche, negativ bewertete, weil nur historisch bedingte, deshalb nicht notwendig hinzunehmende Differenzen zwischen den humanen Möglichkeiten und den begrenzten Realisierungsformen der Gesellschaft. Für solche, jetzt angesichts konkreter Utopien fast notwendig zu erwartende ‚Abweichungen' gibt es sicherlich jeweils historische Gründe: Für das ausgehende 18. Jahrhundert spiegelt sich darin z. B. die politisch wie ökonomisch und gesellschaftlich noch nicht entschiedene Umbruchs- und Übergangssituation, auch die Konkurrenz der Optionen, die es ideologisch in dieser Umbruchsituation gibt; denn pädagogische Voten sind zwar bedeutsam – als Vorschläge für die erwünschte Reformstrategie –, aber sie sind keineswegs die einzigen Voten zu den Möglichkeiten einer Veränderung der Gesellschaft und zur Neuordnung des Staates.

Die Realität der Erziehungsverhältnisse jedenfalls und der Alltag der Kinder wird nicht einmal durch die sich allmählich ausbreitenden Schulen vorrangig bestimmt, sondern durch die soziale Lage ihrer Familien[58]. In den Städten und auf dem Lande zeigen sich dabei bei Handwerkern und Kaufleuten, in kleinbürgerlichen Familien primär noch die so beengten wie verläßlichen Lebensformen der alteuropäischen Tradition. Auch wenn Züge der Auflösung traditioneller Lebensformen schon sichtbar werden, so dominieren doch die traditionellen Formen einer kollektiv bestimmten Lebensweise und Sozialisation, denkt man nur an die Möglichkeit – und den Zwang –, Arbeit und Lernen, Ausbildung und Erziehung der Kinder unter einem Dach zu vereinen. Diese Lebensverhältnisse geben wenig Anlaß zu wehmütigen Rückblicken, in Trauer über verlorene Möglichkeiten. Besonders in den ländlichen Regionen ist der Alltag der Kinder wie der Frauen eher durch selbstausbeuterische Arbeitsverhältnisse beschrieben, durch zwingend erforderliche, harte Arbeit, um überhaupt die Subsistenz der Familie zu sichern[59].

Obligatorische Schulbildung muß unter diesen Umständen als ein unbezahlbarer Luxus erscheinen. Die Realität dieser Familien war, außer durch Not und Arbeit, durch die „Grausamkeit des Alltags" *(J. Kuczynski)*[60], zentral bestimmt und in der Regel wohl auch durch rigide Erziehungsvorstellungen, durch Autorität des ‚Hausvaters', nicht selten durch Brutalität und körperliche Strafen. Von idyllischen Verhältnissen, in denen unter dem Dach des ‚ganzen Hauses' und in beschaulichem Umgang von Kindern, Erwachsenen und Gesinde Fertigkeiten und Kenntnisse tradiert werden, ist jedenfalls die Realität der armen und kleinen Leute, vor allem auf dem Lande, denkbar weit entfernt. Das Entsetzen der Zeitgenossen über den Kindermord zeigt das; aber auch sonst überleben noch die dumpfen Vorurteile recht lange: Der letzte Hexenprozeß findet 1775 – mit einer Hinrichtung – in Kempten sein Ende;

erst 1806 wird die Folter in Bayern abgeschafft; trotz *Beccarias* und *Pestalozzis* Plädoyer bleibt die Todesstrafe[61] bestehen. Auch die kleinbürgerlichen Lebensverhältnisse in den Städten, die mehrheitlich anzutreffenden Lebensverhältnisse also, zeigen
keineswegs das Bild des gebildeten, literarisch und kulturell interessierten Bürgers, das
man vielleicht aus der Schilderung von *Goethe*s Jugend vermuten würde, schon gar
nicht ist die intellektuelle Kultur und souveräne politische und soziale Rolle des Intellektuellen für den „Bildungsbürger" zu verallgemeinern, die man an *Lessing* bewun-
dern kann. Allgemeine Bildung, ‚Kultur' und Aufklärung, Schulpflicht und Literali-
tät sind in dieser Situation noch nicht Realität, sondern allenfalls Versprechen auf eine
bessere, erstrebenswerte menschlichere Zukunft.

Das Bildungswesen, das solche Ansprüche einlösen könnte, ist von einer systematisch
ausgebildeten Gestalt aber noch nicht gekennzeichnet. Man trifft eher auf eine
unkoordinierte Vielfalt, die vor allem Differenzen zeigt: zwischen Stadt und Land,
zwischen katholischen und protestantischen Regionen, zwischen dem Bildungswesen
für den Adel, z. B. in der Hofmeistererziehung oder in fortbestehenden Ritterakade-
mien und den Schulen für das Bürgertum; Unterschiede auch in den Einrichtungen
selbst, unter denen man Gelehrtenschulen finden kann, die schon als Vorläufer der
Gymnasien oder modernen realistischen Anstalten gedeutet werden dürfen, und den
Durchschnitt städtischer Anstalten, die von anderen als universitären Erwartungen
regiert werden. Ein uneinheitliches Bild ergibt sich auch nach der Trägerschaft der
Schulen; eine organisierte, gesamtstaatliche Bildungsverwaltung zeichnet sich erst in
zaghaften Versuchen – vor allem in Preußen – ab, sonst ist die Leitung und Gestaltung
der Schulen zwischen Staat und Gemeinden, den verschiedenen Formen der Herrschaft auf dem Lande und der noch ungebrochenen Macht der Kirchen verteilt. Es gibt
bis 1800 bestenfalls Anstöße, aber noch keinen Abschluß im Prozeß der „Entstehung
des modernen Erziehungswesens in Deutschland"[62].

Nicht umsonst sind deshalb Reformforderungen und auch Reformanstalten auf der
Tagesordnung, gestützt zumeist auf große Hoffnungen, die Aufklärer mit ihnen
verbinden:

„In den Schulen ihr Fürsten, in den Schulen, ihr Väter des Staates, in den Schulen und nirgends sonst
muß man die Werkstatt anlegen, wenn man Menschen veredeln, Gewerbe, Künste und Wissenschaften befördern und Nahrung und öffentlichen Wohlstand des Landes erhöhen will"

– das kann man bei *Campe* lesen, wenn er 1786 „Über einige verkannte, wenigstens
ungenutzte Mittel zur Beförderung der Industrie, der Bevölkerung und des öffentlichen Wohlstandes" schreibt[63]. *Campe* selbst scheitert in Braunschweig im ausgehenden 18. Jahrhundert mit entsprechenden Versuchen schon an dem sich formierenden
reaktionären Widerstand gegen ‚zu viel' Volksbildung.

Für die Wirklichkeit philanthropischer Erziehung stehen deshalb vor allem die Erziehungsanstalten, die nach 1770 gegründet werden[64]. Ihr prominentestes Exempel ist

das von *Basedow* 1771 propagierte, 1774 in Dessau mit großer öffentlicher Aufmerksamkeit und Unterstützung gegründete ‚Philanthropin‘. In seinen „Vorstellungen an Menschenfreunde und vermögende Männer über Schulen, Studien und ihren Einfluß in die öffentliche Wohlfahrt" (1768) hatte *Basedow* nicht nur das gegebene Schulwesen als „verfallen und verdorben" kritisiert, sondern auch schon die Alternative einer vom Schulpublikum getragenen, staatsfreien, realistischen, nach der Natur des Kindes bis in Kleidung und Lebensweise bestimmten Schule beschrieben – eine perfekt geplante pädagogische Welt. In einer öffentlichen Prüfung demonstrierte *Basedow* (1776) die Leistungen seiner Anstalt der Öffentlichkeit (auch in der Absicht, neues Geld einzuwerben). *F. E. von Rochow* hat darüber – durchaus sympathetisch mit *Basedow* – berichtet, nicht ohne leichten Tadel: „Basedow hätte weniger reden und mehr die Kinder ... prüfen lassen sollen"[65]. Im Kommentar von *J. G. Schummel* (‚Fritzens Reise nach Dessau‘) wird dagegen schon stärker die Skepsis gegen die von *Basedow* gezeigten „Wunderdinge" spürbar und auch die Kritik an der unpädagogischen Attitüde, mit der *Basedow* z. B. seine vierjährige Tochter der Fachöffentlichkeit als Wunderwerk präsentiert. Aber insgesamt war diese Vorführung noch ein Erfolg für die Philanthropen und ihre pädagogischen Absichten.

Auch wenn z. B. Schnepfenthal – *Salzmann*s Philanthropin – bis ins 20. Jahrhundert Bestand hatte und zeitweise bis zu 60 Philanthropine existierten: diese Modellschulen aufklärerischer Pädagogik waren insgesamt kein Erfolg. Im Blick auf Dessau, wo nach *Basedow*s Weggang 1780 die Anstalt noch bis 1793 mühsam fortlebte, mag das vielleicht noch mit dem exzentrischen, unverträglichen, scharlataneskem Wesen *Basedow*s zu erklären sein. *Herder* sagte jedenfalls über ihn: „Basedow möchte ich keine Kälber zu erziehen geben, geschweige Menschen". Und *Goethe,* sonst nicht ohne Wohlwollen – wie auch *Kant* – berichtet im 14. Buch von ‚Dichtung und Wahrheit‘ – indigniert – von „*Basedow*s Betragen": „auf die unbegreiflichste Weise verletzte er die Gemüter der Menschen ... ja er beleidigte sie ohne Not, indem er seine Meinungen und Grillen über religiöse Gegenstände nicht zurückhalten konnte."[66]

Aber allein dem wunderlichen Verhalten seiner Protagonisten läßt sich das Scheitern dieser Schulen nicht zurechnen. Schon als Erziehungsanstalten in Internatsform waren sie nicht geeignet, das Modell der allgemeinen und öffentlichen Schule abzugeben. Das Scheitern von Alternativen aufgrund ungelöster und pädagogisch nicht begriffener Widersprüche von Institutionen und gesellschaftlicher Wirklichkeit läßt sich auch für die andere zeittypische Gattung von Schulen behaupten, für die „Industrieschulen"[67]. Seit den Gründungen in Böhmen (*Kindermann,* 1771ff.) vielfach nachgeahmt, besonders bekannt auch durch ihre Verteidigungsschriften u. a. von *Sextro* und *Wagemann* (in Göttingen), haben diese Schulen, in denen Kinder frühzeitig durch Arbeit und Lernen zur Sicherung des eigenen Lebensunterhalts erzogen werden sollten, zwar bis zum ausgehenden 18. Jahrhundert große Verbreitung gefunden, aber in dieser frühen Gestalt doch nicht überlebt oder gar das Muster der Volksbildung abgegeben. Unschlüssig zwischen den pädagogischen Erwartungen von Schule/Unterricht und Anstalt/Arbeit schwankend, noch sehr fixiert auf die gesellschaftlichen und ökonomischen Bedingungen der Übergangsperiode und eher affin zu „protoindustriellen" Produktionsweisen, waren sie für eine Situation nicht mehr tauglich, in der – wie nach 1800 – mit der allgemeinen Bildung des Volkes, der neuen Wirtschaftsweise und der Politikform eher auch generelle, allgemeine, grundlegende Qualifikationen gefragt waren. Für das Scheitern dieser Schulen kam hinzu, daß die Verbindung von Arbeit und Lernen zwar zur Ausbeutung der Kinder, aber doch nie zur Sicherung der ökonomischen Basis von Schulen und Lernenden ausreichte[68] und daß schließlich z. B. der preußische Staat auch nicht bereit war, diese Form von Volksbildung zu fördern und zu finanzieren, so daß sie nur am Rande des öffentlichen Bildungswesens überlebte.

Insgesamt: von den spezifischen schulorganisatorischen Erfindungen der Pädagogik des Aufklärungszeitalters bleibt nicht viel. Im „Streit zwischen Philanthropinismus und Humanismus in der Theorie des Erziehungsunterrichts unserer Zeit" (so *Niethammer,* 1808)[69] siegt der Humanismus wenigstens philosophisch. Für die Lebensweise der Menschen werden die gesellschaftlichen Veränderungen und ökonomischen Wandlungen bestimmend, die sich – administrativ gezügelt – in der nach 1800 durch die Auflösung des alten Reiches erzwungenen ‚Revolution von oben' durchsetzen können[70]. Für die Gestaltung der Volksbildung schließlich sind nach den großen Plänen, die unter Berufung auf *Pestalozzi* von den Neuhumanisten vorgelegt wurden, nicht primär die philosophischen Ideen, sondern die konkreten Interessen von Staat und Nation, Kirchen und Beamtenschaft prägend geworden, die das Bildungswesen bis ins 20. Jahrhundert bestimmten. Nicht die Schulmänner und das gebildete Publikum der ‚Menschenfreunde', im Bund mit Bürgern und Philosophen, sondern neben dem Staat dann vor allem die von der Aufklärung bekämpften Kirchen bestimmen – mit Begrenzungsprogrammen für die Volksbildung mit rigider Trennung von Eliten- und Massenbildung, aber auch mit der Ausbreitung neuer Dogmen und in der Absicht der Stabilisierung des Obrigkeitsstaates – die Schulen[71]. *Trapp,* in der Bekräftigung liberaler Ideen nahe bei *W. v. Humboldt,* antizipiert im letzten Band des Revisionswerkes schon den Zugriff der Staaten auf das Bildungswesen und beklagt den ‚sachfremden' Eingriff und die pädagogisch seines Erachtens nicht legitime Kontrolle[72]. Um 1800, so könnte man sagen, ist die Pädagogik der Aufklärung nicht nur philosophisch kritisiert und überholt, sondern auch praktisch gescheitert.
Man darf bei einem solchen Urteil aber nicht übersehen, in wie starkem Maße aufklärerische Gedanken sogar das Bewußtsein der Beamtenschaft (und nicht nur der Philosophie der Folgezeit) bestimmten. Zumal die Bildungsverwaltung des frühen 19. Jahrhunderts läßt das erkennen, daher auch die Gesetzgebung, z. B. im ‚Allgemeinen Landrecht für die preußischen Staaten'[73] von 1794. Dieses Gesetzbuch ist ja, wie die

Aufklärung selbst, ein Dokument, an dem sich die zeittypische „Dialektik von Progression und Reaktion" studieren läßt. Man findet erstmals – z. B. – ein Gesetzbuch ohne Folter, die Dokumentation eines staatlichen Erziehungsanspruchs, die Kontrolle der Schulen; aber doch auch ein Fortleben von Traditionen – wie der körperlichen Strafe – und die intensive Rücksicht auf ständische Lebensweisen. Die besseren philosophischen Traditionen der Aufklärung wie ihre pädagogischen Ansprüche finden aber auch Eingang in die klassische Philosophie, die in *Kant* – dem ‚Philosophen der Aufklärung', wie *Karl Popper* zu Recht gesagt hat[74] – ihre erste Vollendung findet.

Was schließlich die langfristige Wirkung auf das Bildungswesen und die Pädagogik angeht, so sind die Ideen der Aufklärung sicherlich bestenfalls überformt erhalten geblieben. Aber in der faktischen Ordnung des Bildungswesens und parallel zur Struktur der Gesellschaft, die sich ja weitgehend über Beruf und Arbeit, also ‚utilitaristisch' definiert, hat die Verbindung von Bildung und ‚Brauchbarkeit', ein Grundgedanke der Aufklärung, eine Beharrungskraft gezeigt, die von den neuhumanistischen Ideen der Bildung des Menschen statt des Bürgers zwar kritisiert, aber nicht dementiert werden kann. In vergleichbarer Weise findet in der Erziehungstheorie nicht nur die Vision von Erziehung und Kindheit immer neue Anerkennung, die *Rousseau* überliefert hat, sondern – neben dem professionellen Wissen der Lehrer – auch der wieder in das pädagogische Leben und Denken eingetretene Gedanke, daß Lernen und Arbeit, Unterricht und produktive Tätigkeit zusammengehören.

VI. Elend der Aufklärung?

Man kann insofern, gestützt nicht nur auf die kurze Zeitspanne des Übergangs zum 19. Jahrhundert, sondern auf langfristige Wirkungen des Erziehungsdenkens wie der politisch-moralischen Postulate der Aufklärung ein durchaus anerkennendes Bild dieser Epoche zeichnen, ihre Wirkungen betonen und Ansprüche wie Möglichkeiten der Erziehung in der Moderne schon in der Entstehungszeit erkennen. Gerade heute sieht man sich mit solch positiver Bewertung dann aber den Schwierigkeiten gegenüber, die mit der entschieden neu aufblühenden Kritik der Aufklärung auch für ihre Pädagogik zu sehen sind. Diese Kritik hat viele Facetten: aktuelle Anlässe, die mit dem historischen Bild der Aufklärung nicht mehr als den Namen gemein haben, aber auch historische Deutungen, die man erörtern muß, um sich nicht dem Vorwurf auszusetzen, ein naives, geschöntes Bild dieser Epoche entworfen zu haben. Und erst, wenn das historische Bild der Aufklärung gegen seine Kritiker verteidigt ist, läßt sich auch die Legitimität einer aktuellen Kritik der Aufklärung erörtern.

In historischer Perspektive ist zunächst bewußt zu machen, daß die Kritik der Aufklärung selbst eine lange Tradition hat. Die Polemik der Neuhumanisten, aber auch ihre systematische Kritik und richtige Destruktion falscher Vereinfachungen der Aufklärung habe ich schon erwähnt. Zu ergänzen wäre, daß mit dem frühen 19. Jahrhundert beginnend, parallel zur romantischen Wendung gegen die Aufklärung – von der ein Zerrbild als öder, platter, geschichtsblinder, der Wirklichkeit des Lebens ferner, systemverhafteter Rationalismus gezeigt wird – findet sich auch die Pädagogik der Aufklärung mit gleichen Vorwürfen kritisiert: als schematisch, methodengläubig, fern der Individualität des Lernenden, autoritär, gesellschaftsutopisch etc.[75]. Es sind dann vor allem konservative Bildungspolitiker und Kirchenleute, von denen man solche Kritik lesen kann; von Kritikern also, die sich mit der Aversion gegen die Methode und das System, in der Verteidigung von Tradition und Religion auch vom egalitären Anspruch einer Bildungspolitik dispensieren wollen, die im Vertrauen auf den neuen Erziehergeist auch die Bildung des Volkes zur Humanität befördern wollte. Schließlich stammt ja auch das Schimpfwort des „Aukläricht", die Beurteilung der Selbstbefreiung als Frevel des Geistes, – von dem Theologen *Leo* erstmals für 1840 überliefert – aus diesem konservativen Geiste[76]. In Deutschland wird es dann „üblich, einen abwertenden Unterton mitschwingen zu lassen"[77], wenn man über die Aufklärung spricht. Die Kritik an der Aufklärung wird dann immer wieder aktualisiert. Schon für das Entwicklungsdenken erweist sich in der historischen Analyse, daß diese Kritik jeweils zumeist „die radicale Pädagogik in unserer Zeit" attackiert; z. B. hier bei dem protestantischen Tübinger Theologen und Pädagogen *Chr. Palmer* 1859 zitiert[78]. Solche Kritik der Aufklärung trifft man auch heutzutage. Sie ist in ihrem ideologischen Charakter zu durchsichtig, als daß sich eine lange Auseinandersetzung lohnte.

Die Kontinuität dieser Kritik wirft aber eine Gegenfrage auf: Aus welchen Gründen nämlich der Aufklärung, der westlichen Zivilisation und ihren Ideen gerade in Deutschland so wenig Erfolg beschieden war. Warum Reaktion, Vorurteil und Aberglaube, die eigene Privilegiensicherung und das Ressentiment sich immer neue Geltung verschaffen konnten und können. Zumeist werden in der Diskussion für dieses rasche, ja schon im frühen 19. Jahrhundert studierbare Ende der großen Hoffnungen der Aufklärung auf eine radikale Veränderung der deutschen Gesellschaft im kritischen Geiste vor allem gesamtgesellschaftliche, nicht etwa pädagogische Faktoren verantwortlich gemacht: die im Vergleich etwa zu Frankreich 1789 ausgebliebene Revolution, die reaktionäre Wendung der deutschen Politik und Gesellschaftsentwicklung im frühen 19. Jahrhundert, die – etwa gegenüber England – ökonomische Verspätung, die regionale Zersplitterung, die (schon und noch) im ausgehenden 18. Jahrhundert einsetzende Zurückdrängung des Bürgertums auf seine Rolle als Bildungsträger, fern der politischen Macht[79].

Man kann – dann schon näher an Bildungsproblemen im engeren Sinne – auch die Struktur des Bildungssystems zu den Zeichen einer erfolgreichen reaktionären Politik rechnen und sogar die Aufklärung in Deutschland selbst zu den Ursachen ihrer fehlenden Wirkung zählen: ihre zaghafte Kritik, die zwar die Kirchen nicht ausspart, aber sich nicht zu einem radikalen Laizismus durchringen kann, halbherzige Säkularisierung also und eine Philosophie ohne entschiedenen Materialismus (etc.). In den Kontext solcher Diagnosen gehört auch die bald (spätestens mit dem terreur 1792) einsetzende Furcht auch der Aufklärer vor der Revolution und ihre Verteufelung, auch durch die Pädagogen, die sich – nach *Campes* emphatischen Berichten von 1789 aus Paris – zu ihrer Verteidigung ebenfalls nicht aufraffen können und sich – nimmt man *C.F. Bahrdt* aus – jedenfalls nicht zu den deutschen Jakobinern gesellen[80]. Man findet schließlich im Denken der deutschen Aufklärer auch keinen Text, der an politischem Anspruch und praktischem Rigorismus denen gleichkäme, die in der französischen Revolution und mit großen Folgen für die Bildungsideologie der Grande Nation von *Condorcet, Lepeletier* oder *La Chalotais* überliefert sind. Die Pädagogen in Deutschland zeigen doch eher – pädagogisierend umdefiniert – die Differenzen zu Frankreich, die *Goethe* für die deutsche Literatur markierte: „Wo die Franzosen des 18. Jahrhunderts zerstörend sind, ist *Wieland* neckend"[81]. Es ist ebenfalls unangemessen – oder decouvrierend –, in den Kerbtierbüchlein *Salzmann*s ein adäquates Gegenstück zu *Rousseau* sehen zu wollen.

Solche in der Trauer über das Schicksal der Aufklärung sichtbar werdende Indizien für das Leiden an Deutschland und seiner Geschichte, solche Versuche auch, einen „Sonderweg" wenn nicht zu konstruieren, so doch zu verstehen, lassen sich allein bildungshistorisch nicht erörtern. Jedenfalls sollte man – aus der begrenzten Erfahrung der Bildungsgeschichte doch daran erinnern, daß der großen Revolution in Frankreich keineswegs die Bildungspolitik im *Condorcet*schen Geiste folgt, daß vielmehr das – als reaktionär kritisierte – Preußen im 19. Jahrhundert bildungspolitisch in Europa als Vorbild gilt[82]. Man muß auch daran erinnern, daß (der politischen und ökonomischen Verspätungen oder Sonderwege ungeachtet) sich im ausgehenden 19. Jahrhundert dann in allen westlichen Staaten, nicht nur in Deutschland, ein Bildungssystem ausbildet, das den Hierarchien der Sozialstruktur und den Mustern gesellschaftlicher Ungleichheit seinen Tribut entrichtet, indem es sie stabilisiert und legitimiert[83]. Was wäre also – bildungsgeschichtlich gedacht – anders gewesen, wenn die Aufklärung in Deutschland erfolgreicher gewesen wäre?

In der aktuellen Kritik der deutschen Entwicklung wie des Scheiterns der Aufklärung werden solche zur Selbstkritik nötigende Fragen nicht gestellt; und wegen der Bindung an Quellen und Fakten verständlicherweise – gibt es in der historischen Bildungsforschung keine Antwort auf diese letztlich spekulativen Fragen. Die „Kritik" der Aufklärung, aber auch die Beschwörung ihrer „Dialektik" existiert und blüht ungeachtet aller historiographischen Analysedefizite; denn sie hat den historischen Sinn von Aufklärung längst aufgelöst[84]. ‚Aufklärung' ist hier, systematisierend, zu einer Metapher verdichtet und stilisiert, die universellen, gattungsgeschichtlichen Sinn gewonnen hat. Abgelöst von der historischen Epoche bezeichnet dieser ausgeweitete Begriff die universelle Aufgabe der immer neuen Befreiung des Menschen aus Abhängigkeit und

Unterdrückung. Aufklärung wird, bildungstheoretisch, zum permanenten Prozeß der kritischen Selbstbildung des Menschen. Die kleinen historischen Fortschritte, Ereignisse und Entwicklungen verblassen gegenüber diesem globalen Anspruch.

In der Kritik der Aufklärung (wie in ihrer Propagierung) ist denn auch nicht eine historisch im einzelnen prüfbare Bewertung der Folgen der europäischen Aufklärungsepoche gemeint, sondern – analysiert man nur die Kritik ihrer ‚Dialektik' – eine welt- und menschheitsgeschichtliche These, daß die Freisetzung des Menschen zur Selbstbestimmung offenkundig auch die Freisetzung zur Selbstdestruktion mit einschließt. Dafür werden Erfahrungen der Vergangenheit ins Feld geführt, bestätigende Befunde, denkt man an Nationalsozialismus und Faschismus, die ja Anlaß waren, daß *M. Horkheimer* und *Th. W. Adorno* 1947 über die „Dialektik der Aufklärung" philosophierten. Als Belege für das „Elend der Aufklärung"[85] gelten freilich auch aktuelle Indizien: die ökonomisch und ökologisch sichtbar werdenden – desaströsen – Folgen des Versuchs, die Welt zu beherrschen und sie sich untertan zu machen.

Man kann an diesen Befunden kaum zweifeln, ohne doch darin einen Grund sehen zu müssen, daß ausgerechnet weniger Aufklärung oder die Rückkehr zu (neuen) Mythen die Lösungen bieten könnten, die für die unübersehbaren gesellschaftlichen Probleme noch nicht bereitstehen[86]. Pädagogen schließlich sollten sich, gerade wegen der historischen Erfahrungen mit der Aufklärungspädagogik, nicht erneut darin übernehmen, daß sie ihr bescheidenes Revier mit universalen Ansprüchen der Krisenbekämpfung überlasten. Die Pädagogen sollten vielmehr den aufklärungskritischen Impuls aktueller Diskussionen auf ihr eigenes Geschäft beziehen, nicht nur in der – bekannten – Kritik von Schema und Methode, von Professionalisierung und Erziehungssystem, sondern vor allem in der Kritik ihrer Ambitionen. Es fehlt die nüchterne erziehungswissenschaftliche Analyse des Befundes, daß die großen pädagogischen Anstrengungen, die Ausweitung der Erziehung auf das Jugend- und Erwachsenenalter, die ausufernde pädagogische Arbeit also, doch so wenig von dem bewirkt hat, was die Pädagogen seit der Aufklärung immer wieder versprechen[87].

Der ausbleibende Erfolg der professionellen und organisierten Erziehung mag sicherlich auch an den Bedingungen liegen, unter denen diese Erziehung organisiert, kontrolliert und verwertet wird, aber mit solcher Externalisierung der Kritik trifft man bestenfalls die halbe Wahrheit; jedenfalls ersparen sich die Pädagogen damit zu sehr die Selbstkritik. Vorbilder für solche Selbstkritik finden sich schon in der Epoche der Aufklärung, wenn etwa *J. G. Schummel* – in seinem „Spitzbart" (1779)[88] – die professionellen Deformationen der ehrgeizigen Erzieher seiner Zeit als „unser pädagogisches Jahrhundert" karikiert und kritisiert. Man kann – wie *E. Friedell* – diese Kritik verschärfen, die „Erziehungsmanie" der Aufklärung kritisieren, die Allmachtsphantasien der Pädagogen und die Tatsache, daß – nicht nur bei *Basedow* – die Erziehung modeabhängig wie kein anderes Geschäft ist und immer wieder „in die Hände reklamesüchtiger Wirrköpfe und Scharlatane" *(Friedell)* fällt[89]; daß sie sich jedenfalls übernimmt, wenn sie – wie *Salzmann* – ‚Jammer und Elend in der Welt' durch Erziehung heilen will. Das Ergebnis ist offenkundig doch nur eine Pädagogisierung der Welt, zum Gebrauch der Kinder bearbeitete Literatur, Popularphilosophie statt Philosophie, Erziehung statt Aufklärung.

Die Kritik der Pädagogen und der „Lehrerhaftigkeit der Aufklärer[90]" erklärt dann nicht nur das Scheitern der Pädagogen, sie setzt auch noch einmal die Neuhumanisten ins Recht. Sie – bildungstheoretisch aufgeklärt – wußten, daß es nicht die Pädagogen, sondern die gesellschaftlichen Akteure selbst sind, die sich bilden. Die Enttäuschungen der großen Versprechen der Pädagogen sind insofern notwendige Ent-Täuschungen, als sie Hoffnungen gelten, die sich nicht einlösen lassen. Aber man muß nicht den Anspruch der Aufklärung aufgeben, wenn man die Auswüchse des Pädagogismus kritisiert, der auch seit dieser Zeit studierbar ist; denn man entgeht nicht den Widersprüchen der Moderne, wenn man sich von ihnen verabschiedet oder sie leugnet. Und Erziehung, mit und seit der Aufklärung vor das Problem gestellt, die ‚Freiheit bei dem Zwange zu kultivieren', gehört zu diesen Widersprüchen, denen man nicht ausweichen kann, die man vielmehr bearbeiten muß, ohne sie doch lösen zu können. Kann es der Pädagogik schaden, wenn sie sich darüber aufklärt?

Anmerkungen

Anmerkungen und Literaturhinweise sollen nicht nur Belegstellen für die verwendete Literatur geben, sondern zugleich auch einen Zugang zu der inzwischen reichhaltigen Forschung zum Erziehungsdenken und zu den Erziehungsverhältnissen der Aufklärung eröffnen. Ihren Ausgang können solche eigenständigen Arbeiten bequem bei einigen epochenbezogenen Sammelbänden nehmen, die jeweils auch reichhaltige Bibliographien zum Thema bieten. Vor allem:
Kopitzsch, 1976 und *Herrmann,* 1981, 1982; für die Begriffsgeschichte von ,Aufklärung' unentbehrlich ist *Stuke,* 1972.
Schließlich: seit 1986 erscheint im F. Meiner Verlag, Hamburg, eine neue, epochenbezogene Zeitschrift ,Aufklärung', in der die verdienstvolle Arbeit der ,Wolfenbütteler Studien zur Aufklärung' (Jg. 1/1974 ff) sowie der ,Wolfenbütteler Forschungen zur Aufklärung' (Bd. 1/1977 ff.) erweitert wird.

1 *Kant, I., in: Werke, Ed. Weischedel,* Bd. XI Frankfurt/M. 1964, S. 53.
2 *Kant, I:* Über Pädagogik. Werke, Ed. *Weischedel,* Bd. X ebd., zit. S. 679, 699.
3 *Marquard, O.:* Zur Geschichte des philosophischen Begriffs ,Anthropologie' seit dem Ende des achtzehnten Jahrhunderts. In: Ders.: Schwierigkeiten mit der Geschichtsphilosophie. Frankfurt a. M. 1973, S. 122–144; *Lepenies, W.:* Das Ende der Naturgeschichte. München 1976.
4 *Heimpel-Michel, E.:* Die Aufklärung. Eine historisch-systematische Untersuchung. Langensalza 1928 (Göttinger Studien zur Pädagogik 7.H.), zit. S. 24.
5 *Troeltsch, E.:* Die Aufklärung. (1897) In: Ges. Schriften Bd. IV, 1925, S. 338–374, zit. S. 339. ND in: *Kopitzsch,* 1976, S. 245–274; für den europäisch-nordamerikanischen Kontext: *Gay, P.* (Ed.): The Enlightenment. 2 Vols. New York 1966/1969; *Valjavec, F.:* Geschichte der abendländischen Aufklärung. Wien–München 1961.
6 Zur katholischen Aufklärung u. a.: *Dülmen, R. v.:* Antijesuitismus und katholische Aufklärung in Deutschland. In: Historisches Jahrbuch 89 (1969), S. 52–80; *Weis, E.:* Montgelas 1759–1799. München 1971; *Kovács, E.* (Hrsg.): Katholische Aufklärung und Josephinismus. München–Wien 1979; für die Universitäten: *Hammerstein, N.:* Jus und Historie. Göttingen 1972, bes. S. 298 ff.
7 *Schneiders, W.:* Die wahre Aufklärung. Zum Selbstverständnis der deutschen Aufklärung. Freiburg–München 1974; *Vierhaus, R.* (Hrsg.): Bürger und Bürgerlichkeit im Zeitalter der Aufklärung. Heidelberg 1981.

8 Einen vorzüglichen Überblick zur Forschungsgeschichte gibt *Kopitzsch, F.:* (Einleitung: Die Sozialgeschichte der deutschen Aufklärung als Forschungsaufgabe) in dem von ihm edierten Sammelband, 1976, S. 11–169; ferner *Pütz, P.* (Hrsg.): Erforschung der deutschen Aufklärung. Meisenheim a. G. 1980; ders.: Die deutsche Aufklärung. Darmstadt 1978; als kritische Analyse der pädagogischen Historiographie schließlich der (sicherlich noch nicht zureichende, aber lehrreiche) Versuch von *Brandt, H.:* Die Darstellung der preußischen Aufklärungspädagogik in der pädagogischen Geschichtsschreibung des 20. Jahrhunderts. Phil. Diss. Univ. Kiel 1973.
9 *Rutschky, K.* (Hrsg.): Schwarze Pädagogik. Quellen zur Naturgeschichte der Erziehung. Berlin–Frankfurt–Wien 1977; *Gstettner, P.:* Die Eroberung des Kindes durch die Wissenschaft. Reinbek 1981.
10 Exemplarisch: *Blankertz, H.:* Die Geschichte der Pädagogik. Von der Aufklärung bis zur Gegenwart. Wetzlar 1982; *Benner, D.:* Hauptströmungen der Erziehungswissenschaft. München 2.1978.
11 *Weniger, E.:* Zur Geistesgeschichte und Soziologie der pädagogischen Fragestellung. (1936) ND in: *Röhrs, H.* (Hrsg.): Erziehungswissenschaft und Erziehungswirklichkeit. Frankfurt a. M. 1967, S. 346–373; *Mollenhauer, K.:* Pädagogik und Rationalität. In: Ders.: Erziehung und Emanzipation. München 1968, S. 55–74, bes. S. 65 ff; zu *Lessing* vor allem *Löwisch, D. J.:* Lessings Beitrag zur Pädagogik. Eine Hypothese. In: Ders. (Hrsg.): G. E. Lessing. Ausgewählte

Texte zur Pädagogik. Paderborn 1969; zur Bedeutung *Kant*s für das Erziehungsdenken u. a. *Blankertz, H.:* Kants Lehre vom Primat der praktischen Vernunft und Rückfragen an die pädagogische Theorie. In: Vierteljahrsschrift für wissenschaftliche Pädagogik 58 (1982), S. 327–336; *Pleines, J. E.* (Hrsg.): Kant und die Pädagogik. Würzburg 1985.

12 *Evers, E. A.:* Über die Schulbildung zur Bestialität. Aarau 1807, ND in: *Joerden, R.* (Hrsg.): Dokumente des Neuhumanismus. I. Weinheim 1962, S. 46–87; *Heubaum, A.:* Das Zeitalter der Standes- und Berufserziehung. Berlin 1905.

13 Vgl. die Kritik an *Rousseau* bei *Braunmühl, E. v.:* Antipädagogik. Weinheim/Basel 1976 und die gegenteilige Beanspruchung *Rousseau*s u. a. bei *Mollenhauer,* 1968 (Anm. 11), S. 65 f.

14 *Kant*s einschlägiges Diktum in der ‚Kritik der reinen Vernunft‘, Bd. XVI (Ed. *Weischedel,* Bd. III, S. 25); für die besonders in Deutschland emphatische Rezeption *Rousseau*s schon *Pinloche, A.:* Geschichte des Philanthropinismus. Leipzig 1896, der in seinem Vorwort betont, daß *Rousseau* in Frankreich dagegen „nur eine literarische Bedeutung“ gehabt habe und „kaum mehr als einen Modeerfolg“ verbuchen konnte.

15 *Hentig, H. v.:* Lernen wie die Kinder. In: Das Land der Kinder mit der Seele suchen. Stuttgart 1984, S. 231.

16 *Blankertz,* 1982 (s. o. Anm. 10), S. 80; *Wothge, R.:* Der Kommentar zu Rousseaus ‚Emile‘ in Campes Revisionswerk. In: Wissenschaftliche Zeitschrift der Martin-Luther-Univ. Halle-Wittenberg, Ges. u. Sprachwiss. Reihe, 4(1955) 2, S. 249–264; für die allgemeinen Probleme der Zeit, besonders der Popularphilosophen mit *Rousseau* s. *Wolff, H. M.:* Die Weltanschauung der deutschen Aufklärung in geschichtlicher Entwicklung. Bern–München 2.1963, bes. S. 204.

17 So nennt die Vorrede in Bd. XIII des Revisionswerkes die Kritik- und Kommentararbeit an *Rousseau.*

18 *Funke, G.* (Hrsg.): Die Aufklärung. Stuttgart 1963, in seiner ausführlichen Einleitung, zit. S. 9.

19 *Scholtz, H.:* Friedrich Gedike, 1754–1803, ein Wegweiser der preußischen Reform des Bildungswesens. In: Jahrbuch für die Geschichte Mittel- und Ostdeutschlands 13/14

(1965), S. 128–181; s. a. *Hinske, N.* (Hrsg.): Was ist Aufklärung? Beiträge aus der Berlinischen Monatsschrift. Darmstadt 1973; sowie *Möller, H.:* Aufklärung in Preußen. Der Verleger, Publizist und Geschichtsschreiber Friedrich Nicolai. Berlin 1974. Gegen zu idyllische Preußenbilder bewahrt freilich *Lessing*s Urteil, der in einem Brief an *Nicolai* skeptisch über die „Berliner Freiheit“ denkt und Preußen „das sklavischste Land“ Europas nennt (Ges. Werke, Berlin 1957, Bd. IX, S. 327). Man vgl. die zeitgenössischen Urteile, samt *Lessing*s hier zitiertem Votum, in *Hermand, J.* (Hrsg.): Von deutscher Republik. 1775–1795. I. Aktuelle Provokationen. Frankfurt a. M. 1968, mit einem Auszug aus *Lessing*s Brief, S. 81.

20 *Snyders, G.:* Die große Wende der Pädagogik. Die Entdeckung des Kindes und die Revolution der Erziehung im 17. und 18. Jahrhundert in Frankreich. Paderborn 1971; s. a. die Lit.hinweise in Anm. 37; für die Differenzen von Deutschland und Frankreich vgl. *Herrmann, U.:* Über ‚bürgerliche Erziehung‘ in Frankreich und Deutschland im 18. Jahrhundert. In: *Sauder, G./Schlobach, J.* (Hrsg.): Aufklärungen. Frankreich und Deutschland im 18. Jahrhundert. Bd. 1. Heidelberg 1986, S. 47–64.

21 Zum Kontext der Gesellschaftskrise vgl. die Beiträge von *Abel, W.* (Massenarmut und Hungerkrisen in Deutschland im letzten Drittel des 18. Jh.); *Stürmer, M.* (Konjunktur, Krise und Kritik); sowie *Vierhaus, R.* (Deutschland im 18. Jahrhundert: soziales Gefüge, politische Verfassung, geistige Bewegung) in: *Herrmann, U.* (Hrsg.): ‚Das pädagogische Jahrhundert‘. Weinheim/Basel 1981, S. 15–74.

22 *Salzmann, Ch. G.:* Ameisenbüchlein. Hrsg. v. *Dietrich, Th.* Bad Heilbrunn 2.1964 (Klinkhardts Päd. Quellentexte).

23 *Hammerstein,* 1972 (vgl. Anm. 6); *McClelland, Ch. E.:* State, Society, and University in Germany 1700–1914. Cambridge (Mass.) 1980; *Bloch, E.:* Christian Thomasius, ein deutscher Gelehrter ohne Misere. (1953) Frankfurt a. M. 2.1968.

24 *Schöne, A.:* Aufklärung aus dem Geist der Experimentalphysik. Lichtenbergsche Konjunktive. München 1982; *Turner, R. S.:* University Reformers and Professorial Scholarship in Germany, 1760–1806. In: *Stone, L.*

(Ed.): The University in Society. Vol. 2, Princeton 1974, p. 495–531.

25 *Herrmann*, 1981, besonders die Beiträge von *Wehrmann, W.* (Volksaufklärung), *Schenda, R.* (Alphabetisierung und Literarisierungsprozesse) und *Herrmann, U.* (Armut – Armenversorgung – Armenerziehung an der Wende zum 19. Jh.); *Leschinsky, A./Roeder, P. M.:* Schule im historischen Prozeß. Stuttgart 1976 (TB-Ausgabe Frankfurt 1983) und die Diskussion dieser Untersuchung von *Rang/Rang-Dudzik* sowie *Baumgart/Zymek,* in: Z.f. Pädagogik 1977, und die Antwort von *Leschinsky/Roeder* im Jg. 1978; *Herbert, M.:* Erziehung und Volksbildung in Altwürttemberg. Weinheim/Basel 1982.

26 *Möller,* 1974; vgl. auch Anm. 19.

27 Anders als in Frankreich, in dem der Adel sehr viel stärker beteiligt ist, vgl. die Hinweise in: *Dülmen, R. v.:* Der Geheimbund der Illuminaten. Stuttgart 1975; sowie die Hinweise bei: *Hinske,* 1973 (s.Anm.10), Einleitung S. XXXIf.

28 In: *Hinske,* 1973, S. 445.

29 *Stratmann, K.:* Die Krise der Berufserziehung im 18. Jahrhundert als Ursprungsfeld pädagogischen Denkens. Ratingen 1967; *Bleek, W.* (Kameralistische Beamtenbildung im 18. Jh.), in: *Herrmann,* 1982; *Fischer, W./Lundgreen, P.:* The Recruitment and Training of Administrative and Technical Personel. In: *Tilly, Ch.* (Ed.): The Formation of National States in Western Europe. 1975, p. 456–561; für die Gründung von Fachschulen die Tabelle in: *Blankertz,* 1982, S. 65.

30 In: *Kriedte, P./Medick, H./Schlumbohm, J.:* Industrialisierung vor der Industrialisierung. Göttingen 1978 werden ausführlich die ökonomischen, sozialen und mentalen Voraussetzungen dargestellt, die der Übergang zur bürgerlichen Gesellschaft voraussetzt und erzwingt.

31 *Hurrelmann, B.:* Jugendliteratur und Bürgerlichkeit. Paderborn 1974 (im Auszug auch in: *Herrmann, U.* (Hg.): ,Die Bildung des Bürgers'. Weinheim/Basel 1982, S. 194–223); *Stach, R.:* Robinson der Jüngere als pädagogisch-didaktisches Modell des philanthropistischen Erziehungsdenkens. Ratingen 1970.

32 *Göpfert, H.G.:* Lesegesellschaften im 18. Jahrhundert. In: *Kopitzsch,* 1976, S. 403–411,

zit. S. 410; vgl. a. *Dann, O.* (Die Lesegesellschaften des 18. Jahrhunderts und der gesellschaftliche Aufbruch des deutschen Bürgertums) in: *Herrmann,* 1981, S. 100–118; *Dann, O.* (Hrsg.): Lesegesellschaften und bürgerliche Emanzipation. München 1981; *Jäger, G./Schönert, J.:* Die Leihbibliothek als literarische Institution im 18. und 19. Jahrhundert – ein Problemaufriß. In: Wolfenbütteler Studien zur Geschichte des Buchwesens. Bd. III, 1980, S. 7–62; *Martens, W.:* Die Botschaft der Tugend. Die Aufklärung im Spiegel der deutschen moralischen Wochenschriften. Stuttgart 1968; *Lichtenberg, H.-O.:* Unterhaltsame Bauernaufklärung. Tübingen 1970; *Siegert, R.:* Aufklärung und Volkslektüre. Frankfurt a. M. 1978; *Wittmann, R.:* Der lesende Landmann. Zur Rezeption aufklärerischer Bemühungen im 18. Jahrhundert. In: *Berendei, D.* u.a. (Hrsg.): Der Bauer Mittel- und Osteuropas im sozio-ökonomischen Wandel des 18. Jahrhunderts. Köln–Wien 1973.

33 *König, H.:* Zur Geschichte der Nationalerziehung in Deutschland im letzten Drittel des 18. Jahrhunderts. Berlin 1960 (Mon. Paed. Bd. I); *Habermas, J.:* Strukturwandel der Öffentlichkeit. Neuwied–Berlin 1962.

34 *Kanz, H.:* Zum Begriff der politischen Selbstbestimmung in der Pädagogik und erwachsenenpädagogischen Publizistik des 18. Jahrhunderts. In: Pädagogische Rundschau 32 (1978), S. 112–128.

35 *Koselleck, R.:* Kritik und Krise. '1959, Frankfurt a. M. 1973; *Funke,* 1963 (s. Anm. 18), S. 28; *Dülmen,* 1975 (s. Anm. 27); *Hölscher, L.:* Öffentlichkeit und Geheimnis. Stuttgart 1979; *Schindler, N.:* Freimaurerkultur im 18. Jahrhundert. Zur sozialen Funktion des Geheimnisses in der entstehenden bürgerlichen Gesellschaft. In: *Berdahl, R.* u. a.: Klassen und Kultur. Frankfurt a. M. 1982, S. 205–262; *Hof, U.* in: Das Gesellige Jahrhundert. München 1982.

36 *Broecken, K.-H.:* ,Homme' und ,Citoyen'. Diss. phil. Köln 1974; ders.: Mensch und Bürger bei Rousseau und den Philanthropen. In: Päd. Rundschau 32 (1978), S. 739–763.

37 *Snyders,* 1971 (s. Anm. 20); *Ariès, Ph.:* Geschichte der Kindheit. (1960) München 1975 (u. ö.); *Herrmann, U.:* Pädagogische Anthropologie und die ,Entdeckung' des Kindes im Zeitalter der Aufklärung – Kindheit

und Jugendalter im Werk Johann Heinrich Campes. In: *Herrmann, 1982*, S. 178–193; *Brunner, O.:* Das ‚ganze Haus' und die alteuropäische ‚Ökonomik'. (1959) In: Ders.: Neue Wege der Sozialgeschichte. Göttingen 2.1968, S. 103–127; *Kriedte* u. a. 1978 (s. Anm. 30), bes. 90ff.; *Donzelot, J.:* Die Ordnung der Familie. Frankfurt a. M. 1980.

38 *Kant:* Über Pädagogik, in: (Ed.) *Weischedel,* Bd. X, S. 711. Als Beleg dieser Ansicht vgl. die 3. Quelle dieser Epoche auf S. 293–298, die nicht zuletzt deshalb so ausführlich wiedergegeben wird.

39 *Vierhaus,* in: *Herrmann, 1981,* bes. S. 25.

40 *Tenorth, H.-E.:* Wissenschaftliche Pädagogik in Deutschland. In: *Braun, H. J./Kluwe, R.* (Hrsg.): Entwicklung und Selbstverständnis von Wissenschaften. Frankfurt a. M. 1985, S. 79–100, mit Übersicht zur Literatur.

41 Zur Tradition des Zusammenhangs von Esoterik und Innovation vgl. *Yates, F.:* Giordano Bruno and the hermetic tradition. London 1964; epochenspezifisch: *Wagner, F.:* Isaac Newton im Zwielicht zwischen Mythos und Forschung. Freiburg–München 1976.

42 Zur Pädagogik und zum Selbstverständnis der Philanthropen s. *Herrmann, U.:* Die Pädagogik der Philanthropen. In: *Scheuerl, H.* (Hrsg.): Klassiker der Pädagogik. Bd. I, München 1979, S. 135–158; *Roeßler, W.:* Die Entstehung des modernen Erziehungswesens in Deutschland. Stuttgart 1961 (u. ö.), S. 427; zur Einordnung in die epochenspezifischen Ansprüche von aufklärerischen Gesellschaften auch *Dülmen, R. v.:* Die Aufklärungsgesellschaften in Deutschland als Forschungsproblem. (1978) auch in: *Herrmann, 1982,* S. 81–99.

43 Revisionswerk Bd. XII, S. 8.

44 So *Kant*s allgemeine Forderung, vgl.: Kritik der reinen Vernunft, Bd. III u. IV der *Weischedel*-Ausgabe, für die Erziehungstheoretiker in seinem Geiste: *Schöhl von Norman, N.:* Anfänge einer systematischen Pädagogik. Diss. phil. Köln 1974.

45 *Fuchs, M.:* Das Scheitern des Philanthropen Ernst Christian Trapp. Weinheim/Basel 1984.

46 *Trapp, E. C.:* Versuch einer Pädagogik. Berlin 1780 (ND, mit *Trapp*s hallischer Antrittsvorlesung, 1779: Von der Nothwendigkeit, Erziehen und Unterrichten als eine eigene

Kunst zu studiren. Bes. v. *Herrmann, U.* Paderborn 1977).

47 *Lepenies, 1976* (s. Anm. 3), S. 17. Für die erfahrungswissenschaftliche Betrachtung des Kindes und seiner Psyche s. a. *Gstettner, 1981* (s. Anm. 9); *Herrmann, U.:* Die Rolle der Psychologie in der Entwicklung der modernen Erziehungswissenschaft. In: Die Psychologie des 20. Jahrhunderts. Bd. 1, München 1976, S. 1013–1026; *Stumme, F.:* Die Säkularisation des Pietismus zur Erfahrungsseelenkunde. In: Zeitschrift für deutsche Philologie 72 (1953), S. 144, 158; *Schings, Hans-Jürgen:* Melancholie und Aufklärung. Stuttgart 1977; und schließlich zu *Moritz, K. Ph.* auch *Schmidt, Arno:* Die Schreckensmänner. Karl Philipp Moritz zum 200. Geburtstag. In: Ders.: Der sanfte Unmensch. Frankfurt/Berlin 1963, S. 133–156.

48 vgl. Anm. 22; zur Typik dieser Literatur: *Tenorth, H.-E.:* ‚Lehrerberuf s. Dilettantismus'. Wie die Lehrprofession ihr Geschäft verstand. In: *Luhmann, N./Schorr, K.-E.* (Hrsg.): Zwischen Intransparenz und Verstehen. Frankfurt a. M. 1986, S. 275–322. Zur Praxis des zeitgenössischen Schulehaltens: *Stach, R.* (Hrsg.): Theorie und Praxis der philanthropistischen Schule. Rheinstetten 1980; *Petrat, G.:* Schulunterricht. Seine Sozialgeschichte in Deutschland, 1750–1850. München 1979.

49 *Mendelssohn, 1784,* zit. n. *Hinske* (s. Anm. 19), 1973, S. 196f.

50 *Brunner, 1950* (s. Anm. 37); für den Übergang auch *Koselleck, R.:* Preußen zwischen Reform und Revolution. Stuttgart 3.1981, bes. S. 62ff (zum Hausvater) und S. 641ff., Exkurs I: Über die langsame Einschränkung körperlicher Züchtigung.

51 Zur Mädchenbildung, u. a. *König, 1960* (s. Anm. 33), S. 121, 124, Anm. 427; Revisionswerk Bd. XVI, S. 226; *Herrmann, U.:* Erziehung und Schulunterricht für Mädchen im 18. Jahrhundert. In: Wolfenbütteler Studien zur Aufklärung III (1976), S. 101–135; die Einleitung von *Jacobi-Dittrich, J.* zur Neuedition der Schrift *Th. v. Hippel*s (Vaduz 1981).

52 Ausführlich dokumentiert bei: *Rutschky, 1977* (s. Anm. 9).

53 *Pestalozzi, J. H.:* Über Gesetzgebung und Kindermord. 1783, 2. 1821–22; vgl. a. *Wächtershauser, W.:* Das Verbrechen des Kinder-

mordes im Zeitalter der Aufklärung. Berlin 1973.

54 *Hornstein, H.:* Bildsamkeit und Freiheit. Düsseldorf 1959.

55 *Winkler, M.:* Geschichte und Identität. Bad Heilbrunn 1979.

56 *Benner, D.:* Die Pädagogik Herbarts. Weinheim–München 1986, zeigt epistemologisch die neuen Erwartungen an die Erziehungswissenschaft; *Luhmann, N.:* Theoriesubstitution in der Erziehungswissenschaft: Von der Philanthropie zum Neuhumanismus. In: Ders.: Gesellschaftsstruktur und Semantik. Bd. 2, Frankfurt a. M. 1981, S. 105–195; er zeigt dagegen die gesellschaftlichen Erwartungen an und die Funktionen der Erziehungswissenschaft.

57 Vgl. *Funke,* 1963 (s. Anm. 18), Einleitung.

58 *Möller, H.:* Die kleinbürgerliche Familie im 18. Jahrhundert. Berlin 1969; *Schlumbohm, J.:* Straße und Familie. In: Z. f. Päd. 25 (1979), S. 697–726 *Schlumbohm* und Auszüge von *Möller* auch in *Herrmann* 1981, zur Kultur der bürgerlichen Familien vgl. a. *Herrmann,* 1982, besonders die Beiträge von *Ruppert* (Der Bürger als Kaufmann: Erziehung und Lebensformen, Weltbild und Kultur) sowie von *Gerth* (Die Struktursituation der bürgerlichen Intelligenz ...); s. a. *Schlumbohm, J.* (Hrsg.): Kinderstuben. Wie Kinder zu Bauern, Bürgern und Aristokraten wurden. 1700–1850. München (dtv) 1983.

59 *Medick,* 1978 in: *Kriedte* u. a. (s. Anm. 30).

60 *Kuczynski, J.:* Geschichte des Alltags des deutschen Volkes. Bd. 2: 1650–1810. Berlin (DDR)–Köln 1981, zit. S. 216.

61 *Ohle, R.:* Hexenglaube und Hexenprozeß im Christentum. In: Die Religion in Geschichte und Gegenwart. Bd. II, 2.1927ff, Sp. 1872–1874; *Beccaria, C.:* Dei delitti e delle pene. 1764; *Pestalozzi* als Kritiker der Todesstrafe, vgl. *Pestalozzi,* 1783 (s. Anm. 53).

62 *Roeßler,* 1961 (s. Anm. 42); *Heinemann, M.:* Schule im Vorfeld der Verwaltung. Die Entwicklung der preußischen Unterrichtsverwaltung von 1771–1800. Göttingen 1974; *Leschinsky/Roeder,* 1976 (s. Anm. 25).

63 *Fertig, L.:* Campes politische Erziehung. Eine Einführung in die Pädagogik der Aufklärung. Darmstadt 1977.

64 *Pinloche,* 1896 (s. Anm. 14).

65 *Reble, A.* (Hrsg.): Basedow, J. B.: Ausgewählte pädagogische Schriften. Paderborn

1965, zit. S. 224–228 (für *Schummel* und *Rochow*).

66 *Herders* Votum zit. nach *Elzer, H.-M.:* Bildungsgeschichte als Kulturgeschichte. Bd. II, Ratingen 1967, S. 330, Anm. 82; *Goethes* Diktum findet sich u. a. in der Insel-Ausg. von ‚Dichtung und Wahrheit', S. 557.

67 *Alt, R.:* Die Industrieschulen. E. Beitr. z. Geschichte der Volksschulen. Berlin/Leipzig 1948; *Leschinsky/Roeder,* 1976 (s. Anm. 25); *Adamski, P.:* Industrieschulen und Volksschulen in Württemberg im 19. Jahrhundert. Diss. phil. Marburg 1976; *Marquard, W.:* Geschichte und Strukturanalyse der Industrieschule. Arbeitserziehung, Industrieunterricht, Kinderarbeit in niederen Schulen (ca. 1750–1850/70). Diss. phil. Hannover 1975; zu Übersicht über die kontroverse Beurteilung der Industrieschulen s.: *Leschinsky, A.:* Industrieschulen – Schulen der Industrie? In. Z. f. Päd. 24 (1978), S. 89–100.

68 *Kuczynski,* 1981 (s. Anm. 60), S. 189ff., bes. S. 194, 205ff.; 214ff. – in *Salzmanns* Schilderung – die Realität eines Waisenhauses.

69 *Niethammer, F. I.:* Philanthropinismus – Humanismus. bearb. v. *Hillebrecht, W.* Weinheim–Berlin–Basel (ND) 1968.

70 *Koselleck,* 3.1981 (s. Anm. 50).

71 *Jeismann, K.-E.:* Das preußische Gymnasium in Staat und Gesellschaft. Stuttgart 1974; *Menze, C.:* Die Bildungsreform W. v. Humboldts. Hannover 1975; *Herrlitz, H. G.* u. a.: Deutsche Schulgeschichte von 1800 bis zur Gegenwart. Königstein/Ts. 1981.

72 *Urban, G.-H.:* Vom Bürger zum Menschen, von der Staats- zur öffentlichen Schule. Ein Wandel in den Auffassungen der Philanthropisten. Diss. soz. wiss. Tübingen 1980.

73 *Koselleck,* 3.1981, passim (s. Anm. 50); *Möller,* 1974 (s. Anm. 19), S. 8 für das folgende Zitat.

74 *Popper, K. R.:* Immanuel Kant. Der Philosoph der Aufklärung. In: *Popper, K. R.:* Die offene Gesellschaft und ihre Feinde. Bd. I, Bern–München 1957, S. 9–19.

75 Vgl. die Hinweise bei *Funke,* 1963 (s. Anm. 18) in der Einleitung; *Stuke, H.:* Aufklärung. In: *Brunner, O.* u. a. (Hrsg.): Geschichtliche Grundbegriffe. Bd. I, Stuttgart 1972, S. 243–342, bes. S. 318ff für das 19. Jahrhundert.

76 *Leo,* 1840, zit. bei *Stuke,* 1972 (s. Anm. 75), S. 320.

77 *Funke,* 1963 (s. Anm. 18), zit. S. 1.
78 *Palmer, C.:* Aufklärung. In: Schmids Encyklopädie des gesamten Erziehungs- und Unterrichtswesens. Bd. I, Gotha 1859, S. 290–298, zit. S. 291.
79 Die Literatur zum deutschen ‚Sonderweg‘ ist inzwischen uferlos, so daß es lohnt, die Kritiker dieser These zu zitieren, vgl. u. a. bildungshistorisch: *Barkin, K.:* Preußens Schulen sind besser! In: AG Päd. Museum (Hrsg.): Hilfe Schule. Berlin 1981, S. 62–67; *Thien, H.-G.:* Schule, Staat und Lehrerschaft. Frankfurt a. M./New York 1984.
80 Teildruck aus *Campe*s Briefen aus Paris in: *Hermand,* 1968 (s. Anm. 19); für die Jakobiner unter den Pädagogen vgl. *Herrmann, U.:* Die Kodifizierung bürgerlichen Bewußtseins in der deutschen Spätaufklärung – Carl Friedrich Bahrdts ‚Handbuch der Moral für den Bürgerstand‘ aus dem Jahre 1789. In: *Herrmann,* 1982, S. 153–162.
81 Hamburger Goethe-Ausg. Bd. 8, ‚Makariebs Archiv‘, S. 478.
82 s. Anm. 79;
83 vgl. *Müller, D. K./Ringer, F. K./Simon, B.* (Eds.): The Rise of the modern Educational System. Cambridge/Paris 1986.
84 In einer unnötig polemischen Wendung reklamiert auch *Hinske* 1973 (s. Anm. 19), S. XIV diese Differenz von Aufklärungsbegriffen gegenüber *Horkheimer* und *Adorno* und unterstellt dabei einen eindeutigen Begriff von Aufklärung, der schon im ausgehenden 18. Jahrhundert nicht mehr gegeben war; vgl. *Stuke* 1972 (s. Anm. 75), S. 265 ff., der sogar die „Mehrdeutigkeit“ des Aufklärungsbegriffs bei *Kant* feststellt.
85 *Böhme, H./Böhme, G.:* Das Andere der Vernunft. Frankfurt a. M. 1983; Der Traum der Vernunft. Vom Elend der Aufklärung. Eine Veranstaltungsreihe der Akademie der Künste, Berlin. 1. Folge. Darmstadt–Neuwied 1985; das Elend der Aufklärungskritik dokumentiert besonders ein Pamphlet wie *Bergfleth, G.* u. a.: Zur Kritik der palavernden Aufklärung. München 1984.
86 *Marquard, O.:* Die Erziehung des Menschengeschlechts. Eine Bilanz. In: Der Traum der Vernunft, 1985 (s. Anm. 85), S. 125–133, als aufgeklärte Selbstkritik der Aufklärung, auch im Blick auf ihre Erziehungsphantasien; s. a. *Hentig, H. v.:* Die Erziehung des Menschengeschlechts. Ein Plädoyer für die Wiederherstellung der Aufklärung. ebd., S. 105–124.
87 Eine Erfahrung, die *Hentig* wie *Marquard* (s. Anm. 86) voraussetzen und die ja auch die Antipädagogik inspiriert, das uneingelöste Erbe und den Anspruch der bürgerlichen Pädagogik einzuklagen, vgl.: *Winkler, M.:* Über das Pädagogische an der Antipädagogik. In: Zf. Päd. 31(1985), S. 65–76.
88 *Schummel, Johann Gottlieb:* Spitzbart. Eine tragi-komische Geschichte für unser pädagogisches Jahrhundert. Leipzig 1779 (ND München 1983).
89 *Friedell, E.:* Kulturgeschichte der Neuzeit. Teildruck. München o. J., S. 70 f.
90 *Weigelt, P.:* Konzentrationsstörungen. Kopfstände und Bauchtänze auf dem Camous. In: Kursbuch 78. Berlin 1984, S. 103–118, zit. S. 118.

Literaturempfehlungen

Zur Sozialgeschichte:

Kopitzsch, Franklin (Hrsg.): Aufklärung, Absolutismus und Bürgertum in Deutschland. Zwölf Aufsätze. München 1976 (mit Beiträgen von – u.a. *Troeltsch, E., Paulsen, F.* u.a.)

Zur Bildungsgeschichte:

Ariès, Philippe: Geschichte der Kindheit. (1960) Taschenbuchausg., mit e. Vorw. v. *Hentig, H. v.,* München 6.1984

Herrmann, Ulrich (Hrsg.): ‚Das pädagogische Jahrhundert‘. Volksaufklärung und Erziehung zur Armut im 18. Jahrhundert in Deutschland. Weinheim–Basel 1981

Ders. (Hrsg.): ‚Die Bildung des Bürgers‘. Die Formierung der bürgerlichen Gesellschaft und die Gebildeten im 18. Jh. Weinheim – Basel 1982

König, Helmut: Zur Geschichte der Nationalerziehung in Deutschland im letzten Drittel des 18. Jahrhunderts. Berlin (DDR) 1960 (Mon. Paed. I)

Leschinsky, Achim/Roeder, Peter-Martin: Schule im historischen Prozeß. Stuttgart 1976 (Taschenbuchausgabe Frankfurt – Berlin – Wien 1983)

Roeßler, Wilhelm: Die Entstehung des modernen Erziehungswesens in Deutschland. Stuttgart 1961

Snyders, Georges: Die große Wende der Pädagogik. Die Entdeckung des Kindes und die Revolution der Erziehung im 17. und 18. Jahrhundert in Frankreich. Paderborn 1971

Einen Eindruck von der aktuellen bildungshistorischen Erörterung der Aufklärungsepoche im internationalen Kontext geben auch die Hefte 23–26/1984 der ‚Informationen zur erziehungs- und bildungshistorischen Forschung‘ der Historischen Kommission der Deutschen Gesellschaft für Erziehungswissenschaft.

5. Epoche:
Moderne Pädagogik –
Pädagogik der Moderne

– Deutsche Klassik, Romantik
und Marxismus –
Das nach Modernität
und Demokratie strebende
19. Jahrhundert

„Hypothesen sind Netze, nur der wird
fangen, der auswirft. Ist nicht Amerika selbst
durch Hypothese gefunden?
Hoch und vor allen lebe die Hypothese –
nur sie bleibt Ewig neu, sooft sie sich auch
selbst nur besiegte."

[*Novalis,* in: Distichen (Original 1798).
In: Ders.: Werke in einem Band. Bibliothek
Deutscher Klassiker. Berlin–Weimar: Aufbau
Verlag 2.1984, S. 52.]

Zeitleiste

1776 Unabhängigkeitserklärung der Vereinigten Staaten (13) von Nordamerika
1787–1789 Amerikanische Verfassung
1789 Ausbruch der Franz. Revolution; Erklärung der Menschenrechte; von der konstitutionellen Monarchie über den Sturz der Diktatur (Robespierre) zur Direktorial-, über die Konsulatsverfassung zur Militärdiktatur und zum Kaisertum Napoleons
1796–1815 Napoleon I.; Neuordnung in Frankreich (Code civil, Code pénal), religiöse Toleranz, wirtschaftlicher Aufschwung, Vorherrschaft Frankreichs in Europa durch Eroberungskriege (Italien, Spanien, Holland, Österreich, Preußen)
1805 England siegt bei Trafalgar (Nelson)
1806 Ende des Hl. Röm. Reiches Deutscher Nation; nach der Schlacht bei Austerlitz verzichtet Kaiser Franz II. und nennt sich nur noch Kaiser von Österreich
Bildung des Rheinbundes: Unterordnung der dt. Mittelstaaten unter Napoleons Politik
Schlachten bei Jena und Auerstedt: Unterwerfung Preußens
1807 Frieden von Tilsit; Besetzung Preußens
Kontinentalsperre gegen England
Engl.: Verbot des Sklavenhandels
1812 Feldzug gegen Rußland scheitert
1813 Völkerschlacht bei Leipzig: Napoleon wird geschlagen; Erwachen des Freiheitswillens der Völker; Napoleon nach Elba verbannt
1810 Preußen: Universität Berlin durch Wilh. v. Humboldt gegründet; Schaffung des neuhumanistischen Gymnasiums; Blütezeit der deutschen Klassik: Schiller, Goethe, Hölderlin, Humboldt, Fichte, Schleiermacher u. a.
1812 Erscheinen der Grimm'schen Märchen
1807–1815 Wiederaufbau Preußens: Stein/Hardenbergsche Reformen (allg. Landrecht, Rechte für Bauern und Bürger, Bürgerrechte für Juden)

1815 Napoleons 100 Tage; Schlacht bei Waterloo: Blücher und Wellington schlagen Napoleon; N. auf die Insel St. Helena verbannt, wo er 1821 stirbt
1814–1815 Wiener Kongreß: Neuordnung Europas unter Metternichs Führung; Leitlinien sind Restauration, Legitimation, Souveränität; Frankr. in den Grenzen von 1792 unter altem Herrscherhaus den Bourbonen; Entschädigungen Preußens durch Westfalen, Pommern, Nordsachsen, Ostpreußen, Danzig, Thorn, Posen; Rußlands durch Polen; Schweden durch Norwegen; Österreich durch Teile Italiens; Schaffung des Königreichs der Vereinigten Niederlande, des Deutschen Bundes (35 Fürsten und 4 Freie Städte) und des Bundestags in Frankfurt; Politik gegen liberale und nationale Bewegungen
1817 Wartburgfest – Allg. dt. Burschenschaft, Verbrennen von reaktionären Schriften; Ermordung Kotzebues
1819 Karlsbader Beschlüsse: Verbot der Burschenschaften, Universitäten unter landesherrliche Aufsicht, Bücher- und Zeitschriftenzensur, Entlassungen (Vorgehen gegen Jahn, Arndt, Schleiermacher)
Engl.: Einschränkung der Kinderarbeit in den Baumwollspinnereien
1823 Monroe-Doktrin: Ablehnung der Einmischung europ. Mächte in Amerika
1830 Pariser Julirevolution: Studenten und Arbeiter gegen reaktionäre Regierung; Wahl Ludwig Philipps zum König, Sieg der Volkssouveränität, Trikolore wird Nationalflagge
1830 Unabhängigkeit Belgiens – konstitutionelle Erbmonarchie
1830 Aufstände in Polen
1832 Hambacher Fest (27.–30. 5.): Kundgebung mit mehr als 30 000 Demokraten, die für Volkssouveränität, die Einheit Deutschlands, Demokratisierung und Menschheitsverbrüderung eintraten, worauf der Dt. Bund mit neuen Unterdrückungen („Demagogenverfolgungen") reagiert
1834 Deutscher Zollverein: Vereinfachung des Grenzverkehrs innerhalb Deutschlands
1837 Sieben Göttinger Universitätsprofessoren protestieren gegen Verfassungsbruch in Hannover, werden entlassen (darunter die Brüder Grimm) und z. T. des Landes verwiesen
1844 Weberaufstand in Schlesien
1848 Schweiz durch neue Verfassung ein Bundesstaat

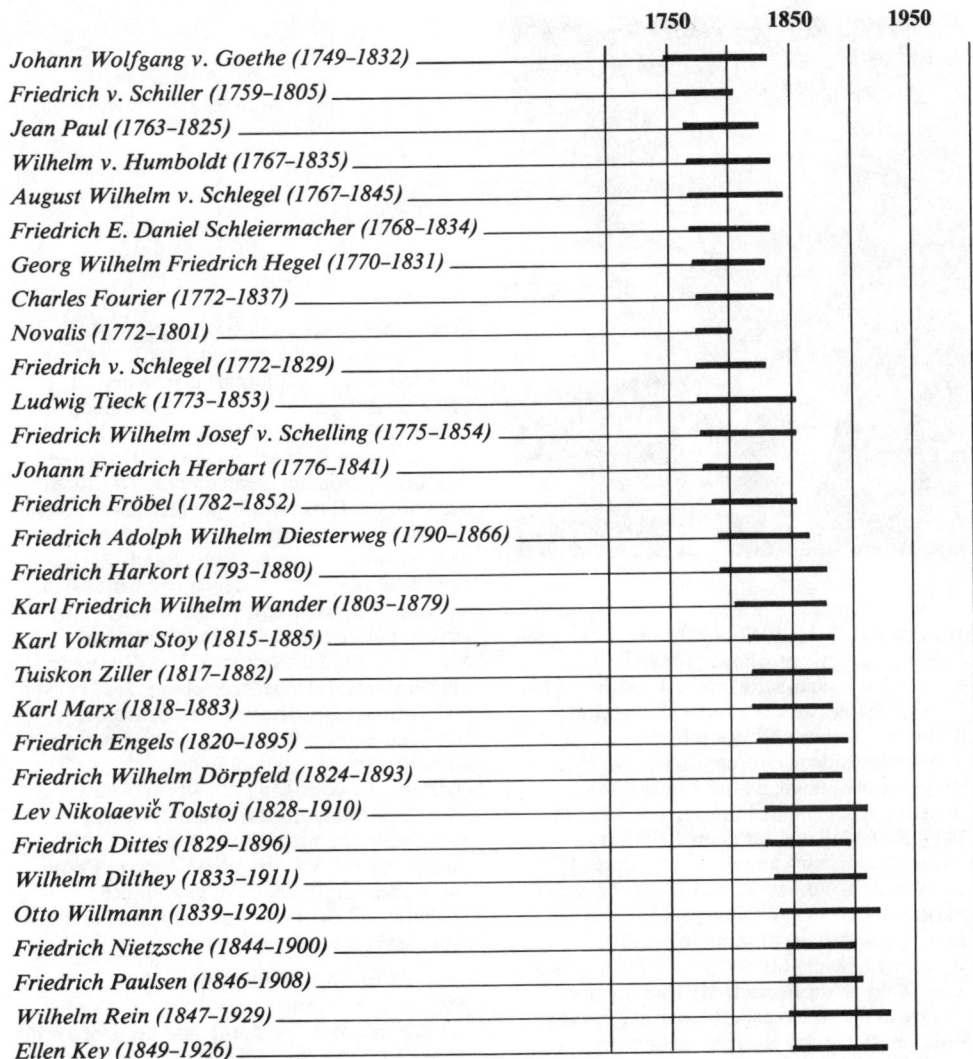

	1750	1850	1950
Johann Wolfgang v. Goethe (1749–1832)			
Friedrich v. Schiller (1759–1805)			
Jean Paul (1763–1825)			
Wilhelm v. Humboldt (1767–1835)			
August Wilhelm v. Schlegel (1767–1845)			
Friedrich E. Daniel Schleiermacher (1768–1834)			
Georg Wilhelm Friedrich Hegel (1770–1831)			
Charles Fourier (1772–1837)			
Novalis (1772–1801)			
Friedrich v. Schlegel (1772–1829)			
Ludwig Tieck (1773–1853)			
Friedrich Wilhelm Josef v. Schelling (1775–1854)			
Johann Friedrich Herbart (1776–1841)			
Friedrich Fröbel (1782–1852)			
Friedrich Adolph Wilhelm Diesterweg (1790–1866)			
Friedrich Harkort (1793–1880)			
Karl Friedrich Wilhelm Wander (1803–1879)			
Karl Volkmar Stoy (1815–1885)			
Tuiskon Ziller (1817–1882)			
Karl Marx (1818–1883)			
Friedrich Engels (1820–1895)			
Friedrich Wilhelm Dörpfeld (1824–1893)			
Lev Nikolaevič Tolstoj (1828–1910)			
Friedrich Dittes (1829–1896)			
Wilhelm Dilthey (1833–1911)			
Otto Willmann (1839–1920)			
Friedrich Nietzsche (1844–1900)			
Friedrich Paulsen (1846–1908)			
Wilhelm Rein (1847–1929)			
Ellen Key (1849–1926)			

1848 Erscheinen des Kommunistischen Manifests von Marx und Engels
1849 Engl.: Gründ. d. Bergarbeitergewerkschaft
1848 Frankr.: Ausruf der zweiten Republik; Verfassungsgebende Versammlung scheitert an sozialen und industriellen Problemen und der Zerissenheit der Parteien; Wahl von Louis Napoleon, der sich
1852 zum Kaiser der Franzosen erhebt

1848 Deutschland: Forderungen (nach Pressefreiheit, Schwurgerichten, Volksbewaffnung, Parlament) führen zu Protesten und Straßenkämpfen; Metternich flieht, Preußen hebt die Zensur auf, verspricht Verfassung Frankfurter Vorparlament beschließt Wahl einer verfassungsgebenden Nationalversammlung; Mai 1848 Nationalversammlung in der Paulskirche

Dieter Lenzen,
geboren am 27. 11. 1947 in Münster, ist ordentlicher Universitätsprofessor für Erziehungswissenschaft mit dem Schwerpunkt „Philosophie
der Erziehung" an der Freien Universität
Berlin. Er studierte Philosophie, Erziehungswissenschaft, deutsche, englische und nieder-
ländische Philologie an der Westfälischen
Wilhelms-Universität Münster von 1967 bis
1970. Er schloß das Studium 1970 mit dem
„Magister artium" ab und promovierte 1973
zum Dr. phil. Von 1970 bis 1973 war *Lenzen*
wissenschaftlicher Assistent am Institut für
Erziehungswissenschaft der Westfälischen
Wilhelms-Universität. 1973 bis 1975 nahm er
eine Tätigkeit im Bereich der Bildungsforschung in der wissenschaftlichen Begleitung
Kollegstufe für das Kultusministerium
Nordrhein-Westfalen wahr. 1975 folgte *Lenzen*
einem Ruf auf eine Professur für Erziehungswissenschaft an der Universität Münster.
1977 ging er an die Freie Universität Berlin.
Lenzen war als Berater für verschiedene erziehungswissenschaftliche Unternehmungen tätig,
darunter die Zeitschrift „betrifft: erziehung"
und die „Bildungspolitischen Rundgespräche"
in Bad Homburg. Er hat die „Jahrbücher
für Erziehungswissenschaft" herausgegeben
und fungierte zusammen mit seiner Ehefrau,
Dr. Agi Schründer-Lenzen als Gesamtheraus-

geber einer zwölfbändigen „Enzyklopädie
Erziehungswissenschaft", die 1982–1987
bei Klett-Cotta in Stuttgart erschienen ist.
Seine derzeitigen Arbeits- und Forschungs-
interessen gelten der historischen Anthropologie. In diesem Rahmen widmet er sich einer
Rekonstruktion der elementaren Strukturen
der Familie. Ein erstes Ergebnis dieser Arbeit
liegt mit seinem Buch „Mythologie der Kindheit" (rowohlts enzyklopädie Band 421) aus
dem Jahr 1985 vor. Daneben widmet er sich
einer auch essayistischen Bearbeitung charak-
teristischer menschlicher Phänomene der
Moderne, wie der Pornographie, der In-vitro-
Fertilisation, der Wiederbelebung des Heiligen
im Identitäts-Begriff, den Versuchen der
Geschichts-Vernichtung in apokalyptischen
Ängsten, der Beschädigung des Geistes
durch die Ertüchtigung des Körpers im Sport
oder der Präsentation *Richard Wagners* und
Jean Pauls in einschlägigen Museen.
Zu den ca. 150 Veröffentlichungen in Form
von wissenschaftlichen Abhandlungen,
Büchern und Beiträgen für Zeitungen und
Rundfunkanstalten gehören:

Didaktik und Kommunikation, 1973
(Fischer Athenäum);
Die Struktur der Erziehung und des Unter-
richts, 1975 (Fischer Athenäum);
Thema: Sprache, 6 Bde. nebst Lehrerbänden
und Arbeitsheften für das 5. bis 10. Schuljahr,
gemeinsam mit *D. Wunderlich,* 1977 ff.
(Hirschgraben);
Curriculumentwicklung für die Kollegschule,
1977 (Fischer Athenäum);
Abitur-Normen gefährden die Schule,
gemeinsam mit *A. Flitner,* 1977 (Piper);
Pädagogik und Alltag, 1980 (Klett-Cotta).

Anschrift: Mozartstraße 9, 1000 Berlin 49
(0 30) 7 44 86 85.

5. Eoche:
Moderne Pädagogik –
Pädagogik der Moderne

Dieter Lenzen

I. Vorbemerkung

Die Entscheidung, eine pädagogische Epoche mit dem Hinweis auf die deutsche Klassik, die Romantik und den aufkommenden Marxismus zu charakterisieren, impliziert eine Konzentration der Aufmerksamkeit auf das 19. Jahrhundert. Gleichzeitig gibt diese Entscheidung ein Signal hinsichtlich des „Pädagogischen" dieser Epoche. Sie ist, wenn eine Epoche, dann nicht vorderhand eine pädagogische im Sinne des 18. Jahrhunderts. „Deutsche Klassik" deutet auf das Zentrum der Kultur des 19. Jahrhunderts: Die Literatur und die Musik – und auf eine Selbstbeschränkung, den deutschsprachigen Kulturraum. „Romantik" meint vor allem Anti-Aufklärung. Und „Marxismus" spielt an auf soziale Bewegung.

Allen drei Kennzeichnungen ist eines gemeinsam: Sie können verstanden werden als Chiffren jenes „Modernen", das sich im 19. Jahrhundert, nicht ohne Bedrängung durch das „Alte", neue Bahnen zu brechen suchte. Dabei war das Alte nicht wirklich alt, sondern beanspruchte Modernität nicht selten für sich selbst. So steht dem Klassischen als Ausdruck des Modernen das Romantische mit einem vergleichbaren Anspruch gegenüber. In anderer Weise wird das Postulat sozialer Gleichheit, wie es im aufkommenden Marxismus verfolgt wird, beispielsweise in *Nietzsches* Kritik der Sklavenmoral denunziert und durch das Konstrukt des Übermenschen antimodern konterkariert.

Wir sehen also, daß wesentliche kulturelle, wissenschaftliche bzw. theoretische Elemente des 19. Jahrhunderts als eine Art Wechselspiel aufeinander gelesen werden können. Dieses ist keine Entscheidung, die auf das 19. Jahrhundert beschränkt gewesen wäre. Sie folgt vielmehr einem Muster, das sich bereits anläßlich der christlichen Absetzung von der Antike herausgebildet hatte: 494/95 bezeichnete *Gelasius* die neue christliche Bewegung als das Moderne. Diese Paarung wiederholte sich unter anderem im Minnesang, in der Renaissance und im 17. Jahrhundert in den „Querelles des anciens et des modernes", einer französischen Wiederaufnahme des Polarisierungsmusters von „antiqui et moderni".

Auch große geistesgeschichtliche Strömungen des 20. Jahrhunderts können unter diesem Gesichtspunkt erfaßt werden. Nicht zuletzt sind auch die jüngsten Jahre einer nachhaltigen Depression in allen kulturellen Feldern durch eine kritische Antwort auf den – letztlich aufklärerischen, klassischen und marxistischen – Optimismus und seine Folgen gekennzeichnet. Diese, bisweilen gern als konservativ oder reaktionär apostrophierte Kritik öffnet den Blick für die ungewollten (?) Implikationen des sogenannten Fortschritts. Dieses läßt sich auch auf die Veränderungen beziehen, die das pädagogische Genre in den letzten 150 bis 200 Jahren erfahren hat. Über weite Strecken steht es geradezu synonym für den Gedanken an einen Fortschritt der Gattung. Aber damit stecken wir schon mitten in einer Erörterung der deutschen Klassik und der Beigabe, die sie für das Pädagogische geboten hat.

II. Das Klassische als das Moderne

Eine etablierte Pädagogik oder gar Erziehungswissenschaft gibt es in dem Zeitraum nicht, der gern als mit dem Ende des Siebenjährigen Krieges (1763) beginnend und mit dem Vormärz, also vor der Revolution von 1848 endend, datiert wird. Aber schon hier besteht durchaus keine Einigkeit. Es kursieren auch Datierungen, die die deutsche Klassik mit dem Erscheinungsjahr von *Kant*s „Kritik der reinen Vernunft" (1781) oder *Goethe*s Italienischer Reise (1786–1788) beginnen und dem Todesjahr *Hegel*s (1831) bzw. dem Todesjahr *Goethe*s (1832) enden lassen.

Zwar verfügen einige Universitäten über pädagogische Lehrstühle, aber die Suche nach einer Pädagogik der deutschen Klassik wird vornehmlich in den Zeugnissen schöner Literatur fündig, wenn man zunächst einmal von den bildungsphilosophischen Reflexionen *Humboldt*s, *Hegel*s und *Schleiermacher*s absieht.

Die Zuordnung der zeitgenössischen Literatur zu den Werken der deutschen Klassik ist entsprechend den unterschiedlichen Datierungen umstritten. Viele rechnen ihr das Œuvre *Goethe*s zu, soweit es noch der Sturm-und-Drang-Periode zugehört oder nicht teilweise schon als romantisch apostrophiert wird; *Schiller*s klassische Dramen *(Wallenstein, Maria Stuart, Die Jungfrau von Orleans, Die Braut von Messina, Wilhelm Tell)* sind zu nennen; sodann *Hölderlin,* dessen Werk nach der Auffassung verschiedener Literaturwissenschaftler jedoch bereits ebenso eine Sonderrolle einnimmt wie dasjenige *Kleist*s und *Jean Paul*s.

Diese Verwirrung verlangt nach der ordnenden Kraft einer gemeinsamen Theorie, einer Weltanschauung, die es erlauben würde, das Arsenal der deutschen Klassik von den Beständen des Nicht-Klassischen zu trennen. Aber das geht nicht. Es gab keine gemeinsame Doktrin, auch wenn das im Nachhinein fälschlich unterstellt wird. Solche Urteile sind, wie sooft, nachträgliche Zuschreibungen. Ein gerütteltes Maß aus ihnen enthielte etwa diese Merkmale:

Klassik, das hieß Rückbeziehung des eigenen Schaffens auf das sprachlich-literarisch-philosophische Vorbild des griechisch-römischen Altertums, auf dem Höhepunkt der deutschen Klassik nur noch des Griechischen, animiert durch *Johann Joachim Winckelmann*s „Gedanken über die Nachahmung der Griechischen Werke in der Malerei und Bildhauerkunst" von 1755. Dort hatte *Winckelmann* unter anderem mit dem von *Oeser* stammende Diktum der „edlen Einfalt und stillen Größe" auf den vorbildlichen Charakter des griechischen Kunststils verwiesen: „Das allgemeine vorzügliche Kennzeichen der griechischen Meisterstücke ist eine edle Einfalt und eine stille Größe, sowohl in der Stellung wie im Ausdruck. Sowie die Tiefe des Meeres alle Zeit ruhig bleibt, die Oberfläche mag noch so wüten, ebenso zeigt der Ausdruck in den Figuren der Griechen bei allen Leidenschaften eine große und gesetzte Seele."

*Goethe*s Schauspielfassung der „Iphigenie auf Tauris", die 1779 fertiggestellt wurde, mag als eines der ersten, wenn nicht das erste Kunstwerk *Goethe*s angesehen werden, das den Namen des Klassischen verdient. Die Verse 10 und 11 aus Iphigeniens erstem Auftritt sind denn auch oft gleichsam als Motto für den Aspekt der Griechenbegeisterung in der deutschen Klassik zitiert worden:

„Und an dem Ufer steh' ich lange Tage,
Das Land der Griechen mit der Seele suchend".

*Klassik, das hieß Überführung von Kunsttheorie in Bildungstheorie. Winckelmann*s Deutung der griechischen Kunst als Harmonie aus Verstand (Kognition heißt das heute) und Gefühl (das zur „Emotion" oder zum „Affekt" verkommen ist), aus Geist und Natur zielte normativ auf eine Idealvorstellung von dem zu bildenden Menschen. Dieses wurde weniger im Sinne eines Bildungsziels für den einzelnen begriffen, denn als Programm für die Gattung: „Höherbildung des Menschen" heißt das u. a. bei *Pestalozzi,* allerdings ohne daß dieser einen allzu expliziten Bezug zu den Werken der deutschen Klassik gesucht hätte; schon die frühen Klassiker der Pädagogik, nicht die Pädagogen der Klassik (!), hatten etwas vom „armen Lazarus".

Klassik, das hieß also Proklamation eines Ideals reiner Humanität als inhaltliche Füllung jener Bildungstheorie. Und noch einmal ist auf *Iphigenie* zu verweisen. Im fremden Land, Tauris, wirkte diese Frau bereits humanisierend. Entsprechend endet das Drama auch untragisch. *Iphigenie* zwingt den fremden König der Taurier, beim Abschied sein „so geht" durch ein „lebt wohl" zu ersetzen. *Goethe* selbst hat das Drama später „ganz verteufelt human" genannt, eine Formulierung, die begreiflicherweise weniger zitationswürdig erschien als die Widmung, die er in das Exemplar des Orest-Darstellers *Krüger* schrieb: „Alle menschlichen Gebrechen sühnet reine Menschlichkeit."

Klassik, das hieß Deutsche Klassik, mehr, vielleicht schlimmer noch: „Deutsche Bewegung". Das ist jedenfalls der Begriff, den der Nestor der geisteswissenschaftlichen Pädagogik, *Herman Nohl,* für die „Blütezeit des deutschen Geistes" verwendet hat, die er über weite Strecken mit der deutschen Klassik bzw. dem deutschen Idealismus in eins setzte. Nicht selten wird jene Blüte auf die politischen Irritationen zurückgeführt, denen das Deutsche Reich, insbesondere Preußen, vor dem Hintergrund des Aufstiegs *Napoleons* unterlag: *Napoleon* betreibt im Frieden von Lunéville 1801 die Auflösung des Deutschen Reiches und gründet 1806 den Rheinbund unter seinem Protektorat. Der Versuch Preußens, im sogenannten vierten Koalitionskrieg die Auflösung des Rheinbundes zu erzwingen, scheitert 1806 auf den Schlachtfeldern von Jena und Auerstedt, im Frieden von Tilsit (1807) büßt Preußen alle Gebiete westlich der Elbe und einen großen Teil der ehemaligen preußischen Territorien ein.

Zweifel sind angebracht. Es mag zwar sein, daß die politische Lage deutschsprachiger Länder die Rezeption einer Literatur, einer Philosophie und vielleicht auch einer Pädagogik förderte, die zumindest der Suggestion nicht entgegenwirkten, ausgerechnet die deutsche Nation sei dazu erwählt, „Menschheitsnation" *(de Boor)* par excellence zu werden, aber eine „Bewegung" im umfassenden Sinne wurde daraus nicht. Der Kult blieb auf das Bürgertum beschränkt.

Aber Klassik bedeutet noch mehr, als hier auszuführen geboten wäre, denn:

– *Klassik, das hieß Sendung gegen den kalten, rationalistischen Geist der Aufklärung;*
– *Klassik, das hieß Rückkehr zu der Anschauung einer vom Geist eines Gottes getränkten Natur;*
– *Klassik, das hieß, der Kultur vor dem staatlich-politischen einen Primat zu sichern;*
– *Klassik, das hieß strenge Anforderung an einen ebenmäßigen, geregelten Stil des Kunstwerks.*

Es ist leicht zu begreifen, daß angesichts der Dominanz des Kunsttheoretischen in der deutschen Klassik von einer Pädagogik dieser Epoche zu sprechen, nicht selbstverständlich ist. Der einzige Anknüpfungspunkt ist die Bildungstheorie, die den Idealen klassischer Kunst inhärent war und sich explizit (aber nicht nur) in eher theoretischen Schriften beispielsweise *Schillers* fand („Briefe über die ästhetische Erziehung des Menschen", 1795; „Über Anmut und Würde", 1793), sondern hervorragend im Werk *Wilhelm v. Humboldts.* Er gelangte nun aber nicht vorderhand von der Theorie der griechischen Kunst her, sondern über seine Theorie der Sprache zu einer Theorie der Bildung. Sprache schien ihm ein doppeltes zu sein, nämlich ergon und energeia, Repräsentant des Allgemeinen, der Vernunft, und zugleich Wirkkraft wie Resultat des individuellen Vermögens. Nun trägt aber nicht jede Sprache schlechthin jene Bildungskraft, sondern die griechische Sprache ist ob ihrer inhärenten Humanität ähnlich einzuschätzen, wie *Winckelmann* es mit der griechischen Kunst getan hatte.

„Der moderne Mensch", so hat *Herwig Blankertz Humboldts* Position resümiert, „konnte durch das Studium der Griechen erfahren, was Menschsein eigentlich bedeutete". Darin gründet die Bedeutung der griechischen Sprache für die Bildungskonzeption des Neuhumanismus und der Stellenwert, den sie im neuhumanistischen Gymnasium erhielt. *Humboldt* hat als geheimer Staatsrat und Direktor der Sektion des Kultus und Unterrichts im preußischen Innenministerium das Seine zur Realisierung dieser Idee in der Begründung des Gymnasiums beigetragen, das für etwa 100 Jahre in Deutschland stabil blieb. Daß es der *moderne* Mensch sein sollte, um dessen Humanitätserfahrung und -entfaltung es hier ging, ist wichtig. Dieser Anspruch war mit dem Klassischen zwar verbunden, hatte doch *Schiller Goethe*s Iphigenie im Gegensatz zu der Vorlage des *Euripides „erstaunlich modern" gefunden* (Brief an *Körner* vom 21. 1. 1802) – das Klassische als das Moderne.

III. Der Modernitätsanspruch der Romantik

Der Blick auf den Modernitätsanspruch der Klassik ist insofern wichtig, als daß er auch von den Romantikern vorgetragen wird, die nicht zuletzt deshalb oft in einem Atemzug mit den Vertretern der deutschen Klassik genannt werden. Besonders in der Historiographie der Pädagogik führt die *Nohl*sche Subsumtion der Romantik unter die „deutsche Bewegung" dazu, die Differenzen zwischen Klassik und Romantik einzuebnen. Auf diese Weise wird ein Philosoph wie *Schleiermacher* zu einem Übergangsphänomen zwischen „klassisch-dichterischer und humanistischer" auf der einen sowie „religiöser und romantischer Phase" auf der anderen Seite – wie *Blankertz* es sieht.

Tatsächlich jedoch hat *Friedrich v. Schlegel* bereits in der Frühromantik eine grundlegende Differenz zwischen klassischer, d. h. antiker und romantischer (mit anderen Worten moderner) Kunstauffassung festgestellt. Freilich verhält es sich mit den bildungstheoretischen Anlehnungsmöglichkeiten an die Romantik nicht so wie bei der Klassik. Das Klassische, das hatte viel zu tun mit Preußentum und Protestantismus, mit Ordnung, Normierung, mit Maß und Ziel und war insoweit noch Kind der Aufklärung. Pädagogisch war es eine Feier der reinen Menschenbildung *(Goethe)* und der Individualität *(Humboldt),* kurz: eine *Vergöttlichung des gebildeten Erwachsenen.*

Die romantische (Kunst-)Auffassung konnte demgegenüber keine „pädagogischen Ableger" im engeren Sinne zeugen. Die Verhältnisse, sie waren nicht so. Denn was hätte der Versuch einer bildungspolitischen Umsetzung romantischer Lebensvorstellungen bedeutet? – Allenfalls eine Abschaffung des öffentlichen Schulwesens. Aber selbst dazu reichte die für so etwas erforderliche innere Organisationskraft gar nicht aus. (Bildungs-)Politische Aktivität, das wäre etwas höchst Unromantisches gewesen, ein Umstand, der bezüglich der Wirksamkeit romantischen Denkens (und Fühlens!) ein Machtvakuum hinterließ, in welches in der ersten Hälfte des 19. Jahrhunderts (!) der organisierte Neuhumanismus *Humboldt*s und *Niethammer*s und mit seinen Auswirkungen bis zum Ende des 19. Jahrhunderts der Herbartianismus stießen. Dessen Vormachtstellung, die mit den späteren Verrechtlichungstendenzen des Obrigkeitsstaates trefflich konvenierte und dessen kalter Rationalismus direkt auf die Aufklärungsphilosophie zurückdeutet, hat ihm einen ausführlichen Platz in jeder Geschichte der Pädagogik gesichert. Der Bericht über ihn kann entweder nur als Kritik des staatlichen Herrschaftsanspruches über das Schulwesen und den Beitrag des *Herbart*schen Œuvres dazu geschrieben werden oder als Hofberichterstattung. In jedem Fall impliziert das Augenmerk auf den Herbartianismus eine Verabsolutierung der Schule als Mittelpunkt des Pädagogischen im 19. Jahrhundert.

Darüber gerät zu leicht das in Vergessenheit, worauf die Romantik ohne eine eigene Pädagogik viel nachhaltiger Einfluß nahm: Das Bild der Familie. In der romantischen Literatur, z. B. in *Schlegel*s „Lucinde" und im „Heinrich von Ofterdingen" von *Novalis* wird nicht der Erwachsene gefeiert, sondern das Kind und die (kindliche) Mutter. Das ist nur zu verstehen, wenn man die Kernstücke romantischer Ästhetik studiert, die sich allerdings nicht so definitiv verbuchen lassen wie die klassischen Essentials, denn die Vielfalt, das Dilettantische, das Unklare, das Unordentliche auch, sind ihre Merkmale:

Romantik, das hieß Entgrenzung in mehrfacher Hinsicht. War die (griechische) Sprache bei *Humboldt* Ausgangspunkt und Medium der Humanisierung und damit auf ein Ziel gerichtet, so wies sie für die Romantiker ins Unendliche, sie ist „das große, nie vollendete Gedicht, worin die menschliche Natur sich selbst darstellt", so *August Wilhelm v. Schlegel,* der ältere der beiden Brüder. Diese Eigenschaft soll sich deshalb auf die Kunst abbilden:

„Die romantische Poesie ist eine progressive Universalpoesie. Ihre Bestimmung ist nicht bloß, alle getrennten Gattungen der Poesie wieder zu vereinigen und die Poesie mit der Philosophie und Rhetorik in Berührung zu setzen. Sie will und soll auch Poesie und Prosa, Genialität und Kritik, Kunstpoesie und Naturpoesie bald mischen, bald verschmelzen, die Poesie lebendig und gesellig und das Leben und die Gesellschaft poetisch machen, den Witz poetisieren und die Formen der Kunst mit gediegenem Bildungsstoff jeder Art anfüllen und sättigen und durch die Schwingungen des Humors beseelen" *(Friedrich v. Schlegel).*

Aber die Entgrenzung der Romantiker kannte noch weitere Felder: Aufhebung der Grenzen zwischen Gott und Welt, zwischen Leben und Tod und – zwischen Natur und Geist. Das zog nach sich: Aufhebung der Grenzen zwischen Kunst und Wissenschaft (*Novalis* sprach von einem „Bündnis von Dichten und Denken"). Es leuchtet daher ein, daß im Romantischen kein Ort sein konnte, wo eine „wissenschaftliche" Beschäftigung mit den Prozessen von Erziehung und Bildung hätte aufkeimen können, die wie die *Herbart*sche Pädagogik mit einer tatsachenwissenschaftlichen Psychologie an die Seelen der jungen Generation heranzurücken suchte.

Romantik, das hieß ein distanziertes Verhältnis zu jener Wirklichkeit einzunehmen, die wir heute nur noch als sogenannte Wirklichkeit fassen können, nachdem im 20. Jahrhundert die Medien ihre eigene Wirklichkeit erzeugt haben. Die Romantiker erzeugten keine andere oder gar eine Gegenwirklichkeit. Sie entzogen sich ihr vielmehr, besonders in der sogenannten Frühromantik. Dieser Vorgang hatte verschiedene Facetten. Zu ihnen gehörte die Wahl der Gegenstände, die oftmals nicht im Alltag lagen, sondern im Märchenhaften, Transrealen und die, wenn sie dem Alltag doch entstammten, vielfach „entwirklicht" wurden: So schildert *Tiecks* Novelle „Des Lebens Überfluß" den Rückzug eines Liebespaares aus der Wirklichkeit, der durch den sukzessiven Abbau der Treppe, die aus ihrem selbst gewählten Exil herausführt, besiegelt wird. Als künstlerisches Mittel der Distanzierung diente die romantische Ironie, der Witz auch, der Humor; der heute wieder aktuelle Slogan „Die Phantasie an die Macht" hätte eine Kampfparole der Romantiker sein können, wenn der Kampf denn, wenn das Agonale ihrem Lebensgefühl nicht grundlegend widerstritten hätte. Sie fanden ihren Ort, wenn nicht ihr Versteck, demgegenüber in den Mythen, in der Religion. „Es fehlt, so behaupte ich, unserer Poesie an einem Mittelpunkt, wie es die Mythologie für die Alten war", hatte nämlich *Friedrich v. Schlegel* 1800 in seinem „Gespräch über die Poesie" gemeint. Dort war die Unendlichkeit Gottes zu suchen und zu finden. Die Romantik ist in dieser Hinsicht viel eher eine Bewegung gewesen als die deutsche Klassik, eine religiöse Bewegung, die unter anderem in den zahlreichen Konversionen zum Katholizismus ihren Ausdruck fand. Dort (in der Religion) schien der Mensch bei sich zu sein. Auf die Frage „Wo gehen wir denn hin?" lautete ja die viel zitierte Antwort in *Novalis'* „Heinrich von Ofterdingen": „Immer nach Hause."

Es darf nicht erstaunen, daß auch dieses distanzierte, ja vielleicht sogar reflektierte Verhältnis zur Wirklichkeit nicht der Boden sein konnte, auf dem eine Pädagogik hätte gedeihen können, deren staatliche Financiers von ihr ein ungebrochenes Verhältnis zur Wirklichkeit verlangten. Daß hier der neuhumanistischen Vorstellung bei der Konzeptionierung von Schultypen leichter zu folgen war, liegt auf der Hand. Doch gerade weil das Romantische sich diesen Optionen sehr versperrte, werden wir am Ende des 20. Jahrhunderts vielleicht ein größeres Interesse an ihren versäumten pädagogischen Möglichkeiten nehmen wollen.

Romantik, das hieß schließlich Hingabe an den Subjektivismus. In diesem Terminus spiegelt sich schon ein pejorativer, ein abschätziger Beigeschmack, den diese Nuance der Romantik nicht nur für spätere Gesellschaftstheoretiker hatte, sondern bereits für *Goethe,* dessen Urteil ganz hart lautete: „Das Klassische ist das Gesunde, Romantisch das Kranke."

Es war also eine Öffnung gegenüber dem Subjektiven, gegenüber der Vorstellung, es müsse möglich sein, das schöpferische Ich ins Universale, nicht nur ins Klassische zu weiten. Für viele Romantiker gab es eine enge Verbindung zwischen ihrem Schaffen, den Zeugnissen ihres Schaffens und ihrem Leben. Romantische Dichtung, das war nicht nur eine Kunst – sondern auch eine Lebensform, womit sich wiederum der Blick auf eine Bildungstheorie hätte freimachen können. In dem Maße aber, in dem eine romantische Lebensform anders als das Klassische keine verallgemeinerungsfähigen Werte, Haltungen und Lebensregeln enthielt, also chaotisch, fragmentarisch (das

Fragment ist eine bevorzugte Werkform der Romantik) und mithin nicht teilbar erschien, hat es sich für eine – gar öffentliche – Bildungstheorie nicht angeboten.

Romantische Bildungstheorie war, wenn überhaupt Theorie, dann private Orientierung, deshalb ihre größere Bedeutung für die Familie. Die unlösbare Verbindung des privaten Lebenslaufs mit dem veröffentlichten Schaffen wird kaum irgendwo so deutlich wie bei *Novalis*. Sein Werk muß vor dem Hintergrund des Todes seiner 15jährigen Verlobten, *Sophie v. Kühn* (1797) aufgeschlüsselt werden. Aus diesem – im selben Augenblick Liebes- und Todeserlebnis – erwächst die von ihm geprägte Nähe von Liebe und Tod in zahlreichen Werken der Romantik und der in einer Vergeistigung des Sinnlichen bestehende Begriff der romantischen Liebe, deren Höhepunkt in der ewigen Vereinigung der Geliebten durch das Nachsterben der Geliebten, im Idealfall durch den gemeinsamen Tod erlebt werden konnte. Das Beispiel von *Heinrich v. Kleist* und *Henriette Vogel* hat diese Todesvereinigung in den frühen Morgenstunden des 22. Novembers 1811 am Ufer des Kleinen Wannsees in Berlin realiter gezeigt.

Es ist erschreckend zu konstatieren, wie wenig die pädagogische Geschichtsschreibung sich mit diesem Phänomen befaßt hat, welches nicht nur das Verständnis „wahrer" Liebe von Millionen Menschen der folgenden 180 Jahre geprägt hat, sondern zu einer erst am Beginn des 20. Jahrhunderts auch pädagogisch aufbrechenden Normierung der Beziehung zwischen Erwachsenen und Kindern führte. Übersehen wir doch bitte nicht: *Novalis'* Todessehnsucht entspricht der Liebe nicht zu einer Gattin, sondern zu einem *Kind,* welches er kennenlernt, als es 13 Jahre alt ist und das, immer noch Kind, mit 15 Jahren stirbt. Diese Liebe steht der Pädophilie näher als der Gattenliebe, und es ist diese Pädophilie, die die Liebe zu den Kindern der Folgezeit, den Selbsthaß der Erwachsenen und die Infantilisierung der Erwachsenenwelt einleitet.

Schauen wir noch einmal hin: In der romantischen Liebe wird das Bild vom Kinde mit dem von der Frau kongruent. Beide, die Kindsfrau und das frauliche Kind (Knaben tragen Frauenkleider!) werden zu Objekten einer aus allen Fugen geratenen Verehrung, Vergöttlichung, die sich an zahllosen Beispielen demonstrieren ließe. Nehmen wir nur *Friedrich v. Schlegel*s „Lucinde". Kein anderer als *Friedrich Schleiermacher,* der als einziger Auch-Pädagoge der Romantik nahestand und dessen Erziehungstheorie immer noch viele anlockt, trat öffentlich als Verteidiger von *Schlegel*s „Lucinde" auf. Hatte er erkannt, daß die darin enthaltene Vergöttlichung der Frau und Mutter und des Kindes epochal sein würde? Nicht nur redete *Schlegel* darin unabläßlich von den „göttlichen Kindern" (was wir auch bei *Novalis, Eichendorff* und anderen finden), sondern das Kind allein macht dort die Frau – nicht zur Mutter, sondern zur Madonna:

„Weißt du noch, wie ich dir schrieb, keine Erinnerung könne dich mir entweihen, du seist ewig rein wie die heilige Jungfrau von unbeflecktem Empfängnis, und nichts fehle dir zur Madonna wie das Kind?"

Nicht zufällig ist es die Romantik, die die Frauen auch als Kunstschaffende hervor-bringt: *Dorothea Tieck, Dorothea Veit, Karoline Schlegel, Rahel Varnhagen, Benedic-tine Naubert, Luise Hensel, Bettina v. Arnim, Karoline v. Günderode* u. a. m.

Entgrenzung, Wirklichkeitsdistanz und Subjektivität, nur eines dieser Momente, Subjektivität (und daran auch nur das romantische Modell der Liebe zu Frau und Kind) scheint ein stabiler Bestandteil des kollektiven Habitus' Erwachsener gegenüber den Kindern in der Folgezeit geworden zu sein, mit allen seinen auch katastrophalen Folgen. Vielleicht wäre das anders gewesen, wenn das romantische Lebensgefühl, ja *Gefühl,* hätte Eingang finden können in die etablierte, bzw. sich etablierende Pädago-gik des 19. Jahrhunderts. Denn Entgrenzung und ein gebrochenes Verhältnis zur Wirklichkeit, das sind nicht zwangsläufig Momente des „Kranken", sondern sie bargen und bergen auch eine Bildungschance: Den Menschen die Ruhe und Selbstver-ständlichkeit eines Lebens wiederzugeben, das unter dem globalen Anspruch der Auf-klärung und ihrer Folgen, wozu Klassik und Marxismus ebenso gehörten, zunehmend unlebbar, nur noch erleidbar wurde, weil es den Wahn der Erfüllung in die allzu kurze Spanne des einen Lebens versetzte, das dazu nicht reichen konnte und kann.

Dem Modernitätsanspruch der Klassik hatte *Friedrich v. Schlegel* denjenigen der Romantik entgegengesetzt, doch konnte sich dieser ebensowenig auf der gesamten Linie durchsetzen wie jener. So stehen wir also in der Jahrhundertmitte, was das Erzie-herische betrifft, vor einer in sich widersprüchlichen Situation. „Moderne Erziehung" im damaligen Verstande, vereinigt unter sich gleichzeitig zwei kontradiktorische Modernitätsbegriffe, den der *klassischen* Bildung im *öffentlichen* Erziehungsraum und den der *romantischen* Beziehung zwischen Erwachsenen und Kindern im *Privaten.*

IV. Universelle (Aus-)Bildung und leidenschaftliche Liebe für alle –
Modernität als Vermittlung klassischer und romantischer Ideale

Marxistische Pädagogik oder die Pädagogik des Marxismus ist demgegenüber einen Schritt weitergegangen. Aber gibt es überhaupt im 19. Jahrhundert eine derartige Päd-agogik? Ist *Marx* auch ein Erziehungstheoretiker gewesen? – Die Antwort ist nicht ein-deutig zu geben. Sicher war *Karl Marx* (1818–1883) nicht in dem Sinne Theoretiker oder gar Praktiker der Pädagogik wie *Herbart* und *Schleiermacher* oder wie *Fröbel* und *Pestalozzi.* Und doch enthalten seine Arbeiten immer wieder verstreute Äußerun-gen über den Zusammenhang von pädagogischen und gesellschaftlichen Veränderun-gen, die auch heute auf dem Territorium des sogenannten real existierenden Sozialis-mus ernstgenommen werden.

Allerdings beziehen sich solche Darlegungen überwiegend auf den Prozeß dessen, was heute als Bildung, genauer als Ausbildung bezeichnet wird, also auf den öffentlichen Teil des Umgangs mit der nachwachsenden Generation. Diese Einlassungen und ihre Umsetzung in eine sozialistische Bildungspolitik sind es denn auch, die – zumindest in den westlichen Ländern – herangezogen werden, wenn die pädagogische Historiographie sich mit der Pädagogik des Marxismus befaßt. Diese Sicht ist aber verkürzt und somit falsch. Denn ebenso klare Vorstellungen wie für den Auftrag des sozialistischen Bildungswesens sind, nicht von *Marx,* sondern von *Friedrich Engels* (1820–1895) über die Zukunft der Familie getätigt worden. Nur wenn man beides zusammen sieht, begreift man, inwiefern eine „moderne" Kultur im Sinne von *Marx* und *Engels* gleichsam eine Fortführung der Vorstellungen von Klassik und Romantik zusammengenommen darstellen.

Interessanterweise ist diese Vorstellung von *Engels* schon 1840 und zwar nicht in einer gesellschaftstheoretischen Schrift, sondern in einer Zeitung, der „Mitternachtszeitung für gebildete Leser" (Nr. 83 vom 21. Mai 1840), zu einem *literarischen Gegenstand* formuliert worden. Es handelt sich dabei um eine Auseinandersetzung mit den Werken eines Dichters des sogenannten „jungen Deutschland", *Karl Gutzkow,* der 1835 wegen seines „unmoralischen" Romans „Wally" zu einem Monat Gefängnis verurteilt worden war und dessen Schriften durch die Bundesversammlung verboten wurden. Die unter dem Titel „modernes Literaturleben" und „moderne Polemik" zusammengefaßten Artikel setzen sich mit den Arbeiten *Gutzkow*s auseinander, versuchten eine Art literarhistorische Einordnung und kulminierten in der Feststellung, daß der moderne Stil „das Gepräge der Vermittlung" trage bzw. tragen solle. Gemeint war die Vermittlung von Phantasie und Verstand. Sie „fließen nicht bewußtlos ineinander, noch stehen sie sich schroff gegenüber; sie sind, wie im menschlichen Geiste, so im Stil vereinigt, und weil ihre Vereinigung bewußt ist, so ist sie auch dauernd und echt". „Phantasie und Verstand", das muß man wissen, waren nun aber nichts anderes als Chiffren für Romantik und Klassik, „Vermittlung", das hieß *dialektische* Vermittlung. Es ist eine Vermittlung zwischen klassischen und romantischen Elementen des Erzieherisch-Pädagogischen, die für das Gesamt des erzieherischen Denkens von *Marx* und *Engels* charakteristisch ist. – Beginnen wir mit der einen, bekannteren Seite, der „Bildungstheorie" von *Karl Marx.*

Zunächst gilt es festzustellen, daß *Marx* vor dem Hintergrund materialistischer Argumentation der Erziehung bzw. Bildung nicht den alles verändernden Stellenwert einräumen konnte wie der deutsche Idealismus es tat. In seiner dritten These über *Feuerbach* schrieb er:

„Die materialistische Lehre, daß die Menschen Produkte der Umstände und der Erziehung, veränderte Menschen also Produkte anderer Umstände und geänderter Erziehung sind, vergißt, daß der Erzieher selbst erzogen werden muß. Sie kommt daher mit Notwendigkeit dahin, die Gesellschaft in zwei Teile zu sondern, von denen der eine über die Gesellschaft erhaben ist (z.B. bei *Robert Owen*)".

Diese These war wichtig, weil sie erzieherisches Denken eng mit Gesellschaftstheorie verknüpft und auf die dialektische Struktur des Verhältnisses von Sozialität und Erziehung hinweist. Die These macht nämlich auf einen Widerspruch aufmerksam, der in *Marx'* Augen das Denken der Frühsozialisten kennzeichnete: Denn sind alle Menschen Produkte „ihrer Umstände und ihrer Erziehung", dann sind es auch diejenigen, auf deren Vernunft und Einsicht z. B. *Owen* setzte, wenn er der Bereitschaft der Unternehmer traute, die Lage des Proletariats zu verbessern. Wie sollen aber diese unter den für alle geltenden Bedingungen mehr Einsicht hervorbringen, als die Bedingungen es eigentlich erlauben und als andere es tun? Das ist der Sinn der Rede von der notwendigen Erziehung der Erzieher.

Fazit 1: Der Erziehung sind für die Veränderung gesellschaftlicher Verhältnisse enge Grenzen gesetzt. *Nur eine revolutionäre Praxis kann Umstände und Erziehung im Wechselverhältnis zueinander verändern.*

Diese Rücknahme idealistischen Bildungsdenkens bedeutet aber nicht, daß *Marx* jede Bedeutung von Erziehung und Bildung leugnete. Er bezog die Wichtigkeit der Bildung allerdings zunächst auf Arbeit, so daß das Augenmerk sich auf die Verbesserung richtete, die die Produktivität des Arbeiters durch pädagogischen Aufwand erfährt. Daraus resultierte eine Forderung nach Abschaffung von bürgerlichen Bildungsprivilegien, die auch der Frühsozialist *Saint-Simon* bereits erhoben hatte.

Fazit 2: Im Interesse des Proletariats muß Bildung für alle gefordert werden, damit sich die Produktivität der Arbeiter erhöht.

Dabei konnte es aber nicht um eine bloße Steigerung der Leistungsfähigkeit von Lohnarbeitern gehen, die letztlich nur würde den Produktionsmitteleignern, also den Kapitalisten, zugute gekommen sein, sondern auch die Qualität der Bildung war zu ändern, genauer: *Marx* knüpfte an die klassische Bildungsidee an, verband sie mit dem Gedanken *Hegels*, daß Arbeit bilde und zielte auf ein Ideal von einem „total entwickelten Individuum" bzw. auf ein Universalitätsideal der Bildung, wie es schon der scharf für eine möglichst selbständige Schule, Erziehung und Lehrerbildung eintretende *Friedrich Adolph Wilhelm Diesterweg* (1790–1866) formuliert hatte:

„Erziehung und Unterricht, Wissenschaft und Kunst, religiöse und bürgerliche Institutionen treten in den Dienst des Menschen zu dessen allseitiger Entwicklung und Vollendung. Nicht die Seelenrettung des einzelnen, sondern die Ausbildung der Menschen in ihrer Gesamtheit und ihrer natürlichen Verteilung als Nationen ist das Problem aller. Nicht für sich allein, ohne die übrigen, kann der einzelne Mensch den Zweck seines Daseins erreichen, sondern durch die Gemeinschaft mit ihnen, in der Wechselwirkung des Gebens und Empfangens".

Marx vertrat die Auffassung, daß die Differenz zwischen körperlicher und geistiger Arbeit („Hirn und Hände") aufgrund der Weiterentwicklung der Produktivkräfte im Verschwinden begriffen sei und daß deshalb zu einer allseitigen Bildung beides gehöre: Bildung der geistigen und der körperlichen Kräfte. Die Idee einer polytechnischen Bildung, die eine Organisationsform z. B. in der Polytechnischen Oberschule der DDR gefunden hat, gründet hier. *Marx* hatte die Vorstellung, daß auch Kinder im Rahmen dieser polytechnischen Erziehungsvorstellung bereits arbeiten sollten, allerdings nicht als Objekte der Ausbeutung, sondern im Rahmen eben einer Ausbildung, „die die allgemeinen Prinzipien aller Produktionsprozesse vermittelt und gleichzeitig das Kind und die junge Person einweiht in den praktischen Gebrauch und die Handhabung der elementaren Instrumente aller Arbeitszweige".

Die Idee, Kinder zwischen 9 und 17 Jahren zwei bis sechs Stunden täglich arbeiten zu lassen, hatte ein reales Vorbild gehabt: *Robert Owen* (1771–1858). Er, der zu den Frühsozialisten zählt, hatte in einer ihm mit gehörenden Textilfabrik in New Lanark in Schottland Kinder vom 10. Lebensjahr an arbeiten und ihnen dazu eine Elementarausbildung zukommen lassen.

Fazit 3: Das klassische (bürgerliche) Bildungsideal erfährt eine Transformation in ein universelles Ideal allseitiger Bildung als Vermittlung geistiger und körperlicher Kräfte der Arbeit.

Der Modernitätsanspruch des marxistischen Bildungskonzepts bestand also, so könnte man zusammenfassend sagen, in der Vorstellung von einer öffentlichen, d. h. staatlichen Bildung geistiger und körperlicher Arbeitskraft für alle und zwar als pädagogisches Pendant, nicht als Movens erforderlicher gesellschaftlicher Veränderungen in einer revolutionären Praxis. So nüchtern das klingt, *Marx* dachte nicht nur das klassische Bildungsideal rational zu Ende. Getragen, gesteuert war sein Denken durchaus auch von Phantasien eines Lebens, welches romantische Züge trug. In der kommunistischen Gesellschaft, so hatte er gemeint, könne aus der Universalität der Bildung eine lebensweltliche Konsequenz gezogen werden, nämlich die, daß der Mensch nicht „von Beruf" nur Jäger, Fischer, Hirte oder Kritiker sei. Der Mensch werde vielmehr morgens jagen, nachmittags fischen, abends Viehzucht treiben und nach dem Abendessen kritisieren können. Dieses Bild ist ihm als „Idylle" vorgehalten worden; dabei sind es vielleicht eben diese Tagträume, die den Menschen *Marx* in einer Zeit näher rücken lassen, in der von ihm abgeleitete Konzepte einer totalen Organisation des Bildungsprozesses an Attraktivität eingebüßt haben.

Romantisch (und das ist in dieser Darstellung nie pejorativ, sondern immer historisch gemeint) ist auch die Vision, die *Friedrich Engels* von der künftigen Familie gehabt hat. Und auch bei ihm beginnen die Überlegungen dazu ganz nüchtern, analytisch. *Engels* war von der Idee gefangen, es könne einen Zusammenhang geben zwischen der kapitalistischen Produktionsweise und der vorfindbaren Wirklichkeit von Familie und Ehe. In seiner Schrift „Der Ursprung der Familie, des Privateigentums und des Staats" von 1884 stellte er die Entwicklung der Familie als eine Entwicklungskette dar, die in der zu seiner Zeit vorfindbaren Familienform mündete, in der er den Klassengegensatz sich spiegeln sah. Im Anschluß an die Untersuchungen *Morgan*s in „Ancient society" (1877) nahm *Engels* an, daß die erste Stufe der Familie historisch durch den Typ der *„Blutsverwandtschaftsfamilie"* gekennzeichnet war, eine Art „Gruppenehe", deren Entdeckung bei zeitgenössischen Stammesgesellschaften *Engels* als weitere Stützung seiner These in dem Artikel „Ein neu entdeckter Fall von Gruppenehe" freudig begrüßte. Diese erste Form sollte lediglich eine Binnenordnung nach Generationen gehabt haben, das heißt z. B., daß alle Angehörigen einer Generation, unabhängig von einer Inzestschranke, miteinander Geschlechtsverkehr haben konnten. Auch, aber nicht nur, zum Verständnis der 3. Quelle dieser Epoche (auf S. 306–308) seien noch folgende Hinweise gestattet:

Auf dieser Stufe ruht der Typ der *„Punaluafamilie",* die nach der Hawaiischen Bezeichnung für „intimer Genosse" so benannt wurde: das war die Umschreibung für die verschiedenen Männer der Frauen, beziehungsweise umgekehrt für die verschiedenen Frauen der Männer untereinander. Auf dieser Entwicklungsstufe galt das Inzestverbot für Geschwister. Aus diesem Typ entwickelte sich, so *Engels* mit *Bachofen,* die Gens, eine Familie mit einer gemeinsamen Stammutter, die allerdings keinen neuen Typ darstellt, sondern vorderhand durch das von *Bachofen* behauptete Prinzip der Matrilinearität, also der weiblichen Erbfolge, gekennzeichnet ist. Die patrilinearen Verwandtschaftsformen sollen sich erst später daraus entwickelt haben. Diese Behauptung *Bachofen*s war für *Engels* insofern wichtig, als damit die bloße Historizität des vermeintlich universalen Prinzips des Patriarchats bewiesen schien.

Die dritte Entwicklungsstufe der Familie wurde nach *Engels* durch die sogenannte *„Paarungsfamilie"* eingenommen, in der ein Mann und eine Frau zusammenlebten und die durch die Polygamie ausschließlich des Mannes bestimmt war. Hier ist der Übergang vom Mutterrecht zum Vaterrecht zu suchen. Weil es die Form der weiblichen Monogamie gestattete, den Vater erstmalig als denjenigen festzulegen, der der beglaubigte Gatte der Frau war, wurde es möglich, auch ihn als Eigentümer der zu dieser Zeit erstmals erwirtschafteten Mehrwerte auszuweisen. Hier ist *Marx* zufolge der Entstehungsort „der Familie als Kern der gesellschaftlichen Sklaverei".

Aus der Paarungsehe entsteht auf der vierten Stufe die *„monogame Familie",* wie *Engels* sie zu seiner Zeit vorfand. Ihr Sieg wurde von ihm als Kennzeichen der beginnenden Zivilisation gesehen. Sie ist durch eine feste Verbindung charakterisiert, allerdings mit der bisweiligen eingeräumten Möglichkeit der Untreue für den Ehemann wie noch im *Code Napoléon* festgelegt. Obgleich sie rudimentär Ausdruck der beginnenden Zivilisation ist, hat sie ein Janusgesicht. Denn die lizensierte männliche Untreue begünstigt das Phänomen weiblicher Prostitution, eine kompensatorische Untreue auch der Ehefrau und das Bild des Ehemannes als Hahnrei. Dort, wo die monogame Ehe wie in den protestantischen Ländern philisterhaft geführt wird, bietet sie, so *Engels,* den Anblick „einer bleiernen Langeweile, die man mit dem Namen ‚Familienglück' bezeichnet."

War unter den Bedingungen der Paarungsehe *Liebe als Leidenschaft* aufgekommen, wenngleich nicht zwischen den Ehepartnern, so böte die monogame Familie prinzipiell die Möglichkeit der Kultivierung dieses Gefühls in ihr. Jedoch:

„Der erste Klassengegensatz, der in der Geschichte auftritt, fällt zusammen mit der Entwicklung des Antagonismus von Mann und Weib in der Einzelehe, und die erste Klassenunterdrückung mit der des weiblichen Geschlechts durch das männliche", formulierte *Engels*.

Während also der Mann in der für *Engels* vorfindbaren Familie den Bourgeois, die Frau das Proletariat repräsentiert, böte allein die proletarische Familie die Chance einer Idealehe als Ort der Liebe, denn die negativen Voraussetzungen, die die bürgerliche monogame Ehe beschädigen, fehlen hier gänzlich: Es gibt bzw. gab keine materielle Möglichkeit, Prostitution, d. h. den Verkauf des weiblichen Körpers zu unterstützen. Um auf der Seite der Verkäuferinnen ihres Körpers die Notwendigkeit des Feilbietens gleichfalls auszuschalten, forderte *Engels* deshalb die „Wiedereinführung des ganzen weiblichen Geschlechts in die öffentliche Industrie" und die „Beseitigung der Eigenschaft der Einzelfamilie als wirtschaftliche Einheit der Gesellschaft."

Für den Umgang mit den Kindern erwüchsen daraus nun grundlegend veränderte Notwendigkeiten. Alle Kinder, ob ehelich oder nicht, seien gleich zu behandeln. *Die Pflege und Erziehung würde eine öffentliche Angelegenheit sein.* Auf diese Weise entfiele nämlich die alltägliche Sorge besonders der Proletarier um die Folgen ihres Geschlechtsverkehrs, so daß die Voraussetzungen dafür geschaffen würden, die Geschlechtsliebe in der Ehe zur Regel zu machen. Auf diese Weise würde, ganz unabhängig von der Klassenzugehörigkeit der Menschen, das Ideal der Liebesehe zur Wirklichkeit für alle.

Diese Wendung ist nun in ihrer Bedeutung kaum zu überschätzen. Argumentierte *Marx* zugunsten einer öffentlichen Ausbildung für alle vor dem Hintergrund des zur Universalität weitergetriebenen klassischen Bildungsideals, so lieferte *Engels* (nicht von den Notwendigkeiten der Arbeit, sondern von der Struktur der Familie her argumentierend) das romantische Gegenstück für eine Begründung nicht nur öffentlicher Ausbildung, sondern auch Pflege und Erziehung der Kinder. Um das romantische Bild der leidenschaftlichen Liebe in der legalen Ehe zum Leitbild zu machen, bedurfte es der Beseitigung von negativen Folgen. Diese sind die Kinder, die dem leidenschaftlichen Geschlechtsverkehr entwachsen könnten. Sie müssen aus der Familie entfernt, vom Gegenstand privater zum Gegenstand öffentlicher Sorge werden.

Mit diesen beiden Elementen (klassische Bildung und romantische Liebe als Begründungsmomente für den öffentlichen Auftrag an der Erziehung) konstituierten *Marx* und *Engels* auf einer neuen Qualitätsstufe einen, wiederum „modernen", moderneren, Typus von Erziehung und Bildung: Das Moderne drückt sich nicht mehr in der Verehrung des Individellen wie in der Klassik, nicht mehr in der Deifikation, der Vergöttlichung von Frau und Kind, wie in der Romantik, sondern als Vision der Gleichheit von Mann und Frau auf der Folie der Realisierung klassischer und romantischer Ansprüche aus. Dieses allerdings um einen aus bürgerlicher Sicht hohen Preis: der Verlust der Nähe zu den eigenen Kindern. Denkt man indessen daran, daß diese Nähe, diese Tyrannei der Intimität" *(Sennett)* letztendlich Ursache zahlreicher Neurosen geworden ist, wie *Freud* am Beginn des 20. Jahrhunderts zu zeigen beginnt, dann fällt es schwer, der Kritik derjenigen zuzustimmen, die in der Relativierung der bürgerlichen Kleinfamilie ein epochales Unglück erblicken.

V. Apollon und Dionysos –
Versöhnung von Klassik und Romantik als Modernitätskritik

Nicht *Marx* und *Engels* sind es nun, auf die sich die Kulturkritik eines Mannes bezieht, der im letzten Drittel des 19. Jahrhunderts noch einmal einen grundlegenden Beitrag zum Verhältnis von Klassik und Romantik, von „antiqui" und „moderni" leistet. Er hatte deren Werke gar nicht gelesen. Er machte seine Kritik vielmehr an den Auswirkungen einer Mentalität seiner Zeit fest, zu der insbesondere die *Marx*sche Demokratisierungsidee von Bildung und Erziehung nicht ohne Beitrag gewesen war, wenngleich die Kritik am Bildungsdenken des ausgehenden 19. Jahrhunderts eher das saturierte Halbbildungsbürgertum traf.

Am 27. August des Jahres 1900 findet in Weimar eine Trauerfeier statt, gefolgt von der Beisetzung dieses Mannes am nächsten Tage in Röcken, der wie keine zweite Persönlichkeit des 19. Jahrhunderts durch die Verbindung von seinem Leben und seinem Werk eine neue Qualität des Philosophierens gestiftet hat. An seinem Sarg spart man nicht mit Superlativen, um den Toten zu ehren.

Ein „königlicher prachtvoller Einsiedler des Geistes" sei er gewesen. Einer der Laudatoren stellt ihn in eine Reihe mit den großen Religionsstiftern: „Man hat von den heimlichen Kaisern Deutschlands gesprochen; hier hat ein Mann noch einen höheren Thron besteigen wollen, hier ist ein Bewerber um die Krone des Königs der Menschheit aufgetreten: Nur die großen Erzieher unseres Geschlechts, von denen die Religionsgeschichte erzählt, nur Buddha, Zarathustra und Jesus haben gleich Großes gewollt und haben es in Wahrheit für ganze Völkergruppen und für Aeonen erreicht."

Ein „großer Erzieher unseres Geschlechts" – das kann kein Pädagoge gewesen sein oder gar ein Erziehungswissenschaftler, es war *Friedrich Nietzsche* (1844–1900). Daß er in jüngeren Geschichten der Pädagogik in der Regel gar nicht erwähnt wird oder wenn, dann nicht bevor man sich umgesehen hat, ob es auch niemand hört, ist die Frucht einer ambivalenten Rezeptionsgeschichte, die Vorurteile statt Kenntnisse transportiert hat. Dazu gehört in vorderster Reihe die nicht ausrottbare Auffassung, *Nietzsche*s Lehre sei Schuld an der Katastrophe des Faschismus, weil er doch eine Führerlehre, eine Theorie des Übermenschen vertreten und den „Willen zur Macht" gepredigt habe, übrigens eine Formulierung, die *Nietzsche*s Schwester, *Elisabeth För-*

ster-Nietzsche, fälschlich dem Nachlaß posthum zur Überschrift gegeben hatte. Daß die Führertypen, die das Dritte Reich hervorbrachte, allen voran „der Führer" *Adolf Hitler,* gerade Prototypen des von *Nietzsche* verfemten „schwachen Fanatikers" gewesen sind, geht nur der immer noch kleinen Schar derjenigen auf, die *Nietzsche* wirklich gelesen und wenigstens rudimentär verstanden haben. Diese wissen auch, daß *Nietzsche*s an Biertischen bekanntes Diktum, demzufolge der Mann seine Peitsche nicht vergessen solle, wenn er zu Weibern gehe, nicht die Aufforderung zu einem kollektiven Sadismus gegenüber Frauen darstellt, sondern ein Indiz für die enge Verknüpfung seiner Lebens- und Leidenserfahrung mit seinem Schaffen ist.

Nun könnte darob zur Tagesordnung geschritten werden, denn Menschen, die sich etwas von der Seele geschrieben haben, gibt es viele, wenn nicht die – gewiß extreme – Konstellation der Beziehungen in *Nietzsche*s Leben absolut charakteristisch für die Familienbeziehungen in einem großen Teil der Bevölkerung gewesen wären und es, jedenfalls was die Effekte der Frauenherrschaft über das Erzieherische angeht, heute noch sind. Es ist diese Familienstruktur und die daraus erwachsene Beschädigung des *Mannes Friedrich Nietzsche,* die ihn die Ansprüche an sich selbst in extreme Höhen treiben läßt, so daß er daran physisch und psychisch scheitern muß. Sein Bildungsprozeß ist als erlebter wie als erschaffener ein Stück Erziehungsgeschichte des 19. Jahrhunderts, welche als Leidensgeschichte im 20. Jahrhundert fortdauert und als Erlösungsweg heute von einigen wiederentdeckt zu werden beginnt.

Der Schlüssel, den jede pädagogische Interpretation des Werkes von *Nietzsche* benutzen muß, ist das Erlebnis der Vaterabwesenheit und der damit verbundenen Mutter-, ja: Frauendominanz in *Nietzsche*s Leben. *Nietzsche* wird 1844 geboren. Als er nicht ganz fünf Jahre alt ist, stirbt sein Vater, sechs Monate später im Alter von nicht einmal einem Jahr sein einziger Bruder. Die Restfamilie siedelt daraufhin von Röcken nach Naumburg über, und *Nietzsche* wächst in der Umgebung seiner Mutter, seiner Schwester und zweier Schwestern seines Vaters auf. Ohne die Psychoanalyse über Gebühr zu bemühen, kann sein gesamtes folgendes Leben als der nie aufgegebene Versuch gelesen werden, den Vater zu suchen und über dieser Suche sich einem in höchster Höhe imaginierten irrealen Vater nähern zu wollen, der sich ihm immer entzieht, wenn er ihn erreicht zu haben wähnt. Dieser imaginierte Vater, der „Übermensch", ist indessen erst eine spätere Stufe auf der Lebensleiter seiner Suche, die zunächst mit der extremen Nähe zu anderen Männern einsetzt, unter denen *Richard Wagner* (1813–1883) eine besondere Rolle eingenommen hat.

Der Versuch, dem gesuchten unbekannten Vater nahezukommen, um sich dann von ihm lösen zu können, treibt ihn von früh an zu Höchstleistungen, weil er ihn in einer Höhe vermutet, die kaum zu erreichen ist. So erhält er bereits im Alter von 24 Jahren einen Ruf auf eine altphilologische Professur an der Universität Basel, dem er folgt. 10 Jahre später muß er bereits seine Entlassung beantragen, weil sein Gesundheitszustand ihn daran hindert, seinen Lehrverpflichtungen noch regelmäßig nachzukommen. Über die psychogene Natur seiner Magengeschwüre, Kreislaufzusammenbrüche, Gehirnkrämpfe und der damit verbundenen Sehschwäche können heute kaum noch Zweifel bestehen. – „Ich habe meine Professur niedergelegt und gehe in die Höhen ...“ schreibt er an *Paul Widemann.* Dieser Ablösungsversuch einer imaginierten Vaterfigur im Sinne seiner Professur, unter der er leidet („academia derelinquenda est“) ist begleitet von dem Bruch mit dem „Vater“ *Wagner:*

„Wagner hat mich auf eine *tödtliche* Weise beleidigt ... Sein langsames Zurückgehen und -Schleichen zum Christenthum und zur Kirche habe ich als einen persönlichen Schimpf für mich empfunden: Meine ganze Jugend und ihre Richtung schien mir befleckt, insofern ich einem Geiste, der dieses Schrittes fähig war, gehuldigt hatte“ (1884 an *Malwida von Meysenburg*).

Die Suche und das sporadische Finden von Vätern führt nicht zu dem, was für seine psychische Gesundheit wesentlich gewesen wäre, nämlich eine Ablösung von den Frauen seiner Kindheit, insbesondere von seiner Mutter und seiner fast zwei Jahre jüngeren Schwester *Elisabeth,* die ihn 35 Jahre überlebt und an mancher *Nietzsche-Legende* nicht unerheblichen Anteil hat.

Nach langem Zögern öffnet er sich dem Ratschlag der Mutter (!), eine Heirat in Erwägung zu ziehen, doch zieht es ihn nicht zu der Frau, die seine Mutter vorgesehen hat, sondern er geht eine „wilde“ Bindung mit einer wiederum dominanten Frau ein, mit *Lou von Salomé,* deretwegen die Schwester mit ihm bricht, jedenfalls so lange, bis diese Verbindung beendet ist. Sie endet nicht zuletzt deshalb, weil die Mutter den Sohn als „Schande für das Grab seines Vaters“ bezeichnet, und damit ist der Weg zum Vater für ewig verschlossen. Trotzdem geht *Nietzsche*s Suche weiter, jedoch in wachsender selbst gewählter Einsamkeit, unterbrochen von den steten Anfällen, deren Intervalle später so eng werden, daß *Nietzsche* nur höchstens 20 Minuten in eins lesen, denken oder schreiben kann, eine Ursache für sein späteres aphoristisches Schreiben.

Trotzdem bleibt er zwischen seinen Anfällen und im Angesicht des Ekels über die Dummheit seiner Umwelt, seien es seine zwei studentischen Zuhörer in Basel oder die „mittelmäßigen Schwarmgeister“, die ihn verehren, seinen früheren Plänen treu, „die immer mehr auf das Erzieherische hinauswollen“ – des Menschengeschlechts, nicht der kleinen Kinder, versteht sich. „Dieser Sadomasochist an sich selber“, wie *Lou von Salomé* ihn in ihren Aufzeichnungen später bezeichnet, bezieht noch aus seinem Verfall schöpferische Kraft:

„Meine Existenz ist eine fürchterliche Last: Ich hätte sie längst von mir abgeworfen, wenn ich nicht die lehrreichsten Proben und Experimente auf geistig-sittlichem Gebiete gerade in diesem Zustande des Leidens und der fast absoluten Entsagung machte – diese erkenntnisdurstige Freudigkeit bringt mich auf Höhen, wo ich über alle Marter und alle Hoffnungslosigkeit siege.“

Seine „Entsagung“, das ist eine Anspielung auf die zur Dämpfung seiner Symptome ersonnene asketische Lebensweise nach einem präzisen Tages-, Wochen- und Monatsplan, die ihn letztlich aber doch nicht vor den Rückfällen bewahrt, wie er 1883 an den Freund *Franz Overbeck* schreibt:

„Krank, krank, krank! Was kann die vernünftigste Lebensweise ausrichten, wenn alle Augenblicke einmal die Vehemenz des Gefühls dazwischenschlägt wie ein Blitz und die Ordnung aller leiblichen Funktionen umstößt . . .“

So wie die Kenntnis der Vaterlosigkeit der erste Schlüssel zum Verständnis *Nietzsches* sein kann, so öffnet dieser Satz ein zweites Schloß, das vor dem Begreifen der epochalen erzieherischen (!) Bedeutung seines Werkes angebracht ist. Auf der denkenden Suche nach dem Vater und dessen theoretischen Hypostasen gestattet der Suchende sich keine Gefühle. Um so heftiger brechen sie immer wieder durch und erzwingen die Somatisierung seines Leibes. Weil *Nietzsche* dieses *erkennt,* aber nicht *erfüllt,* akkumulieren sich diese *emotionalen* Durchbrüche und werden immer wieder mit einer *rationalen* Bearbeitung zurückgedrängt, so daß der Eindruck eines Zeitgenossen *Nietzsches* verständlich wird, wenn er schreibt:

„Es ist wundersam, wie in diesem Manne geradezu zwei Seelen nebeneinander leben. Einerseits die strengste Methode geschulter wissenschaftlicher Forschung ... andererseits diese phantastisch-überschwengliche, übergeistreich ins Unverstehbare überschlagende, Wagner-Schopenhauerische Kunstmysterienreligionsschwärmerei!“

In dieser Dualität, die *Nietzsche* immer wieder theoretisch bearbeitet, liegt die Quelle für die Idee der *Versöhnung* (nicht der *Vermittlung* wie die bei *Marx* und *Engels*) zweier entgegengesetzter Denkstile, besser: zweier Lebens- und Kulturstile, deren Polarität mit derjenigen der klassischen und romantischen Tradition eng verwandt ist. Es geht also nicht darum, eine Mitte zu finden zwischen den beiden Polen, die *Nietzsche* mit dem Apollinischen und dem Dionysischen kennzeichnet, sondern um eine Rehabilitation des Dionysischen aus der Kraft *Apolls:* „Der Mythos sagt, daß Apollo den zerrissenen Dionysos wieder zusammengefügt habe“, schreibt er in „die dionysische Weltanschauung“. Die *Vernunft* soll der *Intuition* wieder zu ihrem Recht verhelfen, das kann ihr nicht gelingen, ist sie doch die Beklagte des Klägers *Nietzsche,* der ihr vorwirft, nichts anders zu leisten als die Befestigung des Status quo. Mit dieser Vernunftkritik kommt dem Dionysischen eine besondere Rolle zu:

„Mit dem Wort dionysisch ist ausgedrückt ... ein verzücktes Ja-Sagen zum Grundcharakter des Lebens, als dem in allem Wechsel Gleichen, gleich Mächtigen, gleich Seligen; die große pathetische Mitfreudigkeit und Mitleidigkeit, welche auch die furchtbarsten und fragwürdigsten Seiten des Lebens gutheißt und heiligt, der ewige Wille zur Zeugung, zur Fruchtbarkeit, zur Wiederkehr; das Einheitsgefühl der Notwendigkeit des Schaffens und Vernichtens.“

Es ist jener ewige *Wille,* auf den *Nietzsche* setzt. Er allein vermag das Nur-Vernünftige zu überwinden, das zum Bloß-Zweckmäßigen herabgekommen ist und geschichtlich nichts mehr zu bewirken vermag außer der Katastrophe. Seine Vernunft-Kritik zielt auf die Überwindung des mit der Aufklärung gesetzten neuzeitlichen Nihilismus, der sowohl den Wahrheitsanspruch der Wissenschaften als auch den Höherbildungsanspruch der klassischen Bildungsphilosophie widerlegt hat: Wissenschaftliche Wahrheit ist nichts weiter als die „Verpflichtung, nach einer festen Konvention zu lügen" und Bildung findet sich nur noch im abstoßenden Bilde des „Bildungsphilisters", einer traditionsreichen Denunziation des geistig Bedürfnislosen, der die herrschende Kultur- und damit Bildungspolitik repräsentiert. Wenn man sich *Nietzsches* Erschütterung über die Nachricht vor Augen führt, daß am 24. Mai 1871 der Louvre durch die Brandschatzung der Pariser Kommunarden zerstört worden sei, weiß man, welche Bedeutung die Beobachtung eines Verfalls der Kultur für ihn haben mußte. Ihn konstatierte er im Deutschen *Reich,* dem, wie er befand, der deutsche *Geist* geopfert worden sei.

Die hier implizierte Staatskritik war auch eine Kritik an den bildungspolitischen Strömungen der Zeit, die *Nietzsche* als unmittelbaren Ausfluß des Aufklärungsgedankens entlarvte. In den sechs im Auftrag der „academischen Gesellschaft" 1872 in Basel gehaltenen Vorträgen „Über die Zukunft unserer Bildungs-Anstalten" sind, auch unter dem Eindruck des Überdrusses, den *Nietzsche* an seinem Professorenamt empfand, in nuce eine Kritik zeitgenössischer Bildung und ein alternativer Bildungsbegriff zugleich enthalten. *Nietzsche* greift darin zwei Tendenzen, „Triebe", wie er sie nennt, an, die die Gegenwart der Bildungsanstalten beherrschen: Zum einen die Tendenz der „Erweiterung" und „Verbreitung" der Bildung, womit er auf die Durchsetzung einer „Volksbildung" durch ein öffentliches Schulwesen anspielt, und zum anderen die Tendenz der „Verringerung" und „Abschwächung" der Bildung. Sie ist Resultante der ersten Tendenz. Denn die Demokratisierung der Bildung kann nur zwei Zwecken dienen: „Ein sehr viel Geld verdienendes Wesen werden zu können" und sich durch die Errichtung eines Berechtigungswesens der „unbedingten Fügsamkeit" der Bevölkerung zu versichern. Das war außerordentlich hellsichtig formuliert, 100 Jahre bevor diese Einsicht in der 68-Bewegung dieses Jahrhunderts zu einem Kernpunkt der Staatskritik wurde, allerdings ohne, daß jemand sich dabei an *Nietzsche* erinnerte.

Der demokratischen, durch Zweckrationalität und Fachidiotentum („die Unbildung jenseits des Faches wird als Zeichen edler Genügsamkeit zur Schau getragen") gekennzeichneten Bildungsidee, für die *Marx, Engels* und die Sozialdemokratie stritten, hält *Nietzsche* einen Bildungsbegriff entgegen, der heute noch von vielen als „elitär" kritisiert werden würde:

„Also, nicht Bildung der Masse kann unser Ziel sein: sondern Bildung der einzelnen ausgelesenen, für große und bleibende Werke ausgerüsteten Menschen ..."

Diese Position darf nicht mit aktuellen Versuchen rechtskonservativer Kreise verwechselt werden, aus den Schulen der 80er Jahre eine funktionelle Computer-Elite herauszufiltern. Die Identifikation zumeist einseitiger Begabungen zum Zwecke ihrer

Kultivierung ist das genaue Gegenteil dessen, was das Verständnis des „Erlesenen" bei *Nietzsche* ausmacht:

„Jede Erziehung aber, welche an das Ende ihrer Laufbahn ein Amt oder einen Brotgewinn in Aussicht stellt, ist keine Erziehung zur Bildung, wie wir sie verstehen, sondern nur eine Anweisung, auf welchem Wege man im Kampfe um das Dasein sein Subjekt rette und schütze."

*Nietzsche*s Vorstellungen gingen also in eine ganze andere Richtung als die, eine Funktionselite zu schaffen. Seine eindrucksvollen, fast beschwörenden Worte über das Verhältnis des Gebildeten zur Natur im vierten Vortrag belegen das und sind überdies von einer kaum vermuteten Aktualität:

„Wollt ihr einen jungen Menschen auf den rechten Bildungspfad geleiten, so hütet euch wohl, das naive, zutrauensvolle, gleichsam persönlich-unmittelbare Verhältnis desselben zur Natur zu stören . . .".

Schaut man sich den Grund für diese Option an, so rückt die Lebensgeschichte *Nietzsche*s wieder ins Bild, die durch den Tod des Vaters einen Bruch erfuhr, welcher es ihm verbot, sich jene Gelassenheit stiftende intuitive Identität mit der Natur zu sichern:

„So ist dem wahrhaft Gebildeten das unschätzbare Gut verliehen, ohne jeden Bruch den beschaulichen Instinkten seiner Kindheit treu bleiben zu können und dadurch zu einer Ruhe, Einheit, zu einem Zusammenhang und Einklang zu kommen, die von einem zum Lebenskampfe Herangezogenen nicht einmal geahnt werden können."

Auch hier, in den wenigen Zitaten aus *Nietzsche*s Bildungsphilosophie spiegelt sich, wie in seinem Leben, die rastlose Suche und die Sehnsucht nach der Ruhe. Ein letztlich klassisches Ideal allgemeiner Bildung ist die regulative Idee für die Annäherung an eine romantische Lebensidylle im besten Sinne. *Nietzsche* war klar, daß dieses Begehren nicht nur sein eigenstes, resultierend aus seiner inneren Zerrissenheit war, sondern ein sehr verbreitetes. In „die dionysische Weltanschauung" schreibt er: „Deshalb verlangt der moderne Mensch nach jener Zeit [des Hellenismus, *D. L.*], in der er den vollen Einklang zwischen Natur und Mensch zu hören glaubt . . ."

„Der moderne Mensch", das steht dort nicht einfach als Verlegenheitsbezeichnung für die Heutigen, sondern es ist eine deutliche Referenz auf seine Epoche: Die Moderne. Dieser Terminus hatte sich im letzten Drittel des 19. Jahrhunderts durchgesetzt, zunächst als Kennzeichen für den Naturalismus. Diese Richtung entstand unter dem Eindruck des Durchbruchs der Natur-, aber auch der exakten Sozialwissenschaften, die alles Spekulative hinter sich zu lassen schienen. Die zuvor noch postulativ vorgetragene These von einer Höherbildung der Menschheit schien sich durch *Darwin*s Abstammungslehre nun biologisch als Fakt zu belegen und einzelne Literaten verlegten sich gar auf eine Nachahmung der Wissenschaften im Roman, wie *Zola* in seinem „roman expérimental". Die Kunst, so meinte *Arno Holz,* sei gleich der Natur minus x und er reimte:

„Unsere Welt ist nicht mehr klassisch
Unsere Welt ist nicht romantisch
Unsere Welt ist nur modern."

Vor diesem Maschinen- und Wissenschaftsfetischismus pocht *Nietzsche* auf Bildung. Seine Bildungstheorie wird folglich mit Modernitätskritik identisch. Er bleibt damit nicht allein. Außer *Richard Wagner* und *Arthur Schopenhauer* in seiner nächsten intellektuellen Umgebung zählen dazu *Karl Kraus, Hermann Bahr, Richard Dehmel, Stephan George, Hermann Hesse, Hugo v. Hofmannsthal, Christian Morgenstern, Rainer Maria Rilke, Arthur Schnitzler, Frank Wedekind, Stephan Zweig* im Bereich der deutschen Sprache; und *Baudelaire, Verlaine, Mallarmé, Oscar Wilde, Edgar Allan Poe, Strindberg, Hamsun* und *Dostojewski* der anderen Sprachkulturen. Für die Geschichte des Erziehungsdenkens im 19. Jahrhundert bleibt unter den Modernitätskritikern indessen *Nietzsche* die wichtigste Erscheinung. Er hat es vermocht bzw. es ist mit ihm geschehen, daß drei Momente sich miteinander verbanden:

● Das erlittene Leben als ganz individuelle Suche nach dem Erzieherisch-Elementaren: dem Vater.
● Kritik einer Epoche, die mit ihrer Option für Vernunft eine Welt bis vor die Katastrophe geführt hatte, die er voraussah und die dann auch eintraf.
● Die Schöpfung eines regulativen Menschenbildes, des Übermenschen, dessen Eigenschaften nichts anderes umschließen als eine Bildungstheorie.

In zwei dieser drei Hinsichten hat *Nietzsche* die Wirklichkeiten des 20. Jahrhunderts vorweggenommen: erstens die Wirklichkeit einer durch zwei mörderische Kriege und ihre sozialen Folgen erzeugten kollektiven Vaterlosigkeit in leiblicher wie in seelischer Weise und zweitens die Wirklichkeit einer noch über die Kriege hinausreichenden Katastrophe, wenn man an die Zerstörung der natürlichen und der sozialen Lebensgrundlagen im Namen der zur Technik verkommenen Vernunft denkt.
Gleichzeitig ist eine Lösungsidee in doppelter Weise vernichtet worden: nämlich einmal dadurch, daß der Gedanke an den Über*menschen* zur Rechtfertigung einer viehischen Führungsideologie werden konnte und ein andermal dadurch, daß am Ende des 20. Jahrhunderts der Glaube daran, die Hoffnung darauf, daß es überhaupt noch eine Überwindung des Nihilismus aus Menschenhand oder -herz geben kann, von vielen bezweifelt wird. Der Grund dafür ist aber weniger in dem Verlust der Fähigkeit zum Hoffen und zum Tun zu sehen als darin, daß spätestens seit dem zweiten totalen Krieg dieses Jahrhunderts, seit jener Perversion jeder nur denkbaren Wirklichkeit, die Neigung im Schwinden begriffen ist, Wirklichkeit noch als solche wahrzunehmen, unterstützt von einem umfassenden Erzeugungsapparat einer Überwirklichkeit, den Medien, die das Gefühl dafür irritiert haben, die Wirklichkeit noch vom bloßen Wahn unterscheiden zu können: Das ist der Beitrag des 20. Jahrhunderts zur Aufhebung des Gegensatzes zwischen „antiqui" und „moderni" als Nivellierung der klassischen Verpflichtung an das Reale und der romantischen Hingabe an das Imaginative.

Literatur

In diesem Beitrag ist aus ästhetischen Gründen auf einen Anmerkungsapparat und ein Verzeichnis zitierter Literatur verzichtet worden. Statt dessen wird im folgenden auf preiswerte, neuere Ausgaben verwiesen, die zu einer auch erweiternden Lektüre herangezogen werden können.

Blankertz, H.: Die Geschichte der Pädagogik. Wetzlar: Büchse der Pandora 1982

Bollnow, O. F.: Geschichte der Pädagogik. Bd. 4. Die Pädagogik der Deutschen Romantik. Stuttgart: Kohlhammer 3. 1977 (1. 1952)

Diesterweg, F. A. W.: Sämtliche Werke. Berlin (DDR): Volk und Wissen 1956 ff

Feuerbach, L.: Werke, 6 Bde. Frankfurt/M.: Suhrkamp 1974–76

Goethe, J. W. v.: Werke. Hamburger Ausgabe. 14 Bde., München: dtv 1982

Hegel, G. W. F.: Werke, 20 Bde. Frankfurt/M.: Suhrkamp 1986

Herbart, J. F.: Allgemeine Pädagogik aus dem Zweck der Erziehung abgeleitet. (Original 1806) Bochum: Kamp 5. o. J.

Herrlitz, H.-G./Hopf, W./Tietze, H.: Deutsche Schulgeschichte von 1800 bis zur Gegenwart. Königstein: Athenäum 1981

Herrmann, U. (Hrsg.): Schule und Gesellschaft im 19. Jahrhundert. Weinheim–Basel: Beltz 1977

Humboldt, W. v.: Werke in fünf Bänden. Stuttgart: Klett-Cotta 1980–1982

Lenzen, D.: Mythologie der Kindheit. Reinbek: Rowohlt 1985

Marx, K./Engels, F.: Werke (MEW). 39 Bde. Berlin: Dietz 1983

Morgan, L. H.: Die Urgesellschaft. Stuttgart: Dietz 1920

Niethammer, F. I.: Philanthropismus – Humanismus. Weinheim – Berlin – Basel: Beltz 1968

Nietzsche, F.: Sämtliche Werke. 15 Bde. München: dtv 1985

Novalis: Heinrich von Ofterdingen. Frankfurt/M.: Insel 1981

Owen, R.: Pädagogische Schriften. Berlin: Volk und Wissen 1955

Pestalozzi, J. W.: Werke in zwei Bänden. München: Winkler 1977

Schiller, F. v.: Sämtliche Werke. 5 Bde. München: Hanser 1980

Schiller, F. v.: Über die ästhetische Erziehung des Menschen. Stuttgart: Reclam 1965

Schiller, F. v.: Kallias oder über die Schönheit – Über Demut und Würde. Stuttgart: Reclam 1971

Schlegel, F. v.: Kritische Ausgabe seiner Werke. 16 Bde. Paderborn: Schöningh 1958–1979

Schlegel, F. v.: Lucinde. Frankfurt/M.: Insel 1985

Schleiermacher, F.: Werke. Auswahl, 4 Bde. Aalen: Scientia 1981

Sennet, R.: Verfall und Ende des öffentlichen Lebens. Frankfurt/M.: Fischer 1986

Tieck, L.: Des Lebens Überfluß. Stuttgart: Reclam 1983

Winckelmann, J. J.: Gedanken über die Nachahmung der Griechischen Werke in der Malerei und Bildhauerkunst. Stuttgart: Reclam 1982

6. Epoche:
Die Reformpädagogik

– Entwürfe und Konkretionen –
Die erste Hälfte
des 20. Jahrhunderts

„Einen allgemeinen Menschen kann ich mir
nicht vorstellen."

[*Ernst Mach,* in: Die Analyse der Empfindun-
gen und das Verhältnis des Physischen zum
Psychischen. Jena: Gustav Fischer 2. 1900,
S. 215.]

Zeitleiste

1852 Frankreich: nach Arbeiteraufständen und Unruhen besteigt durch Staatsstreich Napoleon III. den Thron als Kaiser
1848 Aufstände in Wien (Flucht Metternichs), Berlin und München; Deutsche Nationalversammlung in der Paulskirche von Frankfurt; Verfassungsgebende Versammlung scheitert und wird 1849 aufgelöst; Rumpfparlament bleibt erhalten (bis 1918)
1850 Konservative Verfassung in Preußen; Frankfurter Revolutionäre verfolgt
1852 Londoner Protokoll untersagt Einverleibung von Schleswig-Holstein durch Dänemark
1853–1856 Krimkrieg: Rußland greift türk. Balkanstaaten an; Engl. und Frankr. unterstützen die Türkei (Wächter am Bosporus); durch die Schlacht bei Solferino wird Henri Dunant zur Gründung des Roten Kreuzes angeregt
1864 Genfer Konvention: Henri Dunant ruft das Rote Kreuz ins Leben
1859–1861 Nationale Einigung in Italien unter Camillo Cavour und Garibaldi, Schaffung einer konstitutionellen Monarchie
1861–1865 Amerikanischer Sezessionskrieg (Nordstaaten gegen Südstaaten; Lincoln)
1862–1890 Bismarck preuß. Ministerpräsident
1864–1866 Krieg Preußens gegen Dänemark und dessen Verbündeten Österreich (wegen Schleswig-Holstein); Preußen gewinnt in der Schlacht bei Königgrätz
1870–1871 Deutsch-Französischer Krieg; Gründung des Deutschen Reiches, Kaiserproklamation in Versailles; Sturz Napoleons; Frankr. Republik
1878 Berliner Kongreß; Bündnispolitik Bismarcks: Zweibund mit Österreich (1879), Neutralitätsabkommen mit Rußl. (1881), Dreibund durch Eintritt Italiens (1882), Mittelmeerentente durch Eintritt Englands (1887), Rückversicherungsvertrag mit Rußl. (1887)

1850–1890 In England: unter Königin Viktoria und den Ministern Gladstone und Disraeli Zeit des Liberalismus, Industrialisierung, Gründung von Gewerkschaften, reformiertes Wahlrecht, Parteien
1860–1890 Entwicklung in Deutschland vom Agrar- zum Industriestaat (Eisenbahn, Elektrotechnik, Chemische Industrie, Berg- u. Maschinenbau)
1869–1870 I. Vatikanisches Konzil unter Pius IX., Unfehlbarkeitsdogma
1871–1879 Kulturkampf in Preußen: Versuch Bismarcks, die geistig-religiöse Macht der Kirche durch pol. Maßnahmen zu überwinden (Kanzelparagraph, staatliche Schulaufsicht, Jesuitengesetze, Zivilehe)
1869 Gründung der Sozialdemokratischen Arbeiterpartei Deutschland durch Bebel und Liebknecht
1878 Sozialistengesetze
1889 Weltausstellung in Paris; Eiffelturm als Wahrzeichen der Moderne; Mercedes
1883–1889 Sozialgesetzgebung Bismarcks sucht durch Kranken-, Alters- und Invaliditätsversicherungen das durch die Industrialisierung entstandene Elend zu mildern, angeregt durch die soziale Tätigkeit der Kirchen (Wichern, Kolping, Ketteler, Bodelschwingh)
1890 Gründung des Allgemeinen Deutschen Lehrerinnenvereins (Vorsitzende bis 1920: Helene Lange)
1899 Weltfriedenskonferenz im Haag
1899 Burenkrieg
1900 Boxeraufstand in China, Ermordung des dt. Botschafters
1900/1905 Sigmund Freud: Traumdeutung; Sexualtheorie
1904–1906 Revolution in Rußland durch Verfassung verhindert; Menschewiken und Bolschewiken seit 1903 in London gegründet
1903 Erster Motorflug

1850 1950

Friedrich Nietzsche (1844–1900) _____

Helene Lange (1851–1907) _____

Paul Natorp (1854–1924) _____

Georg Kerschensteiner (1854–1932) _____

Ludwig Gurlitt (1855–1931) _____

Clara Zetkin (1857–1933) _____

Berthold Otto (1859–1933) _____

John Dewey (1859–1952) _____

Johannes Tews (1860–1923) _____

Hugo Gaudig (1860–1923) _____

Rudolf Steiner (1861–1925) _____

Hermann Lietz (1868–1919) _____

Nadeshda K. Krupskaja (1869–1939) _____

Maria Montessori (1870–1952) _____

Paul Geheeb (1870–1961) _____

Gustav Wyneken (1875–1964) _____

Gertrud Bäumer (1878–1954) _____

Paul Oestreich (1878–1959) _____

Martin Buber (1878–1965) _____

Herman Nohl (1879–1960) _____

Minna Specht (1879–1961) _____

Theodor Litt (1880–1962) _____

Eduard Spranger (1882–1963) _____

Peter Petersen (1884–1952) _____

Anton S. Makarenko (1888–1939) _____

Wilhelm Flitner (1889) _____

Fritz Blättner (1891–1981) _____

Adolf Reichwein (1898–1944) _____

Otto Friedrich Bollnow (1903) _____

Heinrich Roth (1906–1983) _____

1913 Von der dt. Akadem. Freischar angeregtes Treffen am 12./13. 10. 1913 der Jugendbewegung auf dem Hohen Meißner; es beschloß die programmatische Erklärung: „Die Freideutsche Jugend will aus eigener Bestimmung, vor eigener Verantwortung, mit innerer Wahrhaftigkeit ihr Leben gestalten. Für diese innere Freiheit tritt sie unter allen Umständen geschlossen ein . . ." (Meißnerformel)

1914–1918 Erster Weltkrieg, ausgelöst durch Ermordung des österreich. Thronfolgers (unterdrückte nationale Bestrebungen, verhängnisvolle Bündnispolitik, allgemeine Kriegsbegeisterung)

1917 Bolschewistische Revolution in Rußland (Lenin)

1918 Abdankung von Kaiser Wilhelm II., Exil in Holland

1918 14 Punkte von Präsident Wilson

1919 Gründung der Weimarer Republik unter Friedr. Ebert; demokratische Republik; Friedensverträge von Versailles, Trianon, Neuilly u. a. bringen durch hohe Reparationsforderungen Inflation und wirtschaftl. Ruin

1920 Gründung des Völkerbundes

1922 Vertrag von Rapallo und

1925 Locarno bringen durch Stresemann und Briand eine Annäherung zwischen Deutschland und Frankreich

1929 Weltwirtschaftskrise

1933–1945 Nationalsozialismus in Deutschland unter Hitler: Ermächtigungsgesetz (1933), Einparteienstaat, Verfolgung und Vernichtung von Minderheiten und Gegnern

1936–1939 Spanischer Bürgerkrieg: Faschisten unter Franco

1939–1945 Zweiter Weltkrieg (1. 9. 1939–2. 9. 1945)

1944 Attentat auf Hitler (20. 7.)

1945 Bedingungslose Kapitulation Deutschlands (8. 5.)

1945 Atombomben auf Hiroshima und Nagasaki (6. u. 9. 8.) Bedingungslose Kapitulation Japans (2. 9.)

Schreckliche Kriegsfolgen: 27 Mill. gefallene Soldaten, 25 Mill. getötete Zivilisten, Millionen von Vertriebenen, unvorstellbare Schäden an materiellen Gütern u. a. m.

Jürgen Oelkers,
geboren am 21. 3. 1947 in Buxtehude, ist
o. Prof. für Allgemeine Pädagogik an der Universität Bern. Nach dem Studium der Erziehungswissenschaft, Geschichte und Germanistik (1968 bis 1975) war er drei Jahre lang wiss.
Assistent an der (damaligen) Pädagogischen
Hochschule Rheinland (Abt. Köln) und wurde
1979 als Professor für Allgemeine Pädagogik
an die Hochschule Lüneburg berufen. Seit
Mai 1987 ist er an der Universität Bern tätig.
In Lüneburg war *Oelkers* von 1983 bis 1985
Rektor der Hochschule und sammelte hoch-
schulpolitische Erfahrungen. Seit 1978 ist er im
Forschungszusammenhang der Kommission
Wissenschaftsforschung der Deutschen Gesell-
schaft für Erziehungswissenschaft engagiert
und hat 1986 die Funktion des Sprechers der
Kommission „Pädagogik und Philosophie"
der DGfE übernommen. Er ist seit 1985
Mitherausgeber der „Zeitschrift für Pädago-
gik". *Oelkers* ist verheiratet und hat zwei
Kinder.
Seine Arbeits- und Forschungsschwerpunkte
sind derzeit: 1. Geschichte der Pädagogik im
19. und 20. Jahrhundert; 2. Erziehungs- und
Bildungstheorie („Subjektivität" und pädagogisches Handeln).
Neben zahlreichen Aufsätzen in Fachzeitschriften und Editionen vor allem zur histori-

schen Pädagogik hat *Oelkers* folgende Bücher
veröffentlicht:

Die Vermittlung zwischen Theorie und Praxis
in der Pädagogik. München 1976;
Erziehen und Unterrichten: Grundbegriffe der
Pädagogik in analytischer Sicht. Darmstadt
1986;
Die Herausforderung der Wirklichkeit durch
das Subjekt. Literarische Reflexionen in
pädagogischer Absicht. Weinheim/München
1985.
Zuletzt erschienen: Fachdidaktik und Lehrerbildung. Beiträge in memoriam Max
F. Wocke. Ed. *Oelkers.* Bad Heilbrunn/Obb.
1986 sowie:
Pädagogik, Erziehungswissenschaft
und Systemtheorie. Ed. *Oelkers/Tenorth.*
Weinheim/Basel 1987.

Privatadresse: Schmitteplatz 4,
CH-3076 Worb;
Dienstanschrift: Universität Bern, Pädagogisches
Seminar, Gesellschaftsstr. 6, CH-3012 Bern.

6. Epoche:
Die Reformpädagogik

Jürgen Oelkers

I. Vorbemerkung

Was die Geschichtsschreibung die „reformpädagogische Bewegung" nennt (*Nohl,* 1970; *Scheibe,* 1971), bezeichnet keine Epoche, auch keine Episode der pädagogischen Geschichte, sondern die Fortsetzung eines *Projekts.* Die Ziele der neuzeitlichen Pädagogik sind immer an die „Reform" des Menschen und seiner Gesellschaft gebunden gewesen, aber diese Utopie war bloß der Traum der pädagogischen Schriftsteller – von *Comenius* bis *Pestalozzi.* In der gesellschaftlichen Wirklichkeit sprach der Augenschein der Macht und der partikularen Interessen dagegen, daß aus der Erziehungspraxis der „neue Mensch" oder die „neue Gesellschaft" entstehen würden. Aber die pädagogische Utopie war in die Welt gesetzt, die lernte, sich darauf einzustellen.

Im 19. Jahrhundert änderte sich die Ausgangslage der pädagogischen Reform grundlegend. Das öffentliche Bildungssystem wurde in staatliche Regie genommen, rationalisiert und von Grund auf neu angelegt (*Müller,* 1977). Dieser wahrhaft epochale soziale Wandel hatte ungewollte Konsequenzen, denn er mobilisierte, was längst ausgekühlt schien, nämlich den utopischen Traum der *natürlichen Erziehung* und also der *Reform* von Mensch und Gesellschaft. Am Ende des 19. Jahrhunderts stand einer flächendeckenden, zunehmend differenzierter werdenden Verschulung der Gesellschaft eine Protestbewegung entgegen, die kritisierte und ablehnte, was gerade als durchschlagender Erfolg der modernen Gesellschaft betrachtet wurde, nämlich die staatlich unterhaltene Allgemeinbildung für jedermann.

Was abgelehnt wurde, war nicht die Idee der Allgemeinbildung, sondern ihre institutionelle Form, also die Schule in ihrer archetypischen Gestalt des 19. Jahrhunderts. Die autoritäre Leistungsschule, die einseitig am Gelehrtenideal orientierte „Lern- und Buchschule", geriet in die Kritik, und zwar mit Hilfe einer erstaunlichen Reaktivierung traditioneller pädagogischer Postulate und Prinzipien. Aus der Utopie wurde das Projekt *alternativer* Erziehung und Bildung, was seine Pointe darin hatte, daß der erfolgreiche Aufbau des staatlichen Bildungssystems als Gegenstand der Kritik vorausgesetzt werden mußte. Erst am Ende des Jahrhunderts konnte zum Ziel einer Protestbewegung werden, was am Anfang noch als unbestrittener Faktor des Fortschritts gegolten hatte. „Reform" war auch der Aufbau des Volksschulwesens im 19. Jahr-

hundert gewesen. Wer diese merkwürdige Geschichte erklären will, tut gut daran, sich
an die Ausgangslagen zu erinnern, der traditionellen Pädagogik ebenso wie ihres
eigentümlichen Ablegers am Ende des Jahrhunderts. Er wird feststellen, daß besondere Bedingungen zusammenspielen mußten, aber auch die Gunst der Stunde benötigt
wurde, damit eine pädagogische Protestbewegung ihre gesellschaftliche und politische Chance erhalten konnte.

II. Kontext: „Gründerjahre" und „Kulturkritik"

Die *Reformpädagogik* ist das Kind der Gründerjahre, jener Periode zwischen 1870
und 1890, in der im neuen Reich die industrielle Revolution hektisch forciert wurde.
Dieser strukturelle Wandel, der nicht zuletzt auch die Agrarproduktion betraf (vgl.
Wehler, 1983, Kap. I/II), hatte unter anderem drei Effekte:

1. die Konzentration des Kapitals bei kürzer werdenden Modernisierungsschüben und zunehmender
   Verschärfung der „sozialen Frage";
2. die Urbanisierung der Gesellschaft bei rasch wachsender Bevölkerungszahl; sowie
3. das Entstehen einer Großstadtkultur mit neuartigen Lebens- und Bewußtseinsformen einschließlich politischer und sozialer Emanzipationsbewegungen.

Dieser Prozeß vollzog sich in Deutschland aus vielerlei Gründen verspätet. Verglichen
mit der staatlichen und gesellschaftlichen Entwicklung in Frankreich, England und
den Vereinigten Staaten wurde der Aufbau der industriellen Gesellschaft nicht nur
ungleich schneller, sondern auch in einem ganz anderen sozial-politischen Umfeld
vollzogen. Die Gründung eines zentralen Nationalstaates hatte keine bürgerliche
Revolution zur Voraussetzung und damit auch keine politische Kultur, die für eine allmähliche Ablösung der vorindustriellen Eliten hätte sorgen können. Vor allem dem
schnell anwachsenden Industrieproletariat blieb der gesellschaftliche Aufstieg verschlossen (*Kaelble,* 1973), so daß die „soziale Frage" zur Klassenkampfsituation kul-
minieren konnte. Deren sozialadministrative Dämpfung blieb bis 1914 allerdings
nicht ohne Erfolg, wenngleich sie die starken inneren Spannungen der unbalancierten
Gesellschaft nicht beseitigen konnte.

Die verspätete Industrialisierung hatte aber auch immense Vorteile: Die neuen Tech-
nologien vor allem der Schwerindustrie konnten ohne Vorlauf übernommen und fort-
entwickelt werden; bestimmte Investitionsfehler des Frühkapitalismus ließen sich
insofern vermeiden, als Kapital und Forschung verknüpft wurden, wie sich vor allem
im Aufbau der „Technischen Universitäten" zeigte (*Manegold,* 1970); vor allem die
preußische Kultusverwaltung hatte sich schon früh auf dieses Bündnis von Industrie
und Wissenschaft einstellen können (*Turner,* 1971), so daß staatlich-rationell
abgewickelt wurde, was im westlichen Ausland vielfach noch Privatsache war
(*Berman,* 1975).

Der Aufbau des preußisch-deutschen Schulsystems hielt sich einerseits an die Imperative der monarchistischen Klassengesellschaft und der beginnenden Industriekultur. Er sorgte für die flächendeckende, aber klassenspezifische Verschulung unter zunehmender staatlicher Aufsicht (*Leschinsky/Roeder,* 1976, S. 137ff.). Dabei wurden die vom „Stadt-Land-Gegensatz" her diktierten „extremen" Unterschiede in der Volksschulstruktur allmählich zugunsten des Ausbaus der achtklassigen Volksschule nivelliert (*Lundgreen,* 1980, S. 99). Andererseits war der Zusammenhang von Schule und Industriearbeit, von staatlichem Bildungssystem und politischen Interessen keineswegs so eng und unmittelbar, wie rückblickend vielfach angenommen wird.

Zwar stiegen die Qualifikationsanforderungen der Industrie im Laufe des 19. Jahrhunderts, aber sie differenzierten sich auch und fielen sektoral auseinander. Die sich zunehmend typisierende allgemeinbildende Schule konnte darauf direkt gar nicht reagieren, ebensowenig wie auf viele politische oder lebenspraktische Optionen, mit denen sie konfrontiert wurde. Das Schulsystem entwickelte um so mehr eine Eigendynamik, als es umfangreicher und aufwendiger wurde. Aber nicht nur die Zahl der Schulen wuchs ständig, wobei die Schulzeit allmählich immer länger wurde; es bildete sich auch eine eigene institutionelle Struktur heraus, ein unverwechselbarer sozialer Habitus, der im wesentlichen nur noch den Eigenansprüchen der Schule gerecht zu werden verstand. Die Idee der Allgemeinbildung wurde so übersetzt in ein allgemeines, nämlich jedermann als Pflicht auferlegtes Schulsystem, welches sich vom politischen und ökonomischen Bedürfnissystem der Gesellschaft langsam, doch unaufhaltsam abkoppelte.

Die Schulkritik am Ende des Jahrhunderts setzte genau hier an. Sie spießte die *entfremdete* Schule auf als ein System, das längst nur noch sein Eigenleben führte, ohne Rücksicht darauf, was dem späteren Leben oder der Berufspraxis der Schüler wirklich dienlich sein würde. Diese Kritik galt zunächst der philologisch-historisierenden Grundtendenz des humanistischen Gymnasiums und wurde von den Vertretern der erstarkten Naturwissenschaften schon in den siebziger und achtziger Jahren massiv vorgetragen (*Du Bois-Reymond,* 1877; *Mach,* 1886; *Preyer,* 1887). Diese Kritik erlebte ihren Höhepunkt, als Wilhelm II. in der Eröffnungsrede zu der von ihm selbst einberufenen Berliner Schulkonferenz die Gymnasien der bloßen Gelehrsamkeit und Lebensferne anklagte: Sie haben „hauptsächlich auf den Lernstoff, auf das Lernen und Wissen den Nachdruck gelegt . . ., aber nicht auf die Bildung des Charakters und die Bedürfnise des jetzigen Lebens" (*Wilhelm II,* zit. b. *Michael/Schepp,* 1973, S. 415 f.). Dieser Satz war konsensfähig, wenngleich die in der gleichen Rede mitgeteilte politische Hauptabsicht der Schulreform, der Kampf gegen die Sozialdemokratie, natürlich nicht auf Zustimmung der Betroffenen rechnen konnte. Daß aber „die" Schule dem „Leben" gegenüber entfremdet sei, den sozialen, ökonomischen, moralischen oder sonstwelchen Ansprüchen *nicht* genüge, war bis zum Ende des Jahrhunderts öffentlicher Konsens. Die Gegenwehr der Gymnasiallehrer hatte Mühe, den antiken Sinn einer eigenständigen „humanistischen" Bildung unter Beweis zu stellen, und vor dem *Leben,* als dem gegenüber der Schule „kälteren Land", zu warnen (*Weißenfels,* 1901, S. 53 ff., 359 ff.). Die umgekehrte Frage wurde dominant, die nämlich nach dem *Nutzen* der Bildung für das Leben.

Diese Frage ist von *Nietzsche* (1844–1900) 1874 gestellt worden, ohne sonderlich beachtet zu werden. Am Ende der „Gründerjahre" jedoch erlebte sie ihre soziale Vitalisierung, was nur dadurch möglich war, daß diese positivistische, fleißige, aber kulturell öde Epoche selbst in die Kritik geriet. Die Errungenschaften – Nationalstaat, industrieller Fortschritt, Rationalisierung des Lebens – schienen plötzlich wertlos angesichts der Frage, ob nicht die gesamte Moderne ein vor allem moralischer Irrweg gewesen sei. Die Erfahrung der Großstadtkultur wurde zwiespältig: Emanzipation und Verlust der Identität, *Libertinage* und der Irrweg des schlechten Gewissens, politische Bewegung und das Gefühl der Zerrissenheit aller Kräfte. Was faktisch auf keinen gemeinsamen Nenner mehr zu bringen war, verlangte geradezu nach einer einheitlichen Ideologie.

Warum diese Antwort als allgemeine Kulturkritik erscheinen konnte, bedarf der Analyse: Sie setzte ein gebildetes Publikum voraus (*Kalkschmidt,* 1906, S. 26 ff.), das für Moralkritik empfänglich war; dieses Publikum konnte nur in den neuen Großstädten entstehen, die zwischen 1870 und 1910 ihre Einwohnerzahl verdoppelten und verdreifachten (*Reulecke,* 1985, S. 203). Nur hier etablierte sich eine eigene Schicht moralisierender Intellektueller, die im rasch wachsenden Kulturbetrieb nicht nur ein neuartiges Betätigungsfeld fanden, sondern auch eine neue Form dieser Kritik entwickeln konnten. Eine wichtige Grundrichtung dieser Kritik war international die Abwendung von der Dorfutopie des 18. Jahrhunderts zugunsten einer vagen, aber erfolgreich politisierbaren „Großgemeinschaft" (*Quandt,* 1970). Dem standen in Deutschland „völkische" und „pessimistische" Positionen gegenüber, die weitaus mehr beeinflußten, was dann als „Kulturkritik" vor allem in den neunziger Jahren wirksam war. Eine solche Wirkung hat Voraussetzungen, die vom Leseverhalten der bürgerlichen Klasse (Verdrängung des Wiederholungs- durch das Extensivlesen: *Bez,* 1978, S. 909) über die Revolutionierung der Druck- und Reproduktionstechnik im Sinne der billigen Massenherstellung bis zur Umstrukturierung des Buchmarktes reichten, wo Segmente für Welt- und Zivilisationskritik entstanden. Die Gewohnheit des Extensivlesens erzwang zusammen mit der Entwicklung der Massenpresse die Wendung der Aufmerksamkeit zu immer neuen Meinungsproben, die um so mehr Chancen auf Wahrnehmung hatten, je unwahrscheinlicher, tabufreier oder provozierender sie angelegt waren. Die nicht universitär gebundene Philosophie reagierte ähnlich wie die Kunst oder die Literatur, die sich in den Großstädten nach Pariser oder Londoner Vorbild entwickelten, nämlich mit der Überbietung des *Schocks.* In dieser Hinsicht stimmten Pessimismus, Nihilismus, Impressionismus oder Ästhetizismus sehr wohl zusammen. Und die Sozialform bildete sich im Literatencafé heraus, auf den Boulevards oder im Cabaret, nicht im Hörsaal und schon gar nicht in der Schulstube.

Max Nordau diagnostizierte diesen Zuammenhang von Dekadenz und Großstadt (1892, S. 64 ff., 76 ff.) als *Entartung,* worunter ganz ernsthaft eine Krankheit verstanden wurde, die sich hirnphysiologisch sollte beschreiben lassen. Aber das Grundphänomen dieser „Krankheit", die *Willkür* der „Ideen-Assoziation" (ebd., S. 89 ff.), die in der zeitgenössischen Malerei, Dichtung und Musik ausgemacht und dargelegt wurde, hatte nicht mit einer irregeführten Physiologie zu tun. In der Großstadt entstand ein neuer kultureller Habitus, eine Kristallisationsform subjektiver, ästhetisierender Kultur, die *Nordau* (1893, S. 108) als „die reine Ich-Sucht des anpassungsunfähigen Entarteten" abqualifizierte. Aber er erkannte richtig, daß *Nietzsche* ihr Philosoph sei, dem der ganze Zorn des hilflosen Moralisten galt (ebd., S. 272 ff.).

*Nietzsche*s Philosophie setzte fort, was *Schopenhauer* und *Eduard von Hartmann* an pessimistischer Kulturkritik vorbereitet hatten. Aber er bot eine ganz andere Erklärung an: Nicht der Wille hinter der Geschichte bestimmt die Welt zum Untergang, was im Grunde nur die darwinistische Evolutionstheorie zu Ende denkt; der „Wille" ist vielmehr stets der Wille zur *Macht,* womit das moralfreie Antriebsmovens des „Lebens" benannt sein soll. Aus Pessimismus wird so Nihilismus, also die Leugnung der moralischen Basis einer sozialen Ordnung, die auch Sozialisten und Anarchisten noch wie selbstverständlich in Anspruch genommen hatten. *Nietzsche*s Lehre wirkt mächtig unter den parteipolitisch ungebundenen und von daher „frei schwebenden" Intellektuellen, die die Lehre vom „Übermenschen" benutzen, um ihre heillosen Größenphantasien „philosophisch" in Form zu bringen.

Nietzsche hat die vielen *cretins* seiner Lehre gewiß nicht verdient, aber daß er als „eine der größten Kulturmächte unserer Zeit" erscheinen konnte (*Horneffer,* 1907, S. 62), war nur durch die Vermittlung der neunziger Jahre möglich. Viele Literaten und Intellektuelle teilten nunmehr *Nietsche*s „heroische Sehnsucht" (*Lublinski,* 1904, S. 48) nach einem festen Bezugspunkt in der Moderne, deren „Cagliostro-Allüren" (*Ball,* 1946, S. 178) überwunden werden sollten. Die Kulturkritik war damit nicht einfach *décadence,* denn sie empfand keine Lust in der Zerrissenheit, sondern Verzweiflung, und sie entwickelte Therapien, wo die ästhetisierende Kunst das sich selbst suchende Subjekt in den Mittelpunkt stellte und Wahrheit als Echtheit las.

Nietzsche kritisierte die Grundlagen der christlichen Kultur und leugnete mit Gott auch die Sicherung der Moral. Aber er lieferte der Kulturkritik auch die positiven Stichworte, den „griechischen Begriff der Kultur ... als einer neuen und verbesserten Physis, ohne Innen und Außen, ohne Verstellung und Konvention, der Kultur als einer Einhelligkeit zwischen Leben, Denken, Scheinen und Wollen" (Werke, Bd. I, S. 285). Und die *„Philosophen, Künstler und Heiligen"* sind die „wahrhaften *Menschen"* (ebd., S. 325), die hervorzubringen Aufgabe der Kultur und also der Erziehung sei.

„Es ist dies der Grundgedanke der *Kultur,* insofern diese jedem einzelnen von uns nur eine Aufgabe zu stellen weiß: *die Erzeugung des Philosophen, des Künstlers und des Heiligen in uns und außer uns zu fördern und dadurch an der Vollendung der Natur zu arbeiten"* (ebd., S. 326).

Die Kritik der lebensfernen, erlebnisarmen und unanschaulichen Schule (ebd., S. 278 ff.) muß vor dem Hintergrund des Umschlagens von Fortschrittsglauben in Skepsis gesehen werden, wie sie die neue Großstadtkultur nährte und anstachelte. Aber schon *Nietzsche* sah die Kritik vom „Endpunkt" der „Heilung" her, wenn die „Gebildeten" „wieder *Menschen* geworden" sind und aufgehört haben, „menschen-ähnliche Aggregate zu sein" (ebd., S. 284). Träfe diese Kritik zu, dann wäre gerade die moderne Schule die unbildende, die verstümmelnde Kraft der Gegenwart, denn ihre institutionelle Form erzwingt die Aggregierung des Lernens in unverbundene Segmente, deren Synthesis dem sich vergeblich bemühenden Schüler überantwortet wird. Fixiert auf das Gelehrtenideal wird die Bildung „immer zufälliger und unwahrscheinlicher", erst befreit davon ist geistiges Erleben und Selbstwerdung möglich. Die „wahre Bildungsinstitution" ist im Schulsystem des 19. Jahrhunderts gerade nicht entstanden (Werke, Bd. III, S. 190 ff., 252 ff.).

Was wahre Bildung sein sollte, erfuhr das Publikum im „Prosperitätsjahr" 1889 (*Wehler,* 1983, S. 43), als ein Anonymus das Buch „Rembrandt als Erzieher – Von einem Deutschen" erscheinen ließ. Dieses Buch muß als *der* pädagogische Bucherfolg im Kaiserreich angesehen werden (49 Auflagen bis 1909), obwohl seine im engeren Sinne pädagogische Qualität schon früh bezweifelt worden ist (*Rein,* 1891). Aber der unbekannte Autor *(Julius Langbehn)* konnte zwei zeitgenössische Strömungen zu einer zwar krausen, aber ungemein wirksamen Mischung verbinden, die perfekt zur manischen Zeitstimmung der *zu spät gekommenen Nation* paßte (*Plessner,* 1974).

Langbehn legte eine *Nietzsche* nachempfundene Genieästhetik des künstlerischen Individuums zugrunde, in der „Individualität" mit „Seele" gleichgesetzt wurde, die ihren künstlerischen Ausdruck suche („Rembrandt als Erzieher", S. 11). Jede Individualität weiche vom Normalen ab (ebd., S. 12) und sei deswegen von entscheidender pädagogischer Bedeutung. Der höchste Künstler sei der beste Erzieher, denn der Erzieher sei „der Anwalt der besseren Natur des Menschen" (ebd., S. 168), also ihrer entschlossenen Individualisierung (ebd., S. 232 ff.). Niemand könne das besser als der individuellste aller „deutschen Künstler", nämlich *Rembrandt* (ebd., S. 9). Er solle daher als Vorbild der großen „Persönlichkeit" die Deutschen zu „Menschen" erziehen (ebd., S. 235, 168).

Diese „neue deutsche Bildung" (ebd., S. 257) hatte aber noch ein anderes Grundmotiv, das des „völkischen Denkens", dessen Grundelemente *Langbehn* von *Paul de Lagarde* übernahm (*Mosse,* 1979, Kap. 2). *Langbehn*s eigene Schulkritik („Rembrandt als Erzieher", S. 342 ff.) betonte *zugleich* die „Persönlichkeit" *und* die völkische Aufgabe der „genial-modernen Bildung der Rembrandt und Genossen" (ebd.,

S. 346). Die Entfremdung wurde erklärt mit falscher Bildung und Überfremdung „Die deutsche Wiedergeburt ... wird gerade an dem faulsten Punkte der heutigen deutschen Zustände anzusetzen haben – an dem Einfluß der Professoren und Juden" (ebd., S. 347). *Lagarde* hatte 1875 die „gegenwärtige Lage des Deutschen Reiches" vom Zerfall der nationalen Identität her kritisiert (*Lagarde,* 1934, S. 143 ff.). Nicht die Kultur, sondern nur die Nation könne als das die Menschen verbindende „Heilige" angesehen werden (ebd., S. 144 f.). Eine auf „Kultur" verpflichtete Schule produziere „Gebildete", also „Buchhalter- und Magazinaufseherexistenzen" (ebd., S. 148), während es „nur *einen* Weg der Rettung" geben könne, nämlich den „öffentlichen Unterricht ... auf das Prinzip der Pflicht" zu gründen (ebd., S. 190). „Pflicht" meint „Berufspflicht" im Dienste des nationalen Pathos (ebd., S. 191, 194).

Die Verstärkung dieses Denkens hat *George Mosse* (1979, S. 163 ff.) zu Recht im Erziehungssystem gesehen. Die Kulturkritik der neunziger Jahre jedenfalls hatte „völkische" Prämissen, die sich leicht mit Antisemitismus und Rassismus verbinden konnten. Hat man erst einmal die Entstehung der moderen Welt als „germanische Tat" stilisiert (*Chamberlain,* 1940, S. 828), ist der Schluß naheliegend, die weltgeschichtliche Überlegenheit des Germanentums von der „Reinheit der Rasse" (ebd., S. 834) abzuleiten. Man kann Geschichte und Zukunft aus einem Punkt erklären und dann auch die Pädagogik und ihre praktische Seite, das Schulsystem, in staatliche Regie nehmen. „Durch sie werden Seelen gemodelt und in das bunte Gewebe des Übereingekommenen fest eingeflochten" (ebd., S. 880).

Das hatte nun nichts mit der modernen Großstadtkultur zu tun, die schon *Langbehn* am Beispiel von *Zolas* Paris als „französische Krankheit" diskreditierte („Rembrandt als Erzieher", S. 344). Die *Flucht* vor dieser Moderne war gerade, was die „völkische" Kulturkritik kennzeichnete. Als sie in einem von oben und ohne Anpassungszeit modernisierten Land wirksam wurde, waren ihre Grundlagen längst zerstört. Sie konservierte sich in den Nischen der Moderne, nicht in der Avantgarde, nicht im Proletariat, sondern im Kleinbürgertum, dort, wo nicht *Nietzsche,* sondern der „Übermensch in der Politik" (*Conrad,* 1895) diskutiert wurde. *Dieser* Übermensch konnte wohl, wie die weitere Geschichte zeigt, als moderne Inszenierung (des „Führers") Wirklichkeit werden, aber der „völkische" Realitätsgehalt, die ständische Gesellschaft und ihre Kultur waren verschwunden. Der Impressionismus der Kunst hatte die traditionelle *Form* gleichermaßen in Literatur, Malerei und Musik aufgelöst; der Nihilismus schockierte die religiöse Fundierung der *Moral;* die flüchtigen Sozialformen der Moderne (vor allem der Großstadt: *Simmel,* 1903, S. 202) zerrieben auch die Reste des *Kultus* überkommener Glaubensgemeinschaften. Aus Zeremonien des Lebens wurde die Analyse der Empfindungen (*Mach,* 1900), in der Erkenntnistheorie ebenso wie in der Psychoanalyse, letztlich gründend vielleicht, einem Wort von *Léon Bloy* zufolge, in der „blasphème de l'amour qui serait la prière de l'abandonné" (zit. b. *Ball,* 1980, S. 23).

III. Reformmotive in der Pädagogik des 19. Jahrhunderts

Aus dem Kontext von „Gründerjahren" und nationaler „Kulturkritik" entstand jenes Faktorenbündel, das gleichsam den Nährboden für die „Reformpädagogik" im engeren Sinne abgab. Davon war im Schulsystem zunächst freilich wenig zu verspüren. Die langanhaltende „Trendperiode der welt- und nationalwirtschaftlichen Hochkonjunktur" zwischen 1895 und 1913 (*Wehler,* 1983, S. 43) begünstigte den Ausbau und die innere Differenzierung des Bildungswesens nachhaltig. In diesen knapp zwanzig Jahren stiegen etwa die jährlichen Pro-Kopf-Ausgaben der preußischen Großstädte für das Bildungswesen von 10,02 auf 21,52 Mark, was sowohl das Sozial- und Gesundheitswesen als auch das Verkehrswesen übertraf (*Reulecke,* 1985, S. 212). Der Kostenaufwand für die öffentlichen Volksschulen verdoppelte sich fast zwischen 1891 und 1900 (*Lexis,* Bd. III, S. 9); ähnlich steil waren die Zuwächse auch im Bereich der höheren Schulen (*Lexis,* Bd. II, S. 189 ff.). Selbst das Einkommen der Volksschullehrer in Preußen stieg noch einmal um 25%, nachdem es zwischen 1871 und 1891 schon einen großen Sprung gemacht hatte (*Lexis,* Bd. III, S. 12). Und die Erfüllung der Schulpflicht war 1901 fast perfekt: Von über sechs Millionen schulpflichtigen Kindern in Preußen blieben gerade 548 oder 0,01% dem Unterricht „widerrechtlich" fern (ebd., S. 10).

Diese Prosperität der Schule hat das Anwachsen der Kritik nicht verhindern können, die aber zunächst ganz im Rahmen blieb und erst später, außerhalb der Schule, radikalisiert wurde. Der Auf- und Ausbau der Schule vollzog sich mit einem Reservoir an eigenen pädagogischen Reformmotiven, die aus der Volksschulpädagogik des 19. Jahrhundert entstammten und erst nach der Jahrhundertwende eine öffentlichkeitswirksame Fusion mit der Kulturkritik eingingen. Bis zu diesem Zeitpunkt muß aber eine ganz andere Entwicklung konstatiert werden, nämlich die Ghettoisierung zentraler Reformmotive in der Volksschulpädagogik, die um so hermetischer wurde, je mehr diese eigene Publikations- und Kommunikationsorgane aufbaute. Diese Organe taten vor allem eins, *Reform* zu begründen. *Clemens Nohl* stand selbst in dieser Kette der Tradition, als er 1877 feststellte:

> „Auf keinem Gebiet unseres Volkslebens ist die Zahl der Mißstände so groß, sitzt das Uebel theilweise so tief, und thut deshalb Besserung und Umgestaltung so dringlich noth, wie in der Schule" (*Nohl,* 1877, S. 4).

Eine andere Semantik benutzt auch *Wilhelm Ostwald* nicht, als er 1909 vom „Schulelend" sprach und die Reform an Haupt und Gliedern forderte (*Ostwald,* 1909, bes. S. 28 ff.). Aber hundert Jahre zuvor hatte *Wilhelm Harnisch* (1812, S. 24 ff.) in den „Deutschen Volksschulen" schon ganz ähnlich argumentiert, um die Reform der

„volkstümlichen Bildung" mit Hilfe der Methode *Pestalozzi*s zu begründen. Trotz und entgegen aller Aufbauerfolge vor allem nach 1871 blieb die Reformsemantik in den Kommunikationsmedien der Volksschullehrerschaft fest verankert. Dabei war gewiß die Neigung des kurz gehaltenen Standes wirksam, die Welt aus einem oder „einigen wenigen Principien" zu erklären und entsprechend „radical" zu betrachten (*Ballauff*, 1877, S. 48). Aber auch der allmähliche gesellschaftliche Aufstieg änderte die fest verinnerlichte Reformsemantik nicht oder nur wenig.

Als *Ludwig Gurlitt* 1907 von der „grossen geistigen Bewegung" sprach, „die unser gesamtes Erziehungswesen und Schulwesen erfaßt" habe und „unaufhaltsam ihrer Vollendung zueile" (*Gurlitt*, 1907, S. 54), da hatte er gewiß eine grundlegend andere gesellschaftliche Situation vor Augen als *Harnisch* oder *Clemens Nohl*. Aber der *pädagogische* Gehalt dieser Bewegung war kein grundlegend neuer. Im Gegenteil beerbte die „Reformpädagogik" die klassische pädagogische Tradition und beinahe mehr noch die Reformbestrebungen der Volksschulpädagogik des 19. Jahrhunderts. Während der Bezug auf die klassischen Theoretiker explizit wurde (z. B. *Lietz*, 1897, S. 67ff. u. pass., *Otto*, 1903, S. 33ff., 329ff., *Gurlitt*, 1906, S. 208ff., 239f.; *Kerschensteiner*, 1908; *Gansberg*, 1906), fehlte der Hinweis auf die Reformansätze vor allem der zweiten Hälfte des 19. Jahrhunderts fast völlig. Ohne diese Abgrenzung wäre die Stilisierung eines Neuanfangs nicht möglich gewesen, so daß es seine eigene Pointe hatte, als *Kerschensteiner* schon 1901 das gesamte 19. Jahrhundert pädagogisch gesehen als Verfallsgeschichte las:

„Man war zufrieden, allgemeine Volksschulpflicht eingeführt, Lehrerseminare gegründet und Hirten, Nachtwächter und ausgediente Soldaten durch wirkliche Lehrer ersetzt zu haben" (*Kerschensteiner*, 1966, S. 7).

Tatsächlich ist dieser Eindruck einer faulen, unproduktiven Epoche falsch, nicht nur weil nie so viel über pädagogische Themen geschrieben und gedruckt worden ist wie in dieser Zeit. Der umgekehrte Eindruck ist zutreffend: bis in die Details hinein beerben die Konzepte der Reformpädagogik die Diskussionsgegenstände der Volksschulpädagogik im 19. Jahrhundert. Das läßt sich an vier zentralen Themen darlegen: Die ästhetische Bildung und Kunsterziehung; das Prinzip der Arbeit und die Bestrebungen der „Arbeitsschule"; die körperliche Erziehung und die Kritik der einseitig intellektuellen Schulbildung; die Psychologie des Kindes und die Ansätze zu einer „inneren" Schulreform. Gemeinsam ist allen diesen Versuchen der zumeist dezidierte Rückgriff auf klassische Konzepte, vor allem *Pestalozzi*s, ohne den die Konstanz der Diskussion und die *Beharrlichkeit der* Motive nicht erklärbar wären.

Die humanistische Theorie der Bildung hatte zwei zentrale Bezugsgrößen, die Sprache und die Kunst. Im Verlaufe des 19. Jahrhunderts wandelten sich sowohl die Ästhetik als auch die Sprachtheorie gegenüber den Ansätzen *Humboldt*s grundlegend, ohne an pädagogischer Bedeutung zu verlieren. Eines der wesentlichen Ergebnisse der Einführung der pestalozzischen Methode in die preußischen Volksschulen war die Didaktisierung des Sprachunterrichts (vgl. *Harnisch,* 1839; *Diesterweg,* 1844, Bd. I, S. 239 ff.), von der ein direkter Weg zu *Berthold Otto* führt. Die Kunsterziehung schien demgegenüber zum Stiefkind der Volksschule zu werden, kommt sie doch etwa in der fünften Auflage von *Diesterwegs* „Wegweiser" als eigenständiges Problem gar nicht vor. Der Unterricht im Zeichnen und im Singen (*Worms,* 1875; *Erk,* 1875) wird streng methodisch-didaktisch beschrieben, nicht jedoch unter dem Gesichtspunkt *ästhetischer Bildung.*

Die Entwicklung einer „Kunsterzieherbewegung" setzte die Herausbildung eines eigenen Standes von Zeichenlehrern voraus, die beständig versuchten, ihre marginale Stellung unter den Schulfächern zu verbessern. Dies gelang nie ohne Erinnerung an die allgemeine Legitimation, etwa die „nöthige Entwicklung des Schönheitssinnes und die Bedürfnisse des Gewerbstandes" (*Lüben,* 1857, S. 627). Dabei trat ein Problem auf, das sich in der Arbeitsschulbewegung wiederholen sollte, nämlich die Frage des pädagogischen Zugriffs. Diese Frage wurde von der Mehrheit der Zeichenlehrer eindeutig beantwortet: „Der Schulzeichenunterricht ist wesentlich pädagogischer Natur", d. h. er sollte von Lehrern und nicht von Künstlern erteilt werden (*Worms,* 1875, S. 404). Das verlangte dann aber auch eine „Disciplin", die die Fähigkeit besitzt, „den Formensinn zu wecken und zu entwickeln, das Formen-Verständniß zu nähren, den Sinn für das Charakteristische und Schöne zu pflegen" (ebd., S. 375).

Die ästhetische Bildung des „inneren Lebens" (*Stark,* 1848, S. 6) in mehr oder weniger deutlicher nationalpädagogischer Absicht (ebd., S. 8) blieb eine pädagogische Forderung im gesamten 19. Jahrhundert. Eine der wichtigsten Begründungen stammte von *Friedrich Dittes,* der im Anschluß an *Beneke* die „Geschmacksbildung" zur grundlegenden Aufgabe der Erziehung und des Unterrichts erklärte. Es sei endlich an der Zeit, schrieb er 1854, gegenüber der Gesundheitserziehung, der intellektuellen und moralisch-religiösen Erziehung „auch der Geschmacksbildung ihr Recht einzuräumen". Sie nämlich diene einem wesentlichen Ziel der Bildung überhaupt: „Die *jugendliche Seele* soll selbst verschönert werden durch die Eindrücke, die sie von schönen Objecten empfängt" (*Dittes,* 1854, S. 62).

Die Mittelvorschläge reichen von der Sauberkeitserziehung über das Schönschreiben bis zur Verschönerung des „Schullocals" mit „lebendigen Bildern anmutiger Schönheit" (ebd., S. 71 ff.). Selbst die Begegnung mit der Natur als Gegenerfahrung der „todten Fabrikhöhlen" (ebd., S. 76 f.) fehlt nicht. Das Ästhetische liegt aber vor allem theoretisch nahe, versteht man als „das Wesen der Bildung . . . die *vollkommene Harmonie aller Kräfte" (Meyer,* 1868, S. 6). Diese Höherbildung zum Idealen hat vor allem einen moralischen Zweck, denn „das wahrhaft Aesthetische ist nur das wahrhaft Sittliche" (ebd., S. 15). Dieser Topos verließ die Diskussion bis *Volkelts Kritik* der „kunsterzieherischen Bewegung" *(Volkelt,* 1911, S. 43 ff.) nicht mehr, einschließlich der Warnung vor der „schlechten Sinnlichkeit" und der „ästhetischen" Bearbeitung der (triebhaften) Phantasie (*Meyer,* 1868, S. 13 ff., 17 ff.; *Volkelt,* 1911, S. 102 ff.). Die Identifizierung des Ästhetischen mit dem Sittlichen hat Konsequenzen für die Aufgabenstellung des Kunstunterrichts, die in dem Augenblick aufbrechen, als die „Bedürfnisse des Gewerbstandes" nicht mehr hinreichend erschienen und als Ziel definiert wurde, *„die Fähigkeit das Schöne zu sehen* bei unseren Schülern auszubilden" (*Menge,* 1879, S. 7). Der geometrische Zeichenunterricht geriet in die Kritik (*Steigl,* 1886), nachdem er gerade erst die Schulen erreicht hatte. *Stuhlmann*s an der allgemeinen Gewerbeschule in Hamburg erprobte Unterrichtsmethode wurde von *Flinzer*s „Erziehung zum bewußten Sehen" herausgefordert (*Stuhlmann,* 1875; *Flinzer,* 1876), womit konkretisiert wurde, was *Bruno Meyer* 1869 als *„Erziehung zur sittlichen Freiheit und zur schönen Menschlichkeit durch die Schönheit"* gefordert hatte (*Meyer,* 1873, S. 150).

Von da aus ist es nur noch ein Schritt zu *Konrad Lange*s allgemeiner Begründung des „kunsterzieherischen Gedankens", den *Ferdinand Piper* im übrigen schon auf der 23. und 24. „Versammlung deutscher Philologen und Schulmänner" 1864 und 1865 „verfochten" hatte (*Richter,* 1909, S. 22). Dieser Zeit stand freilich eine andere pädagogische Frage erheblich näher, die *Pestalozzi* schon 1782 im „Schweizerblat" als wesentliches Mittel der Erziehung bezeichnet hatte (Werke, Bd. VIII, S. 288 ff.), nämlich die *Arbeit.* Dieser Gedanke aus dem Pietismus verlor sich auch im 19. Jahrhundert nicht, nachdem er im Philanthropinismus, in der Industrie-Schul-Bewegung und auch in der kantianischen Pädagogik durchgespielt und ausprobiert worden war. Der „Unterricht in der Arbeitsschule" wurde allerdings unter einen pädagogischen Vorbehalt gesetzt: Er müsse, wie jeder Unterricht, die *„Selbstthätigkeit"* des Kindes befördern und damit der *„harmonischen Bildung der Geisteskräfte"* dienen (*Maeurer,* 1855, S. 55).

Dieser Gedanke geht auf *Fröbel* (1782–1852) zurück, der in der „Menschenerziehung" von 1826 den geistigen Sinn der Arbeit herausgestellt hatte (Ausgew. Schr., Bd. II, S. 27 ff.). Angesichts der 1839 in Preußen gerade erst eingeschränkten, nicht etwa schon verbotenen Kinderarbeit (*Lexis,* Band III, S. 47 ff.) – noch 1898 waren fast 545 000 schulpflichtige Kinder oder 6,53% in gewerblicher Kinderarbeit beschäftigt: ebd., S. 50 –, war die Frage verständlich, wie der *pädagogische* Sinn der Arbeit unter Beweis gestellt werden kann. Einen Schritt in diese Richtung stellte die Preisfrage des Zürcher Landamtmanns *Schindler* von 1850 dar: Wie kann der Unterricht in der Volksschule von der abstrakten Methode emanzipiert und für die Gemütskräfte fruchtbar gemacht werden? (zit. b. *Wiessner,* 1889, S. 268). Diese Frage provozierte verschiedene Schriften zur Volksschulreform, die alle den Arbeitsunterricht in den Mittelpunkt der Antwort stellten.

Die Vorschläge waren freilich mehr oder weniger auf die Not des Tages berechnet, etwa wenn *Curtmann* (1851, S. 111) die Einführung neuer Unterrichtsgegenstände und die Verlängerung der Schulzeit angriff, von denen die Tagelöhner nichts haben. *Fried-*

rich (1852, S. 39 f., 58) aber kritisierte die „Entfremdung der Schule vom Leben" und forderte eine „praktische Erziehung der Jugend" als besonders für Deutschland grundlegendes „Nationalbedürfnis". Die Verbindung der praktischen Arbeit mit dem Schulunterricht (ebd., S. 127 ff.) geriet so konkret, daß gar ein Schulgarten für jede Volksschule empfohlen wurde (ebd., S. 139 f.). Der *Schulgarten* als Erziehungsmittel zur Arbeit beherrschte viele zeitgenössische Vorschläge: „Schulgarten und Werkstatt sind die naturgemäße Ergänzung der Volksschule" (*Schwab*, 1873, S. 21).

Den eigentlichen Anstoß für eine soziale Bewegung zugunsten der Arbeitsschule brachten die „schmerzlichen Belehrungen über die Konkurrenzunfähigkeit" des deutschen Kunstgewerbes auf den Weltausstellungen in Wien (1875) und Philadelphia (1876) (*Lange*, 1893, S. 187). Die Konzepte von „Hausfleiß" und „Hausindustrie", die zunächst ins Spiel gebracht wurden (*Clauson-Kaas*, 1873), hatten sich aber überlebt. 1880 gründete *Woldemar Götze* die „Leipziger Schülerwerkstatt", die eigentliche Keimzelle des pädagogischen Konzepts, das sich gegen die konkurrierenden Richtungen durchsetzte (*Rissmann*, 1882, S. 86 ff.; *Wiessner*, 1889, S. 333 ff.). 1872 bereits war der „Handfertigkeitsunterricht" in Preußen obligatorischer Unterrichtsgegenstand der Volksschule geworden (*Wiessner*, 1889, S. 280).

Aus allen diesen Ansätzen erwuchsen nicht nur 193 „selbständige Handarbeitsschulen" bis Ende 1891 (*Lange*, 1893, S. 192), sondern auch Vereinsbestrebungen außerhalb des staatlichen Schulsystems, die, wie etwa in der Fröbelbewegung, den Gedanken einer notwendigen Verbindung von *„Arbeitsschule und Lernschule"* wachhielten (*Hanschmann*, 1876, S. 20). Das dahinterstehende Motiv der Ganzheitlichkeit des schulischen Lernens und also die Kritik der einseitigen Verstandesbildung prägte auch die Bestrebungen *körperlicher Erziehung*, die sich vornehmlich am Turnen, später auch am Wandern, festmachten. Die Turnbewegung war wegen des „deutsch-nationalen" Begründungszusammenhangs (*Klumpp*, 1842) politisch umstritten, reüssierte dann aber im neuen Reich gerade wegen dieser „patriotischen" Dienlichkeit. Bemerkenswert ist jedoch, daß Schulturnen gleichbedeutend wurde mit einer auch von Medizinern vorgebrachten Kritik an der einseitigen Schulbildung (vor allem *Lorinser*, 1836). Es war schließlich ein Jurist (*Emil Hartwich* in Düsseldorf), der mit einer Streitschrift zu Beginn der achtziger Jahre Anstöße zur Verbesserung des Schulturnens gab (*Hartwich*, 1881). Auch hier war das Postulat grundlegend, daß die Pflege des Körpers und des Gemüts nicht zugunsten der Schulung des Geistes vernachlässigt werden dürfen.

In diesem Geiste wurde auch die verzweigte öffentliche Diskussion der „Überbürdungsfrage" geführt, die durch *William Preyer*s Vortrag vor der 60. Versammlung deutscher Naturforscher und Ärzte (1887 in Wiesbaden) großen Auftrieb erhalten hatte. *Preyer* vertrat die These, daß vor allem die höhere Schule aufgrund ihrer einseitigen intellektuellen Ausrichtung das Gehirn der Schüler überanstrenge und durch diese „ungleichmäßige Ausbildung" die gesamte Entwicklung des Kindes schädige

(*Preyer,* 1887, S. 8 f.). Die Schule sei physiologisch falsch organisiert, was nachhaltig auch für die Unterrichtsmethode gelte, die die „natürliche Ordnung" des Lernens umkehre (ebd., S. 9). Vor allem das „viele Sitzen" sei schädlich und müsse durch „Turnen, militärische Übungen und Schwimmen" ausgeglichen werden" (ebd., S. 16). Dies Auffassung war populär, nicht nur weil sie sich pädagogischen Traditionen (vor allem im Philanthropinismus) anschloß. „Wanderungen, Turnfahrten und Schülerreisen" (*Bach,* 1885) wurden lange vor dem Entstehen der Jugendbewegung als probates Mittel gegen die Entfremdung der Sinne in der Schule empfohlen.

Der Zusammenhang von „Turnen" und „Bildung" (*Passow,* 1818, S. 99 ff., 111) konnte praktisch nur schwer unter Beweis gestellt werden. *Hermann Lietz* (1897, S. 107) etwa notierte über den zeitgenössischen Turnunterricht. „Man betreibt Turnen – zumeist im Saal – auch wie eine Art trockener Gymnastik des Körpers". *Preyer* hatte zehn Jahre zuvor die Gründe dafür genannt: Die Schulen unterrichten den falschen Lehrstoff, die Lehrer beherrschen nicht die Lehrkunst und die Schüler lernen nicht „das für das Leben Notwendige" (*Preyer,* 1887, S. 8 ff., 19). Diese Kritik traf nun nicht nur die philologische Ausrichtung der Gymnasien (ebd., S. 28 ff.), sondern das gesamte Schulsystem. *Überall* wird *Preyers* Forderung zur Grundlage der Kritik:

„Es muß in den Schulen viel mehr Zeit auf Charakterbildung, also sittliche Erziehung, und auf Körperpflege, und viel weniger auf gelehrten Unterricht, also Gedächtnisarbeit, verwendet werden" (ebd., S. 36).

Das Kapitel „innere Schulreform" begann aber nicht mit dem Vortrag eines Psychologen vor dem berühmtesten Gremium der deutschen Naturwissenschaftler. Einen naturgemäßen, psychologisch fundierten Unterricht in kritischer Abgrenzung zur „älteren Schule" hatte schon *Tuiskon Ziller* (1864, S. 3 ff, 10 f) in seiner Antrittsvorlesung gefordert; und tatsächlich galt das Hauptaugenmerk der *Herbart-Schule* im 19. Jahrhundert der Unterrichts- und Schulreform. Zwei Bestrebungen waren dabei vorrangig, die Lehrplanrevision (zugunsten der „Gesinnungsstoffe", also dem, was für die „sittliche Erziehung" als notwendig erachtet wurde) und die methodische Disziplinierung des Lehrerhandels (durch die Formalstufentheorie). „Natürlich" war dabei der Ausgang vom gegebenen Interesse des Kindes, dessen Vorstellungen anschaulich und selbsttätig gebildet werden sollten. Die Schule wurde als „Erziehungsschule" angesehen, nicht etwa als reine „Unterrichtsanstalt", da ja Unterricht überhaupt nur als erziehender Unterricht theoretisch legitimierbar schien.

Selbsttätigkeit und *Anschaulichkeit* waren auch die beiden Stichworte der anderen großen Richtung der Volksschulpädagogik im 19. Jahrhundert, die über *Diesterweg* (1790–1866) an *Pestalozzi* (1746–1827) anknüpfte. Ein strikter Gegensatz beider Richtungen war für *Lietz* etwa schon gar nicht mehr gegeben (*Lietz,* 1897, S. 151 ff.), der den „erziehenden Unterricht" als gemeinsame Reformleistung ansah und seinem eigenen Schulmodell zugrundelegte. Auch das bei den Herbartianern zumeist ausgelassene Stichwort der *Persönlichkeit* und der Lehr*kunst* ist früh im Gespräch gewesen:

„Der *absichtlich* erziehende *Mensch* wirkt auf den Zögling durch seine Persönlichkeit ... und durch seine Kunst, nach einem Princip, nach Planen und Regeln" (*Dittes,* 1855, S. 97f.).

Die Erziehung „unterstützt" in jedem Falle nur die *Natur.* „Was sich leise im Kinde ankündiget, hat der Erzieher zu ergreifen und durch planmäßige Anregung und Darreichung geeigneter Bildungsmittel zu fördern. Dabei muß der Zögling ... Alles *selbstthätig* in sich entwickeln. Es wird ihm kein Product fremder Geistesthätigkeit unmittelbar gegeben; das ist unmöglich" (ebd., S. 109f.).

Dieser Rückgriff auf die Pädagogik *Fichtes* war der Persönlichkeitspsychologie der Reformer nach 1890 gewiß näher als die methodische Pädagogik der Herbartianer, die gar für die autoritäre „Lern- und Buchschule" des Kaiserreiches verantwortlich gemacht wurde (vgl. *Oelkers,* 1986). Die Kritik der Herbartianer aber ging in eine ganz ähnliche Richtung:

„Dem gewöhnlichen Schulunterrichte muß freilich überhaupt leider sehr oft der Vorwurf gemacht werden, daß er den Geist der Jugend ermatte und erschlaffe statt ihn zu kräftigen, und daran ist vornehmlich auch schuld, daß die Beziehung des Unterrichtes auf die Person des Zöglings vernachlässigt wird" (*Ziller,* 1884, S. 429).

Freilich verhinderte die Herbartsche Psychologie, daß der Zögling als „letzte Voraussetzung und realer Träger" des menschlichen Geistes erscheinen konnte" (ebd.). Die geistige Einheit *entsteht erst* (ebd., S. 420), während sie in der Persönlichkeitspädagogik der Jahrhundertwende als natürliche Voraussetzung jeder Erziehung begriffen wurde (*Gurlitt,* 1905).

Diese Wendung ist vor allem durch die eigenwillige Rezeption der neuen Kinderpsychologie zu erklären, die sich im Anschluß an *William Preyers* „Die Seele des Kindes" (1882) herausbildete. Die experimentelle Kinderpsychologie beförderte zunächst vor allem den Entwicklungsgedanken, der auch *Preyers* Phänomenologie des kleinen Kindes zugrundelag. Ein wichtiger Effekt war dabei die Trennung von Kinderpsychologie und Kindermedizin (*Dennis,* 1949); erst dadurch wurde es aussichtsreich, nach einer nicht-physiologischen Theorie der menschlichen Entwicklung zu suchen. Für *Preyer* war die Entwicklung des Ich-Bewußtseins abhängig von vorgängigen Erfahrungen, vor allem solchen des Schmerzes (*Preyer,* 1923, S. 334ff.; ähnlich bereits *Löbisch,* 1851, S. 18). Aber schon *Preyer* sprach vom *„angeborenen Verstand",* womit eine innere Disposition oder *„angeborene Anlage"* gemeint ist, *„ wahrzunehmen und Vorstellungen zu bilden"* (*Preyer,* 1923, S. 348). Vor allem *James Sullys* Untersuchungen über die „erwachende Intelligenz" des Kindes, die Erfahrung also, daß das Kind von Anfang an seine Welt zu ordnen verstehe (*Sully,* 1897), legten nahe, das „eigene Wesen des Kindes" zu stilisieren (*Key,* 1908, S. 111), das die Voraussetzung jeder Erziehung sei und nicht unterdrückt werden dürfe (*Gurlitt*, 1905, S. 14; *Otto*, 1903, S. 300 ff.). Erziehen wird dann zur empfindsamen und eigentlich unmöglichen Aufgabe: „Ein Kind erziehen – das bedeutet seine Seele in seinen Händen tragen, seinen Fuß auf einen schmalen Pfad setzen" (*Key*, 1908, S. 117).

Die neue Entwicklungspsychologie konnte also im Sinne der Lehre von der natürlichen Seele (vgl. schon *Löbisch*, 1851) gelesen werden. Der Grundbegriff war der der *Natur*, so daß auch diese Richtung unmittelbaren Anschluß an *Rousseau* und *Pestalozzi* erhielt. Pädagogisch wurde 1889 ein „objectives System" *natürlicher Erziehung* vorgelegt, in dem – von „Reformpädagogik" war noch keine Rede – bereits alle wesentlichen Prinzipien der nachfolgenden Diskussion enthalten waren (*Haufe*, 1889). Die innere wie die äußere Natur wurden hier vom Entwicklungsprinzip her betrachtet, aus dem sich vier Kriterien einer natürlichen Erziehung ableiteten: *Entwicklung, Wahrnehmung, Phantasie* und *Arbeit* (ebd., S. 94–207). Schulen, deren „unnatürliche" Organisation scharf kritisiert wurde (ebd., S. 137 ff.), sollen zur Entwicklung einer „natürlichen Cultur" beitragen. Dies werde aber nicht durch „Zufälligkeiten" erreicht, sondern „durch zielbewußtes und harmonisches Ausbilden der gesammten Kräfte des Einzelnen durch eine allen Gliedern der Volksgesammtheit gemeinsame harmonische Erziehung" (ebd., S. 183).

An dieser postulativen Semantik änderte sich in den darauffolgenden 25 Jahren nur wenig. Andererseits muß festgehalten werden, daß gegenüber aller Realität von Schule und Verschulung am Ende des 19. Jahrhundert das Reformbemühen bescheiden war und bis zum Weltkrieg auch blieb. Was die pädagogische Geschichtsschreibung oft als heroische Epoche hingestellt hat, begann aus kleinen Anfängen und wurde gegenüber der durchschnittlichen Wirklichkeit nie dominant. Dennoch wurde David für Goliath zum Problem.

IV. Richtungen der Reform

An Reformmotiven hatte die Volksschulpädagogik des 19. Jahrhunderts vor allem vier große Postulate beerbt und auf Dauer gestellt:

- die *ästhetische Erziehung* als auszeichnendes Merkmal der Menschenbildung,
- die *Arbeit* als pädagogisches Mittel einschließlich der ihr angemessenen Institutionsform;
- die Schulung des *Körpers* in Kritik des einseitigen Gelehrtenideals vor allem der höheren Schule und schließlich
- die *innere Reform*, die sich zunächst am Lehrplan und der Unterrichtsmethode festmachte und später das psychologische Ideal der Persönlichkeitsentwicklung übernahm.

Diese vier Motive wurden oft vermischt, bildeten aber doch relativ getrennte Ansätze, an die sich die Diskussion nach 1890 in überraschend deutlicher Weise anschloß.

Daß nun die pädagogische Geschichtsschreibung die *Kunsterziehungsbewegung* (*Lorenzen,* 1966) an die Spitze der Reformfront stellt und von ihr die soziale Relevierung der klassischen Motive ihren Ausgang nehmen sieht, kann nicht nur mit Zerfall und „völkischer" Sehnsucht nach neuer Einheit erklärt werden (*Richter,* 1909, S. 29 ff., 40 ff., u. pass.), obwohl die großen Einflüsse von *John Ruskins* „Kunstsozialismus" bis *Konrad Lange*s Theorie der „gebildeten Dilettanten" gewiß in dieser Richtung verstanden werden konnten (*Ruskin,* Werke, Bd. IV; *Lange,* 1893, S. 13 ff.). Die Anfänge aber waren viel trivialer, ein Versuch zur Anreicherung der Lehrerbildung in Jena und eine Arbeitsgruppe zur Lehrerfortbildung in Hamburg. Die Diskussion um den geometrisierenden Zeichenunterricht der siebziger Jahre hatte ja bereits eine entschieden pädagogische Wendung genommen, die vertieft werden sollte. An *Wilhelm Rein*s pädagogischem Seminar in Jena wurden Übungen für die Praktikanten eingerichtet, während *Alfred Lichtwark,* nachdem er 1886 Leiter der Hamburger Kunsthalle geworden war, in Hamburg eine Lehrergruppe betreute, die sich mit der Verbesserung des ästhetischen Schulunterrichts befaßte.

Diese Versuche wurden ebenso wie die Diskussionen um den richtigen Zeichenunterricht von der „allgemeinen Furcht vor dem Verschulmeistern der künstlerischen Erzeugnisse" (*Richter,* 1909, S. 161) begleitet. Gerade wer die Schablone beseitigen wollte, um die „künstlerischen Kräfte" des Kindes zur Entfaltung zu bringen (*Hirth,* 1894, S. 4 f.), lief Gefahr zu dilettieren, nachdem *Wilhelm Rein* (1847–1929) festgestellt hatte, daß der schulische Kunstunterricht über eine wirksame Methode noch gar nicht verfüge (*Rein,* 1889, S. 159). *Konrad Lange* mußte daher in seinem einflußreichen Buch „Die künstlerische Erziehung der deutschen Jugend" (1893) dreierlei tun: für eine sinnvolle allgemeine Begründung des schulischen Kunstunterrichts sorgen, die pädagogische Bedeutung gegenüber den anderen Schulfächern darlegen und Vorschläge zu Lehrplan und Unterrichtsmethode anbieten.

Die allgemeine Begründung ist überraschend, aber wirksam gewesen: *Lange* betonte die *volkswirtschaftliche* Bedeutung der Kunst und forderte zu einer bewußten staatlichen Kunstpflege auf, die sich besonders auch der schulischen Ausbildung anzunehmen habe (ebd., S. 3 ff.). Der Kunstunterricht sollte zweitens aber vornehmlich dem allgemeinen Erziehungsziel entsprechen, nämlich den Menschen „gleichzeitig zu einem nützlichen und glücklichen Mitgliede" der Gesellschaft zu machen (ebd., S. 77). Diesem Ziel könne aber nur ein revidierter Zeichenunterricht nahekommen, den *Lange* als Kern des schulischen Kunstunterrichts begriff. Die Reform müsse beide Seiten des Problems betreffen, die berufsbezogene Ausbildung und die Erziehung zur Genußfähigkeit (ebd., S. 88 ff.). Entsprechend wurde anstelle des geometrischen ein *künstlerischer* Zeichenunterricht empfohlen (ebd., S. 113 ff.), der durch einen detaillierten Lehrgang kontrollierbar bleiben sollte.

*Lange*s Forderung nach der Bildung von künstlerischen Laien („Dilettanten") war auch der Ansatz von *Alfred Lichtwark* (1852–1914), dessen Lehrerarbeitsgruppe 1901 erste „Versuche und Ergebnisse" vorlegte. Diese Versuche waren überwiegend darauf beschränkt, die *„Empfänglichkeit"* der Schüler und Lehrer für künstlerische Dinge zu bilden oder zu schärfen (*Ernst,* 1901, S. 15). Aber *Lichtwark*s allgemeine Begründung paarte diese Bestrebungen, die von Fortbildungskursen über Ansätze zur Theater- und Museumspädagogik bis zum veränderten Schulsport reichten, mit einer scharfen Schulkritik und einem nationalen Reformpathos. Die „mechanische" Unterrichtsarbeit müsse zugunsten von Verstehen und Können verworfen werden; Empfinden und Ausdrucksfähigkeit sollen geschult werden; Ausgangspunkt sei die „Natur des Kindes", nicht der Wissensstoff oder der „Vorstellungskreis des Erwachsenen"; Eltern, Lehrer und Schüler sollen eine „Schulgemeinde" bilden; die ganze Arbeit aber müsse „in den Dienst der höheren Entwicklung unseres Volkes gestellt werden" (*Lichtwark,* 1901, S. 4ff.).

Das „Höhere", sagte *Lichtwark* (1905, S. 31) auf dem 2. Kunsterziehungstag (1903 in Weimar), „ist nicht die Wissenschaft, nicht der Lehrstoff, sondern die Seele". Ihr müsse namentlich die künstlerische Erziehung gelten, die nicht vom Stoff her, sondern nur von der Entwicklung der Kräfte aus zu betreiben sei. Aber mehr noch: Unterrichten und Erziehen selbst sei „eine *Kunst";* der Lehrer sollte daher eine „künstlerische Persönlichkeit" sein (ebd., S. 36ff.). Er hat die Aufgabe, die Kreativität oder „Ausdrucksfähigkeit" des Kindes zur Entfaltung zu bringen, die *Lichtwark* als „eine natürliche Kraft und Gabe des Kindes" ansah, welche nur in der Schule nicht berücksichtigt werde. „Sie behandelt das Kind, als käme es mit dem Eintritt in das Schulzimmer neu auf die Welt" (ebd., S. 40).

Diese These von der natürlichen Entwicklung der Kräfte, die die Schule (statt zu fördern) unterdrücke, war nicht nur der zeitgenössischen Kinderpsychologie angepaßt und entsprach einer breiter werdenden Einstellung dem Kinde gegenüber; für die Reformbewegung war ausschlaggebend, daß sie einem randständigen Fach ohne große Tradition entstammte, das mit seinen hohen Zielsetzungen allenfalls als erste Einlaßstelle der Veränderungsbestrebungen aufgefaßt werden konnte. Hinzu kam, daß weder *Lange* noch *Lichtwark* der modernen Kunst nahestanden und also die Kunsterziehung nationalen Zielsetzungen unterwerfen konnten, die die ästhetische Avantgarde schon von ihrem Subjektbegriff her unmöglich erfüllen konnte. Die *deutsche* Kunsterziehung dagegen sollte „Relativismus und Autoethizismus" (*Volkelt,* 1911, S. 173ff.) gerade bekämpfen.

Auch die Bildung des (erwachsenen) Dilettanten hatte, wie selbstverständlich, nationale Ziele, die Verteidigung des „Volkstums" nach außen und die Gewinnung eines Zusammenhalts nach innen:

„Das einzige, was ein Volk zusammenhält, ist eine starke, gemeinsame Bildung. Sie ist auch das sicherste Bollwerk gegen das Eindringen fremder Einflüsse ... Bildung ist Gewöhnung. Unsere nächste Aufgabe ist, eine zwingende nationale Gewöhnung zu schaffen" (*Lichtwark,* 1894, S. 36f.).

Weil sie sich in eine „volkspädagogische" Aufgabe stellte, erhielt die Reformpädagogik öffentliche Aufmerksamkeit; sie war von Anfang an Teil des bürgerlich-natio-
nalen Konsens im Kaiserreich und hatte genau darin ihre wesentliche Erfolgsbedin-
gung. Nur so erregte sie jene Publizität, die vor allem nach 1900 Erziehungs- und
Unterrichtsreform zu einer nationalen Aufgabe ersten Ranges stilisierte. Was
Clemens Nohl 1877 lediglich dem Volksschullehrerstand mitteilen konnte, ohne hier
auf sonderliches Gehör zu stoßen, war knapp 25 Jahre später ein vorrangiges gesellschaftliches Problem. Im Namen einer allgemeinen, durchaus nationalen Gesellschaftsreform schrieb etwa *August Horneffer* (1906, S. 39): „Das Kloster ist überlebt,
auch das pädagogische". Die Schule erschien in dieser plötzlichen wuchernden
Semantik als der fortschrittsfeindliche Zwangsapparat, der die „Selbständigkeit des
Denkens" verhindere (*Gurlitt,* 1906, S. 140) und die Entwicklung der Persönlichkeit
beschneide, auf die doch gerade nationalpolitisch alles ankomme (*Gurlitt,* 1907, S. 56;
Gaudig, 1915, S. 10).
In diesen Konsens stellten sich auch die anderen drei Richtungen der Reform, deren
Ziele stets „volkspädagogisch" gebunden waren. Der empathische Begriff des Volkes
war gleichsam das Pendant zum Naturbegriff, mit dem die unpädagogische Schule
kritisiert und die neue Erziehung begründet wurde. Aber daraus erwuchs keine neue
Individualpädagogik, die nach der Überwindung des Herbartianismus (*Oelkers,*
1986) erledigt schien. Die Pädagogik *vom Kinde aus* mochte das bürgerliche Moralge-
fühl beherrschen, die Zielsetzungen der nationalen Schulreformer – und „Reformpädagogik" vor 1914 war zunächst und vor allem *Schul*reformpädagogik – beeindruckte sie nicht, jedenfalls nicht als entscheidenden Widerspruch gegen alle nationalpolitische (also *staatliche*) Instrumentalisierung der Erziehung. *Ellen Key*s Warnung
(1908, S. 270f.) vor der „ausgezeichneten modernen Schule" der Schulreformer
wurde gerade in der Reformspitze überhört, wofür es vielleicht kein besseres Dokument gibt als die glatte, funktionale Präsentation der Erfolge der französischen Schulreform auf der Pariser Weltausstellung 1900 (*Guex,* 1903). Hier schien bereits Wirklichkeit, was die deutsche Schulreform erst beabsichtigte, nämlich die Verbindung von
Arbeit und Lernen, die Revision der Schularchitektur, die „innere Reform" einschließlich der neuen Anforderungen an die Persönlichkeit des Lehrers.
Daß es gerade diese Art von Verschulung sei, die „die Seelen verdummen und verstummen" läßt (*Key,* 1908, S. 270), blieb Außenseitermeinung. Umgekehrt wurde die für
die nationalen Aufgaben effektivste Schule gesucht, was vor allem auch für die
Anfänge der *Arbeitsschule* gilt. *Kerschensteiner* (1854–1932) nahm dieses Problem
unter weitgehender Ignorierung der Vorläufer auf und begründete zunächst, unter
kritischer Distanz zu den Ansätzen der Herbartianer, den Lehrplan der Volksschulen
neu (*Kerschensteiner,* 1899). Grundlegend ist dabei *Ernst Mach*s „Prinzip der Ökonomie des Denkens" (ebd., S. 49ff.), also die Einsicht, daß Gedanken des Lernenden
„niemals die Tatsachen *„überhaupt"* nachbilden, sondern „nur nach jener Seite, die

für uns *wichtig* ist" (*Mach,* 1982, S. 458), wobei die Ordnung in der jeweils denkbar einfachsten Weise erfolgt. Der Blick wendet sich dann vom Lehrstoff auf den „inneren psychologischen Zusammenhang" des Lernenden (*Kerschensteiner,* 1899, S. 99).

Praktisch hieß das nicht nur auf die gegebenen Interessen der Schüler Rücksicht nehmen, sondern deren natürliches Lernverhalten zum pädagogischen Prinzip zu erheben:

„Was man nicht nützt, ist eine schwere Last, und aller bloße Kenntniserwerb, der nicht früher oder später Beziehung zum persönlichen, praktischen und öffentlichen Leben des einzelnen gewinnt, ist eine Danaidenarbeit" (*Kerschensteiner,* 1966, S. 101).

Theoretischer gesagt: *Berufsbildung* geht der „Menschenbildung" voraus.

„Daß der einzelne seine Arbeit erkenne, an ihr Einsicht, Wille und Kraft übe und erstarken lasse, das ist die *erste* Aufgabe auf dem Wege zur Bildung" (ebd., S. 94).

„Arbeit" erfüllt einen pädagogischen Zweck aber nur dann, wenn sie „sich in den Dienst eines geltenden Wertes stellt, der unsere Seele erfüllt" (*Kerschensteiner,* 1968, S. 55).

Gefordert ist eine *„Erziehung zur Sachlichkeit"* oder die Überwindung der „egozentrischen Interessen" zugunsten der allgemeinen (ebd., S. 59). Die Pointe dieses Konzepts sah *Kerschensteiner* schon in seiner Erfurter Preisschrift von 1901 in der „staatsbürgerlichen Erziehung der deutschen Jugend". Hier erkannte er als „das letzte Ziel aller Erziehung . . . eine menschliche Gesellschaft", „die soweit möglich aus selbständigen, harmonisch entwickelten, sittlich freien Personen besteht" (*Kerschensteiner,* 1966, S. 149). Dieses Ziel könne aber für „die handarbeitende Bevölkerung vom 14. bis 20. Lebensjahre" nur als „Erziehung zur beruflichen Tüchtigkeit" gefaßt werden. „Sie ist die conditio sine qua non aller staatsbürgerlichen Erziehung" (ebd., S. 17). Nur in ihr nämlich lösen sich konkret die Gegensätze der Erziehung – Egoismus/Autonomie; individueller Wille und soziale Bedingtheit – auf (ebd., S. 30ff.).

*Kerschensteiner*s Münchener Reformversuche begannen bei der Fortbildungsschule (für die Volksschulentlassenen) und implantierten dann auch dem Volksschullehrplan mehr und mehr Elemente des Arbeitsunterrichts. Entscheidend war dabei jeweils die praktische Seite, vor allem die Einführung von Werkstätten. Von diesem Prinzip aus soll die ganze Schule entworfen werden, wie 1908 in der berühmten Zürcher Rede deutlich wurde:

Aus unserer Lernschule muß eine Arbeitsschule werden, die sich an die Spielschule der ersten Kindheit anschließt" (*Kerschensteiner,* 1968, S. 30).

Aber diese Schule dient einem höheren pädagogischen Zweck, der Erziehung „brauchbarer Staatsbürger" (ebd., S. 40). Dies war gewiß versittlichend gemeint, dem

Bürger wie dem Staat gegenüber (ebd., S. 41f.), zumal „Arbeit" den Schlüssel nicht etwa nur für manuelle Betätigung, sondern gerade auch für „selbständige geistige Arbeit" (ebd., S. 44) abgeben sollte. Die „sittliche Persönlichkeit" sollte durchaus nicht dem „Staatsbürger geopfert" werden (Kerschensteiner, 1929, S. 36). Aber die Verpflichtung des „gegebenen Staates" auf das höchste ethische Gut (Kerschensteiner, 1928, S. 12ff.) war zu abstrakt, um dem engen, nationalpolitischen Mißverständnis vorzubeugen (Gurlitt, 1907a, S. 99ff.). Faktisch bewegte sich auch dieser Entwurf, trotz oder wegen der auf Pestalozzi zurückgeführten Rede von der „allgemeinen Menschenbildung" (Kerschensteiner, 1928, S. 26ff.) im nationalen Konsens der gesamten Schulreform, die auch für relativ liberale Konzepte Platz hatte.

Kerschensteiner hatte die alternative Schule ,nur' propagiert und theoretisch begründet. Der Jenenser Praktikant Hermann Lietz (1868–1919) ließ sie 1898 in Form des „Deutschen Landerziehungsheims" (auf dem Landgut „Pulvermühle" bei Ilsenburg im Harz) Wirklichkeit werden. Der Gründungsaufruf versprach die Erziehung „deutscher Jünglinge" zu „harmonischen, selbständigen Charakteren", wobei fünf wesentliche Erziehungsmittel zusammenspielen sollten: Die „Verlegung der Erziehung aus der Stadt heraus" aufs Land, die soziale Erfahrung zwischen Zöglingen und vorbildlichen Erziehern, die körperliche Schulung bei gesunder Lebensweise, die musisch-ästhetische und religiös-sittliche Bildung sowie ein „den Gesetzen der Erziehungskunst und -wissenschaft entsprechender wissenschaftlicher Unterricht (Lietz, 1967, S. 15f.).

Ausführlich hatte Lietz dieses Konzept ein Jahr zuvor in seinem anagrammischen Roman „Emlohstobba" begründet, der seine zweijährigen Erfahrungen in Cecil Reddies „pädagogischem Laboratorium" (Reddie, 1900) Abbotsholme verarbeitete, wo Lietz das praktische Vorbild für seine alternative Schule fand. Der Roman gibt einen Tag in dem fiktiven Schulstaat „Emlohstobba" wieder und wird dann zu einer scharfen Kritik an der „alten Unterrichtsschule" gesteigert, der in ganz schroffer Weise die „neue Erziehungsschule" entgegengestellt wird. Die Unterrichtsschule tut alles das nicht, was pädagogisch sinnvoll erscheint, körperliche Arbeit, ästhetische Erfahrung, Spiel und nicht zuletzt Charakterbildung (Lietz, 1897, S. 82ff., 102ff.). Schuld daran ist nicht nur die Organisation der Schule und ihre Lehrmethode, sondern vor allem auch das Umfeld, die Großstadt. Sie vor allem verhindert den Idealismus und die Ausbildung des Guten im Kinde (ebd., S. 85ff.).

Die Erziehungsschule soll demgegenüber alle Seiten und Kräfte des Kindes „zu einer möglichst harmonischen Persönlichkeit" entwickeln (ebd., S. 138f.). Sie schafft die „alten, intellektuellen Zwangsmittel" ab und bedient sich neben des erziehenden Unterrichts" im Sinne Pestalozzis und Herbarts vor allem jener Mittel, die in der Unterrichtsschule brach liegen: Körperliche Übungen, Handfertigkeit, Turnen, Spiel und Geselligkeit. Dabei dient gerade diese Schule „vaterländischen" Aufgaben (ebd., S. 182ff.). Weil sie selbst „Gemeinschaft" ist, kann sie besser als andere

Schulen dieser Aufgabe nachkommen, wobei ihre Werte vom Erleben des „echten Führers" abhängig sind:

Ehrfurcht, Achtung und Gehorsam sind die Grundlagen aller Erziehung, die dem Einzelnen und der Volksgemeinschaft dienen will" (*Lietz,* 1935, S. 94). .

Die „wahren Erzieher" müssen „echte hingebende Freunde und Führer der Jugend sein". Die Kinder aber dürfen „nicht bereits Opfer der Entartung und des Zwangssystems geworden", sondern sollen vom „Willen" beseelt sein, „ein echtes Jugendleben zu führen und sich helfen zu lassen" (ebd., S. 95).

Das Schicksal der „Landerziehungsheime" war nun durchaus nicht so, wie *Ludwig Gurlitt* (1907a, S. 95) es prophezeite, denn es wurde keineswegs die Schulart der Zukunft. *Lietz* gründete bis 1904 noch zwei weitere „Landerziehungsheime", die auch im Ausland Beachtung fanden (*Cantou,* 1905). Nach internen Auseinandersetzungen trennten sich seine beiden Mitarbeiter *Gustav Wyneken* und *Paul Geheeb* von *Lietz* und gründeten eigene Heimschulen, bis 1910 zunächst gemeinsam in der „Freien Schulgemeinde Wickersdorf", dann getrennt, als *Geheeb* Wickersdorf verließ und die Odenwaldschule gründete. Die unterschiedlichen Auffassungen waren teils theoretisch begründet, teils erwuchsen sie aber auch aus den verschiedenen Erziehungsstilen. Die pädagogische Grundkonzeption aber war durchaus ähnlich, nur daß *Wyneken* (1923, S. 16) Wickersdorf mit Hilfe einer besonderen Theorie der Jugend als „geistige Gemeinschaft" begründete, die an einen Jugendorden erinnert (*Wyneken,* 1919, S. 85 ff.). Auch *Wyneken* aber vertrat eine Art staatsbürgerlicher Erziehung (ebd., S. 106 ff.), deren Zweck es sei, „wirkliche Liebe zum Staate" zu „erzeugen" (ebd., S. 111 f.).

Gewirkt hat die Landerziehungsheimidee aber noch aus einem ganz anderen Grunde: Trotz (oder gerade wegen) aller inneren und äußeren Schwierigkeiten in der Unterhaltung dieser Schulen wurde durch sie der Gedanke genährt, daß reformerische Arbeit „nur außerhalb der staatlichen Schule möglich" sei (*Gurlitt,* 1907a, S. 96). Der „herrschende Schulmechanismus" würde zerbrechen, was „Lehrer, die besondere pädagogische Gedanken verfolgen", an den Landerziehungsheimen faszinierte, nämlich „ein geeignetes Versuchsfeld" für ihre Ideen vorzufinden (ebd., S. 95). *Wyneken* (1923, S. 9 ff.) hat anhand der Erfahrungen in Wickersdorf beschrieben, wie bescheiden und oft kümmerlich die Wirklichkeit gegenüber diesen hochfliegenden Plänen aussah (nämlich: ständige Finanznot, hohe Lehrerfluktuation, innere Sezessionskriege). Das nahm dieser „Bewegung" (*Dietrich,* 1967) ihren Nimbus jedoch nicht, der sich wiederum bis 1918 vom nationalen Grundkonsens her begründete. Weil sie auf „den Beruf eines *deutschen Staatsbürgers"* vorbereiteten, bezeichnete *Gerhard Budde* (1912, S. 108 ff.) die Pädagogik der Landerziehungs-Heime als fortschrittlich. Und *Wilhelm Rein* (1912, S. 15) sah in den Landerziehungsheimen „das Jahrhundert des Kindes ... angebrochen", weil sie volkspädagogische Arbeit leisten: „Stählung und

Abhärtung des Körpers und des Geistes, . . . Einfachheit, Offenheit, Wahrheit und Gründlichkeit".

Die *Unterrichtsreform,* als vierte Richtung der „Reformpädagogik" im engeren Sinn (*Flitner/Kudritzky,* 1967, S. 167ff.), hatte in *Berthold Otto* (1859–1933) ihren herausragenden Vertreter, der von nicht wenigen als „Führer" der Reform betrachtet wurde (*Gurlitt* 1907a, S. 92). *Otto* war stark von der Sprachphilosophie *Steinthals* beeinflußt, der Sprache als *psychisches Organ* ansah. Aus dieser Idee wurde bei *Otto* ein „volksorganisches Denken", welches „das Seelenleben eines ganzen Volkes als organische Einheit" auffaßte (*Otto,* 1963, S. 188). Auf der Basis des allen Menschen eigenen „*Gemeingefühls*" (ebd., S. 190) sollte als Zukunftsstaat eine „sozialistische Monarchie" (*Otto,* 1910) entstehen, die moralisch nur dann akzeptabel sein würde, wenn sie „Mammonismus" und „Militarismus" überwinden könnte (*Otto,* 1918).

Otto wurde bekannt mit einem 1897 gehaltenen Vortrag über die „Schulreform im 20. Jahrhundert". Dieser Vortrag hat zwei zentrale Argumente, nämlich die Begründung der Erziehung in Theorie und Praxis auf die neue experimentelle Psychologie und den Entwurf einer Zukunftsschule ohne Zwang, ganz abgestellt auf das Interesse und freiwillige Lernen der Kinder (*Otto,* 1963, S. 26ff., 31ff.). Die alte Schule, die als „*Zwangsanstalt*" definiert war, in welcher „*geistige Leistungen als sittliche Pflicht gefordert werden*", sei ungeeignet für das neue, das psychologische Jahrhundert (ebd., S. 31). Jeder Unterricht dürfe nur noch „vom eigenen Antrieb der Kinder ausgehn" (*Otto,* 1903, S. 313), wofür dann das „*psychologische Studium*" die entscheidende Voraussetzung sei (ebd., S. 322ff.). „*Sichere Grundlagen*" des Handelns könne sich der Lehrer nur durch gezielte Beobachtungsarbeit verschaffen (*Otto,* 1906, S. 16ff.), die nicht länger in Abhängigkeit von der bisherigen, rein begrifflich operierenden Erziehungswissenschaft zu sehen sei.

Tatsächlich setzt *Otto* das autonome Wesen des Kindes voraus, dem nicht etwa, wie bei *Lietz,* Gehorsam abverlangt wird, sondern das „unter allen Umständen *seinen Willen kriegen*" (muß), wenn dieser . . . halbwegs vernünftig und zu rechtfertigen ist" (ebd., S. 55). Den Kindern sei mit Vorrang „*Freiheit des Tuns*" und „*Freiheit des Denkens*" zu gewähren (ebd., S. 130). Wie radikal *Otto* dabei dachte, zeigt seine Leitthese zur Moralerziehung, dem heiklen Fixpunkt jeder Pädagogik:

„Jeder, der auf ein Kind einwirken will, muß sich gewärtig sein, daß ihm in diesem Kind schon ein fertiges Moralsystem entgegenwächst" (ebd., S. 110).

In diesem Sinne hielt *Otto* Unterricht in seiner 1906 gegründeten „Hauslehrerschule", die auch deswegen ministerielle Anerkennung fand, weil *Otto* vom Preußischen Kultusministerium 1902 als staatlich finanzierter, freier Schulreformer nach Berlin-Lichterfelde berufen worden war – gewiß ein Unikum in der gesamten Pädagogik und Schulverwaltung. Sein berühmter „Gesamtunterricht" war das Herzstück der Schule

(*Otto,* 1963, S. 105 ff.): Alle Schüler sind zu einem gemeinsamen Gespräch versammelt, das ohne Voraussetzungen abläuft und lediglich von der „Frage- und Redelust der Schüler", also von „ihrem natürlichen geistigen Wachstum", bestimmt wird. Aus den Fragen dieses „Unterrichts" entwickelt sich alle fachliche Schulung, die also vom Interesse ausgeht und den Lehrstoff zuordnet, statt umgekehrt den Stoff vorauszusetzen und das Interesse dafür zu erwecken. Das Prinzip des zwanglosen Diskurses, in dem sich Interessen anhand der Fragen artikulieren, gilt für die ganze Schule:

„Zu nichts werden die Schüler gezwungen; nicht einmal die Strafgewalt haben die Lehrer sich vorbehalten; die Schüler haben sich eine eigene Gerichtsbarkeit geschaffen, die . . . trefflich funktioniert" (ebd., S. 238).

Allgemeiner formuliert ist das Grundproblem des „Lehrgangs der Zukunftsschule" (*Otto,* 1912), wie die Welt als *„geistiger Zusammenhang"* erscheinen kann (ebd., S. 212). Dazu kann niemand gezwungen werden, so daß es umgekehrt für die Schule darauf ankommt, „der Freiheit dort ihr Reich zu bereiten, wo sie das fruchtbarste Feld findet: im Seelenleben des Kindes" (ebd., S. 217). Nur „ohne jeden äußeren Zwang" können sich im Kind die „ewigen Gesetze" entfalten, „auf denen alle Bildung und Kultur der Menschheit beruht". Und dies ist ganz pathetisch gemeint, womit *Otto* den Grundton der Reformer trifft:

„Das Kindesalter ist . . . der Abglanz des Himmelreiches auf Erden; es ist die einzige Zeit, in der das Leben seinen Wert in sich selber trägt. Wir Erwachsenen leben nur, um zu nützen. Diese köstliche Zeit der Kindheit zu befreien von der Gewaltherrschaft, unter die eine fehlgeleitete Eltern- und Lehrerfürsorge sie gestellt hat, den Geist des Kindes sich frei entfalten lassen zum Wahren, Schönen und Guten, das ist die Aufgabe, deren Lösbarkeit wir zu beweisen suchen" (ebd.).

Nüchterner hat *Ludwig Gurlitt* (1907a, S. 36) *das* Problem der Reformpädagogen wie folgt zum Ausdruck gebracht:

„Nicht darauf darf es bei der Schulbildung ankommen, die jungen Geister auf allen Gebieten heimisch zu machen, sondern nur darauf, ihren Sinn zu wecken und zu stärken, ihren Forschungstrieb anzuregen und ihnen auf irgendeinem Gebiet des menschlichen Arbeitens die geistigen Hebel und ihre Benützung bekannt zu machen. Wo und an welchem Stoff sich diese Arbeit vollzieht, das ist für den erziehlichen Erfolg gleichgültig".

Zu Recht sprach *Dewey* (1905, S. 23) von einer „Kopernikanischen Wende" für das gesamte „Unterrichts- und Erziehungswesen", wenn nicht der Stoff, sondern das Kind als der „Mittelpunkt" angesehen wird, „um welchen sich alles organisiert". *John Dewey* (1859–1952) hat diesen Zentralpunkt der *progressive education* freilich ohne Rückgriff auf einen Mythos theoretisch zu fassen versucht. Seine pädagogische Hauptschrift „Democracy and Education" (1916) ist insofern ganz untypisch für die reformpädagogische Semantik und muß doch als deren entscheidende Theorie angesehen werden. *Dewey* nämlich operiert zwar auch mit dem Begriff *Entwickung,* sieht darin aber nicht die Entfaltung der inneren Natur auf ein äußeres Ziel hin, sondern begreift Erziehung *als* Entwicklung. Der Vorgang der Erziehung „hat kein Ziel außerhalb seiner selbst"; er *ist* „sein eigenes Ziel". Als Prozeß kann er immer nur fortgesetzt werden, so daß „der Erziehungsvorgang beständige Neugestaltung, dauernden Neuaufbau, unaufhörliche Reorganisation bedeutet" (*Dewey,* 1964, S. 75). Diese Idee wird auch als „beständige Erneuerung der Erfahrung" bezeichnet und von den ganz anderen Ideen der „Vorbereitung auf eine ferne Zukunft", der „Entfaltung" innerer Anlagen oder der „äußerlichen Formung" und „Wiederholung der Vergangenheit" abgegrenzt (ebd., S. 112 f.).

„Erziehung" wird, anders gesagt, entmystifiziert, nicht länger als selbsttätige Kraft, sondern als Handlungsgeschehen begriffen, in dem *Erfahrung* beständig organisiert und reorganisiert wird, vergleichbar dem „problemlösenden" Verfahren der wissenschaftlichen Forschung. Wir lernen, indem wir etwas tun (ebd., S. 214 ff.), aber das ist als Prozeß der geistigen Erfassung oder des *Denkens* zu verstehen, nicht etwa als ressentimenthafte Bevorzugung der Hand- gegenüber der Kopfarbeit, wie sie in vielen reformpädagogischen Ideologien zum Tragen kam. Aber *Dewey* akzeptierte auch die moderne, demokratische Gesellschaft, an die dieses Erziehungskonzept gebunden wurde (ebd., S. 113 ff.), das mithin nicht die romantische Theorie des „Volkes", den „Organismus" der Gemeinschaft oder den „Staat" als Verkörperung der Sittlichkeit benutzen muß, um sozial legitimierbar zu sein.

Deweys demokratische Gesellschaft basiert nicht auf der „Erziehung" ihrer Teile zu einem harmonischen Ganzen, sondern auf unterschiedlichen Interessen, die in freier Wechselwirkung und „dauernder Umgestaltung des sozialen Verhaltens" ausgetauscht und ausgehandelt werden müssen (ebd., S. 120). Eine solche Gesellschaft braucht ersichtlich eine andere Reformpädagogik als die des „volksorganischen Denkens". Dieses aber bleibt in Deutschland dominant, und nur ganz vereinzelt wird *Deweys* Perspektive übernommen: „Nur im Zeichen einer wirtschaftlichen und gesellschaftlichen Demokratie wird die Schulreform siegen!" (*Gansberg,* 1909, S. 232).

Weitaus einflußreicher ist die „vaterländische" Losung, mit der die Reformbewegung an die „Gründerjahre" anschließt: „Gemeinsame nationale Not hat uns Deutsche zusammengeführt und politisch geeinigt. Es müßte die Aufgabe der kommenden Jahrhunderte sein, dieser politischen eine innere, rein geistige Einheit folgen zu lassen" (*Gurlitt,* 1903, S. 23), die auszubilden der Schulbildung zu überantworten sei.

V. Reformbewegung: Hauptkräfte und Außenseiter

Ein Vierteljahrhundert nach *Bismarck*s Reichsgründung versuchte eine neue Generation, die Ideen der Kulturkritik in soziale Bewegungen umzugießen. 1897 begann die „Wandervogel"-Bewegung, aus der wesentlich die „Jugendbewegung" hervorwuchs, die sich etwa ab 1900 zu einer gesellschaftlichen Kraft entwickelte, wobei der *Mythos Jugend* eine nicht geringe Rolle gespielt hat (*Koebner/Janz/Trommler,* 1985). Parallel dazu entstanden Bewegungen zur „Lebensreform", die sich *Thoreau*s „Walden" verpflichtet fühlten, aber auch die Emanzipationsbestrebungen der Großstadtkultur beerbten. *Erziehung* und *Schule* wurden publizistisch immer mehr in einen Zusammenhang mit der allgemeinen Lebensreform gerückt. Die Volksschulpädagogik verließ damit gleichsam ihr Ghetto und wurde mit zentralen Postulaten öffentlich, freilich weniger aus sich heraus als über jene Mittelsmänner, die Kulturkritik und nationales Pathos zu einer publikumswirksamen *mélange* aufbereiteten und goutierbar machten.

Diese öffentliche Wirksamkeit der traditionellen Reformmotive begann etwa mit *Ludwig Gurlitt*s pädagogischem Bestseller „Der Deutsche und sein Vaterland" (1902), der in kaum einem Jahr acht Auflagen erlebte. Von hier, wo die „moderne Weltanschauung" mit *Paul de Lagarde*s „Deutschen Schriften", *Langbehn*s „Rembrandtdeutschen" und *Houston Stuart Chamberlain*s „Grundlagen des neunzehnten Jahrhunderts" begründet wurde (*Gurlitt,* 1903, S. 82ff.), führte eine direkte Spur zu *Hugo Gaudig*s Kriegsschrift über die „Deutsche Schule" (1917, S. 61): „Wir Lehrer müssen in der Zukunft gar nicht anders können, als die Schule im Strom des nationalen Lebens zu denken".

Wie konnte diese nationalpolitische Vereinnahmung aber reformerisch erscheinen und sich gar in eine soziale Bewegung umsetzen? Der klassische Gedanke, es sei möglich, durch die richtige Erziehung die Welt zu verbessern, ist zwar von *Nietzsche* in einem posthum veröffentlichen Selbstkommentar radikal in Frage gestellt worden (Werke, Bd. II, S. 1065, 1125), blieb aber das Zentralmotiv der Reformer, die immer weniger *nur* die Schule verändern wollten. Dies setzte eine gemeinsame Zukunftsvision jener Moralisten voraus, die im Sinne *Nietzsche*s gerade den Weg zur besseren Menschheit versperren (ebd., S. 979ff.). Die Reformbewegung fand diesen Konsens vor allem unter Rückgriff auf „volkspädagogische" Zielansprachen.

1914 fand in Leipzig eine Ausstellung „Kind und Schule" statt, die den Stand der Reform in den einzelnen Schulfächern dokumentieren sollte. Im Schlußwort des Sammelbandes zur Ausstellung, die in der Tat viele innerschulische Reformanregungen vereinte, schrieb *Richard Seyfert* (1914, S. 367):

„Das Ziel der Erziehung ist . . . nicht das Individuum, sondern die *Persönlichkeit. Persönlichkeit* ist das möglichst vollkommene Einzelwesen, das sich bewußt und freudig einordnet in die völkische und nationale Gemeinschaft".

An gleicher Stelle erläuterte *Theodor Scheffer* (1914, S. 377) was damit gemeint sei: Es handele sich um die Aufgabe, die „stärksten Kräfte" „in unserer völkischen Gemeinschaft" „in pädagogische Arbeitsleistung umzusetzen" und „den höchsten Zielen zuzuführen". Das höchste Ziel ist das *„stärkste* Wachstum", „die *größte* Entfaltung unserer Kräfte" für den „Zukunftsstaat", also die Verbesserung der Menschheit auf nationalem Niveau (ebd., S. 379).

Der publizistischen Terrainüberschreitung der Volksschulpädagogik steht so eine Vereinnahmung der Reformmotive für nationalpädagogische Zwecke gegenüber, was beides erst zusammen erklärt, wieso überhaupt so etwas wie eine „Reformbewegung" entstehen konnte, die *nicht* vor den Toren der Institutionen Halt machte. Andererseits brauchte auch diese Bewegung ausfransende Enden, an denen die Außenseiter für Dynamik sorgen konnten. Die bloße Unterrichtsreform, die die Leipziger Ausstellung exemplarisch wiedergab, reichte dem pädagogischen Grundbedürfnis nach einer Veränderung des *ganzen* Menschen ja keineswegs aus. Wer das freilich ernsthaft wollte, mußte das Problem politisieren oder die in Frage kommende Klientel eingrenzen. Beides geschah an den Rändern der Schulreform:

Die Bremer Volksschullehrer *Scharrelmann* (1912) und *Gansberg* (1911) sorgten für eine gewisse Nähe zur Sozialdemokratie, weil sie die Schulbürokratie und die Verrechtlichungstendenzen der Administration angriffen und zugleich mit klaren Demokratisierungsforderungen auftraten. Zwar lehnte *Scharrelmann* (ebd. S. 88 ff.) den *„sozialdemokratischen"* Radikalismus ab und plädierte für eine Reform der kleinen Schritte, aber seine pädagogische Arbeitsschule (ebd., S. 149 ff.) stimmte in vielem mit Positionen überein, die auch sozialdemokratische oder freisinnige Pädagogen vertraten. *Gansberg* (1911, S. 233 ff.) postulierte sogar eine „demokratische Schule", die sich aus der Dialogstruktur aller Erziehung begründete: „Nur unter Gleichgestellten können pädagogische Fragen gedeihen" (ebd., S. 241).

Diese Themen fanden sich nach 1918 dann in der linken Sozialdemokratie wieder, etwa in *Kurt Löwenstein*s Konzept der inneren und äußeren Demokratisierung (*Löwenstein,* 1976, S. 120 ff., 137 ff.) oder bei *Paul Oestreich*s „Entschiedenen Schulreformern", die die klassischen pädagogischen Postulate soziologisch und politisch radikalisierten, zur Reformpädagogik aber kaum etwas Neues hinzufügten. Die allgemeine Volksbildung zur Entfaltung der kreativen Kräfte des Kindes ist auch hier der Bezugspunkt: „Begabt ist jeder, nur in seiner Art. Dies gilt es zu entdecken und zu entwickeln. Dazu ist die Schule der Ort" (*Oestreich,* 1978, S. 75). Das kann man bestreiten, nicht nur, was auch zur Weimarer Pädagogik gehört, mit naturalistischen Begabungstheorien (*Hartnacke,* 1930). *Rudolf Pannwitz,* in *Martin Buber*s renommierter Sammlung „Die Gesellschaft", hatte gezeigt, daß man auch den Erziehungsbegriff von der „Schul- und Hauswissenschaft der Pädagogik" trennen (*Pannwitz,* 1909, S. 11) und damit einen politisch-instrumentellen Anspruch an die Erziehung überhaupt aufgeben konnte.

„Erziehung" wurde hier zum „Dasein" stilisiert, das zwar der „Befestigung und Fortpflanzung der Werte" diene, dabei aber „von grenzenloser Größe und Unübersichtlichkeit" sei (ebd.). Weil sie nicht institutionell eingeschlossen werden kann, wie alle politische Pädagogik annehmen muß, zugleich aber mit Wertschöpfung zu tun hat, stilisierte *Pannwitz* Erziehung zum „dämonischen Ringen um Macht", „jenseits aller Moral" (ebd., S. 22). Dabei tritt der „Große Einzelne" – *Nietzsches* Übermensch – als „Werte-Schöpfer" auf, der nicht etwa Individuen zur Persönlichkeit, sondern die Gemeinschaft selbst „erzieht" (ebd., S. 41ff.). „Der Herrschertypus erzieht die Gemeinschaft, wirkt in ihre Selbsterziehung ein, ein Teil davon, und etwas Neues, Fremdes. Er ist überlegen, an Wert, an Macht" (ebd., S. 52). Für jede Erziehung gilt die Übermacht des Erziehers, so daß keine Erziehung glimpflich abgeht, wie aller pädagogische Optimismus, gerade auch der politische, annehmen muß: „Der Erzogene ist das Opfer der Erziehung" (ebd., S. 101).

Die Berufung auf *Nietzsche* (ebd., S. 137ff.) ist einerseits überdeutlich, andererseits aber durchaus eine Abweichung von der *Nietzsche*-Rezeption, die im Anschluß an *Hugo Kaatz* (1892, S. 65ff.) die gesellschaftliche Erziehung kritisierte und den „Übermenschen" nicht ausgerechnet als pädagogisches Ziel verstand (*Pannwitz*, 1909, S. 147). Was daraus werden soll, „ein neuer Adel, nicht der Stände, sondern der Individuen, durch Züchtung" (ebd., S. 150), hat zumindest einen Effekt, die Erziehungstheorie kann sich in das elitäre Künstlertum einreihen (vgl. auch *Pannwitz*, 1906) und sich so von rechter wie linker Politisierung freihalten, nur noch darum bemüht, in der Lossagung an alle „Gesetzgeberei" die wenigen Erwählten „endlich echt" werden zu lassen (ebd., S. 123).

Der Flirt der Literatur mit pädagogischen Themen aber war kurzlebig, beendet etwa schon mit *Karl Hauers* Essays über die „fröhlichen" und „unfröhlichen Menschen", in denen gerade die Anstrengungen moderner, vernunftorientierter Bildung dafür verantwortlich gemacht werden, im Namen des „Fortschritts" den „Menschen zu einem unglückseligen Verstandesautomaten" zu entwickeln (*Hauer*, 1910, S. 38). Vergessen ist *Rilkes* Beschreibung der vorbildlichen Schule (vgl. den 1. Quellentext dieser Epoche auf S. 313–315), weil die moderne Gesellschaft ihr eigenes pädagogisches Anliegen gar nicht erfüllen könne:

„Diese Gesellschaft hat das Schlagwort vom „Zeitalter des Kindes" erfunden, hat aber vom Wesen des Kindes eine verkehrtere Vorstellung und behandelt ihre Kinder schlechter und unsinniger als jede frühere Gesellschaft" (*Hauer*, 1910, S. 228).

Dennoch war die Reformpädagogik als gesellschaftliche Kraft nicht aufzuhalten, wobei sie nach 1918 den politischen Weg einschlug und die ästhetische Moderne entschlossen ignorierte. Die große Wirkung erzielte sie allerdings nicht im Staat der Weimarer Republik, wo neben dem Grundschulkompromiß, der neuen preußischen Lehrerbildung und einigen herausragenden Schulversuchen (*Hilker*, 1924) wenig Struktu-

relles am Schulsystem verändert wurde. Der Erfolg war hier wiederum im wesentlichen ein publizistischer, der die Reformmotive wachhielt und sie auch die Zeit der
nationalsozialistischen Assimilation überstehen ließ. Gesellschaftliche Wirkung
zeigte die politische Reformbewegung dagegen in Österreich, wo unter *Otto Glöckel*
der Aufbau einer „Allgemeinen Mittelschule" in Angriff genommen wurde (*Fischl,*
1929, S. 56 ff.) und dabei trotz aller Kämpfe und Rückschläge durchaus erfolgreich
war (*Siegl,* 1933, S. 127).

Wie selbstverständlich übernahm *Glöckel* (1928, S. 6 ff.) die polemische Grundunter-
scheidung der Schulreformbewegung vor 1914, als er *Drillschule, Lernschule* und
Arbeitsschule unterschied und nur der Arbeitsschule das „entdeckende" oder „erfor-
schende" Lernen zuordnete (ebd., S. 13). Die „moderne Schulklasse" war hier ästhe-
tisch gestaltet, demokratisch vom *„Schülergespräch"* her strukturiert und „selbstverständlich" unter Anteilnahme der Eltern stehend (ebd., S. 16 ff.). Lehrer und Schüler,
so ergänzte *Karl Popper* (1925, S. 207) dürfen einander in der neuen Schule nicht typi-
siert oder allgemein, sondern nur als individuelle *„lebendige Menschen"* gegenüberstehen. „So kann die Schule aufhören, eine Schranke zwischen Lehrer und Schüler zu
sein, kann sie der gemeinsame Boden für gemeinschaftliche Arbeit von Lehrer und
Schüler werden" (ebd., S. 208).

Kerschensteiners „Arbeitsgemeinschaft", *Gaudigs* Persönlichkeitspädagogik, *Berthold
Ottos* Gesamtunterricht, *Deweys* Verbindung der Schule mit dem Leben, die „Schulgemeinde" der Jugendbewegung (vgl. *Fischl,* 1929, S. 159): Das waren die „reformpädagogischen" Mittel, mit deren Hilfe die politische Veränderung der österreichischen Gesellschaft (*Glöckel,* 1928, S. 20 f.) bewerkstelligt werden sollte.

*Wirklich erfolgreich aber war die Reformpädagogik nicht da, wo sie die demokrati-
sche Gesellschaft erst aufbauen sollte (Tesar, 1925, S. 83 ff.), sondern wo sie die
Demokratie voraussetzen konnte, im westlichen Ausland und vor allem in den Vereinigten Staaten.*

Schon früh ist der Gegensatz zwischen deutscher „Schulmonarchie" und amerikanischer „Schuldemokratie" registriert worden (*Kuypers,* o. J.). *Deweys progressive
education* war die Theorie einer gesellschaftlichen Tendenz, die sich im ganzen
19. Jahrhundert beobachten läßt und die längst vor *Dewey* mit reformpädagogischen
Motiven zusammenkam (im Kontext des *progressivism: Cremin,* 1961).

Hier standen aber auch die institutionellen Voraussetzungen bereit, den „pedagogical
mainstream" wirklich zu verändern (*Cremin,* 1961, ch. 8; zusammengefaßt: S. 306 ff.).
In den Jahren vor dem Zweiten Weltkrieg erreichte die Bewegung ihren Höhepunkt
(ebd., S. 324 ff.) an Wirksamkeit wie auch an der von ihr provozierten Kritik. Diese
war zweifach, sie spießte den latenten Rousseauismus der ganzen Bewegung auf und
damit einen Individualismus, der sich gerade nicht am Ziel der Demokratisierung der
Gesellschaft orientierte (*Bode,* 1938). Die andere Zielrichtung der Kritik betraf die Bildungstheorie und also die reformpädagogische Generalannahme, daß es darauf

ankomme, die *inneren Kräfte* oder die „Persönlichkeit" des Kindes zur Entfaltung kommen zu lassen, unabhängig vom Gegenstand des Lernens. Die Gegenthese vertrat vor allem *Maynard Hutchins* in seinem berühmten Buch „The Higher Learning in America" (1936), in welchem statt einer obskuren Entfaltung der Persönlichkeit die kulturellen Traditionen und die Standards der Wissenschaften in den Mittelpunkt der Bildungsarbeit gerückt wurden.

Diese langgestreckte Auseinandersetzung, die nicht zuletzt auf die politische Radikalisierung der *progressive education* im „New Deal" reagierte (*Bowers,* 1969), konnte die institutionelle Wirksamkeit reformpädagogischer Motive vor allem im amerikanischen Primar- und Sekundarschulbereich nicht brechen, wenngleich es dort – nach 1957 – zu erheblichen Veränderungen im Curriculum kam. Dennoch bleibt festzuhalten, daß das über *Rousseau, Pestalozzi* und *Fröbel* vermittelte optimistische Bild vom Kind als einer autonomen, lernfähigen und in seinem Selbstsein zu fördernden Persönlichkeit weit mehr in einer demokratischen Tradition zum Tragen kam als unter gesellschaftlichen Verhältnissen, die eine Kultur der Antimoderne pflegte.

Will man das relative Scheitern der Reformpädagogik in der Weimarer Republik erklären, so muß man unterscheiden zwischen dem Weiterwirken bestimmter pädagogischer Grundmotive, etwa der Arbeit oder der ästhetischen Erziehung, und den Reformansprüchen der Schule, der Kultur oder allgemein dem „Leben" gegenüber. Arbeitsunterricht als „Didaktik der Neuen Schule" (*Ficker,* 1932), „künstlerische Körperschulung" (*Pallat/Hilker,* 1925), Reform der Schule, zumal der neuen Grundschule (etwa: *Katschinski,* 1927), diese und ähnliche Themen blieben diskussionsbestimmend und leiteten auch praktische Versuche an, selbst solche der Lehrplanrevision (vgl. *Flitner/Kudritzky,* 1962, S. 87ff., 92ff.), ohne daß damit grundlegende bildungspolitische Veränderungen in Gang kamen. Was unter dem Stichwort „Wiederentdeckung der Grenze" (*Zeidler,* 1926) vor allem von der neuen akademischen Pädagogik diskutiert wurde (*Flitner/Kudritzky,* 1962, Teil V), hatte vor allem auch diese Erfahrung zur Voraussetzung: Die Gesellschaft wartete *nicht* auf den Vollzug der pädagogischen Versprechen.

Es gab in Weimar, anders als im Kaiserreich, *keinen Reformkonsens* – unter den Pädagogen nicht und in der politischen Öffentlichkeit erst recht nicht. Die ungleich höhere Politisierung forderte ihren Tribut: „Reform" war eine Angelegenheit der Parteiprogramme, erreichte die Institutionen jedoch kaum ansatzweise (womit das Bemühen vieler einzelner Lehrer nicht in Abrede gestellt werden soll). Es entstanden aber keine „Einheitsschulen", es wurden nicht massenhaft „Arbeitsschulen" gegründet, und es konnten keine breiten Unterrichtsreformen durchgeführt werden. Zwar änderte sich, in Preußen und nur für sechs Jahre, die Ausbildung der Volksschullehrer grundlegend, aber deren Effekte waren bis 1933 in den Schulen kaum spürbar, zumal die ökonomische Lage nach 1928 drastische Sparmaßnahmen auch im Bereich der Lehrereinstellung diktierte. Eigentlich überdauerten nur wenige, außerstaatliche Reformschulen und das, was sich in der Pädagogik schon immer als das Beständigste erwiesen hatte, nämlich die Reform*motive*. Der berühmteste aller Schulversuche, *Peter Peter-sens* „Jena-Plan-Schule" (*Dietrich,* 1985), mit dem die Reformpädagogik ihren *insti-tutionellen* Ausdruck erreichte (*Oelkers,* 1986a), mußte 1950 eingestellt werden und wurde zum Symbol für den vergeblichen Versuch, die Zeit des Nationalsozialismus ohne Schaden für die Reformbewegung zu überstehen.

Die NS-Pädagogik trennte die beiden Schnittlinien der Reformpädagogik vor 1914 auf und verband „völkische" und rassistische Ziele mit repressiver Erziehung, die nicht länger *vom Kinde aus* bestimmt war. Der Versuch, eine liberale Pädagogik mit nationalpolitischen Zwecksetzungen zu verbinden, scheiterte spätestens 1933, als der „Kulturliberalismus" gerade auch im Bildungswesen als jenes „Unkraut" betrachtet wurde, das dem „organischen Wachstum" der „Deutschen Kultur" im Wege stand (*Krieck,* 1932, S. 113). Damit erfüllte sich, was an antiliberalen, anti-westlichen Moti-ven in der „Reformpädagogik" die kulturkritische Grundanschauung abgegeben hatte:

„Das Prinzip der völkischen Schulreform heißt: Einordnen, Eingliedern nach allen Seiten hin, damit aus der organischen Bindung die Bildung wachsen kann" (ebd., S. 115).

Die politische Romantik hatte das „organische" Gesellschaftsmodell von der Harmo-nie der Teile her verstanden. In der „völkischen" Ideologie wurde daraus ein Subordi-nationsprinzip, die *politische* Harmonisierung nach dem Führerprinzip. „Politische Erziehung" – und das Besondere an der NS-Pädagogik war die völlige Gleichsetzung des Pädagogischen mit dem Politischen – hatte „einen unmittelbaren Bezug auf die *Gegenwart"* und bedeutete die strikte „Ausrichtung auf die *Handlungen des Führers"* (*Bäumler,* 1943, S. 26f.). Dieser Anspruch war total: Die Erziehung diene der *„totalen Gemeinschaft",* die aus sich den *„totalen Krieg"* hervorbringen solle und müsse (ebd., S. 34f.).

Die NS-Ideologie war ein Ressentiment gegen die Moderne, ein verstiegener, aber wohl vorbereiteter dritter Weg jenseits von Kapitalismus und Kommunismus, der das „Nationale" und das „Soziale" in der *Volksgemeinschaft* aufheben wollte. Diese sozialpsychologische Totalisierung des Volksgedankens ist in den „völkischen" Varianten der Kulturkritik längst vorbereitet, so daß 1933 nur Wirklichkeit wurde, was zu den wirkmächtigsten politischen Visionen des Reiches von 1871 zählte. Die deutsche „Reformpädagogik" ist Teil dieser Vision gewesen, in wesentlichen ihrer Vertreter vor 1914 antiliberal, gegen die Großstadtkultur eingestellt, die politische „Gemeinschaft" suchend, die vor dem Hintergrund der subjektivistischen Moderne den Rang einer Ersatzreligion erhalten mußte, um als Massensehnsucht wirksam zu werden.

Diese Kontinuität muß in Rechnung stellen, wer die Differenzen nicht übersehen will: Der Hitler-Staat *konnte* den Mythos der „Jugend" ausbeuten, sich der grundlegenden

Lebensmuster der „Jugendbewegung" bedienen, die Schulerziehung militarisieren und sich dabei der Zustimmung vieler Wortführer der Lehrerschaft sicher sein. Die Gleichschaltung mußte gar nicht vollzogen werden, weil der Grundbestand der Reformmotive längst an die neue Ideologie assimiliert war. Andererseits bricht die NS-Pädagogik bewußt mit der liberalen Psychologie des Kindes, mit der christlichen Definition des Guten, mit der Autonomie des Geistes und den Freiheitsrechten des Individuums, die vor 1914 eine wesentliche Stütze der Schulkritik gewesen waren. Eine aggressive „Rassenerziehung" konnte sich allerdings im „Dritten Reich" ebensowenig durchsetzen wie eine „Deutsche Physik", so unübersehbar das Regime Ansätze dafür entwickelt hatte.

Züchtungspädagogik oder totale Militarisierung des Kindes waren so durchaus nicht die alles bestimmende Realität im Erziehungsalltag des NS-Staates; auch die Erziehung gehörte einer „Lebenswirklichkeit", die zu Recht als „gespaltenes Bewußtsein" (*Schäfer,* 1981) bezeichnet worden ist. Die „Volksgemeinschaft" etablierte sich als schizophrenes Nebeneinander von politischer Diktatur und unpolitischem Alltagsleben, das die Großstadtkultur nicht etwa überwandt, sondern fortsetzte. *Hitlers* eindeutige ‚pädagogische' Maximen (*Steinhaus,* 1981) lassen andererseits keinen Zweifel aufkommen, daß Auschwitz das konsequente Ziel der NS-Erziehung symbolisierte, welches auch ohne „totale Gemeinschaft" erreichbar war, wie zum Hohne für diejenigen, die in den „Grundformen volkhafter Bildung" (*Hördt,* 1933) die Überwindung der zerrissenen Moderne gesehen haben. Um Auschwitz zu ermöglichen, war schon viel weniger ausreichend (vgl. den Quellentext der 7. Epoche von S. 325–331).

Die reformpädagogischen Grundmotive überstanden diese weitgehend freiwillige Assimilation, die keineswegs nur semantischer Natur war, relativ unbeschädigt, auch wenn zwanzig Jahre nach Kriegsende der Bann auf bestimmte pädagogische Leitwörter („Gemeinschaft", „volkstümliche Bildung", „Heimaterziehung" etc.) gelegt wurde. Die Basismotive aber blieben unverändert wirksam: Natürliche Erziehung, innere Schulreform, Persönlichkeitsbildung, Anschauungsunterricht, Verbindung von Schule, Arbeit und Leben etc. Diese Motive waren nach verschiedenen Seiten hin politisierbar, entsprechen aber jenem traditionellen Kanon, den die Pädagogik seit ihren klassischen Anfängen immer als Reformanspruch vertreten hat. Damit wird aber die Frage nahegelegt, was bei dieser großen Kette der Tradition unberücksichtigt blieb und bleiben mußte.

VI. Verpaßte Anschlüsse

Die Reformpädagogik ist auch in Deutschland wesentlich ein Wirkungsphänomen, denn sie verstärkt und macht erstmalig gesellschaftlich akzeptabel, was von *Comenius* bis *Pestalozzi* und *Fröbel* als pädagogisches Projekt der Moderne konzipiert worden ist. Dieses Projekt hatte vor allem drei Implikate: Gesellschaftsreform hieß immer und notwendig Erziehungsreform; „Erziehungsreform" wurde an eine christlich-humanistische Definition des Guten gebunden, zu dem hin der „neue Mensch" entwickelt werden sollte; das Gute aber sollte mit dem Natürlichen kompatibel gehalten werden, so daß die Reform stets die Natur des Kindes zur Voraussetzung hatte.

Dieses Syndrom konnte erst dann Macht über das gesellschaftliche Bewußtsein gewinnen, als die institutionellen Voraussetzungen geschaffen waren: Ein öffentliches Schulsystem, das flächendeckend für allgemeine Bildung sorgt; die gesellschaftliche Hochwertung der Schulbildung für die Patentierung von Berufschancen, die beständige Konfrontation der Praxis mit ihrer Utopie, vor allem in einer moralisierenden Publizistik. Die Effekte waren durchaus widersprüchlich: Was als Schulreform begann, blieb nicht auf die Schule beschränkt und hatte sogar, bei Lichte besehen, hier die geringsten Wirkungen. Die Schulwirklichkeit erreichten vor allem methodische Neuerungen, und auch das eher zufällig und über den langen Draht der Selbstkorrektur des Lehrerhandelns. Was demgegenüber wirklich verändert wurde, war das pädagogische Bewußtsein der Öffentlichkeit und später auch der Lehrerprofession, jedenfalls und hauptsächlich im Blick auf das Bild des Kindes (*De Mause,* 1979). Die Liberalisierung des Kindes, ein später Triumph für *Rousseau,* ist die wesentliche Folgewirkung, die mit der internationalen „Reformpädagogik" verbunden war, unbenommen aller jener Versuche, die überkommenen Aspirationen der Pädagogik zu pflegen, die mit der Reform gesellschaftspolitische Ziele verbanden. Die progressive Erziehung aber paßte perfekt zur neuen, zur kindumsorgenden Kleinfamilie des 20. Jahrhunderts.

Eine liberale ist immer noch eine *Erziehungs*theorie, für die seit der Prägung der Formel einer *éducation progressive* durch *Albertine Necker de Saussure* (1828/1838) der Entwicklungsbegriff grundlegend ist. Das Kind soll sich, möglichst ohne Einwirkung von außen, zumal ohne Zwang oder Gewalt, *seinen Anlagen gemäß entwickeln* können – nur wohin? Die Zielformeln wechselten radikal zwischen 1890 und 1980, zumal in Deutschland, wo schon früh der Verdacht aufkam, daß – angesichts des „Windfahnenhaften der erzieherischen Methoden und Absichten" – der „einzige Erzieher" des Menschen „der Zufall" sei (*Kaatz,* 1892, S. 65). Die Antwort der Pädagogik auf diese Erfahrung war die *Verstärkung* von Methode und Absicht, wodurch das Problem erst recht vergesellschaftet wurde. Selbst die Grenzformeln, etwa, daß der Lehrer „sich überflüssig machen" solle (*Gaudig,* 1906, S. 71), gehören in diesen Kontext, denn tatsächlich dehnte sich die pädagogische Zuständigkeit immer weiter aus und setzte die Profession alles daran, *immer weniger* überflüssig zu werden.

Das Projekt hatte freilich von Anfang an einen Defekt, nämlich die Gleichsetzung von *Reform* und *Erziehung* oder die Fixierung des Problems auf die Verbesserung des Menschen. Die Reformpädagogik drückte nur pragmatisch aus, was immer schon pädagogisches Leitmotiv gewesen war: „Arbeit, Handeln bilden den Charakter; das

Wissen beeinflußt ihn erst in zweiter Linie" (*Kerschensteiner,* 1906, S. 114). Sehr viel anders ist das Thema auch im Pietismus oder bei *Pestalozzi* nicht dekliniert worden, wobei vor allem eins auffällig ist: die Konfiguration eines vernünftig Handelnden, der die Versuchung überwindet und die Sünde nicht kennt. Dieser protestantische Grundentwurf wurde freilich gerade in der Zeit zur Disposition gestellt, als die Reformpädagogik öffentlichen Einfluß gewann. War *sie* auf eine mehr oder weniger protestantische Version des Guten fixiert, so entwickelte sich in der Kulturszene des *fin de siècle* eine ganz andere Vorstellung von „Subjektivität", die nicht länger unter den Vorbehalt ihrer richtigen Erziehung gestellt war. Die Pädagogik des „Maschinenzeitalters", die *Gansberg* (1909, S. 131 ff.) vorschwebte, wurde in dem Augenblick fragwürdig, als sie ihre gesellschaftliche Relevierung erhielt.

Zu Recht hatte *Gansberg* darauf verwiesen, daß Kulturkritik Teil der Gesellschaft sei und also voraussetzen müsse, was sie kritisiert (ebd., S. 133). Aber daß *Décadence* „culturfördernd" wirke, „ebenso wie das Böse culturfördernd" sei, war nicht nur für die frühen *Nietzsche*-Adepten eine unerhörte Behauptung (*Kaatz,* 1892, S. 77). Damit wurde jedoch nur philosophisch eingeholt, was nach den „fleurs du mal" in Literatur und Kunst längst Thema war. Es kann als geradezu charakteristisches Merkmal der Moderne angesehen werden, daß sie zu einem dialektischen Verhältnis des „Guten" und „Bösen" gelangt (vgl. *Sydow,* 1921, S. 258 ff.), also das Negative anerkennt und nicht von vornherein zugunsten des Guten ausschließt. Dadurch zerfällt nicht nur die ästhetische Ganzheit, jeder Stil der Décadence gerät zur „Anarchie der Atome, Disgregation des Willens, ‚Freiheit des Individuums'" (*Kaatz,* 1893, S. 22). Durch die Faszination des „Bösen" verliert das „Gute" nicht nur seine empirische Eindeutigkeit, sondern auch seinen Sicherungspunkt. In einer Formel von *Alfred Kubin* (1975, S. 277): *„Der Demiurg ist ein Zwitter"*.

Daß das Subjekt zum Referenzpunkt der Wahrheit und Wahrheit auf Empfinden reduziert werden kann, hat mit drei Theorierevolutionen des 19. Jahrhunderts zu tun: Die Auflösung der kausal gesetzlichen Natur, das Fraglichwerden des christlichen Guten und die Stilisierung des Natürlichen zur Empfindung. Das Kausalgesetz, so *Mach* in seiner „Mechanik" von 1883, dient der „Nachbildung einer Tatsache" so, daß die Aufmerksamkeitsrichtung des Forschers festgelegt wird. In der Natur selbst „gibt es keine Ursache und keine Wirkung. Die Natur ist nur einmal da" (*Mach,* 1982, S. 459). *Heinrich Hertz* (1894, S. 29 ff) beseitigte dann in seinen „Prinzipien der Mechanik" die Substanzannahme des Kraftbegriffs und operierte nur noch mit den Vorstellungen der Zeit, des Raumes und der Masse, um die Prinzipien zu ordnen. Die „Frage nach dem Wesen" kann nicht mehr beantwortet werden (ebd., S. 9).

Der Religionskritik *Nietzsche*s lag eine vergleichbare Entsubstantialisierung zugrunde, die aber mit dem göttlichen „Wesen" zugleich auch das Fundament der Moral bestritt. Die „Genealogie der Moral" von 1887 projizierte eine Verfallsgeschichte der ursprünglich freien Individualität, die ihre Natur durch die Entwicklung der Moral hat zähmen

lassen müssen. Der „lange Zwang" der Moral (Werke, Bd. II, S. 645) machte diese
Unterwerfung vergessen und ließ übersehen, wie sehr gut *und* böse zur Entwicklung
der Spezies beitragen (ebd., S. 606 f.). Es gibt aber gar keine „moralischen Phänomene", „sondern nur eine moralische Ausdeutung von Phänomenen" (ebd., S. 631),
die sich nicht länger auf die religiöse Sicherung des „Guten" verlassen kann. Sittlichkeit machte den Menschen berechenbar; souverän und frei ist also erst der von der Sittlichkeit Freigewordene (ebd., S. 799 ff.).

„Freiheit" heißt so zweierlei, keinem Kausalgesetz der Natur unterworfen sein und
sich ohne Wesensannahmen begreifen können. Die Physik spiegelt keine objektive
Substanz, die Moral kein Wesen des Guten; kein Wunder, daß *Ernst Mach* (1900,
S. 49) die Wirklichkeit in den *„Nervenprocess"* verlegte. Die Begründung war revolutionär: *Mach* negierte die Trennung zwischen „Psychischem und Physischem" und
also die Vorstellung, daß einem „äußeren" Ereignis eine „innere" Empfindung entspreche (ebd., S. 206). Die „ganze *materielle* Welt" wird in „Elemente" aufgelöst, die
„Empfindungen" heißen und *„zugleich* auch Elemente der *physischen* Welt" sind
(ebd., S. 208). Die Materie der Physik ist so nicht „das *starre, sterile, beständige,
unbekannte Etwas",* sondern ein „gewisser gesetzmässiger Zusammenhang der *Elemente",* also der Empfindungen (ebd., S. 223 f.).

Diese These gilt auch für das Subjekt: „Nicht das Ich ist das Primäre, sondern die Elemente (Empfindungen). Die Elemente *bilden* das Ich" (ebd., S. 16). Das bedeutet, den
„Ich-Complex" in seine Elemente zerlegen zu können, denn „aus den *Empfindungen*
baut sich das Subject auf" (ebd., S. 18). Dieses aber, so *Egon Friedell* (1980, S. 1388),
ist die klassische Philosophie des *Impressionismus* (ähnlich *Walzel,* 1919, S. 171 ff.),
der keine andere physische Realität anerkennt als die isolierten Einzeleindrücke, aus
denen sich die individuelle Erfahrungswirklichkeit aufbaut. Wer also „Wirklichkeit"
erfassen will, muß auf die Einzelimpression zurückgreifen, was zugleich eine unendliche Kreativität freisetzt (*Friedell,* 1912, S. 62 f.), weil ja jedes „Ich" oder jedes
„Bild" immer neu kombiniert werden kann und muß.

Wie nun der *l'homme impressioniste* entsteht, hat *Egon Friedell* in seiner *hommage* an
Peter Altenberg beschrieben: Impressionen sind die „einzigen *psychologischen Realitäten";* alle anderen Erscheinungen des Seelenlebens sind „nichts als Abstraktionen".
Die einzelne Impression ist flüchtig und imponderabel, aber Impressionen sind die
Konstanten jeder psychischen Wirklichkeit. Die Revolution der Kunst besteht nun
darin, die traditionelle Form zugunsten der individuellen Komposition aufzulösen.
Insofern also ist die moderne Kunst weit realistischer als die traditionelle, weil die
Wirklichkeit „genau so" aufgenommen wird, „wie sie eintritt: als einzelne Impression" (*Friedell,* 1912, S. 58 f., 62 f.).

„Der Künstler ist nicht mehr gezwungen, seine Beobachtungen und Empfindungen zu einer gewaltsamen Einheit und Architektonik zusammenzulügen ... Unser ganzes Geistesleben ist gewollt und
bewußt traditionslos", und genau deswegen reichhaltiger, empfindsamer, realistischer (ebd., S. 63).

Diese neue Kunst verändert die ästhetische Wahrnehmung grundlegend: In der „Gesamtauffassung des Lebens" dominiert „die Farbe, der Farbenfleck. Scharfe Kontraste werden von uns ertragen, ja bis zu einem gewissen Grade gefordert, unvermittelte Übergänge mühelos apperzipiert; auch der moderne Lichthunger ist ein impressionistischer Zug. Von einem Kunstwerk dulden wir, daß es ein „Ausschnitt der Wirklichkeit" ist, und es verletzt uns nicht, wenn dieser Schnitt und die Willkürlichkeit des Schnitts nicht verborgen und sogar betont wird: so gerade erscheint es uns künstlerisch. Die Schönheit des Fragments beginnt uns langsam aufzudämmern; und auch dies ist wieder nichts als erhöhter Sinn für Realismus, denn die ganze Wirklichkeit ist ja ein Fragment; was uns in der Realität entgegentritt, ist immer nur Stückwerk" (ebd., S. 63 f.).

Die Einheit ist kein Ganzes mehr, weder der Person noch der Welt. Nur so aber ist Emanzipation möglich, als Neuschaffung unter Absage an die Tradition, auch die des eigenen Lebens. Was *Arnold Schönberg* (1911, S. 448) über die Entwicklung des Künstlers gesagt hat, läßt sich mühelos als allgemeines Emanzipationsmodell verstehen:

„Die Literatur wird fortgeworfen, die Resultate der Erziehung abgeschüttelt, die Neigungen treten hervor, die Hemmung schafft dem Strom ein neues Bett, der eine Ton, der nur eine untergeordnete Farbe im früheren Gesamtbild war, breitet sich aus, eine Persönlichkeit steht da. Ein neuer Mensch! Das ist ein Beispiel für die Entwicklung des Künstlers, für die Entwicklung der Kunst".

Der *l'homme impressioniste* kommt in der Reformpädagogik nicht vor, die einem ganz anderen Persönlichkeitsmodell verpflichtet bleibt, in welchem Erziehungswirkungen, vor allem der frühen Kindheit, als grundlegend für den Aufbau des „Charakters" und also eines stabilen Ichs angenommen werden. Die richtige Erziehung führt zum Guten, an diesem Leitsatz ist nie wirklich gezweifelt worden, so wenig übersehen werden konnte, daß die Definitionen des Guten rasch wechselten und immer uneinheitlicher wurden. Aber daß zum „Guten" und *nur* zum Guten erzogen werden sollte, daran bestand kein Zweifel, ebensowenig wie an der unverdorbenen Menschennatur. Daß der Mensch gut sei und nur die Gesellschaft ihn verdorben habe, diesen Rousseauismus verliert die Pädagogik auch in der Décadence (am *fin de siècle*) nicht, deren Pointe, die impressionistische Subjektivität, sie damit aber verpaßt. Ihre Moderne ist die der harmonischen Gesellschaft, nicht die Ästhetik des Décadence, die abgewehrt und nicht einmal als beunruhigend erfahren wird.

Was *Hermann Bahr* (1980, S. 17) als die „Revolution" der Pädagogik erwartete, die „Erweckung und Förderung der Sinnlichkeit", trat nicht ein und blieb Postulat. Das „höchste Gebot" dieser Pädagogik hatte lauten sollen: „Bis in die Fingerspitzen hinab nervös zu sein", also hochgradig empfänglich für die Eindrücke der Nerven. Die tatsächliche Pädagogik aber blieb moralisch und ließ sich gerade nicht auf *Bahrs* Ethik des „modern sein" ein, die sich einzig von der Erkenntnis der *gegenwärtigen* Wahrheit

und Unwahrheit her verstand (ebd., S. 16). Noch die „moderne" „Erziehung zur Freiheit" *(Scharrelmann, 1912, S. 257)* begründete sich nicht etwa „sinnlich", sondern
moralisch, mit dem „Guten", das durch die richtige Erziehung zukünftig erreicht
werden soll. Aber gerade dieser moralische Anspruch bedenkt zumeist nicht die
Schranken der Erziehungskunst, stellt also nicht in Rechnung, »wie *bedeutend die*
Hoffnungen der Pädagogik sich mäßigen müssen, wenn sie als praktische Kunst in ein
wirkliches Kinderleben eingreift" (Strümpell, 1894, S. 90).

Daß dieses Leben sich selbst aufbaut, hätte die Pädagogik durch *Ernst Mach* erfahren;
daß sie nicht einfach mit dem Guten im Bunde sein oder der Natur des Kindes gerecht
werden kann, hätte sie von *Nietzsche* lernen; daß sie die modernen Lebensformen der
Großstadtkultur verpaßt, hätte sie bei *Peter Altenberg* lesen können. „Impression",
schrieb dieser (1979, Bd. II, S. 103), ist der Zustand einer unruhigen Ungewißheit"; ihn
macht der nervöse Alltag der Moderne aus, demgegenüber die Konsensformel der
Reformpädagogen – die „harmonische Ausbildung aller Kräfte des Leibes und der
Seele" *(Scharrelmann,* 1912, S. 253) – so merkwürdig unangemessen erscheint. *Hugo*
Ball hat 1916 gezeigt, wie der *l'homme impressioniste* zum Dadaisten werden kann:

> „Er weiß, daß die Welt der Systeme in Trümmer ging, und daß die auf Barzahlung drängende Zeit
> einen Ramschausverkauf der entgötterten Philosophien eröffnet hat. Wo für die Budenbesitzer der
> Schreck und das schlechte Gewissen beginnt, da beginnt für den Dadaisten ein helles Gelächter und
> eine milde Begütigung" *(Ball,* 1946, S. 92).

Als Budenbesitzer sind Pädagogen gewiß lächerlich, aber Dadaisten können sie nicht
werden. In diesem Dilemma endet die Reformpädagogik. Sie hat nämlich folgenden
Trost gerade *nicht:*

> „Tout passe – L'art robuste
> Seul a l'éternité"
> *(Théophile Gautier)*

Literatur

Altenberg, P.: Ausgewählte Werke in zwei Bänden. Aphorismen, Skizzen und Geschichten. Hrsg. v. *D. Simon.* München 1979

Bach, Th.: Wanderungen, Turnfahrten und Schülerreisen. Erster Teil. 2., wesentl. verm. Aufl. Berlin 1885

Bäumler, A.: Bildung und Gemeinschaft. Berlin 2. 1943

Bahr, H.: Zur Kritik der Moderne. Gesammelte Aufsätze. Erste Reihe. Zürich 1890

Ball, H.: Die Flucht aus der Zeit. Luzern 1946. (Erstausg. 1926)

Ball, H.: Zur Kritik der deutschen Intelligenz. Frankfurt 1980. (Erstausg. 1919)

Ballauff, L.: Wider den Radicalismus der Volksschullehrer. In: Jahrbuch des Vereins für wissenschaftliche Pädagogik IX (1877), S. 45–59

Bermann, M.: „Hegemony" and the Amateur Tradition in British Science. In: Journal of Social History 8 (1975), S. 30–50

Bez, Th.: Der deutsprachige Buchmarkt. Unter Berücksichtigung der Branchenrationalisierung aus der Sicht eines Barsortimenters. In: Archiv für Soziologie und Wirtschaftsfragen des Buchhandels XLIV (1978), S. 907–983*

Bode, B.H.: Progressive Education at the Crossroads. New York: Macmillan 1938

Bowers, C. A.: The Progressive Educator and the Depression. The Radical Years. New York: Random House 1969

Budde, G.: Die Pädagogik der Landerziehungsheime. In: Über die Deutschen Land-Erziehungsheime. Urteile aus der letzten Zeit über die D.L.E.He. und die „Deutsche Nationalschule" von Dr.H. Lietz. Hrsg.v.d. Freunden der Deutschen Land-Erziehungs-Heime (Dr. Lietz). (Osterwieck/Harz) 1912. S. 108–113. (Urspr. in: Hamburger Nachrichten Nr. 293, v. 25. Juni 1911)

Chamberlain, H. St.: Die Grundlagen des neunzehnten Jahrhunderts. 26. Aufl. München 1940. (Erstaufl. 1899)

Clauson-Kaas, A.: Die Arbeitsschule neben der Lernschule und der häusliche Gewerbefleiß. Berlin 1873

Conrad, M. G.: Der Übermensch in der Politik. Betrachtungen über die Reichszustände am Ende des Jahrhunderts. Stuttgart 1895

Contou, E.: Écoles nouvelles et Land-Erziehungsheime. Étude-Programme. Paris 1905

Cremin, L.: The Transformation of the School. Progressivism in American Education, 1876–1957. New York 1961

Curtmann, W. J. G.: Reform der Volksschule. Frankfurt a. M. 1851

Dennis, W.: Historical Beginnings of Child Psychology. In: Psychological Bulletin 46 (1949), S. 224–235

Dewey, J.: Schule und öffentliches Leben. Übers. v. *E. Gurlitt.* M. einl. Worten v. *L. Gurlitt.* Berlin 1905. (amerik. Orig. „The School and Society", 1899)

Dewey, J.: Demokratie und Erziehung. Eine Einleitung in die philosophische Pädagogik. Übers.v. *E. Hylla.* 3. Aufl. Braunschweig u. a. 1964. (amerik. Orig. „Democracy and Education", 1916)

Diesterweg, F.A. W.: Wegweiser zur Bildung für deutsche Lehrer. In Gemeinschaft mit *Bormann* u. a. bearbeitet und herausgegeben. Erster Band. 3. fortgef. u. verm. Aufl. Essen 1844

Dietrich, Th.: Die Pädagogik Peter Petersens. Der Jena-Plan: Modell einer humanen Schule. 4., neubearb. u. erw. Aufl. Bad Heilbrunn/Obb. 1986

Dietrich, Th. (Hrsg.): Die Landerziehungsheimbewegung. Bad Heilbrunn/Obb. 1967. (= Klinkhardts Pädagogische Quellentexte)

Dittes, Fr.: Das Aesthetische nach seinem eigenthümlichen Grundwesen und seiner pädagogischen Bedeutung dargestellt. Eine gekrönte Preisschrift. Leipzig 1854

Dittes, Fr.: Ueber Religion und religiöse Menschenbildung. Plauen 1855

Du Bois-Reymond, E.: Kulturgeschichte und Naturwissenschaft. Im Verein für wissenschaftliche Vorlesungen zu Köln am 24. März 1877 gehaltener Vortrag. In: Deutsche Rundschau XIII (1877), S. 214ff. Wieder in: *E. Du Bois-Reymond:* Vorträge über Philosophie und Gesellschaft. Eingel. u. hrsg. v. *W. Wollgast.* Hamburg 1974. S. 105–158

Erk, L.: Der Unterricht im Singen. In: Diesterweg's Wegweiser zur Bildung für Deutsche

---

* Den Hinweis auf diesen Titel verdanke ich *Rainer Pörzgen* (Bibliothek der Hochschule Lüneburg)

Lehrer. 5. Aufl. in neuer, zeitgemäßer Bearbeitung herausgegeben von dem Curatorium der Diesterwegstiftung. Zweiter Band: Das Besondere. I. Abtheilung. Essen 1875, S. 413–536

Ernst, O.: Was soll und kann die Schule für die künstlerische Erziehung thun? In: Versuche und Ergebnisse der Lehrervereinigung für die Pflege der künstlerischen Bildung in Hamburg. Hamburg 3. 1902, S. 8–15

Ficker, P.: Didaktik der Neuen Schule. Eine Gesamtdarstellung arbeitsunterrichtlicher Technik. Osterwieck/Harz – Leizpig 2./3. 1932 (= Der Bücherschatz des Lehrers)

Fischl, H.: Wesen und Werden der Schulreform in Österreich. Wien – Leipzig 1929 (= Lehrbücherei, Band 78)

Flinzer, F.: Lehrbuch des Zeichenunterrichts an deutschen Schulen. Bielefeld – Leipzig 1876

Flitner, W./Kudritzky, G. (Hrsg.): Die deutsche Reformpädagogik. Band I: Die Pioniere der pädagogischen Bewegung. 2. Aufl. Düsseldorf – München 2. 1967

Flitner, W./Kudritzky, G. (Hrsg.): Die deutsche Reformpädagogik. Band II: Ausbau und Selbstkritik. Düsseldorf – München 1962

Friedell, E.: Ecce Poeta. Berlin 1912

Friedell, E.: Kulturgeschichte der Neuzeit. Die Krisis der europäischen Seele von der schwarzen Pest bis zum Ersten Weltkrieg. 2 Bände. München 3. 1980 (Erstausg. 1927–1931)

Friedrich, K.: Die Erziehung zur Arbeit, eine Forderung des Lebens an die Schule. Leipzig 1852

Fröbel, F.: Ausgewählte Schriften. Band II. Die Menschenerziehung. Hrsg. v. *E. Hoffmann.* Stuttgart 4.1982. (Erstausg. 1826)

Gansberg, F.: Menschen, seid menschlich. Rousseau-Worte im Auftrage des großen Erziehers herausgegeben. Leipzig 1906

Gansberg, F.: Produktive Arbeit. Beiträge zur neuen Pädagogik. Leipzig 1909

Gansberg, F.: Demokratische Erziehung. Ein Weckruf zur Selbstbetätigung im Unterricht. Leipzig 1911

Gaudig, H.: Höheres Mädchenschulwesen. In: Der Säemann II (1906), S. 37–46, 69–78, 125–137, 146–155

Gaudig, H.: Didaktische Ketzereien. Leipzig – Berlin 3. 1915

Gaudig, H.: Deutsches Volk – Deutsche Schule! Wege zur nationalen Einheit. Leipzig 1917

Glöckel, O.: Drillschule, Lernschule, Arbeitsschule. Wien 1928

Guex, F.: Éducation et Instruction. Rapport présenté au Haut Conseil Fédéral . . . Lausanne: 1903

Gurlitt, L.: Der Deutsche und sein Vaterland. Politisch-pädagogische Betrachtungen eines Modernen. Berlin 1902

Gurlitt, L.: Pflege und Entwicklung der Persönlichkeit. Leipzig 1905

Gurlitt, L.: Erziehung zur Mannhaftigkeit. 2. Aufl. Berlin 2. 1906

Gurlitt, L.: Mein Kampf um die Wahrheit. Berlin 1907

Gurlitt, L.: Die Schule. Frankfurt 1907a (= Die Gesellschaft, Band 16)

Hanschmann, B.: Die Handarbeit in der Knabenschule. Kassel 1876

Harnisch, W.: Deutsche Volksschulen. Berlin 1812

Harnisch, W.: Erste faßliche Anweisung zum vollständigen deutschen Sprachunterricht, enthaltend das Sprechen und Zeichnen, Lesen und Schreiben, Beschauen und Verstehen . . . Breslau 5. 1839

Hartnacke, W.: Naturgrenzen geistiger Bildung. Inflation der Bildung – Schwingendes Führertum – Herrschaft der Urteilslosen. Leipzig 1930

Hartwich, E.: Woran wir leiden. Freie Betrachtungen und praktische Vorschläge über unsere moderne Geistes- und Körperpflege in Volk und Schule. Düsseldorf 1881

Hauer, K.: Von den fröhlichen und unfröhlichen Menschen. Gesammelte Essays. Wien – Leipzig 1910

Haufe, E.: Die natürliche Erziehung. Grundzüge eines objectiven Systems. Meran 1889

Hertz, H.: Gesammelte Werke, Band III: Die Prinzipien der Mechanik in neuem Zusammenhange dargestellt. M. e. Vorw. v. *H. v. Helmholtz.* Leipzig 1894

Hilker, F. (Hrsg.): Deutsche Schulversuche. Berlin 1924

Hirth, G.: Ideen über Zeichenunterricht und künstlerische Berufsbildung. München – Leipzig 4. 1894

Hördt, Ph.: Grundformen volkhafter Bildung. Frankfurt a. M. 3. 1933

Horneffer, A.: Der Verfall der Hochschule. Leipzig 1907

Horneffer, A.: Erziehung der modernen Seele. Leipzig 1908

Hutchins, R. M.: The Higher Learning in America. New Haven: Yale University Press 1936

Kaatz, H.: Die Weltanschauung Friedrich Nietzsches. Erster Theil: Cultur und Moral. Dresden – Leipzig 1892

Kaatz, H.: Die Weltanschauung Friedrich Nietzsches. Zweiter Theil: Kunst und Leben. Dresden – Leipzig 1893

Kaelble, H.: Sozialer Aufstieg in Deutschland, 1850–1915. In: Vierteljahresschrift für Sozial- und Wirtschaftsgeschichte 60 (1973), S. 41–71

Kalkschmidt, E.: Großstadtgedanken. Studien und Ratschläge aus der ästhetischen Praxis. München 1906

Katschinski, F.: Die Grundschule auf dem Lande im Lichte des Arbeitsschulgedankens. Mit Abbildungen, Skizzen und Wandtafelzeichnungen. Frankfurt a.M. 1927 (= Führer in die Arbeitsschule, Band 14)

Kerschensteiner, G.: Betrachtungen zur Theorie des Lehrplans. Mit eingehenden methodischen Bemerkungen und Erläuterungen zu dem beigefügten neuen Lehrplane der Weltkunde (Geographie, Geschichte, Naturkunde) für die siebenklassigen Volksschulen Münchens. München 1899

Kerschensteiner, G.: Produktive Arbeit und ihr Erziehungswert. Erweiterter Vortrag, gehalten am 6. März 1906 im Liebigschen Hörsaale der Universität München. In: Der Säemann II (1906), S. 101–121

Kerschensteiner, G.: Begriff der Arbeitsschule. Leipzig – Berlin 7. 1928

Kerschensteiner, G.: Der Begriff der staatsbürgerlichen Erziehung. Leipzig – Berlin 6. 1929

Kerschensteiner, G.: Berufsbildung und Berufsschule. Ausgewählte pädagogische Schriften. Band I. Hrsg. v. *G. Wehle.* Paderborn 1966 (= Schöninghs Sammlung Pädagogischer Schriften. Quellen zur Geschichte der Pädagogik)

Kerschensteiner, G.: Texte zum pädagogischen Begriff der Arbeit und zur Arbeitsschule. Ausgewählte pädagogische Schriften. Band II. Hrsg. v. *G. Wehle.* Paderborn 1968. (= Schöninghs Sammlung Pädagogischer Schriften. Quellen zur Geschichte der Pädagogik)

Key, E.: Das Jahrhundert des Kindes. Studien. Übers. v. *F. Maro.* Berlin 14.1908 (schwed. Orig. 1900)

Klumpp, F. W.: Das Turnen: ein deutsch-nationales Entwickelungsmoment. Stuttgart – Tübingen 1842

Koebner, Th./Janz, R.-P./Trommler, F. (Hrsg.): „Mit uns zieht die neue Zeit". Der Mythos Jugend. Frankfurt 1985

Krieck, E.: Nationalpolitische Erziehung. Leipzig 1932

Kubin, A.: Die andere Seite. Ein phantastischer Roman. München 1975 (Erstausg. 1909)

Kuypers, F.: Volksschule und Lehrerbildung der Vereinigten Staaten. Leipzig o. J.

Lagarde, P. de: Schriften für das deutsche Volk. Band I: Deutsche Schriften Hrsg. v. *K. A. Fischer.* München 2. 1934

Lange, K.: Die künstlerische Erziehung der deutschen Jugend. Darmstadt 1893

Leschinsky, A./Roeder, P. M.: Schule im historischen Prozeß. Zum Wechselverhältnis von institutioneller Erziehung und gesellschaftlicher Entwicklung. Stuttgart 1976

Lexis, W. (Hrsg.): Das Unterrichtswesen im Deutschen Reich. Aus Anlaß der Weltausstellung in St. Louis unter Mitwirkung zahlreicher Fachmänner herausgegeben. Band II: Die höheren Lehranstalten und das Mädchenschulwesen. Band III: Das Volksschulwesen und das Lehrerbildungswesen. Berlin 1904

Lichtwark, A.: Wege und Ziele des Dilettantismus. München 1894

Lichtwark, A.: Einleitung. In: Versuche und Ergebnisse der Lehrervereinigung für die Pflege der künstlerischen Bildung in Hamburg. Hamburg 3. 1902. S. 1–7

Lichtwark, A.: Der Deutsche der Zukunft. Berlin 1905

Lietz, H.: Emlohstobba. Roman oder Wirklichkeit? Bilder aus dem Schulleben der Vergangenheit, Gegenwart oder Zukunft? Berlin 1897

Lietz, H.: Lebenserinnerungen. Neu herausgegeben und durch Briefe und Berichte ergänzt durch *A. Andreesen.* Weimar 4./5. 1935

Lietz, H.: Der Gründungsaufruf von 1898. In: *Th. Dietrich* (Hrsg.): Die Landerziehungsheimbewegung. Bad Heilbrunn/Obb. 1967, S. 15–17

Löbisch, J. E.: Entwickelungsgeschichte der Seele des Kindes. Wien 1851

Löwenstein, K.: Sozialismus und Erziehung. Eine Auswahl aus den Schriften 1919–1933. Hrsg. v. *F. Brandecker/H. Feidel-Mertz.* Berlin – Bonn/Bad Godesberg 1976 (= Internationale Bibliothek, Band 91)

Lorenzen, H. (Hrsg.): Die Kunsterziehungsbewegung. Bad Heilbrunn/Obb. 1966 (= Klinkhardts Pädagogische Quellentexte)

Lorinser, K. I.: Zum Schutz der Gesundheit in den Schulen. In: Medizinische Zeitung des

Vereins für Heilkunde in Preußen Nr. 1 (1838). (Neu herausgegeben von *Th. Ch. F. Enslin*, Berlin 1861)

Lublinski, S.: Die Bilanz der Moderne. Berlin 1904

Lüben, A.: Zeichnen. In: *A. Lüben* (Hrsg.): Pädagogischer Jahresbericht für Deutschlands Volksschullehrer. Im Verein mit *Bartholomäi* u. a. bearbeitet und herausgegeben. Band 10. Leipzig 1857, S. 626–637

Lundgreen, P.: Sozialgeschichte der deutschen Schule im Überblick. Teil I: 1770–1918; Teil II: 1918–1980. Göttingen 1980 f

Mach, E.: Der relative Bildungswert der philologischen und der mathematisch-naturwissenschaftlichen Unterrichtsfächer der Höheren Schulen. Leipzig – Prag 1886

Mach, E.: Die Analyse der Empfindungen und das Verhältnis des Physischen zum Psychischen. Jena 2. 1900

Mach, E.: Die Mechanik historisch-kritisch dargestellt. Repr. Nachdr. Darmstadt 1982

Maeurer, A.: Ein Wort über Arbeitsschulen. In: Rheinische Blätter für Erziehung und Unterricht, N. F. 52 (1855), S. 54–60

Manegold, K.-H.: Universität, Technische Hochschule und Industrie: Ein Beitrag zur Emanzipation der Technik im 19. Jahrhundert unter besonderer Berücksichtigung der Bestrebungen Felix Kleins. Berlin (West) 1970

Mause, L. de: Über die Geschichte der Kindheit. Übers. v. *R.* u. *R. Wiggershaus*. Frankfurt 1979. (amerik. Orig. 1974)

Menge, R.: Gymnasium und Kunst. Ein Versuch die ästhetische Erziehung zu fördern durch Berücksichtigung der bildenden Künste im Unterrichte der höheren Schulen. Leipzig 1879 (= Pädagogische Studien Heft 12)

Meyer, B.: Das Aesthetische als Erziehungsmittel und Unterrichtsgegenstand. Vortrag, gehalten und herausgegeben zum Besten des Vereins für Familien- und Volks-Erziehung in Berlin am 16. Januar 1867. Berlin 1868

Meyer, B.: Aus der ästhetischen Pädagogik. Sechs Vorträge. Berlin 1873

Michael, B./Schepp, H.-H. (Hrsg.): Politik und Schule von der Französischen Revolution bis zur Gegenwart. Eine Quellensammlung zum Verhältnis von Gesellschaft, Schule und Staat im 19. und 20. Jahrhundert. Band 1. Frankfurt 1973

Mosse, G. L.: Ein Volk, ein Reich, ein Führer. Die völkischen Ursprünge des Nationalsozia-lismus. Übers. v. *R. Becker*. Königstein/Ts. 1979 (amerik. Orig. 1964)

Müller, D. K.: Sozialstruktur und Schulsystem. Aspekte zum Strukturwandel des Schulwesens im 19. Jahrhundert. Göttingen 1977

Necker de Saussure, A.: L'éducation progressive ou étude du cours de la vie. T. 1/2. Paris 1828/1838

Nietzsche, F.: Werke in drei Bänden. Hrsg. v. *K. Schlechta*. Darmstadt 7. 1973

Nohl, C.: Ein Neuer Schulorganismus. Zugleich Kritik des gesammten Schulwesens. Neuwied – Leipzig 1877

Nohl, H.: Die pädagogische Bewegung in Deutschland und ihre Theorie. Frankfurt 7. 1970

Nordau, M.: Entartung. Band 1 u. 2. Berlin 1892 f

Oelkers, J.: Das Ende des Herbartianismus. In: Informationen zur erziehungs- und bildungshistorischen Forschung 1986

Oelkers, J.: Petersen und die Reformpädagogik. In: *I. Maschmann/J. Oelkers* (Hrsg.): Peter Petersen: Schulpädagogik, Werkgeschichte und Kritik. Heinsberg 1986 a, S. 55–100

Oestreich, P.: Entschiedene Schulreform. Schriften eines politischen Pädagogen. Hrsg. v. *H. König/M. Radtke*. Berlin (Ost) 1978 (= Pädagogische Bibliothek)

Ostwald, W.: Wider das Schulelend. Ein Notruf. Leipzig 1909

Otto, B.: Beiträge zur Psychologie des Unterrichts. Leipzig 1903

Otto, B.: Vom königlichen Amt der Eltern. Leipzig 1906

Otto, B.: Der Zukunftsstaat als sozialistische Monarchie. Berlin 1910

Otto, B.: Der Lehrgang der Zukunftsschule. Formale Bildung ohne Fremdsprache. 2. Aufl. Berlin-Lichterfeld 1912

Otto, B.: Mammonismus, Militarismus, Krieg und Frieden. Berlin 1918

Otto, B.: Ausgewählte pädgogische Schriften. Hrsg. v. *K. Kreitmair*. Paderborn 1963 (= Schöninghs Sammlung Pädagogischer Schriften. Quellen zur Geschichte der Pädagogik)

Pallat, L./Hilker, F. (Hrsg.): Künstlerische Körperschulung. Unter Mitarbeit von *Paul Bekker* u. a. Breslau 2. 1925

Pannwitz, R.: Kultur, Kraft, Kunst. Charon-Briefe an Berthold Otto. Leipzig 1906

Pannwitz, R.: Die Erziehung. Frankfurt 1909 (= Die Gesellschaft, Band 32)

Passow, F.: „Turnziel", Turnfreunden und Turnfeinden. Breslau 1818

Pestalozzi, J. H.: Sämtliche Werke, Band 8: Ein Schweizer-Blatt. Hrsg. v. *H. Schönebaum.* Berlin – Leipzig 1927

Plessner, H.: Die verspätete Nation. Über die politische Verführbarkeit bürgerlichen Geistes. Frankfurt 1974 (Erstausg. 1935)

Popper, K.: Über die Stellung des Lehrers zu Schule und Schüler. In: Schulreform 4 (1925), S. 204–208. Vgl. auch den 3. Quellentext dieser Epoche auf S. 318–321

Preyer, W.: Naturforschung und Schule. Stuttgart 3. 1887

Preyer, W.: Die Seele des Kindes. Beobachtungen über die geistige Entwicklung des Menschen in den ersten Lebensjahren. Bearb. u. hrsg. v. *K. L. Schaefer.* Leipzig 9. 1923 (Erstausg. 1882)

Quandt, J. B.: From the Small Town to the Great Community. The Social Thought of Progressive Intellectuals. New Brunswick, N. J.: Rutgers University Press 1970

Reddie, C.: Abbotsholme (1888–1899). Ten Years in an Educational Laboratory. London 1900

Rein, W.: Die Geschichte des Zeichenunterrichts in der Volksschule. In: Geschichte des Unterrichts in den technischen Fertigkeiten in der Volksschule. Bearbeitet von *C. Hey* u. a. Gotha 1889, S. 158–204 (= Geschichte der Methodik des deutschen Volksschulunterrichts, hrsg. v. *C. Kehr,* Band IV)

Rein, W.: Rembrandt als Erzieher. In: Pädagogische Studien, N. F., hrsg. v. *W. Rein,* Band XII (1891), S. 1–15

Rein, W.: Land-Erziehungs-Heime. In: Über die Deutschen Land-Erziehungsheime. Urteile aus der letzten Zeit über die D. L. E. He. und die „Deutsche Nationalschule" von Dr. H. Lietz. Herausgegeben von den Freunden der Deutschen Land-Erziehungs-Heime (Dr. Lietz). (Osterwieck/Harz) 1912, S. 1–3 (Urspr. in: Der Tag, Berlin, Nr. 22, v. 27. Januar 1910)

Rembrandt als Erzieher. Von einem Deutschen. Leipzig 49. 1909 (Erstaufl. 1889)

Reulecke, J.: Geschichte der Urbanisierung in Deutschland. Frankfurt 1985 (= Neue Historische Bibliothek)

Richter, J.: Die Entwicklung des kunsterzieherischen Gedankens. Leipzig 1909 (urspr. Diss. phil. Leipzig 1908)

Rilke, R. M.: Schilderung der Samscola in Gotenburg. In: Der Säemann 1 (1905). Vgl. auch den 1. Quellentext dieser Epoche auf S. 313–315

Rissmann, R.: Geschichte des Arbeitsunterrichtes in Deutschland. Gotha 1882

Röhrs, H. (Hrsg.): Die Schulen der Reformpädagogik heute. Düsseldorf 1986

Ruskin, J.: Werke, Band 4: Vorträge über Kunst. Leipzig 1901

Schäfer, H. D.: Das gespaltene Bewußtsein. Über deutsche Kultur und Lebenswirklichkeit 1933–1945. München – Wien 1981

Scharrelmann, H.: Erlebte Pädagogik. Gesammelte Aufsätze und Unterrichtsproben. Hamburg – Berlin 1912

Scheffer, Th.: Der Weg zur Persönlichkeit. Eine pädagogisch-politische Schlußbetrachtung. In: Das Kind und die Schule. Ausdruck, Entwicklung, Bildung. Leipzig 1914, S. 368–401

Scheibe, W.: Die Reformpädagogische Bewegung 1900–1932. Eine einführende Darstellung. Weinheim – Berlin – Basel 2. 1971

Schönberg, A.: Harmonielehre. Wien 1911

Schwab, E.: Die Arbeitsschule als organischer Bestandteil der Volksschule. Ein Beitrag zur Lösung der Aufgabe unserer Volkserziehung. Wien – Ölmütz 1873

Seyfert, R.: Ausblicke in die Zukunft der Schule. In: Das Kind und die Schule. Ausdruck, Entwicklung, Bildung. Leipzig 1914, S. 359–367

Siegl, M. H.: Reform of Elementary Education in Austria. Ph. D. Columbia University. New York 1933

Simmel, G.: Die Großstädte und das Geistesleben. In: Jahrbuch der Gehe-Stiftung 9 (1903), S. 187–206

Stark, B.: Kunst und Schule. Zur deutschen Schulreform. Jena 1848

Steigl, F.: Die Hauptrichtungen des Schulzeichenunterrichts in Deutschland. In: Pädagogisches Jahrbuch, Band VIII. Wien 1886

Steinhaus, H.: Hitlers Pädagogische Maximen. „Mein Kampf" und die Destruktion der Erziehung im Nationalsozialismus. Frankfurt – Bern 1981 (= Studien zur Pädagogik der Schule, Band 3)

Strümpell, L.: Pädagogische Abhandlungen, Heft 3: Das System der Pädagogik Herbart's. Leipzig 1894

Stuhlmann, A.: Der Zeichenunterricht in der Volks- und Mittelschule. 5 Theile. Hamburg 1875

Sully, J.: Untersuchungen über die Kindheit. Übers. v. *J. Stimpfl.* Leipzig 1897 (engl. Orig. 1885)

Sydow, E. v.: Die Kultur der Dekadenz. Dresden 1921

Tesar, L. E.: Gesellschaft und Schule. Berlin 1925

Turner, R. St.: The Growth of Professional Research in Prussia 1818 to 1848: Causes and Context. In: Historical Studies in the Physical Sciences 3(1971), S. 137–182

Volkelt, J.: Kunst und Volkserziehung. Betrachtungen über Kulturfragen der Gegenwart. München 1911

Walzel, O.: Die deutsche Dichtung seit Goethes Tod. Berlin 1919

Wehler, H. U.: Das deutsche Kaiserreich 1871–1918. Göttingen 5. 1983 (= Deutsche Geschichte, Band 9)

Weissenfels, O.: Die Bildungswirren der Gegenwart. Berlin 1901

Wiessner, E.: Geschichte des Handfertigkeitsunterrichts für Knaben. In: Geschichte des Unterrichts in den technischen Fertigkeiten in der Volksschule. Bearb. v. *C. Hey* u. a. Gotha 1889, S. 257–344 (= Geschichte der Methodik des deutschen Volksschulunterrichts, hrsg. v. *C. Kehr,* Band IV)

Worms, F.: Der Zeichenunterricht in der Schule. In: Diesterweg's Wegweiser zur Bildung für Deutsche Lehrer. 5. Aufl. in neuer, zeitgemäßer Bearbeitung herausgegeben von dem Curatorium der Diesterwegstiftung. Zweiter Band: Das Besondere. I. Abtheilung. Essen 1875, S. 373–412

Wyneken, G.: Schule und Jugendkultur. Jena 3. 1919

Wyneken, G.: Wickersdorf. Lauenburg/Elbe 1922

Zeidler, K.: Die Wiederentdeckung der Grenze. Beiträge zur Formgebung der werdenden Schule. Jena 1926. (= Zeitwende. Schriften zum Aufbau neuer Erziehung). Repr. Neudruck, hrsg. von *U. Sandfuchs.* Hildesheim 1985

Ziller, T.: Eine Skizze der pädagogischen Reformbestrebungen in der Gegenwart nach Herbartischen Grundsätzen. In: Zeitschrift für exacte Philosophie 4 (1864), S. 1–25

Ziller, T.: Grundlegung zur Lehre vom erziehenden Unterricht. Hrsg. v. *Th. Vogt.* Leipzig 2. 1884

7. Epoche:
Die zeitgenössische
Pädagogik

– Restauration, Reform,
Resignation –
Die zweite Hälfte
des 20. Jahrhunderts

„Denn die Menschen: das sind ihre Geschichten. Geschichten aber muß man erzählen. Das tun die Geisteswissenschaften: sie kompensieren Modernisierungsschäden, indem sie erzählen; und je mehr versachlicht wird, desto mehr – kompensatorisch – muß erzählt werden: sonst sterben die Menschen an narrativer Atrophie . . . Je moderner die moderne Welt wird, desto unvermeidlicher werden die Geisteswissenschaften. Sie erzählen vor allem drei Sorten von Geschichten . . . Sensibilisierungsgeschichten . . . Bewahrungsgeschichten . . . (und) Orientierungsgeschichten."

[*Odo Marquard,* in: Apologie des Zufälligen. Stuttgart: Reclam 1986, S. 105 f.]

Zeitleiste

1945 Ende des Zweiten Weltkrieges
(8. 5. bzw. 2. 9.)
Potsdamer Abkommen: Teilung Deutschlands
in vier Besatzungszonen unter einem alliierten
Kontrollrat; Berlin von allen vier Mächten
besetzt; Oder-Neiße- und Curzon-Linie
Grenzen im Osten
1945 Gründung der Vereinten Nationen
in San Francisco
1946 Entnazifizierung, Nürnberger Prozeß,
Flüchtlingsprobleme, Demontagen
1947 Marshallplan leitet den Wiederaufbau
in Europa und bes. in Deutschland (nach Aufgabe des Morgenthau-Plans) ein
Wiederaufbau des pol. Lebens in Deutschland;
in den drei westl. bes. Zonen Einteilung in zunächst 11 neue Länder, Zulassung von Parteien;
in der sowj. bes. Zone Gründung der SED
1948 Währungsreform, Lastenausgleich,
Soforthilfe (Westen)
1948–1949 Blockade Berlins; Beginn des
„Kalten Krieges" zwischen Ost und West;
die westl. Alliierten versorgen West-Berlin über
die Luftbrücke; Berlin ab 1950 Stadtstaat
1948 Gründung des Staates Israel unter
Präsident Weizmann, Konflikte mit arabischen
Nachbarn, Flüchtlingsproblem
1947–1948 Indien: Befreiung Indiens aus engl.
Oberherrschaft; Gandhi fällt Attentat zum
Opfer; Teilung in mohammedanischen Staat
(Pakistan) und hinduistischen Staat (Indien)
1948 Gründung der Freien Universität Berlin
mit amerik. Hilfe in Berlin-Dahlem;
Ost-Berlin: Humboldt-Universität
1947–1955 Unabhängigkeitsbestrebungen von
engl. und niederl. Kolonien in Asien
1949 Gründung der Bundesrepublik Deutschland im Gebiet der westl. Besatzungszonen als
föderalistischer Staat; Grundgesetz der Bundesrepublik, freie Wahlen; Kanzler Konrad
Adenauer (15. 9. 1949–15. 10. 1963)

Gründung der Deutschen Demokratischen
Republik im Ostteil Deutschlands; Walter
Ulbricht 1. Sekr. der SED: 1950–3. 5. 1971
1949 Chinesische Volksrepublik unter Mao
Tse-tung; Sieg der Kommunisten über die
Nationalchinesen unter Tschiang Kai-schek,
die sich nach Taiwan zurückziehen
1949 Gründung des Europarates, des Nord-
atlantikpaktes (NATO), des Osteuropäischen
Wirtschaftsrates (COMECON)
1950 Die ersten Fernsehapparate werden
ausgestellt
1951 Montanunion: Kohle- und Stahl-
produktion der beteiligten Staaten unter
einheitlicher Leitung
1951 Japan erhält im Friedensvertrag seine
Souveränität zurück
1950–1953 Koreakrieg: Nach Teilung des
Landes 1945 auf dem 38. Breitengrad in einen
pro-kommunistischen (Norden) und einen westlich orientierten Staat kommt es zum Konflikt;
Teilung bleibt bestehen
1953 Wiedergutmachungsabkommen
Bundesrepublik/Israel
Tod Stalins (5. 3.); 17. 6.: Aufstand in Ost-
Berlin, von sowjet. Truppen niedergeschlagen
Erscheinen des Kinsey-Report über das
sexuelle Verhalten der Frau (neue Moralvorstellungen)
„Wirtschaftswunder" in der Bundesrepublik
1955 Warschauer Pakt
Österreich, von Besatzungstruppen geräumt,
erhält seine Souveränität zurück
Aufnahme diplomatischer Beziehungen
zwischen der Bundesrepublik und der Sowjetunion ermöglicht Rückkehr Tausender Kriegs-
gefangener
1956 Ungarnaufstand: niedergeschlagen
durch Sowjets
Aufbau der Bundeswehr, allgemeine Wehr-
pflicht; Aufbau der Nationalen Volksarmee

1957 Gründung der EWG in Rom/Römische Verträge (25. 3.)
Sputnik: Die Sowjetunion schießt als erstes Land einen Flugkörper auf eine Erdumlaufbahn (4. 10.)
1958 Nach Algerienkrise de Gaulle an der Macht in Frankr.
1958–1963 Papst Johannes XXIII. bemüht um die Erneuerung der katholischen Kirche; II. Vatikanisches Konzil (1962–1965)
1959 Fidel Castro Ministerpräsident in Cuba: Bindung an Moskau
1959 Rock'n'Roll-Welle (Elvis Presley) und Jeans-Mode
1961 Bau der Berliner Mauer (ab 13. 8.)
1963 Deutsch-Französischer Freundschaftsvertrag
Moskauer Abkommen: teilweise Einschränkung der Atombombenversuche
1963 Kennedy in Berlin (23. 6.), Tod durch Attentat (22. 11.)
1964–1975 Vietnamkrieg der USA
1965 Tod Albert Schweitzers in Lambarene (4. 9.)
1966 Kulturrevolution in China
1967 Studentenproteste bei Schah-Besuch in Berlin; Tod von Benno Ohnesorg (4. 6.)
1968 Allgemeine Studentenunruhen; Rudi Dutschke (Anführer der „Neuen Linken") wird im April durch ein Attentat schwer verletzt
1968 Prager Frühling unter Dubček: durch Truppen zerschlagen
Robert Kennedy und Martin Luther King: Tod durch Attentate (6. 6. bzw. 4. 4.)
1969 Der erste Mensch (Neil Armstrong) auf dem Mond: 20. 7.
1970 Ostpolitik unter Willy Brandt: sog. Ostverträge (Aussöhnung)
1971 Friedensnobelpreis für Brandt
1972 Grundlagenvertrag mit der DDR

	1850	1950
Alexander S. Neill (1883–1973)		▬
Rudolf Lochner (1885–1978)		▬
Wilhelm Flitner (1889)		▬
Christian Caselmann (1889)		▬
Fritz Blättner (1891–1981)		▬
Erich Weniger (1894–1961)		▬
Jean Piaget (1896–1980)		▬
Martinus Jan Langeveld (1905)		▬
Heinrich Roth (1906–1983)		▬
Albert Reble (1910)		▬
Theodor Ballauff (1911)		▬
Heinz-Joachim Heydorn (1916–1974)		▬
Paulo Freire (1921)		▬
John Holt (1923)		▬
Hartmut v. Hentig (1925)		▬
Hans-Jochen Gamm (1925)		▬
Herwig Blankertz (1927–1983)		▬
Wolfgang Klafki (1927)		▬

1975–1977 Höhepunkt des Terrorismus in der BRD (RAF, Mogadischu, Stammheim)
1979 NATO-Doppelbeschluß
1980 Polen: Streikbewegungen; Gewerkschaft „Solidarität" unter Walesa
1980–1990 Unter weitgehend konservativen Regierungen (in den USA, England, der BRD) Häufung von schweren Krisen: steigende Arbeitslosigkeit, Aufrüstung, Umweltzerstörungen, Aufkommen von AIDS, internationaler Terrorismus etc., demzufolge Aufkommen und Erstarken grün-alternativer Parteien, autonomer Gruppierungen u. Bewegungen
1986 Kernreaktorunfall in Tschernobyl (26. 4.)

Rainer Winkel,
Jg. 1943, ist Ordinarius für Erziehungswissenschaft an der Berliner Hochschule der Künste.
Nach einem PH-Studium in Bonn und Paderborn war er mehrere Jahre als Grund- und
Hauptschullehrer tätig – u. a. auch als Fachlei-
ter im Bezirksseminar für Referendare. Es
folgte ein Zweitstudium an der Ruhr-Universi-
tät Bochum in Pädagogik, Psychologie, Psy-
chiatrie und Philosophie. Magistrierung 1971,
Promotion 1973 und Habilitation 1975. Von
1970 bis 1980 war er Assistent, Akademischer
(Ober-)Rat, Privatdozent sowie apl. Professor
an der Universität/Gesamthochschule Essen
sowie Mitbegründer und Mitgestalter der
Freien Schule Essen. Seither ist *Winkel* o.
Professor für Erziehungswissenschaft an der
HdK Berlin.
Von 1980 bis 1985 war *Winkel* Co-Schriftleiter
der Zeitschrift Westermanns Pädagogische
Beiträge; seitdem wirkt er im Beirat dieser
Zeitschrift. Er ist verheiratet (mit einer Lehre-
rin) und hat zwei Kinder.
Seine Arbeits- und Forschungsschwerpunkte
sind: 1. Pädagogisch-Psychiatrische Probleme
(Erziehungsschwierigkeiten, Unterrichtsstö-
rungen und Beratungskonzepte für Lehrer,
Eltern und Erzieher) sowie 2. Schulpädago-
gisch-Didaktische Probleme (Unterrichts-
methoden, Kommunikative Didaktik und Freie

Schulen). *Winkel* geht mit Vorliebe in Schulen,
um dort zu lernen, zu lehren und zu erziehen.
Seine wissenschaftlichen Veröffentlichungen
weisen etwa 200 Aufsätze in Fachzeitschriften,
Fachbüchern sowie Tages- und Wochenzeitun-
gen und eine Reihe von Büchern auf, wobei die
folgenden seine bekanntesten sein dürften:

Der gestörte Unterricht, 4.1988 (Kamp Verlag);
Pädagogische Psychiatrie für Eltern, Lehrer
und Erzieher, 2.1980 (Fischer Taschenbuch
Verlag);
Didaktische Theorien; Unterrichtsmethoden;
sowie: Psychische Erkrankungen in unserer
Zeit (alle zus. mit *H. Gudjons* und *R. Teske),*
1986 (Bergmann & Helbig Verlag);
Deutsche Pädagogen der Gegenwart, Bd. 1,
1984 (Schwann Verlag);
Antinomische Pädagogik und Kommunikative
Didaktik, 1986 (Schwann Verlag);
Pädagogische Epochen. Von der Antike bis
zur Gegenwart, 1988 (Schwann Verlag); sowie:
Gespräche mit Pädagogen, Bd. 1, 1988
(Beltz Verlag).
Seine literarischen Arbeiten pflegt *Winkel* ent-
weder unter Pseudonym oder in den Fest-
schriften seiner Kollegen zu publizieren. 1987
erschien sein erstes Kinderbuch: Die Affen-
pfote – eine Geschichte zum Gruseln (im Erika
Klopp Verlag), illustriert von der international
bekannten Zeichnerin *Claudia Hardey.*

Privatadresse: 4600 Do-Lütgendortmund,
Swedestr. 6 (02 31) 63 16 63.
Dienstanschrift: Hochschule der Künste,
Fachbereich 10, Erziehungswissenschaft,
Bundesallee 1–12, 1000 Berlin 15 (0 30) 31 85-0.

7. Epoche:
Die zeitgenössische
Pädagogik

Rainer Winkel

I. Auf den Trümmern von Barbarei

Nur wenige Tage nach meinem 13. Geburtstag (ich besuchte damals die „Untertertia" des Bielefelder Ratsgymnasiums) kam mein Vater mit einem ungewöhnlich ernsten Gesichtsausdruck aus seiner Firma, aß schweigend sein Abendbrot, und gerade, als wir uns nach diesem Ritual ebenso schweigsam zurückziehen wollten, begann er zu reden – erst bedächtig und zögernd, dann rascher und heftiger werdend, zum Schluß schier verzweifelnd. Was war geschehen? Elf Jahre, zwei Monate und 14 Tage nach dem 8. Mai 1945, nach dem Zusammenbruch des nationalsozialistischen Regimes? Nun, am 21. Juli 1956 beschloß der Bundestag (in der sog. „Ära Adenauer") das Wehrpflichtgesetz: Nachdem bereits um die Jahreswende 1955/56 die ersten Deutschen wieder als Soldaten in (barackenartige) Kasernen „freiwillig" eingezogen (worden) waren, sollten ab jetzt *alle* wehrtauglichen Männer per Gesetz zum „Dienst an den Waffen" verpflichtet werden. Noch war es gar nicht so lange her, daß ich im Garten Erdlöcher ausgehoben und mit Konservendosen, Trockenbrot und Nüssen gefüllt hatte . . . Noch war der im Juni 1950 begonnene und am 27. 7. 1953 beendete Korea-Krieg im Bewußtsein der – ihre Nierentische und DKW-Autos ersehnenden – „Westdeutschen" durchaus vorhanden . . . Noch war das Berner Endspiel um die Fußballweltmeisterschaft vom 4. 7. 1954 in aller Munde . . . Aber – Noch waren die Ostverträge, die Gesamtschulen oder der Umweltschutz jenseits aller Vorstellungskraft . . ., da brach es aus dem damals 55jährigen Vater etwa wie folgt heraus:
‚Als ich am 13./14. Februar 1945 dem Inferno von Dresden entrann, war ich zu besinnungslos, um über die Zukunft nachzudenken, sei es meine oder eure. Ich wußte nur eins und schwor nur dies, auf den Trümmern von Barbarei: Nie wieder Faschismus! Demokratie soll wachsen! Und eher gehe ich auf Barrikaden als in die Luftschutzkeller, eher verteidige ich die Republik mit Fäusten und Knüppeln, als daß ich sie ein zweitesmal zugrundegehen sehe!'
Erschrocken hörten wir dem Vater zu, als er von dem gerade beschlossenen Wehrpflichtgesetz sprach, *Adenauer* zitierte (der doch versprochen hatte, daß seine Hand eher verdorren möge, bevor sie ein Gewehr anrühre), den Wahnwitz des Krieges beschwor . . . Erschrocken wurden wir aber auch Zeuge der Unterschiede: Denn sein

bei und mit uns lebender Bruder war anderer Meinung, hielt die „Wiederbewaffnung" für „unbedingt erforderlich", angesichts der „Bedrohungen durch Sowjetrußland". Hier der Radikaldemokrat (und nicht etwa der Kommunistensympathisant), dort der Pragmatiker (und nicht etwa der getarnte Faschist) – so verlief der Dissens, so lautete das Erbe derer, die den bisher wohl schlimmsten *bellum hominum contra homines* überlebt hatten.

Es liegt bis heute auf unseren Konten: manchen hat dieses Erbe reich, manchen arm, die meisten wohl lediglich skeptisch gemacht . . .

Warum beginnt die siebte der hier darzustellenden Pädagogischen Epochen entlang *solcher* Ereignisse und in einer offensichtlich recht persönlichen Form? Ich möchte daran die *Methode* der folgenden Bearbeitung jüngerer geschichtlicher Ereignisse illustrieren, die *vier Merkmale* aufweist:

- Alle übrigen Epochen wurden von Autoren dargestellt, die ihre jeweilige Geschichte nicht selbst erlebt haben, sondern auf Quellen *über* diese Zeiten angewiesen sind. Dies bringt Vorteile und entlastet (von den Gefahren subjektiven Wahrnehmens); dies kann aber auch zum Nachteil werden, weil es ausblendet, ausblenden muß (nicht nur die persönliche Erinnerung).
- Wer über „Die zeitgenössische Pädagogik" schreibt, kann also gar nicht anders, als beides verknüpfen: „objektive" Daten *und* „subjektives" Erleben, „allgemeine" Geschehnisse *und* „persönliche" Erinnerungen, „gesellschaftliche" Prozesse *und* „familiäre" Ereignisse, den Historiker *mit* dem Zeugen . . . Auch (und vielleicht gerade) das Unerzählte, das noch so Private bestimmt den Umgang mit dem Erzählten und umgekehrt: Das offizielle und (nicht zuletzt) das Veröffentlichte dringt bis in die kleinsten Ritzen der Persönlichkeit. Von den darin liegenden (hermeneutischen) Chancen freilich sollte man ebenso viel wissen wie von den sich immer wieder heranschleichenden (ideologischen) Gefahren. Sodann:
- Die Darstellung der jüngsten Geschichte ist die Erinnerung an das alltägliche Leben, und das heißt: an den erlebten Alltag; sie ist zweitens die Rekonstruktion erfahrener, erlittener, erlebter Geschichte, und das heißt: geschichteter Erfahrung, geschichteten Leids, geschichteten Lebens; und sie ist schließlich die kritische Würdigung bewerteter Ereignisse, und da heißt: eine sich in der Historiographie stets neu (zu) ereignende Bewertung.
- Und viertens schließlich sollte vorweg deutlich werden, daß der Dissens, der Konflikt, die Spaltung von Anfang an zu dieser Epoche gehören: Was in den Familien und Freundeskreisen, an den Arbeitsplätzen und Universitäten, unter Redakteuren und Lehrern *post cladem* mit viel persönlicher Verve bestritten wurde, war auch öffentlicher Dissens – die Wiederbewaffnung und die Nato, die Konfessionsschule und die Vergesellschaftung der Produktionsmittel, die Mischehe und der Umgang mit Kommunisten . . . Auf den Trümmern von Barbarei wurden viele Schwüre getan, viele Fäuste gereckt und viele Gebete gesprochen. Ein (West)Volk, das sich 1952 „Einigkeit und Recht und Freiheit" zur Nationalhymne wählte, war eben *nicht* einig, schauderte vor dem Unrecht (das in seinem Namen begangen wurde) und erlebte die Unfreiheit auf jeder Fahrt von – sagen wir – Hamburg nach Berlin. Freilich: Noch mit den frischen Gräbern von Verdun im Rücken hatte die (Gesamt)Nation 1922 beschlossen, „Deutschland, Deutschland über alles" in die Welt hinauszuposaunen. So taumelt(e) jeder einzelne Deutsche (nicht nur in den endlosen Flüchtlingstrecks von Ost nach West); so taumelt(e) ein ganzes Volk (nicht nur in den zerbombten Städten seines einstigen Reiches); so taumelt mittlerweile ein ganzer Globus (hoffentlich nicht in die Star Wars hinein).

Das *„erkenntnisleitende Interesse"* an der Darstellung dieser Epoche liegt folglich darin begründet aufzuzeigen, was aus welchen Gründen und mit welchen Absichten von 1945 bis heute pädagogisch gedacht, getan sowie unterlassen wurde; welche ungelösten Probleme uns die vergangenen Epochen überantwortet haben; und wie Pädagogik in ihren fundierenden Elementen aussehen könnte und sollte, wenn sie ihren Beitrag leisten möchte, dem *einzelnen Menschen* an der Schwelle zu einem (nicht mehr selbstverständlichen) 3. Jahrtausend Bildung zu gewähren sowie *seine Verhältnisse* (auf mehr Freiheit, mehr Gleichheit, mehr Brüderlichkeit hin) zu verbessern. Daß dabei die Pädagogik nur ein winziger Teil der allgemeinen politischen, ökonomischen, kulturellen, religiösen etc. Entwicklung ist, Agens und Re-Agens komplexer Systeme und Prozesse also, dürfte ebenso unbestritten sein wie die notwendigerweise aufeinander angewiesene Darstellung allgemeiner Sachverhalte und persönlicher Erfahrungen. Eine möglichst problemgerechte Rekonstruktion in aufklärender Absicht ist also vorgesehen (keine „objektive" Abbildung), und ein möglichst erhellendes Einblenden eigenen Erlebens mit pädagogischen Intentionen ist mein Anliegen (keine „autobiographische" Narration).

II. Bildung in der Bundesrepublik Deutschland

Als ich im April 1950 „eingeschult" wurde und – wegen der auf Initiative des ehemaligen 31. amerikanischen Präsidenten *Herbert Clark Hoover* 1947 eingeführten und auch von mir sehnlichst erwarteten Schulspeise – einen Henkelmann schwingend zur Canisiusschule ging, war das meiste bereits entschieden: ich besuchte eine *konfessionelle* Schule; sie war Teil eines *vertikal* gegliederten Schulsystems; unsere Lehrerin war eine *Volksschul*lehrerin; und mein Lernen sowie ihr Lehren basierten *auf Treu und Glauben* . . . Mit anderen Worten: Schule war (noch) kein weltlich Ding; die Gesamtschule bzw. die „Elastische Einheitsschule" blieb allenfalls historisches Relikt (in der Erinnerung an *Paul Oestreich*); die Lehrerbildung war gespalten in eine akademische (für die angehenden Studienräte) und eine seminaristisch-akademieähnliche (für die an Pädagogischen Akademien ausgebildeten, aber nicht studierenden Volksschullehrer); und die meisten Lehr- bzw. Lerninhalte waren nicht (fach)wissenschaftlich sowie (fach)didaktisch fundiert, sondern „volksschulgemäß", „heimatnah" sowie „religiös einwandfrei", und das bedeutete allzu oft: dem kritischen Potential einer rationalen Prüfung weitgehend entzogen.

Daß diese und andere „Versäumnisse" als solche zunächst gar nicht und auch später kaum wahrgenommen wurden, insgeheim aber einen enormen Problemdruck erzeugten, der dann in den späten 60er Jahren eruptiv zur Entladung führte, kennzeichnet den allgemeinen Hintergrund, vor dem die spezielle Frage auftaucht: Wie hat es zu dieser Renaissance relativ konservativer pädagogischer An-, Ab- und Aussichten, wie hat es zur Re-Etablierung recht traditioneller schulischer Verhältnisse, Prozeduren und Verfahren, wie hat es zum weitgehenden Verlust der Erinnerung an reformpäd-agogische Ideen, Versuche und Modelle kommen können? (Einem Mann wie *Peter Petersen,* dessen Jena-Plan-Schule in der damaligen Sowjetisch Besetzten Zone nicht länger zu halten war und der sich deshalb schon um 1947/48 im Westen an zahlreichen Hochschulen bewarb, diesem immerhin seit 1923 professorierten Schulreformer ver-suchten die einen die Schule zu nehmen, während die anderen dem damals schon über 60jährigen Ordinarius für Erziehungswissenschaft nichts anderes und nichts Besseres anzubieten gewillt waren als – einen gelegentlichen Lehrauftrag. Er starb, verbittert und enttäuscht 1952.)

Diesen Gedächtnisverlust also, dieses Verdrängen von provozierenden Gedanken, Worten und Taten der *progressive education* gilt es zunächst darzustellen sowie auf Ursachen, Absichten und Folgen hin zu bedenken. Dabei wird auf die allgemeinen, vor allem die wirtschaftlichen Merkmale dieser Jahre kaum einzugehen sein. Und doch müssen sie stets mit*ge*- und mit*be*dacht werden (vgl. *P. Hüttenberger,* 1986 oder *Landeszentrale für politische Bildung,* 1986). Es sei also nicht vergessen und doch nicht immer darauf hingewiesen, *daß:*

- der Alliierte Kontrollrat bereits im März 1946 einen ‚Industrieplan' vorlegte, der allein in den sogenannten Westzonen die *Demontage* von 1800 Fabriken vorsah; *daß:*
- der *„Marshall-Plan"* erst am 5. Juni 1947 verkündet wurde und größtenteils erst im darauffolgen-den Jahr die schlimmste Not zu lindern vermochte (wobei bis 1951 allein in die Westzonen 1,7 Mil-liarden Dollar flossen); *daß:*
- der erste – sagen wir – nordrhein-westfälische Ministerpräsident *Rudolf Amelunxen* am 24. Juli 1946 von den Briten zum Ministerpräsidenten *bestellt* wurde, *daß* der erste am 2. 10. 1946 zusam-mentretende Landtag von NRW ein durch Verordnungen *ernannter* Landtag war und *daß* die Militärregierungen massiv in die neuen politischen Prozeduren *eingriffen; daß sich:*
- 1945 Deutschland bzw. das, was davon noch übriggeblieben war, nicht nur sinnbildlich als ein *Trümmerhaufen* darbot, denn für 14 Millionen Haushalte gab es nur knapp 8 Millionen einiger-maßen intakte Wohnungen, und noch im Herbst bzw. Winter 1950 fehlten 4,7 Millionen Woh-nungen allein in den drei Westzonen (ohne Berlin); *daß:*
- Städte wie Köln zu 72% oder Düsseldorf zu 90% *zerstört* und *unbewohnbar* waren; *daß:*
- in dem schlimmen Winter 1947/48 die *tägliche Kalorienzahl* der meisten Deutschen bei etwa 1200 und damit um 600 unter dem erforderlichen Minimum lag, was konkret bedeutete: nicht mehr als zwei Scheiben Brot, etwas Margarine, zwei kleine Kartoffeln sowie einen Löffel Milchsuppe täg-lich; *daß demzufolge:*
- der *Schwarzmarkt* das Denken und Handeln nicht nur der Erwachsenen, sondern auch der Kinder bestimmte; *daß:*
- erst die *Währungsreform* vom 20. Juni 1948 eine Zwangsbewirtschaftung aufhob und dem Schwarzmarkt seine Grundlagen entzog, jedem Einwohner zwar ein „Kopfgeld" von 40 DM (gegen 40 RM) auszahlte, Sparer jedoch durch das flankierende „Umstellungsgesetz" massiv benachteiligte (Guthaben wurden zunächst im Verhältnis 10:1 und später gar im Verhältnis 10:0,5 abgewertet), insgesamt jedoch einen enormen wirtschaftlichen Aufschwung ermöglichte; *daß:*
- bis 1948 fast fünf Millionen Menschen als *Flüchtlinge, Vertriebene* und *Heimatlose* bei uns Zuflucht suchten; und *daß:*

● all die kommenden Überlegungen und Geschehnisse vor dem Hintergrund *furchtbarer Folgen* und *Verheerungen* stattfanden: 27 Millionen *gefallene* Soldaten, 25 Millionen *umgekommene* Zivilisten, 6 Millionen *ermordete* Juden, Zigeuner, Kommunisten, Pfarrer und andere Opfer des nationalsozialistischen Rassen- und Verfolgungswahns . . .

1. Phase: 1945–1955 (Restauration)

Die meisten Historiker der jüngeren Bildungsgeschichte tendieren zu einer Einteilung derselben in drei bis vier sich überlappende und wechselseitig durchdringende Phasen (vgl. z. B. *H.-E. Tenorth,* 1975): Die Phase der Restauration (1945–1955), die Phase der Konservation (1955–1964), die Phase der Progression (1964–1972) und die Phase der Stagflation (ab 1973), eine Phase also, in der Wachstumsstillstand und sinkende Ressourcen bzw. Investitionen zu verzeichnen sind. Beginnen wir mit der *ersten Phase:*

Ob es überhaupt so etwas wie eine „Pädagogik des Nationalsozialismus" gegeben hat, darf bestritten werden. Auch wenn *Hans-Jochen Gamm* seinem Buch „Führung und Verführung" (1984) diesen Untertitel gab, weist er in der glänzend verfaßten Einleitung (S. 13–41) im Grunde auf das Gegenteil hin: Eine faschistische Pädagogik (nicht eine Pädagogik im Faschismus) ist eine contradictio in adjecto, ein Oxymoron, ein Unding. Denn Faschismus ist das Gegenteil von Erziehung, ist Indoktrination, Kult, Gewalt, die Vernichtung der humanen Potentiale des Menschen. Insofern gibt es auch keine zwischen Reformpädagogik und 1945 einzuschiebende „Pädagogische Epoche des Nationalsozialismus". Die Jahre von 1933–1945 sind durch die Liquidation jedweder Pädagogik gekennzeichnet, in der es nichts Pädagogisches nachzuweisen, gar zu würdigen, wohl aber die Zerstörung von Schule, Erziehung und Bildung in ihren ursächlichen Zusammenhängen mit politischen und ökonomischen, gesellschaftlichen und ideologischen Faktoren schonungslos aufzudecken gilt. *Dies* ist *hier* nicht zu leisten. Etwas anderes steht an:

Als die Alliierten (die USA, Großbritannien, Frankreich und die UdSSR) nach einem in der Geschichte der Menschheit beispiellosen Kampf im Mai 1945 die „bedingungslose Kapitulation" der Deutschen Wehrmacht erzwangen, die Überlebenden aus den Ecken, Gräben und Trümmern geschunden und geschlagen herauskrochen, hatte man erwarten können, daß sich alle darin einig waren: den Neuaufbau insgesamt so zu gestalten, daß er entschieden auf demokratische Prinzipien bestanden hätte. Jedoch: „Eine gemeinsame Politik der Schulreform der Alliierten hat es nicht gegeben" (*H.-E. Tenorth,* 1975, S. 46). Die Einigkeit bestand in dem Ziel, das nationalsozialistische Deutschland mit militärischen Mitteln zu besiegen, nicht aber darin, ein demokratisches Deutschland aufbauen zu helfen. Zu unterschiedlich waren die Vorstellungen darüber, was „Demokratie" im zerbombten Deutschland leisten sollte. Bis 1949 etwa zeigten sich diese Divergenzen noch recht deutlich. In den Stadtstaaten sowie in Hessen gab es erhebliche Anstrengungen, an reformpädagogische Traditionen anzuknüpfen und z. B. das gesamte Schulwesen zu horizontalisieren. Wer sich in das Studium der Quellen vertieft, konstatiert eine ursprüngliche Radikalität demokratischen Willens, den manche heute vergessen haben oder machen wollen. Schon im Potsdamer Abkommen vom 2. 8. 1945 heißt es (vgl. *B. Michael/H.-H. Schepp,* Bd. 1, 1973, S. 223):

„Das Erziehungswesen in Deutschland muß so überwacht werden, daß die nazistischen und militaristischen Lehren völlig entfernt werden und eine erfolgreiche Entwicklung der demokratischen Ideen möglich gemacht wird."

Und noch am 25. 6. 1947 bestand der Alliierte Kontrollrat in seiner 54. Direktive u. a. darauf:

„Es sollten gleiche Bildungsmöglichkeiten für alle gewährleistet sein ... In allen Bildungsinstitutionen ... sollten Unterricht, Schulbücher und andere notwendigen Lehr- und Lernmittel unentgeltlich gewährt werden ... Alle Schulen für den Zeitraum der Pflichtschulzeit sollten ein zusammenhängendes Bildungssystem (comprehensive educational system) darstellen" (ebd. S. 234).

Ähnliches intendierte das „Gesetz zur Demokratisierung der deutschen Schule", das 1946 in der (damaligen) SBZ verabschiedet wurde:

„Die deutsche demokratische Schule soll die Jugend ... frei von nazistischen und militaristischen Auffassungen im Geiste des friedlichen und freundschaftlichen Zusammenlebens der Völker und einer echten Demokratie zu wahrer Humanität erziehen ... Die Grundschule ist obligatorisch. Sie umfaßt acht Klassen" (ebd. S. 277 f.).

Die Machtpolitik, die Politik der Mächtigen, war anders und (damals jedenfalls) stärker als die Vernunft. Quasi offiziell leitete die „Vier-Mächte-Konferenz" vom 15. 12. 1947 den offenen Bruch der einstigen Koalition ein. „Die Entscheidung: östliche oder westliche Besatzung wird nun endgültig für die Deutschen zum Schicksal" (*F. Schneider,* 1985, S. 13). Am 7. 9. 1949 wurde die Bundesrepublik Deutschland, am 7. 10. 1949 die Deutsche Demokratische Republik konstituiert – und damit ein gemeinsamer Weg in eine demokratische Zukunft für lange Zeit verunmöglicht. Christlich-konservative Kräfte gewannen im hiesigen, dogmatisch-kommunistische im anderen Teil Deutschlands die Oberhand – auch im Bildungswesen, das seitdem von einem restaurativ-konservativen *und* einem progressiv-reformerischen Grundzug gekennzeichnet ist, wobei mal der eine, dann der andere zu dominieren versucht: Die Tübinger Beschlüsse der Konferenz über „Universität und Schule" plädierte 1951 für Exemplarisches Lehren und Lernen und forderte die Errichtung von Modellschulen, während gleichzeitig der Deutsche Philologenverband (DPhV) den Auslesecharakter des Gymnasiums für ein Charakteristikum (neu)humanistischer Bildung erklärte. Solche und ähnliche Divergenzen ließen sich vom Beginn der Konstitution von Erziehung, Schule und Bildung in der BRD durchgängig aufzeigen. In dieser ersten Phase dominierten die restaurativen Kräfte – in Theorie und Praxis.

Wer nach der diesen Kräften zugrundeliegenden Ideologie, der Semantik ihrer Argumentationen bzw. dem Ethos ihrer Ansichten fragt, der möge die frühen Jahrgänge der einschlägigen Fachzeitschriften studieren, seien sie allgemeinpädagogischer oder auch fachdidaktischer Art. Ein Beispiel unter vielen:

In einem fast 40seitigen Aufsatz über die Frage „Wie kann der Aufsatzunterricht beitragen zur Neubesinnung über die Aufgaben der höheren Schule", den *Robert Ulshöfer* im *Deutschunterricht* 1948/49 veröffentlichte, einer Zeitschrift, die er 32 Jahre lang (von 1948 bis 1980) herausgab, in diesem bemerkenswerten Aufsatz wird nicht der politisch sich engagierende und das heißt immer auch der sich gegenüber den Belangen der Polis *öffnende* Lehrer gefordert, sondern eine Bildungsarbeit, die „durch die Innerlichkeit ... der Lehrer" (S. 5) charakterisiert ist. – Nicht die Hoffnung auf Förderung *aller* Schüler leitet die wieder etablierte Gymnasialpädagogik, sondern die ohne jeden empirischen Beweis aufgestellte Behauptung und das ohne jede Scham verkündete Verdikt:

„Ein beträchtlicher Teil unserer Schüler gehört nicht in die Oberschule ... Es sind dies die Schüler mit brauchbaren Leistungen in allen oder den wichtigsten Fächern, doch ohne sittliches Wollen und ohne Organ für die musischen und weltanschaulichen Fragen" (S. 6 f). –

Nicht nur die Schule insgesamt soll frühzeitig *selektieren* und langfristig für die Reproduktion des gesellschaftlichen Status quo sorgen, sondern es kommt gerade im Gymnasium darauf an, wie und „daß man durch Aufstellung von Bewertungsgrundsätzen und landeseinheitliche Überprüfung der Aufsätze den Deutschunterricht zu einem auslesekräftigen Fach machen kann" (S. 21). – Und schließlich soll im Deutsch- speziell im Aufsatzunterricht nicht die *Phantasie* von jungen Menschen geweckt, ihre *Lust an der Sprache* kultiviert oder die *kommunikative Kompetenz* gefördert werden (das alles ist „Geschwätzigkeit", „Subjektivismus" und „Ästhetizismus"), sondern: „Der Aufsatzunterricht muß zugleich formal- und wertbildend wirken" (S. 26). „Mit anderen Worten: Durch die Inhaltskategorien soll das auf Wertverwirklichung zielende Denken geweckt, gefördert und bestimmt werden" (S. 29). Hier finden sie sich also grundgelegt, die Chiffren konservativ-restaurativer Schul- und Bildungspolitik (Innerlichkeit, Selektion und Gesinnung); sie sollten nach einer Phase der Auflockerung, ja der entschiedenen Kritik und der weniger entschiedenen Reform 30 Jahre später (etwa auf dem Bonner Forum „Mut zur Erziehung" am 9./10. Januar 1978) neuerlich vorgetragen und an manchen Schulen wirkungsmächtig werden. Wie geschrieben: Ein Beispiel *unter* vielen und zwei Folgen *für* die vielen. *Denn:*

Bildung und Erziehung, ob in der Schule oder in der Familie, waren größtenteils von der Technik des *Verdrängens* gekennzeichnet. Die Schrecken der Vergangenheit wurden nicht als bis in die Gegenwart reichende Folgen um einer besseren Zukunft willen angesehen, sondern ignoriert, geleugnet, verschwiegen. Die jüngste Geschichte wurde zur Gruft, in die man all das hineinwarf, was belastend wirken mußte. Erst aus

dieser von den Westmächten im Zuge einer wachsenden Ost-West-Spannung durchaus geduldeten und später gar geförderten Verweigerung resultierte „Die Unfähigkeit
zu trauern" (*A. und M. Mitscherlich,* 1967). Damit war die Chance einer selbstkritischen Besinnung ebenso vertan wie die einer dezidierten Korrektur. Sie sollte so
schnell nicht wiederkommen ...

Darüber hinaus wurden Bildung und Erziehung, ob in der Schule oder in der Familie,
einseitig *funktional* gesehen. Sie waren Mittel zum Zweck – der Selektion, der Reproduktion, der Adaption etc. Ihr kritisches Moment, ihre Widerständigkeit und ihre
emanzipatorische Kraft gingen dabei verloren, ihre Antinomien gerieten in Vergessenheit. Um der Förderung weniger willen wurden die vielen ins Abseits gestellt. „Im
Bundesgebiet kamen 1951 auf 136 507 Sextaner nur 19 868 Oberprimaner, also nicht
einmal 15 %", so der Schulgeschichtsforscher *Hans-Georg Kirchhoff* (in: *P. Hüttenberger,* 1986, S. 144). Damit wurde die Chance einer progredierenden Demokratisierung und Humanisierung des einzelnen sowie seiner Verhältnisse ebenso vertan wie die
eines nachdrücklichen Be-gabens der Benachteiligten. Auch sie sollte so schnell nicht
wiederkommen ... Was aber blieb, waren die in die Latenz, ins Verborgene, ins Unbewußte abgedrängten Divergenzen und Konflikte.

Der am 21. 4. 1949 gegründeten „Westdeutschen Rektorenkonferenz" (WRK), der
1949 ins Leben gerufenen „Ständigen Konferenz der Kultusminister" (KMK), aber
auch dem vom 21. 9. 1953 bis 1. 7. 1965 bestehenden „Deutschen Ausschuß für das
Erziehungs- und Bildungswesen" kamen dabei weniger die Funktion des Ausbalancierens als die des Koordinierens konservativer Interessen zu. Und die Reformer betrieben (wie 20 Jahre später) ihre eigene Schwächung auch dadurch, daß sie die politische
Tendenz mitmachten, die in der dezidierten Abgrenzung der SPD gegenüber der
KPD und umgekehrt bestand sowie den wachsenden Ost-West-Konflikt im eigenen
Reformlager glaubte entsprechend spiegeln zu müssen. Daß dabei auch die so dringend notwendige und anfangs mit großem Aufwand betriebene „Entnazifizierung"
weitgehend auf der Strecke blieb, wird verständlich.

Wenn *Jürgen Raschert* (Max-Planck-Institut, Bd. 1, 1980, S. 152) Gremien wie dem
„Deutschen Ausschuß" eine „Garantie für politische Wirkungslosigkeit" zuspricht,
mag dies aus der Reformperspektive richtig sein, gemessen am realen konservativen
Einfluß ist dieses Urteil falsch: Ich ging in eine Konfessionsschule, meine Eltern
bezahlten Schulgeld, Koedukation war ein Schimpfwort, Volksschullehrerinnen heirateten nicht, und von (uns) 42 Sextanern machten sieben (also 16 %) das Abitur ...

Das war (nicht nur guter Durchschnitt, sondern) politisch höchst wirksam! Aber: das
Bruttosozialprodukt verdoppelte sich von 1950 bis 1960; die damalige EWG erlaubte
ab 1958 einen gigantischen Wirtschaftsboom; und die Dynamisierung der Renten ließ
ab 1957 auch die älteren Mitbürger am wachsenden Wohlstand partizipieren – die Probleme wurden also ökonomisiert, von einer Mischung aus *G*eld, *G*ut und *G*unst
zugedeckt.

Einen gewissen Abschluß dieser ersten Phase stellt das „Düsseldorfer Abkommen" („Zur Vereinheitlichung auf dem Gebiet des Schulwesens") vom 17. 2. 1955 dar, über das *Tenorth* (ebd., S. 132 f.) wie folgt urteilt: Es „bestätigt in der Trennung von Eliten- und Massenbildung und in der von Berufs- und Allgemeinbildung die Grundzüge des seit dem frühen 19. Jahrhundert bestehenden Bildungssystems (und) bildet relativ ungeschützt die Realität eines elitär-selektiven Bildungswesens ab."

Die Republik *wollte* restaurieren, nicht nur die ökonomischen Verhältnisse, sondern auch die juristischen, die politischen, die religiösen, kulturellen und – die pädagogischen.

2. Phase: 1955–1964 (Konservation)

Über den Zeitpunkt soll hier nicht gestritten werden, denn ein exaktes Datum gibt es nicht – wohl aber den allmählichen Wandel vom *Auf*bau und *Aus*bau hin, von der kräftezehrenden Fundierung zur technokratischen Weiterentwicklung: die Söhne und (seltener) die Töchter der Überlebenden, (aber auch) der Gefallenen und Verschollenen machten Abitur, klassisches Abitur. Als ich zu Beginn des Jahres 1963 ins „Schriftliche" ging, hatte ich mehrstündige Arbeiten in Deutsch, Mathematik, Latein, Englisch und Französisch zu schreiben und wurde einige Wochen später „mündlich" in Englisch, Mathematik und Geschichte geprüft. Faktenwissen und Allgemeinbildung waren gefragt; die Oberstufenreform gab es noch nicht (einmal in den Köpfen der meisten Pädagogikprofessoren); und die Angst vor den Lehrern, den Klassenarbeiten sowie dem Schulversagen war groß, viel größer jedenfalls als die Angst vor der (eigenen) Zukunft, der (geringen) Arbeitslosigkeit oder – dem (kaum vorhandenen) Numerus clausus. Um das Generelle zu kennzeichnen, seien folgende Daten bzw. Ereignisse exemplarisch herausgegriffen:

Laut Grundgesetz liegt die Kulturhoheit bei den einzelnen (zehn) Bundesländern sowie beim Senat von West-Berlin. Die Institutionen bzw. Gremien zur föderalen und überregionalen Organisation des Bildungswesens sind bzw. waren: die bereits erwähnte Kultusministerkonferenz (seit 1949), die Westdeutsche Rektorenkonferenz (seit 1949), der ursprünglich ca. 20 Mitglieder umfassende und insgesamt 30 Empfehlungen und Gutachten vorgelegt habende Deutsche Ausschuß für das Erziehungs- und Bildungswesen (1953–1965), der Wissenschaftsrat (seit September 1957) sowie die Bund-Länder-Kommission für Bildungsplanung (seit 1970) und der Deutsche Bildungsrat vom 7. 7. 1965–14. 7. 1975, dem insgesamt 35 Mitglieder angehörten und der es auf 13 Empfehlungen sowie auf fast 100 Gutachten (allein in der ersten Amtsperiode) brachte. Nicht zuletzt aus diesen Planungs- und Koordinierungsgremien heraus wurden in dieser 2. Phase die Weichen so gestellt, daß die Fortsetzung der grundsätzlichen Richtung gewährleistet blieb, aber ein Ausbau des Streckennetzes sowie eine Erhöhung der Geschwindigkeiten und Lasten möglich wurden, wobei die

Rolle des Bildungsrates eine Ausnahme macht. Der „Rahmenplan zur Umgestaltung
und Vereinheitlichung des allgemeinbildenden Schulwesens", den der Deutsche Ausschuß am 14. 2. 1959 vorlegte, sah u. a. die Gründung von „Hauptschulen" als Ersatz
für die Volksschuloberstufen vor, plädierte für eine „Förderstufe" im 5./6. Schuljahr
und ließ neben Real- und Gymnasialschulen sogar die Möglichkeiten einer „Studien-
schule" offen. SPD, FDP und die Gewerkschaften äußerten sich zustimmend zum
Rahmenplan, der Deutsche Industrie- und Handelstag sowie der DPhV lehnten ihn
ab, während die CDU nur partiell Kritik übte.
In der „Saarbrücker Rahmenvereinbarung" der KMK vom 29. 9. 1960 wurden die in
den Rahmen der bestehenden Grundsätze konservativer Schul- und Bildungspolitik einzubringenden Reformen dann verbindlich konkretisiert (vgl. *B. Michael/
H.-H. Schepp,* Bd. 2, 1973, S. 369):

> „Beschränkung der Zahl der Unterrichtsgebiete, Beschränkung der Lehrstoffe durch paradigmati-
> sche Auswahl und Bildung von Schwerpunkten, Umwandlung von Pflichtfächern in Wahlpflicht-
> fächer ..."

Am 18. 10. 1964 schließlich beschloß die KMK das „Düsseldorf" ablösende und die
Anregungen des Rahmenplans aufnehmende „Hamburger Abkommen", worin sich
die konservative Reform nachhaltig dokumentierte: Neun- bzw. zehnjährige Schul-
pflichtzeit; vierjährige Grundschule; zweijährige Förder- und Beobachtungsstufe;
Englisch in allen Hauptschulen; Möglichkeiten einer fachgebundenen Hochschul-
reife etc.
Diese Bewältigung einer stetig wachsenden Schüler-, Lehrlings- und Studentenpopu-
lation vor dem Hintergrund eines Modernitätsschubs sondergleichen soll hier durchaus Anerkennung finden, denn der Zuwachs von z. B. 117172 Studenten im Jahre
1955 auf 265 644 im Jahre 1964 (vgl. *K. Hüfner/J. Naumann,* 1977, S. 79) mußte erst
einmal verkraftet werden. An den grundlegenden Merkmalen eines vertikal gegliederter-
ten, auf Leistung und Schichtzugehörigkeit basierenden sowie sich über das Bildungssystem (sowohl in ihrer Zusammensetzung als auch in ihrer weltanschaulichen Grund-
haltung) selbst reproduzierenden gesellschaftlichen Status quo änderte diese technokratische Reform nichts – auch wenn 1956 die Schulgeld- und die Lernmittelfreiheit
eingeführt wurden und der Anteil derjenigen Schüler, die eine gymnasiale Oberstufe
besuchten, an der Gesamtzahl der jeweiligen Schülerjahrgänge allmählich von 5,3%
(1950) auf 8,5% (1960) stieg.
Und: Diese Politik wurde nicht *gegen,* sondern *mit* der überwältigenden Mehrheit der
Bevölkerung gemacht. Die frühen 60er waren Jahre der Hochkonjunktur mit be-
trächtlich steigendem Realeinkommen; im Herbst 1965 erreichte die CDU bei den
Bundestagswahlen knapp 50%; und selbst der Koalitionspartner FDP war damals
(unter *Erich Mende*) ausgesprochen liberal-konservativ orientiert ... Die Probleme
freilich blieben.

3. Phase: 1964–1973 (Progression)

Natürlich begann die im folgenden zu skizzierende Zeit nicht erst zu dem Zeitpunkt, als der ehemalige Leiter des Landerziehungsheims Birklehof, Mitarbeiter im Deutschen Ausschuß und damaliger Leiter der Ev. Studiengemeinschaft bzw. der spätere Heidelberger Religionsphilosoph *Georg Picht* seine aufregende Serie über „Die Deutsche Bildungskatastrophe" zunächst in der Wochenzeitung *Christ und Welt* und 1964 auch als Buch publizierte. Und doch: Wie kaum eine andere Schrift *signalisierte* diese Veröffentlichung, daß die Probleme von Schule, Erziehung und Bildung allenfalls vertagt, nicht aber wirklich gesehen und angepackt, geschweige denn gelöst worden waren; und wie kaum ein anderer Zeitgenosse *artikulierte Picht* ein Unbehagen an den Zuständen und Verhältnissen, das Zustimmung von vielen Seiten fand und von „rechten" und „linken" Gruppierungen lautstark echolaliert wurde. Zu Vieles war unter den Teppich gekehrt, ideologisch eingemauert, sozial vererbt worden: Zu wenige „Arbeiterkinder an deutschen Universitäten" – zählte *Ralf Dahrendorf* (1965); ein „Katholisches Bildungsdefizit in Deutschland" – registrierte *Karl Erlinghagen* (1965); „Über die Bildungschancen von Mädchen in der Bundesrepublik Deutschland" – informierte *Helge Pross* (1969) . . . Was Wunder, daß die Parole um sich griff: „Bildung ist Bürgerrecht" – so *Ralf Dahrendorf* (1965). Die damit verbundenen und sich verbindenden Probleme gerieten in diesem knappen Dezennium eindeutig ins Zentrum des öffentlichen und privaten Interesses. Wo (seit Herbst 1965) die finanziellen Ressourcen knapper werden, hat (ersatzweise) die Bildungspolitik Konjunktur; wo sie aufgebraucht bzw. anderweitig ausgegeben werden (ab 1973 etwa), droht auch dieser der Konkurs. Immerhin: Mit Beginn der Großen Koalition von CDU (unter *Kurt Georg Kiesinger*) und SPD (unter *Willy Brandt*) am 13.12.1966 und mehr noch in den Anfangsjahren der sozialliberalen Regierung *Brandt/Scheel* (vom Oktober 1969 bis Mai 1974) wurden erhebliche Veränderungen in der Bildungslandschaft vorgenommen. Auch hier müssen Stichworte genügen:
Die *Entkonfessionalisierung* der Volksschulen war Ende der 60er Jahre genauso wenig aufzuhalten wie die der Pädagogischen Hochschulen. Eine gewisse Signalfunktion übernahm diesbezüglich der Sturz des 3. Kabinetts des nordrhein-westfälischen Ministerpräsidenten *Franz Meyers* am 8.12.1966 und die Übernahme der Regierung durch den Sozialdemokraten *Heinz Kühn* sowie den Freidemokraten *Willi Weyer*.
1969 wurden von der KMK „Empfehlungen zur Hauptschule" vorgelegt, die eine endgültige *Trennung von der Volksschule* bedeuten, diese neue Schulform aufwerten und in besonderem Maße profilieren (z. B. mit Hilfe des Faches Arbeitslehre) sowie einen neuen Lehrertyp ins Leben rufen. *Oder:*
Der 1965 sich konstituierende Deutsche Bildungsrat, bestehend aus der Bildungskommission mit unabhängigen Experten sowie der Regierungskommission mit Vertretern aus Bund und Ländern, legte am 14.2.1970 den wohl wichtigsten Reformplan in der

jüngeren Pädagogikgeschichte vor, den *„Strukturplan für das Bildungswesen"*. Er kann hier noch nicht einmal in Ansätzen entsprechend seiner Bedeutung gewürdigt werden, im Kern aber beinhaltet er: ein einheitliches Konzept vom Kindergarten bis zur Hochschule, größtmögliche Durchlässigkeit bei individueller Förderung, Chancengerechtigkeit und Gleichwertigkeit von allgemeiner und beruflicher Bildung sowie eine weitgehende Horizontalisierung des Schulwesens (Elementar- und Primarbereich, Orientierungsstufe, Sekundarstufe I und II sowie Tertiärbereich) und – die Stufenlehrerausbildung. Nachdem der Bildungsrat bereits ein Jahr zuvor die „Einrichtung von Schulversuchen mit Gesamtschulen" befürwortet und die Bundesregierung sich diese Reformaussagen zu eigen gemacht hatte, stand eine weitere Veränderung an.

Am 19. 4. 1968 nahm zum erstenmal seit Bestehen der Bundesrepublik Deutschland eine *Gesamtschule* in öffentlicher Trägerschaft den Unterrichtsbetrieb auf – die „Gesamtschule Britz-Buckow-Rudow" in West-Berlin. Und ab 1968/69 wurden, zunächst in Berlin, dann in Bremen, Hamburg, Hessen und NRW immer mehr (integrierte) Gesamtschulen gegründet (bis 1971: 81; 1974: 140; 1977: 157; 1985: ca. 400), über deren Geschichte (ihre Erfolge und Enttäuschungen) *K.-J. Tillmann* (1986) eindrucksvoll geschrieben hat. Da sie gleichsam die Reformprojektionen par excellence sein sollten und wollten, kam es nicht zuletzt an, in und wegen ihnen zum Streit, zu bitteren Kontroversen, die in den Auseinandersetzungen um die „Hessischen Rahmenrichtlinien" (ab 1972/73) ihr bevorzugtes Schlachtfeld fanden.

Diese vier hier nur exemplarisch herausgegriffenen Innovationen (die Gründung von Gesamthochschulen, Kollegschulen, eine Modernisierung der Kindergärten, zahlreiche Neugründungen im Bildungsbereich – vom Berliner Max-Planck-Institut für Bildungsforschung 1963/64 bis hin zum Bildungstechnologischen Zentrum in Wiesbaden 1970 u. a. m. bleiben hier unberücksichtigt), diese Reformen müssen zusätzlich vor dem Hintergrund eines in der Geschichte der BRD noch nie dagewesenen Bildungsbooms gesehen werden. Die Quantitäten stiegen allüberall: 1963 gab es ca. 215 000 Lehrer, 1973 bereits 446 000; 1965 besuchten 7,3 Mio. Schüler, 1972 gar 9,5 Mio. eine allgemeinbildende Schule; und 1960 besetzten 33 Professoren pädagogische Lehrstühle an bundesdeutschen Universitäten, 1972 zählte das Statistische Bundesamt bereits 247.

„Aufstieg durch Bildung!" – lautete folglich die Parole; sie konnte mit der Zustimmung von „rechts", von der „Mitte" und von „links" rechnen. Dabei waren die in der Nachfolge *Pichts* sich versammelnden Reformer eher am *technokratischen,* die sich auf *Dahrendorf* berufenden am *gesellschaftspolitischen* Komparativ interessiert: Der Ruf „Mehr Abiturienten!" hier entsprach also dem Slogan „Mehr Demokratie!" dort. Erst in dieser Koalition von ökonomisch-quantitativen *und* demokratisch-qualitativen Argumenten, von *„efficiency and effectiveness"* auf der einen *und* *„Gleichheit der Bildungschancen"* auf der anderen Seite begründete sich die Akzeptanz für diese Reformpolitik durch die *Mehrheit* der Bevölkerung. Ihre Stichworte lauteten: Entkonfessionalisierung, Verwissenschaftlichung, Horizontalisierung, Egalisierung der Chancen, Akademisierung der Lehrerbildung sowie Mitbestimmung auf möglichst allen Ebenen in allen Institutionen. Auch die KMK-Vereinbarung zur „Neugestaltung der gymnasialen Oberstufe" vom 7. 7. 1972, in der vor allem die Ersetzung der bisher zum Abitur führenden Schulklassen durch Grund- und Leistungskurse einschließlich einer veränderten Zensierung geregelt wurden, paßte exakt in diese (neue) Landschaft. Der „Bildungsgesamtplan" der BLK von 1971 (bis zu seiner 4. Fassung von 1973) kündigte bereits den Kompromiß, das Anhalten, die Wende an. Der berüchtigte „Radikalenerlaß" vom 28. 1. 1972, die Münchener Tagung zur „Tendenzwende" 1974, die Auflösung des Bildungsrates 1975, das Scheitern der Koop-Schule in NRW zwischen 1977/78 oder das Bonner Forum „Mut zur Erziehung" vom 9./10. 1. 1978 waren und sind nur Symptome eines längst verlorenen (weil aufgegebenen) Kampfes. Im Scheitern dieser Phase gründete die folgende.

4. Phase: 1973 bis heute (Stagflation)

Die Daten sind schnell zur Hand, die Ursachen schwieriger zu benennen, der Katzenjammer kaum zu beschreiben: Am 6. 5. 1974 trat *Willy Brandt* (offiziell wegen der *Guillaume-Affäre,* im Grunde aber am Ende eines rapiden Vertrauensverlustes in den eigenen Reihen) zurück und machte der Regierung *Schmidt/Genscher* Platz. Die Erdölpreise explodierten. Inflationsraten und Arbeitslosenquoten stiegen (1970 waren 0,7% der Erwerbstätigen arbeitslos, 1985 bereits 9,1%; während die Inflationsrate im gleichen Zeitraum von 3,6% über 6,9% in einer wahren Berg- und Talfahrt 1985 bei 2,1% und im Frühjahr 1987 gar bei -0,2% landete). In Großbritannien kamen mit *Margaret Thatcher* (4. 5. 1979) und in den USA mit *Ronald Reagan* (20. 1. 1981) extrem konservative Regierungen an die Macht, denen sich die neue CDU/CSU-FDP-Koalition unter *Helmut Kohl* und *Hans-Dietrich Genscher* (im Herbst 1982) konsequent zur Seite stellte. Verschärfter Numerus clausus (ab 1974), sinkendes Bruttosozialprodukt (ab 1975), Lehrstellenmangel (ab 1976), Nato-Doppelbeschluß (vom 12. 12. 1979) mögen wenigstens andeuten, unter welche Zwänge auch die Reform geriet; den Rest besorgte Karlsruhe bzw. das „Bundesverfassungsgericht als oberster politischer Schiedsrichter" (*Schneider,* a. a. O., S. 167). Als Pädagoge wird man sich *ein* Datum besonders merken müssen: den 2. März 1987. An diesem Tag löste die Bundesbildungsministerin *Dorothee Wilms* (CDU) das letzte Überbleibsel der Reform kurzerhand auf, gemeint ist der „Gesprächskreis Bildungsplanung", der nach Auflösung des Deutschen Bildungsrates 1977 von dem damaligen SPD-Bildungsminister *Helmut Rohde* zu dem Zweck ins Leben gerufen worden war, auch unter den sich verdunkelnden Verhältnissen nicht gänzlich auf bildungspolitische Perspektiven verzichten zu müssen. Seit dem 2. März 1987 gab es noch nicht einmal mehr die *Möglichkeit,* über die wichtigsten Lebensfragen der Nation, über Bildung und Erziehung nämlich, einen politischen Meinungsaustausch unter der Moderation der Regierung zu führen. Und doch sind diese und andere Krisen keine Naturphänomene, sondern verursachte, zugelassene und z. T. gewollte Entwicklungen. Bezogen auf die Schulreform wird man zunächst zwei Aussagen formulieren müssen:

- Die ökonomischen Schwierigkeiten waren und sind *nicht* die Ursachen für ein Steckenbleiben bzw. teilweises Scheitern der Reform. Diese sind vielmehr Resultat neuerlicher Verteilungskämpfe im internationalen Bereich (vgl. Erdöl- vs. Industrieländer) sowie im nationalen Sektor (vgl. Stellenknappheit und z.T. auch Stellenstop für die junge vs. Besitzstandsgarantien und z.T. sogar Aufstiegsmöglichkeiten für die mittlere und ältere Generation). Und: Solche Schwierigkeiten wurden und werden *auch* dazu benutzt, um die gesellschaftlichen Veränderungen der vergangenen Periode rückgängig zu machen.
- Zweitens ist an die Tatsache zu erinnern, daß keine Reform (in einer Demokratie) an ihren Gegnern scheitert, wenn die Mehrheit (zumal der Betroffenen) hinter ihr steht und sie geistig legitimiert sowie pragmatisch akzeptiert. Von daher ist zu fragen, warum diese Legitimation und Akzeptanz so rasch verlorengingen, ja einer deutlichen Wende Platz machten.

An anderen Stellen habe ich Gründe für den „mißratenen Fortschritt" genannt (vgl. *Winkel*, 1986, bes. S. 108–113 u. S. 123–128). Zu viel des Guten, eine zu große Erwartung, zu wenig Geduld, zu geringe Fehlertoleranz, zu schwaches Antinomiedenken sowie zu wenig Solidarität – lauten sie stichwortartig. Ich füge hier dieser Analyse einen weiteren, einen siebten Gedankengang hinzu.

Er lautet pointiert: Die Reformer lernen nichts oder zu wenig aus ihren eigenen Fehlern! Sie argumentieren defensiv, apologetisch, unkritisch sich selbst gegenüber und verschleiern deshalb das Dilemma eher, als daß sie es aufklären. „Bilanzen der Reform" werden aufgestellt – z. B. bei *Klafki* (1982) oder *Klemm* u. a. (1985), jedoch keine in die Reformruinen wirklich hineinleuchtenden Sonden; es finden sich kluge Analysen der „Pädagogik des Neokonservatismus" – etwa bei *H. Fend* (1984), aber keine Visionen aus dem Dilemma heraus; und allenfalls zutreffend ist das traurig vorgetragene Statement „Die Reform war nicht radikal genug" – z. B. von *H. v. Hentig* (1979), aber mehr Radikalität bewirkte es auch nicht. Diese Schwierigkeit im Umgang mit den eigenen Fehlern und (vor allem!) Irrtümern soll wenigstens an *einem* Beispiel illustriert werden:

In seinem Beitrag über die auch von ihm an entscheidender Stelle mitgetragene „Bildungsreform" schreibt der von 1969 bis 1974 amtierende hessische Kultusminister *Ludwig v. Friedeburg* (1986, S. 20), „daß es zuerst immer der äußeren Reform bedarf, ehe dann die lange, geduldige Arbeit im Innern der Schule den Unterricht tatsächlich verbessern kann." Damit kolportiert er einen der entscheidenden Irrtümer der Reform(er), verkehrt die konservative Position des Beharrens auf der Priorität der „Innerlichkeit" lediglich in ihr Gegenteil, sieht nicht die Notwendigkeit einer dialektischen Verschränkung von Innen *und* Außen, die erforderliche Koordination quantitativer *und* qualitativer, schulpolitischer *und* didaktischer, institutioneller *und* persönlicher Belange. Denn nicht zuletzt an *dieser* Illusion ist die Reform gescheitert: als reiche es, zunächst überall modernste Schulen aus Glas und Beton mit erstklassigen Differenzierungsangeboten und feinst-operationalisierten sowie teacher-proof-curricula hinzustellen und *dann* den Unterricht reformpädagogisch zu gestalten. Das mußte scheitern, denn auch hier gilt das von *Siegfried Bernfeld* (1925, S. 28) aufgestellte Gesetz: „Die Schule – *als Institution* – erzieht" – auch und gerade die achtzügige Gesamtschule, draußen „auf der grünen Wiese", mit 2000 Schülern, 200 Lehrern und permanenten Umgruppierungen. In pädagopolis'schen Anstalten kann keine „innere" Schulreform gelingen. Unsere Grundschulen, in denen trotz eines weitgehenden Ausbleibens „äußerer" Reformen in den letzten Jahren und Jahrzehnten eine stille, aber immense „innere" Reformarbeit geleistet wurde und wird, belegen das Argument ebenso wie die Haupt-, Real- und Gymnasialschulen, die beides gleichzeitig und gleichwertig sehen: die „äußeren" Strukturen *und* die „inneren" Verhältnisse müssen in gleicher Weise als zu verbessernde Realitäten angesehen und angepackt werden. Wer hier ein Nacheinander, eine Priorität, eine Dependenz konstruiert, muß sich über das Resultat nicht wundern – ein Torso mahnt die Zeitgenossen. So haben wir alles und deshalb nichts: In den sogenannten A-Ländern mit einer sozial-demokratischen Regierung bzw. einer rot-grünen Koalition eine Mischform aus horizontalen und vertikalen *Schulsystemen:* Jenseits der Grundschule konkurrieren zunächst einmal Haupt-, Real-, Gymnasial- und Sonderschulen um die geringer werdenden Schüler, während die ins Leben gerufenen Gesamtschulen häufig mit dem verbliebenen Rest von 20% Vorlieb nehmen, das heißt den *Creaming-Effekt* ebenso akzeptieren müssen wie die 1982 in der KMK getroffene „Rahmenvereinbarung über Gesamtschulabschlüsse", in der substantielle Zugeständnisse an die Gegner der Reform gemacht wurden. In den sogenannten B-Ländern unter CDU- bzw. CSU-Regierungen existiert ein rein vertikales Schulsystem, das bereits die 10jährigen in die bekannten „Klassen" sortiert – *v*ergessen, *v*erdrängt, *v*ergilbt ist das vielleicht wichtigste Manifest der Bildungsreform: das von *Heinrich Roth* (1969) vorgelegte Gutachten über „Begabung und Lernen" . . . Oder: Auch die *Lehrerbildung* ist zersplittert. In Baden-Württemberg studieren angehende Grund- und Hauptschullehrer an (kleinen) Pädagogischen Hochschulen, in Hamburg an der (riesigen) Universität, in NRW z.T. an (komplexen) Gesamthochschulen . . . Und: Im *didaktischen Verständnis* der einen Schule wird das Team-Kleingruppen-Modell, Projektlernen und konsequente Elternarbeit praktiziert, in der anderen gelten solche Aktivitäten als Zeichen von Kulturverfall und Aufruhr . . . In der monumentalen *Enzyklopädie Erziehungswissenschaft* hat die zeitgenössische Pädagogik auf über 7000 Seiten Dutzende von „Richtungen", „Schulen" und „Paradigmen", Hunderte von „Untersuchungen", „Korrelationen" und „Resultaten", Tausende von „Fakten", „Erkenntnissen" und „Einsichten" sowie ungezählte „Motive", „Hoffnungen" und „Normen" dokumentiert und dennoch das Diktum von *D. Benner* (1983, S. 283) hinnehmen müssen: „Die Pädagogik verliert ihre

Einheit immer mehr an eine Vielzahl von Wissenschaften, die Aussagen über die Erziehungstatsache und -problematik machen; und die pädagogische Praxis löst sich zunehmend in eine Vielzahl von Einzeltätigkeiten auf, für die es keine sie verbindende Handlungstheorie und -wissenschaft mehr gibt." In der Tat: Ein Torso mahnt die Zeitgenossen. Mahnt er wirklich?

III. Pädagogik an der Schwelle zum 3. Jahrtausend

1. Ein Resümee

Wer – wie der Schreiber dieser Zeilen – seine Kindheit quasi „staatenlos" unter der Aufsicht von Besatzungstruppen verbrachte; erst als Schulkind (das heißt ab 1950) ohne Lebensmittelmarken etwas einkaufen konnte; Jugendlicher unter den Fittichen eines Kanzlers war, der mit 73 Jahren sein Amt antrat und mit 87 Jahren nur unter großem Druck aufgab; wer als 26jähriger Junglehrer am 28. 10. 1969 der Regierungserklärung des ersten sozialdemokratischen Kanzlers lauschte und die Worte vernahm: „Wir stehen nicht am Ende unserer Demokratie, wir fangen erst richtig an . . ."; wer als Privatdozent am 18. 10. 1977 Bilder von der nach Somalia entführten und in Mogadischu von einer GSG 9-Einheit gestürmten Lufthansamaschine sah und spät abends vom (wahrscheinlichen) Suizid der Terroristen *Baader, Ensslin* und *Raspe* in Stammheim hörte; wer als Professor für Erziehungswissenschaft seit etwa 1980 immer mehr Studenten immer häufiger in die Arbeitslosigkeit ausbildete; und wer seitdem eine Reform nach der anderen als verwässert, zurückgenommen, von dogmatischen Interpreten verhunzt sowie ins Gegenteil verkehrt erlebt, der findet seine eigene Biographie eingebettet und aufgehoben in der allgemeinen Entwicklung, der vermag das Große-Ganze in seiner eigenen Miniatur zu konzentrieren und dem ist gewiß auch der Katzenjammer nicht ganz fremd. Und doch: Larmoyanz ist billig, Kritik ist besser, Perspektive tut not. Es ist ja etliches erreicht worden (wenn auch nicht unbedingt das, was die Reformer glaubten), so daß Defätismus, Resignation und Zynismus fehl am Platze sind. Immerhin, trotz aller (Selbst)Kritik zählt dies:

- Die Reform hat Möglichkeiten und Grenzen einer (auch) durch Schule herzustellenden größeren *Chancengerechtigkeit* unter Beweis gestellt.
- Die Reform konnte die Möglichkeiten und Grenzen einer *Demokratisierung* (auch) in den Bildungsinstitutionen aufzeigen. Und drittens:
- Die Reform ließ die Möglichkeiten und Grenzen einer (auch) das Lehren und Lernen als an der *Wissenschaftlichkeit* zu orientierenden Erfahrung und Belehrung deutlich werden.

Nicht (genügend) gelungen ist: die viel und häufig beschworene Humanisierung des pädagogischen Umgangs; der Abbau der methodischen Monokultur des Frontalunterrichts (also die Einführung und Ausbreitung gruppenunterrichtlicher Verfahren); die professionelle Teamarbeit unter Lehrern; die lerndiagnostische Beurteilung; die Verzahnung der Schule in die jeweiligen kommunalen und lokalen Gegebenheiten; die über Anfänge und Versuche nicht hinausreichende „Integration von Behinderten" (*J. Muth,* 1986); sowie die (wie auch immer im einzelnen geartete) Verknüpfung der allgemeinen mit der beruflichen Bildung.

Nicht zuletzt aufgrund dieser – eher die „inneren" Bezirke des Schullebens ausmachenden – Gravamina nahm die Enttäuschung an, in und wegen der Schule nach einer relativ kurzen Phase euphorischer Zustimmung unter Schülern, Lehrern und Eltern wieder zu, ging die Attraktivität auch des modernsten Gebäudes schnell verloren, zogen nicht selten Öde, Langeweile und Vandalismus in die Schulzentren ein, begann die geistige Legitimation *solcher* Schulen zu schwinden, ging Akzeptanz verloren – im Extremfall wetterte der sozialdemokratische Abgeordnete öffentlich für die *Gesamtschule* und schickte seine eigenen Kindern auf – die *Waldorfschule.*

Der entscheidende Hinweis kann also wie folgt lauten: Weil auch die vermeintlich „linke" Bildungsreform (zwischen etwa 1964 und 1973) zum größten Teil eine technokratische war (also eine nach äußeren, quantitativen, auf Effektivität und Effizienz sich ausrichtende Innovationsbewegung genannt werden muß), scheiterte sie in wichtigen Bereichen ebenso wie die „rechte" Reform (etwa zwischen 1955 und 1964), der gleichfalls ein bloßer Modernitätsschub, eine Kompensation des Sputnikschocks (von 1957) wichtiger waren als das in der Geschichte aufgehobene reformpädagogische Anliegen.

So gesehen sind wir dort, wo z. B. *Georg Kerschensteiner* Schluß machte (bei der Verwirklichung des geistigen und manuellen Tuns in der „Arbeitsschule"), wo *Peter Petersen* aufhören mußte (bei der Ausbreitung des Gesprächs, des Spiels, der Arbeit und der Feier in jahrgangsübergreifenden „Schulen des Schweigens und der Stille"), wo *Maria Montessori* mißverstanden wurde (bei der Propagierung der Methode in den „Kinderhäusern") oder wo *Paul Oestreich* sich dreist mißbrauchen ließ (bei der Umwandlung der „Elastischen Einheitsschule" in die Polytechnische Oberschule à la SED-Konzept) . . . So gesehen hat *Alexander Kluge* (1985) recht: „Unser Jahrhundert hat offenkundig wenig authentische Arbeit geleistet. Man könnte sagen: dieses 20. Jahrhundert muß nachsitzen." – Die reformpädagogischen Ideen, Errungenschaften, Verbesserungen, Fehler und Erfahrungen gilt es demnach neuerlich aufzunehmen und in ein solches Konzept zu integrieren, das an der Schwelle zum 3. Jahrtausend eine überzeugende pädagogischeAntwort auf die Erziehungsnöte unserer Zeit zu geben vermag.

2. Eine Reminiszenz

Wer ausblickt, sollte innehalten und sich vergewissern, wo er steht und wo er hin will; er muß sich erinnern und vergegenwärtigen, was die Vergangenheit ihm zu überantworten hat bzw. vermag, kurz: Das 3. Jahrtausend kann auch pädagogisch ohne die Erbschaft der vorausgegangenen nicht gestaltet werden. Zu erben aber ist immer beides: Vermächtnis *und* Verhängnis, Wahrheit *und* Irrtum, Golgatha *und* Auschwitz. Wir können das eine nicht vom anderen trennen und uns nur in die Annehmlichkeiten der Geschichte flüchten. Wenn dies stimmt, dann gibt es keine bevorzugten Epochen, keine eindeutigen Traditionsströme. Dann gibt es Probleme und Menschen, die mit ihnen umgegangen sind – versuchend und irrend, mutig und feige, erfolgreich und versagend, Beispiel gebend im Guten wie im Schlechten. Dann in der Tat kann die Hoffnung stimmen: *historia docet!* Was lehren sie uns, diese Beiträge über „Pädagogische Epochen – von der Antike bis zur Gegenwart"? Vielleicht ist die Frage schon wieder zu weit und zu vereinnahmend gestellt. Im Grunde kann sie ‚nur' (bescheidener und zugleich anspruchsvoller) lauten: Was sagt *mir* diese von verschiedenen Autoren dargestellte Geschichte der Pädagogik? Worauf weist sie *mich* hin? Was kann *ich* mit den hier ausgebreiteten Erkenntnissen anfangen? In einer Abfolge von zehn Überlegungen will ich diese Frage abschließend zu beantworten versuchen:

1. Das Studium der Antike in pädagogischer Absicht ‚lohnt' heute aus zweierlei Gründen, die am Beispiel *Platon*s verdeutlicht werden können. Erziehung und Bildung – so das Höhlengleichnis – bedeuten zuallererst Zumutung, Anspruch, Verzicht. Aus dem Dunstkreis der Höhle, der Doxa, der Dummheit des Alltags kommt niemand ohne intellektuelle Anstrengung heraus. Die Wahrheit (Alétheia) sehen, ist oft schmerzlich; einzutreten für sie, bedeutet nicht selten Sympathieverlust und Einsamkeit. Deshalb ist die Bildung (Paideia) nicht umsonst zu haben, der Logos nicht willkürlich verfügbar, das Denken an das Denken verwiesen (und nicht wie der Mythos an die Götter oder wie der Tyrannos an die Laune des Menschen). Dieses *Motiv nach Formgebung und Rationalität* hat die Antike geprägt, hinter ihre Erkenntnisse kann niemand zurückfallen, wenn er sich nicht dem Vorwurf aussetzen will, gedanken-los herumzutapsen. Kurz: Wo das *Denken* maßgeblich ist (und nicht die Macht, die Laune, das Bedürfnis), haben Erziehung, Schule und Bildung eine Chance – nur dort und dann.

2. Aber *Platon* macht noch auf einen zweiten Sachverhalt aufmerksam – gegen seine eigenen Interessen. Denn seine Bildungskonzeption ist eine ex-klusive, für Barbaren, Frauen, Sklaven und andere Minderheiten nicht gedacht. Damit wirft sie das Problem der Partikularität in die Geschichte: Wer emanzipiert sich auf wessen Kosten? Die Christen auf den Schultern der Heiden? Der 1. auf dem Rücken des 2. Standes? Der Arbeiter zu Füßen des Bürgers? Die 3. Welt am Tropf der 1. und der 2.? Frauen abhängig von Männern? Schwarze von Weißen? Lohnarbeiter von Kapitalisten? Massen von Parteikadern? In seinen ab 1776 gehaltenen Vorlesungen „über Pädagogik" sagte *Kant* in der Diktion von *Fr. Th. Rink* (1964, S. 704f.): „Die Anlage zu einem Erziehungsplane muß *kosmopolitisch* gemacht werden ... Gute Erziehung gerade ist das,

woraus *alles* Gute in der *Welt* entspringt." Erziehung hat also partikulare Interessen zu überwinden, die Emanzipation aller zu intendieren, Freiheit, Gleichheit und Brüderlichkeit gerade denen zu bringen, die von diesen Gütern weitgehend ausgeschlossen sind. Kurz: Wo die *Menschheit als Ganzes* maßgeblich ist (und nicht die Interessen einzelner, bestimmter Gruppen oder Länder), haben Erziehung, Schule und Bildung eine Chance – nur dort und dann.

3. Auch das Studium der mittelalterlichen Pädagogik fördert zumindest eine unverzichtbare Erkenntnis zu Tage, an die (sich) zu erinnern lohnt: Wenn das Mittelalter etwas kennzeichnet, dann eine eigentümliche Kreisbewegung der Lebensvorstellung. Alles kommt aus den Händen des Schöpfers, alles steht unter seiner Obhut, alles führt zurück zu Gott. Des Menschen Aufgabe liegt darin, den durch den Sündenfall zerrissenen *nexus hypostaticus* wiederherzustellen, Buße zu tun, die Dinge (wieder) in (ihre) Ordnung zu bringen – durch Arbeit und Gebet: ora et labora. Dieses *Motiv nach Erlösung* kennzeichnet in der Tat das christliche Mittelalter, das Leben und Wirken, das Sterben und Hoffen der damaligen Menschen. Einen solchen „Glauben" wird heute keine Pädagogik mehr zur Grundlage ihrer selbst erklären können, wenn sie auf Metaphysik und Irrationalität verzichten, sich auf das Weltliche beschränken will. Aber muß sie deshalb den Sinn des Ganzen aus dem Blick verlieren? Zur Enkulturationstheorie verkommen? Zeigen nicht gerade die großen Bedrohungen unserer Zeit, wohin sie führen und wo sie herkommen: der Militarismus und die Umweltzerstörung, der Hunger in der Welt und die Ausbeutung, die Telekratie und der Wahn, alles und jeden be*herr*schen zu wollen? Muß Erziehung die Menschen, Tiere, Pflanzen und Dinge nicht sein, in ihrem *Sein* lassen, wenn sie nicht zuschanden werden sollen? Ist solch eine Kreisbewegung im Denken und Fühlen der Menschen nicht die Voraussetzung für eine Ökologisierung der Pädagogik? Kurz: Wo der *Sinn des Dasein*s maßgeblich ist (und nicht die Funktion, der Profit, die Verwertbarkeit der Dinge und Lebewesen), haben Erziehung, Schule und Bildung eine Chance – nur dort und dann.

4. Wenn ich mich den Pädagogen (und Didaktikern) des 16./17. Jahrhunderts zuwende, kommen mir zwei Hinweise in den Sinn: Der eine ist ohne *Comenius,* der andere ohne *Ratke* nicht denkbar. Mit *Comenius* gelangt eine Denkfigur in die Pädagogik, die ich als eine „Dynamisierung der Erziehung" bezeichnen möchte. Dem relativ in sich ruhenden, statischen, nur auf Gott blickenden Menschen des Mittelalters stellt *Comenius* einen unruhigen, komplexen und durchaus in sich widersprüchlichen homo imperfectus gegenüber. Er braucht so vieles und besitzt doch so wenig: Seine Kräfte *(mens, lingua* und *manus)* sind roh und müssen verfeinert werden. Seine Fähigkeiten zu denken, zu reden und zu handeln *(sapere, loqui* et *agere)* sind kümmerlich und wollen geschult werden. Dazu sind *Logik, Grammatik* und *Pragmatik* als gründlich zu studierende Wissenschaften nötig. Denn nur ein solchermaßen studierter Mensch kann in das *ens mentale, ens verbale* und *ens reale* gelangen, das heißt in den drei Wirkungsbereichen des Menschen (in *religio, philosophia* et *politia* also) für die

res humanae aufkommen, auf daß ihre Verbesserung (die *emendatio rerum humana-rum*) als eine letztlich nicht abzuschließende Aufgabe dem Menschen anheimgegeben bleibt . . . In immer neuen Triaden beschreibt *Comenius* dieses den neuzeitlichen Menschen bewegende *Motiv nach Melioration* und kennzeichnet damit die Frühmoderne in der Pädagogik. Auch wenn uns Heutigen manche seiner Aussagen fremd geworden sind, lohnt es sich weiterzufragen: Was ist das Bessere hier und heute? Bringt dieses Engagement für eine „Reform" die Erziehung und die Erzieher nicht zwangsläufig und notwendigerweise in mannigfache Konflikte mit den Mächten der Zeit? Andererseits: Zu welchen Anpassungsritualen verkommt Pädagogik ohne diesen ihren Stachel? Jedoch: Wird sie nicht auch Grenzen sehen und akzeptieren müssen? Kurz: Wo die *Verbesserung der Menschen und seiner Verhältnisse* maßgeblich ist (nicht seine reibungslose Anpassung oder sein bloßer Widerstand, seine Funktionalität oder sein Aufruhr), haben Erziehung, Schule und Bildung eine Chance – nur dort und dann.

5. Exakt den Mißbrauch dieser Einsicht verlebendigte *Ratke,* jener viel und manchmal auch alles versprechende selbst ernannte „Didacticus". Nicht daß er versprach, allen das Sprachenlernen beizubringen, die Schulen zu reformieren, Akademien zu gründen etc., ist das Problem, sondern daß er die Grenzen seines Wirkens nicht sah, nicht sehen wollte und mit ihm ein unheilvolles Überforderungssyndrom in die Pädagogik Einlaß fand. Der Lehrer ist nicht für alles Unglück zuständig, haftbar und verantwortlich. Schule kann Poltik nicht ersetzen. Auch Eltern müssen ihre beschränkten Möglichkeiten sehen lernen. Hinter Grenzüberschreitungen wirken letztlich Allmachtsphantasien, die von der Antipädagogik zu Recht entlarvt und zurückgewiesen wurden. Kurz: Wo die *Grenze der Pädagogik* maßgeblich ist (nicht ihre Utopie, aber auch nicht ihre Resignation), haben Erziehung, Schule und Bildung eine Chance – nur dort und dann.

6. Wer sich tagsüber mit Systemanalysen oder Formularen beschäftigt, an Bildschirmgeräten oder in Großraumbüros sitzt, Folien bedruckt oder Computer bedient, wird Mühe haben, abends *Kant* zu lesen oder *Hegel,* nüchterne Denker und spröde Autoren. Und doch: Welche Voraussetzungen und Folgen, welche Probleme und Schwierigkeiten mit einer Kultur verbunden sind, die ihr Unbehagen jeden Tag pünktlich um 20 Uhr dokumentiert, erfährt man nicht bei den Romantikern und in den Filmen, inmitten von Musik oder einer Flut von Bildern (dort kann man dieses Unbehagen allenfalls nach*empfinden*). Auf den Begriff aber bringt es nur die nüchterne Prosa, das (selbst)kritische Denken, die behutsame Argumentation, die nur *ein* Tribunal anerkennt: das der Vernunft. Hinter sie und ihre Kriterien auch in der Erziehung zurückzufallen hieße, der Willkür, dem Pathos, der Duselei Einlaß zu gewähren. Daran erinnert uns u. a. das 18. Jahrhundert mit seinem unbändigen *Motiv nach Aufklärung,* nach *mentaler* sowie *gesellschaftlicher Emanzipation.* Kurz: Wo die – anderen und sich selbst gegenüber – wachsame *Vernunft* in der Pädagogik maßgeblich ist (nicht ihre Instrumentalisierung, ihre Amputation von der Humanität und Sozialität,

ihr Ausspielen gegen Gefühl und Handeln), haben Erziehung, Schule und Bildung eine Chance – nur dort und dann.

7. Das nach Modernität und Demokratie strebende 19. Jahrhundert mit all seinen *Motiven nach Harmonie, Klassik, Ästhetik und Gerechtigkeit* lehrt mich vor allem dies: Wenn diese Sehnsüchte überhandnehmen, schlüpft die Harmonie ins Biedermeier, die Klassik in die Gipsfigur, das Ästhetische in den Kult und die Parteilichkeit für die Entrechteten in die „Diktatur des Proletariats". Auch *Friedrich Nietzsche* hat diesem Übermaß gefrönt, den *homo animalis* zum Übermenschen stilisiert und – in seinem Wahn erbärmlicher als zuvor zurückgelassen. Demgegenüber ist in diesem Jahrhundert auch eine Interpretationsfigur in die Pädagogik gelangt, die der Zerrissenheit des Menschen eine menschliche Entsprechung verlieh. Der Theologe, Philosoph und Pädagoge *Friedrich Schleiermacher* (1768–1834) ist neben *Hegel* der Begründer des modernen Denkens in Antinomien, in unauflöslichen (aber auszuhaltenden) Wider-Sprüchen: Wir erleben Liebe und Haß in *einer* Brust; suchen die Nähe *und* die Ferne; wollen bewahren, aber *auch* verändern; müssen *sowohl* loben *als auch* tadeln; brauchen das Spiel *ebenso wie* die Arbeit; erziehen zur Freiheit *und* zur Akzeptanz von Grenzen . . . Dieser in der Pädagogik lange vergessene und verdrängte Traditionsstrom könnte aus manchen Aporien herausführen, in die uns die Ex-tremen, die Entweder-oder-Parolen geführt haben – so als gelte *entweder* die Erfahrung beim Lernen *oder* die Belehrung, das Denken *oder* das Fühlen, der Lehrgang *oder* das Projekt. Kurz: Wo das *Antinomische* in der Pädagogik maßgeblich ist (nicht das harmonistische, extreme oder unverbindliche Denken, Fühlen und Handeln), haben Erziehung, Schule und Bildung eine Chance – nur dort und dann.

8. Wie kaum ein anderes Jahrhundert hat uns das 20. an Abgründe geführt (und deshalb Sehnsüchte geweckt), das Unmenschliche demonstriert (und folglich Idyllen kultiviert), den Holocaust beschert (und mit ihm die Droge). Ein *Motiv nach Utopien* geht um – vom ersten „Deutschen Land-Erziehungs-Heim" in Ilsenburg (gegründet 1898 von *Hermann Lietz*) bis hin zur „Schwarzwaldklinik" einer heilen Bildschirmwelt (gesendet ab 1985 im ZDF). Solche Refugien sollen hier nicht ironisiert werden, aber ihre Ambivalenz gilt es zu sehen. Natürlich gehört die Reformpädagogik in besonderer Weise zu unserem Erbe, aber gerade sie zeigt das Schillernde ihrer selbst. So wie Erziehung und Schule das „Utopische" brauchen, den Traum nötig haben, auf das Potentielle und Visionäre angewiesen sind (wenn sie nicht erstarren und verkümmern sollen), so können sie am Konkreten nicht vorbeihuschen, die Realität leugnen, den Alltag vergessen machen, die kleinen Schritte auslassen (wenn sie nicht zum Veitstanz und zur Gaukelei verkommen sollen). So gesehen mahnt die Reformpädagogik, das eine zu tun, ohne das andere zu lassen, und so wenig Visionäres wie nötig, aber auch so viel Reales wie möglich der Pädagogik immer wieder zuzumuten. Kurz: Wo die *konkrete Utopie* in der Pädagogik maßgeblich ist (nicht das idealistische Träumen oder die „Normativität des Faktischen"), haben Erziehung, Schule und Bildung eine Chance – nur dort und dann.

9. Und unsere Epoche? „Die zeitgenössische Pädagogik"? Lehrt sie uns, lehrt sie mich etwas? Ich sehe vor allem eine Desillusionierung sowie eine Herausforderung: Wer geglaubt hat, die Pädagogik brächte sich (und möglichst noch die gesamte übrige Gesellschaft) quasi „von Freitag bis Montag" in Ordnung, wird ent-täuscht sein, und das ist gut so. Nichts schadet ihr mehr als Überforderung. Die Reform von Schule, von Kindergarten und Universitäten; das Herstellen der Integration von allgemeiner und beruflicher Bildung, von gesamtschulartigen Strukturen, von mehr Chancengerechtigkeit und Teamarbeit; das Vermeiden von Segregation und Lernunlust, von Verkopfung und Frontalunterricht ... braucht Jahre, Jahrzehnte, z. T. Jahrhunderte. Die Bielefelder Schulprojekte unter dem – sie begründenden und generierenden – Einfluß *Hartmut von Hentig*s sind (auch nach seinem Ausscheiden aus der wissenschaftlichen Leitung im Herbst 1987) vielleicht deshalb die bleibenden Errungenschaften unserer pädagogischen Epoche, weil sie auf eben diese „größte, wichtigste und nützlichste Regel jeglicher Erziehung" hinweisen. „Sie heißt: Zeit verlieren und nicht gewinnen." – so *Rousseau* in seinem „Emile" (S. 212). Kurz: Wo die *richtige Zeit* in der Pädagogik maßgeblich ist (nicht der Zufall, die Hektik oder das Versäumnis), haben Erziehung, Schule und Bildung eine Chance – nur dort und dann.

10. Unsere Zeit lehrt ein Weiteres: Seit die Menschheit insgesamt auf dem Spiele steht, die Irreparabilität droht, der schleichende Genozid längst vollzogen wird (denn noch lassen wir täglich 45 000 Kinder buchstäblich verhungern), kann die Pädagogik gar nicht alternativ genug sein. Wir müssen um Lebensansichten und Lebensführungen werben, die anders sind als – sagen wir – die Aktienkumulation, der Zierrasenkult oder die Spüli-Mentalität, die Ronald-McDonald-Kultur, der Gleichgewichtswahn, die Dallas-Ideologie, die Bud-Spencer-Allüren, der Bräunungswahn oder das Porschegefühl ... Sie aber machen sich breit (nicht nur in den Sprechblasen der Politiker und den Sprüchen der Werbung, sondern auch) in den Herzen der Kinder, den Gefühlen der Jugendlichen, den Köpfen der Erwachsenen. Wir brauchen nicht unbedingt *neue* Schulen, *neue* Curricula, *neue* Erziehungsziele, *neue* Bildungspläne, aber – andere als die herrschenden und beherrschten. Ihre progressiven Merkmale liegen nicht irgendwo oder auf fernen Gestirnen vergraben, sondern in unserer eigenen Geschichte. Wir müssen sie nur suchen und entdecken wollen. Kurz: Wo das *alternative Element* in der Pädagogik maßgeblich ist (nicht jede Free School oder irgendein antipädagogischer Guru), haben Erziehung, Schule und Bildung eine Chance – nur dort und dann.

Die Geschichte, zumal die Geschichte der Pädagogik, ist nicht zum Vergessen da – aber auch nicht die Appellationsinstanz, der Beichtstuhl oder das Fernsehspiel der Menschen. Sie ist der Ort, der Moment, der überantwortete Gedankengang, der den Heutigen (weil sie die Gegenwart aushalten müssen und die Zukunft gestalten wollen) ..., sie ist der immer wieder aufzuführende Akt, der den Lebenden die Frage zumutet: Was hatte es mit der Schule, mit der Erziehung, mit der Bildung der Menschen eigentlich auf sich, damals und dort?

Reminiszieren und resümieren wollte ich und habe doch recht grundlegende Aussagen über eine Pädagogik gemacht, die uns ins nächste Jahrhundert begleiten sollte. Ihre Maßstäbe und Maßgaben bestehen darin: das nüchterne *Denken* walten zu lassen; die Verantwortung vor der *Menschheit als Ganzem* zu kultivieren; nicht nur nach dem Sinn des Lebens *fragen,* sondern auch *sinnvolle Antworten* zu geben; um *Verbesserungen* hic et nunc sich zu bemühen; aber auch *Grenzen* der eigenen Möglichkeit akzeptieren zu lernen; der *Vernunft* Gehör zu verschaffen; *Antinomien* aus- und durchzuhalten; *konkrete Utopien* nicht zu scheuen; das Richtige *zur rechten Zeit* ins Kalkül zu ziehen sowie *alternative* Entwürfe zuzulassen. Das darf trotz vieler Narkotika und Schwächeanfälle der Vernunft, trotz wenig heiterer Perspektiven und ideologischer Verzerrungen nicht verloren-gehen. Nur in der Erinnerung an das *Allgemeine* sind diese verallgemeinerungsfähigen Maßgeblichkeiten gewonnen worden. Die persönlichen freilich kommen, wenn überhaupt, nur aus der Erinnerung an die Geschichte der *eigenen Person:*

Als ich meinen Vater kurz vor seinem 86sten Geburtstag fragte, an was er sich jetzt, am Abend seines Lebens, am meisten erinnere, antwortete er (der als 1901 Geborener fast dieses ganze Jahrhundert persönlich überschaute):

‚Ich erinnere mich nicht an *Kaiser Wilhelm* und den *Steckrübenwinter* 1917/18, nicht an *Brüning* und die *Bombennächte,* nicht an die *Währungsreform* und den ersten Menschen auf dem *Mond* – denn daran *mag* ich mich nicht mehr erinnern. Das ist heute deine Aufgabe. Ich erinnere mich an meine *Großmutter,* ihre *Hand,* die ich ergreifen durfte, wann immer ich sie nötig hatte. An diese alte Frau und ihre gütige Hand erinnere ich mich am liebsten. Und ich wünschte, daß ich diese Hand ergreifen könnte, jetzt, auf dem letzten Stück meines Weges . . .‘

Kein Gesetz, keine Regel, keine generelle Aussage, fürwahr. Statt dessen eine subjektive Erinnerung, die Erinnerung eines Subjekts. Ob der alte Mann ahnt, was an *persönlicher* Maßgeblichkeit er seinem Sohn hinterlassen wird?

Zitierte Literatur

Ballauff, Th./Schaller, K.: Pädagogik. Eine Geschichte der Bildung und Erziehung. 3 Bde. Freiburg: Alber 1969 ff

Benner, D. u. a.: Entgegnungen zum Bonner Forum „Mut zur Erziehung. München: Urban & Schwarzenberg 1978

Benner, D.: Grundstrukturen pädagogischen Denkens und Handelns. In: Enzyklopädie Erziehungswissenschaft. 12 Bde. Hrsg. von *D. Lenzen.* Bd. 1. Stuttgart: Klett-Cotta 1983, S. 283–300, zit. S. 283

Bernfeld, S.: Sisyphos oder die Grenzen der Erziehung. Frankfurt/M.: Suhrkamp 1973 (1. 1925)

Blättner, F.: Geschichte der Pädagogik. Heidelberg: Quelle & Meyer 15. 1980 (1. 1951)

Blankertz, H.: Die Geschichte der Pädagogik. Von der Aufklärung bis zur Gegenwart. Wetzlar: Büchse der Pandora 1982

Fend, H.: Die Pädagogik des Neokonservatismus. Frankfurt/M.: Suhrkamp 1984

Friedeburg, L. v.: Bildungsreform braucht langen Atem. In: Westermanns Pädagogische Beiträge, 38 (3/1986), S. 20–23

Gamm, H.-J.: Führung und Verführung. Pädagogik des Nationalsozialismus. Frankfurt/M.: Campus 1984

Hentig, H. v.: Die Reform war nicht radikal genug. In: betrifft: erziehung, 12 (10/1979), S. 38–44 sowie (11/1979), S. 30–37

Hüfner, K./Naumann, J.: Konjunkturen der Bildungspolitik in der Bundesrepublik Deutschland. Bd. 1: Der Aufschwung (1960–1967). Stuttgart: Klett 1977

Hüttenberger, P. (Hrsg.): Vierzig Jahre. Historische Entwicklungen und Perspektiven des Landes Nordrhein-Westfalen. Düsseldorf: Schwann 2. 1986

Kant, I.: Über Pädagogik (Original 1803). In: Ders.: Werke in 12 Bänden. Hrsg. von *Wilhelm Weischedel,* Bd. XII. Frankfurt/M.: Insel 1964, S. 691–761

Kesselring, T.: Die Produktivität der Antinomie. Frankfurt/M.: Suhrkamp 1984

Klafki, W.: Zur Pädagogischen Bilanz der Bildungsreform. In: Die Deutsche Schule, 74 (5/1982), S. 339–352

Klemm, K. u. a.: Bildung für das Jahr 2000. Bilanz der Reform, Zukunft der Schule. Reinbek: Rowohlt 1985

Kluge, A.: Wächter der Differenz. In: Frankfurter Rundschau, Feuilleton-Beilage vom 28. 12. 1985. S. ZB 3

Landeszentrale für politische Bildung NRW (Hrsg.): Im Westen was Neues. Begleitmaterial zur Ausstellung „Die Anfänge Nordrhein-Westfalens. Düsseldorf: Land NRW 1986

Max-Planck-Institut für Bildungsforschung/ Projektgruppe Bildungsbericht (Hrsg.): Bildung in der Bundesrepublik Deutschland. 2 Bde. Reinbek: Rowohlt 1980

Michael, B./Schepp, H.-H. (Hrsg.): Politik und Schule von der Französischen Revolution bis zur Gegenwart. 2 Bde. Frankfurt/M.: Fischer Taschenbuch 1973

Mitscherlich, A. und M.: Die Unfähigkeit zu trauern. München: Piper 1967

Muth, J.: Integration von Behinderten. Essen: Neue Deutsche Schule 1986

Reble, F.: Geschichte der Pädagogik. Stuttgart: Klett-Cotta 13. 1980 (1. 1950)

Roth, H. (Hrsg.): Begabung und Lernen. Stuttgart: Klett 1969

Rousseau, J.-J.: Emile oder über die Erziehung (Original 1762) Stuttgart: Reclam 1963

Scheuerl, H.: Geschichte der Erziehung. Stuttgart: Kohlhammer 1985

Schneider, F. (Hrsg.): Der Weg der Bundesrepublik. Von 1945 bis zur Gegenwart. München: Beck 1985

Tenorth, H.-E.: Hochschulzugang und gymnasiale Oberstufe in der Bildungspolitik von 1945–1973. Bad Heilbrunn: Klinkhardt 1975

Tenorth, H.-E.: Zur deutschen Bildungsgeschichte 1918–1945. Köln – Wien: Böhlau 1985

Thränhardt, D.: Geschichte der Bundesrepublik Deutschland. Frankfurt/M.: Suhrkamp 1986

Tillmann, K.-J.: Zwanzig Jahre Gesamtschulentwicklung. In: Westermanns Pädagogische Beiträge, 38 (3/1986), S. 12–19

Ulshöfer, R.: Was kann der Aufsatzunterricht beitragen zur Neubesinnung über die Aufgaben der höheren Schule? In: Der Deutschunterricht, 1 (5/1948/49), S. 5–44

Winkel, R. (Hrsg.): Deutsche Pädagogen der Gegenwart. Bd. 1. Düsseldorf: Schwann 1984

Winkel, R.: Antinomische Pädagogik und Kommunikative Didaktik. Düsseldorf: Schwann 1986

Empfohlene Literatur

Andersch, A.: Der Vater eines Mörders. Eine Schulgeschichte. Zürich: Diogenes 1980

Brüder Grimm: Kinder- und Hausmärchen. 3 Bde. Stuttgart: Reclam 1980

Comenius, J. A.: Große Didaktik. Hrsg. von *A. Flitner.* Stuttgart: Klett-Cotta 5. 1982 (Original 1657)

Hentig, H. v.: Aufwachsen in Vernunft. Stuttgart: Klett-Cotta 1981

Klafki, W.: Studien zur Bildungstheorie und Didaktik. Weinheim: Beltz 1975 (Nachdruck der bereits 1963 erschienenen Ausgabe)

Pausewang, G.: Die letzten Kinder von Schewenborn oder ... sieht so unsere Zukunft aus? Ravensburg: Maier 1983

Roth, H.: Pädagogische Psychologie des Lehrens und Lernens. Hannover: Schroedel 14. 1973 (1. 1957)

Schiffler, H./Winkeler, R.: Tausend Jahre Schule. Eine Kulturgeschichte des Lernens in Bildern. Stuttgart – Zürich: Belser 1985

Zeidler, K.: Die Wiederentdeckung der Grenze. Beiträge zur Formgebung der werdenden Schule. Hrsg. von *U. Sandfuchs.* Hildesheim: Olms 1985 (Original 1926)

„Man hat der Historie das Amt, die Vergangenheit zu richten, die Mitwelt zum Nutzen
zukünftiger Jahre zu belehren, beigemessen:
so hoher Aemter unterwindet sich gegen-
wärtiger Versuch nicht: er will blos zeigen,
wie es eigentlich gewesen."

[*Leopold von Ranke,* in: Vorrede zu den
Geschichten der romanischen und germanischen Völker von 1494–1514 (Original 1824
bzw. 2. 1874). In: Ders.: Sämmtliche Werke.
33. und 34. Bd. Leipzig: Duncker und
Humblot 1874, S. VII]

Quellenteil

1985 befragte die Schriftleitung der Zeitschrift *Westermanns Pädagogische Beiträge* über 100 deutsche Pädagogik-Professoren, welches ihrer Ansicht nach die 12 wichtigsten pädagogischen Bücher aus den letzten zweieinhalbtausend Jahren seien. Im Heft 4/1985 kann man die Auswertung nachlesen. Auf dem 1. Platz landete die „Große Didaktik" von *Johann Amos Comenius,* dicht gefolgt von „Einigen Gedanken über Erziehung" von *John Locke* und dem Erziehungsroman „Emile" des *J.-J. Rousseau* ... Und auch die Liste der nicht genannten Autoren bzw. Werke ist interessant: *Quintilianus* scheint ebenso vergessen wie *Gerson, Melanchthon* oder *Diesterweg,* für den sich wenigstens noch *ein* deutscher Erziehungswissenschaftler stark machte ...

Diese damalige Befragung hat die folgende Sammlung historischer Quellen aus der Geschichte der Pädagogik angeregt, aber nicht grundgelegt. Ging es dort um den Aufbau einer *Bibliothek Pädagogischer Klassiker* mit all den damit verbundenen Hoffnungen und Wünschen, Schwierigkeiten und Fragwürdigkeiten, so hier um das vertiefende Studium bestimmter Epochen *in* der Geschichte sowie ausgewählter Probleme *aus* der Geschichte der Pädagogik. Eine schier überquellende Materialfülle galt es zunächst einmal neu zu sichten, wobei auf die bewährten Textsammlungen z. B. von *Theodor Ballauff* und *Klaus Schaller* (Pädagogik. 3 Bde. Freiburg 1969 ff.) oder von *Eugenio Garin* (Geschichte und Dokumente der abendländischen Pädagogik. 3 Bde. Reinbek 1964 ff.) durchaus zurückgegriffen und dennoch nicht drauf-*geschichtet* werden konnte. Zu unterschiedlich sind die dortigen Leitfragen, Intentionen und Möglichkeiten – etwa des Umfangs. Die für die hier vorliegende Publikation einer Epochalisierung pädagogischen Denkens und Handelns entscheidenden Auswahlkriterien für den Quellenanhang lassen sich wie folgt benennen:

- Zunächst einmal sollte der in Frage kommende Quellentext die jeweilige Epoche (nicht repräsentieren, aber) *typisieren,* also Beispiel sein für das *damals* übliche Reden, Schreiben, Denken und Handeln in pädagogischer Absicht. Mitunter sind es gerade die Außenseiter und Vergessenen, die Mißbrauchten oder Unterdrückten, die (nicht die Repräsentanz, wohl aber) den Topos illustrieren. Mitunter ...

- Dieses der Geschichte gerecht werdende, häufig aber in ein l'histoire-pour-l'histoire-Motiv umschlagende Bemühen reichte nicht, hätte keine Aus-Wahl zustandegebracht und die Intention

- dieses Buches verfehlt. Denn zweitens sollte der in Frage kommende Quellentext *unserer* Epoche (keine Legitimation, aber) eine *Argumentation* zumuten, also ein Stück Aufklärung abtrotzen, Nachdenklichkeit gestatten und intellektuelle Herausforderung ermöglichen. Mitunter sind es gerade die querliegenden Texte, die spröden und scheinbar schwer verständlichen, die (nicht der Mode, wohl aber) der Aufklärung der Gegenwart dienen. Mitunter . . .

- Drittens sollte der in Frage kommende Quellentext in sich eine (nicht komplette, aber) verständliche *Abbildung* des Gesamtwerkes sein, aus dem er ausgewählt wurde. Aus dem „Emile" kann man keine *éducation en miniature* machen, da gibt es keinen Abschnitt, der „für sich" gelesen werden könnte – deshalb mußten solche und ähnliche Quellen ausscheiden. In *Platons* „Politeia" ist dies anders, auch in den Studien zur „Pädagogischen Psychologie" eines *Heinrich Roth*: Pars pro toto; wer sich um das Verständnis des Details bemüht, beginnt *das Ganze* zu begreifen. Mitunter sind es gerade die Splitter und Exkurse, die Fußnoten und Ränder, an denen (nicht das multum, wohl aber) das totum studiert werden kann. Mitunter . . .

- Und schließlich galt es, *manches Zitat* in den vorausgegangenen Epochendarstellungen (nicht zu ersetzen, aber) zu „belegen", manchen Gedankengang im Kontext zu „begründen", manche Schlußfolgerung „plausibel zu machen". Denn der Umfang der Beiträge erlaubte nicht in allen Fällen einen kompletten Apparat, eine längere Zitation oder einen prompten Querverweis. Das hätte den Lesefluß allzu oft gestört – oder doch: Mitunter . . .

Sicherlich wollen alle 29 Quellentexte *letztlich* zur Lektüre des jeweiligen Gesamtwerkes einladen, Lust machen auf weitere Fragen und Nachforschungen, auf kontrastierende Texte und alternative Aussagen. Wenn das mitunter erreicht wird, daß (nicht zuletzt die jüngeren) Leser dieses Buches und (nicht zuletzt die älteren) Autoren der folgenden Texte miteinander „ins Gespräch kommen", sich keine Frage schuldig, aber für ungewöhnliche Antworten offen bleiben, dann hat sich die Mühe der Sichtung, Auswahl und Präsentation gelohnt. Mitunter. . .

Texte zur 1. Epoche:
Erziehung und Pädagogik
im Altertum

Platons
„Höhlengleichnis" (ca. 377 v. Chr.)
aus dem 7. Buch der „Politeia", 514a–519d,
über das *J.-J. Rousseau* in seinem Erziehungsroman „Emile" 1762 schrieb:
„Es ist die schönste Abhandlung über die Erziehung, die je geschrieben wurde."

Aristoteles'
„Paideia" (ca. 330 v. Chr.)
aus dem 8. Buch der Politika, über die
er selbst, sich immer wieder zur Zurückhaltung mahnend, wie folgt urteilte:
„Es ist leichter, dergleichen auszudenken, als
auszuführen. Zu reden ist Angelegenheit des Wünschens; daß es geschieht,
Angelegenheit des Glücks."

Marcus Fabius Quintilianus'
„Erziehung zum Redner" (ca. 95 n. Chr.),
über die *Theodor Mommsen* schrieb, sie
sei „von feinem Geschmack und sicherem Urteil getragen, einfach in der Empfindung wie in
der Darstellung, lehrhaft ohne Langweiligkeit,
anmutig ohne Bemühung."

Platon:

„Das Höhlengleichnis"
(ca. 377 v. Chr.)

Platon: Der Staat. Übersetzt und herausgegeben von *Karl Vretska.* Stuttgart: Reclam (Erstausgabe 1958) 1982, S. 327–334.
Oder: *Platon:* Sämtliche Werke. Bd. 3. In der Übersetzung von *Friedrich Schleiermacher* herausgegeben von *Walter F. Otto, Ernesto Grassi* und *Gert Plamböck.* (Rowohlts Klassiker Bd. 27) Reinbek: Rowohlt [Erstausgabe 1958] 1985, S. 224–228.

1. „Und nun", fuhr ich fort, „mache dir den Unterschied zwischen Bildung und Unbildung in unserer Natur an dem folgenden Erleben gleichnishaft klar. Stelle dir die Menschen vor in einem unterirdischen, höhlenartigen Raum, der gegen das Licht zu einen weiten Ausgang hat über die ganze Höhlenbreite; in dieser Höhle leben sie von Kindheit, gefesselt an Schenkeln und Nacken, so daß sie dort bleiben müssen und nur gegen vorwärts schauen, den Kopf aber wegen der Fesseln nicht herumdrehen können; aus weiter Ferne leuchtet von oben her hinter ihrem Rücken das Licht eines Feuers, zwischen diesem Licht und den Gefesselten führt ein Weg in der Höhe; ihm entlang stelle dir eine niedrige Wand vor, ähnlich wie bei den Gauklern ein Verschlag vor den Zuschauern errichtet ist, über dem sie ihre Künste zeigen."
„Ich kann mir das vorstellen", sagte Glaukon.
„An dieser Wand, so stell' dir noch vor, tragen Menschen mannigfache Geräte vorbei, die über die Mauer hinausragen, dazu auch Statuen aus Holz und Stein von Menschen und anderen Lebewesen, kurz alles mögliche, alles künstlich hergestellt, wobei die Vorbeitragenden teils sprechen, teils schweigen."
„Merkwürdig sind Gleichnis und Gefesselte, von denen du sprichst."
„Sie gleichen uns! Denn sie sehen zunächst von sich und den anderen nichts außer den Schatten, die von dem Feuer auf die gegenüberliegende Mauer geworfen werden, verstehst du?"
„Natürlich, wenn sie gezwungen sind, ihre Köpfe unbeweglich zu halten, ihr Leben lang."
„Dasselbe gilt auch von den vorübergetragenen Geräten, nicht?"

„Gewiß!"
„Wenn sie sich untereinander unterhalten könnten, da würden sie wohl glauben, die wahren Dinge zu benennen, wenn sie von den Schatten sprechen, die sie sehen."
„Notwendigerweise!"
„Wenn nun weiter das Gefängnis ein Echo hätte von der Wand gegenüber, und wenn einer der Vorübergehenden etwas spräche, dann käme – so würden sie glauben – der Ton von nichts anderem als von dem vorübergehenden Schatten, nicht?"
„Ganz so, bei Zeus!"
„Alls in allem: diese Leute würden nichts anderes für wahr halten als die Schatten der Geräte."
„Notwendigerweise!"
„Überlege nun Lösung und Heilung aus Ketten und Unverstand, wie immer das vor sich gehen mag – ob da wohl folgendes eintritt. Wenn etwa einer gelöst und gezwungen würde, sofort aufzustehen und den Kopf umzuwenden, auszuschreiten und zum Licht zu blicken, wenn er bei alledem Schmerz empfände und wegen des Strahlenfunkelns jene Gegenstände nicht anschauen könnte, deren Schatten er vorher gesehen – was, glaubst du, würde er da wohl antworten, wenn man ihm sagte, er habe vorher nur eitlen Tand gesehen, jetzt aber sehe er schon richtiger, da er näher dem Seienden sei und sich zu wirklichen Dingen hingewendet habe; wenn man ihn auf jeden der Vorbeigehenden hinwiese und zur Antwort auf die Frage zwänge, was das denn sei? Würde er da nicht in Verlegenheit sein und glauben, was er vorher erblickt, sei wirklicher als das, was man ihm jetzt zeige?"
„Gewiß!"

2. „Und wenn man ihn zwänge, ins Licht selbst zu blicken, dann würden ihn seine Augen schmerzen, und fluchtartig würde er sich dem zuwenden, was er anzublicken vermag; dies würde er dann für klarer halten als das zuletzt Gezeigte, nicht?"
„So ist es!"
„Wenn man ihn", fragte ich weiter, „von dort wegzöge, mit Gewalt, den schwierigen und steilen Anstieg hinan und nicht früher losließe, bis man ihn ans Licht der Sonne gebracht hätte, würde er da nicht voll Schmerz und Unwillen sein über die Verschleppung? Und wenn er ans Sonnenlicht käme, da könnte er wohl – die Augen voll des Glanzes – nicht ein einziges der

Dinge erkennen, die man ihm nunmehr als wahr hinstellte."

„Nicht sofort wenigstens!"

„Er brauchte Gewöhnung, denke ich, wenn er die Oberwelt betrachten sollte; zuerst würde er am leichtesten die Schatten erkennen, dann die Spiegelbilder der Menschen und der anderen Dinge im Wasser, später sie selbst; hierauf könnte er die Dinge am Himmel und diesen selbst leichter bei Nacht betrachten, aufblickend zum Licht der Sterne und des Mondes – als bei Tag die Sonne und ihr Licht."

„Natürlich!"

„Zuletzt aber könnte er die Sonne, nicht ihr Abbild im Wasser oder auf einem fremden Körper, sondern sie selbst für sich an ihrem Platz anblicken und ihr Wesen erkennen."

„Notwendigerweise!"

„Und dann würde er durch Schlußfolgerung erkennen, daß sie es ist, die die Jahreszeiten und Jahre schafft und alles in der sichtbaren Welt verwaltet und irgendwie Urheberin ist an allem, was sie gesehen haben."

„Klar, soweit würde er allmählich kommen!"

„Nun weiter! Wenn man ihn dann an seine erste Wohnung, an sein damaliges Wissen und die Mitgefangenen dort erinnerte, würde er sich dann nicht glücklich preisen wegen seines Ortswechsels und die anderen bedauern?"

„Gar sehr!"

„Wenn sie damals Ehrenstellen und Preise untereinander ausgesetzt haben und Auszeichnungen für den Menschen, der die vorbeiziehenden Gegenstände am schärfsten erkannt und sich am besten gemerkt hat, welche vorher und welche nachher und welche zugleich vorbeizogen, und daher am besten auf das Kommende schließen könne, wird da nun dieser Mann besondere Sehnsucht nach ihnen haben und jene beneiden, die bei ihnen in Ehre und Macht sind? Oder wird es ihm gehen, wie Homer sagt, er begehre heftig

Arbeit um Lohn zu verrichten

Bei einem ärmlichen Mann auf dem Lande ... und alles eher zu erdulden, als wieder nur jene bloßen Meinungen zu besitzen und auf jene Art zu leben?"

„Lieber wird er alles über sich ergehen lassen als dort zu leben!"

„Und dann überlege noch dies! Wenn ein solcher wieder hinabstiege und sich auf seinen Sitz setzte, hätte er da nicht die Augen voll Dunkelheit, da er soeben aus der Sonne gekommen ist?"

„Und wie!"

„Und wenn er dort wieder im Unterscheiden der Schatten mit jenen immer Gefesselten wetteifern müßte, zur Zeit, da seine Augen noch geblendet sind und sich noch nicht umgestellt haben – und diese Zeit der Gewöhnung wird nicht kurz sein! –, würde er da nicht ausgelacht werden und bespöttelt, er sei von seinem Aufstieg mit verdorbenen Augen zurückgekehrt; daher sei es nicht wert, den Aufstieg auch nur zu versuchen. Und wenn er sie dann lösen und hinaufführen wollte, würden sie ihn töten, wenn sie ihn in die Hände bekommen und töten könnten!"

„Sicherlich!"

3. „Dieses Bild", fuhr ich fort, „mußt du nun, mein lieber Glaukon, als Ganzes mit unseren früheren Darlegungen verbinden. Die Welt des Gesichtssinnes vergleiche mit der Wohnung im Gefängnis, das Feuer in ihr mit der Macht der Sonne. Wenn du dann den Weg hinauf und die Schau der Oberwelt als den Aufstieg der Seele zur Welt des Denkbaren annimmst, dann verfehlst du nicht meine Absicht, da du sie ja zu hören wünschest. Nur Gott weiß, ob sie auch richtig ist. Das ist nun meine Meinung: in der Welt des Erkennbaren ist die Idee des Guten die höchste und nur mit Mühe erkennbar; wenn man sie aber erkannt hat, dann ergibt sich, daß sie für alles Rechte und Schöne die Ursache ist; sie schafft in der sichtbaren Welt das Licht und seinen Herrn, in der Welt des Denkbaren ist sie selbst die Herrin und hilft uns zu Wahrheit und Einsicht; sie muß jeder schauen, der im eigenen wie im öffentlichen Leben vernünftig handeln will."

„Ich stimme zu, soweit ich es beurteilen kann."

„Wohlan, stimme auch noch im folgenden zu und wundere dich nicht, wenn die Menschen, die einmal diese Höhe erstiegen, sich nicht mehr um die Angelegenheiten der Menschen kümmern wollen; vielmehr drängen ihre Seelen nach oben, um dort immer zu verweilen; denn das ist natürlich, wenn es dem erzählten Gleichnis entsprechen soll."

„Natürlich!"

„Hältst du es dann weiter für verwunderlich, wenn einer, der von dieser göttlichen Schau herabsteigt in die Jammerwelt der Menschen, sich dann ungeschickt benimmt und recht lächerlich erscheint; noch halb blind und noch nicht an die Dunkelheit ringsum gewöhnt, wird er schon gezwungen, vor Gericht oder anderswo zu streiten

über die Schatten des Rechts oder über Bild-
werke, deren Schatten sie sind, und sich herum-
zuschlagen mit den Rechtsauffassungen der
Leute, die niemals die wahre Gerechtigkeit gesehen haben."

„Darüber braucht man sich nicht zu wundern!"

„Wer vernünftig ist, denkt immer daran, daß es
zwei Arten und zwei Gründe für die Sehstörun-
gen der Augen gibt, den Übergang vom Licht
zum Dunkel und umgekehrt. Denselben Vorgang erkennt er nun bei der Seele, wenn er sie
verwirrt sieht und unfähig, etwas anzusehen,
dann ist er nicht so unvernünftig, darüber zu
lachen, sondern überlegt, ob sie aus dem strah-
lenderen Leben kommt und, noch nicht ans
Dunkel gewöhnt, darin tappt, oder ob sie aus tie-
ferer Unkenntnis ins hellere Leben steigt und
vom funkelnden Lichtglanz geblendet ist; danach würde er die eine beglückwünschen zu
ihrem Leben und Erleben und die andere bedauern. Und wenn er schon über dies lachen
wollte, dann wäre sein Lachen hier weniger
lächerlich, als wenn er über die andere lachte, die
von oben aus dem Licht kommt."

„Das sagst du sehr richtig."

4. „Wenn das nun richtig ist, dann müssen wir
zu der Überzeugung kommen, daß die Erziehung nicht so ist, wie sie manche in ihren Ankün-
digungen beschreiben. Sie sagen: das Wissen,
das nicht in der Seele ist, das pflanzten sie ein,
wie wenn sie blinden Augen die Sehkraft ein-
setzten."

„Das behaupten sie allerdings!"

„Unsere jetzige Überlegung aber hat uns dies gezeigt: diese geistige Kraft in der Seele eines jeden
und das Organ, mit dem jeder lernt, das muß
man, genauso wie beim Auge, das man nicht
anders als mit dem ganzen Körper vom Dunkel
ins Licht wenden kann, mit der ganzen Seele aus
der Welt des Werdens herumdrehen, bis sie fähig
ist, den Blick in das Seiende, ja in das Hellste des
Seienden, auszuhalten; dies Hellste aber ist, wie
wir sagen, das Gute. Nicht?"

„Ja!"

„Darum geht nun die Erziehungskunst, um diese
Umwendung, und zwar um die leichteste und er-
folgreichste Art, nicht um die Kunst, ihm das
Sehen einzupflanzen, sondern da er ja die Kraft
besitzt, nur sie nicht richtig gewendet und
nicht dorthin blickt, wohin er soll, eben dies (die
Umwendung) zu bewirken."

„So scheint es."

„Die übrigen Fähigkeiten, die man der Seele gewöhnlich zuschreibt, haben mit den Fähigkeiten
des Körpers etwas Nahverwandtes; sie sind tatsächlich zunächst nicht vorhanden und werden
erst, früher oder später, durch Gewöhnung und
Übung beigebracht; die Fähigkeit des Denkens
aber hat offenbar mehr als alles andere etwas
Göttliches in sich, das seine Kraft nie verliert und
durch die Umdrehung brauchbar und nützlich
wird, andernfalls aber unbrauchbar und schädlich. Oder hast du noch nicht die schlechten,
aber verschmitzten Leute beobachtet? Wie scharf
schaut ihre arme Seele und zergliedert genau die
Dinge, denen sie sich zuwendet, da ja ihre Sehkraft nicht schlecht, sondern nur gezwungen ist,
der Schlechtigkeit zu dienen; je schärfer sie
daher blickt, um so größeres Unheil verursacht
sie. Nicht?"

„Ganz gewiß!"

„Wenn nun dieses Denkorgan einer solchen
Natur gleich von Kindheit an beschnitten und
jener Bleigewichte entledigt würde, die der Welt
des Werdens zugehören, und die durch die Lust
an Essen und ähnlichem und durch die Schwel-
gereien anwachsen, die Sehkraft der Augen
jedoch nach abwärts ziehen – wenn es davon also
befreit wäre und sich dem Wahren zuwendete,
dann würde dieses gleiche Organ der gleichen
Menschen auch jene höhere Welt aufs schärfste
erkennen, ebenso scharf wie die niedere Welt,
der sie jetzt zugewendet ist."

„Offensichtlich!"

„Nun weiter! Aus dem bisher Gesagten folgt
nun mit Wahrscheinlichkeit, ja mit Notwendigkeit dies: weder sind die Leute, die ungebildet
und der Wahrheit unkundig sind, zur Verwaltung eines Staates fähig, noch jene, die man bis
ans Ende ihres Lebens in ihrem Studium leben
läßt; die einen nicht, weil sie in ihrem Leben kein
festes Ziel besitzen, nach dem sie sich im Privat-
wie im Staatsleben bei allen ihren Handlungen
richten; die andern nicht, weil sie aus freien
Stücken überhaupt nicht mit dem praktischen
Leben in Berührung kommen wollen, in dem
Glauben, schon bei Lebzeiten auf die Inseln der
Seligen verpflanzt zu sein."

„Richtig!"

„Unsere Aufgabe als Gründer ist es nun, die
besten Naturanlagen zu zwingen, sich jener Wissenschaft zu widmen, die wir vorher als die höchste bezeichnet haben: das Gute zu erschauen und
jenen Aufstieg zu gehen; wenn sie dann dort
oben hinreichend gelebt haben, dann dürfen wir

ihnen nicht erlauben, was man ihnen heute erlaubt.
„Nämlich?"
„Daß sie dort bleiben und nicht wieder zu jenen
Gefangenen herabsteigen wollen und teilnehmen a
ihren Mühen und Ehren, an den richtigen wie
geringfügigen

ihnen nicht erlauben, was man ihnen heute erlaubt."

„Nämlich?"

„Daß sie dort bleiben und nicht wieder zu jenen
Gefangenen herabsteigen wollen und teilnehmen an ihren Mühen und Ehren, an den nichti-
gen wie den gewichtigen."

Aristoteles:
„Paideia" (ca. 330 v. Chr.)

Aristoteles: Politik. Übersetzt und herausgegeben von *Olaf Gigon*. (dtv Band 2136) München:
Deutscher Taschenbuch Verlag 6.1986, S. 250–
254.

1. Daß sich der Gesetzgeber in erster Linie um
die Erziehung der Jungen kümmern muß, wird
wohl niemand bestreiten. Wo es in einem Staat
nicht geschieht, da erwächst auch ein Schaden
für die Verfassung. Die Menschen müssen ja im
Hinblick auf die jeweilige Verfassung erzogen
werden. Denn der eigentümliche Charakter
jeder Verfassung erhält diese und begründet sie
auch von Anfang an, so der demokratische die
Demokratie und der oligarchische die Oligar-
chie. Und immer ist der beste Charakter auch
Grund der besseren Verfassung.

Ferner muß man in jeder Fähigkeit und Kunst
zur Ausübung vorgebildet und vorher geübt
worden sein, und so offenbar auch auf das
tugendhafte Verhalten. Und da das Ziel jedes
Staates eines ist, so muß auch die Erziehung für
alle eine und dieselbe sein; die Fürsorge dafür
muß staatlich und nicht privat geregelt werden
und nicht so wie jetzt, wo ein jeder privat sich um
seine Kinder kümmert und ihnen privat eben das
beibringt, was ihm gerade gut scheint. Denn gemeinsame Tätigkeiten sollen auch gemeinsam
eingeübt werden. Man darf nicht meinen, daß
irgendeiner der Bürger sich selbst angehöre, sondern alle gehören dem Staate; jeder ist ja ein Teil
des Staates, und die Fürsorge für den einzelnen
Teil geschieht naturgemäß im Hinblick auf die
Fürsorge für das Ganze.

In diesem Punkte wird man die Spartaner loben.
Denn sie bemühen sich am meisten um die Kinder, und dies von Staats wegen.

2. Daß man also Gesetze über die Erziehung erlassen und diese öffentlich regeln soll, ist klar.
Was aber die Erziehung ist, und wie man erzogen
werden soll, das muß man auch wissen. Faktisch
ist man über die Gegenstände uneinig. Denn
nicht alle wollen den jungen Menschen dasselbe
beibringen im Hinblick auf die Tugend und auf
das vollkommene Leben, und es ist auch nicht
klar, ob die Erziehung mehr den Intellekt als den

Charakter betreffen soll. Die gegenwärtige Erziehungsweise verwirrt noch das Problem, und es ist nicht klar, ob man eher üben soll, was zum Leben nützlich ist, oder was vielmehr auf die Tugend zielt, oder eher das Erlesene; denn jede dieser Möglichkeiten hat ihren Vertreter gefunden. Was nun die Erziehung zur Tugend betrifft, so ist nichts allgemein anerkannt: denn schon darüber sind die Meinungen durchwegs verschieden, welche Tugend man am höchsten schätzen soll, und so ist man dann natürlich auch uneins in der Frage nach ihrer Einübung.

Daß man vom Nützlichen das Unentbehrliche lernen soll, ist evident. Daß man aber nicht alles lernen soll, zeigt die Zweiteilung in edle und unedle Tätigkeiten, so daß man an solchen Dingen nur so weit sich beteiligen soll, daß man durch sie nicht zum Banausen wird. Als eine banausische Arbeit, Kunst und Unterweisung hat man jene aufzufassen, die den Körper oder die Seele oder den Intellekt der Freigeborenen zum Umgang mit der Tugend und deren Ausübung untauglich macht. Darum nennen wir alle Handwerke banausisch, die den Körper in eine schlechte Verfassung bringen, und ebenso die Lohnarbeit. Denn sie machen das Denken unruhig und niedrig.

Unedel ist es nicht, die vornehmen Wissenschaften teilweise und bis zu einem gewissen Grade kennenzulernen, aber sich allzu intensiv mit ihnen beschäftigen, führt zu den eben genannten Schädigungen. Es macht auch einen großen Unterschied, wozu einer etwas tut oder lernt. Denn um der Sache selbst oder um der Freunde oder der Tugend willen es zu tun, ist nicht unedel, aber einer, der dieselben Sachen auf Anweisung anderer tut, wirkt oftmals knechtisch und sklavisch.

3. Die gegenwärtig üblichen Lehrgegenstände schwanken nun, wie gesagt, hin und her. Es sind im wesentlichen vier Dinge, in denen man zu unterrichten pflegt: Grammatik, Turnen, Musik und gelegentlich das Zeichnen; die Grammatik und das Zeichen als nützliches fürs Leben und vielfältig anwendbar, die Gymnastik als Übung zur Tapferkeit. Bei der Musik erheben sich Fragen: die meisten interessieren sich für sie um des Vergnügens willen, ursprünglich aber galt sie als ein Stück Erziehung, weil die Natur selbst danach strebt, wie oftmals gesagt, nicht nur richtig tätig zu sein, sondern auch in edler Weise Muße üben zu können.

Denn dies ist der Ursprung von allem, um einmal mehr davon zu reden. Wenn man nämlich beides braucht, so ist doch die Muße wünschenswerter als die Arbeit; sie ist das Ziel, und man muß sich fragen, was man in der Muße tun soll. Spielen soll man nicht, denn dann müßte das Spiel das Ziel unseres Lebens sein. Wenn dies ausgeschlossen ist und man eher bei der Arbeit zuweilen spielen soll (denn der Arbeitende bedarf der Erholung, das Spiel dient eben dazu, und bekanntlich ist die Arbeit mit Mühe und Anspannung verknüpft), so muß man die Spiele gestatten, aber den Gebrauch genau kontrollieren, um sie als eine Art von Arznei anzuwenden. Denn eine solche Bewegung der Seele ist eine Lockerung und eine lustvolle Erholung.

Die Muße scheint aber ihre Lust und die Glückseligkeit und das selige Leben in sich selbst zu haben. Dies kommt nicht den Arbeitenden zu, sondern jenen, die Muße haben. Denn der Arbeitende arbeitet auf ein Ziel hin, das noch nicht erreicht ist, die Glückseligkeit ist aber ein Ziel und ist nach allgemeiner Ansicht nicht mit Schmerz, sondern mit Lust verbunden.

Freilich fassen nicht alle diese Lust in derselben Weise auf, sondern jeder für sich nach seiner Art, der Beste aber wählt die beste und die vom Schönsten her entspringende. So ist klar, daß man auch für das Leben in der Muße bestimmte Dinge lernen und sich aneignen muß, und daß diese Lehr- und Bildungsgegenstände selbstzwecklich sind; jene dagegen, die mit der Arbeit zu tun haben, dienen der Notdurft und einem fremden Zweck.

So haben denn auch die Früheren die Musik zur Bildung gerechnet, aber nicht als notwendig (denn das ist sie nicht), noch als nützlich, wie die Grammatik für den Geschäftsverkehr, für die Hausverwaltung, zur weitern Ausbildung und zu vielen politischen Aufgaben; auch das Zeichnen scheint ja nützlich zu sein, um die Arbeiten der Handwerker besser beurteilen zu können; ebenso ist die Gymnastik nützlich für Gesundheit und Kraft. Aber keins von beiden entsteht doch aus der Musik. Es bleibt also, daß sie für das Leben in der Muße bestimmt ist, und darauf pflegt sie auch bezogen zu werden. Denn man ordnet sie dort ein, wo man das Leben der Edlen vermutet. So hat Homer gedichtet: „sondern wen man zum festlichen Mahle laden soll", und dann nennt er andere, „die den Sänger rufen", der „alle ergötzt". Und anderswo nennt Odysseus jenes das beste Leben, wenn die Menschen sich erfreuen und „die speisenden Gäste im Haus den Sänger hören, der Reihe nach hingelagert".

Daß dies also eine Ausbildung ist, die man seinen Söhnen nicht als nützlich verschafft und nicht als notwendig, sondern als edel und schön, ist offensichtlich. Ob es aber von ihr eine oder mehrere Arten gibt, und welches diese sind und inwiefern, das ist nachher zu behandeln. Jetzt ist uns soviel klar geworden, daß wir bei den Früheren ein Zeugnis von den feststehenden Bildungsgegenständen her haben. Denn offenbar ist dies bei der Musik so.

Auch beim Nützlichen soll man die Kinder nicht nur eben um des Nutzens willen unterrichten, etwa in der Grammatik, sondern weil sich daraus noch viele andere Lehrgegenstände entwickeln können; ebenso ist das Zeichnen nicht nur dazu da, damit man beim Verkauf eigener Waren nicht betrogen werde, oder überhaupt im Kauf und Verkauf von Gegenständen sich nicht täuschen lasse, sondern eher, damit man einen Blick für die Schönheit der Körper erhalte. Denn überall bloß den Nutzen zu suchen, gehört sich für die Großgesinnten und die Edlen am allerwenigsten.

Da es weiterhin klar ist, daß man zuerst durch Angewöhnung und erst nachher durch Belehrung erzogen werden soll und eher körperlich als intellektuell, so muß man offenbar zuerst die Knaben dem Turnlehrer anvertrauen und dem Ringlehrer. Der eine verschafft eine gute Körperverfassung, der andere führt zu Leistungen.

4. Freilich zielen heute diejenigen Staaten, die sich am meisten um Erziehung zu kümmern scheinen, auf eine athletische Verfassung und gefährden das Aussehen und das Wachstum des Körpers. Die Spartaner haben diesen Fehler nicht gemacht, aber sie machten sie durch Anstrengungen wie zu Tieren, da dies der Tapferkeit am meisten dienlich sei. Und doch, wie schon oft gesagt, darf man als Erzieher nicht auf eine einzige Tugend und nicht zuerst gerade auf diese schauen. Selbst wenn man das dürfte, so erreichen sie ihr Ziel doch nicht. Denn auch bei andern Lebewesen und andern Völkern folgt, wie wir sehen, die Tapferkeit keineswegs der Wildheit, sondern vielmehr einem ruhigen und löwenhaften Charakter.

Es gibt viele Völker, die zum Töten und Menschenfressen leicht bereit sind, wie am Pontos die Achaier und Heniochen und einige Binnen-

landvölker, teils mehr, teils weniger und soweit sie Räuber sind, aber Tapferkeit haben sie keine. Wir wissen auch von den Spartanern, daß sie allen anderen überlegen waren, als sie sich auf die Ausdauer in Anstrengungen konzentrierten, daß sie aber jetzt in den gymnischen Wettkämpfen so gut wie im Kriege hinter anderen zurückstehen. Denn ihre Überlegenheit kam nicht daher, daß sie die Jungen auf diese Weise trainierten, sondern nur daher, daß sie als Geübte gegen Ungeübte kämpften. So muß man denn nach dem Edlen und nicht nach dem Tierartigen streben. Denn auch ein Wolf oder sonst ein wildes Tier würde nicht einen edlen Kampf wagen, sondern nur der tüchtige Mann. Wer aber die Kinder zu sehr mit dergleichen beschäftigt und sie im Notwendigen unerzogen läßt, macht sie in Wahrheit zu Banausen, einzig und allein zum Kriegführen brauchbar und auch da noch, wie wir zeigten, schlechter als andere. Man muß also [die Spartaner] nicht nach den früheren Leistungen beurteilen, sondern nach den gegenwärtigen: jetzt haben sie Konkurrenten in ihrer Art der Erziehung, früher hatten sie keine.

Daß man also die Gymnastik braucht, und wie man sie brauchen soll, ist anerkannt. Bis zur Pubertät soll man leichtere Übungen wählen und allzu harte Diät und schwere Anstrengungen meiden, damit das Wachstum nicht gehindert werde. Daß eine vorzeitige Überanstrengung dazu führt, beweist deutlich das Folgende: unter den Olympioniken gibt es kaum zwei oder drei, die als Knaben und auch als Männer gesiegt haben, da sie durch ihr hartes Training in der Jugend ihre Kraft aufgebraucht haben. Wenn sie sich aber nach dem Eintritt der Pubertät noch drei Jahre lang mit andern Gegenständen beschäftigt haben, dann kann man das nochfolgende Alter auch zu Anstrengungen und Zwangsdiäten heranziehen. Aber man soll sich nicht gleichzeitig mit dem Körper und dem Geiste anstrengen. Denn jede der Anstrengungen wirkt in gegensätzlicher Richtung: die Anstrengung des Körpers hindert den Intellekt und umgekehrt.

Marcus Fabius Quintilianus:

„Erziehung zum Redner"
(ca. 95 n. Chr.)

Marcus Fabius Quintilianus: Ausbildung des Redners. Zwölf Bücher in zwei Bänden. Herausgegeben und übersetzt von Helmut Rahn. Darmstadt: Wissenschaftliche Buchgesellschaft 1972 (Bd. 1) und 1975 (Bd. 2), S. 15, 17, 19, 167 und 169 im Bd. 1 (1. Buch, 1. Kap. bzw. 2. Buch, 2. Kap.).

1 So soll denn ein Vater, wenn ihm ein Sohn geboren ist, gleich möglichst große Hoffnungen in ihn setzen; dann wird er von Anfang an größere Sorgfalt auf ihn verwenden. Denn zu Unrecht geht die Klage, nur ganz wenigen Menschen sei die Kraft verliehen, das wirklich aufzufassen, was man sie lehre, bei den meisten aber sei infolge ihrer geistigen Trägheit Mühe und Zeit verloren. Im Gegenteil nämlich lassen sich wohl viel mehr Menschen finden, denen ohne Mühe etwas einfällt, die schnell im Denken und rasch im Lernen sind. Denn das gehört ja zur menschlichen Natur. Und wie den Vögeln das Fliegen, den Pferden das Laufen und die Grausamkeit den Raubtieren angeboren ist, so ist uns die emsige Regsamkeit des Verstandes eigen; und daher stammt der Glaube,unser Geist sei himmlischen Ursprungs. 2 Geistig stumpfe und ungelehrige Menschen jedoch kommen natürlicherweise nicht häufiger zur Welt als durch unnatürliche Mißgestalt und Mißbildungen gezeichnete Körper. Vielmehr liegt in dieser ziemlich geringen Anzahl gerade der Beweis dafür, daß in den Kindern die höchsten Zukunftserwartungen schlummern. Ersterben diese mit den Jahren, so liegt es auf der Hand, daß nicht die Natur versagt hat, sondern die Fürsorge. 3 ‚Es übertrifft aber doch einer den anderen an Begabung.‘ Zugegeben! Doch wird er dann nur mehr oder weniger leisten; keiner aber läßt sich finden, der durch eifriges Studieren nichts erreicht hätte. Wer die Dinge so betrachtet, wird gleich, wenn er Vater geworden ist, aufs angelegentlichste alle seine Fürsorge in der Erwartung eines künftigen Redners betätigen.

4 Vor allem darf die Sprache der Ammen nicht fehlerhaft sein, hat doch für diese Chrysipp,

wenn möglich, philosophische Bildung gefordert, jedenfalls aber gewünscht, man sollte hierfür, soweit es die Verhältnisse erlaubten, die allerbesten Frauen auswählen. Und zweifellos hat auch hier die Rücksicht auf ihre guten Sitten den Vorrang; jedoch sollen sie auch einwandfrei sprechen! 5 Ihr Sprechen wird ja der Knabe zuerst hören, ihre Worte nachzusprechen versuchen. Und von Natur halten wir am beharrlichsten fest, was unser Geist im frühsten Entwicklungsstadium in sich aufgenommen hat: wie ja auch die Gefäße dauernd nach dem schmecken, womit sie zuerst in Berührung gekommen sind, und man auch die Farben, mit denen man das ursprüngliche Weiß der Wolle gefärbt hat, nicht mehr herausspülen kann. Und je schlechter etwas ist, um so hartnäckiger haftet es fest. Denn Gutes läßt sich leicht verschlechtern: wann aber könnte man aus Fehlern etwas Gutes gewinnen? So soll sich das Kind, zumal es das Sprechen erst lernt, nicht erst an eine Sprache gewöhnen, die es wieder verlernen muß!

6 Die Eltern möchte ich mir so gebildet wie nur möglich wünschen. Dabei spreche ich nicht nur von den Vätern; denn zur Redegabe der Gracchen hat ja bekanntlich ihre Mutter Cornelia viel beigetragen, deren hochgebildete Sprache der Nachwelt auch in ihren Briefen erhalten ist; auch Laelia, des Gaius Tochter, soll in ihrer Sprache von dem erlesenen Geschmack ihres Vaters ein Bild bieten, und die Rede, die Hortensia, des Quintus Tochter, vor den Triumvirn gehalten hat, liest man nicht nur zur Ehre des weiblichen Geschlechtes. 7 Jedoch sollen auch die Eltern, die selbst nicht das Glück gehabt, etwas zu lernen, keine geringere Fürsorge für den Unterricht ihrer Kinder aufwenden, sondern sich gerade deshalb um die übrigen Erziehungsfragen um so sorgfältiger kümmern.

Von den Sklavenkindern, mit denen unser künftiger Redner zusammen erzogen wird, gelte das gleiche, was von den Ammen gesagt worden ist. 8 Für die Kinderväter gelte darüber hinaus die Forderung, sie sollen entweder wirklich gebildet sein, was ich für das Ewünschteste hielte, oder aber wissen, daß sie keine Bildung haben. Nichts ist schädlicher, als wenn sie, selbst kaum über die Anfänge hinausgekommen, sich mit allerhand eingebildetem Wissen umgeben. Denn dann ärgern sie sich, die Lehraufgaben an den Fachlehrer abtreten zu müssen, und bleuen, als gäbe ihnen ihre Macht, mit der sich diese Art Menschen gern so wichtig macht, das Recht dazu, voll Herrschsucht und manchmal in Tyrannenwut ihre eigene Dummheit immer weiter ein. 9 Nicht weniger schädlich ist ihr falsches Verhalten für die Charakterbildung. So hat etwa Leonides, der Pädagog (Kinderwärter) Alexanders, wie Diogenes von Babylon überliefert, seinem Zögling manche Unarten beigebracht, die Alexander noch, als er längst ausgewachsen und schon der mächtigste König war, von jenem Jugendunterricht her anhafteten.

10 Wenn jemand glaubt, es sei viel, was ich verlange, so möge er bedenken, daß es darum geht, einen Redner heranzubilden, eine schwere Aufgabe, auch wenn zu seiner Bildung nichts fehlen sollte; und daß außerdem noch viele andere schwierigere Aufgaben bevorstehen; denn ununterbrochener Fleiß ist nötig, die vorzüglichsten Lehrer und eine ganze Reihe von Wissensfächern. 11 Deshalb müssen die Vorschriften das Allerbeste fordern. Wenn dies jemandem lästig erscheint, so erweist das nicht einen Mangel der Vorschriften, sondern des Menschen. Wenn jemand noch nicht das Glück hat, so gute Ammen, Sklavenjungen und Kinderväter zu besitzen, wie ich es am liebsten hätte, so sollte doch jedenfalls beständig einer da sein, der sich in der Sprache gut auskennt, damit er, wenn die anderen in Gegenwart des Zöglings fehlerhafte Wendungen gebrauchen, die Fehler sofort verbessern und dadurch verhindern kann, daß die Fehler sich festsetzen – wobei allerdings wohl zu bedenken ist, daß dies nur ein Behelf ist, bei dem das seine Gültigkeit behält, was ich zuerst empfohlen habe.

So nehme der Lehrer vor allen Dingen gegen seine Schüler die Gesinnung eines Vaters an und fühle sich so, als trete er an die Stelle derer, die ihm die Kinder anvertrauen. 5 Selbst darf er weder Laster haben noch dulden. Seine Strenge soll nicht grämlich, seine Freundlichkeit nicht formlos sein, damit nicht aus der einen Haltung Haß, aus der anderen Verachtung erwächst. Immer wieder gelte seine Rede dem Anstand und der Rechtschaffenheit, denn je öfter er warnt, desto seltener wird er strafen; auf keinen Fall sei er jähzornig, jedoch mache er kein Hehl, wo etwas zu verbessern ist; schlicht sei er beim Lehren, gegen Anstrengung abgehärtet, eher beharrlich als ohne Maß in seinen Anforderungen. 6 Auf Fragen soll er bereitwillig Auskunft geben, Frageunlustige seinerseits ausforschen. Mit dem Lob der Vorträge sei er den Schülern gegenüber weder geizig noch verschwenderisch, weil Mißgunst Arbeitsunlust, Verschwendung Selbstzufriedenheit erzeugt. 7 Beim Verbessern dessen, was zu berichtigen ist, meide er beißende Schärfe und vor allem alles Schimpfen; denn das Zanken hat schon viele von ihrem Vorhaben zu studieren abgebracht, weil manche Lehrer so schimpfen, als hätten sie einen Haß auf den Schüler. 8 Auch selbst soll der Lehrer jeden Tag etwas oder besser recht viel darbieten, was die Hörer mit sich heimnehmen können. Denn mag er auch genügend nachahmenswerte Stellen aus der Lektüre bringen, so hat doch das ,lebendige Wort', wie man es nennt, reichere Nährkraft für den Geist – und vor allem das des Lehrers, den die Schüler, wenn sie nur richtig angeleitet worden sind, lieben und verehren. Ja, es läßt sich kaum ausdrücken, wieviel lieber wir dem Vorbild derer folgen, denen wir gut sind.

9 Am allerwenigsten ist es den Knaben zu gestatten – was bei sehr vielen geschieht –, beim Beifallspenden unbeherrscht aufzuspringen und zu jubeln. Selbst bei den jungen Leuten soll ja, wenn sie zuhören, die Anerkennung maßvoll bleiben. So wird die Folge sein, daß vom Urteil des Lehrers der Schüler abhängt und vertraut, das richtig vorgetragen zu haben, was die Anerkennung des Lehrers findet. 10 Die ganz verkehrte Form gar, gegenseitig zu loben, was es auch sei, die sich auch noch ,menschliche Nettigkeit' (humanitas) nennt, ist einmal unpassend, ins Theater gehörig und streng geleiteten Schulen fremd, vor allem aber der verderblichste Feind der Studien. Denn überflüssig erscheinen

ja Sorgfalt und Anstrengung, wenn für alles, was jemand von sich gibt, das Lob schon im voraus bereit ist.   11 Nach der Miene des Lehrers müssen also ebenso die Zuhörer wie auch der gerade Vortragende selbst blicken; denn so wird er Lobens- und Tadelnswertes unterscheiden; so wird bei der Stilübung (für den Vortragenden) die rechte Fähigkeit sich einstellen, beim Zuhören (für die Zuhörer) das rechte Urteil. 12 Heutzutage dagegen springen sie schon bei jeder Schlußkadenz nicht nur gleich spornstreichs auf, sondern kommen sogar angelaufen und brechen in unpassendes Beifallsgeschrei aus. Und das beruht auf Gegenseitigkeit und macht das Glück des Deklamierenden. Daher die Aufgeblasenheit und die eitle Selbstgefälligkeit, die so weit geht, daß sie, aufgebläht durch das Lärmen der Mitschüler, wenn der Lehrer sie zu wenig loben sollte, auf ihn schlecht zu sprechen sind.   13 Aber auch die Lehrer sollten den Wunsch haben, mit gespannter Aufmerksamkeit und Zurückhaltung gehört zu werden. Denn nicht der Lehrer hat nach dem Urteil seiner Schüler vorzutragen, sondern der Schüler nach dem des Lehrers. Ja, wenn es sich machen läßt, muß der Lehrer auch sein Augenmerk darauf richten, zu durchschauen, was jeweils und wie es gelobt wird; und er soll sich darüber, daß Beifall findet, was er gut vorträgt, nicht so sehr im eigenen Interesse freuen als im Interesse derer, die ein richtiges Urteil haben.

Texte zur 2. Epoche:
Das Mittelalter
und das Christentum

Clemens von Alexandrien:
„Paidagogos" (um 200 n. Chr.) –
Über Erzieher

Aurelius Augustinus:
„De Magistro" (um 390 n. Chr.) –
Über Lehrer

N. N.:
„Ein Brief aus Paris" (um 1200 n. Chr.) –
Über Studenten

N. N.:
„Worms und einige Statuten"
(vom 15. 11. 1307 n. Chr.) –
Über Schulen

Johannes Gerson:
„Tractatus de parvulis trahendis ad Christum
(um 1410 n. Chr.) –
Über Kinder

Clemens von Alexandrien: „Paidagogos" (um 200 n. Chr.) – Über Erzieher

Clemens von Alexandrien: Ausgewählte Schriften zur Pädagogik. Besorgt von *Heinrich Kanz.* Paderborn: Schöningh 1966, S. 15–19 (Paidagogos, I,5) und S. 56 (Stromateis, VII,12).

So haben auch wir die herrlichsten und vollkommensten Lebensgüter mit einer vom Wort paĩs (Kind) abgeleiteten Bezeichnung geehrt und sie paideía (Bildung und paidagogía (Erziehung) genannt. Und hinsichtlich der Erziehung sind wir darin einig, daß sie eine gute Führung zur Tugend von Kindheit an ist. Da uns nun der Herr die Bedeutung der Bezeichnung Kind noch deutlicher offenbaren wollte, „stellte Jesus, als unter den Aposteln die Streitfrage entstand, wer von ihnen größer sei, ein Kind in ihre Mitte und sprach: wer sich demütig macht wie dieses Kind, der ist größer im Himmelreich" . . . Er verwendet also die Bezeichnung Kinder nicht, weil dies das Lebensalter der Unvernünftigen ist, wie einige meinten; und auch, wenn er sagt: „Wenn ihr nicht wie diese Kinder werdet, werdet ihr nicht in das Himmelreich kommen" (Mt 18,3), darf man dies nicht töricht auffassen . . . Denn wir rollen doch nicht mehr als unvernünftige Kinder auf dem Boden herum und kriechen nicht mehr auf der Erde nach der Weise von Schlangen, indem wir uns mit dem ganzen Körper im Schmutz nach den unvernünftigen Begierden herumwälzen, sondern strecken uns mit unserem Sinnen nach oben, haben der Welt und den Sünden entsagt . . ., so daß wir auf der Welt nur zu sein scheinen, und jagen der heiligen Weisheit nach; als Torheit aber erscheint diese jenen, deren Scharfsinn allein auf Bosheit gerichtet ist . . . Kinder sind also in Wahrheit die, welche Gott allein als Vater kennen, die einfältig (apheleĩs) und kindlich und unschuldig (akeraioi) sind . . . Denn die Wahrheit verhält sich so, daß das Vollkommene und Erwachsene bei dem immer lehrenden Herrn das Kindliche und Unmündige (nepion) bei uns, den immer Lernenden, ist . . . Der Unmündige ist also sanft und deshalb auch mehr zart, mild und einfältig und arglos und ohne Heuchelei, geraden Sinnes und aufrecht . . .

Aus Jungen (neoi) also besteht das neue (kainos) Volk im Unterschied zum alten Volke, aus solchen, die die neuen Güter kennengelernt haben. Und wir besitzen den Lebensabschnitt, dem strotzende Fülle zu eigen ist, diese nicht alternde Jugendzeit, in der wir immer jugendkräftig für die Erkenntnis sind, immer jung und immer zart und immer neu; denn neu müssen die sein, die an der neuen Lehre Anteil bekommen haben . . . Was aber an der Ewigkeit Anteil bekommen hat, pflegt dem Unvergänglichen ähnlich zu werden, so daß für uns die Benennung mit dem Kindesalter den Frühling des ganzen Lebens bedeutet, weil die Wahrheit in uns ewig jung und unser ganzes Wesen von der Wahrheit durchflutet ist . . .

Alles Schwache und Zarte ist nun, weil es wegen seiner Schwachheit Hilfe nötig hat, gern gesehen und angenehm und erwünscht, wobei Gott einem solchen seine Hilfe nicht versagt. Denn wie die Väter und Mütter besonders gern ihre Sprößlinge sehen, die Pferde die Füllen, die Rinder die kleinen Kälber und der Löwe sein Junges und der Hirsch das Hirschkalb und der Mensch sein Kind, so nimmt auch der Vater aller Geschöpfe die zu ihm Geflüchteten gern bei sich auf; und nachdem er sie durch den Geist zur Kindschaft wiedergeboren hat, weiß er, daß sie sanft sind, und diese allein liebt er und hilft ihnen und streitet für sie, und deswegen gibt er ihnen den Namen Kind . . . Den Herrn selbst nennt der Geist ein Kind, wenn er durch Isaias folgende Weissagung gibt: „Siehe, ein Kind wurde uns geboren, ein Sohn wurde uns gegeben, auf dessen Schultern die Macht ist und dessen Name Engel des großen Rats genannt wurde" (Is 9,6) . . . O wie groß ist Gott! O wie vollkommen das Kind! . . .

Und der wirkliche Mann zeigt sich nicht darin, daß er das einsame Leben für sich wählt; vielmehr trägt unter Männern im Wettkampf jener den Siegespreis davon, der sich in der Ehe und beim Aufziehen von Kindern und in der Fürsorge für das Hauswesen unbeeinflußt von Freud und Leid bewährt hat und trotz aller Mühe, die die Sorge für die Familie mit sich bringt, von der Liebe zu Gott ungeschieden geblieben und siegreich aus allen Proben hervorgegangen ist, die durch seine Kinder und sein Weib, durch seine Diener und durch seinen Besitz an ihn herankommen . . . Wer aber keine Familie hat, dem bleiben solche Proben zumeist erspart.

Aurelius Augustinus:
„De Magistro" (um 390 n. Chr.) – Über Lehrer

Aurelius Augustinus: Der Lehrer. De Magistro Liber unus. Besorgt und ins Deutsche übertragen von *Carl Johann Perl.* Paderborn: Schöningh 2.1964, S. 44–46 u. 52–53.

Der Wert des Wortes, wenn wir das Beste annehmen wollen, besteht höchstens darin, daß es uns einlädt, eine Sache zu suchen, aber Worte an sich bieten uns niemals ein Ding so dar, daß wir es erkennen. Der belehrt mich vielmehr, der den Augen oder einem anderen Körperssinn oder gar meinem Verstand das, was ich erkennen möchte, vorstellt. Durch Worte also lernen wir immer nur wieder Worte, ja weniger als das: wir lernen bloß einen Klang, ein Stimmgeräusch. Denn da die Dinge, die keine Zeichen sind, nicht Wörter sein können, weiß ich, wenn ich ein Wort vernommen habe, trotzdem nicht, ob es überhaupt ein Wort ist, solange ich seine Bedeutung nicht kenne.

Erst aus der Kenntnis der Dinge ergibt sich also die Kenntnis der Worte; durch bloßes Hören erfaßt man die Worte noch nicht. Denn Worte, die wir kennen, brauchen wir nicht zu erlernen; wenn sie uns aber nicht bekannt sind, können wir nur dann gestehen, sie erlernt zu haben, wenn wir erst einmal ihre Bedeutung erfaßt haben, und die ergibt sich nicht aus dem Gehörseindruck, der von einer Sprechstimme ausgeht, sondern aus der Kenntnis der durch die Worte bezeichneten Dinge.

Es gibt also ganz entschieden die unfehlbare Erkenntnis, deren volle Wahrheit so lautet: Wenn Worte verlautet werden, wissen wir entweder, was sie bedeuten, oder wir wissen es nicht. Sofern wir es wissen, beruht das eher auf Erinnerung als auf empfangener Belehrung. Wenn wir es nicht wissen, fehlt jedenfalls eine Erinnerung, aber unter Umständen erwächst daraus eine Aufforderung, nach ihrer Bedeutung zu suchen.

Du wirst mir vielleicht entgegnen: Ich gebe zu, daß wir jene Kopfbedeckungen, deren Nennwort *(saraballae)* für uns ein bloßes Klanggebilde ist, nur erkennen können, wenn wir sie sehen, und daß wir ihren Namen erst dann richtig

erfassen, wenn wir sie selbst kennen. Was aber die Geschichte der drei Jünglinge anlangt, wie sie durch ihre Religion und ihren Glauben den König und die Flammen überwunden haben, welche Loblieder sie vor Gott gesungen, welche Ehren sie sich selbst vor ihren Feinden verdient haben: erfahren wir das alles nicht nur durch Worte? Darauf würde ich zur Antwort geben: Die ganze Geschichte, von der diese Worte berichten, ist uns ja schon längst bekannt. Denn was die drei Jünglinge sind, was der Ofen, das Feuer, der König, was schließlich ihr Unversehrtbleiben vom Feuer und was all das übrige ist, was diese Worte aussagen, das weiß ich alles bereits. Aber die Namen Ananias, Azarias und Misaël sind mir ebenso unbekannt wie jene Saraballen. Und diese Namen haben mir nicht im mindesten zu ihrer Erkenntnis verholfen und würden mir auch nie zu ihr verhelfen.

Im übrigen muß ich gestehen, daß ich all das, was sich damals zutrug und in dieser Geschichte, so wie es beschrieben wird, nachzulesen ist, eher glaube, als daß ich es weiß. Und die, denen wir sie glauben, haben diesen Unterschied sehr wohl gekannt. Sagt doch der Prophet: „Wenn ihr nicht glaubt, werdet ihr nicht verstehen" (Is VII, 9). Und das hätte er wahrlich nicht gesagt, wenn er diesen Unterschied nicht gekannt hätte. Was ich also verstehe, das glaube ich auch. Aber nicht alles, was ich glaube, verstehe ich auch. Alles aber, was ich verstehe, weiß ich, hingegen weiß ich nicht alles, was ich glaube. Hieraus folgt nicht, daß ich nicht wüßte, wie nötig es ist, auch vieles zu glauben, was man nicht weiß. Hierunter zähle ich auch diese Geschichte von den drei Jünglingen. Da bekanntlich die Mehrzahl der Dinge derart ist, daß ich sie nicht mit dem Wissen erfassen kann, weiß ich, mit welch großem Nutzen sie trotzdem geglaubt werden.

Über die Dinge in ihrer Gesamtheit aber, die wir verstehen sollen, befragen wir nicht eine von außen her zu uns dringende, sondern die von innen her unsern Geist regierende Wahrheit, und Worte können uns höchstens zu dieser Befragung anleiten. Jener aber, der da befragt wird, und das ist der, von dem es heißt, daß er im inneren Menschen wohnt (Eph III, 16f.), ist Christus, das ist die unwandelbare Kraft Gottes und die ewige Weisheit. Befragt wird sie freilich von jeder vernünftigen Seele, aber sie enthüllt sich jeweils nur so weit, als der Mensch imstande ist, sie mit seinem eigenen Willen zu erfassen, gleichviel ob es sein guter oder böser Wille ist. Und sollte einer etwa sich in ihr täuschen, ist das mit nichten die Schuld der befragten Wahrheit, so wie es nicht die Schuld des äußeren Lichtes ist, wenn sich, was oft geschieht, unsere körperlichen Augen täuschen. Auch das Licht befragen wir, damit es uns die sichtbaren Dinge zeigt, und wir wissen nur zu gut, daß es sie uns stets nur in dem Maße zeigt, wie wir zu sehen fähig sind ...

Ist es nun nicht einzig und allein das Geschäft der Lehrer, daß sie ihre eigenen Gedanken hören und aufnehmen lassen, nicht aber die Lehren selbst, die sie uns im Sprechen zu übermitteln glauben? Wer würde indes so töricht sein, daß er seinen Sohn zur Schule schicken möchte, damit er bloß das lernt, was sich der Lehrer denkt? Nichtsdestoweniger befleißigen sich die Lehrer, mit Worten sämtliche Lehren darzustellen, so wie es ihr Beruf ihnen aufträgt, selbst solche der Tugend und Weisheit. Also bleibt denen, die sich ihre Schüler nennen, nichts andres übrig, als bei sich selbst zu prüfen, ob das, was man ihnen gesagt hat, wahr ist, das heißt, sie müssen, soweit ihre Kräfte reichen, jene innere Wahrheit betrachten. So erst werden sie lernen. Und wenn sie innerlich erkannt haben, daß man ihnen die Wahrheit gesagt hat, werden sie Lob spenden, ohne zu wissen, daß ihr Lob eher den Lernenden als den Lehrenden gilt, selbst wenn die Lehrer das, was sie sagten, auch wissen sollten.

Aber es täuschen sich die Menschen, wenn sie Lehrer nennen, die keine sind, weil Rede und Erkenntnis meist durch keinen Zeitraum voneinander getrennt sind; und da sie, durch die äußere Rede unterrichtet, sogleich die innere Belehrung empfangen, bilden sie sich ein, von dem zu lernen, der sie nur von außen her unterrichtet hat.

Was aber den Nutzen der Worte ganz im allgemeinen betrifft, der, wenn man ihn richtig erwägt, kein geringer ist, so wollen wir ihn, wenn es Gott zuläßt, ein andermal erforschen. Für diesmal wollte ich dich nur darauf hinweisen, ihnen nicht mehr, als nötig ist, an Wert zuzubilligen. Auf diese Weise sollen wir nicht nur glauben, sondern auch zu verstehen beginnen, wie wahr durch göttliche Autorität das Verbot ausgesprochen wurde, irgend jemand auf Erden unsern Lehrer zu nennen, da es nur einen einzigen Lehrer von allen gibt, der im Himmel ist (Mt 23, 8–10).

Der da aber im Himmel ist, der ist es selbst, der lehren wird, er, der uns durch die Menschen die Unterweisung mit Hilfe der äußeren Zeichen zuteil werden läßt, damit wir, nach innen zu ihm zurückgekehrt, uns seine Lehren erwerben. Ihn zu lieben und zu erkennen begründet das glückliche Leben, von dem alle beteuern, daß sie es suchen, das gefunden zu haben sich aber nur wenige wahrhaft erfreuen ...

N. N.:

„Ein Brief aus Paris" (um 1200 n. Chr.) – Über Studenten

N. N.: Brief eines deutschen Studenten aus Paris. In: *Schoelen, Eugen:* Erziehung und Unterricht im Mittelalter. Ausgewählte pädagogische Quellentexte. Paderborn: Schöningh 2. 1965, S. 58–59.

„Den ebenso geliebten wie verehrten Herrn Probst D. grüßt in aller treuen Liebe und Ergebenheit sein wenn auch armer, so doch aufrichtiger Freund, den der lange Aufenthalt im fremden Lande bereits hart mitgenommen hat ...

Wo ich gegenwärtig lebe, was ich treibe, was ich für die nächste Zukunft vorhabe und was ich bisher erreichte, will ich Euer Liebden in Kürze der Reihe nach mitteilen.

Ich bin gegenwärtig in Paris in der Schule des Meisters Wilhelm (von Champelli), der meines Wissens in allen Disziplinen der gelehrteste Mann der Gegenwart ist. Wenn wir seine Stimme vernehmen, glauben wir nicht einen Menschen, sondern einen Engel vom Himmel zu hören, denn sein angenehmer Vortrag und die tiefe Weisheit seiner Lehren übersteigen alles menschliche Maß. Obwohl er Erzdiakon und fast der Erste am Throne des Königs (von Frankreich) war, verzichtete er doch auf seinen ganzen Besitz und begab sich vergangene Ostern zu dem ganz armen Kirchlein (Sankt Viktor), um hier einzig Gott zu dienen. Voll Entgegenkommen und Güte erteilte er hernach wie weiland Meister Manegold (von Lautenbach) seligen Angedenkens den Schülern, die ihm von überall her zuströmten, nur für Gotteslohn kostenlos Unterricht. Seine Schule in göttlicher und menschlicher Wissenschaft hat zur Zeit auf der ganzen Welt, soviel ich gesehen und gehört habe, nicht ihresgleichen.

Hier, mein Verehrter, übe ich die Kräfte meiner Jugend, damit ich nicht den diesem Alter eigenen Fehlern verfalle. Hier bestrebe ich mich, meinen ungebildeten Geist, der – o Schmerz! – durch Adams Schuld von den Finsternissen der Unwissenheit umfangen ist, durch Belehrung und Studium zu erleuchten ...

Aus Sehnsucht nach diesem Grunde, keineswegs jedoch in der Hoffnung auf eitlen Gewinn, muß ich während langer Zeit Fremde, Hunger, Durst, Mangel an Kleidung und sonstige Entbehrungen, die sich nicht im einzelnen aufzählen lassen, ertragen. Würde die Erforschung der Wahrheit nicht schon an sich mit der ihr innewohnenden Süßigkeit die nach ihr Strebenden anlocken und ergötzen, ich glaube, kein Mensch wäre so eisenhart, daß er die Mühen, welches dies Studium erfordert, auf sich nehmen wollte und könnte ...

Außerdem sollt Ihr wissen, daß ich das Geschenk von Eurer freigebigen Hand mit innigstem Danke empfangen habe. Ebenso, ja noch mehr als über die Größe der Gabe freute ich mich über die Liebe, mit der sie gespendet wurde ...

Den Herrn Bischof habe ich Eurer Weisung gemäß voriges Jahr zu Worms besucht, doch schenkte er mir, ich weiß nicht weshalb, nur wenig Aufmerksamkeit. Ich habe mich auch, wie ich Euch ins Ohr flüstern will, nicht sonderlich an ihn herangemacht. Er hat mir von sich aus nichts angeboten, und ich habe ihn von meiner Armut nichts merken lassen und ihn um nichts gebeten, weil es mir schien, er sei etwas gegen mich aufgebracht."

N. N.:

„Worms und einige Statuten" (vom 15. 11. 1307 n. Chr.) – Über Schulen

N. N.: Statuten der Schulen von Worms vom 15. November 1307. In: *Schoelen, Eugen:* Erziehung und Unterricht im Mittelalter. Ausgewählte pädagogische Quellentexte. Paderborn: Schöningh 2.1965, S. 171–175.

Die Dekane und Kapitel der Dom-, Neuhauser-, St.-Pauls-, St.-Andreas-, St.-Martins- und der älteren St.-Marienkirche zu Worms.

Obwohl von unseren Vorgängern ganz entsprechende Statuten für die Disziplin der Schüler und zur Verhütung von Nachlässigkeit von den Rektoren ergingen, fügen wir doch zur Reform der Studien noch folgende Statuten an. Denn die ersteren sind durch mißbräuchliche Überheblichkeit der Schüler, welche die Fürsorge der Schulrektoren verhinderte und häufig noch hindert, in Verfall geraten.

1. Kein Schüler darf ein feststehendes Messer bei sich tragen oder benützen, noch irgendwelche Waffen, am wenigsten in der Schule, damit so die Gefahr vielerlei Vorkommnisse beseitigt werde. Wir wollen auch, daß die Scholastiker zugleich mit den Rektoren, wenn nötig, nach solchen Messer- oder Waffenträgern in der Schule scharfe Nachforschungen anstellen und die Schüler, so oft es nötig ist, ausforschen. Wenn man solche trifft, die dann wegen dieses Unfugs keine Strafe annehmen wollen, sollen sie von allen Schulen ausgeschlossen werden und noch andere Strafen erhalten.

2. Da manche, welche am Unterricht nicht als Schüler wirklich teilnehmen, besonders, wenn sie große und notorische Ausschreitungen begangen haben, sich unter die Schüler mischen und sich als Schüler ausgeben, um der Privilegien der Schüler teilhaft zu werden und der Strafe zu entgehen, welche ihnen die bürgerliche Obrigkeit mit Recht auferlegen wollte, so setzen wir fest und verordnen, daß die Rektoren solche, die nicht oft und regelmäßig ihre Vorträge hören, auch das herkömmliche Schulgeld und

Recht nicht anerkennen oder die in der Schule gar nicht mitarbeiten, nicht Schüler nennen und als solche anerkennen sollen.

3. Ferner setzen wir fest, daß kein Lehrer an den Schulen von den Eltern der Knaben, die er unterrichtet, Geld durch Vertrag erpresse, zumal wenn dies zum Nachteil anderer Lehrer geschieht; wollen jedoch die Eltern freiwillig ihnen etwas zugeben, sollen das die Rektoren in keiner Weise verbieten.

4. Außerdem ordnen wir an und befehlen, daß bei den Rektoren in der Festsetzung des Schulgeldes Einheit herrsche: nämlich 4 Hallenser Unzen für die Vermögenden und 5 Schillinge für die mäßig Begüterten; als mäßig Begüterte betrachten wir diejenigen, deren Eltern weniger als 30 Hallenser Pfund besitzen. Es soll aber keinem armen Bewerber oder Bettelschüler der Zutritt zur Schule verschlossen sein.

5. Wir bestimmen ferner streng, daß in den Häusern der Knaben, welche als (Schul-)Bischöfe und Könige anerkannt werden, die Eltern nicht mit weiteren Festmählern und Vorabendfeierlichkeiten belastet werden, als Gebühr und Herkommen verlangen; so werden Lasten für die Eltern und Gelegenheit zu Trunk und Übermut für die Schüler vermieden.

6. Da ferner die Schüler durch mißbräuchliches Tanzen über die herkömmliche Zeit hinaus sich selbst Scherereien und Lasten verursachen und die Bürger der Stadt in der Ruhe stören, bestimmen wir und ordnen an, daß niemand mehr, wenn das Zeichen zur ersten Komplet gegeben ist, sich herausnehme, weiter zu tanzen. Auch wollen wir, daß sie zu keiner anderen Zeit tanzen oder sich in Tänze mischen außer am Vorabend und am Tage des hl. Nikolaus, am Vorabend von St. Lucia – nicht aber am Tage selbst –, ferner am Weihnachtstage, wenn die Chorvesper zu Ende ist, an den drei unmittelbar folgenden Tagen und an der Oktav der Unschuldigen Kinder, – sonst aber an keinem Fest- oder Werktage.

7. Wir fügen zur Beobachtung der Zucht und Ehrfurcht in den Kirchen noch bei, daß kein Schüler irgendeiner Kirche an der Prozession einer anderen Kirche ohne Ehrerbietung vorbeigehen oder zur Zeit des Gottesdienstes diese Kirche betreten darf.

8. Damit dieses um so sicherer beachtet werde, fügen wir als Strafe der vereinigten Wormser Kirchen bei und bestimmen fest, daß jeder Schüler, der sich nicht um die Schulzucht kümmert und diese übertritt, auf eine vom Rektor oder Scholasticus zu bestimmende Zeit zu keiner Schule Zutritt hat und weder zum Chordienst noch zum Empfang von Weihen zugelassen werde. Auch wenn er (anderswo) Weihen empfangen will, soll er die Dimissiorien nicht erhalten.

9. Die Rektoren sollen am Tage vor dem Fest des hl. Gregor und nach dem Gallustag (17. Oktober) zur Erneuerung dieser Statuten zusammenkommen und diese ihren Schülern öffentlich einschärfen und auslegen.

10. Wir setzen auch fest, daß kein Prälat oder Kanoniker einen Rektor durch Drohungen oder Bitten bedrängen oder dazu bringen darf, irgend etwas in diesen Statuten zu übertreten. Wenn aber ein Rektor mit Wissen und Willen diese Statuten lässig handhabt und dies durch sachverständige und glaubwürdige Zeugen bewiesen ist, soll er von den Scholastikern und den Dekanen der Kirchen, an welchen Scholastiker nicht bestehen, zur Strafe von 10 Hallenser Pfunden verurteilt werden.

Zur Bekräftigung und als Zeichen unseres Einverständnisses sind dieser Urkunde die Siegel unserer Kirchen beigefügt, im Jahre 1307 am Mittwoch nach Martini.

Johannes Gerson: „Tractatus" (um 1410 n. Chr.) – Über Kinder

Johannes Charlier Gerson: Pädagogische Schriften. Übersetzt und mit einer Einleitung versehen von *F. X. Kunz.* Freiburg i. Br.: Herder 1904, S. 94, 96, 119, 128, 130–131.

Die kleinen Kinder sind rein und arglos und mit wenigem zufrieden; sie lieben die Spiele, geben schnell und lassen sich leicht besänftigen ...
Der hat sich also nicht getäuscht, sondern sehr umsichtig die Sache angeschaut, welcher versicherte, daß man bei den Kleinen anfangen müsse, wenn man eine Erneuerung des kirchlichen Lebens herbeiführen wolle. Denn da sie noch weniger verdorben und im Bösen noch weniger verhärtet sind, so sind sie wenigstens für heilsame Lehren empfänglicher, wenn dies auch vielleicht noch keinen guten Erfolg verbürgt ...
Die Kinder sind in der Tat geschickt, die Anfangsgründe guter Lehren in sich aufzunehmen, weil sie falsche Ansichten noch nicht so tief eingesogen haben und verderbliche Lehren bei ihnen noch nicht eingewurzelt sind. Sie sind neue Schläuche für die besten Weine, junge Pflanzen, welche leicht die Richtung annehmen, die ihnen die Hand des Gärtners gibt. Ganz anders ist es bei Greisen, die im Bösen ergraut sind; denn solche kannst du eher brechen als biegen ...
Wenn daher, wie sich aus dem Gesagten ergibt, die Erneuerung bei den Kindern beginnen muß – und sie muß es –, wo, frage ich, könnte denn dieses überaus heilige Werk mit mehr Erfolg getrieben werden als in der volkreichen Stadt Paris? Denn hier sind Kinder, die später durch die ganze Christenheit hin zerstreut werden. Sie werden auch die geeignetsten Lehrer und Erzieher anderer sein können ...
Ein Mann, der im sittlichen Leben sehr wohl erfahren war, hat gesagt: „Die Kunst aller Künste ist die Leitung der Seelen." Und gleichwohl unterfangen sich die Menschen unserer Tage, nichts so wie dieses ohne alles Verständnis anzugreifen, und so werden Blinde von Blinden geführt. Wer wird sich daher wundern, wenn von allen Seiten das Verderben droht? Ja, schon halten es viele für unwürdig, wenn ein Theologe oder ein in den Wissenschaften berühmter Mann

oder ein Würdenträger der Kirche diesem
Werke, besonders bei kleinen Kindern, sich widmet, wie dies denn in der Tat mir (weil man mich
in derartigen Dingen von einiger Bedeutung
hält) üble Nachreden und Vorwürfe zugezogen
hat . . . Man muß . . . alle Hoheit ablegen und mit
den Kindern ein Kind sein . . . o gütigster Jesus,
wer sollte nach diesem deinem Vorgange noch
Scheu tragen, sich demütig zu den Kleinen her-
abzulassen? Wer sollte es noch wagen, aufgebla-
sen und stolz auf seine Größe oder sein Wissen,
die Kleinheit, Unwissenheit und Schwäche der
Kinder zu verachten, wenn du . . . zu keuscher
Umarmung der Kinder deine segnenden Arme
liebevoll ausstreckest und sie umfängst? Fort
also, fort von da mit allem Hochmut, fort mit
jeder unwilligen Abkehr von den Kindern!
Durch dieses herrliche Beispiel unseres Heilan-
des wird selbst jene von den Philosophen gepriesene demütige Menschenfreundlichkeit des Sokrates übertroffen, welcher sich nicht schämte,
nach den Staatsgeschäften sich auf dem Schilf-
rohre niederzulassen und im Spielen mit Kindern
seinen Geist abzuspannen . . .
Die Klugheit läßt oft da, wo sie Tugenden zu
pflanzen sich bemüht, mit denselben einzelne
fehlerhafte Neigungen heranwachsen. Die evan-
gelische Parabel lehrt uns nämlich, das Unkraut
nicht immer auszureißen, auf daß mit demselben
nicht zugleich auch der Weizen ausgerottet
werde. Denn selten oder niemals sproßt aus dem
Acker unseres Herzens der Weizen der Tugend
empor ohne das Unkraut oder die Spreu irgend
einer Verkehrtheit, zumal da nach dem Aus-
spruche des Apostels dem Geistigen das Tierische vorhergehen muß *(1 Kor 15,46):* „Das Geistige aber ist nicht das Erste, sondern das Tierische, hernach das Geistige", d. h. *das Sinnliche,
Natürliche geht immer dem Geistigen, die niederen der höheren Stufe vor.* Wie unklug handeln
also die Lehrer der Kinder oder anderer sinn-
licher Menschen, die sich in den Sitten von den
Kindern nur wenig unterscheiden, wenn sie dieselben sofort jeder fehlerhaften Neigung entkleiden und sie plötzlich gleichsam zu einem geistigen Greisenalter führen wollen; wenn sie endlich
in unerleuchtetem Eifer, ohne Plan und Ordnung und ohne Rücksicht auf die Zeit mit ungestümem Eifer oder vielmehr Wut jede Leidenschaft (Neigung) verfolgen! *Die Klugheit läßt
einige Leidenschaften sprossen oder wachsen,
nicht weil sie gefallen oder schön sind, sondern
damit nicht schlimmere Leidenschaften auf-*

kommen, gleichwie der Nagel vom Nagel zu-
rückgestoßen und der Schmerz durch Schmerz
geheilt wird. So hält bisweilen die Rücksicht auf
menschliches Lob oder die Furcht vor Schande
die Menschen von Ehebruch, Hurerei, Raub und
andern ähnlichen Verbrechen ab; so werden
manchmal die Fürsten durch Ruhm- und Ehr-
sucht angetrieben, ihr Land gut zu regieren; so
ist auch den Knaben ein gewisser, wenngleich
fehlerhafter *Wetteifer,* ihre Genossen zu über-
flügeln, für den Fortschritt in den Wissenschaften nützlich.

Texte zur 3. Epoche:
Reformation
und Gegenreformation

Martin Luther:
„An die Bürgermeister und Ratsherren . . .“
(1524) –
Über die Notwendigkeit einer christlichen
Schule für alle Menschen

Erasmus von Rotterdam:
„De liberis statim et liberaliter instituendis“
(1529) –
Über die Notwendigkeit eines frühen
Beginns der Erziehung

Juan Luis Vives:
„De tradendis disciplinis“ (1531) –
Über die Notwendigkeit einer religiösen Fun-
dierung der Erziehung

Johann Amos Comenius:
„Didactica Magna“ (1657) –
Über die Notwendigkeit, alle Menschen alles
von Grund auf zu lehren

Martin Luther:

„An die Bürgermeister und Ratsherren . . .“ (1524) – Über die Notwendigkeit einer christlichen Schule für alle Menschen

Martin Luther: An die Bürgermeister und Ratsherrn aller Städte in deutschen Landen, daß sie christliche Schulen aufrichten und halten sollen. In: Ders.: Pädagogische Schriften. Besorgt von *Hermann Lorenzen.* Paderborn: 2. 1969, S. 64–83 (erheblich gekürzt).
Oder: *Martin Luther:* Studienausgabe. Herausgegeben von *Karl Gerhard Steck.* (Fischer Bücherei Bd. 6007) Frankfurt/M.: Fischer 1970, S. 189–205 (entsprechend gekürzt).

. . . Derhalben bitt' ich euch alle, meine lieben Herrn und Freunde, um Gottes willen und der armen Jugend willen, wollet diese Sache nicht so gering achten, wie viele tun, die nicht sehen, was der Welt Fürst gedenkt. Denn es ist eine ernste, große Sache, da Christo und aller Welt viel an liegt, daß wir dem jungen Volk helfen und raten. Damit ist denn auch uns und allen geholfen und geraten. Und denkt, daß solche stille, heimliche, tückische Anfechtung des Teufels will mit großem christlichen Ernst gewehrt sein. Liebe Herrn, muß man jährlich so viel wenden an Büchsen, Wege, Stege, Dämme und dergleichen unzählige Stücke mehr, damit eine Stadt zeitlich Friede und Gemach habe, warum sollte man nicht vielmehr doch auch so viel wenden an die dürftige, arme Jugend, daß man einen geschickten Mann oder zwei hielte zu Schulmeistern.
Auch soll sich ein jeglicher Bürger selbst das lassen bewegen: Hat er bisher so viel Geld und Gut an Ablaß, Messen, Vigilien, Stiftern, Testament, Jahrtage, Bettelmönche, Bruderschaften, Wallfahrten und was des Geschwürms mehr ist, verlieren müssen und ist nun hinfort von Gottes Gnaden solches Raubens und Gebens los, wollte doch Gott zu Dank und zu Ehren hinfort desselben ein Teil zur Schule geben, die armen Kinder aufzuziehen, das so herzlich wohl angelegt ist, so er doch hätte müssen zehnmal so viel vergebens den obengenannten Räubern und noch mehr geben ewiglich, wo solches Licht des

Evangelii nicht gekommen wäre und ihn davon erlöst hätte.
. . . Und warum leben wir Alten anders, denn daß wir des jungen Volkes warten, lehren und aufziehen? Es ist ja nicht möglich, daß sich das tolle Volk sollte selbst lehren und halten; darum hat sie uns Gott befohlen, die wir alt und erfahren sind, was ihnen gut ist, und wird gar schwere Rechnung von uns für dieselben fordern. Darum auch Moses befiehlt (5. Mos. 32,7) und spricht: „Frage deinen Vater, der wird dir's sagen, die Alten, die werden dir's zeigen."
. . . Darum will's hier dem Rat und der Obrigkeit gebühren, die allergrößte Sorge und Fleiß aufs junge Volk zu haben. Denn weil der ganzen Stadt Gut, Ehre, Leib und Leben ihnen zu treuer Hand befohlen ist, so täten sie nicht redlich vor Gott und der Welt, wo sie der Stadt Gedeihen und Besserung nicht suchten mit allem Vermögen Tag und Nacht. Nun liegt einer Stadt Gedeihen nicht allein darin, daß man große Schätze sammele, feste Mauern, schöne Häuser, viel Büchsen und Harnisch zeuge; ja, wo des viel ist und tolle Narren darüber kommen, ist so viel desto ärger und desto größerer Schade derselben Stadt; sondern das ist einer Stadt bestes und allerreichstes Gedeihen, Heil und Kraft, daß sie viel feiner, gelehrter, vernünftiger, ehrbarer, wohlgezogener Bürger hat, die könnten darnach wohl Schätze und alles Gut sammeln, halten und recht brauchen.
. . . Wenn nun gleich (wie ich gesagt habe) keine Seele wäre, und man der Schulen und Sprachen gar nicht bedürfte um der Schrift und Gottes willen, so wäre doch allein diese Ursache genügsam, die allerbesten Schulen, beide für Knaben und Maidlein, an allen Orten aufzurichten, daß die Welt, auch ihren weltlichen Stand äußerlich zu halten, doch bedarf feiner, geschickter Männer und Frauen, daß die Männer wohl regieren könnten Land und Leute, die Frauen wohl ziehen und halten könnten Haus, Kinder und Gesinde. Nun solche Männer müssen aus Knaben werden, und solche Frauen müssen aus Maidlein werden. Darum ist's zu tun, daß man Knäblein und Maidlein dazu recht lehre und aufziehe. Nun hab' ich droben gesagt, der gemeine Mann tut hier nichts zu, kann's auch nicht, will's auch nicht, weiß es auch nicht. Fürsten und Herren sollten's tun, aber sie haben auf dem Schlitten zu fahren, zu trinken und in der Mummerei zu laufen, und sind beladen mit hohen, merklichen Geschäften des Kellers, der Küche und der

Kammer. Und ob's etliche gern täten, müssen sie die anderen scheuen, daß sie nicht für Narren oder Ketzer gehalten werden. Darum will's euch, liebe Ratsherren, allein in der Hand bleiben: ihr habt auch Raum und Fug dazu, besser denn Fürsten und Herren.

Ja, sprichst du, ein jeglicher mag seine Tochter und Söhne wohl selber lehren oder ziehen mit Zucht. Antwort: Ja, man sieht wohl, wie sich's lehret und zieht. Und wenn die Zucht aufs Höchste getrieben wird und wohl gerät, so kommt's nicht ferner, denn daß ein wenig eine eingezwungene und ehrbare Gebärde da ist, sonst bleiben's gleichwohl eitel Holzböcke, die weder hiervon noch davon wissen zu sagen, niemand weder raten noch helfen können. Wo man sie aber lehrte und zöge in Schule oder sonst, da gelehrte und züchtige Meister und Meisterinnen wären, da die Sprachen und andere Künste und Historien lehrten, da würden sie hören die Geschichte und Sprüche aller Welt, wie es dieser Stadt, diesem Reich, diesem Fürsten, diesem Mann, diesem Weibe gegangen wäre, und könnten also in kurzer Zeit gleichsam der ganzen Welt von Anbeginn Wesen, Leben, Rat und Anschläge, Gelingen und Ungelingen für sich fassen, wie in einem Spiegel, daraus sie dann ihren Sinn schicken und sich in der Welt Lauf richten könnten mit Gottesfurcht, dazu witzig und klug werden aus denselben Historien, was zu suchen und zu meiden wäre in diesem äußerlichen Leben, und andern auch darnach raten und regieren. Die Zucht aber, die man daheim ohne solche Schulen vornimmt, die will uns weise machen durch eigene Erfahrung. Ehe das geschieht, so sind wir hundertmal tot und haben unser Lebenlang alles unbedacht gehandelt: denn zu eigener Erfahrung gehört viel Zeit.

. . . Darum liebe Herren, laßt euch das Werk anliegen, das Gott so hoch von euch fordert, das euer Amt schuldig ist, das der Jugend so not ist, und das weder Welt noch Geist entbehren kann. Wir sind leider lange genug in Finsternis verfault und verdorben. Wir sind allzulange genug deutsche Bestien gewesen. Laßt uns einmal auch der Vernunft brauchen, daß Gott merke die Dankbarkeit für seine Güte, und andere Leute sehen, daß wir auch Menschen und Leute sind, die etwas Nützliches entweder von ihnen lernen oder sie lehren könnten, damit auch durch uns die Welt gebessert werde. Ich habe das Meine getan. Ich wollte ja deutschem Lande gern geraten und geholfen haben, ob mich gleich etliche darüber werden verachten und solchen treuen Rat in den Wind schlagen und Besseres wissen wollen, das muß ich geschehen lassen. Ich weiß wohl, daß andere es könnten besser haben ausgerichtet; und weil diese schweigen, richte ich's aus, so gut wie ich's kann. Es ist ja besser dazu geredet, wie ungeschickt es auch sei, denn allerdinge davon geschwiegen. Und bin der Hoffnung, Gott werde je euerer etliche erwecken, daß mein treuer Rat nicht gar in die Asche falle, und werden ansehen nicht den, der es redet, sondern die Sache selbst bewegen und sich bewegen lassen.

Am letzten ist auch das wohl zu bedenken allen denjenigen, so Lieb und Lust haben, daß solche Schulen und Sprachen in deutschen Landen aufgerichtet und erhalten werden, daß man Fleiß und Kosten nicht spare, gute Librareien oder Bücherhäuser, sonderlich in den großen Städten, die solches wohl vermögen, zu verschaffen. Denn so das Evangelium und allerlei Kunst soll bleiben, muß es in Bücher und Schrift verfaßt und angebunden sein (wie die Propheten und Apostel selbst getan haben, wie ich droben gesagt habe). Und das nicht allein darum, daß diejenigen, so uns geistlich und weltlich vorstehen sollen, zu lesen und studieren haben, sondern daß auch die guten Bücher erhalten und nicht verloren werden samt der Kunst und Sprachen, so wir jetzt von Gottes Gnaden haben.

. . . Aber mein Rat ist nicht, daß man ohne Unterschied allerlei Bücher zuhauf raffe und nicht mehr gedenke, denn nur auf die Menge und Haufen Bücher. Ich wollte die Wahl darunter haben, daß nicht not sei, aller Juristen Kommentare, aller Theologen Sententiarum und aller Philosophen Quaestiones und aller Mönche Sermones zu sammeln. Ja, ich wollte solchen Mist ganz ausstoßen und mit rechtschaffenen Büchern meine Librarei versorgen und gelehrte Leute darüber zu Rat nehmen. Erstlich sollte die Heilige Schrift, beide auf lateinisch, griechisch, hebräisch und deutsch, und ob sie noch in mehr Sprachen wäre, darinnen sein. Darnach die besten Ausleger und die ältesten, beide griechisch, hebräisch und lateinisch, wo ich sie finden könnte. Darnach solche Bücher, die zu den Sprachen zu lernen dienen, als die Poeten und Oratores, nicht angesehen, ob sie Heiden oder Christen wären, griechisch oder lateinisch. Denn aus solchen muß man die Grammatica lernen. Darnach sollten sein die Bücher von den freien Künsten und sonst von allen andern Künsten. Zuletzt auch der Rechte und Arzenei Bücher;

wiewohl auch hier unter den Kommentaren eine gute Wahl not ist.

Mit den vornehmsten aber sollten sein die Chroniken und Historien, welcherlei Sprachen man haben könnte; denn dieselben wundernütz sind, der Welt Lauf zu erkennen und zu regieren, ja auch Gottes Wunder und Werk zu sehen . . .

Erasmus von Rotterdam:

„De liberis statim et liberaliter instituendis" (1529) – Über die Notwendigkeit eines frühen Beginns der Erziehung

Erasmus von Rotterdam: Über die Notwendigkeit einer frühzeitigen allgemeinen Charakter- und Geistesbildung der Kinder. In: Ders.: Ausgewählte pädagogische Schriften. Besorgt von *Anton J. Gail.* Paderborn: Schöningh 1963, S. 107–108.

Wenn du auf mich oder vielmehr auf den geistreichen Philosophen Chrysippus hörst, so wirst du für die sofortige wissenschaftliche Unterweisung deines Kindes Sorge tragen, solange sein Herz noch frei ist von Sorgen und Untugenden, solange seine Jugend noch weich und lenksam, sein Geist noch für alles empfänglich und fähig ist und dabei das einmal Aufgenommene mit Zähigkeit festhält. Denn an nichts erinnern wir uns im Alter so gut als an das, was wir in frühen Jahren unserem Geiste eingeprägt haben. Laß dich nur nicht beirren durch die oft ausgesprochene Behauptung, daß jenes Alter einerseits für den Unterricht nicht hinlänglich befähigt, anderseits den Anstrengungen des Lernens nicht gewachsen sei. Denn zunächst beruhen die Anfangsgründe der Wissenschaft hauptsächlich auf dem Gedächtnisse. Sodann kann, da uns die Natur zur Erkenntnis geschaffen hat, der Eifer für eine Sache, zu der die Mutter Natur selbst gewissermaßen die Keime in uns gelegt hat, nicht verfrüht sein. Dazu kommt, daß auch für die Erwachsenen die Kenntnis mancher Dinge unumgänglich ist, die eben einer besonderen Neigung der Natur zufolge das zarte Alter viel schneller und leichter sich aneignet als das reifere, z.B. die Anfangsgründe der Wissenschaft, die Sprachkenntnisse, die Märchen und Fabeln der Dichter. Und endlich, warum will man jenes Alter als ungeeignet für wissenschaftliche Beschäftigung ansehen, während man es doch schon hinsichtlich der Aneignung von Anstand und Sitte für befähigt erklärt? Oder was sollen denn die Knaben, wenn sie bereits sprechen können, Besseres tun, da sie doch irgend etwas tun müssen? Wieviel nützlicher ist es, wenn die Jugend sich die

Zeit mit Lernen vertreibt als mit Tändeleien! Man wird einwenden, es sei äußerst geringfügig, was in jenen ersten Jahren geleistet wird. Warum wird aber das als unbedeutend verachtet, was zum Größten unentbehrlich ist? Ferner, warum wird jener Gewinn, der, mag er auch noch so gering sein, immerhin doch ein Gewinn bleibt, geflissentlich gering geschätzt? Nun, wenn du Kleines zu Kleinem häufig hinzulegst, so entsteht ein keineswegs zu verachtender Haufen. Übrigens ziehe auch das in Erwägung: Wenn das Kind Unwichtiges lernt, so wird der Jüngling Wichtigeres lernen in den Jahren, in denen er sonst jenes Unwichtigere nachholen müßte. Endlich wird das Kind, während es solches treibt, wenigstens von den Untugenden abgehalten, von denen wir dieses Alter fast durchweg angesteckt sehen; denn nichts nimmt den ganzen Geist des Menschen so in Anspruch wie das Lernen. Und dieser Gewinn darf denn doch sicherlich nicht gering veranschlagt werden. Gesetzt übrigens den Fall, daß durch diese Anstrengungen die körperliche Entwicklung einige Einbuße erlitte, so scheint mir dieser Verlust durch den geistigen Gewinn reichlich aufgewogen zu werden, denn der Geist wird durch mäßige Anstrengung regsamer; und wenn hierin eine Gefahr liegen sollte, so kann sie durch unsere Sorgfalt vermieden werden. Man muß für das zarte Alter einen Lehrer heranziehen, der durch Freundlichkeit anlockt, nicht einen solchen, der durch Strenge abschreckt. Dann aber gibt es mancherlei, was zu wissen angenehm und der kindlichen Fassungskraft gleichsam verwandt ist, und solches zu lernen ist eher eine Lust als eine Last. Übrigens ist das Knabenalter auch gar nicht so schwächlich, vielmehr gerade deswegen zur Ertragung von Anstrengungen geeigneter, weil es dieselben nicht spürt. Wenn du also bedenkst, wie wenig der ein Mensch ist, der der geistigen Bildung entbehrt, wie flüchtig das menschliche Leben ist, wie sehr die Jugend zum Bösen neigt, wie vielfach die späteren Jahre in Anspruch genommen werden, wie öde und leer das Greisenalter ist und wie wenige von den Sterblichen es überhaupt erreichen: dann wirst du nicht dulden, daß bei deinem Knaben, in dem du gleichsam verjüngt fortleben wirst, irgend ein Teil der Jugendzeit unbenutzt vorübergehe, in welchem er sich etwa aneignen kann, was entweder für sein ganzes späteres Leben von großem Nutzen ist oder was ihn vom Bösen abhält.

Juan Luis Vives:

„De tradendis disciplinis" (1531) – Über die Notwendigkeit einer religiösen Fundierung der Erziehung

Juan Luis Vives: Pädagogische Hauptschriften. Aus dem Lateinischen übersetzt und mit einer Einleitung versehen von *Theodor Edelbluth.* Paderborn: Schöningh 1912, S. 118–121.

Der Mensch ist, wie jedes Ding, nach seinem Zwecke zu beurteilen; er ist das unnützeste und elendeste Geschöpf, wenn er sein Ziel verfehlt; erreicht er es aber, so ist er das vollkommenste und glücklichste Wesen. Zweck und Ziel des Menschen, was kann es anders sein als Gott selbst! Wo kann der Mensch seliger ruhen als in Gott, in dem er gleichsam ganz aufgeht! Wir müssen auf demselben Wege zu ihm zurückkehren, auf dem wir von ihm ausgegangen sind. Seine Liebe hat uns ins Dasein gerufen. Damit uns dieses unermeßliche Glück zuteil würde, hat er uns erschaffen; das ist das deutlichste Zeichen seiner Liebe. Liebe hat uns ihm entfremdet: Eigenliebe. Liebe rief uns wieder zurück und richtete uns wieder empor: Liebe Christi zu uns sündigen Menschenkindern. Liebe muß uns wieder zu unserem Ursprunge und zu unserem Ziele zurückführen: Liebe zu Gott. Liebe nur vermag geistige Wesen zu verbinden und zu vereinen. Der Liebe muß aber die Erkenntnis vorausgehen. Ehe wir geboren wurden, liebte Gott uns schon, weil er uns schon kannte, weil wir für ihn schon geboren waren. Wie lieben, wie erkennen wir bei der Geburt die Erkenntniskraft erlangt haben. Was wir aber zu lieben haben, das wird der Glaube uns lehren, der uns die ersten und einfachsten Grundlagen unserer Pflichten gegen Gott, den Vater alles Seienden, und seinen Sohn Jesus Christus, der, um uns von der Sünde zu erlösen, Mensch wurde, ohne von der Sünde berührt zu werden, überliefert. Wie man dies erkennen und lieben soll, lehren nicht menschliche Erfindungen, sondern göttliche Offenbarungen, welche zur Genüge durch den Heil. Geist in den Hl. Schriften überliefert sind. Aus diesen Urkunden gewinnt man eine vollständige Kenntnis der Gottesverehrung, die man Frömmigkeit, auch Religion nennt; ihr Wesen besteht mehr in der Übung als in der Kenntnis unserer Pflichten gegen Gott.

Jene ersten Grundlagen unserer religiösen Pflichten sind nicht so einfach, daß sie nicht für unser Handeln genügten; ein jeder muß sie genau kennen. Den höchsten Grad der Frömmigkeit aber besitzen diejenigen, welche sich durch die Liebe höher emporschwingen; denn die Liebe ist feurig, und wie eine Feuerflamme reißt sie die, welche sie ergriffen hat, mit sich in die Höhe. So war es bei jenem Manne, dem die Herde anvertraut ist, und an den aus des Herrn Mund die Frage erging: „Liebst du mich mehr als diese?" Ihm geziemt es, im Glauben stark zu sein und dem Widersacher zu widerstehen, wie der Apostel Paulus sagt. Diese Kenntnis der Gottesverehrung stützt sich auf sich selbst, besteht durch sich selbst und bedarf durchaus keiner fremden Hilfe; in ihr sind im Gegenteil alle Schätze der Wissenschaft und Weisheit beschlossen, und alles, was sonst über andere oder teilweise dieselben Dinge überliefert ist, hört sich an wie das Stammeln eines Kindes und ist reine Unwissenheit im Vergleiche zu jener heiligen und wunderbaren Weisheit. Die Religion muß Richtschnur für all unser anderes Wissen sein, wie Gott für die Geisterwelt, der Mensch für die übrigen Lebewesen; alle anderen Wissenschaften sind nur hauptsächlich aus dem Gesichtspunkte zu beurteilen, ob sie nach dem Stoff, ihrem und unserm Ziele, nach den Lehrern, der Lernmethode und dem Erfolge mit der Religion im Einklang sich befinden oder nicht. Mit der religiösen Wahrheit steht keine Wissenschaft, keine Erkenntnis an sich im Widerspruch. Der religiösen Wahrheit widerstreitend nenne ich das, was mit dem Glauben und der Liebe im Widerstreit steht, diese Tugenden entweder ganz beseitigt oder doch ihre Kraft vermindert, insofern Schlechtigkeit und Bosheit in die Seele ihren Einzug halten. Ihre Stoffe nehmen die Wissenschaften von den Dingen, die Gott in seiner Güte geschaffen hat und die deshalb gut sein müssen; dem Guten aber widerstreitet die Religion nicht, da sie ja das höchste Gut und Quelle und Anfang alles Guten ist. Ohne Religion gibt es nichts Gutes in uns, und es kann ihr nichts feindselig entgegentreten, was denselben Ursprung hat wie sie selbst. Je weiter man in das Wesen der Dinge eindringt, um so weiter öffnen sich die Pforten, um Gott, d.h. den Urgrund aller Dinge aus deren Wirkungen erkennen zu lassen, ein Erkenntnis-

gang, welcher unserer geistigen Fassungskraft am angemessensten ist. So soll, wie der Jude Philo berichtet, Abraham zur Gotteserkenntnis gekommen sein. Er schloß aus dem Vorhandensein der Himmelskörper und der Elemente, aus den ewigen Bewegungen, aus der unwandelbaren Ordnung, aus dem feststehenden Kreislaufe der Zeiten, da müsse doch zweifellos irgendein weiser Wille vorhanden sein, von dem alle diese festen und beständigen Erscheinungen geleitet würden. Diesen weisen Willen selbst suchte und verehrte er, während er die unsinnigen Götzenbilder, die der Mensch sich gemacht hatte, um sein eigenes Werk anzubeten, verwarf und verachtete. Basilius der Große berichtet, Moses hätte durch das Studium der ägyptischen Wissenschaften seinen Geist so sehr geschärft, daß er zur Erkenntnis des göttlichen Wesens gelangt sei. Daher singt der heilige Sänger: „Die Himmel rühmen die Herrlichkeit Gottes, und seiner Hände Werk verkündet das Firmament." Und der hl. Paulus schreibt, der unsichtbare Gott sei erkennbar in den sichtbaren Weltdingen.

Ich bin der Überzeugung, daß stolze Unwissenheit der Religion größeren Schaden zufügt als bescheidenes Wissen. Auf Schritt und Tritt sieht man ja, daß es da, wo Unkenntnis herrscht, um den wahren und reinen Glauben nicht eben gut bestellt ist. Ich denke hierbei aber an wahres Wissen oder doch an solches, das der Wahrheit möglichst nahe kommt oder ihr verwandt ist. Denn rohe und falsche Annahmen und Voraussetzungen als Grundlagen der Erkenntnis können der Religion sehr schaden.

Johann Amos Comenius:

„Didactica Magna" (1657) – Über die Notwendigkeit, alle Menschen alles von Grund auf zu lehren

Johann Amos Comenius: Große Didaktik. Herausgegeben von *Andreas Flitner.* Stuttgart: Klett-Cotta 5.1982, S. 97–103.

17. Kapitel
Grundsätze zu leichtem Lehren und Lernen

Nicht nur sicher, sondern auch leicht muß das Lernen sein (1). Zehn Grundsätze dafür (2). – I. Auf freiem Grunde beginnen (3). Anwendung dieses Grundsatzes (4–7), Verstoß dagegen in den Schulen (8), Abhilfe (9). – II. Den Stoff so zubereiten, daß er nach der Form verlangt (10–13). Wie der Lerneifer bei den Kindern erweckt und erhalten werden kann (14) durch die Eltern (15), die Lehrer (16), die Einrichtung der Schule (17), die Lehrgegenstände (18), die Methode (19) und die Behörden (20). – III. Alles aus Kleinem und Allgemeinem entwickeln (21–24). – IV. Vom Leichten zum Schweren vorgehen (25–28). – V. Nichts überladen (29–30). – VI. Nichts überstürzen (31–35). – VII. Nichts wider Willen aufnötigen, sondern die Reife abwarten (36–38). – VIII. Alle Hilfsmittel, besonders die sinnliche Anschauung heranziehen (39–42). – IX. Den Nutzen aufzeigen (43–45). – X. Stets die gleiche Methode verwenden (46–48).

1. Nachdem wir gesehen haben, mit welchen Mitteln der Jugendbildner sein Ziel sicher erreichen könne, wollen wir untersuchen, wie jene Mittel den geistigen Anlagen anzupassen sind, damit sie leicht und angenehm angewandt werden können.
2. Indem wir dem von der Natur vorgezeichneten Wege folgen, finden wir, daß die Jugend leicht zu erziehen ist, wenn

   I. frühzeitig, bevor der Verstand verdorben ist, damit begonnen wird,
   II. die nötige Vorbereitung des Geistes vorangeht,
   III. der Unterricht vom Allgemeinen zum Besonderen und

   IV. vom Leichten zum Schweren fortschreitet;
   V. wenn niemand durch die Menge des zu Lernenden überladen wird, und man
   VI. stets langsam vorgeht;
   VII. wenn man dem Geiste nichts aufzwingt, wonach er nicht aus freien Stücken – der Altersstufe und dem Ausbildungsgang entsprechend – verlangt;
   VIII. wenn alles durch sinnliche Anschauung und
   IX. zu gegenwärtigem Nutzen gelehrt wird;
   X. wenn man immer bei derselben Methode bleibt.

Auf diese Weise, sage ich, wird sich alles leicht und angenehm einprägen. Doch untersuchen wir, wie die Natur selbst vorgeht!

3. Erster Grundsatz:
Die Natur baut immer auf freigelegtem Grunde (a privatione) auf.
Der Vogel z. B. brütet nur frisch gelegte Eier, die den reinsten Stoff enthalten, aus. Hätte schon ein Junges darin zu wachsen begonnen, würde man vergeblich einen Erfolg erwarten.
4. Wenn der Baumeister ein Gebäude errichten will, so bedarf er entweder eines freien Platzes, oder er muß, wenn er es an die Stelle früherer Bauten setzen will, diese erst abtragen.
5. Auch der Maler malt am besten auf einen leeren Grund. Ist der aber schon bemalt oder befleckt oder rauh und uneben, so muß er erst gereinigt und geglättet werden.
6. Hat jemand kostbare Salben zu verwahren, so füllt er sie in neue oder doch sicher von früherem Inhalt sorgfältig gereinigte Gefäße.
7. So setzt auch der Baumzüchter am liebsten junge Bäumchen, oder beschneidet, wenn er ältere pflanzt, erst alle Äste, um zu verhindern, daß der Saft sich in falscher Richtung verbreite. Eben deshalb hat Aristoteles das Freilegen zu den Voraussetzungen aller Dinge gerechnet. Denn er sah die Unmöglichkeit, einem Stoff eine neue Form zu geben, ohne die alte zu zerstören.
8. Daraus folgt erstens, daß am besten schon die jugendlich lenksamen Gemüter dem Studium der Weisheit zugeführt werden, bevor noch andere Beschäftigungen sie ablenken und zerstreuen, und daß die Bildung auf desto größere Hindernisse stößt, je später sie anfängt, da dann der Verstand schon mit anderem beschäftigt ist. Zweitens, daß ein Knabe nicht mit Erfolg gleich-

zeitig von mehreren Lehrern unterrichtet werden kann, weil kaum alle dieselbe Form [des Unterrichts] innehalten können, was den empfindsamen Schüler verwirrt und seine Bildung behindert. Drittens, daß ungeschickt vorgeht, wer Knaben und Jünglinge zu bilden übernimmt und nicht bei den Sitten beginnt; wer nicht zuerst ihre Leidenschaften bändigt und sie so für das Weitere empfänglich macht. Ein Rossebändiger nimmt zuerst sein Pferd an die Kandare und macht es sich gefügig, bevor er es zu dieser oder jener Gangart dressiert. Mit Recht sagt deshalb Seneca: Erst erlerne die Sitten und dann die Weisheit, die doch ohne Sitten schlecht lernbar ist. Und Cicero sagt: Die Sittenlehre bereitet die Geister vor zur Aufnahme der Saat usw.

9. Darum soll I. mit der Bildung der Jugend frühzeitig begonnen werden; II. der Schüler im selben Fach nur einen einzigen Lehrer haben; III. der Jugendbildner vor allem anderen die Sitten in rechte Ordnung (harmonia) bringen.

10. Zweiter Grundsatz:
Die Natur bereitet den Stoff so zu,
daß er nach der Form verlangt.
Wenn das Junge im Ei schon genügend ausgebildet ist und nach höherer Vollendung strebt, so bewegt es sich, sprengt die Schale oder zerbricht sie mit dem Schnabel. Ist es aus diesem Kerker befreit, so freut es sich, von der Mutter gewärmt zu werden, läßt sich gern füttern, öffnet gierig den Schnabel und verschlingt das dargebotene Futter. Es freut sich, den Himmel zu sehen, sich zum Fliegen vorzubereiten und bald fliegen zu können. Kurz: begierig aber sukzessive ergreift es alle Gaben der Natur.

11. So muß der Baumgärtner dafür sorgen, daß die Pflanze mit der nötigen Feuchtigkeit und Lebenswärme versehen ist und fröhlich gedeiht.

12. Schlecht sorgt also für die Knaben, wer sie gegen ihren Willen zum Studium treibt. Was kann er sich davon erhoffen? Wenn der Magen nicht nach Speise verlangt und sie ihm dennoch aufgedrängt wird, so kann das nur Übelkeit und Erbrechen oder doch schlechte Verdauung und Unwohlsein zur Folge haben. Was hingegen einem hungrigen Magen geboten wird, nimmt er begierig auf, verdaut es rasch und verwandelt es sorgfältig in Saft und Blut. Daher sagt Isokrates: Wenn du gern lernst, wirst du viel lernen. Und Quintilian: Der Lerneifer wurzelt im Willen, der aber läßt sich nicht zwingen.

13. Deshalb muß man I. den Wissens- und Lerneifer der Knaben auf jede mögliche Weise entzünden. II. durch die Lehrmethode die Mühe des Lernens verringern, daß nichts dem Schüler mißfalle und von weiteren Studien abschrecke.

14. Der Lerneifer aber kann in den Kindern entfacht und erhalten werden durch die Eltern, durch die Schule, durch den Stoff, durch die Lehrmethode und durch die Behörden.

15. Wenn die Eltern vor ihren Kindern die Gelehrsamkeit und die Gelehrten oft loben, ihnen schöne Bücher, Kleider oder sonst etwas Hübsches versprechen, wenn sie sie zum Fleiß ermahnen, wenn sie die hervorragende Bildung des zuständigen Lehrers und seine Freundlichkeit gegen die Schüler hervorheben – denn Liebe und Verehrung erwecken am besten die Lust nachzueifern – und schließlich wenn sie sie ab und zu mit einer Botschaft oder einem kleinen Geschenk zu ihm schicken, dann werden sie es leicht erreichen, daß die Kinder sowohl zur Lehre als auch zum Lehrer in ein vertrauteres Verhältnis treten.

16. Wenn ferner die Lehrer leutselig und freundlich sind, durch keine Rauheit sich die Gemüter entfremden, sondern sie durch väterliche Zuneigung, Haltung und Worte an sich ziehen; wenn sie den Vorzug, das Anziehende und die Zugänglichkeit der Studien, die sie betreiben, hervorheben; wenn sie die Fleißigeren loben und den Kleinen auch Äpfel, Nüsse, Süßigkeiten u. ä. austeilen; wenn sie einzelnen, die sie zu sich rufen, oder auch allen zusammen Abbildungen zeigen, von dem was gerade durchgenommen wird, oder optische und geometrische Instrumente, Weltkugeln und ähnliche Dinge, die sie begeistern können; wenn sie ferner durch die Kinder den Eltern ab und zu eine Meldung schicken, kurz: wenn sie die Kinder mit Liebe behandeln, werden sie sich leicht ihre Herzen erobern, daß sie oft sogar lieber in der Schule als zuhause sind.

17. Die Schule selbst soll eine liebliche Stätte sein, von außen und von innen den Augen einen angenehmen Anblick bieten: Innen ein helles, sauberes Zimmer, das rundherum mit Bildern geschmückt sein soll. Die Bilder können berühmte Männer darstellen oder geschichtliche Ereignisse, es können auch Landkarten sein oder irgendwelche Embleme. Draußen soll nicht nur ein Platz vorhanden sein zum Springen und Spielen, denn dazu muß man den Kindern Gelegenheit geben, wie weiter unten ausgeführt wird,

sondern auch ein Garten, in den man sie ab und zu schicken soll, daß sie sich am Anblick der Bäume, Blumen und Gräser freuen können. Wenn es so eingerichtet wird, kommen die Kinder wahrscheinlich nicht weniger gern in die Schule als sie sonst auf Jahrmärkte gehn, wo sie immer etwas Neues zu sehen und zu hören hoffen.

18. Auch die Lehrgegenstände selbst ziehen die Jugend an, wenn sie der Fassungskraft der Altersstufe angepaßt und klar vorgetragen werden. Scherzhaftes kann man einflechten oder doch weniger Ernstes, immer aber Erfreuliches, so daß das Angenehme mit dem Nützlichen verbunden ist.

19. Damit auch die Methode den Lerneifer wecke, muß sie erstens eine natürliche sein. Denn alles was natürlich ist, geht von selbst voran. Das Wasser muß man nicht zwingen, einen Abhang hinunter zu fließen. Man entferne nur den Damm oder was es sonst zurückhält, und alsbald wird man es fließen sehen. Auch muß man den Vogel nicht bitten zu fliegen, man braucht nur den Käfig zu öffnen. Auge und Ohr muß man nicht bitten, sich einem schönen Bild oder einer schönen Melodie zuzuwenden, das sich ihnen bietet. Eher müßte man sie davon zurückhalten. Was aber eine naturgemäße Methode fordert, wird man aus dem vorhergehenden Kapitel wie aus den folgenden Regeln entnehmen können. Zweitens muß die Methode, damit auch sie die Geister anzieht, mit Klugheit versüßt werden. Alle noch so ernsten Lehrgegenstände sind vertraulich und angenehm vorzutragen, etwa in der Form eines Kolloquiums, eines Wortstreits, in Rätseln oder in Gleichnissen und Fabeln. Davon unten ausführlicher.

20. Die Behörden und Schulvorsteher aber können den Fleiß der Schüler anspornen, wenn sie bei öffentlichen Schulfeierlichkeiten – in Übungen, Deklamationen und Disputationen z. B. oder in Prüfungen und Promotionen – selbst zugegen sind und unter den Fleißigen (ohne Ansehen der Person) Lob und kleine Geschenke austeilen.

21. Dritter Grundsatz:
Die Natur entwickelt alles aus Anfängen,
die klein an Maß, aber groß an inneren Kräften
sind.
Beispiel: Der Stoff, aus welchem sich der Vogel bilden soll, ist zu einem Tropfen zusammengedrängt und von einer Schale umgeben, damit er

leicht im Leib getragen und dann ausgebrütet werden kann. Und trotzdem enthält er der inneren Kraft (virtus) nach den ganzen Vogel, denn von dem darin mit eingeschlossenen Lebensgeiste (spiritus) wird der Körper des Vögelchens gebildet.

22. So schließt der Baum, so groß er auch sein mag, sein ganzes Wesen in den Kern seiner Frucht oder in den äußeren Trieb seiner Zweige, den Setzling ein. Wenn man nun diesen in die Erde senkt, wird wieder ein ganzer Baum daraus emporwachsen dank der ihm innewohnenden Kraft.

23. Ganz ungeheuer hat man gegen dieses Naturgesetz in den Schulen verstoßen. Die meisten Lehrer nämlich mühen sich ab, statt des Samens schon Kräuter zu säen und statt der Setzlinge ganze Bäume zu pflanzen, indem sie statt der grundlegenden Prinzipien den Schülern ein Durcheinander von Folgerungen und gar von unzubereiteten Texten vorsetzen. Und doch, so sicher es ist, daß die Welt aus vier – wenn auch in vielen Formen erscheinenden – Elementen besteht, so sicher ist es auch, daß die gelehrte Bildung auf ganz wenigen Prinzipien sich aufbaut, aus denen dann eine unendliche Menge von Lehrsätzen erwächst (wenn man die Regel der Differenzierungen kennt), – vergleichbar einem Baum, aus dessen wohlbegründeter Wurzel hunderte von Ästen, tausende von Blätter, Blüten und Früchten hervorwachsen können. Oh, möchte sich doch Gott unserer Zeit erbarmen und einem Menschen die Augen des Geistes öffnen, daß er die Zusammenhänge der Dinge recht erkenne und sie den andern zeige. So Gott will, werde ich in einer Übersicht der christlichen Pansophie die Probe eines solchen Versuchs geben, in der demütigen Hoffnung, daß Gott vielleicht durch Andere zu gegebener Zeit mehr offenbar werden lasse.

24. Einstweilen ist auf drei Dinge zu achten: I. Jede Kunst [und Disziplin] muß in möglichst kurze aber genaue Regeln eingegrenzt werden. II. Jede Regel muß in möglichst knappe aber klare Worte gefaßt sein. III. Jeder Regel müssen genügend Beispiele folgen, damit hinreichend deutlich wird, auf welchen Bereich sich die Anwendung der Regel erstreckt.

25. Vierter Grundsatz:
Die Natur schreitet vom Leichteren
zum Schwereren vor.
Beispiel: Die Bildung des Eies geht nicht vom
härteren Teil, der Schale, aus, sondern vom
Dotter, welcher zuerst von einem Häutchen umgeben wird und später erst von der härteren
Schale. Ebenso übt sich der Vogel, der fliegen
lernen will, zuerst darin, auf seinen Füßen zu stehen, dann die Flügel zu bewegen, dann sie zu
schwingen und schließlich mit starkem Schwung
sich in die freie Luft zu erheben.
26. So lernt auch der Zimmermann erst das
Holz fällen, dann es mit der Axt behauen, sodann es zusammenfügen und zuletzt ganze Gebäude errichten.
27. Es ist also verkehrt, wenn in den Schulen
etwas Unbekanntes durch ein ebenso Unbekanntes gelehrt wird, wie das z. B. geschieht 1.
wenn den Anfängern im Lateinstudium lateinische Regeln gegeben werden, was nicht besser
ist, als wenn einer Hebräisch durch hebräische
und Arabisch durch arabische Regeln erklären
wollte; 2. wenn es den Anfängern ein aus dem
Lateinischen in die Muttersprache übersetztes
Wörterbuch zur Hilfe gegeben wird, wo sie doch
das in umgekehrter Richtung vorgehende haben
sollten. Denn sie wollen ja nicht die Muttersprache mit Hilfe der lateinischen lernen, sondern sie
sollen Latein lernen, wobei die vertraute Muttersprache vermitteln kann (darüber gründlicher
im 22. Kapitel); 3. wenn einem Knaben ein aus-
ländischer Lehrer gegeben wird, der die Muttersprache seines Schülers nicht beherrscht. Da sie
so des Mittels für den Verkehr miteinander be-
raubt sind und nur mit Gebärden und Vermutungen herumfechten können, so geht es ihnen
wie beim Turmbau zu Babel; 4. auch darin
weicht man vom vernünftigen Wege ab, daß
man nach denselben grammatischen Regeln
(z. B. denen des Melanchthon oder des Ramus)
die Jugend aller Nationen (der Franzosen,
Deutschen, Böhmen, Polen, Ungarn usw.) unterrichtet, während doch jede dieser Sprachen
ein besonderes, ihr eigentümliches Verhältnis
zur lateinischen hat, worauf man hinweisen
muß, wenn man den Knaben mit der Eigenart
des Lateinischen ordentlich bekannt machen
will.
28. Diesen Übelständen wird abgeholfen, I. wenn
Lehrer und Schüler dieselbe Sprache sprechen;
II. wenn alle Erklärungen in einer bekannten
Sprache gegeben werden; III. wenn jede Gram-

matik und jedes Wörterbuch der Sprache angepaßt wird, durch deren Vermittlung die neue
gelernt werden soll (die lateinische der Muttersprache, die griechische der lateinischen usf.);
IV. wenn das Studium der neuen Sprache stufenweise fortschreitet, sodaß der Schüler erst verstehen lernt (das ist am einfachsten), dann schreiben (wo er Zeit hat, zu überlegen) und endlich
sprechen (was am schwierigsten ist, weil es aus
dem Stegreif geschehen muß); V. wenn bei der
Verbindung der lateinischen mit der Muttersprache die Muttersprache als das Bekannte vorangeht und das Lateinische nachfolgt; VI. wenn
der Stoff selbst stets so geordnet wird, daß der
Schüler zuerst das Naheliegende kennen lernt,
dann das Entferntere und schließlich das Fern-
ste. Wenn also den Knaben zum ersten Male
Lehrsätze vorgelegt werden (aus der Logik oder
der Rhetorik z. B.), so sollen sie nicht durch Beispiele beleuchtet werden, die ihre Fassungskraft
übersteigen, etwa aus der Theologie, Politik
oder Poetik, sondern auch solche, die dem täg-
lichen Leben entnommen sind. Sonst werden sie
weder die Regel noch deren Gebrauch verstehen.
VII. Zuerst müssen die Sinne (sensus) der Knaben geübt werden (das ist das leichteste), dann
das Gedächtnis (memoria), später das Erkenntnisvermögen (intellectus) und zuletzt die Urteilsfähigkeit (iudicium). Dies ist die richtige Stufen-
leiter, weil das Wissen von der Sinneswahrneh-
mung ausgeht und durch die Vorstellungskraft
(imaginatio) sich dem Gedächtnis mitteilt. Dann
erwächst aus der Erweiterung der Einzelfälle
(inductio) die Erkenntnis des allgemein Gültigen
(universalia), und zuletzt aus fortgeschritte-
ner Erkenntnis das Urteil, welches das Wissen
sichert.

29. Fünfter Grundsatz:
Die Natur überlädt sich nicht,
sondern ist mit wenigem zufrieden.
Beispiel: Die Natur verlangt nicht zwei Vögel-
chen aus einem Ei, sondern ist zufrieden, wenn
eines recht ausschlüpft. Der Baumgärtner pfropft
nicht beliebig viele Reiser auf einen Stamm, sondern höchstens ein paar, so er einen kräftigen
Stamm dafür findet.
30. Es zerstreut also nur die Gemüter, wenn den
Schülern gleichzeitig mehrere Dinge vorgelegt
werden, z. B. Grammatik, Dialektik, oder auch
Rhetorik und griechische Sprache und Dichtung
in einem Jahr (vgl. dazu den 4. Grundsatz im
vorhergehenden Kapitel).

Texte zur 4. Epoche:
Die Aufklärung

Paul Thiry d'Holbach:
„System der Natur . . ." (1770) –
Plädoyer für das System der Natur,
die Kritik am Vorurteil und die Herrschaft
der Vernunft

Friedrich Eberhard Freiherr von Rochow:
„Der Kinderfreund" (1776–1779) –
Plädoyer für eine rationale Erziehungs-
praxis

Immanuel Kant:
„Über Pädagogik" (1803) –
Plädoyer für eine wartende, diszi-
plinierende, unterweisende und bildende
Erziehung

Christian Gotthilf Salzmann:
„Ameisenbüchlein" (1806) –
Plädoyer für eine vernünftige und selbst-
kritische Erziehung der Erzieher

Auch die Pädagogik der Aufklärung ist in
ihren theoretischen Hauptschriften relativ gut
und leicht zugänglich dokumentiert:
„Klinkhardts pädagogische Quellentexte" bieten u. a. Schriften von *Campe, Kant, Pestalozzi, Rochow* und *Salzmann;* in „Schöninghs
Sammlung pädagogischer Schriften" finden
sich *Basedow, Felbiger, Kant, Milde, Möser,
Niemeyer, Pestalozzi, Schwarz* und *Trapp;*
beide Reihen-Editionen geben Texte von *Rousseau* heraus; und der „Emile" ist darüber hinaus bei Reclam und Winkler verfügbar. Zumeist nur noch in Bibliotheken greifbar sind
dagegen die Nachdrucke und Editionen der
Aufklärungspädagogik, die von den Erzie-
hungshistorikern der DDR – in der Reihe
„Erziehung und Gesellschaft" – veranstaltet
wurden. Für den privaten Erwerb leider meist
zu teuer, aber für das Studium der Aufklärungspädagogik unentbehrlich sind schließlich
die Nachdrucke, die von *H.-J. Heydorn* veranlaßt und – in der Reihe „Paedagogia" – herausgegeben wurden, u. a. Texte zur Industrieschule
mit einleitenden Kommentaren von *G. Ko-
neffke* oder ein Neudruck von *Th. G. v. Hippels*
Abhandlung zur Frauenbildung, mit einer Einleitung von *J. Jacobi-Dittrich;* und schließlich
erschien 1979 im Verlag Topos ein Nachdruck
der von *Joachim H. Campe* 1785–1792 herausgegebenen 16bändigen „Allgemeinen Revision
des gesammten Schul- und Erziehungswesens
von einer Gesellschaft praktischer Erzieher".
Wegen dieser Editionslage können sich die
folgenden exemplarischen Auszüge auf Lese-
proben beschränken. Sie sollen den Anspruch
der Aufklärung zeigen, den Beginn einer systematischen Analyse der Probleme, mit denen sich
die Erziehung in der bürgerlichen Gesellschaft
konfrontiert sieht, ihre pädagogische Transformation und nicht zuletzt schon damit ihre
weite und widersprüchliche Gestalt.

Paul Thiry d'Holbach:

„System der Natur . . ." (1770) –
Plädoyer für das System
der Natur, die Kritik am Vorurteil
und die Herrschaft der Vernunft

Paul Thiry d'Holbach: System der Natur oder
von den Gesetzen der physischen und der moralischen Welt. (Original 1770, zunächst anonym.)
Berlin (DDR): Aufbau Verlag 1960, S. 5–7.
Oder: *Paul Thiry d'Holbach:* System der Natur
oder von den Gesetzen der physischen und der
moralischen Welt. Übersetzt von *Fritz-Georg
Voigt.* (stw Bd. 259) Frankfurt/M.: Suhrkamp
1978, S. 11–13.
Über den Atheisten, Materialisten und Naturforscher *Holbach* (1723–1789), der ab 1751 an *Dide-
rots* Encyclopédie mitarbeitete, informiert eindrucksvoll *Werner Kraus:* Perspektiven und
Probleme. Neuwied–Berlin: Luchterhand 1965,
S. 121–265. *Kraus* vergleicht die deutsche und die
französische Aufklärung, während *Manfred
Naumann* in das Werk *d'Holbachs,* aus dem hier
zitiert wird, verständnisvoll einführt.

Der Mensch ist nur darum unglücklich, weil er die
Natur verkennt. Sein Geist ist durch Vorurteile
derart verseucht, daß man glauben könnte, er sei
für immer zum Irrtum verdammt: er ist mit dem
Schleier der Anschauungen, den man von Kindheit an über ihn breitet, so fest verwachsen, daß er
nur mit der größten Mühe daraus gelöst werden
kann. Ein gefährlicher Gärstoff ist allen seinen
Kenntnissen beigemischt und macht sie notwendig schwankend, unklar und falsch: er wollte zu
seinem Unglück die Grenzen seiner Sphäre über-
schreiten und versuchte, sich über die sichtbare
Welt zu erheben; und unaufhörlich belehrten ihn
wiederholte schreckliche Rückfälle vergeblich
über die Torheit seines Unternehmens: er wollte
Metaphysiker sein, ehe er Physiker war: er verachtete die Wirklichkeit, um über Hirngespinste
nachzusinnen; er vernachlässigte die Erfahrung,
um sich an Systemen und Vermutungen zu er-
bauen; er wagte nicht, seine Vernunft zu pflegen,
gegen die ihn einzunehmen man frühzeitig Sorge
getragen hatte; er wollte wissen, welches Schicksal ihn in den imaginären Reaktionen eines jensei-
tigen Lebens erwartete, ehe er daran dachte, an

dem Ort glücklich zu werden, wo er lebte. Kurz:
der Mensch mißachtete das Studium der Natur,
um Phantomen nachzulaufen, die ihn wie die Irr-
lichter, die der Wanderer des Nachts erblickt, er-
schreckten, ihn blendeten und ihn vom einfachen
Wege des Wahren abbrachten, ohne den er nicht
zum Glück gelangen kann.
Es ist also wichtig, daß man sich bemüht, die
Blendwerke zu zerstören, die nur geeignet sind,
uns irrezuführen. Es ist an der Zeit, gegen die
Übel, welche die Schwärmerei über uns gebracht
hat, Heilmittel aus der Natur zu schöpfen: die von
der Erfahrung geleitete Vernunft muß endlich die
Vorurteile, denen das Menschengeschlecht so
lange verfallen ist, an der Wurzel packen. Es ist
an der Zeit, daß die ungerechtfertigterweise her-
abgesetzte Vernunft den kleinmütigen Ton aufgibt, der sie zum Mitschuldigen der Lüge und des
Irrsinns macht. Es gibt nur eine Wahrheit; sie ist
für den Menschen notwendig, sie kann ihm niemals schaden, ihre unbesiegbare Macht wird sich
früher oder später offenbaren. Daher muß sie
dem menschlichen Geschlecht enthüllt werden;
ihre Reize müssen ihm gezeigt werden, damit es
mit Widerwillen gegen den schmachvollen Kult
erfüllt werde, den es dem Irrtum weiht, welcher
sich allzuoft unter der Maske der Wahrheit unge-
rechtfertigte Huldigungen erwirbt; ihr Glanz
kann allein den Feinden des Menschengeschlechts
schaden, deren Macht sich nur in der dunklen
Nacht behauptet, die sie über den menschlichen
Geist ausbreiten.
Nicht zu diesen verderbten Menschen soll die
Wahrheit sprechen; ihre Stimme wird nur von
rechtschaffenen Menschen vernommen, die an
eigenes Denken gewöhnt sind und Gefühl genug
besitzen, um die unzähligen Leiden zu bekla-
gen, die die Erde durch religiöse und politische
Tyrannei zugefügt werden, und die aufgeklärt genug sind, um die unermeßliche Kette der Übel
wahrzunehmen, unter denen das bedrückte Menschengeschlecht zu allen Zeiten durch den Irrtum
hat leiden müssen. Dem Irrtum verdanken wir die
drückenden Ketten, die die Despoten und die
Priester überall den Völkern schmieden. Dem Ir-
tum verdanken wir die Sklaverei, in der fast in allen Ländern die Völker schmachten, welche die
Natur dazu bestimmte, frei für ihr Glück zu
arbeiten. Dem Irrtum verdanken wir die religiösen Schrecken, die überall die Menschen in Furcht
erstarren und für Hirngespinste sich niedermet-
zeln lassen. Dem Irrtum verdanken wir die einge-
wurzelten Feindschaften, die barbarischen Ver-

folgungen, das fortwährende Blutvergießen und die empörenden Tragödien, deren Schauplatz die Erde unter dem Vorwand, daß man den Interessen des Himmels diene, so häufig geworden ist. Schließlich verdanken wir den durch die Religion geheiligten Irrtümern die Unwissenheit und die Ungewißheit, in der sich der Mensch über seine offenbarsten Pflichten, über seine augenscheinlichsten Rechte und über die unanfechtbarsten Wahrheiten befindet. Fast unter jedem Himmelsstrich ist er nichts weiter als ein herabgewürdigter Sklave ohne Seelengröße, Vernunft und Tugend, dem die unmenschlichen Kerkermeister niemals erlauben, das Tageslicht zu erblicken.

Versuchen wir also, die Nebel zu verscheuchen, die den Menschen daran hindern, mit sicherem Schritt auf seinem Lebensweg voranzuschreiten, flößen wir ihm Mut und Achtung vor seiner Vernunft ein; er lerne sein Wesen und seine legitimen Rechte erkennen; er frage die Erfahrung um Rat und verzichte auf die Vorurteile seiner Kindheit; er gründe seine Moral auf seine Natur, seine Bedürfnisse, seine wirklichen Vorteile, welche die Gesellschaft ihm gewährt; er wage es, sich selbst zu lieben; er arbeite für sein eigenes Glück, indem er dasjenige der anderen fördert; mit einem Wort: er sei vernünftig und tugendhaft, um hier auf dieser Erde glücklich zu sein, und beschäftige sich nicht mit gefährlichen oder unnützen Träumereien! Wenn er Hirngespinste braucht, so erlaube er wenigstens den anderen, daß sie sich eigene zusammenspinnen, die sich von den seinigen unterscheiden; er überzeuge sich schließlich davon, daß es für die Bewohner dieser Erde sehr wichtig ist, gerecht, wohltätig und friedliebend zu sein, und daß nichts belangloser ist, als über Dinge nachzudenken, die der Vernunft unzugänglich sind.

Die Absicht dieses Werkes ist es also, den Menschen zur Natur zurückzuführen, ihm Achtung vor der Vernunft, Ehrfurcht vor der Tugend wiederzugeben und die Schatten zu vertreiben, die ihm den einzigen Weg verbergen, der ihn sicher zu jener Glückseligkeit führen kann, die er erstrebt; das ist des Autors ehrliche Hoffnung. Aufrichtig gegen sich selbst, breitet er vor dem Leser nur solche Ideen aus, die sich ihm nach ernsthaftem und langem Nachdenken als nützlich für die Ruhe und das Wohlergehen der Menschen und als günstig für den Fortschritt des menschlichen Geistes erwiesen haben; er fordert also dazu auf, seine Grundsätze zu erörtern.

Weit davon entfernt, die geheiligten Bande der Moral zerreißen zu wollen, sucht er sie vielmehr fester zu knüpfen und die Tugend auf jene Altäre zu heben, die Heuchelei, Schwärmerei und Furcht bisher gefährlichen Trugbildern errichtet haben.

Bereit, ins Grab zu steigen, dem die Jahre ihn seit langer Zeit entgegenführen, versichert der Autor aufs feierlichste, mit seiner Arbeit keine andere Absicht zu verfolgen als das Glück seiner Mitmenschen. Sein einziger Ehrgeiz besteht darin, sich den Beifall der kleinen Zahl von Parteigängern der Wahrheit und von solchen rechtschaffenen Menschen zu verdienen, die sie aufrichtig suchen. Er schreibt nicht für die Menschen, die gegen die Stimme der Vernunft verhärtet sind und die nur nach ihren niedrigen Interessen und nach verhängnisvollen vorgefaßten Meinungen urteilen: seine kalte Asche fürchtet weder ihr Geschrei noch ihre Rachgier, die für alle diejenigen so furchtbar sind, die zu ihren Lebzeiten die Wahrheit zu verkünden wagen.

Friedrich Eberhard
Freiherr von Rochow:

„Der Kinderfreund" (1776–1779) – Plädoyer für eine rationale Erziehungspraxis

Friedrich Eberhard von Rochow: Der Kinderfreund. Ein Lesebuch zum Gebrauche in Landschulen. (Original als überarbeitete Fassung des älteren „Bauernfreunds" von 1773 in zwei Teilen 1776 bis 1779 erschienen; dann in vielen Neuauflagen und Überarbeitungen, auch im katholischen Bereich, wie der hier abgedruckte Auszug.) Mit Genehmigung des Herrn Verfassers für katholische Landschulen eingerichtet von einem katholischen Pfarrer. 2 Theile. Koblenz: J. K. Huber 1786, 1. Theil, S. 28–30.
Zu *Rochow*s pädagogischer Arbeit vgl.: *Achim Leschinsky/Peter Martin Roeder:* Schule im historischen Prozeß. Frankfurt/M.: Ullstein Taschenbuch 1983, S. 344–426.

Frage eines Schulkindes an seinen Lehrer.

Das Schulkind. Aber, lieber Lehrer, wenn ich nun keine Arbeit bekommen kann, wie soll ich denn dem Müßiggange entfliehen?

Der Lehrer. Wie vielerley Hauptarten der Arbeit mag es wohl geben?

Schulkind. Nun, ich denke, zwey, Kopf- und Handarbeiten.

Lehrer. Und der Handarbeiten – kannst du sie alle nennen?

Schulkind. Nein, es mögen sehr viel seyn.

Lehrer. Ob alle diejenigen, die bey den vielen Handarbeiten nöthig sind, lauter Meister seyn mögen?

Schulkind. Nein, es giebt auch Gesellen und Lehrjungen.

Lehrer. Sonst hast du keine Gattung Menschen dabey bemerkt, z. B. bey den Maurern, wie heißt der, der Sand und Kalk und Steine zuträgt?

Schulkind. Ein Handlanger.

Lehrer. Ob auch diese nöthig seyn mögen?

Schulkind. Ja; denn sonst müßte ein anderer brauchbarerer Arbeiter sich damit beschäftigen, der indeß etwas besseres thun könnte.

Lehrer. Der Handlanger erhält aber wohl eben so viel Lohn, als der Meister?

Schulkind. Nein, ich glaube nicht; denn dazu kann man ja einen jeden gesunden Menschen brauchen; der Meister hingegen muß sein Handwerk schon ordentlich gelernt haben, und mehr verstehen, aber dann auch mehr Lohn haben.

Lehrer. Freilich: nach dem einer nützt, nach dem wird er gemeiniglich bezalt. Was woltest du also thun, wenn du etwa mit dem Handwerke, welches du eigentlich gelernt hättest, vor jetzt nichts verdienen könntest? Wolltest du lieber so lange müßig gehen, betteln, stehlen oder hungern?

Schulkind. Nein, ich wollte mich nach anderer Arbeit erkundigen, und wo jemand Hilfe brauchte, helfen.

Lehrer. Aber, wenn du die Arbeit noch nie gethan hättest, würdest du gleich so viel Lohn fodern können, als ein geübter Arbeiter, oder würden Verständige dir ihn geben wollen?

Schulkind. Nein. Im Anfange, bis ich die neue Arbeit recht thun könnte, würde ich lieber weniger Lohn fodern, als die andern.

Lehrer. Nun hast du dir selbst auf deine erste Frage geantwortet.

Handle nach diesen Vorsätzen. Suche du Arbeit, wenn sie dich nicht sucht. So wirst du nicht allein niemals müßig gehen; sondern auch gewiß nicht leicht über Mangel an Arbeit zu klagen haben.

Immanuel Kant:

„Über Pädagogik" (1803) – Plädoyer für eine wartende, disziplinierende, unterweisende und bildende Erziehung

Immanuel Kant: Über Pädagogik. Hrsg. von *D. Friedrich Theodor Rink* 1803. Neuausgabe von *Hermann Holstein.* (Kamps pädagogische Taschenbücher Bd. 5) Bochum 4. o. J., S. 27–41 (mit Kürzungen).
Oder: *Immanuel Kant:* Über Pädagogik. In: Ders.: Werke. Hrsg. von *Wilhelm Weischedel.* Bd. XII. Frankfurt/M.: Suhrkamp 1968, S. 697–712.
Zur Interpretation dieses Textes auf dem Hintergrund des zeitgenössischen Erziehungsdenkens sowie zur Einordnung in *Kant*s Gesamtwerk vgl.: *Traugott Weisskopf:* Immanuel Kant und die Pädagogik. Zürich: EVZ-Verlag 1970.

(1.) Der Mensch ist das einzige Geschöpf, das erzogen werden muß. Unter der Erziehung nämlich verstehen wir die Wartung (Verpflegung, Unterhaltung), Disziplin (Zucht) und Unterweisung nebst der Bildung. Demzufolge ist der Mensch Säugling, – Zögling, – und Lehrling.

(2.) Die Tiere gebrauchen ihre Kräfte, sobald sie deren nur welche haben, regelmäßig, d. h. in der Art, daß sie ihnen selbst nicht schädlich werden. Es ist in der Tat bewundernswürdig, wenn man z. E. die jungen Schwalben wahrnimmt, die kaum aus den Eiern gekrochen und noch blind sind, wie die es nichts destoweniger zu machen wissen, daß sie ihre Exkremente aus dem Nest fallen lassen. Tiere brauchen daher keine Wartung, höchstens Futter, Erwärmung und Anführung oder einen gewissen Schutz. Ernährung brauchen wohl die meisten Tiere, aber keine Wartung. Unter Wartung nämlich versteht man die Vorsorge der Eltern, daß die Kinder keinen schädlichen Gebrauch von ihren Kräften machen. Sollte ein Tier z. E. gleich, wenn es auf die Welt kommt, schreien, wie die Kinder es tun: so würde es unfehlbar der Raub der Wölfe und anderer wilden Tiere werden, die es durch sein Geschrei herbeilockt.

(3.) Disziplin oder Zucht ändert die Tierheit in die Menschheit um. Ein Tier ist schon alles durch seinen Instinkt; eine fremde Vernunft hat bereits alles für dasselbe besorgt. Der Mensch aber braucht eigene Vernunft. Er hat keinen Instinkt und muß sich selbst den Plan seines Verhaltens machen. Weil er aber nicht sogleich imstande ist, dieses zu tun, sondern roh auf die Welt kommt: so müssen es andere für ihn tun.

(4.) Die Menschengattung soll die ganze Naturanlage der Menschheit durch ihre eigene Bemühung nach und nach von selbst herausbringen. Eine Generation erzieht die andere. Den ersten Anfang kann man dabei in einem rohen, oder auch in einem vollkommenen, ausgebildeten Zustande suchen. Wenn dieser letztere als vorher und zuerst gewesen angenommen wird: so muß der Mensch doch nachmals wieder verwildert und in Rohigkeit verfallen sein.
Disziplin verhütet, daß der Mensch nicht durch seine tierischen Antriebe von seiner Bestimmung, der Menschheit, abweiche. Sie muß ihn z. E. einschränken, daß er sich nicht wild und unbesonnen in Gefahren begebe. Zucht ist also bloß negativ, nämlich die Handlung, wodurch man dem Menschen die Wildheit benimmt, Unterweisung hingegen ist der positive Teil der Erziehung.
Wildheit ist die Unabhängigkeit von Gesetzen. Disziplin unterwirft den Menschen den Gesetzen der Menschheit und fängt an, ihn den Zwang der Gesetze fühlen zu lassen. Dieses muß aber frühe geschehen. So schickt man z. E. Kinder anfangs in die Schule, nicht schon in der Absicht, damit sie dort etwas lernen sollen, sondern damit sie sich daran gewöhnen mögen, still zu sitzen und pünktlich das zu beobachten, was ihnen vorgeschrieben wird, damit sie nicht in Zukunft jeden ihrer Einfälle wirklich auch und augenblicklich in Ausübung bringen mögen.

(5.) Der Mensch hat aber von Natur einen so großen Hang zur Freiheit, daß, wenn er erst eine Zeitlang an sie gewöhnt ist, er ihr alles aufopfert. Eben daher muß denn die Disziplin auch, wie gesagt, sehr frühe in Anwendung gebracht werden, denn wenn das nicht geschieht, so ist es schwer, den Menschen nachher zu ändern. Er folgt dann jeder Laune. Man sieht es auch an den wilden Nationen, daß, wenn sie gleich den Europäern längere Zeit hindurch Dienste tun, sie sich doch nie an ihre Lebensart gewöhnen. Bei ihnen ist dieses aber nicht ein edler Hang zur Freiheit, wie *Rousseau* und andere meinen, sondern eine gewisse Rohigkeit, indem das Tier hier gewissermaßen die Menschheit noch nicht in sich entwickelt hat. Daher muß der Mensch frühe gewöhnt werden, sich den Vorschriften der Vernunft zu unterwerfen. Wenn man ihm in der Jugend seinen Willen gelassen und ihm da nichts widerstanden hat: so behält er eine gewisse Wildheit durch sein ganzes Leben. Und es hilft denen auch nicht, die durch allzugroße mütterliche Zärtlichkeit in der Jugend geschont werden, denn es wird ihnen weiterhin nur desto mehr von allen Seiten her widerstanden, und überall bekommen sie Stöße, sobald sie sich in die Geschäfte der Welt einlassen . . .

(6.) Der Mensch braucht Wartung und Bildung. Bildung begreift unter sich Zucht und Unterweisung. Diese braucht, soviel man weiß, kein Tier. Denn keins derselben lernt etwas von den Alten, außer die Vögel ihren Gesang. Hierin werden sie von den Alten unterrichtet, und es ist rührend anzusehen, wenn wie in einer Schule die Alte ihren Jungen aus allen Kräften vorsingt, und diese sich bemühen, aus ihren kleinen Kehlen dieselben Töne herauszubringen . . .

(7.) Der Mensch kann nur Mensch werden durch Erziehung. Er ist nichts, als was die Erziehung aus ihm macht. Es ist zu bemerken, daß der Mensch nur durch Menschen erzogen wird, durch Menschen, die ebenfalls erzogen sind. Daher macht auch Mangel an Disziplin und Unterweisung bei einigen Menschen sie wieder zu schlechten Erziehern ihrer Zöglinge. Wenn einmal ein Wesen höherer Art sich unserer Erziehung annähme, so würde man doch sehen, was aus dem Menschen werden könne. Da die Erziehung aber teils den Menschen einiges lehrt, teils einiges auch nur bei ihm entwickelt: so kann man nicht wissen, wie weit bei ihm die Naturanlagen gehen. Würde hier wenigstens ein Experiment durch Unterstützung der Großen und durch die vereinigten Kräfte vieler gemacht: so würde auch das schon uns Aufschlüsse darüber geben, wie weit es der Mensch etwa zu bringen vermöge.

Aber es ist für den spekulativen Kopf eine ebenso wichtige, als für den Menschenfreund eine traurige Bemerkung, zu sehen, wie die Großen meistens nur immer für sich sorgen und nicht an dem wichtigen Experimente der Erziehung in der Art teilnehmen, daß die Natur einen Schritt näher zur Vollkommenheit tue.

Es ist niemand, der nicht in seiner Jugend verwahrlost wäre und es im reiferen Alter nicht selbst einsehen sollte, worin, es sei in der Disziplin oder in der Kultur (so kann man die Unterweisung nennen), er vernachlässigt worden. Derjenige, der nicht kultiviert ist, ist roh, wer nicht diszipliniert ist, ist wild. Verabsäumung der Disziplin ist ein größeres Übel als Verabsäumung der Kultur, denn diese kann noch weiterhin nachgeholt werden; Wildheit aber läßt sich nicht wegbringen, und ein Versehen in der Disziplin kann nie ersetzt werden. Vielleicht, daß die Erziehung immer besser werden und daß jede folgende Generation einen Schritt näher tun wird zur Vervollkommnung der Menschheit; denn hinter der Edukation steckt das große Geheimnis der Vollkommenheit der menschlichen Natur. Von jetzt an kann dieses geschehen. Denn nun erst fängt man an, richtig zu urteilen und deutlich einzusehen, was eigentlich zu einer guten Erziehung gehöre. Es ist entzückend, sich vorzustellen, daß die menschliche Natur immer besser durch Erziehung werde entwickelt werden, und daß man diese in eine Form bringen kann, die der Menschheit angemessen ist. Dies eröffnet uns den Prospekt zu einem künftigen glücklicheren Menschengeschlechte. –

(8.) Ein Entwurf zu einer Theorie der Erziehung ist ein herrliches Ideal, und es schadet nichts, wenn wir auch nicht gleich imstande sind, es zu realisieren. Man muß nur nicht gleich die Idee für chimärisch halten und sie als einen schönen Traum verrufen, wenn auch Hindernisse bei ihrer Ausführung eintreten.

Eine Idee ist nichts anderes, als der Begriff von einer Vollkommenheit, die sich in der Erfahrung noch nicht vorfindet. Z. E. die Idee einer vollkommenen, nach Regeln der Gerechtigkeit regierten Republik! Ist sie deswegen unmöglich? Erst muß unsere Idee nur richtig sein, und dann ist sie bei allen Hindernissen, die ihrer Ausführung noch im Wege stehen, gar nicht unmöglich. Wenn z. E. ein jeder löge, wäre deshalb das Wahrreden eine bloße Grille? Und die Idee einer Erziehung, die alle Naturanlagen im Menschen entwickelt, ist allerdings wahrhaft.

(9.) Bei der jetzigen Erziehung erreicht der Mensch nicht ganz den Zweck seines Daseins. Denn wie verschieden leben die Menschen! Eine

Gleichförmigkeit unter ihnen kann nur stattfinden, wenn sie nach einerlei Grundsätzen handeln, und diese Grundsätze müßten ihnen zur anderen Natur werden. Wir können an dem Plane einer zweckmäßigeren Erziehung arbeiten und eine Anweisung zu ihr der Nachkommenschaft überliefern, die sie nach und nach realisieren kann. Man sieht z. B. an den Aurikeln, daß, wenn man sie aus der Wurzel zieht, man sie alle nur von einer und derselben Farbe bekommt; wenn man dagegen aber ihren Samen aussät: so bekommt man sie von ganz andern und den verschiedensten Farben. Die Natur hat also doch die Keime in sie gelegt, und es kommt nur auf das gehörige Säen und Verpflanzen an, um diese in ihnen zu entwickeln. So auch bei dem Menschen!

(10.) Es liegen viele Keime in der Menschheit, und nun ist es unsere Sache, die Naturanlagen proportionierlich zu entwickeln und die Menschheit aus ihren Keimen zu entfalten, und zu machen, daß der Mensch seine Bestimmung erreiche. Die Tiere erfüllen diese von selbst, und ohne daß sie sie kennen. Der Mensch muß erst suchen, sie zu erreichen, dieses kann aber nicht geschehen, wenn er nicht einmal einen Begriff von seiner Bestimmung hat. Bei dem Individuum ist die Erreichung der Bestimmung auch gänzlich unmöglich. Wenn wir ein wirklich ausgebildetes erstes Menschenpaar annehmen, so wollen wir doch sehen, wie es seine Zöglinge erzieht. Die ersten Eltern geben den Kindern schon ein Beispiel, die Kinder ahmen es nach, und so entwickeln sich einige Naturanlagen. Alle können nicht auf diese Art ausgebildet werden, denn es sind meistens alles nur Gelegenheitsumstände, bei denen die Kinder Beispiele sehen. Vormals hatten die Menschen keinen Begriff einmal von der Vollkommenheit, die die menschliche Natur erreichen kann. Wir selbst sind noch nicht einmal mit diesem Begriffe auf dem Reinen. Soviel ist aber gewiß, daß nicht einzelne Menschen, bei aller Bildung ihrer Zöglinge es dahin bringen können, daß dieselben ihre Bestimmung erreichen. Nicht einzelne Menschen, sondern die Menschengattung soll dahin gelangen.

(11.) Die Erziehung ist eine Kunst, deren Ausübung durch viele Generationen vervollkommnet werden muß. Jede Generation, versehen mit den Kenntnissen der vorhergehenden, kann immer mehr eine Erziehung zustande bringen, die alle Naturanlagen des Menschen proportionierlich und zweckmäßig entwickelt, und so die ganze Menschengattung zu ihrer Bestimmung führt. - Die Vorsehung hat gewollt, daß der Mensch das Gute aus sich selbst herausbringen soll und spricht sozusagen zum Menschen: „Gehe in die Welt, - so etwa könnte der Schöpfer den Menschen anreden! -, ich habe dich ausgerüstet mit allen Anlagen zum Guten. Dir kommt es zu, sie zu entwickeln, und so hängt dein eigenes Glück oder Unglück von dir selbst ab." -

(12.) Der Mensch soll seine Anlagen zum Guten erst entwickeln; die Vorsehung hat sie nicht schon fertig in ihn gelegt: es sind bloße Anlagen und ohne den Unterschied der Moralität. Sich selbst besser machen, sich selbst kultivieren, und wenn er böse ist, Moralität bei sich hervorbringen, das soll der Mensch. Wenn man das aber reiflich überdenkt, so findet man, daß dieses sehr schwer sei. Daher ist die Erziehung das größte Problem und das schwerste, was dem Menschen kann aufgegeben werden. Denn Einsicht hängt von der Erziehung, und Erziehung hängt wieder von der Einsicht ab. Daher kann die Erziehung auch nur nach und nach einen Schritt vorwärts tun, und nur dadurch, daß eine Generation ihre Erfahrungen und Kenntnisse der folgenden überliefert, diese wieder etwas hinzutut und es so der folgenden übergibt, kann ein richtiger Begriff von der Erziehungsart entspringen. Welche große Kultur und Erfahrung setzt also nicht dieser Begriff voraus? Er konnte demnach auch nur spät entstehen, und wir selbst haben ihn noch nicht ganz ins Reine gebracht. Ob die Erziehung im einzelnen wohl der Ausbildung der Menschheit im allgemeinen durch ihre verschiedenen Generationen nachahmen soll? Zwei Erfindungen der Menschen kann man wohl als die schwersten ansehen: die der Regierungs- und die der Erziehungskunst nämlich, und doch ist man selbst in ihrer Idee noch streitig.

(13.) Von wo fangen wir nun aber an, die menschlichen Anlagen zu entwickeln? Sollen wir an dem rohen oder von einem schon ausgebildeten Zustande anfangen? Es ist schwer, sich eine Entwicklung aus der Rohheit zu denken (daher ist auch der Begriff des ersten Menschen so schwer), und wir sehen, daß bei einer Entwicklung aus einem solchen Zustande man doch immer wieder in Rohigkeit zurückgefallen ist und dann er sich wieder aufs neue aus demselben emporgehoben hat. Auch bei sehr gesitteten Völkern finden wir in den frühesten Nachrichten, die sie uns aufgezeichnet hinterlassen haben, – und wie viele Kultur gehört nicht schon zum Schreiben? so daß man in Rücksicht auf gesittete Menschen den Anfang der Schreibekunst den Anfang der Welt nennen könnte – ein starkes Angrenzen an Rohigkeit.

(14.) Weil die Entwicklung der Naturanlagen bei dem Menschen nicht von selbst geschieht, so ist alle Erziehung – eine Kunst. – Die Natur hat dazu keinen Instinkt in ihn gelegt. – Der Ursprung sowohl als der Fortgang dieser Kunst ist entweder *mechanisch,* ohne Plan nach gegebenen Umständen geordnet, oder *judiziös.* Mechanisch entspringt die Erziehungskunst bloß bei vorkommenden Gelegenheiten, wo wir erfahren, ob etwas dem Menschen schädlich oder nützlich sei. Alle Erziehungskunst, die bloß mechanisch entspringt, muß sehr viele Fehler und Mängel an sich tragen, weil sie keinen Plan zum Grunde hat. Die Erziehungskunst oder Pädagogik muß also judiziös werden, wenn sie die menschliche Natur so entwickeln soll, daß sie ihre Bestimmung erreiche. Schon erzogene Eltern sind Beispiele, nach denen sich die Kinder bilden, zur Nachachtung. Aber wenn diese besser werden sollen: so muß die Pädagogik ein Studium werden, sonst ist nichts von ihr zu hoffen, und ein in der Erziehung Verdorbener erzieht sonst den Andern. Der Mechanismus in der Erziehungskunst muß in Wissenschaft verwandelt werden, sonst wird sie nie ein zusammenhängendes Bestreben werden, und eine Generation möchte niederreißen, was die andere schon aufgebaut hätte.

(15.) Ein Prinzip der Erziehungskunst, das besonders solche Männer, die Pläne zur Erziehung machen, vor Augen haben sollten, ist: Kinder sollen nicht nur dem gegenwärtigen, sondern dem zukünftig möglichen besseren Zustande des menschlichen Geschlechts, das ist: der Idee der Menschheit und deren ganzer Bestimmung angemessen erzogen werden. Dieses Prinzip ist von großer Wichtigkeit. Eltern erziehen gemeiniglich ihre Kinder nur so, daß sie in die gegenwärtige Welt, sie sei auch verderbt, passen. Sie sollten sie aber besser erziehen, damit ein zukünftiger besserer Zustand dadurch hervorgebracht werde.

(16.) Es finden sich hier aber zwei Hindernisse: 1) die Eltern nämlich sorgen gemeiniglich nur dafür, daß ihre Kinder gut in der Welt fortkommen, und
2) die Fürsten betrachten ihre Untertanen nur wie Instrumente zu ihren Absichten.
Eltern sorgen für das Haus, Fürsten für den Staat. Beide haben nicht das Weltbeste und die Vollkommenheit, dazu die Menschheit bestimmt ist, und wozu sie auch Anlage hat, zum Endzwecke. Die Anlage zu einem Erziehungsplane muß aber kosmopolitisch gemacht werden. Und ist dann das Weltbeste eine Idee, die uns in unserm Privatbesten kann schädlich werden? Niemals! denn wenn es gleich scheint, daß man bei ihr etwas aufopfern müsse: so befördert man doch nichtsdestoweniger durch sie immer auch das Beste seines gegenwärtigen Zustandes. Und dann, welche herrlichen Folgen begleiten sie! Gute Erziehung gerade ist das, woraus alles Gute in der Welt entspringt. Die Keime, die im Menschen liegen, müssen nur immer mehr entwickelt werden. Denn die Gründe zum Bösen findet man nicht in den Naturanlagen des Menschen. Das nur ist die Ursache des Bösen, daß die Natur nicht unter Regeln gebracht wird. Im Menschen liegen nur Keime zum Guten.

(17.) Wo soll der bessere Zustand der Welt nun aber herkommen? Von den Fürsten oder von den Untertanen? daß diese nämlich sich erst selbst bessern und einer guten Regierung auf dem halben Wege entgegen kommen? Soll er von den Fürsten begründet werden: so muß erst die Erziehung der Prinzen besser werden, die geraume Zeit hindurch noch immer den großen Fehler hatte, daß man ihnen in der Jugend nicht widerstand. Ein Baum aber, der auf dem Felde allein steht, wächst krumm und breitet seine Äste weit aus; ein Baum hingegen, der mitten im Walde steht, wächst, weil die Bäume neben ihm ihm widerstehen, gerade auf, und sucht Luft und Sonne über sich. So ist es auch mit den Fürsten. Doch es ist noch immer besser, daß sie von jemand aus der Zahl der Untertanen erzogen werden, als wenn sie von ihresgleichen erzogen würden: Das Gute dürfen wir also von oben her nur in dem Falle erwarten, daß die Erziehung dort die vorzüglichere ist! Daher kommt es hier denn hauptsächlich auf Privatbemühungen an und nicht sowohl auf das Zutun der Fürsten, wie *Basedow* und andere meinten; denn die Erfahrung lehrt es, daß sie zunächst nicht sowohl das

Weltbeste, als vielmehr nur das Wohl ihres Staates zur Absicht haben, damit sie ihre Zwecke erreichen. Geben sie aber das Geld dazu her: so muß es ja ihnen auch anheimgestellt bleiben, dazu den Plan vorzuzeichnen. So ist es in allem, was die Ausbildung des menschlichen Geistes, die Erweiterung menschlicher Erkenntnisse betrifft. Macht und Geld schaffen es nicht, erleichtern es höchstens. Aber sie könnten es schaffen, wenn die Staatsökonomie nicht für die Reichskasse nur im voraus die Zinsen berechnete. Auch Akademien taten es bisher nicht, und daß sie es noch tun werden, dazu war der Anschein nie geringer als jetzt.

Demnach sollte auch die Einrichtung der Schulen bloß von dem Urteile der aufgeklärtesten Kenner abhängen. Alle Kultur fängt von dem Privatmanne an und breitet von daher sich aus. Bloß durch die Bemühung der Personen von extendierteren Neigungen, die Anteil an dem Weltbesten nehmen und der Idee eines zukünftigen besseren Zustandes fähig sind, ist die allmähliche Annäherung der menschlichen Natur zu ihrem Zwecke möglich. Sieht hin und wieder doch noch mancher Große sein Volk gleichsam nur für einen Teil des Naturreiches an und richtet also auch nur darauf sein Augenmerk, daß es fortgepflanzt werde. Höchstens verlangt man dann auch noch Geschicklichkeit, aber bloß um die Untertanen desto besser als Werkzeug zu seinen Absichten gebrauchen zu können. Privatmänner müssen freilich auch zuerst den Naturzweck vor Augen haben, aber dann auch besonders auf die Entwicklung der Menschheit und dahin sehen, daß sie nicht nur geschickt, sondern auch gesittet werde, und, welches das Schwerste ist, daß sie suchen, die Nachkommenschaft weiterzubringen als sie selbst gekommen sind.

(18.) Bei der Erziehung muß der Mensch also
1) *diszipliniert* werden. Disziplinieren heißt suchen zu verhüten, daß die Tierheit nicht der Menschheit in dem einzelnen sowohl als gesellschaftlichen Menschen zum Schaden gereiche. Disziplin ist also bloß Bezähmung der Wildheit.
2) Muß der Mensch *kultiviert* werden. Kultur begreift unter sich die Belehrung und die Unterweisung. Sie ist die Verschaffung der Geschicklichkeit. Diese ist der Besitz eines Vermögens, welches zu allen beliebigen Zwecken zureichend ist. Sie bestimmt also gar keine Zwecke, sondern überläßt das nachher den Umständen.

Einige Geschicklichkeiten sind in allen Fällen gut, z. E. das Lesen und Schreiben; andere nur zu einigen Zwecke, z. E. die Musik, um uns beliebt zu machen. Wegen der Menge der Zwecke wird die Geschicklichkeit gewissermaßen unendlich.
3) Muß man darauf sehen, daß der Mensch auch *klug* werde, in die menschliche Gesellschaft passe, daß er beliebt sei und Einfluß habe. Hierzu gehört eine gewisse Art von Kultur, die man *Zivilisierung* nennt. Zu derselben sind Manieren, Artigkeit und eine gewisse Klugheit erforderlich, der zufolge man alle Menschen zu seinen Endzwecken gebrauchen kann. Sie richtet sich nach dem wandelbaren Geschmacke jedes Zeitalters. So liebte man noch vor wenigen Jahrzehnten Zeremonien im Umgange.
4) Muß man auf die *Moralisierung* sehen. Der Mensch soll nicht bloß zu allerlei Zwecken geschickt sein, sondern auch die Gesinnung bekommen, daß er nur lauter gute Zwecke erwähle. Gute Zwecke sind diejenigen, die notwendigerweise von jedermann gebilligt werden, und die auch zu gleicher Zeit jedermanns Zwecke sein können.

(19.) Der Mensch kann entweder bloß dressiert, abgerichtet, mechanisch unterwiesen oder wirklich aufgeklärt werden. Man dressiert Hunde, Pferde, und man kann auch Menschen dressieren. (Dieses Wort kommt aus dem Englischen her, von to dress, *kleiden.* Daher auch Dreßkammer, der Ort, wo die Prediger sich umkleiden, und nicht Trostkammer.)

Mit dem Dressieren aber ist es noch nicht ausgerichtet, sondern es kommt vorzüglich darauf an, daß Kinder *denken* lernen. Das geht auf die Prinzipien hinaus, aus denen alle Handlungen entspringen. Man sieht also, daß bei einer echten Erziehung sehr Vieles zu tun ist. Gewöhnlich wird aber bei der Privaterziehung das vierte, wichtigste Stück noch wenig in Ausübung gebracht, denn man erzieht die Kinder im wesentlichen so, daß man die Moralisierung dem Prediger überläßt . . .

Wir leben im Zeitpunkte der Disziplinierung, Kultur und Zivilisierung, aber noch lange nicht in dem Zeitpunkte der Moralisierung. Bei dem jetzigen Zustande der Menschen kann man sagen, daß das Glück der Staaten zugleich mit dem Elende der Menschen wachse. Und es ist noch die Frage, ob wir im rohen Zustande, da alle diese Kultur bei uns nicht stattfände, nicht glücklicher als in unserem jetzigen Zustande sein

würden. Denn wie kann man Menschen glücklich machen, wenn man sie nicht sittlich und
weise macht? Die Quantität des Bösen wird dann
nicht vermindert.

(20.) Erst muß man Experimentalschulen errichten, ehe man Normalschulen errichten kann.
Die Erziehung und Unterweisung muß nicht
bloß mechanisch sein, sondern auf Prinzipien
beruhen. Doch darf sie auch nicht bloß raison-
nierend, sondern gleich in gewisser Weise Mechanismus sein ...
Man bildet sich zwar insgemein ein, daß Experimente bei der Erziehung nicht nötig wären, und
daß man schon aus der Vernunft urteilen könne,
ob etwas gut oder nicht gut sein werde. Man irrt
hierin aber sehr, und die Erfahrung lehrt, daß
sich oft bei unsern Versuchen ganz entgegengesetzte Wirkungen zeigen von denen, die man erwartete. Man sieht also, daß, da es auf Experimente ankommt, kein Menschenalter einen
völligen Erziehungsplan darstellen kann. Die
einzige Experimentalschule, die hier gewissermaßen den Anfang machte, die Bahn zu brechen, war das dessauische Institut. Man muß
ihm diesen Ruhm lassen, ungeachtet der vielen
Fehler, die man ihm zum Vorwurfe machen
könnte; Fehler, die sich bei allen Schlüssen, die
man aus Versuchen macht, vorfinden, daß nämlich noch immer neue Versuche dazu gehören. Es
war in gewisser Weise die einzige Schule, bei der
die Lehrer die Freiheit hatten, nach eigenen
Methoden und Plänen zu arbeiten, und wo sie
unter sich sowohl, als auch mit allen Gelehrten in
Deutschland in Verbindung standen ...

(29.) Eines der größten Probleme der Erziehung
ist, wie man die Unterwerfung unter den gesetzlichen Zwang mit der Fähigkeit, sich seiner Freiheit zu bedienen, vereinigen könne. Denn Zwang
ist nötig! Wie kultiviere ich die Freiheit bei dem
Zwange? Ich soll meinen Zögling gewöhnen,
einen Zwang seiner Freiheit zu dulden, und soll
ihn selbst zugleich anführen, seine Freiheit gut
zu gebrauchen. Ohne dies ist alles bloßer Mechanismus, und der der Erziehung Entlassene weiß
sich seiner Freiheit nicht zu bedienen. Er muß
früh den unvermeidlichen Widerstand der Gesellschaft fühlen, um die Schwierigkeit, sich
selbst zu erhalten, zu entbehren und zu erwerben, um unabhängig zu sein, kennenzulernen.

(30.) Hier muß man folgendes beobachten:
1) daß man das Kind von der ersten Kindheit an
in allen Stücken frei sein lasse (ausgenommen in
den Dingen, wo es sich selbst schadet, z. E. wenn
es nach einem blanken Messer greift), wenn es
nur nicht auf die Art geschieht, daß es anderer
Freiheit im Wege ist; z. E. wenn es schreit oder
auf eine allzu laute Art lustig ist, so beschwert es
andere schon.
2) Man muß ihm zeigen, daß es seine Zwecke
nicht anders erreichen könne als nur dadurch,
daß es andere ihre Zwecke auch erreichen lasse,
z. E. daß man ihm kein Vergnügen mache, wenn
es nicht tut, was man will, daß es lernen soll
etc ...
3) Man muß ihm beweisen, daß man ihm einen
Zwang auflegt, der es zum Gebrauche seiner
eigenen Freiheit führt, daß man es kultiviere,
damit es einst frei sein könne, d. h. nicht von der
Vorsorge anderer abhängen dürfe.
Dieses Letzte ist das Späteste. Denn bei den Kindern kommt die Betrachtung erst spät, daß man
sich z. E. nachher selbst um seinen Unterhalt be-
kümmern müsse. Sie meinen, das werde immer
so sein wie in dem Hause der Eltern, daß sie
Essen und Trinken bekommen, ohne daß sie dafür sorgen dürfen. Ohne jene Behandlung sind
Kinder, besonders reicher Eltern und Fürsten-
söhne, so wie die Einwohner von Otaheite, das
ganze Leben hindurch Kinder. Hier hat die
öffentliche Erziehung ihre augenscheinlichsten
Vorzüge, denn bei ihr lernt man seine Kräfte
messen, man lernt Einschränkungen durch das
Recht anderer. Hier genießt keiner Vorzüge,
weil man überall Widerstand fühlt, weil man
sich nur dadurch bemerklich macht, daß man
sich durch Verdienst hervortut. Sie gibt das beste
Vorbild des künftigen Bürgers.

Christian Gotthilf Salzmann:

„Ameisenbüchlein" (1806) – Plädoyer für eine vernünftige und selbstkritische Erziehung der Erzieher

Christian Gotthilf Salzmann: Ameisenbüchlein oder Anweisung zu einer vernünftigen Erziehung der Erzieher. (Original 1806) Neu herausgegeben von *Theo Dietrich.* Bad Heilbrunn: Klinkhardt 2.1964, S. 13.
Über Leben und Werk dieses Pädagogen der Aufklärung informiert: *Theo Dietrich:* Mensch und Erziehung in der Pädagogik Christian Gotthilf Salzmanns. München: List 1963.
Und die immer noch beste Monographie über *Salzmann* im Kontext seiner historischen Verflochtenheit stammt von *Gudrun Burggraf:* Christian Gotthilf Salzmann im Vorfeld der Französischen Revolution. Germering bei München: Stahlmann 1966.

Mein Symbolum ist kurz und lautet folgendermaßen:
Von allen Fehlern und Untugenden seiner Zöglinge muß der Erzieher den Grund in sich selbst suchen. Dies ist eine harte Rede, werden viele denken; sie ist aber wirklich nicht so hart, als sie es bei dem ersten Anblick scheint. Man verstehe sie nur recht, so wird die scheinbare Härte sich bald verlieren.
Meine Meinung ist gar nicht, daß der Grund von allen Fehlern und Untugenden seiner Zöglinge in dem Erzieher wirklich läge, sondern ich will nur, daß er ihn in sich suchen soll.
Sobald er Kraft und Unparteilichkeit genug fühlt, dieses zu tun, ist er auf dem Wege, ein guter Erzieher zu werden.

Texte zur 5. Epoche:
Moderne Pädagogik –
Pädagogik der Moderne

Wilhelm von Humboldt:
„Ideen zu einem Versuch, die Grenzen . . .
zu bestimmen" (1792/1851) –
Zur Chiffre des Klassischen

Novalis:
„Heinrich von Ofterdingen" (1802) –
Zur Chiffre des Romantischen

Friedrich Engels:
„Der Ursprung der Familie" (1884) –
Zur Chiffre des Marxismus

Friedrich Nietzsche:
„Über die Zukunft unserer Bildungs-
anstalten" (1872) –
Zur Chiffre der Modernitätskritik

Wilhelm von Humboldt:

„Ideen zu einem Versuch, die Grenzen ... zu bestimmen" (1792/1851) – Zur Chiffre des Klassischen

Wilhelm v. Humboldt: Ideen zu einem Versuch, die Grenzen der Wirksamkeit des Staats zu bestimmen. (Original 1792, teilweise, und 1851) (Reclams UB Nr. 1191/92 a) Stuttgart: Reclam 1967, S. 22–28.
Oder: *Wilhelm v. Humboldt:* Werke. Hrsg. von *Andreas Flitner* und *Klaus Giel.* Bd. I. Darmstadt: Wissenschaftliche Buchgesellschaft 2. 1960, S. 64–69.

II   *Der einzelne Mensch und sein Endzweck*

Der wahre Zweck des Menschen – nicht der, welchen die wechselnde Neigung, sondern welchen die ewig unveränderliche Vernunft ihm vorschreibt – ist die höchste und proportionierlichste Bildung seiner Kräfte zu einem Ganzen. Zu dieser Bildung ist Freiheit die erste und unerläßliche Bedingung. Allein außer der Freiheit erfordert die Entwickelung der menschlichen Kräfte noch etwas andres, obgleich mit der Freiheit eng Verbundenes: Mannigfaltigkeit der Situationen. Auch der freieste und unabhängigste Mensch, in einförmige Lagen versetzt, bildet sich minder aus. Zwar ist nun einesteils diese Mannigfaltigkeit allemal Folge der Freiheit, und andernteils gibt es auch eine Art der Unterdrückung, die, statt den Menschen einzuschränken, den Dingen um ihn her eine beliebige Gestalt gibt, so daß beide gewissermaßen eins und dasselbe sind. Indes ist es der Klarheit der Ideen dennoch angemessener, beide noch voneinander zu trennen.

Jeder Mensch vermag auf *einmal* nur mit *einer* Kraft zu wirken, oder vielmehr sein ganzes Wesen wird auf *einmal* nur zu *einer* Tätigkeit gestimmt. Daher scheint der Mensch zur Einseitigkeit bestimmt, indem er seine Energie schwächt, sobald er sich auf mehrere Gegenstände verbreitet. Allein dieser Einseitigkeit entgeht er, wenn er die einzelnen, oft einzeln geübten Kräfte zu vereinen, den beinah schon verloschnen wie den erst künftig hell aufflammenden Funken in jeder Periode seines Lebens zugleich mitwirken zu lassen und statt der Gegenstände, auf die er wirkt, die Kräfte, womit er wirkt, durch Verbindung zu vervielfältigen strebt. Was hier gleichsam die Verknüpfung der Vergangenheit und der Zukunft mit der Gegenwart wirkt, das wirkt in der Gesellschaft die Verbindung mit andren. Denn auch durch alle Perioden des Lebens erreicht jeder Mensch dennoch nur *eine* der Vollkommenheiten, welche gleichsam den Charakter des ganzen Menschengeschlechts bilden. Durch Verbindungen also, die aus dem Innren der Wesen entspringen, muß einer den Reichtum des andren sich eigen machen. Eine solche charakterbildende Verbindung ist, nach der Erfahrung aller, auch sogar der rohesten Nationen, z. B. die Verbindung der beiden Geschlechter. Allein wenn hier der Ausdruck sowohl der Verschiedenheit als der Sehnsucht nach der Vereinigung gewissermaßen stärker ist, so ist beides darum nicht minder stark, nur schwerer bemerkbar, obgleich eben darum auch mächtiger wirkend, auch ohne alle Rücksicht auf jene Verschiedenheit und unter Personen desselben Geschlechts. Diese Ideen, weiter verfolgt und genauer entwickelt, dürften vielleicht auf eine richtigere Erklärung des Phänomens der Verbindungen führen, welche bei den Alten, vorzüglich den Griechen, selbst die Gesetzgeber benutzten und die man oft zu unedel mit dem Namen der gewöhnlichen Liebe und immer unrichtig mit dem Namen der bloßen Freundschaft belegt hat. Der bildende Nutzen solcher Verbindungen beruht immer auf dem Grade, in welchem sich die Selbständigkeit der Verbundenen zugleich mit der Innigkeit der Verbindung erhält. Denn wenn ohne diese Innigkeit der eine den andren nicht genug aufzufassen vermag, so ist die Selbständigkeit notwendig, um das Aufgefaßte gleichsam in das eigne Wesen zu verwandeln. Beides aber erfordert Kraft der Individuen und eine Verschiedenheit, die, nicht zu groß, damit einer den andren aufzufassen vermöge, auch nicht zu klein ist, um eine Bewundrung dessen, was der andre besitzt, und den Wunsch rege zu machen, es auch in sich überzutragen. Diese Kraft nun und diese mannigfaltige Verschiedenheit vereinen sich in der Originalität, und das also, worauf die ganze Größe des Menschen zuletzt beruht, wonach der einzelne Mensch ewig ringen muß und was der, welcher auf Menschen wirken will, nie aus den Augen verlieren darf, ist Eigentümlichkeit der Kraft und der Bildung.

Wie diese Eigentümlichkeit durch Freiheit des Handelns und Mannigfaltigkeit der Handelnden gewirkt wird, so bringt sie beides wiederum hervor. Selbst die leblose Natur, welche nach ewig unveränderlichen Gesetzen einen immer gleichmäßigen Schritt hält, erscheint dem eigengebildeten Menschen eigentümlicher. Er trägt gleichsam sich selbst in sie hinüber, und so ist es im höchsten Verstande wahr, daß jeder immer in eben dem Grade Fülle und Schönheit außer sich wahrnimmt, in welchem er beide im eignen Busen bewahrt. Wieviel ähnlicher aber noch muß die Wirkung der Ursache da sein, wo der Mensch nicht bloß empfindet und äußere Eindrücke auffaßt, sondern selbst tätig wird?

Versucht man es, diese Ideen durch nähere Anwendungen auf den einzelnen Menschen noch genauer zu prüfen, so reduziert sich in diesem alles auf Form und Materie. Die reinste Form mit der leichtesten Hülle nennen wir Idee, die am wenigsten mit Gestalt begabte Materie sinnliche Empfindung. Aus der Verbindung der Materie geht die Form hervor. Je größer die Fülle und Mannigfaltigkeit der Materie, je erhabener die Form. Ein Götterkind ist nur die Frucht unsterblicher Eltern. Die Form wird wiederum gleichsam Materie einer noch schöneren Form. So wird die Blüte zur Frucht, und aus dem Samenkorn der Frucht entspringt der neue, von neuem blütenreiche Stamm. Je mehr die Mannigfaltigkeit zugleich mit der Feinheit der Materie zu-

nimmt, desto höher die Kraft, denn desto inniger der Zusammenhang. Die Form scheint gleichsam in die Materie, die Materie in die Form verschmolzen; oder, um ohne Bild zu reden, je ideenreicher die Gefühle des Menschen und je gefühlvoller seine Ideen, desto unerreichbarer seine Erhabenheit. Denn auf diesem ewigen Begatten der Form und der Materie oder des Mannigfaltigen mit der Einheit beruht die Verschmelzung der beiden im Menschen vereinten Naturen und auf dieser seine Größe. Aber die Stärke der Begattung hängt von der Stärke der Begattenden ab. Der höchste Moment des Menschen ist dieser Moment der Blüte[1]. Die minder reizende, einfache Gestalt der Frucht weist gleichsam selbst auf die Schönheit der Blüte hin, die sich durch sie entfalten soll. Auch eilt nur alles der Blüte zu. Was zuerst dem Samenkorn entsprießt, ist noch fern von ihrem Reiz. Der volle dicke Stengel, die breiten, auseinanderfallenden Blätter bedürfen noch einer mehr vollendeten Bildung. Stufenweise steigt diese, wie sich das Auge am Stamme erhebt; zartere Blätter sehnen sich gleichsam, sich zu vereinigen, und schließen sich enger und enger, bis der Kelch das Verlangen zu stillen scheint[2]. Indes ist das Geschlecht der Pflanzen nicht von dem Schicksal gesegnet. Die Blüte fällt ab, und die Frucht bringt wieder den gleich rohen und gleich sich verfeinernden Stamm hervor. Wenn im Menschen die Blüte welkt, so macht sie nur jener schöneren Platz, und den Zauber der schönsten birgt unsrem Auge erst die ewig unerforschbare Unendlichkeit. Was nun der Mensch von außen empfängt, ist nur Samenkorn. Seine energische Tätigkeit muß es, seis auch das schönste, erst auch zum segenvollsten für ihn machen. Aber wohltätiger ist es ihm immer in dem Grade, in welchem es kraftvoll und eigen in sich ist. Das höchste Ideal des Zusammenexistierens menschlicher Wesen wäre mir dasjenige, in dem jedes nur aus sich selbst und um seiner selbst willen sich entwickelte. Physische und moralische Natur würden diese Menschen schon noch aneinander führen, und wie die Kämpfe des Kriegs ehrenvoller sind als die der Arena, wie die Kämpfe erbitterter Bürger höheren Ruhm gewähren als die getriebener Mietsoldaten, so würde auch das Ringen der Kräfte dieser Men-

---

1 Blüte, Reife. Neues deutsches Museum, 1791. Junius, Nr. 3.

2 Goethe, Über die Metamorphose der Pflanzen.

schen die höchste Energie zugleich beweisen und erzeugen.

Ist es nicht eben das, was uns an die Zeitalter Griechenlands und Roms, und jedes Zeitalter allgemein an ein entfernteres, hingeschwundnes, so namenlos fesselt? Ist es nicht vorzüglich, daß diese Menschen härtere Kämpfe mit dem Schicksal, härtere mit Menschen zu bestehen hatten? daß die größere ursprüngliche Kraft und Eigentümlichkeit einander begegnete und neue wunderbare Gestalten schuf? Jedes folgende Zeitalter – und in wieviel schnelleren Graden muß dies Verhältnis von jetzt an steigen? – muß den vorigen an Mannigfaltigkeit nachstehen, an Mannigfaltigkeit der Natur – die ungeheuren Wälder sind ausgehauen, die Moräste getrocknet usf. –, an Mannigfaltigkeit der Menschen, durch die immer größere Mitteilung und Vereinigung der menschlichen Werke, durch die beiden vorigen Gründe[3]. Dies ist eine der vorzüglichsten Ursachen, welche die Idee des Neuen, Ungewöhnlichen, Wunderbaren soviel seltener, das Staunen, Erschrecken beinah zur Schande und die Erfindung neuer, noch unbekannter Hilfsmittel, selbst nur plötzlich, unvorbereitete und dringende Entschlüsse bei weitem seltner notwendig macht. Denn teils ist das Andringen der äußeren Umstände gegen den Menschen, welcher mit mehr Werkzeugen, ihnen zu begegnen, versehen ist, minder groß; teils ist es nicht mehr gleich möglich, ihnen allein durch diejenigen Kräfte Widerstand zu leisten, welche die Natur jedem gibt und die er nur zu benutzen braucht; teils endlich macht das ausgebreitetere Wissen das Empfinden weniger notwendig, und das Lernen stumpft selbst die Kraft dazu ab. Dagegen ist es unleugbar, daß, wenn die physische Mannigfaltigkeit geringer wurde, eine bei weitem reichere und befriedigendere intellektuelle und moralische an ihre Stelle trat und daß Gradationen und Verschiedenheiten von unsrem mehr verfeinten Geiste wahrgenommen und unsrem, wenngleich nicht ebenso stark gebildeten, doch reizbaren kultivierten Charakter ins praktische Leben übergetragen werden, die auch vielleicht den Weisen des Altertums oder doch wenigstens nur ihnen nicht unbemerkt geblieben wären. Es ist im ganzen Menschengeschlecht wie im einzelnen Menschen gegangen. Das Gröbere

ist abgefallen, das Feinere ist geblieben. Und so wäre es ohne allen Zweifel segenvoll, wenn das Menschengeschlecht *ein* Mensch wäre oder die Kraft eines Zeitalters ebenso als seine Bücher oder Erfindungen auf das folgende überginge. Allein dies ist bei weitem der Fall nicht. Freilich besitzt nun auch unsre Verfeinerung eine Kraft, und die vielleicht jene gerade um den Grad ihrer Feinheit an Stärke übertrifft, aber es fragt sich, ob nicht die frühere Bildung durch das Gröbere immer vorangehen muß. Überall ist doch die Sinnlichkeit der erste Keim wie der lebendigste Ausdruck alles Geistigen. Und wenn es auch nicht hier der Ort ist, selbst nur den Versuch dieser Erörterung zu wagen, so folgt doch gewiß soviel aus dem Vorigen, daß man wenigstens diejenige Eigentümlichkeit und Kraft, nebst allen Nahrungsmitteln derselben, welche wir noch besitzen, sorgfältigst bewachen müsse.

Bewiesen halte ich demnach durch das Vorige, *daß die wahre Vernunft dem Menschen keinen andren Zustand als einen solchen wünschen kann, in welchem nicht nur jeder einzelne der ungebundensten Freiheit genießt, sich aus sich selbst in seiner Eigentümlichkeit zu entwickeln, sondern in welchem auch die physische Natur keine andre Gestalt von Menschenhänden empfängt, als ihr jeder einzelne nach dem Maße seines Bedürfnisses und seiner Neigung, nur beschränkt durch die Grenzen seiner Kraft und seines Rechts, selbst und willkürlich gibt.* Von diesem Grundsatz darf, meines Erachtens, die Vernunft nie mehr nachgeben, als zu seiner eignen Erhaltung selbst notwendig ist. Er mußte daher auch jeder Politik und besonders der Beantwortung der Frage, von der hier die Rede ist, immer zum Grunde liegen.

---

3 Eben dies bemerkt einmal Rousseau im Emile.

Novalis:

„Heinrich von Ofterdingen" (1802) – Zur Chiffre des Romantischen

Novalis: Heinrich von Ofterdingen. (Insel Taschenbuch Bd. 596) Frankfurt/M.: Insel Verlag 1982, S. 163–167.
Oder: *Novalis:* Heinrich von Ofterdingen. (Reclams UB Nr. 8939 [2]) Stuttgart: Reclam 1984, S. 167–171.

„Was mich am Meisten wundert", versetzte Sylvester, „daß er Eure Erziehung ganz in den Händen Eurer Mutter gelassen hat und sorgfältig sich gehütet in Eure Entwicklung sich zu mischen oder Euch zu irgend einem bestimmten Stande anzuhalten. Ihr habt von Glück zu sagen, daß Ihr habt aufwachsen dürfen, ohne von Euren Eltern die mindeste Beschränkung zu leiden, denn die meisten Menschen sind nur Überbleibsel eines vollen Gastmahls, das Menschen von verschiednem Appetit und Geschmack geplündert haben."

„Ich weiß selbst nicht", erwiderte Heinrich, „was Erziehung heißt, wenn es nicht das Leben und die Sinnesweise meiner Eltern ist, oder der Unterricht meines Lehrers des Hofkaplans. Mein Vater scheint mir, bei aller seiner kühlen und durchaus festen Denkungsart, die ihn alle Verhältnisse, wie ein Stück Metall und eine künstliche Arbeit ansehn läßt, doch unwillkürlich und ohne es daher selbst zu wissen, eine stille Ehrfurcht und Gottesfurcht vor allen unbegreiflichen und höhern Erscheinungen zu haben, und daher das Aufblühen eines Kindes mit demütiger Selbstverleugnung zu betrachten. Ein Geist ist hier geschäftig, der frisch aus der unendlichen Quelle kommt und dieses Gefühl der Überlegenheit eines Kindes in den allerhöchsten Dingen, der unwiderstehliche Gedanke einer nähern Führung dieses unschuldigen Wesens, das jetzt im Begriff steht eine so bedenkliche Laufbahn anzutreten, bei seinen nähern Schritten, das Gepräge einer wunderbaren Welt, was noch keine irdische Flut unkenntlich gemacht hat, und endlich die Sympathie der Selbsterinnerung jener fabelhaften Zeiten, wo die Welt uns heller, freundlicher und seltsamer dünkte und der Geist der Weissagung fast sichtbar uns beglei-

tete, alles dies hat meinen Vater gewiß zu der andächtigsten und bescheidensten Behandlung vermocht."

„Laß uns hieher auf die Rasenbank unter die Blumen setzen", unterbrach ihn der Alte. „Zyane* wird uns rufen, wenn unser Abendessen bereit ist, und wenn ich Euch bitten darf, so fahrt fort mir von Eurem frühern Leben etwas zu erzählen. Wir Alten hören am liebsten von den Kinderjahren reden, und es dünkt mich, als ließt Ihr mich den Duft einer Blume einziehn, den ich seit meiner Kindheit nicht wieder eingeatmet hätte. Nur sagt mir noch vorher, wie Euch meine Einsiedelei und mein Garten gefällt, denn diese Blumen sind meine Freundinnen. Mein Herz ist in diesem Garten. Ihr seht nichts, was mich nicht liebt und von mir nicht zärtlich geliebt wird. Ich bin hier mitten unter meinen Kindern und komme mir vor, wie ein alter Baum, aus dessen Wurzeln diese muntre Jugend ausgeschlagen sei."

„Glücklicher Vater", sagte Heinrich, „Euer Garten ist die Welt. Ruinen sind die Mütter dieser blühenden Kinder. Die bunte, lebendige Schöpfung zieht ihre Nahrung aus den Trümmern vergangener Zeiten. Aber mußte die Mutter sterben, daß die Kinder gedeihen können, und bleibt der Vater zu ewigen Tränen allein an ihrem Grabe sitzen?"

Sylvester reichte dem schluchzenden Jünglinge die Hand, und stand auf, um ihm ein eben aufgeblühtes Vergißmeinnicht zu holen, das er an einen Zypressenzweig band und ihm brachte. Wunderlich rührte der Abendwind die Wipfel der Kiefern, die jenseits den Ruinen standen. Ihr dumpfes Brausen tönte herüber. Heinrich verbarg sein Gesicht in Tränen an dem Halse des guten Sylvester, und wie er sich wieder erhob, trat eben der Abendstern in voller Glorie über den Wald herüber.

Nach einiger Stille fing Sylvester an: „Ich möcht Euch wohl in Eisenach unter Euren Gespielen gesehn haben. Eure Eltern, die vortreffliche Landgräfin, die biedern Nachbarn Eures Vaters, und der alte Hofkaplan machen eine schöne Gesellschaft aus. Ihre Gespräche müssen frühzeitig auf Euch gewürkt haben, besonders da Ihr das einzige Kind wart. Auch stell ich mir die Gegend äußerst anmutig und bedeutsam vor."

---

* Zyane: nach griech. Kyanos/Kornblume. Zyanes Name erinnert demnach an das Motiv der blauen Blume.

„Ich lerne", versetzte Heinrich, „meine Gegend erst recht kennen, seit ich weg bin und viele andre Gegenden gesehn habe. Jede Pflanze, jeder Baum, jeder Hügel und Berg hat seinen besondern Gesichtskreis, eine eigentümliche Gegend. Sie gehört zu ihm und sein Bau, seine ganze Beschaffenheit wird durch sie erklärt. Nur das Tier und der Mensch können zu allen Gegenden kommen; alle Gegenden sind die Ihrigen. So machen alle zusammen eine große Weltgegend, einen unendlichen Gesichtskreis aus, dessen Einfluß auf den Menschen und das Tier ebenso sichtbar ist, wie der Einfluß der engeren Umgebung auf die Pflanze. Daher Menschen, die viel gereist sind, Zugvögel und Raubtiere, unter den übrigen sich durch besondern Verstand und andre wunderbare Gaben und Arten auszeichnen. Doch gibt es auch gewiß mehr oder weniger Fähigkeit unter ihnen, von diesen Weltkreisen und ihrem mannigfaltigen Inhalt und Ordnung gerührt, und gebildet zu werden. Auch fehlt bei den Menschen wohl manchen die nötige Aufmerksamkeit und Gelassenheit, um den Wechsel der Gegenstände und ihre Zusammenstellung erst gehörig zu betrachten, und dann darüber nachzudenken und die nötigen Vergleichungen anzustellen. Oft fühl ich jetzt, wie mein Vaterland meine frühsten Gedanken mit unvergänglichen Farben angehaucht hat, und sein Bild eine seltsame Andeutung meines Gemüts geworden ist, die ich immer mehr errate, je tiefer ich einsehe, daß Schicksal und Gemüt Namen Eines Begriffs sind." „Auf mich", sagte Sylvester, „hat freilich die lebendige Natur, die regsame Überkleidung der Gegend, immer am meisten gewirkt. Ich bin nicht müde geworden, besonders die verschiedene Pflanzennatur auf das sorgfältigste zu betrachten. Die Gewächse sind so die unmittelbarste Sprache des Bodens; jedes neue Blatt, jede sonderbare Blume ist irgend ein Geheimnis, was sich hervordrängt und das, weil es sich vor Liebe und Lust nicht bewegen und nicht zu Worten kommen kann, eine stumme, ruhige Pflanze wird. Findet man in der Einsamkeit eine solche Blume, ist es da nicht, als wäre alles umher verklärt und hielten sich die kleinen befiederten Töne am liebsten in ihrer Nähe auf. Man möchte für Freuden weinen, und abgesondert von der Welt nur seine Hände und Füße in die Erde stecken, um Wurzeln zu treiben und nie diese glückliche Nachbarschaft zu verlassen. Über die ganze trockne Welt ist dieser grüne, geheimnisvolle Teppich der Liebe gezogen. Mit

jedem Frühjahr wird er erneuert und seine seltsame Schrift ist nur dem Geliebten lesbar wie der Blumenstrauß des Orients. Ewig wird er lesen und sich nicht satt lesen und täglich neue Bedeutungen, neue entzückendere Offenbarungen der liebenden Natur gewahr werden. Dieser unendliche Genuß ist der geheime Reiz, den die Begehung der Erdfläche für mich hat, indem mir jede Gegend andre Rätsel löst, und mich immer mehr erraten läßt, woher der Weg komme und wohin er gehe."

„Ja", sagte Heinrich, „wir haben von Kinderjahren angefangen zu reden, und von der Erziehung, weil wir in Eurem Garten waren und die eigentliche Offenbarung der Kindheit, die unschuldige Blumenwelt, unmerklich in unser Gedächtnis und auf unsre Lippen die Erinnerung der alten Blumenschaft brachte. Mein Vater ist auch ein großer Freund des Gartenlebens und die glücklichsten Stunden seines Lebens bringt er unter den Blumen zu. Dies hat auch gewiß seinen Sinn für die Kinder so offen erhalten, da Blumen die Ebenbilder der Kinder sind. Den vollen Reichtum des unendlichen Lebens, die gewaltigen Mächte der spätern Zeit, die Herrlichkeit des Weltendes und die goldne Zukunft aller Dinge sehn wir hier noch innig ineinander geschlungen, aber doch auf das deutlichste und klarste in zarter Verjüngung. Schon treibt die allmächtige Liebe, aber sie zündet noch nicht. Es ist keine verzehrende Flamme; es ist ein zerrinnender Duft; und so innig die Vereinigung der zärtlichen Seelen auch ist, so ist sie doch von keiner heftigen Bewegung und [k]einer fressenden Wut begleitet, wie bei den Tieren. So ist die Kindheit in der Tiefe zunächst an der Erde, da hingegen die Wolken vielleicht die Erscheinungen der zweiten, höhern Kindheit, des wiedergefundenen Paradieses sind, und darum so wohltätig auf die Erstere heruntertauen."

Friedrich Engels:

„Der Ursprung der Familie" (1884) – Zur Chiffre des Marxismus

Friedrich Engels: Der Ursprung der Familie, des Privateigentums und des Staats. Im Anschluß an Lewis H. Morgans Forschungen. In: *Institut für Marxismus-Leninismus beim ZK der SED* (Hrsg.): Karl Marx – Friedrich Engels: Werke. Bd. 21. Berlin (DDR): Dietz 1962, S. 71–76. Oder: *Friedrich Engels:* Der Ursprung der Familie, des Privateigentums und des Staats. Im Anschluß an H. Morgans Forschungen. Berlin (DDR): Dietz 15.1984, S. 83–89.

„Wenn aber die Monogamie von allen bekannten Familienformen diejenige war, unter der allein sich die moderne Geschlechtsliebe entwickeln konnte, so heißt das nicht, daß sie sich ausschließlich oder nur vorwiegend in ihr, als Liebe der Ehegatten zueinander, entwickelte. Die ganze Natur der festen Einzelehe unter Mannesherrschaft schloß das aus. Bei allen geschichtlich aktiven, d. h. bei allen herrschenden Klassen blieb die Eheschließung, was sie seit der Paarungsehe gewesen, Sache der Konvenienz, die von den Eltern arrangiert wurde. Und die erste geschichtlich auftretende Form der Geschlechtsliebe als Leidenschaft, und als jedem Menschen (wenigstens der herrschenden Klassen) zukommende Leidenschaft, als höchste Form des Geschlechtstriebs – was gerade ihren spezifischen Charakter ausmacht –, diese ihre erste Form, die ritterliche Liebe des Mittelalters, war keineswegs eine eheliche Liebe. Im Gegenteil. In ihrer klassischen Gestalt, bei den Provenzalen, steuert sie mit vollen Segeln auf den Ehebruch los, und ihre Dichter feiern ihn. Die Blüte der provenzalischen Liebespoesie sind die Albas, deutsch Tagelieder. Sie schildern in glühenden Farben, wie der Ritter bei seiner Schönen – der Frau eines andern – im Bett liegt, während draußen der Wächter steht, der ihm zuruft, sobald das erste Morgengrauen (alba) aufsteigt, damit er noch unbemerkt entweichen kann; die Trennungsszene bildet dann den Gipfelpunkt. Die Nordfranzosen und auch die braven Deutschen nahmen diese Dichtungsart mit der ihr entsprechenden Manier der Ritterliebe ebenfalls an,

und unser alter Wolfram von Eschenbach hat über denselben anzüglichen Stoff drei wunderschöne Tagelieder hinterlassen, die mir lieber sind als seine drei langen Heldengedichte.

Die bürgerliche Eheschließung unserer Tage ist doppelter Art. In katholischen Ländern besorgen nach wie vor die Eltern dem jungen Bürgerssohn eine angemessene Frau, und die Folge davon ist natürlich die vollste Entfaltung des in der Monogamie enthaltnen Widerspruchs: üppiger Hetärismus auf seiten des Mannes, üppiger Ehebruch auf seiten der Frau. Die katholische Kirche hat wohl auch nur deswegen die Ehescheidung abgeschafft, weil sie sich überzeugt hatte, daß gegen den Ehebruch wie gegen den Tod kein Kräutlein gewachsen ist. In protestantischen Ländern dagegen ist es Regel, daß dem Bürgerssohn erlaubt wird, sich aus seiner Klasse eine Frau mit größerer oder geringerer Freiheit auszusuchen, wonach ein gewisser Grad von Liebe der Eheschließung zugrunde liegen kann und auch anstandshalber stets vorausgesetzt wird, was der protestantischen Heuchelei entspricht. Hier wird der Hetärismus des Mannes schläfriger betrieben und der Ehebruch der Frau ist weniger Regel. Da aber in jeder Art Ehe die Menschen bleiben, was sie vor der Ehe waren, und die Bürger protestantischer Länder meist Philister sind, so bringt es diese protestantische Monogamie im Durchschnitt der besten Fälle nur zur ehelichen Gemeinschaft einer bleiernen Langeweile, die man mit dem Namen Familienglück bezeichnet. Der beste Spiegel dieser beiden Heiratsmethoden ist der Roman, für die katholische Manier der französische, für die protestantische der deutsche. In jedem von beiden „kriegt er sie": im deutschen der junge Mann das Mädchen, im französischen der Ehemann die Hörner. Welcher von beiden sich dabei schlechter steht, ist nicht immer ausgemacht. Weshalb auch dem französischen Bourgeois die Langeweile des deutschen Romans ebendenselben Schauder erregt wie die „Unsittlichkeit" des französischen Romans dem deutschen Philister. Obwohl neuerdings, seit „Berlin Weltstadt wird", der deutsche Roman anfängt, etwas weniger schüchtern in dem dort seit lange wohlbekannten Hetärismus und Ehebruch zu machen.

In beiden Fällen aber wird die Heirat bedingt durch die Klassenlage der Beteiligten und ist insofern stets Konvenienzehe. Diese Konvenienzehe schlägt in beiden Fällen oft genug um in krasseste Prostitution – manchmal beider Teile, weit gewöhnlicher der Frau, die sich von der gewöhnlichen Kurtisane nur dadurch unterscheidet, daß sie ihren Leib nicht als Lohnarbeiterin zur Stückarbeit vermietet, sondern ihn ein für allemal in die Sklaverei verkauft. Und von allen Konvenienzehen gilt Fouriers Wort:

„Wie in der Grammatik zwei Verneinungen eine Bejahung ausmachen, so gelten in der Heiratsmoral zwei Prostitutionen für eine Tugend."*

Wirkliche Regel im Verhältnis zur Frau wird die Geschlechtsliebe und kann es nur werden unter den unterdrückten Klassen, also heutzutage im Proletariat – ob dies Verhältnis nun ein offiziell konzessioniertes oder nicht. Hier sind aber auch alle Grundlagen der klassischen Monogamie beseitigt. Hier fehlt alles Eigentum, zu dessen Bewahrung und Vererbung ja gerade die Monogamie und die Männerherrschaft geschaffen wurden, und hier fehlt damit auch jeder Antrieb, die Männerherrschaft geltend zu machen. Noch mehr, auch die Mittel fehlen; das bürgerliche Recht, das diese Herrschaft schützt, besteht nur für die Besitzenden und deren Verkehr mit den Proletariern; es kostet Geld und hat deshalb armutshalber keine Geltung für die Stellung des Arbeiters zu seiner Frau. Da entscheiden ganz andere persönliche und gesellschaftliche Verhältnisse. Und vollends seitdem die große Industrie die Frau aus dem Hause auf den Arbeitsmarkt und in die Fabrik versetzt hat und sie oft genug zur Ernährerin der Familie macht, ist dem letzten Rest der Männerherrschaft in der Proletarierwohnung aller Boden entzogen – es sei denn etwa noch ein Stück der seit Einführung der Monogamie eingerissenen Brutalität gegen Frauen. So ist die Familie des Proletariers keine monogamische im strengen Sinn mehr, selbst bei der leidenschaftlichsten Liebe und festesten Treue beider und trotz aller etwaigen geistlichen und weltlichen Einsegnung. Daher spielen auch die ewigen Begleiter der Monogamie, Hetärismus und Ehebruch, hier nur eine fast verschwindende Rolle; die Frau hat das Recht der Ehetrennung tatsächlich wieder erhalten, und wenn man sich nicht vertragen kann, geht man lieber auseinander. Kurz, die Proletarierehe ist monogam im etymologischen Sinn des Worts, aber durchaus nicht in seinem historischen Sinn.

---

* *Charles Fourier:* Théorie de l'unité universelle. Vol. 3 (Œuvres complètes), t. 4, 2. éd., Paris 1841, p. 120.

Unsre Juristen finden allerdings, daß der Fortschritt der Gesetzgebung den Frauen in steigendem Maß jeden Grund zur Klage entzieht. Die modernen zivilisierten Gesetzsysteme erkennen mehr und mehr an, erstens, daß die Ehe, um gültig zu sein, ein von beiden Teilen freiwillig eingeganner Vertrag sein muß, und zweitens, daß auch während der Ehe beide Teile einander mit gleichen Rechten und Pflichten gegenüberstehn sollen. Seien diese beiden Forderungen aber konsequent durchgeführt, so hätten die Frauen alles, was sie verlangen können.

Diese echt juristische Argumentation ist genau dieselbe, womit der radikale republikanische Bourgeois den Proletarier ab- und zur Ruhe verweist. Der Arbeitsvertrag soll ein von beiden Teilen freiwillig eingegangner sein. Aber er gilt als für freiwillig eingegangen, sobald das Gesetz beide Teile *auf dem Papier* gleichstellt. Die Macht, die die verschiedne Klassenstellung dem einen Teil gibt, der Druck, den sie auf den andern Teil ausübt – die wirkliche ökonomische Stellung beider –, das geht das Gesetz nichts an. Und während der Dauer des Arbeitsvertrags sollen beide Teile wiederum gleichberechtigt sein, sofern nicht einer oder der andre ausdrücklich verzichtet hat. Daß die ökonomische Sachlage den Arbeiter zwingt, sogar auf den letzten Schein von Gleichberechtigung zu verzichten, dafür kann das Gesetz wiederum nichts.

Mit Bezug auf die Ehe ist das Gesetz, selbst das fortgeschrittenste, vollauf befriedigt, sobald die Beteiligten ihre Freiwilligkeit formell zu Protokoll gegeben haben. Was hinter den juristischen Kulissen vorgeht, wo sich das wirkliche Leben abspielt, wie diese Freiwilligkeit zustande kommt, darum kann sich das Gesetz und der Jurist nicht kümmern. Und doch sollte hier die einfachste Rechtsvergleichung dem Juristen zeigen, was es mit dieser Freiwilligkeit auf sich hat. In den Ländern, wo den Kindern ein Pflichtteil am elterlichen Vermögen gesetzlich gesichert ist, wo sie also nicht enterbt werden können – in Deutschland, in den Ländern französischen Rechts etc., sind die Kinder beim Eheschluß an die Einwilligung der Eltern gebunden. In den Ländern englischen Rechts, wo die elterliche Einwilligung kein gesetzliches Erfordernis des Eheschlusses ist, haben die Eltern auch volle Testierfreiheit über ihr Vermögen, können sie ihre Kinder nach Belieben enterben. Daß trotzdem und eben deshalb die Freiheit der Eheschließung in den Klassen, wo es was zu erben gibt, in

England und Amerika, tatsächlich um kein Haar größer ist als in Frankreich und Deutschland, das ist doch klar.

Nicht besser steht es mit der juristischen Gleichberechtigung von Mann und Frau in der Ehe. Die rechtliche Ungleichheit beider, die uns aus früheren Gesellschaftszuständen vererbt, ist nicht die Ursache, sondern die Wirkung der ökonomischen Unterdrückung der Frau. In der alten kommunistischen Haushaltung, die viele Ehepaare und ihre Kinder umfaßte, war die den Frauen übergebne Führung des Haushalts ebensogut eine öffentliche, eine gesellschaftlich notwendige Industrie wie die Beschaffung der Nahrungsmittel durch die Männer. Mit der patriarchalischen Familie, und noch mehr mit der monogamen Einzelfamilie wurde dies anders. Die Führung des Haushalts verlor ihren öffentlichen Charakter. Sie ging die Gesellschaft nichts mehr an. Sie wurde ein *Privatdienst;* die Frau wurde erste Dienstbotin, aus der Teilnahme an der gesellschaftlichen Produktion verdrängt. Erst die große Industrie unsrer Zeit hat ihr – und auch nur der Proletarierin – den Weg zur gesellschaftlichen Produktion wieder eröffnet. Aber so, daß, wenn sie ihre Pflichten im Privatdienst der Familie erfüllt, sie von der öffentlichen Produktion ausgeschlossen bleibt und nichts erwerben kann; und daß, wenn sie sich an der öffentlichen Industrie beteiligen und selbständig erwerben will, sie außerstand ist, Familienpflichten zu erfüllen. Und wie in der Fabrik, so geht es der Frau in allen Geschäftszweigen, bis in die Medizin und Advokatur hinein. Die moderne Einzelfamilie ist gegründet auf die offne oder verhüllte Haussklaverei der Frau, und die moderne Gesellschaft ist eine Masse, die aus lauter Einzelfamilien als ihren Molekülen sich zusammensetzt. Der Mann muß heutzutage in der großen Mehrzahl der Fälle der Erwerber, der Ernährer der Familie sein, wenigstens in den besitzenden Klassen, und das gibt ihm eine Herrscherstellung, die keiner juristischen Extravorrechtung bedarf. Er ist in der Familie der Bourgeois, die Frau repräsentiert das Proletariat. In der industriellen Welt tritt aber der spezifische Charakter der auf dem Proletariat lastenden ökonomischen Unterdrückung erst dann in seiner vollen Schärfe hervor, nachdem alle gesetzlichen Sondervorrechte der Kapitalistenklasse beseitigt und die volle juristische Gleichberechtigung beider Klassen hergestellt worden; die demokratische Republik hebt den Gegensatz beider Klassen nicht auf, sie bietet im Gegenteil erst den Boden, worauf er ausgefochten wird. Und ebenso wird auch der eigentümliche Charakter der Herrschaft des Mannes über die Frau in der modernen Familie und die Notwendigkeit, wie die Art, der Herstellung einer wirklichen gesellschaftlichen Gleichstellung beider erst dann in grelles Tageslicht treten, sobald beide juristisch vollkommen gleichberechtigt sind. Es wird sich dann zeigen, daß die Befreiung der Frau zur ersten Vorbedingung hat die Wiedereinführung des ganzen weiblichen Geschlechts in die öffentliche Industrie, und daß dies wieder erfordert die Beseitigung der Eigenschaft der Einzelfamilie als wirtschaftlicher Einheit der Gesellschaft.

Friedrich Nietzsche:

„Über die Zukunft unserer Bildungsanstalten" (1872) – Zur Chiffre der Modernitätskritik

Friedrich Nietzsche: Über die Zukunft unserer Bildungsanstalten. 1. Vortrag. In: *Friedrich Nietzsche:* Sämtliche Werke. Kritische Studienausgabe. Hrsg. von *Giorgo Colli und Mazzino Montinari.* Bd. 1. Berlin: de Gruyter 1980, S. 665–670. Diese Edition ist auch als dtv-Kassettenausgabe (Nr. 5977) in 14 Taschenbüchern zu haben.

– „Ich erinnre mich, antwortete der gescholtene Schüler; Sie pflegten zu sagen, es würde kein Mensch nach Bildung streben, wenn er wüßte, wie unglaublich klein die Zahl der wirklich Gebildeten zuletzt ist und überhaupt sein kann. Und trotzdem sei auch diese kleine Anzahl von wahrhaft Gebildeten nicht einmal möglich, wenn nicht eine große Masse, im Grunde gegen ihre Natur, und nur durch eine verlockende Täuschung bestimmt, sich mit der Bildung einließe. Man dürfe deshalb von jener lächerlichen Improportionalität zwischen der Zahl der wahrhaft Gebildeten und dem ungeheuer großen Bildungsapparat nichts öffentlich verrathen; hier stecke das eigentliche Bildungsgeheimniß: daß nämlich zahllose Menschen scheinbar für sich, im Grunde nur, um einige wenige Menschen möglich zu machen, nach Bildung ringen, für die Bildung arbeiten."

„Dies ist der Satz, sagte der Philosoph – und doch konntest Du so seinen wahren Sinn vergessen, um zu glauben, selber einer jener Wenigen zu sein? Daran hast Du gedacht – ich merke es wohl. Das aber gehört zu der nichtswürdigen Signatur unsrer gebildeten Gegenwart. Man demokratisirt die Rechte des Genius, um der eignen Bildungsarbeit und Bildungsnoth enthoben zu sein. Es will sich ein Jeder womöglich im Schatten des Baumes niederlassen, den der Genius gepflanzt hat. Man möchte sich jener schweren Nothwendigkeit entziehn, für den Genius arbeiten zu müssen, um seine Erzeugung möglich zu machen. Wie? Du bist zu stolz, ein Lehrer sein zu wollen? Du verachtest die sich herandrängende Menge der Lernenden? Du sprichst mit Geringschätzung über die Aufgabe des Lehrers? Und möchtest dann, in einer feindseligen Abgrenzung von jener Menge, ein einsames Leben führen, mich und meine Lebensweise copirend? Du glaubst im Sprunge sofort das erreichen zu können, was ich, nach langem hartnäckigem Kampfe, um als Philosoph überhaupt nur leben zu können, mir endlich erringen mußte? Und du fürchtest nicht, daß die Einsamkeit sich an dir rächen werde? Versuche es nur, ein Bildungseinsiedler zu sein – man muß einen überschüssigen Reichthum haben, um von sich aus für Alle leben zu können! – – Sonderbare Jünger! Gerade immer das Schwerste und Höchste, was eben nur dem Meister möglich geworden ist, glauben sie nachmachen zu müssen: während gerade sie wissen sollten, wie schwer und gefährlich dies sei und wie viele treffliche Begabungen noch daran zu Grunde gehen könnten!"

– „Ich will Ihnen nichts verbergen, mein Lehrer, sagte hier der Begleiter. Ich habe zu viel von Ihnen gehört und bin zu lange in Ihrer Nähe gewesen, um mich unserem jetzigen Bildungs- und Erziehungswesen noch mit Haut und Haar hingeben zu können. Ich empfinde zu deutlich jene heillosen Irrthümer und Mißstände, auf die Sie mit dem Finger zu zeigen pflegten – und doch merke ich wenig von der Kraft in mir, mit der ich, bei tapferem Kampfe, Erfolge haben würde. Eine allgemeine Muthlosigkeit überkam mich; die Flucht in die Einsamkeit war nicht Hochmuth, nicht Überhebung. Ich will Ihnen gern beschreiben, welche Signatur ich an den jetzt so lebhaft und zudringlich sich bewegenden Bildungs- und Erziehungsfragen vorgefunden habe. Es schien mir, daß ich zwei Hauptrichtungen unterscheiden müsse, – zwei scheinbar entgegengesetzte, in ihrem Wirken gleich verderbliche, in ihren Resultaten endlich zusammenfließende Strömungen beherrschen die Gegenwart unsrer Bildungsanstalten: einmal der Trieb nach möglichster *Erweiterung* und *Verbreitung* der Bildung, dann der Trieb nach *Verringerung* und *Abschwächung* der Bildung selbst. Die Bildung soll aus verschiedenen Gründen in die allerweitesten Kreise getragen werden – das verlangt die eine Tendenz. Die andere muthet dagegen der Bildung selbst zu, ihre höchsten edelsten und erhabensten Ansprüche aufzugeben und sich im Dienste irgend einer anderen Lebensform, etwa des Staates zu bescheiden. Ich glaube bemerkt zu haben, von welcher Seite aus der Ruf nach möglichster Erweiterung und

Ausbreitung der Bildung am deutlichsten erschallt. Diese Erweiterung gehört unter die beliebten nationalökonomischen Dogmen der Gegenwart. Möglichst viel Erkenntniß und Bildung – daher möglichst viel Produktion und Bedürfniß – daher möglichst viel Glück: – so lautet etwa die Formel. Hier haben wir den Nutzen als Ziel und Zweck der Bildung, noch genauer den Erwerb, den möglichst großen Geldgewinn. Die Bildung würde ungefähr von dieser Richtung aus definirt werden als die Einsicht, mit der man sich „auf der Höhe seiner Zeit" hält, mit der man alle Wege kennt, auf denen am leichtesten Geld gemacht wird, mit der man alle Mittel beherrscht, durch die der Verkehr zwischen Menschen und Völkern geht. Die eigentliche Bildungsaufgabe wäre demnach möglichst „courante" Menschen zu bilden, in der Art dessen, was man an einer Münze „courant" nennt. Je mehr es solche courante Menschen gäbe, um so glücklicher sei ein Volk: und gerade das müsse die Absicht der modernen Bildungsinstitute sein, Jeden so weit zu fördern als es in seiner Natur liegt „courant" zu werden, Jeden derartig auszubilden, daß er von seinem Maß von Erkenntniß und Wissen das größtmögliche Maß von Glück und Gewinn hat. Ein jeder müsse sich selbst genau taxiren können, er müsse wissen, wie viel er vom Leben zu fordern habe. Der „Bund von Intelligenz und Besitz", den man nach diesen Anschauungen behauptet, gilt geradezu als eine sittliche Anforderung. Jede Bildung ist hier verhaßt, die einsam macht, die über Geld und Erwerb hinaus Ziele steckt, die viel Zeit verbraucht: man pflegt wohl solche andre Bildungstendenzen als „höheren Egoismus" als „unsittlichen Bildungsepikureismus" abzuthun. Nach der hier geltenden Sittlichkeit wird freilich etwas Umgekehrtes verlangt, nämlich eine *rasche* Bildung, um schnell ein geldverdienendes Wesen werden zu können und doch eine so gründliche Bildung, um ein *sehr viel* Geld verdienendes Wesen werden zu können. Dem Menschen wird nur so viel Kultur gestattet als im Interesse des Erwerbs ist, aber so viel wird auch von ihm gefordert. Kurz: die Menschheit hat einen nothwendigen Anspruch auf Erdenglück – darum ist die Bildung nothwendig – aber auch nur darum!"

„Hier will ich etwas einschalten, sagte der Philosoph. Bei dieser nicht undeutlich charakterisirten Anschauung entsteht die große, ja ungeheure Gefahr, daß die große Masse irgendwann einmal

die Mittelstufe überspringt und direkt auf dieses Erdenglück losgeht. Das nennt man jetzt die „sociale Frage". Es möchte nämlich dieser Masse so scheinen, daß demnach die Bildung für den größten Theil der Menschen nur ein Mittel für das Erdenglück der Wenigsten sei: die „möglichst allgemeine Bildung" schwächt die Bildung so ab, daß sie gar keine Privilegien und gar keinen Respekt mehr verleihen kann. Die allerallgemeinste Bildung ist eben die Barbarei. Doch ich will Deine Erörterung nicht unterbrechen."

Der Begleiter fuhr fort: „Es giebt noch andere Motive für die überall so tapfer angestrebte Erweiterung und Verbreitung der Bildung, außer jenem so beliebten nationalökonomischen Dogma. In einigen Ländern ist die Angst vor einer religiösen Unterdrückung so allgemein und die Furcht vor den Folgen dieser Unterdrückung so ausgeprägt, daß man in allen Gesellschaftsklassen der Bildung mit lechzender Begierde entgegenkommt und gerade die Elemente derselben einschlürft, welche die religiösen Instinkte aufzulösen pflegen. Anderwärts hinwiederum strebt ein Staat hier und da um seiner eignen Existenz willen nach einer möglichsten Ausdehnung der Bildung, weil er sich immer noch stark genug weiß, auch die stärkste Entfesselung der Bildung noch unter sein Joch spannen zu können und es bewährt gefunden hat, wenn die ausgedehnteste Bildung seiner Beamten oder seiner Heere zuletzt immer nur ihm selbst – dem Staate – im Wetteifer mit anderen Staaten, zu Gute kommt. In diesem Falle muß das Fundament eines Staates eben so breit und fest sein, um das complicirte Bildungsgewölbe noch balanciren zu können, wie im ersten Falle die Spuren einer früheren religiösen Unterdrückung noch fühlbar genug sein müssen, um zu einem so verzweifelten Gegenmittel zu drängen. – Wo also nur das Feldgeschrei der Masse nach weitester Volksbildung verlangt, da pflege ich wohl zu unterscheiden, ob eine üppige Tendenz nach Erwerb und Besitz, ob die Brandmale einer früheren religiösen Unterdrückung, ob das kluge Selbstgefühl eines Staates zu diesem Feldgeschrei stimulirt hat.

Dagegen wollte es mir erscheinen, als ob zwar nicht so laut, aber mindestens so nachdrücklich von verschiedenen Seiten aus eine andere Weise angestimmt würde, die Weise von der *Verminderung der Bildung*. Man pflegt sich etwas von dieser Weise in allen gelehrten Kreisen in's Ohr zu flüstern: die allgemeine Thatsache, daß mit der jetzt angestrebten Ausnützung des Gelehrten im Dienste seiner Wissenschaft die *Bildung* des Gelehrten immer zufälliger und unwahrscheinlicher werde. Denn so in die Breite ausgedehnt ist jetzt das Studium der Wissenschaften, daß, wer, bei guten, wenngleich nicht extremen Anlagen, noch in ihnen etwas leisten will, ein ganz spezielles Fach betreiben wird, um alle übrigen dann aber unbekümmert bleibt. Wird er nun schon in seinem Fach über dem Vulgus stehen, in allem Übrigen gehört er doch zu ihm, d. h. in allen Hauptsachen. So ein exklusiver Fachgelehrter ist dann dem Fabrikarbeiter ähnlich, der, sein Leben lang, nichts anderes macht als eine bestimmte Schraube oder Handhabe, zu einem bestimmten Werkzeug oder zu einer Maschine, worin er dann freilich eine unglaubliche Virtuosität erlangt. In Deutschland, wo man versteht, auch solchen schmerzlichen Thatsachen einen gloriosen Mantel des Gedankens überzuhängen, bewundert man wohl gar diese enge Fachmäßigkeit unserer Gelehrten und ihre immer weitere Abirrung von der rechten Bildung als ein sittliches Phänomen: die „Treue im Kleinen", die „Kärrnertreue" wird zum Prunkthema, die Unbildung jenseits des Fachs wird als Zeichen edler Genügsamkeit zur Schau getragen.

Texte zur 6. Epoche:
Die Reformpädagogik

Rainer Maria Rilke:
„Samskola" (1904) –
Wie Schule sein könnte

Heinrich Scharrelmann:
„In der Zeichenstunde" (1908) –
Wie Unterricht sein sollte

Karl Popper:
„Über die Stellung des Lehrers . . ."
(1925) –
Wie Lehrer sein müßten

Anne Frank:
„Aus ihrem Tagebuch" (vom 11. 7. 1943) –
Wie Kinder zu leiden haben

Jean Améry:
„Jenseits von Schuld und Sühne"
(vom 23. 7. 1943) –
Wie Menschen gequält werden

Rainer Maria Rilke:
„Samskola" (1904) –
Wie Schule sein könnte

Rainer Maria Rilke: Samskola. In: Ders.: Sämtliche Werke. Hrsg. von *Ernst Zinn.* Bd. 5: Worpswede – Rodin – Aufsätze. Frankfurt/M.: Insel 1965, S. 672–681 (mit Kürzungen). Diese Edition gibt es (gekürzt) auch als sechsbändige Taschenbuchausgabe bzw. in Form einer Kassette im Frankfurter Insel-Verlag (3. 1984). Zur Kontrastierung lese man: *Clara·Zetkin:* Die Schulfrage. Rede auf der 3. Frauenkonferenz in Bremen am 18. 9. 1904. In: *Clara Zetkin:* Über Jugenderziehung. Berlin (DDR): Dietz 1957, S. 7–45

Ich werde erzählen, was sich neulich in Gothenburg begeben hat. Es ist merkwürdig genug. Es geschah in dieser Stadt, daß mehrere Kinder zu ihren Eltern kamen und erklärten, sie wollten auch nachmittags in der Schule bleiben, auch wenn kein Unterricht ist, immer. Immer? Ja, so viel wie möglich. In welcher Schule?

Ich werde von dieser Schule erzählen. Es ist eine ungewöhnliche, eine völlig unimperativische Schule; eine Schule, die nachgibt, eine Schule, die sich nicht für fertig hält, sondern für etwas Werdendes, daran die Kinder selbst, umformend und bestimmend, arbeiten sollen. Die Kinder, in enger und freundlicher Beziehung mit einigen aufmerksamen, lernenden, vorsichtigen Erwachsenen, Menschen, Lehrern, wenn man will. Die Kinder sind in dieser Schule die Hauptsache. Man begreift, daß damit verschiedene Einrichtungen fortfallen, die an anderen Schulen üblich sind. Zum Beispiel: jene hochnotpeinlichen Untersuchungen und Verhöre, die man

Prüfungen genannt hat, und die damit zusammenhängenden Zeugnisse. Sie waren ganz und gar eine Erfindung der Großen. Und man fühlt gleich, wenn man die Schule betritt, den Unterschied. Man ist in einer Schule, in der es nicht nach Staub, Tinte und Angst riecht, sondern nach Sonne, blondem Holz und Kindheit.

Man wird sagen, daß eine solche Schule sich nicht halten kann. Nein, natürlich. Aber die Kinder halten sie. Sie besteht nun im vierten Jahre und man zählt in diesem Semester zweihundertfünfzehn Schüler, Mädchen und Knaben aus allen Altern. Denn es ist eine richtige Schule, die beim Anfang anfängt und bis ans Ende reicht. Freilich: dieses Ende liegt noch nicht ganz in ihrer Hand. An diesem Ausgang der Achtzehnjährigen steht, gespenstisch wie ein Revenant, die Reifeprüfung. Und sie treten, aus der Zukunft, in der sie schon waren, in eine andere Zeit zurück. In die Zeit ihrer Zeitgenossen. Aber sie sind doch, sozusagen, im Kommenden erzogen; werden sie das ganz verleugnen? Wird man es später an ihrem Leben merken?

... Es scheint mir, als ob wir, die Erwachsenen, in einer Welt lebten, in der keine Freiheit ist. Freiheit ist bewegtes, steigendes, mit der Menschenseele sich wandelndes, wachsendes Gesetz. Unsere Gesetze sind nicht mehr die unserigen. Sie sind zurückgeblieben, während das Leben lief. Man hat sie zurückgehalten, aus Geiz, aus Habgier, aus Eigennutz; aber vor allem: aus Angst. Man wollte sie nicht mit auf den Wellen haben in Sturm und Schiffbruch; sie sollten in Sicherheit sein. Und da man sie so, gerettet aus aller Gefahr, auf dem Strande zurückließ, sind sie erstarrt. Und das ist unsere Not: daß wir Gesetze haben aus Stein. Gesetze, die nicht immer mit uns waren, fremde, unverwandte Gesetze. Keine von den tausend neuen Bewegungen unseres Blutes pflanzt sich in ihnen fort; unser Leben besteht nicht für sie; und die Wärme aller Herzen reicht nicht aus, einen Schimmer von Grün auf ihren kalten Oberflächen hervorzurufen. Wir schreien nach dem neuen Gesetz. Nach einem Gesetz, das Tag und Nacht bei uns bleibt und das wir erkannt und befruchtet haben wie ein Weib. Aber es kommt keiner, der solches Gesetz uns geben kann; es ist über die Kraft.

Aber denkt niemand daran, daß das neue Gesetz, das wir nicht zu schaffen vermögen, täglich anfangen kann mit denen, die wieder ein Anfang sind? Sind sie nicht wieder das Ganze, Schöpfung und Welt, wachsen nicht in ihnen alle Kräfte heran, wenn wir nur Raum geben? Wenn wir nicht aufdringlich, mit dem Recht des Stärkeren, den Kindern all das Fertige in den Weg stellen, das für unser Leben gilt, wenn sie nichts vorfinden, wenn sie alles machen müssen: werden sie nicht alles machen? Wenn wir uns hüten, den alten Riß zwischen Pflicht und Freude (Schule und Leben), Gesetz und Freiheit in sie hinein zu vergrößern: ist es nicht möglich, daß die Welt heil in ihnen heranwächst? Nicht in einer Generation freilich, nicht in der nächsten und übernächsten, aber langsam, von Kindheit zu Kindheit heilend?

Ich weiß nicht, ob man zu dem Ursprung der Schule auch durch diese Gedanken gegangen ist; es ist eine Welt von Gedanken gedacht worden. Aber nun ist sie da. Ihre einfache Heiterkeit spielt vor einem Hintergrunde dunkelsten Ernstes. Sie ist nicht in ein Programm eingeschlossen, sie ist nach allen Seiten offen. Und es ist gar nicht vom ‚Erziehen' die Rede. Es handelt sich gar nicht darum. Denn wer kann erziehen? Wo ist der unter uns, der erziehen dürfte?

Was diese Schule versucht, ist dieses: nichts zu stören. Aber indem sie dies auf ihre tätige und hingebende Weise versucht, indem sie Hemmungen entfernt, Fragen anregt, horcht, beobachtet, lernt und vorsichtig liebt, – tut sie alles, was Erwachsene an denen tun können, die nach ihnen kommen sollen.

Das fünfteilige hölzerne Gebäude eines früheren Hospitals. An Kranke denkt man nicht mehr; nur etwas wie die Freude von vielen Genesenden ist darin geblieben.

Die Zimmer sind wie die Zimmer in einem Landhaus. Mittelgroß, mit klaren, einfarbigen Wänden und geräumigen Fenstern, in denen viele Blumen stehen. Die niedrigen, gelben, harzhellen Tische lassen sich, wenn es nötig ist, in der Art von Schulbänken anreihen; meist aber sind sie in der Mitte zu einem einzigen großen Tisch zusammengeschoben, wie in einer Wohnstube. Und die kleinen, behaglichen Sessel stehen rund herum. Natürlich ist alles da, was in ein richtiges Schulzimmer gehört: ein (übrigens nicht erhöhter) Lehrertisch, eine Tafel und alles andere. Aber diese Dinge repräsentieren nicht; sie ordnen sich ein. An der Wand, dem Fenster gegenüber, ist eine Karte von Schweden, blau, grün und rot: ein frohes, buntes Kinderland. Sonst sind Abbildungen von guten Gemälden da, in glatten, einfachen Holzrahmen. Des Velazquez kleiner reitender Infant. Daneben aber, ganz ebenso anerkannt, hängt das rote Haus, das der kleine Bengt oder Nils oder Ebbe gemalt hat, mit dem ernstesten Gesicht. Die lichten Gänge führen zu den Sälen hin, die für viele Beschäftigungen eingerichtet sind. Da ist ein weiter, luftiger Raum für die Handarbeiten der Kleinsten; in einem anderen werden Bürsten hergestellt und Bücher gebunden; eine Werkstatt ist da für Tischlerarbeiten und Mechanik, eine Druckerei und ein stilles, heiteres Musikzimmer.

Man hat das Gefühl: hier kann man etwas werden. Diese Schule ist nicht etwas Vorläufiges; da ist schon die Wirklichkeit. Da fängt das Leben schon an. Das Leben hat sich klein gemacht für die Kleinen. Aber es ist da, mit allen seinen Möglichkeiten und mit vielen Gefahren. Da hängen in den Werkstätten, wo die Zwölfjährigen arbeiten, all die scharfen Messer und Ahlen und Stahle, die man sonst ängstlich vor den Kindern verbirgt. Hier legt man sie ihnen vorsichtig und ernst und richtig in die Hand und sie denken gar nicht daran, damit zu ‚spielen'. Sie beschäftigen sich so intensiv; und fast alle ihre Arbeiten sind gut und genau und brauchbar; des Handwerks tiefer Ernst kommt über sie.

Im Saal für Mechanik wurde ein Knabe gerufen, der einen Motor erfunden und im Modell ausgeführt hatte. Er sollte ihn erklären. Er war schon mit einer anderen Arbeit beschäftigt, von der er bereitwillig, aber doch ungern gestört, herüberkam. Sein Gesicht war noch ganz von der verlassenen Arbeit erfüllt. Aber dann nahm er sich zusammen und gab sachlich kurz die gewünschten Aufklärungen. Der Ton seiner Worte, die geschickten Gebärden, womit er sie begleitete, selbst die offene, sichere Art seiner Freundlichkeit zeigte den Arbeiter, der in seiner Arbeit lebt. Und wie bei diesem Knaben, so war bei allen Kindern Offenheit und Sicherheit zu finden; sie waren alle beschäftigt und froh und dadurch allen Tätigen nah; mochten es nun Erwachsene oder Kinder sein; in der ernsthaften und freudigen Beschäftigung war eine Gemeinsamkeit gegeben, auf der sich verkehren ließ; aller Grund zur Verlegenheit war fortgefallen.

Die Freudigkeit, die Neigung, womit in dieser Schule alles geschieht, prägt alle Dinge. Wie schön sind die von den Kindern gedruckten und gebundenen Bücher, wie rührend ausdrucksvoll sind ihre kleinen Modellierversuche, und ihre Blumenzeichnungen nach der Natur sind so richtig und liebevoll und gewissenhaft, daß sie, wo gewisse Voraussetzungen da sind, jeden Augenblick Kunst werden können. Es tut so gut, zu fühlen, daß in diesen Kindern nichts verkümmern kann. Jede, auch die leiseste Anlage muß nach und nach zum Blühen kommen. Keins von diesen Kindern muß sich dauernd zurückgesetzt glauben. Der Möglichkeiten sind so viele. Für ein jedes muß der Tag kommen, da es sein Können entdeckt, irgendeine Fähigkeit, eine Geschicklichkeit, eine Lust zu irgend etwas, die ihm in dieser kleinen Welt seinen Platz, seine Berechtigung giebt. Und was das wichtigste ist: diese kleine Welt ist im Grunde nichts anderes als die große Welt auch; was man in ihr ist, kann man überall sein; diese Schule ist nicht ein Gegensatz des Heims. Sie ist dasselbe. Sie ist nur zu jedem ‚Zuhause' hinzugekommen, sie ist an alle Häuser angebaut und will mit ihnen in Verbindung sein. Sie ist nicht das andere. Die Eltern gehen in ihr ebenso ein und aus wie ihre Kinder. Es steht ihnen frei, dann und wann einer Unterrichtsstunde beizuwohnen; sie kennen die Räume des Schulhauses und finden sich darin zurecht. Und auch im Verhältnis zum Leben will diese Schule nicht das andere sein. Deshalb kann sie keine Lehrer brauchen, die diesen Beruf ergreifen; die an ihr lehren, müssen von ihrem Beruf ergriffen sein. Es genügt nicht, daß sie einen Gegenstand beherrschen; dieser Gegenstand muß gewissermaßen unter freiem Himmel stehen; er darf nicht isoliert, nicht abgeschnitten, nicht aus allen Zusammenhängen gehoben sein. Er muß sich verwandeln, und wenn sich etwas rührt in der Welt, muß er zittern und tönen; man muß es an ihm merken können. Immer soll, unter dem Vorwande der verschiedenen Fächer, vom Leben die Rede sein. Wie schön war es, als einmal ein Bergmann kam, ein ungewöhnlicher Bergmann, der schlicht und schwer von seinen schwarzen Tagen erzählte; und wie für ihn, so steht der Lehrersessel für jeden da, der etwas erfahren hat: für den Reisenden, der von fremden Gegenden erzählt, für den Mann, der Maschinen baut, und vor allem für den Schlichtesten unter den Wissenden, den Handwerker mit den klugen, vorsichtigen Händen. Denk, wenn einmal ein Zimmermann käme! Oder ein Uhrmacher oder gar ein Orgelbauer! Und sie können jeden Augenblick kommen. Denn ganz leise nur, ohne Last, liegt das Netz des Stundenplanes über den Tagen. Es wird oft verschoben. Die Wochen gehen einem nicht mit der monotonen Eile eines Rosenkranzes durch die Finger. Jeder Tag fängt an als etwas Neues und bringt unerwartete und erwartete und völlig überraschende Dinge. Und für alles ist Zeit. Die Frühstückspause ist so lang, daß man den Tisch abräumen und ihn mit hellem Wachstuch decken kann. Blumen werden in der Mitte daraufgestellt. Butterbrotteller und Gläser und Becher mit Milch; und dann sitzt es rund herum und ißt und träumt, lacht und erzählt und sieht wie eine Geburtstagsgesellschaft aus.

Es ist Zeit und Raum in dieser Schule. Um jedes dieser kleinen blonden Geschöpfe ist Raum. Wie ein Haus mit Garten ist jedes. Es ist nicht eingerammt zwischen seine Nachbarn. Es hat etwas um sich herum, etwas Lichtes, Freies, Blühendes. Es soll auch nicht gerade so wie seine Nachbarn aussehen; im Gegenteil: es soll so von Herzen verschieden sein, so aufrichtig anders, so wahr wie nur irgend möglich . . .

Heinrich Scharrelmann:

„In der Zeichenstunde" (1908) – Wie Unterricht sein sollte

Heinrich Scharrelmann: Herzhafter Unterricht. Gedanken und Proben aus einer unmodernen Pädagogik. Hamburg: Alfred Jansßen 1908, S. 10–13.
Zur Kontrastierung lese man: *Rainer Maria Rilke:* Die Turnstunde. In: Ders.: Sämtliche Werke. Hrsg. von *Ernst Zinn.* Bd. 4: Frühe Erzählungen und Dramen. Frankfurt/M.: Insel 1961, S. 601–609.

Ich stehe vor der Klasse und gebe Zeichenstunde. Der Lehrplan schreibt mir gradlinige Ornamente vor. Eine neue Zeichnung hat begonnen. – Ach nein, doch wohl nicht. Bis jetzt wenigstens, wo nur Hülfslinien gezogen sind, ist noch gar nichts Neues vorgekommen. Es beginnen nämlich mehr als zehn Nummern des Lehrplans auf dieselbe Weise. Die unvermeidlichen Mittellinien, das Quadrat mit seinen Zwei- resp. Vierteilungen – es ist immer dasselbe. Endlich kommt dann einmal etwas Neues und auch das nur sehr spärlich. –

Mit welcher Inbrunst ich als Junge „gemalt" habe, wie kühn ich mit Form und Farbe umging, welche Begeisterung ein neuer Tuschkasten in mir erweckte: alles das kommt mir in die Erinnerung – jetzt in der Zeichenstunde.
Welcher Gegensatz! Dort ein lebendiger Junge, der in seiner Schaffensseligkeit keine beschweißte Fensterscheibe unbemalt lassen konnte, und hier vor mir in der Klasse eine elende Druckserei, die Folge der drückenden Öde der Zeichenstunde.

Alle haben wir unser Schulgesicht aufgesteckt. Ja, jenseits von zwölf und vier Uhr schaut man anders aus. Unverdrossen bohrt die Klasse ihre krummen „Geraden". Mit welchem Mute manche an die Ausradierung auch der dicksten Linien gehen! Kurz, es wird mit offener oder verhehlter *Unlust* gezeichnet.
Woran das nur liegen mag? – Freilich, Ornamente habe ich in meiner Jugend nicht gezeichnet, aber dafür – alles andere mit Feuer! – Und unsere Lehrpläne sind doch so vernünftig aufgebaut! „Vom Einfachsten zum Zusammengesetzten!" „Vom Leichten zum Schweren!"

Mit eiserner Konsequenz werden diese Fundamentalsätze gerade im Zeichenunterricht angewandt. – – –
Unser Lehrgang im Zeichnen ist doch logisch, ist wissenschaftlich durch und durch! Ob er kindlich ist! – – – – Sicherlich nicht! – Ob hieraus die Unlust entspringt? – –
Ja so, ich träume! – Fritz steht vor mir, um sein Blatt zu zeigen. Lächelnd sehe ich sein Machwerk *wieder* einmal an: Der Bogen ist unsauber, die Linien *natürlich* krumm, das Papier zeigt bedenklich rauhe Stellen. In der nächsten Stunde wird er wohl auf seiner Unterlage radieren. Die alten Fehler sind durch neue ersetzt.
Wie oft ich ihn wieder an seinen Platz schicken mußte, um zu „verbessern". Er wird immer schüchterner. Entschieden hält er mich für grausam ob meiner konsequenten Unzufriedenheit. – Und doch war im vorigen Jahre keiner in der Klasse, der so gut „Weihnachten malen" konnte, als er. – Wenn er nur wüßte, wie leid er mir tut!
Es ist wirklich schade, mein Junge, daß auch du eine sogenannte Individualität hast – und noch dazu solch angenehme. Ja, was hilft es denn, daß ich ihn mit einigen aufmunternden Worten wieder heimschicke? Ich wette, er merkt meine Absicht und ist gründlich verstimmt. – Aber ich kann doch auch nicht solche „Sauzeichnung" gebrauchen. Es muß eben *ohne* Gnade an ihr herumkorrigiert werden, bis sie einigermaßen annehmbar ist.
Wie diese heillose Korrigiererei mich selbst erschöpft, langweilt, verdrießlich und niedergeschlagen macht! Gerade die *regelrecht* verlaufenden Stunden speichern den meisten Unmut in mir auf oder – degradieren mich zum Handwerker.
Und nun diese vielgepriesene „Erziehung zur Sauberkeit und Ordnung"! Wir erziehen sie ja nicht, wir erziehen sie wirklich nicht, sondern grob und plump *verlangen* wir beides ganz einfach von Anfang an! Schon die erste Zeichnung, wie das erste Schreibheft *sollen* sauber und ordentlich sein. Ein Erziehungsziel als schon erreicht vorauszusetzen, wie unteroffiziermäßig das ist, wie sehr borniert. – – – – – – –
Ratlos bin ich hin und hergegangen in der Klasse, überall tadelnd, selten lobend. Das ist nun meine Tätigkeit gewesen während der verflossenen dreiviertel Stunden. Als lache irgend jemand aus sehr weiter Ferne unmenschlich hönisch, klingt's mir in den Ohren.

Ich komme zum Entschluß! – Bin ich schuld an dieser marternden Öde in der Klasse oder ist's der Lehrplan? – Ich will's prüfen? – Es soll etwas anderes gezeichnet werden. – Es müßte eine kleine Aufgabe sein, die im Augenblick gelöst ist – – – –

„Legt den Bogen in die Mappe und nehmt ein Blatt Papier." – „Alle sollen einen Baum malen."

Wie sie sich ob dieses unerhörten Ereignisses zweifelnd und doch offenbar vergnügt an die Arbeit machen. Und ich? – Ich will dieselbe Aufgabe mitlösen. Warum sollte ich auch in diesen Augenblicken, wo alle arbeiten – müßig sein.

Meine Skizze ist fertig. Wenn ich nur gleich Tusche zur Hand hätte! – Die meisten Skizzen sind fertig. – Ich gehe durch die Reihen und bin im großen und ganzen – *enttäuscht*. Diese Unbeholfenheit in der Wiedergabe einer einfachen Form! Manche Zeichnungen sind offenbar gut gedacht, aber die Technik – einfach ruppig!

Also auch bei solchen Aufgaben geht nichts ohne Korrektur? – Nein! – Aber die simplen Skizzen sind doch keine Verbesserungen wert. Lieber gleich eine neue Zeichnung anfertigen, die vollkommener ist! Freilich, aufmerksam machen muß ich doch auf die gemachten Fehler. Ob das wirklich nötig ist?

Ach, mir spukt immer noch das Ornament im Kopfe herum! Da soll ja allerdings an jeder einzelnen Vorlage die völlig richtige Wiedergabe der Form erreicht werden. Aber in diesen Augenblicksskizzen nicht! Hier soll durch immer erneute Aufgaben in bunter Abwechslung das zeichnerische Können ohne die Gewaltmittel der Disziplin und Korrektur ganz von selbst erreicht werden. Wird das der Fall sein? Wer vermag das ohne weiteres zu entscheiden? Das müßte in jeder Stunde aufs neue probiert werden.

Wenn es der Fall wäre, dann gäbe es ja einen Unterricht ohne – Tadel. Dann würde die Klasse ihre Zeichenaufgaben, obgleich diese immer schwieriger werden müßten, mit immer größerem Mute und bedeutenderer Sicherheit lösen. Die alten Malaufgaben, wie sie in den untersten Klassen gepflegt werden, müssen in den Zeichenunterricht aufgenommen werden. Dann könnte auch die alte Ursprünglichkeit in der Auffassung der Aufgabe geduldet werden. Es käme also nicht auf gerade oder regelmäßig gebogene Striche an, kurz, auf alles Äußerliche, Technische, sondern auf den inneren Gehalt jeder Zeichnung: auf die Arbeitslust, die Betätigung der Phantasie, auf die Detaillierung und auf originelle Formen und Farben. Aber diese Imponderabilien zieht bis jetzt der offizielle Zeichenunterricht gar nicht in Rechnung. –

Es klingelt. Ich sammle die Skizzen ein und befestige meine eigene an der Wand. – Da mag sie nach der Stunde bewundert werden.

Karl Popper:
„Über die Stellung des Lehrers ..."
(1925) –
Wie Lehrer sein müßten

Karl Popper: Über die Stellung des Lehrers zu Schule und Schüler. In: Schulreform, 4 (4/1925), S. 204–208. (Dam. ein 22jähr. Lehrer.) Zur Kontrastierung lese man: *Georg Kerschensteiner:* Die Secle des Erziehers und das Problem der Lehrerbildung. (Original 1921) München – Stuttgart: Oldenbourg-Teubner 9. 1965.

Gesellschaftliche oder individualistische Erziehung?

Der Streit zwischen den Vertretern einer gesellschaftlich orientierten Erziehungsmethode und denen einer individualistisch orientierten muß in letzter Linie immer zu der Frage führen: Ist der Einzelne für die Gesellschaft da oder die Gesellschaft für den Einzelnen?[1]

Die vorliegende theoretische Skizze versucht einen Standpunkt zu präzisieren, der diese für die Pädagogik unfruchtbare Fragestellung ausschließt und dazu führt, den Lehrer hinsichtlich seiner Stellung zum Schüler vor eine reale *Alternative* zu stellen. Sie versucht weiter, eine *Lösung* zu geben, die im Einklang steht mit der Forderung, daß die Erziehung *lebensnah* sein soll; eine Forderung, die eine der grundlegenden Ideen der Schulreform ist.

Bevor wir auf die Entwicklung dieses Standpunktes eingehen können, müssen wir das Verhältnis zweier Begriffe untersuchen, die für ihn wesentlich sind: der Begriff *Individualität* und *Typus*.

Jedes Einzelwesen, in seiner Einzigartigkeit gesehen, ist eine Individualität.

Dem Begriff des *Einzigartigen* steht der Begriff des *Typischen* als konträrer Gegensatz gegenüber:

Das Typische sehen wir in einem Einzelwesen, wenn wir dieses von einem gegebenen, allgemeinen Gesichtspunkte aus betrachten; daher ändert sich das Typische mit jedem Wechsel des Gesichtspunktes.[2]

Mit dieser Überlegung erscheint es ausgeschlossen, daß eine Psychologie, Soziologie oder überhaupt irgend eine Wissenschaft sich mit der *Individualität* befassen kann; denn eine Wissenschaft ohne *allgemeinen Gesichtspunkt* ist unmöglich.

Wir können somit den Satz aufstellen:

Ein Einzelwesen, gesehen als Individualität, und ein Einzelwesen, gesehen als Typus, sind Ergebnisse gegensätzlicher Anschauungsformen.[3]

Jetzt können wir auf unsere eigentliche Untersuchung eingehen, indem wir diese Terminologie auf den gesellschaftlichen Gesichtspunkt anwenden; dabei wollen wir festhalten, daß hier nur von der Gesellschaft im allgemeinen und nicht von einer spezifischen Gesellschaftsform die Rede ist.

Ein Einzelner, betrachtet vom gesellschaftlichen Standpunkt, ist ein gesellschaftlicher (oder sozialer) Typus.[4]

Weiter ergibt sich unmittelbar der für unsere Untersuchung grundlegende Satz:

Der Einzelne als Individualität und der Einzelne als gesellschaftlicher Typus sind lediglich Ergebnis verschiedener Anschauungsformen.

---

1 Trotz Betonung der gegenseitigen Bedingtheit von Individuum und Gesellschaft klingt dieses Scheinproblem bei der Begründung des Erziehungszieles in mannigfacher Form immer wieder mit. Auch für Natorp, der die gegenseitige Bedingtheit wohl am stärksten betont: „Der Mensch wird zum Menschen allein durch menschliche Gemeinschaft" (Sozialpädagogik, S. 84), ist eine „logische Prävalenz" der Gattung gegenüber dem Individuum (Philosophie und Pädagogik, S. 179) grundlegend.

2 Zum Beispiel, wenn an Stelle des Gesichtspunktes der Schulhygiene der der Berufsberatung tritt.

3 Der Begriff der Individualität erscheint somit auch von Begriffen wie „Persönlichkeit" (Gaudig, William Stern) und „Charakter" (Kerschensteiner) getrennt; diese wären nicht nur als Anschauungsform, sondern vor allem inhaltlich zu bestimmen, was schon daraus hervorgeht, daß sie eine Wertung enthalten.

4 Als soziale Typen können zum Beispiel aufgefaßt werden: Berufstypen, wie ein Arbeiter, ein Beamter: aber auch ein Kind, ein Erwachsener, oder ein Schüler, ein Lehrer, ein guter Schüler, ein guter Lehrer usw.

Auf Grund dieser Begriffsbestimmungen können wir jetzt die Frage formulieren, die Gegenstand vorliegender Untersuchung ist:
Welcher dieser beiden Anschauungsformen hat sich der Lehrer grundsätzlich anzuschließen? *Soll er im Schüler die Individualität sehen oder den gesellschaftlichen Typus?*

Diese Frage wollen wir vom Standpunkte der Pädagogik auf Grund einer psychologischen Untersuchung beantworten, deren Ausgangspunkt zwei Sätze sind, die wir im Rahmen unserer Terminologie als evident ansehen können:
Die Gesellschaft kann dem Einzelnen nur als einem sozialen Typus gegenüberstehen.
Nur ein Einzelner kann einen Einzelnen als eine Individualität ansehen.
Die prinzipielle Stellung der Gesellschaft zum Einzelnen, die selbstverständlich unabhängig ist von der spezifischen Form der Gesellschaft, ist demnach eine *Tatsache,* die durch die notwendige Existenz einer Gesellschaft als *notwendig* und *gegeben* aufzufassen ist; im Gegensatze dazu gibt es *keinen von vorneherein bestimmten Standpunkt,* den ein Einzelner einem anderen gegenüber *notwendig* einnehmen müßte: zwar *kann* auch ein Einzelner einen anderen von irgendeinem allgemeinen Gesichtspunkt aus betrachten, in ihm einen Typus sehen; aber dem Einzelnen, und *nur* dem *Einzelnen,* ist auch die Möglichkeit gegeben, einen anderen als Individualität anzusehen.

Diese allgemeinen Überlegungen führen uns zu der Aufstellung dreier psychologischer Fragen:

1. Wie steht der Einzelne der *Tatsache* gegenüber, daß die *Gesellschaft* in ihm nur einen *sozialen Typus* sieht?

2. Wie stellt sich ein Einzelner dazu, daß er *von einem anderen* als *Typus* betrachtet wird?
3. Wie steht ein Einzelner *dem* Einzelnen gegenüber, der ihn als *Individualität* ansieht?

Zur Beantwortung dieser Fragen wollen wir von dem Satz ausgehen: Jeder Einzelne muß sich selbst *unmittelbar als Individualität* gegenüberstehen, denn für jedes Subjekt ist sein Verhältnis zu sich selbst durchaus einzigartig; im Gegensatze dazu bedarf es eines *vermittelnden* Anlasses, um sich selbst als *Typus* anzusehen.

Wir können nun auf die erste unserer drei Fragen eingehen:
Nur durch *Vermittlung gesellschaftlicher Erlebnisse und Erfahrungen*[5] – in vereinzelten Fällen vielleicht auch durch Vermittlung der Reflexion – wird der Einzelne die Stellung der Gesellschaft zu ihm als notwendig gegeben empfinden können, das heißt, sich selbst der Gesellschaft gegenüber (in höherem oder geringem Grade) als sozialer Typus fühlen. Falls er dazu nur schwer oder überhaupt nicht gelangen kann, muß es notwendig zu einem Konflikt kommen.[6]

Die Pädagogik muß daher aus der ersten unserer drei Fragen die Forderung ableiten:
Es ist *Aufgabe der Erziehung,* dem Zögling Gelegenheit zu geben, beizeiten durch *Erlebnisse* und *Erfahrungen* gesellschaftlicher Natur *Einsicht in sein Verhältnis zur Gesellschaft* zu gewinnen.

Die zweite Frage läßt zwei Möglichkeiten offen:
Entweder der Einzelne findet sich damit ab, daß er von einem anderen als Typus angesehen wird, oder es kommt zu einem Konflikt.[7]

---

5 Wozu wir auch Gewöhnung, Disziplin usw. zählen können.
6 Ein solcher Konflikt könnte zum Beispiel Formen annehmen, wie Überschätzung der Persönlichkeit, Individualismus; oder etwa die Form eines Verbrechens.
7 Vielleicht in der Form des Mißtrauens oder der „Verstocktheit".

Die Pädagogik wird daher als zweite Forderung aufstellen:

Nur dann, wenn eine *Notwendigkeit* vorliegt, *darf* der Erzieher den Zögling von einem *allgemeinen Gesichtspunkt* aus betrachten, ihm als einem Typus gegenüberstehen.

Ist diese Notwendigkeit gegeben[8] und kommt es doch zu einem Konflikt, so müßte der Erzieher versuchen, diesen auszutragen, das heißt, zu zeigen, daß seine Stellungnahme notwendig war.

Schon aus dieser zweiten von uns aufgestellten Forderung der Pädagogik folgt, daß es nicht die *wesentliche, grundsätzliche* Stellungnahme des Erziehers sein darf, im Zögling den Typus zu sehen; daraus ergibt sich bereits unsere dritte pädagogische Forderung:

Es muß die *grundlegende Stellungnahme des Erziehers* zum Zögling sein, ihn als eine *Individualität* anzusehen.

Die Untersuchung unserer dritten Frage wird uns noch zu einer *positiven* Begründung dieser Forderung führen:

Nur durch die *Vermittlung* von Faktoren wie Erfahrung, Gewöhnung, Reflexion, wird sich der Einzelne einem anderen oder der Gesellschaft gegenüber in seine Stellung als Typus finden können; *dem* Einzelnen aber gegenüber, der zu ihm als zu einer Individualität Stellung nimmt, wird auch er sich *unmittelbar* als Individualität fühlen.

Diese Stellungnahme kann daher niemals Anlaß eines Konfliktes sein,[9] sondern erst sie kann den Erzieher im Sinne der Lösung eines Konfliktes wirken lassen: die *Unmittelbarkeit,* mit der das Kind auf diese Stellungnahme des Erziehers in *seine* Stellung findet, birgt ein Gefühl der *Sicherheit* und des Vertrauens.

Wir haben aus der Beantwortung unserer drei psychologischen Fragen drei pädagogische Forderungen begründet; mit der dritten Forderung erscheint auch die Grundfrage unserer Untersuchung: Soll der Lehrer im Schüler die Individualität sehen oder den gesellschaftlichen Typus? entschieden.

Wie verhält sich nun die Schulreform
zu dieser Entscheidung?

Wenn die Forderung, daß die Erziehung *lebensnah* sein soll, auch für das Verhältnis zwischen Lehrer und Schüler gilt,[10] so darf der Lehrer den Schüler grundsätzlich *nicht* von einem *allgemeinen Gesichtspunkt* aus betrachten, sondern muß *dem lebendigen Menschen als lebendiger Mensch gegenüberstehen.*

Die Grundlagen unserer zweiten und dritten Forderung – die Bestimmungen der *Notwendigkeit* und *Unmittelbarkeit* – erscheinen daher als abstrakte und *psychologische Formulierung* dessen, was die *Schulreform* mit dem Bilde *„lebensnah"* bezeichnet.

Der Lehrer steht also vor einer *Alternative:* Mit der Entscheidung über seine grundsätzliche Stellung zum Schüler entscheidet er sich für oder wider die Schulreform.

Mit der Aufstellung dieser Alternative erscheint unsere Untersuchung über die Stellung des Lehrers zum Schüler prinzipiell abgeschlossen; wir wollen sie noch auf das Verhältnis des Lehrers und des Schülers zur Schule ausdehnen und so den noch ungeklärten Widerspruch lösen, der scheinbar zwischen der ersten unserer drei pädagogischen Forderungen und den beiden anderen besteht.

Diesen Widerspruch zwischen dem gesellschaftlichen und dem individuellen Erziehungsmo-

---

8 Sie könnte zum Beispiel gegeben sein: bei einer Änderung der Sitzordnung wegen Kurzsichtigkeit eines Schülers oder bei der Aufstellung von Zeugnisnoten, also vor allem durch die gesellschaftlichen Bedingungen der Schule.

9 Damit ist *nicht* gesagt, daß es nicht trotz dieser Stellungnahme aus anderen Gründen zu einem Konflikt kommen kann.

10 Scharrelmann (Deutsche Schule, 1912, S. 148) sagt an erster Stelle von 15 Leitsätzen über die Arbeitsschule: „Ich verstehe unter Arbeitsschule diejenige Schulform, in welcher der Lehrer mit seinen Schülern die innigste Gemeinschaft bildet, die auf gegenseitigem Vertrauen und Verstehen begründet ist."

ment wollen wir dadurch beseitigen, daß wir einerseits der Schule andererseits dem Lehrer verschiedene, ihrer Natur entsprechende Funktionen zuweisen:

Die *Schule als Institution*[11] *muß* den *Schüler als Typus* auffassen, und zwar als gesellschaftlichen Typus, insofern sie eine gesellschaftliche Institution ist und insoferne sie eine Gemeinschaft oder Gesellschaft im kleinen darstellt.

Der *Schule fällt* also *die Funktion zu, für die gesellschaftliche Seite der Erziehung zu sorgen.*

Der Lehrer aber, als *Einzelner* frei in der Wahl seiner Stellung, *soll grundsätzlich* trachten, *die Individualität des Schülers lebendig zu erfassen.*

Wenn es Funktion der *Schule* ist, den Schüler in gesellschaftlicher Hinsicht zu erziehen, so *müssen* in *ihrem Aufbau die notwendigen Bedürfnisse einer Arbeitsgemeinschaft von Schülern und Lehrern überzeugend zum Ausdruck kommen.*

Aufgabe einer *Schulgemeinde* ist es dann, dem Schüler die Einsicht in diesen Aufbau der Schule durch Selbsterleben ihrer Notwendigkeiten zu erleichtern.[12]

Der *Lehrer* wird von seiner grundsätzlichen Stellungnahme abweichen müssen, wenn die gesellschaftlichen Bedingungen der Schule verlangen, daß er dem Schüler gegenüber als Vertreter der Schule handelt.

Der Aufbau der Schule muß daher nach Möglichkeit so gestaltet werden, daß der Lehrer an seiner grundsätzlichen Stellung zum Schüler festhalten kann: *Alle objektiven Bedingungen der Schule, vor allem die gesellschaftlichen Bedingungen, sollen im Aufbau der Schule ihren objektiven Ausdruck finden.*[13]

Soll in diesem Aufbau die gesellschaftliche Notwendigkeit überzeugend zum Ausdruck kommen, so muß es dem Schüler klar sein, daß ihr auch der *Lehrer* unterworfen ist; der Lehrer wird sich daher *für seine Person niemals die Autorität der Schule anmaßen dürfen.* Er wird gemeinsam mit seinen Schülern und in einem ähnlichen Verhältnisse wie diese der Schule gegenüberstehen, denn auch er ist für die Schule nur ein gesellschaftlicher Typus; *autoritären Charakter dürfen allein die Notwendigkeiten der Schule haben.*

So kann die Schule aufhören, eine Schranke zwischen Lehrer und Schüler zu sein, kann sie der gemeinsame Boden für gemeinschaftliche Arbeit von Lehrer und Schüler werden.

---

11 In diesem Sinne gehört zur Schule auch der Lehrplan, die Lehrerbildung usw.

12 Wir haben somit ein Kriterium dafür, ob eine Schulgemeinde gut ist oder nicht: es wird zum Beispiel jede Überflüssigkeit, jede „Vereinsmeierei" dem Schüler diese Einsicht unmöglich machen und so vom Standpunkte der Erziehung schädlich sein.

13 So sollen sich auch zum Beispiel Ergebnisse der experimentellen Psychologie in Organisation, Lehrplan usw. auswirken, nicht aber das Verhältnis des Lehrers zum Schüler beeinflussen.

Anne Frank wurde am 12. Juni 1929 geboren und mußte als Kind deutscher jüdischer Eltern die Schrecken der Verfolgung und die Ängste des Sich-versteckens erfahren. Denn die Familie, die 1933 nach Holland emigrierte, war gezwungen, sich nach der Besetzung der Niederlande durch deutsche Truppen in einem Hinterhaus in der Amsterdamer Innenstadt mehr als zwei Jahre lang zu verbergen. Am 1. August wurde sie jedoch entdeckt und verschleppt. Im März 1945 wurde *Anne Frank* im Konzentrationslager Bergen-Belsen ermordet – im Alter von 15 Jahren ...

Anne Frank:
„Aus ihrem Tagebuch" (vom 11. 7. 1943) – Wie Kinder zu leiden haben

Anne Frank: Das Tagebuch der Anne Frank. 12. Juni 1942–1. 8. 1944. (Fischer Taschenbuch Bd. 77) Frankfurt/M.: Fischer Taschenbuch Verlag 63.1986, S. 68–69.

Sonntag, 11. Juli 1943

Liebe Kitty!
Um zum soundsovielten Male auf das Thema Erziehung zurückzukommen, kann ich Dir sagen, daß ich mir die größte Mühe gegeben habe, hilfsbereit, freundlich und nett zu sein, so daß die Sturmflut von Ermahnungen jetzt wirklich abebbt. Aber es ist verdammt schwer, sich gegen Menschen, die Du doch nicht ausstehen kannst, gut zu benehmen. Ich sehe ein, daß ich weiter komme, wenn ich ein bißchen heuchle, anstatt meiner alten Gewohnheit getreu jedem die Meinung ins Gesicht zu sagen (obwohl niemand darauf Wert legt).
Dabei falle ich noch häufig aus der Rolle und kann meine Wut über alle Ungerechtigkeiten nicht verbeißen, so daß dann wieder wochenlang

über das ungezogenste Mädel auf der Welt geredet wird! Findest Du nicht, daß ich zu bedauern bin? Es ist ein Glück, daß ich nicht so ein Nörgler bin. Sonst würde ich versauern und meine gute Laune wäre dahin!
Außerdem habe ich mir vorgenommen, die Stenographie jetzt ein bißchen schießen zu lassen, erstens um mehr Zeit für meine andere Arbeit zu haben und zweitens wegen meiner Augen. Es ist recht unangenehm, aber ich bin in der letzten Zeit sehr kurzsichtig geworden und müßte eine Brille haben (mit der ich dann wie eine Eule aussehen werde), aber Du weißt ja: Untertaucher dürfen oder vielmehr dürften nicht ...
Gestern hatte jedenfalls das ganze Haus nur einen Gesprächsstoff. Mutter hatte die Idee, mich mit Frau Koophuis zum Augenarzt zu schicken. Zuerst wurde mir ein bißchen schwindlig, als ich es hörte. Es ist doch keine Kleinigkeit: Auf die Straße, denk nur, auf die Straße! Im ersten Moment kriegte ich eine Todesangst, dann war ich froh! Aber so einfach ist es doch nicht. Alle Schwierigkeiten und Gefahren mußten erst überlegt werden, und die Instanzen, die über einen solchen Schritt zu entscheiden haben, waren sich nicht so schnell einig. Miep wollte gleich mit mir losgehen, und ich holte schon meinen grauen Mantel aus dem Schrank. Aber der war so klein, als wenn er einer jüngeren Schwester von mir gehörte. Ich bin neugierig, ob ich nun wirklich zum Doktor gehen werde, aber wahrscheinlich wird der Plan noch aufgeschoben.
Inzwischen sind die Engländer auf Sizilien gelandet, und Vater meint, daß der Krieg nun doch bald zu Ende geht. Elli gibt Margot und mir viel Büroarbeit. Wir beide machen sie sehr gern, und Elli kommt schneller vorwärts. Korrespondenz ablegen und ins Verkaufsbuch eintragen kann jeder, aber wir sind besonders gewissenhaft.
Miep schleppt sich für uns ab, sie ist ein richtiger Packesel! Fast täglich treibt sie irgendwo Gemüse auf und bringt es uns in großen Einkaufstaschen per Rad mit. Sie sorgt auch dafür, daß wir jeden Samstag fünf neue Bibliotheksbücher bekommen. Darum warten wir schon immer auf jeden Samstag, gerade wie kleine Kinder, die wissen, daß ein Geschenk in Aussicht ist. Menschen, die ein normales Leben führen, können nicht ermessen, was Bücher für uns Eingeschlossene bedeuten. Lesen, Lernen und Radio sind doch nun unsere Welt!

Anne

Jean Améry wurde am 31. 10. 1912 als *Hans Mayer* in Wien geboren, studierte Literatur und Philosophie und emigrierte als Jude 1938 nach Belgien. Im Juli 1943 wurde er wegen Mitwirkens in der belgischen Résistance von der Gestapo verhaftet und in die Konzentrationslager Auschwitz, Buchenwald und Bergen-Belsen verschleppt, wo er schlimmen Folterungen ausgesetzt war. Von 1954 bis zu seinem Freitod am 18. 10. 1978 lebte er als Schriftsteller in Brüssel.

Jean Améry:
„Jenseits von Schuld und Sühne" (vom 23. 7. 1943) – Wie Menschen gequält werden

Jean Améry: Jenseits von Schuld und Sühne. Bewältigungsversuche eines Überwältigten. (Original 1966) Stuttgart: Klett-Cotta 2.1980, S. 62–63.

Im Bunker hing von der Gewölbedecke eine oben in einer Rolle laufende Kette, die am unteren Ende einen starken, geschwungenen Eisenhaken trug. Man führte mich an das Gerät. Der Haken griff in die Fessel, die hinter meinem Rücken meine Hände zusammenhielt. Dann zog man die Kette mit mir auf, bis ich etwa einen Meter hoch über dem Boden hing. Man kann sich in solcher Stellung oder solcher Hängung an den hinter dem Rücken gefesselten Händen eine sehr kurze Weile mit Muskelkraft in der Halbschräge halten. Man wird, während dieser wenigen Minuten, wenn man bereits die äußerste Kraft verausgabt, wenn schon der Schweiß auf Stirn und Lippen steht und der Atem keucht, keine Fragen beantworten. Komplizen? Adressen? Treffpunkte? Das vernimmt man kaum. Das in einem einzigen, engbegrenzten Körperbereich, nämlich in den Schultergelenken gesammelte Leben reagiert nicht, denn es erschöpft sich ganz und gar im Kraftaufwand. Nur kann dieser auch bei physisch kräftig konstituierten Leuten nicht lange währen. Was mich betrifft, so mußte ich ziemlich schnell aufgeben. Und nun gab es ein von meinem Körper bis zu dieser Stunde nicht vergessenes Krachen und Splittern in den Schultern. Die Kugeln sprangen aus den Pfannen. Das eigene Körpergewicht bewirkte Luxation, ich fiel ins Leere und hing nun an den ausgerenkten, von hinten hochgerissenen und über dem Kopf nunmehr verdreht geschlossenen Armen. Tortur, vom lateinischen torquere, verrenken: Welch ein etymologischer Anschauungsunterricht!
Dazu prasselten die Hiebe mit dem Ochsenziemer auf meinen Körper, und mancher von ihnen schnitt glatt die dünne Sommerhose durch, die ich an diesem 23. Juli 1943 trug.

Texte zur 7. Epoche:
Die zeitgenössische
Pädagogik

Theodor W. Adorno:
„Erziehung nach Auschwitz" (1966) –
. . . auf der Suche nach der Menschlichkeit

Astrid Lindgren:
„Die Kinder aus Bullerbü" (1952) –
. . . auf der Suche nach dem Glück

Heinrich Roth:
„Die Kunst der rechten Vorbereitung" (1950;
1957) –
. . . auf der Suche nach dem Wissen
und Können

Erich Fried:
„Kinder und Linke" (1983) –
. . . auf der Suche nach der Wahrheit

Theodor W. Adorno:
„Erziehung nach Auschwitz" (1966) –
... auf der Suche nach der Menschlichkeit

Theodor W. Adorno: Erziehung nach Auschwitz. (Original 1966 als Vortrag im Hessischen Rundfunk) In: *Theodor W. Adorno:* Erziehung zur Mündigkeit. (Suhrkamp Taschenbuch Bd. 11) Frankfurt/M.: Suhrkamp 7.1981, S. 88–104 (mit Kürzungen).

Die Forderung, daß Auschwitz nicht noch einmal sei, ist die allererste an Erziehung. Sie geht so sehr jeglicher anderen voran, daß ich weder glaube, sie begründen zu müssen noch zu sollen. Ich kann nicht verstehen, daß man mit ihr bis heute so wenig sich abgegeben hat. Sie zu begründen hätte etwas Ungeheuerliches angesichts des Ungeheuerlichen, das sich zutrug. Daß man aber die Forderung, und was sie an Fragen aufwirft, so wenig sich bewußt macht, zeugt, daß das Ungeheuerliche nicht in die Menschen eingedrungen ist, Symptom dessen, daß die Möglichkeit der Wiederholung, was den Bewußtseins- und Unbewußtseinsstand der Menschen anlangt, fortbesteht. Jede Debatte über Erziehungsideale ist nichtig und gleichgültig diesem einen gegenüber, daß Auschwitz nicht sich wiederhole. Es war die Barbarei, gegen die alle Erziehung geht. Man spricht vom drohenden Rückfall in die Barbarei. Aber er droht nicht, sondern Auschwitz *war* er; Barbarei besteht fort, solange die Bedingungen, die jenen Rückfall zeitigten, wesentlich fortdauern. Das ist das ganze Grauen. Der gesellschaftliche Druck lastet weiter, trotz aller Unsichtbarkeit der Not heute. Er treibt die Menschen zu dem Unsäglichen, das in Auschwitz nach weltgeschichtlichem Maß kulminierte. Unter den Einsichten von Freud, die wahrhaft auch in Kultur und Soziologie hineinreichen, scheint mir eine der tiefsten die, daß die Zivilisation ihrerseits das Antizivilisatorische hervorbringt und es zunehmend verstärkt. Seine Schriften ‚Das Unbehagen in der Kultur' und ‚Massenpsychologie und Ich-Analyse' verdienten die allerweiteste Verbreitung gerade im Zusammenhang mit Auschwitz. Wenn im Zivilisationsprinzip selbst die Barbarei angelegt ist, dann hat es etwas Desperates, dagegen aufzubegehren.

... Spreche ich von der Erziehung nach Auschwitz, so meine ich zwei Bereiche: einmal Erziehung in der Kindheit, zumal der frühen; dann allgemeine Aufklärung, die ein geistiges, kulturelles und gesellschaftliches Klima schafft, das eine Wiederholung nicht zuläßt, ein Klima also, in dem die Motive, die zu dem Grauen geführt haben, einigermaßen bewußt werden. Ich kann mir selbstverständlich nicht anmaßen, den Plan einer solchen Erziehung auch nur im Umriß zu entwerfen. Aber ich möchte wenigstens einige Nervenpunkte bezeichnen. Vielfach hat man – etwa in Amerika – den autoritätsgläubigen deutschen Geist für den Nationalsozialismus und auch für Auschwitz verantwortlich gemacht. Ich halte diese Erklärung für zu oberflächlich, obwohl bei uns, wie in vielen anderen europäischen Ländern, autoritäre Verhaltensweisen und blinde Autorität viel zäher überdauern, als man es unter Bedingungen formaler Demokratie gern Wort hat. Eher ist anzunehmen, daß der Faschismus und das Entsetzen, das er bereitete, damit zusammenhängen, daß die alten, etablierten Autoritäten des Kaiserreichs zerfallen, gestürzt waren, nicht aber die Menschen psychologisch schon bereit, sich selbst zu bestimmen. Sie zeigten der Freiheit, die ihnen in den Schoß fiel, nicht sich gewachsen. Darum haben dann die Autoritätsstrukturen jene destruktive und – wenn ich so sagen darf – irre Dimensionen angenommen, die sie vorher nicht hatten, jedenfalls nicht offenbarten. Denkt man daran, wie Besuche irgendwelcher Potentaten, die politisch gar keine reale Funktion mehr haben, zu ekstatischen Ausbrüchen ganzer Bevölkerungen führen, so ist der Verdacht wohl begründet, daß das autoritäre Potential nach wie vor weit stärker ist, als man denken sollte. Ich möchte aber nachdrücklich betonen, daß die Wiederkehr oder Nichtwiederkehr des Faschismus im Entscheidenden keine psychologische, sondern eine gesellschaftliche Frage ist. Vom Psychologischen rede ich nur deshalb soviel, weil die anderen, wesentlicheren Momente dem Willen gerade der Erziehung weitgehend entrückt sind, wenn nicht dem Eingriff der Einzelnen überhaupt. Vielfach wird von Wohlmeinenden, die nicht möchten, daß es noch einmal so komme, der Begriff der Bindung zitiert. Daß die Menschen keine Bindung mehr hätten, sei verantwortlich für das, was da vorging. Tatsächlich hängt der Autoritätsverlust, eine der Bedingungen des sadistisch-autoritären Grauens, damit zusammen. Für den gesunden Menschenverstand ist es plausibel, Bindungen anzurufen, die dem Sadistischen, Destruktiven, Zerstörerischen Einhalt tun durch ein nachdrückliches „Du sollst nicht". Trotzdem halte ich es für eine Illusion, daß die Berufung auf Bindungen oder gar die Forderung, man solle wieder Bindungen eingehen, damit es besser in der Welt und in den Menschen ausschaue, im Ernst frommt. Die Unwahrheit von Bindungen, die man fordert, nur damit sie irgend etwas – sei es auch Gutes – bewirken, ohne daß sie in sich selbst von den Menschen noch als substantiell erfahren werden, wird sehr rasch gefühlt. Erstaunlich, wie prompt selbst die törichtesten und naivsten Menschen reagieren, wenn es ums Aufspüren von Schwächen des Besseren geht. Leicht werden die sogenannten Bindungen entweder zum Gesinnungspaß – man nimmt sie an, um sich als ein zuverlässiger Bürger auszuweisen – oder sie produzieren gehässige Rancune, psychologisch das Gegenteil dessen, wofür sie aufgeboten werden. Sie bedeuten Heteronomie, ein Sichabhängigmachen von Geboten, von Normen, die sich nicht vor der eigenen Vernunft des Individuums verantworten. Was die Psychologie Über-Ich nennt, das Gewissen, wird im Rahmen von Bindung durch äußere, unverbindliche,

auswechselbare Autoritäten ersetzt, so wie man es nach dem Zusammenbruch des Dritten Reichs auch in Deutschland recht deutlich hat beobachten können. Gerade die Bereitschaft, mit der Macht es zu halten und äußerlich dem, was stärker ist, als Norm sich zu beugen, ist aber die Sinnesart der Quälgeister, die nicht mehr aufkommen soll. Deswegen ist die Empfehlung der Bindungen so fatal. Menschen, die sie mehr oder minder freiwillig annehmen, werden in eine Art von permanentem Befehlsnotstand versetzt. Die einzig wahrhafte Kraft gegen das Prinzip von Auschwitz wäre Autonomie, wenn ich den Kantischen Ausdruck verwenden darf; die Kraft zur Reflexion, zur Selbstbestimmung, zum Nicht-Mitmachen.
... All das hängt mehr oder weniger mit der alten autoritätsgebundenen Struktur zusammen, mit Verhaltensweisen – ich hätte beinahe gesagt – des guten alten autoritären Charakters. Was aber Auschwitz hervorbringt, die für die Welt von Auschwitz charakteristischen Typen, sind vermutlich ein Neues. Sie bezeichnen auf der einen Seite die blinde Identifikation mit dem Kollektiv. Auf der anderen sind sie danach zugeschnitten, Massen, Kollektive zu manipulieren, so wie die Himmler, Höss, Eichmann. Für das Allerwichtigste gegenüber der Gefahr einer Wiederholung halte ich, der blinden Vormacht aller Kollektive entgegenzuarbeiten, den Widerstand gegen sie dadurch zu steigern, daß man das Problem der Kollektivierung ins Licht rückt. Das ist nicht so abstrakt, wie es angesichts der Leidenschaft gerade junger, dem Bewußtsein nach progressiver Menschen, sich in irgend etwa einzugliedern, klingt. Anknüpfen ließe sich an das Leiden, das die Kollektive zunächst allen Individuen, die in sie aufgenommen werden, zufügen. Man braucht nur an die eigenen ersten Erfahrungen in der Schule zu denken. Anzugehen wäre gegen jene Art folk-ways, Volkssitten, Initiationsriten jeglicher Gestalt, die einem Menschen physischen Schmerz – oft bis zum Unerträglichen – antun als Preis dafür, daß er sich als Dazugehöriger, als einer des Kollektivs fühlen darf. Das Böse von Gebräuchen wie der Rauhnächte und das Haberfeldtreiben und wie derlei beliebte bodenständige Sitten sonst heißen mögen, ist eine unmittelbare Vorform der nationalsozialistischen Gewalttat. Kein Zufall, daß die Nazis solche Scheußlichkeiten unter dem Namen „Brauchtum" verherrlicht und gepflegt haben. Die Wissenschaft hätte hier eine höchst aktuelle

Aufgabe. Sie könnte die Tendenz der Volkskunde, die von den Nationalsozialisten begeistert beschlagnahmt wurde, energisch umwenden, um dem zugleich brutalen und gespenstischen Überleben dieser Volksfreuden zu steuern.

In dieser gesamten Sphäre geht es um ein vorgebliches Ideal, das in der traditionellen Erziehung auch sonst eine erhebliche Rolle spielt, das der Härte. Es kann auch noch, schmachvoll genug, auf einen Ausspruch von Nietzsche sich berufen, obwohl er wahrhaft etwas anderes meinte. Ich erinnere daran, daß der fürchterliche Boger während der Auschwitz-Verhandlung einen Ausbruch hatte, der gipfelte in einer Lobrede auf Erziehung zur Disziplin durch Härte. Sie sei notwendig, um den ihm richtig erscheinenden Typus vom Menschen hervorzubringen. Dies Erziehungsbild der Härte, an das viele glauben mögen, ohne darüber nachzudenken, ist durch und durch verkehrt. Die Vorstellung, Männlichkeit bestehe in einem Höchstmaß an Ertragenkönnen, wurde längst zum Deckbild eines Masochismus, der – wie die Psychologie dartat – mit dem Sadismus nur allzu leicht sich zusammenfindet. Das gepriesene Hart-Sein, zu dem da erzogen werden soll, bedeutet Gleichgültigkeit gegen den Schmerz schlechthin. Dabei wird zwischen dem eigenen und dem anderer gar nicht einmal so sehr fest unterschieden. Wer hart ist gegen sich, der erkauft sich das Recht, hart auch gegen andere zu sein, und rächt sich für den Schmerz, dessen Regungen er nicht zeigen durfte, die er verdrängen mußte. Dieser Mechanismus ist ebenso bewußt zu machen wie eine Erziehung zu fördern, die nicht, wie früher, auch noch Prämien auf den Schmerz setzt und auf die Fähigkeit, Schmerzen auszuhalten. Mit anderen Worten: Erziehung müßte Ernst machen mit einem Gedanken, der der Philosophie keineswegs fremd ist: daß man die Angst nicht verdrängen soll. Wenn Angst nicht verdrängt wird, wenn man sich gestattet, real so viel Angst zu haben, wie diese Realität Angst verdient, dann wird gerade dadurch wahrscheinlich doch manches von dem zerstörerischen Effekt der unbewußten und verschobenen Angst verschwinden.

Menschen, die blind in Kollektive sich einordnen, machen sich selber schon zu etwas wie Material, löschen sich als selbstbestimmte Wesen aus. Dazu paßt die Bereitschaft, andere als amorphe Masse zu behandeln. Ich habe die, welche sich so verhalten, in der ‚Authoritarian Personality‘ den manipulativen Charakter genannt, und zwar zu einer Zeit, als das Tagebuch von Höss oder die Aufzeichnungen von Eichmann noch gar nicht bekannt waren. Meine Beschreibungen des manipulativen Charakters datieren auf die letzten Jahre des zweiten Weltkrieges zurück. Manchmal vermögen Sozialpsychologie und Soziologie Begriffe zu konstruieren, die erst später empirisch ganz sich bewahrheiteten. Der manipulative Charakter – jeder kann das an den Quellen kontrollieren, die über jene Naziführer zur Verfügung stehen – zeichnet sich aus durch Organisationswut, durch Unfähigkeit, überhaupt unmittelbare menschliche Erfahrungen zu machen, durch eine gewisse Art von Emotionslosigkeit, durch überwertigen Realismus. Er will um jeden Preis angebliche, wenn auch wahnhafte Realpolitik betreiben. Er denkt oder wünscht nicht eine Sekunde lang die Welt anders, als sie ist, besessen vom Willen *of doing things,* Dinge zu tun, gleichgültig gegen den Inhalt solchen Tuns. Er macht aus der Tätigkeit, die Aktivität, der sogenannten *efficiency* als solcher einen Kultus, der in der Reklame für den aktiven Menschen anklingt. Dieser Typ ist unterdessen – wenn meine Beobachtungen mich nicht trügen und manche soziologische Untersuchungen Verallgemeinerung gestatten – viel weiter verbreitet, als man denken könnte. Was damals nur einige Nazimonstren exemplifizierten, wird man heute feststellen können an sehr zahlreichen Menschen, etwa jugendlichen Verbrechern, Bandenführern und ähnlichen, von denen man jeden Tag in der Zeitung liest. Hätte ich diesen Typus des manipulativen Charakters auf eine Formel zu bringen – vielleicht soll man es nicht, aber zur Verständigung mag es doch gut sein –, so würde ich ihn den Typus des *verdinglichten Bewußtseins* nennen. Erst haben die Menschen, die so geartet sind, sich selber gewissermaßen den Dingen gleichgemacht. Dann machen sie, wenn es ihnen möglich ist, die anderen den Dingen gleich. Der Ausdruck „fertigmachen“, ebenso populär in der Welt jugendlicher Rowdies wie in der der Nazis, drückt das sehr genau aus. Menschen definiert dieser Ausdruck „fertigmachen“ als im doppelten Sinn zugerichtete Dinge. Die Folter ist nach der Einsicht von Max Horkheimer die in Regie genommene und gewissermaßen beschleunigte Anpassung der Menschen an die Kollektive. Etwas davon liegt im Geist der Zeit, sowenig es auch mit Geist zu tun hat. Ich zitiere bloß das vor dem letzten Krieg gesprochene

Wort von Paul Valéry, die Unmenschlichkeit habe eine große Zukunft. Besonders schwer ist es, dagegen anzugehen, weil jene manipulativen Menschen, die zu Erfahrungen eigentlich nicht fähig sind, eben deshalb Züge von Unansprechbarkeit aufweisen, die sie mit gewissen Geisteskranken oder psychotischen Charakteren, den Schizoiden, verbinden.

Bei Versuchen, der Wiederholung von Auschwitz entgegenzuwirken, schiene es mir wesentlich, zunächst Klarheit darüber zu schaffen, wie der manipulative Charakter zustande kommt, um dann durch Veränderung der Bedingungen sein Entstehen, so gut es geht, zu verhindern. Ich möchte einen konkreten Vorschlag machen: die Schuldigen von Auschwitz mit allen der Wissenschaft verfügbaren Methoden, insbesondere mit langjährigen Psychoanalysen, zu studieren, um möglicherweise herauszubringen, wie ein Mensch so wird. Das, was jene an Gutem irgend noch tun können, ist, wenn sie selbst, in Widerspruch zu ihrer eigenen Charakterstruktur, etwas dazu helfen, daß es nicht noch einmal so komme. Das würde nur dann geschehen, wenn sie mitarbeiten wollten bei der Erforschung ihrer Genese. Allerdings dürfte es schwierig sein, sie zum Reden zu bringen; um keinen Preis dürfte irgend etwas ihren eignen Methoden Verwandtes angewendet werden, um zu lernen, wie sie so wurden. Einstweilen jedenfalls fühlen sie – eben in ihrem Kollektiv, im Gefühl, daß sie allesamt alte Nazis sind – sich so geborgen, daß kaum einer auch nur Schuldgefühle gezeigt hat. Aber vermutlich existieren auch in ihnen, oder wenigstens in manchen, psychologische Anknüpfungspunkte, durch die ich das ändern könnte, etwa ihr Narzißmus, schlicht gesagt ihre Eitelkeit. Sie mögen sich wichtig vorkommen, wenn sie hemmungslos von sich sprechen können, so wie Eichmann, der ja offenbar ganze Bibliotheken von Bändern einsprach. Schließlich ist anzunehmen, daß auch in diesen Personen, wenn man tief genug gräbt, Restbestände der alten, heute vielfach in Auflösung befindlichen Gewissensinstanz vorhanden sind. Kennt man aber einmal die inneren und äußeren Bedingungen, die sie so machten – wenn ich hypothetisch unterstellen darf, daß man das tatsächlich herausbringen kann –, dann lassen sich möglicherweise doch praktische Folgerungen ziehen, daß es nicht noch einmal so werde. Ob der Versuch etwas hilft oder nicht, wird sich erst zeigen, wenn er unternommen ward; ich möchte ihn nicht überschätzen. Man muß sich

vergegenwärtigen, daß aus derlei Bedingungen Menschen nicht automatisch erklärt werden können. Unter gleichen Bedingungen wurden manche so und manche ganz anders. Trotzdem wäre es der Mühe wert. Ein aufklärendes Potential dürfte allein schon in der Fragestellung liegen, wie man so wurde. Denn es gehört zu dem unheilvollen Bewußtseins- und Unbewußtseinszustand, daß man sein So-Sein – daß man so und nicht anders ist – fälschlich für Natur, für ein unabänderlich Gegebenes hält und nicht für ein Gewordenes. Ich nannte den Begriff des verdinglichten Bewußtseins. Das ist aber vor allem eines, das gegen alles Geworden-Sein, gegen alle Einsicht in die eigene Bedingtheit sich abblendet und das, was so ist, absolut setzt. Würde dieser Zwangsmechanismus einmal durchbrochen, wäre – so dächte ich – doch einiges gewonnen.

Weiter sollte man im Zusammenhang mit dem verdinglichten Bewußtsein auch das Verhältnis zur Technik genau betrachten, und zwar keineswegs nur bei kleinen Gruppen. Es ist so doppeldeutig wie das zum Sport, mit dem es im übrigen verwandt ist. Einerseits produziert jede Epoche diejenigen Charaktere – Typen der Verteilung von psychischer Energie –, die sie gesellschaftlich braucht. Eine Welt, in der die Technik eine solche Schlüsselposition hat wie heute, bringt technologische, auf Technik eingestimmte Menschen hervor. Das hat seine gute Rationalität: in ihrem engeren Bereich werden sie weniger sich vormachen lassen, und das kann auch ins Allgemeinere hinein wirken. Andererseits steckt im gegenwärtigen Verhältnis zur Technik etwas Übertriebenes, Irrationales, Pathogenes. Das hängt zusammen mit dem „technologischen Schleier". Die Menschen sind geneigt, die Technik für die Sache selbst, für Selbstzweck, für eine Kraft eigenen Wesens zu halten und darüber zu vergessen, daß sie der verlängerte Arm der Menschen ist. Die Mittel – und Technik ist ein Inbegriff von Mitteln zur Selbsterhaltung der Gattung Mensch – werden fetischisiert, weil die Zwecke – ein menschenwürdiges Leben – verdeckt und vom Bewußtsein der Menschen abgeschnitten sind. Solange man das so allgemein sagt, wie ich es eben formulierte, dürfte das einleuchten. Aber eine solche Hypothese ist noch viel zu abstrakt. Keineswegs weiß man bestimmt, wie die Fetischisierung der Technik in der individuellen Psychologie der einzelnen Menschen sich durchsetzt, wo die Schwelle ist zwischen einem rationalen Verhältnis zu ihr und jener

Überwertung, die schließlich dazu führt, daß einer, der ein Zugsystem ausklügelt, das die Opfer möglichst schnell und reibungslos nach Auschwitz bringt, darüber vergißt, was in Auschwitz mit ihnen geschieht. Bei dem Typus, der zur Fetischisierung der Technik neigt, handelt es sich, schlicht gesagt, um Menschen, die nicht lieben können. Das ist nicht sentimental und nicht moralisierend gemeint, sondern bezeichnet die mangelnde libidinöse Beziehung zu anderen Personen. Sie sind durch und durch kalt, müssen auch zuinnerst die Möglichkeit von Liebe negieren, ihre Liebe von anderen Menschen von vornherein, ehe sie sich nur entfaltet, abziehen. Was an Liebesfähigkeit in ihnen irgend überlebt, müssen sie an Mittel verwenden. Die vorurteilsvollen, autoritätsgebundenen Charaktere, mit denen wir es in der ‚Authoritarian Personality‘ in Berkeley zu tun hatten, lieferten manche Belege dafür. Eine Versuchsperson – das Wort ist selber schon ein Wort aus dem verdinglichten Bewußtsein – sagte von sich: „I like nice equipment" (Ich habe hübsche Ausstattungen, hübsche Apparaturen gern), ganz gleichgültig, welche Apparaturen das sind. Seine Liebe wurde von Dingen, Maschinen als solchen absorbiert. Das Bestürzende ist dabei – bestürzend, weil es so hoffnungslos erscheinen läßt, dagegen anzugehen –, daß dieser Trend mit dem der gesamten Zivilisation verkoppelt ist. Ihn bekämpfen heißt soviel wie gegen den Weltgeist sein; aber damit wiederhole ich nur etwas, was ich zu Eingang als den düstersten Aspekt einer Erziehung gegen Auschwitz vorwegnahm.

Ich sagte, jene Menschen seien in einer besonderen Weise kalt. Wohl sind ein paar Worte über Kälte überhaupt erlaubt. Wäre sie nicht ein Grundzug der Anthropologie, also der Beschaffenheit der Menschen, wie sie in unserer Gesellschaft tatsächlich sind; wären sie also nicht zutiefst gleichgültig gegen das, was mit allen anderen geschieht außer den paar, mit denen sie eng und womöglich durch handgreifliche Interessen verbunden sind, so wäre Auschwitz nicht möglich gewesen, die Menschen hätten es dann nicht hingenommen. Die Gesellschaft in ihrer gegenwärtigen Gestalt – und wohl seit Jahrtausenden – beruht nicht, wie seit Aristoteles ideologisch unterstellt wurde, auf Anziehung, auf Attraktion, sondern auf der Verfolgung des je eigenen Interesses gegen die Interessen aller anderen. Das hat im Charakter der Menschen bis in ihr Innerstes hinein sich niedergeschlagen. Was

dem widerspricht, der Herdentrieb der sogenannten *lonely crowd,* der einsamen Menge, ist eine Reaktion darauf, ein Sich-Zusammenrotten von Erkalteten, die die eigene Kälte nicht ertragen, aber auch nicht sie ändern können. Jeder Mensch heute, ohne jede Ausnahme, fühlt sich zuwenig geliebt, weil jeder zuwenig lieben kann. Unfähigkeit zur Identifikation war fraglos die wichtigste psychologische Bedingung dafür, daß so etwas wie Auschwitz sich inmitten von einigermaßen gesitteten und harmlosen Menschen hat abspielen können. Was man so „Mitläufertum" nennt, war primär Geschäftsinteresse: daß man seinen eigenen Vorteil vor allem anderen wahrnimmt und, um nur ja nicht sich zu gefährden, sich nicht den Mund verbrennt. Das ist ein allgemeines Gesetz des Bestehenden. Das Schweigen unter dem Terror war nur dessen Konsequenz. Die Kälte der gesellschaftlichen Monade, des isolierten Konkurrenten, war als Indifferenz gegen das Schicksal der anderen die Voraussetzung dafür, daß nur ganz wenige sich regten. Das wissen die Folterknechte, auch darauf machen sie stets erneut die Probe.

Verstehen Sie mich nicht falsch. Ich möchte nicht die Liebe predigen. Sie zu predigen, halte ich für vergeblich: keiner hätte auch nur das Recht, sie zu predigen, weil der Mangel an Liebe – ich sagte es schon – ein Mangel *aller* Menschen ist, ohne Ausnahme, so wie sie heute existieren. Liebe predigen setzt in denen, an die man sich wendet, bereits eine andere Charakterstruktur voraus als die, welche man verändern will. Denn die Menschen, die man lieben soll, sind ja selber so, daß sie nicht lieben können, und darum ihrerseits keineswegs so liebenswert. Es war einer der großen, mit dem Dogma nicht unmittelbar identischen Impulse des Christentums, die alles durchdringende Kälte zu tilgen. Aber dieser Versuch scheiterte; wohl darum, weil er nicht an die gesellschaftliche Ordnung rührte, welche die Kälte produziert und reproduziert. Wahrscheinlich ist jene Wärme unter den Menschen, nach der alle sich sehnen, außer in kurzen Perioden und ganz kleinen Gruppen, mag sein auch unter manchen friedlichen Wilden, bis heute überhaupt noch nicht gewesen. Die vielgeschmähten Utopisten haben das gesehen. So hat Charles Fourier die Attraktion als ein durch menschenwürdige gesellschaftliche Ordnung erst Herzustellendes bestimmt; auch erkannt, daß dieser Zustand nur möglich sei, wenn die Triebe der Menschen nicht länger unterdrückt sind, sondern erfüllt und freigegeben. Wenn irgend etwas helfen kann gegen Kälte als Bedingung des Unheils, dann die Einsicht in ihre eigenen Bedingungen und der Versuch, vorwegnehmend im individuellen Bereich diesen ihren Bedingungen entgegenzuarbeiten. Man möchte meinen, je weniger in der Kindheit versagt wird, je besser Kinder behandelt werden, um so mehr Chance sei. Aber auch hier drohen Illusionen. Kinder, die gar nichts von der Grausamkeit und Härte des Lebens ahnen, sind, einmal aus dem Geschützten entlassen, erst recht der Barbarei ausgesetzt. Vor allem aber kann man Eltern, die selber Produkte dieser Gesellschaft sind und ihre Male tragen, zur Wärme nicht animieren. Die Aufforderung, den Kindern mehr Wärme zu geben, dreht die Wärme künstlich an und negiert sie dadurch. Überdies läßt sich in beruflich vermittelten Verhältnissen wie dem von Lehrer und Schüler, von Arzt und Patient, von Anwalt und Klient Liebe nicht fordern. Sie ist ein Unmittelbares und widerspricht wesentlich vermittelten Beziehungen. Der Zuspruch zur Liebe – womöglich in der imperativischen Form, daß man es soll – ist selber Bestandstück der Ideologie, welche die Kälte verewigt. Ihm eignet das Zwanghafte, Unterdrückende, das der Liebesfähigkeit entgegenwirkt. Das erste wäre darum, der Kälte zum Bewußtsein ihrer selbst zu verhelfen, der Gründe, warum sie wurde.

Lassen Sie mich zum Ende nur noch mit wenigen Worten eingehen auf einige Möglichkeiten der Bewußtmachung der subjektiven Mechanismen überhaupt, ohne die Auschwitz kaum wäre. Kenntnis dieser Mechanismen ist not; ebenso auch die der stereotypen Abwehr, die ein solches Bewußtsein blockiert. Wer heute noch sagt, es sei nicht so oder nicht ganz so schlimm gewesen, der verteidigt bereits, was geschah, und wäre fraglos bereit zuzusehen oder mitzutun, wenn es wieder geschieht. Wenn rationale Aufklärung auch – wie die Psychologie genau weiß – nicht geradeswegs die unbewußten Mechanismen auflöst, so kräftig sie wenigstens im Vorbewußtsein gewisse Gegeninstanzen und hilft ein Klima bereiten, das dem Äußersten ungünstig ist. Würde wirklich das gesamte kulturelle Bewußtsein durchdrungen von der Ahnung des pathogenen Charakters der Züge, die in Auschwitz zu dem Ihren kamen, so würden die Menschen jene Züge vielleicht besser kontrollieren.

Weiter wäre aufzuklären über die Möglichkeit der Verschiebung dessen, was in Auschwitz sich

austobte. Morgen kann eine andere Gruppe drankommen als die Juden, etwa die Alten, die ja im Dritten Reich gerade eben noch verschont wurden, oder die Intellektuellen, oder einfach abweichende Gruppen. Das Klima – ich deutete darauf hin –, das am meisten solche Auferstehung fördert, ist der wiedererwachende Nationalismus. Er ist deshalb so böse, weil er im Zeitalter der internationalen Kommunikation und der übernationalen Blöcke an sich selbst gar nicht mehr so recht glauben kann und sich ins Maßlose übertreiben muß, um sich und anderen einzureden, er wäre noch substantiell.

Konkrete Möglichkeiten des Widerstands wären immerhin zu zeigen. Es wäre etwa auf die Geschichte der Euthanasiemorde einzugehen, die in Deutschland, dank des Widerstands dagegen, doch nicht in dem ganzen Umfang begangen wurden, in dem die Nationalsozialisten sie geplant hatten. Der Widerstand war auf die eigene Gruppe beschränkt; gerade das ist ein besonders auffälliges, weitverbreitetes Symptom der universalen Kälte. Sie ist aber, zu allem anderen, auch borniert angesichts der Unersättlichkeit, die im Prinzip der Verfolgungen liegt. Schlechterdings jeder Mensch, der nicht gerade zu der verfolgenden Gruppe dazugehört, kann ereilt werden; es gibt also ein drastisches egoistisches Interesse, an das sich appellieren ließe. – Schließlich müßte man nach den spezifischen, geschichtlich objektiven Bedingungen der Verfolgungen fragen. Sogenannte nationale Erneuerungsbewegungen in einem Zeitalter, in dem der Nationalismus veraltet ist, sind offenbar besonders anfällig für sadistische Praktiken.

Aller politische Unterricht endlich sollte zentriert sein darin, daß Auschwitz nicht sich wiederhole. Das wäre möglich nur, wenn zumal er ohne Angst, bei irgendwelchen Mächten anzustoßen, offen mit diesem Allerwichtigsten sich beschäftigt. Dazu müßte er in Soziologie sich verwandeln, also über das gesellschaftliche Kräftespiel belehren, das hinter der Oberfläche der politischen Formen seinen Ort hat. Kritisch zu behandeln wäre, um nur ein Modell zu geben, ein so respektabler Begriff wie der der Staatsraison: indem man das Recht des Staates über das seiner Angehörigen stellt, ist das Grauen potentiell schon gesetzt.

Walter Benjamin fragte mich einmal in Paris während der Emigration, als ich noch sporadisch nach Deutschland zurückkehrte, ob es denn dort noch genug Folterknechte gäbe, die das von den Nazis Befohlene ausführten. Es gab sie. Trotzdem hat die Frage ihr tiefes Recht. Benjamin spürte, daß die Menschen, die es *tun,* im Gegensatz zu den Schreibtischmördern und Ideologen, in Widerspruch zu ihren eigenen unmittelbaren Interessen handeln, Mörder an sich selbst, indem sie die anderen ermorden. Ich fürchte, durch Maßnahmen auch einer noch so weit gespannten Erziehung wird es sich kaum verhindern lassen, daß Schreibtischmörder nachwachsen. Aber daß es Menschen gibt, die unten, eben als Knechte das tun, wodurch sie ihre eigene Knechtschaft verewigen und sich selbst entwürdigen; daß es weiter Bogers und Kaduks gebe, dagegen läßt sich doch durch Erziehung und Aufklärung ein Weniges unternehmen.

Astrid Lindgren:
„Die Kinder aus Bullerbü" (1952) –
... auf der Suche nach dem Glück

Astrid Lindgren: Die Kinder aus Bullerbü. (Original 1952) Hamburg: Oetinger 1970, S. 287–292 (die entscheidende Pointe dieser Geschichte wird man freilich auf den darauf folgenden Seiten nachlesen müssen).

Als wir im Herbst wieder in der Schule angefangen hatten, sagte die Lehrerin eines Tages, wir sollten uns immer bemühen, andere Menschen glücklich zu machen. Niemals aber sollte man etwas tun, wovon Menschen unglücklich werden könnten.

Am Nachmittag saßen Inga und ich auf unserer Küchentreppe und sprachen darüber. Und da beschlossen wir, sofort damit anzufangen, Menschen glücklich zu machen. Das Schlimme war nur, daß wir nicht genau wußten, wie wir es anstellen sollten. Wir wollten es daher erst einmal mit Agda, unserem Hausmädchen, versuchen. Wir gingen zu ihr in die Küche. Sie scheuerte gerade den Fußboden.

„Trampelt nicht auf dem Fußboden herum, wenn er noch naß ist", rief sie.

„Agda", sagte ich, „kannst du uns etwas nennen, was wir tun könnten, um dich glücklich zu machen?"

„Ja, das kann ich! Wenn ihr sofort aus der Küche verschwindet und mich in Ruhe scheuern laßt, dann macht mich das unglaublich glücklich!"

Wir gingen. Aber wir fanden es nicht besonders erfreulich, auf diese Art Menschen glücklich zu machen. Und so hatte es Fräulein Lundgren wohl auch nicht gemeint.

Mutti war im Garten und pflückte Äpfel. Ich ging zu ihr und sagte:

„Mutti, sag irgend etwas, was ich tun kann, damit du glücklich wirst!"

„Ich bin doch glücklich", sagte Mutti.

Das war doch ärgerlich! Aber ich wollte nicht nachgeben, sondern sagte:

„Aber ich könnte doch vielleicht etwas tun, damit du noch glücklicher wirst?"

„Du brauchst nichts weiter zu tun, als auch weiterhin mein liebes, gutes, artiges Mädchen zu bleiben", sagte Mutti. „Dann bin ich ausreichend glücklich."

Da ging ich zu Inga zurück.

Ich sagte ihr, die Lehrerin hätte keine Ahnung, wie schwer es sei, jemanden zu finden, den man glücklich machen dürfe.

„Wir versuchen es mit Großvater", sagte Inga.

Und wir gingen zu Großvater.

„Ah, das sind doch sicher meine kleinen Freunde, die da kommen!" sagte Großvater. „Nun bin ich aber glücklich!"

Das war doch auch ärgerlich! Wir waren kaum zur Tür herein – schon war Großvater glücklich! Da gab es für uns ja nichts mehr zu tun.

„Großvater", sagte Inga, „erzähl uns nur nicht, daß du glücklich bist. Wir wollen etwas *tun,* damit du glücklich wirst. Du mußt uns helfen und dir etwas ausdenken. Die Lehrerin hat gesagt, wir sollen andere Menschen glücklich machen."

„Ihr könntet mir vielleicht aus der Zeitung vorlesen", schlug Großvater vor.

Ja, natürlich konnten wir das. Aber das taten wir doch so oft, es war also nichts Besonderes.

Plötzlich rief Inga:

„Du armer, armer Großvater, dauernd hockst du hier oben in deinem Zimmer! Es wird dich sicher sehr glücklich machen, wenn wir einmal mit dir spazierengehen."

Großvater sah aus, als sei er nicht sonderlich begeistert von diesem Vorschlag, aber er versprach uns mitzukommen. Wir gingen also. Inga und ich gingen jeder auf einer Seite von Großvater und führten ihn, denn er kann ja selbst nicht sehen, wo er geht. Durch ganz Bullerbü zogen wir mit ihm und erzählten und berichteten ihm die ganze Zeit, was wir sahen.

Es hatte angefangen, ein wenig zu wehen und zu regnen, aber das kümmerte uns nicht. Wir hatten uns in den Kopf gesetzt, Großvater glücklich zu machen.

Plötzlich sagte Großvater: „Glaubt ihr nicht, es reicht jetzt? Ich würde gern nach Hause gehen und mich hinlegen."

Da führten wir Großvater wieder auf sein Zimmer zurück, und er zog sich sofort aus und legte sich ins Bett – dabei war es noch nicht einmal Abend. Inga stopfte die Decken fest um ihn. Großvater sah etwas müde aus. Bevor wir gingen, fragte Inga: „Großvater, wann bist du heute am glücklichsten gewesen?"

Wir hofften beide, er würde sagen, er sei auf dem Spaziergang am glücklichsten gewesen. Aber Großvater sagte: „Am glücklichsten, Kinder, war ich heute, als ich . . . ja, als ich in mein molliges, weiches Bett kriechen konnte. Denn ich bin sehr müde."

Dann mußten Inga und ich Schularbeiten machen. An diesem Tag hatten wir also keine Zeit mehr, weitere Menschen glücklich zu machen. Wir waren auch nicht sicher, ob unsere Art, Menschen glücklich zu machen, richtig war. Deshalb wollten wir am nächsten Tag die Lehrerin fragen, wie man es nun eigentlich machen müsse. Fräulein Lundgren sagte, es sei oft nur wenig dazu nötig. Man könnte einem alten Menschen, der einsam und krank sei, ein Lied vorsingen oder einem, der niemals Blumen bekäme, einen schönen Strauß bringen oder mit jemandem, der sich einsam und verlassen fühlte, freundlich sprechen.

Inga und ich beschlossen, es noch einmal zu versuchen. Und am Nachmittag hörte ich Mutti zu Agda sagen, Kristin im Waldhaus sei krank. Ich rannte sofort zu Inga.

„Inga, haben wir ein Glück! Kristin im Waldhaus ist krank! Komm, wir gehen hin und singen!"

Kristin wurde schon recht froh, als sie uns sah. Aber vielleicht wunderte sie sich, warum wir ihr nicht etwas mitgebracht hatten. Das taten wir sonst immer. Wir dachten aber, sie werde schon noch glücklicher werden, wenn wir erst singen würden.

„Sollen wir dir etwas vorsingen, Kristin?" fragte ich.

„Singen?" fragte Kristin und machte ein erstauntes Gesicht. „Warum denn?"

„Damit du glücklich wirst, Kristin", sagte Inga.

„Ach so . . . ja, meinetwegen . . . singt nur zu", meinte Kristin.

Und wir legten los mit „Wir sind zwei Musikanten", daß es im Haus dröhnte. Dann sangen wir „Bitterkalt der Nordwind braust" – alle sieben Strophen. Ich fand, Kristin sah noch nicht glücklicher aus, als sie vorher ausgesehen hatte. Deshalb ließen wir noch „Stürmisch die Nacht und die See geht hoch" und „Schlaf, du kleine junge Weide" und einige andere Lieder folgen. Kristin sah nicht ein bißchen glücklicher aus. Inga und ich wurden allmählich heiser, aber wir wollten nicht aufhören, bevor wir Kristin so richtig glücklich gemacht hatten, und sollte es auch mühevoll für uns sein. Wir wollten eben mit „Zehn kleine Neger" einen neuen Versuch machen, da kletterte Kristin aus dem Bett und sagte:

„Singt nur weiter. Singt nur, soviel ihr wollt! Ich gehe inzwischen ein wenig in den Garten."

Inga und ich fanden es kaum lohnend, noch ein Lied anzufangen. Wir sagten Kristin auf Wiedersehen.

„Vielleicht geht es besser, wenn wir jemandem Blumen schenken, der sonst nie Blumen bekommt", sagte Inga.

Wir überlegten gerade, wem wir Blumen schenken könnten, als wir Oskar, unseren Knecht, sahen. Er ging auf den Kuhstall zu. Wir liefen hinter ihm her, und ich sagte:

„Oskar, hast du schon jemals Blumen bekommen?"

„Nein, warum auch? Ich bin doch noch nicht tot!" sagte Oskar.

Der Ärmste! Sicher glaubte er, Blumen könne man nur zu seiner Beerdigung bekommen.

Inga sah mich begeistert an, weil wir schon einen Menschen gefunden hatten, der sonst nie Blumen bekam. Wir liefen sofort los und pflückten einen großen Strauß Heidekraut. Es wurde ein wirklich schöner Strauß, mit dem wir wieder zum Kuhstall gingen. Oskar lief dort mit der Schubkarre umher und fuhr Mist zur Dunggrube, die hinter dem Kuhstall liegt.

„Hier, Oskar, hast du Blumen", sagten wir und überreichten ihm den Strauß.

Oskar dachte zuerst, wir wollten ihn zum Narren halten. Er wollte den Strauß nicht nehmen. Aber wir sagten ihm, er müsse ihn annehmen, und da tat er es. Eine Weile später, als Inga und ich hinter einem Kaninchen her waren, das uns weggelaufen war, kamen wir zufällig an der Dunggrube vorbei. Und auf dem Mist – obenauf – lag Oskars Blumenstrauß.

„Ich fange an zu glauben, daß Fräulein Lundgren irgendwie nicht das Richtige trifft", meinte Inga . . .

Heinrich Roth:

„Die Kunst der rechten Vorbereitung" (1950; 1957) – . . . auf der Suche nach dem Wissen und Können

Heinrich Roth: Die Kunst der rechten Vorbereitung. (Original 1950 als Aufsatz in der Zeitschrift *Die Sammlung,* 5. Jg. Heft 3, S. 173–182) In: *Heinrich Roth:* Pädagogische Psychologie des Lehrens und Lernens. Hannover: Schroedel 1. 1957; 14.1973, S. 119–128 (mit Kürzungen).

Man vergißt oft, daß für eine Reihe geistiger Berufe der eigentliche Arbeitsaufwand in der Vorbereitung liegt. Wieviel Stunden und Tage mag ein gewissenhafter Prediger mit den Worten seines Textes umgehen, während für die Predigt selbst nur eine knappe Stunde zur Verfügung steht! Der Prototyp für die vorbereitende Arbeitsweise ist und bleibt aber der Lehrer. Der Grundschullehrer muß ebenso über die Kunst der Vorbereitung verfügen wie der Hochschullehrer. Wer verfügt aber über sie? Sie verspricht oft viel und hält wenig, sie macht einen oft verzweifeln und belohnt mit reichen Früchten: sie ist eine schwer berechenbare Größe. Das liegt in ihrer Richtung auf ein zukünftiges Geschehen. Sie will voraussagen. Die Kunst der Vorbereitung beherrschen, heißt schließlich nicht weniger, als vorauswissen, was geistig fruchtbar macht. Kann das die Vorbereitung leisten? Gibt es verbindliche Richtlinien für die rechte Art der Vorbereitung?

1. Man sagt, der Lehrer müsse zunächst einmal den Stoff beherrschen. Das leuchtet unmittelbar ein. Aber was heißt „beherrschen"? Die selbst wieder nur schulmäßig durchgeführte Aneignung eines Stoffes kann damit niemals gemeint sein. Wer hat hier überhaupt von „Stoff" zu reden begonnen, wo es um den Gegenstand geht, das Kulturgut, das Geistige? Um jene kulturelle Wirklichkeit, in der Geist greifbare Gestalt geworden ist! Es geht nicht um eine „Beherrschung des Stoffes", sondern um ein eigenpersönliches, eigenlebendiges Verhältnis zu dem Kulturgut, das uns zur Mitpflege aufgegeben ist. Es kommt auf die eigentliche und wahre innere Beziehung

eines Lehrers zu dem tiefsten sachlichen Gehalt des zu behandelnden Gegenstandes an. Wie findet er aber dieses Verhältnis zum Kulturgut? Es kann weder erzwungen noch befohlen noch erschanzt werden, sondern ist die Frucht eines langen intimen Umganges mit dem inneren Wesen eines Faches. Lehrbücher führen nicht in die Tiefe. Es kommt auf die persönliche Begegnung mit den *originalen Vertretern* des Faches an. Sie entzünden allein jenes geistige Feuer, das zur uneigennützigen sachlichen Hingabe und echten Meditation führt. Der Lehrer greife also zu den originalen Werken. Er befrage die besten Fachkenner! Hierin liegt das Geheimnis der stofflichen Vorbereitung verborgen. Der Weg zu den Quellen ist nicht leicht zu begehen, er erfordert viel Sucharbeit und Opfer an Zeit und Geld, aber er macht dafür die Vorbereitungsarbeit zum geistigen Genuß, zu einem Umgang mit den lebendigen Geistern unserer Zeit.

Es ist völlig verkehrt, bei diesen ersten Bemühungen schon an das Kind oder den Jugendlichen zu denken. Es geht zunächst *nur um die Sache*. Um das, was größer ist als wir. Was nicht wir zwingen, sondern was uns zwingt: die Wahrheit. Es geht nicht schon um das mögliche Verhältnis des Kindes zu dieser Wahrheit, sondern um das Verhältnis des *Lehrers* zu dieser Wahrheit. Nichts ist verkehrter als die Annahme, die Unreife des Kindes erlaube eine oberflächliche Beziehungsaufnahme zum Kulturgut. Das Verhältnis des Lehrers zu seinem Lehrgegenstand muß immer *seinem eigenen geistigen Niveau* entsprechen, nicht dem des Kindes. Und zwar immer seiner höchstmöglichen geistigen Fassungskraft. Jedes halbe, schiefe oder seichte Wissen verfehlt gerade das, worauf es bei der stofflichen Besinnung ankommt: die Erfassung des wahren Wesens, des sachlichen Gehalts, des existentiell Wichtigen. Nur eine Besinnung, die so tief geht, macht frei vom Unwesentlichen, Kleinlichen, Nebensächlichen, macht frei für den Wechsel des Standpunkts, wie ihn die Jahrhunderte dem Gegenstand gegenüber eingenommen haben, macht frei für seine sachgerechte Umsetzung ins Volkstümliche, Jugend- und Kindgemäße. Dieses sachgebundene und doch freie Verhältnis zum ewigen Gehalt des Gegenstandes ist die Voraussetzung aller weiteren unterrichtlichen Überlegungen.

2. Bis zu diesem Punkt ist die Hingabe an die Sache die gleiche, wie sie als lebendige Forderung vor jedem Wissenschaftler und schon jedem Lernenden und Wahrheitsuchenden steht. Was die Vorbereitung des Lehrers im besonderen kennzeichnet, beginnt erst jetzt. Nur der unverfälschte, seiner Tiefe, seinem Wesen und seiner Eigenart nach erfaßte Gegenstand in seiner reinen, objektiven Geistigkeit darf der pädagogischen Behandlung ausgesetzt werden. Aber nun ist die *pädagogische Besinnung* als zweiter Vorbereitungsschritt unerläßlich. Sie fragt nicht mehr nach dem objektiven Gehalt, sondern nach dem *eigentlichen Bildsamen* am Gegenstand. Was ein Kulturgut als Bildungsgut rechtfertigt, soll nun im Mittelpunkt der Überlegungen stehen.

Wie läßt sich dieser zentrale pädagogische Bezug am Gegenstand entdecken? Was ist das Bildsame am Gegenstand? Hier dürfen wir mit der Antwort nicht zaudern. Zu lange schon sind auf diese Fragen von verschiedenen Seiten unsichere Antworten gegeben worden. Bildsam ist, was zum Werterleben führt, geistige Bedürfnisse schafft, vitale Antriebe vergeistigt, Gesinnung bildet, Gesittung weckt. Es handelt sich bei diesem zweiten Vorbereitungsschritt um die Entdeckung des *pädagogischen Gehalts* eines Kulturgutes. Der pädagogische Gehalt liegt in der interessenerweckenden und gesinnungsbildenden Kraft eines Gegenstandes. Woran sich geistige Interessen und Gesinnungen entwickeln lassen, diese Seiten des Gegenstandes stehen jetzt im Mittelpunkt der Besinnung. Es ist eine Besinnung auf die „Humanität" des Gegenstandes, seine seelenverwandelnde Kraft, seine Weisheit, seine Tröstung, seine Tragik, Größe, Erhebung usw. Die bildsamen Momente am Gegenstand sind die, die das vitale Interesse auf sich ziehen, Gefühl und Gemüt gefangennehmen, aber im Umgang mit dem Gegenstand – und darauf kommt es an – verwandeln: sie auf höhere Werte richten, an diese binden, das heißt versittlichen und vergeistigen.

Diese Besinnung auf den pädagogischen Gehalt eines Gegenstandes ist nicht weniger wichtig als die Erfassung seines rein sachlichen Gehaltes. Sie erfordert die gleiche Bemühung, aber von anderer, mehr persönlicher Art. Der pädagogische Gehalt eines Kulturgutes schließt sich nur dem auf, der selbst einmal von ihm zuinnerst getroffen wurde und dieses Getroffensein immer wieder in sich zu verlebendigen vermag. Nur wer selbst vom Gegenstand verwandelt wurde, besitzt das Feingefühl für die erweckende und verwandelnde Kraft eines Kulturgutes. So muß er, wenn er den pädagogischen Gehalt eines Gegenstandes aufschließen will, sich fragen, wie stehe ich zu ihm, wie hat er mich getroffen, wie hat er mich gepackt, verwandelt, erfreut, erstaunt, hinaufgehoben oder erschreckt, belastet, geläutert, gebessert, geweitet. Ohne diese persönliche Fragestellung schließt sich der pädagogische Gehalt nur schwer auf. Versagt dieser Weg, so kann die Frage weiterhelfen, was der Gegenstand dem Verfasser bedeutet haben mag, dem schaffenden Arbeiter, Handwerker, Entdecker, Erfinder, Schöpfer. Schließlich aber wird die Frage nach der Menschlichkeit des Gegenstandes entschieden in der Fragestellung nach seiner Bedeutung für Volk und Menschheit überhaupt. Sie ist der letzte Maßstab für den pädagogischen Gehalt eines Gegenstandes, der zentrale pädagogische Auslesegesichtspunkt für alle Verwendung von Kulturgütern als Bildungsgüter ...

3. Der dritte notwendige Vorbereitungsakt wendet sich von dem Gegenstand weg auf die andere Seite, zu dem Kind, dem Jugendlichen, dem Schüler, dem Reifenden und Lernenden. Der dritte Schritt ist die *psychologische Besinnung*. Wem ich etwas sagen oder anvertrauen will, wen ich überzeugen oder bilden will, den muß ich zunächst einmal kennen. Wie schief packen es die an, die einen nicht kennen und doch belehren wollen. Wieviel richtiger handelt der, der eine heikle persönliche Belehrung mit der Begründung auf sich nimmt, man solle es ihn machen lassen, er kenne den Betreffenden. Die psychologische Besinnung fordert vom Lehrer Schüler- und Menschenkenntnis. Das ist ein weites Feld. Was heißt, seine Schüler kennen? Es heißt, sie als einzelne und als Klasse kennen. Als einzelne ihrem Entwicklungs- und Reifestand und ihrer persönlichen Eigenart nach, als Klasse ihrer Herkunft, sozialen Zusammensetzung und ihrem Jugend- und Klassengeist nach. Das ist viel verlangt und setzt jahrelangen Umgang mit der Jugend, der Klasse und dem einzelnen voraus. Schüler- und Menschenkenntnis wächst aber nur, wenn ich um die psychologischen Fragestellungen weiß und mich psychologisch einstelle. Das verlangt eine Abkehr vom Pädagogischen, vom Nur-Belehren und Nur-Betreuenwollen, eine Wendung zum Hinhören auf das Kind, zum reinen und stillen Beobachten dessen, was aus dem Jugendlichen herauslebt, herausdrängt, geistige Handreichung sucht – auch dort, wo er

überlegen tut, spöttelt, lächelt, sich dumm stellt, Uninteressiertheit heuchelt. Die psychologische Beobachtung verlangt, wie in Kapitel II dargestellt wurde, daß ich den Jugendlichen nach allen Seiten hin kenne oder doch nach verschiedenen Seiten, nicht nur als Schüler, sondern auch als Kind, als Sohn und Tochter zu Hause, als Kameraden außerhalb der Schule, als Jugend von heute, als Generation. Ich muß meine Schüler genau kennen, wenn ich ihnen mit meinem Gegenstand imponieren, ins Schwarze treffen, sie an ihn fesseln will. Es ist eine gute Hilfe, in Gedanken einen konkreten Fall herauszugreifen, einen Jungen, den man persönlich kennt, vielleicht einen von der ersten und einen von der letzten Bank, und sich dann zu fragen, wie wird er wohl reagieren, mitkommen, verstehen?

Die psychologische Besinnung erfordert, sich nichts vorzumachen und nichts vormachen zu lassen. Schüler- und Menschenkenntnis will den zu Belehrenden seiner seelisch-geistigen *Wirklichkeit* nach fassen. So wie er ist. In seiner ganzen Unzulänglichkeit. Es wäre aber eine traurige Psychologie, die dabei stehen bleiben wollte. Pädagogisch-psychologische Besinnung fordert mehr: sie ist darauf gerichtet, die positiven seelischen Anknüpfungspunkte für Unterricht und Erziehung zu entdecken. Das heißt aber, den jungen Menschen nicht nur seinen äußeren Wirklichkeiten, sondern auch seinen inneren *Möglichkeiten* nach zu erfassen. Ihn also in seinen Werdensmöglichkeiten zu sehen. Hier geht es um eine erspürende, erahnende, verstehende Psychologie aus liebendem Herzen. Sie sucht zu klären, wie der Jugendliche aus sich selbst heraus in den natürlichen Lebenszusammenhängen auf den Gegenstand stößt, wie er von sich aus die Beziehungen zu ihm aufnimmt, wie er für ihn reif wird.

Wer sich so besinnt, wird selbst wieder jung. Er erlebt selbst wieder jugendlich: wie ihn zum ersten Mal ein Buch fesselte, wie ihm zum ersten Mal Bach aufging, wie er zum ersten Mal den Sternenhimmel bestaunte, wie er zum ersten Mal nach Gott fragte. Er entdeckt, wie die Jugend die Welt immer wieder neu und immer wieder anders erlebt. Er spürt, wie zu seiner Aufgeschlossenheit dem Gegenstand gegenüber die Kontaktbereitschaft der Jugend gegenüber hinzukommen muß.

Es geht in der psychologischen Besinnung um das lebendige Verhältnis des Lehrers zur Jugend. Ob er auf sie hören kann. Ob es ihm gelingt, mit den Augen und Ohren der Jugend den Gegenstand abzutasten. Ob er den Gegenstand menschlich sehen kann, d. h. einen aus menschlichen Interessen gewachsenen, aus Menschennot geschaffenen, aus Schaffensfreude oder Leidüberwindung geschöpften Gegenstand, der an der Jugend immer wieder die gleich hohe Aufgabe zu erfüllen hat. Es kommt alles darauf an, daß er das oft verborgene Streben der Jugend nach Anteilnahme am kulturellen Leben aufspüren, aufschließen und für die Schule lebendig machen kann.

Dieses psychologische Verstehen wächst aus dem offenen Umgang mit der Jugend, dem Hinhorchen auf das Kind und den Jugendlichen, dem psychologischen Beobachten und Erschließen. Nicht der sachliche Gehalt des Gegenstandes ist in der psychologischen Besinnung entscheidend, nicht seine bildnerische Kraft, sondern seine rein menschliche Seite: der Gegenstand in der Perspektive des Werdenden, wie er immer wieder aus dem natürlichen Interessenkreis des Kindes herauswächst und wie er immer wieder in den natürlichen Bildungsdrang des Kindes hineinwächst als ewiger Erneuerungsprozeß der Kultur und der Menschheit. Das Kulturgut wird in dieser Besinnung immer menschlicher, persönlicher, lebens- und jugendnaher, aber auch umgänglicher, handlicher, schulbrauchbarer.

4. Nun ist alles vorbereitet, um den Gegenstand mit dem Kind in Beziehung zu bringen. Die Beziehungsaufnahme und Auseinandersetzung mit dem Gegenstand macht den Unterrichtsprozeß aus. Er ist ein schöpferischer Akt, weil er im Hinblick auf das Kulturgut zwischen Lehrer und Schüler immer wieder neu entwickelt werden muß. Ein solcher Akt ist im Prinzip unwiederholbar, weshalb wir den Mut aufbringen müssen, diesen Schritt ins Ungewisse immer wieder neu zu wagen. Haben wir den tiefsten sachlichen Gehalt des Gegenstandes frei zur Verfügung, wissen wir um seinen eigentlichen Bildungsgehalt, kennen wir unsere Schüler und verstehen wir ihr verborgenes Streben nach Anteilnahme am kulturellen Leben, so steht nichts mehr im Wege, mit der Unterrichtsarbeit frei und ohne Hemmung zu beginnen. Der methodische Gang der Stunde wird dann in der lebendigen Beziehungsaufnahme mit den Kindern und dem Gegenstand im Augenblick der Auseinandersetzung frei geboren. Es gehört zur Erfahrung

der Lehrer, daß solche Stunden mit am besten gelingen. Aber nicht immer hat er den Mut, sich ohne vorhergehende methodische Besinnung aufs offene Meer zu wagen. Zu oft versagt der schöpferische Augenblick. Dann setzen jene Überlegungen ein, welche die eigentliche *methodische Besinnung* ausmachen.

Sie besteht in der gedanklichen, probeweisen Vorwegnahme der Auseinandersetzung zwischen Kind und Gegenstand im Kopf und Herzen des Lehrers, bevor die wirkliche im Unterricht selbst beginnt.

Wie kann der Lehrer solche Bildungsprozesse vorausplanen? Er ist mit einem Vermittler vergleichbar, der zwei Unbekannte füreinander zu interessieren wünscht, weil er aus genauer Kenntnis beider weiß, daß sie einander viel zu sagen haben. Wie jener muß er deshalb versuchen, die *natürlichen Anknüpfungspunkte* zwischen beiden herauszufinden. Er muß das beide interessierende Gemeinsame als Ausgangspunkt nehmen. Zu diesem Zwecke ist es notwendig, radikal von der Eigenart des Gegenstandes und der Eigenart des Kindes her den Unterrichtsprozeß durchzudenken.

Welche Form der Stoffaneignung legt der Gegenstand, welche das Kind nahe, das ist die Frage. Es gibt darauf keine allgemeingültige Antwort, sondern nur eine konkret-individuelle, d. h., diese Frage ist für jeden Gegenstand und für jede Generation und für jedes Kind immer wieder neu zu beantworten. Sie wird zweckmäßig in einzelne konkrete Fragen aufgelöst, die in bezug auf den Gegenstand lauten können: eignet sich der Stoff zum Erlebenlassen, Erzählen, Geben, zum Besprechen, Herausfragen, Diskutieren? Zum gemeinsamen Zuschauen, Beobachten, Erarbeiten, Nachdenken? Zum Probierenlassen, Experimentieren, Selbstfinden? Zum eigenen Gestalten durch den Schüler, zum Vormachen durch den Lehrer, zum gemeinsamen Handeln in Übung, Spiel, Gesang, Schauspiel? Zur Einzel- oder Gruppenarbeit?

Sobald man diese Fragen zu beantworten sucht, entdeckt man, daß hierüber nicht willkürlich entschieden werden kann. Jeder Gegenstand hat seine Eigenart, seine Logik, wie er weitergegeben, aufgenommen, erfaßt, verstanden und behalten sein will. Allerdings wird der Gegenstand erst nach der stofflichen, pädagogischen und psychologischen Besinnung so durchsichtig und plastisch, daß er seine Methode verrät, wie er am zugänglichsten ist.

Die andere Hälfte der Frage war, welche Unterrichtsform das Kind nahelegt. Diese Frage muß ich von der spezifischen Verstehensfähigkeit der Altersstufe her zu beantworten versuchen, etwa unter folgenden Gesichtspunkten: Wie kommt das Kind oder der Jugendliche im natürlichen Lebenszusammenhang mit dem Gegenstand in Berührung? Hat er sich schon seither mit ihm beschäftigt? Wann zum ersten Mal? Wo knüpft er an die vitalen Lebensinteressen des Kindes oder Jugendlichen an? Wann und wie wird er ihm zum Staunen, Sichwundern, zur Frage und zum Problem? Wo liegt im Gegenstand das Interessante für das Kind verborgen? Wovon wird es sich am stärksten fesseln lassen? Wie gestalte ich aus dem Natürlich-Interessanten ein geistiges Werterleben? Wie erhalte ich das erwachende Momentinteresse und wie wandle ich es in ein echtes Dauerinteresse am Gegenstand um? Wie bringe ich den Gegenstand in den natürlichen Lebensumgang des Kindes, so daß sich dieses Interesse verfestigt? Wie mache ich den Gegenstand zu einem inneren Bedürfnis des Kindes, so daß es den Umgang mit ihm sucht? Auch außerhalb der Schule sucht?

Wie finde ich aber nun die gesuchten Verbindungsstellen zwischen der Betrachtungsweise vom Gegenstand aus und der vom Kinde aus, die sich als natürliche Anknüpfungspunkte eignen? Soweit überhaupt eine allgemeine Antwort gegeben werden kann, und nicht das jeweilige Verhältnis im Einzelfall entscheidet, lautet unsere Antwort: Die Anknüpfungspunkte liegen in den geistigen Fäden zwischen Mensch und Gegenstand, die ursprünglich zu einer Verknüpfung beider geführt haben. Die methodische Besinnung erfordert deshalb die rückwärts gewendete Auflösung des Gegenstandes in seinen geistigen und menschlichen Werdeprozeß, um jene Anknüpfungspunkte herauszufinden, auf die voraussichtlich das vitale Interesse, das Erleben der Kinder oder Jugendlichen wieder anspringen wird.

Indem ich nämlich den Gegenstand wieder in sein Werden auflöse (z. B. abgelegte, tote Lehrbuchsachverhalte wieder auf lebendige Handlungen von Menschen zurückführe) und auf der anderen Seite versuche, den Gegenstand aus den natürlichen Antrieben und Lebensinteressen des Menschen entstehen zu lassen, schaffe ich wieder jene Ursituation zwischen Mensch und Gegenstand, die das Kulturgut als eine Frucht menschlichen Sehens und Schaffens sichtbar macht und

den Menschen wieder in die ursprüngliche Ausgangslage stellt, in der der Gegenstand als Hilfe, Antwort, Leistung, Werk – kurz als Kulturgut erscheint. Die methodische Besinnung hat keine andere Aufgabe, als durch solche Überlegungen die natürlichen, lebensvollen und fruchtbaren Ansatzpunkte zwischen Kind und Gegenstand aufzuspüren. Sie sind die fruchtbaren Momente des Unterrichts, aus denen sich die spontane Beziehungsaufnahme entwickelt. Auf ihre Entdeckung kommt in der methodischen Besinnung alles an.

5. Eine letzte Frage blieb offen: wie weit auch noch der Verlauf einer Einzelstunde, bzw. einer Unterrichtseinheit, vorausgeplant werden kann. Ergeben jene Anknüpfungspunkte aus der methodischen Besinnung nicht eine bestimmte Abfolge, an die ich mich halten muß oder doch halten darf? Kann man den Aufbau einer Unterrichtseinheit vorausplanen, ohne das freie Schaffen aus dem schöpferischen Augenblick des Unterrichtsprozesses zu hemmen? Darf man auf einen Plan verzichten, wenn er als reife Frucht der vorbereitenden Überlegungen Erfolg verspricht? Das sind die Fragen.

Vergegenwärtigen wir uns noch einmal die Lage vor Betreten der Schulstube. Sie gleicht noch weithin der eines Forschers, der in unbekanntes Land vorstößt. Dieses unbekannte Land liegt sowohl auf Seiten des Kindes, das immer wieder in seinem Verhalten überrascht und in seiner Stellungnahme zum Gegenstand unberechenbar bleibt, als auch auf Seiten des Gegenstandes, der seine Eigengesetzlichkeit nie ganz aufgibt und oft erst „in actu" seine geheimsten methodischen Tücken enthüllt. Dieser Lage gegenüber auf einen Plan verzichten, hieße einen Forscher spielen, der ohne die nötigen Sicherungen in einen fremden Erdteil vorstößt. Unbeirrbar einem festen Plan folgen wollen, hieße die Wendigkeit vermissen lassen, die gerade unvorhersehende Lagen erfordern. Es kommt also auf die Elastizität und Beweglichkeit des Planes an. In den Plan müssen mögliche Änderungen miteingebaut sein. Überlegen wir uns, was festlegbar ist! Vom Ziel, vom Weg, von der Verfahrensweise.

Ohne Zweifel muß ich wissen, was ich will. Ich muß ein *Ziel* haben. Das Ziel ist der Gegenstand. Die Schule, die Kinder oder ich, oder wir zusammen haben für ihn entschieden. Das Ziel kennen und es sich zu eigen gemacht haben, ist eine erste unumgängliche Forderung. Aber was ist das für ein Ziel? Den Gegenstand kennen? wissen? beherrschen? besitzen?

Wir dürfen wohl nach unserer vorbereitenden stofflichen Besinnung sagen: das selbständige, dem Gegenstand gemäße Denken oder Handeln. Wichtiger als die gedächtnismäßige Besitzergreifung des Gegenstandes ist die Besitzergreifung der gegenstandsadäquaten Denk- und Handlungsweise. Den Erkenntnisprozeß an sich erfahren haben ist wichtiger, als über das Resultat wissensmäßig verfügen. Schon deshalb, weil das selbsterfahrene Erkennen tiefer haftet als das nur vermittelte Wissen. Nach unserer pädagogischen Besinnung ist das Ziel: die gegenstandsadäquate menschliche Gesinnung und Haltung. Zu dem gegenstandsgemäßen Denken muß die gegenstandsgemäße Gesinnung hinzukommen. Sie muß herauswachsen aus dem liebenden Interesse am Gegenstand als eine Frucht des Geistigen, das in den Auseinandersetzungen während des Unterrichtsprozesses dem Gegenstand entbunden und in dem Kind erweckt wird. Liebendes Interesse ist mehr als Wissen, auch mehr als sachgemäßes Denken: es ist die treibende Kraft des schaffenden Lebens selbst, das nehmend und gebend an der Kultur teilnimmt und sich im Gewissen dem Kulturgut gegenüber sittlich verantwortlich weiß.

Nach unserer psychologischen Besinnung ist das Ziel: die persönliche Verwurzelung des Gegenstandes in den individuellen Lebensinteressen des einzelnen und die Aufschließung der verborgenen inneren Verstehensmöglichkeiten für den Gegenstand, die Vermenschlichung des Kulturgutes bis in die individuelle Verstehensfähigkeit eines einmaligen Menschenkindes und die Vergegenständlichung der individuellen geistigen Bedürfnisse bis zum Erfassen objektiver geistiger Gehalte.

Wir bedürfen einer solchen Klarstellung und einer solchen Festlegung des Zieles jedem Gegenstand gegenüber, damit wir frei werden von falschen Zielen, diktiert vom „Stoff" und vom „Pensum". Das wirkliche Ziel, das wir gegen alle Widerstände anstreben müssen, macht uns frei, ohne daß wir ziellos werden, und sicher, ohne daß wir starr werden. Uns auf dieses wahre Ziel vor Beginn des Unterrichts festzulegen und uns mit ihm persönlich zu identifizieren, ist unsere pädagogische Pflicht.

Wie steht es mit dem *Weg,* den wir einschlagen wollen? Die Stationen auf dem Weg zum Ziel aufzufinden, das Ziel in Teilziele unterzugliedern, ist die erste Aufgabe. Können die Stationen bestimmt werden, an denen der Weg vorbeiführt? Besinnen wir uns auf die Hauptrichtung des Weges! Es kommt darauf an, zwischen Kind und Gegenstand eine aus sich selbst funktionierende, in selbsttätigem geistigen Austausch sich vollziehende, innige Verbindung herzustellen. Diese Verbindung ist nur über jene Anknüpfungspunkte zwischen Kind und Gegenstand zu erreichen, die wir in der methodischen Besinnung als die erregenden und fruchtbaren Momente im Unterrichtsprozeß kennengelernt haben. Sie müssen die Stufen und Stationen auf dem Weg zum Ziel darstellen. Sie müssen aufeinanderfolgen wie die Szenen in einem Akt, wie die Akte in einem Drama. Es sind die Verstehensknotenpunkte, die pädagogischen Zündstoffe, die fruchtbaren Widerstände, die Funken schlagen. Sie machen lebendig. Auf sie muß ich im Unterricht immer wieder hinsteuern. Sie als Stationen im Unterrichtsprozeß zu durchlaufen, ist so wichtig wie das Ziel, weil ihr Durchlaufen zum Ziel gehört, zum Verständnis des Gegenstandes. Wir müssen deshalb über sie verfügen und sie lebendig bereithalten. Über ihre Verwendung entscheidet die Notwendigkeit des Augenblicks. Ihre Reihenfolge ist nicht starr festlegbar, sondern vom Mitgehen, Mitschaffen und Mitdabeiseinwollen der Kinder abhängig.

Was können wir von der *Verfahrensweise* im voraus festlegen? Sie ist nicht nur abhängig von der Eigenart und Logik des Gegenstandes, sondern von der Eigenart und Logik jeder Behandlungsstufe im Verlauf des Unterrichts. Mag die erste Stufe ein freies Unterrichtsgespräch erfordern, so kann die zweite die ganze Klasse um ein Bild sammeln, das dem Gegenstand gilt, die dritte nahelegen, eine Erzählung, einen Bericht, eine Lesung in den Mittelpunkt zu stellen, die die Klasse in Sprecher und Zuhörer gliedert, die vierte mag zu gemeinsamer Tätigkeit im Sinne echter Arbeitsgemeinschaft aufrufen, die fünfte Vorzeigen und Nachgestalten einer handwerklichen Tätigkeit erfordern, die sechste geistige oder technische Gruppenarbeit, die siebte Einzelarbeit. Mag sich dieser Wechsel viertelstündlich, stündlich oder in Abständen von Tagen oder Wochen vollziehen, wichtig ist allein, daß die Verfahrensweise dem Erkenntnisprozeß entspricht: sei es mehr den Verfahrensbedingungen des Gegenstandes, sei es mehr den Verstehungsbedingungen des Kindes. Die Kunst, eine lebendige Verfahrensweise vorzubereiten, liegt in dem Ausbau der Stufen oder Stationen zu lebendigen *pädagogischen Situationen,* die aus sich selbst heraus ein Erkenntnisgefälle zum Gegenstand hin erzeugen, die den Schüler in die Not oder Freude des Kulturguts versetzen, so daß er ihm zur Frage, zum Problem, zur Sorge oder Hoffnung wird, die ihn auf alle Fälle zum Staunen und Sichwundern zwingen, dem Uranfang alles geistigen Lebens. Solche pädagogischen Situationen auszudenken und bereitzuhaben, ist notwendig, gerade um einer lockeren, beweglichen Verfahrensweise willen, die dem Augenblick gewachsen ist, der Schülerfrage, dem lebendigen Unterrichtsprozeß ...

Erich Fried:
„Kinder und Linke" (1983) –
... auf der Suche
nach der Wahrheit

Erich Fried: Kinder und Linke. In: *Erich Fried:* Es ist, was es ist. Berlin: Wagenbach 1983, S. 99.

Kinder und Linke

Wer Kindern sagt
Ihr habt rechts zu denken
der ist ein Rechter
Wer Kindern sagt
Ihr habt links zu denken
der ist ein Rechter

Wer Kindern sagt
Ihr habt gar nichts zu denken
der ist ein Rechter
Wer Kindern sagt
es ist gleich was ihr denkt
der ist ein Rechter

Wer Kindern sagt
was er selber denkt
und ihnen auch sagt
was daran falsch sein kann
der ist vielleicht
ein Linker

„Geschichte, ernsthaft betrieben,
gehört zum Ungewissen."

„Den Menschen bessern! Das können nur
dreierlei Dinge: das Studium der Vergangenheit,
die gesunde Lebensweise in der Natur
und bei Krankheiten die Arznei."

„Bei der Beschäftigung mit Geschichte ist
Langsamkeit ein Vorzug. Der Forscher verzögert
die rasenden Vorgänge von damals,
bis sein Verstand sie fassen kann."

[*Sten Nadolny:* Die Entdeckung der Langsamkeit. München: Piper 1983, S. 174]

Sachregister

Personenregister